중간지원조직 위탁

정보화사업

사회복지시설

평생교육시설

청소년수련시설

문화예술시설

관광시설

체육시설

민원콜센터

폐기물처리시설

생활폐기물 수집운반

상수도시설

공공하수도시설

2025
전국 지방자치단체
사회복지시설 운영현황

공공관리연구원

한국민간위탁연구소
Korea Contracting-out Institute

2025 전국 지방자치단체 2025. 09.

민·관 협업사무 운영 현황

| 사회복지시설 |

공공관리연구원

psmi 한국공공서비스연구소
Korea Public Service Institute

한국공공서비스연구소
Korea Public Service Institute

한국공공서비스연구소는 민간, 정부 그리고 기업 등 다양한 주체들의 협치를 통하여 공공서비스의 혁신을 도모하고, 이를 바탕으로 정부 및 지방자치단체에서 추진하는 공공서비스의 합리적인 설계, 운영, 평가를 주제로 연구를 수행하는 연구기관입니다. 민간위탁은 성과지향형 공공서비스제공 공급방식의 하나로써 더 나은 정부, 더 효율적인 정부로 가기 위한 제도입니다.

세상의 모든 사물은 세상의 변화를 수용해야 합니다. 민간위탁 사무 또한 운영 목적이나 사회적 가치변화를 수용해야하기 때문에 지속적으로 변화해 왔습니다. 현행 민간위탁 사무의 유형은 공익적 성격과 사익적성격의 사무가 혼재되어 스펙트럼이 다양합니다. 시대적 흐름과 환경변화에 맞는 민간위탁사무는 갈수록 커뮤니티거버넌스형(CG) 공공서비스 제공방식으로 변화되어 가고 있습니다.

이를 효율적으로 관리하기 위해서는 민간위탁의 본질을 이해해야 하는데, 대표적인 영문표기가 contracting out인 것처럼 구매계약 또는 외주계약으로 계약에 관한 전반적인 프로세스를 이해하고 계약관리능력이 필요한 제도라는 것을 이해해야 합니다. 민간위탁 과정은 먼저 민간위탁을 위한 추진계획을 수립한 후 지방의회의 심의를 거쳐 민간위탁 선정심의위원회의 선정과정을 통해 최종 민간위탁 사업자를 선정하게 됩니다. 이 과정에 민간위탁 업체선정을 위한 계약법검토, 조례제정 또는 개정, 적정 위탁비용 산정, 위탁 후 성과평가 결과 적용을 위한 지표개발 등 세부적이고 전문적인 연구결과를 통한 의사결정 자료가 필요하게 됩니다. 이러한 연구결과는 민간기업이 공공서비스를 제공할 때 지속적인 품질 개선을 유도함으로써 서비스경쟁력을 향상시키고, 지자체는 효율적인 예산운영을 통하여 과대 또는 과소예산으로 인한 사회적 비용을 감소시키며 재정운영의 건전성을 증대시키는 효과가 있습니다. 이와 같이 민간위탁만을 연구해온 저희 연구소는 다양한 연구를 통해 얻은 노하우를 바탕으로 좀 더 선진화된 민간위탁 의사결정 자료와 효율적인 운영방안을 제안하는 역할을 수행할 것입니다.

연구소장 배성기

주요연구분야

공공서비스디자인(Public Service Design)
민간위탁관리(Contracting Out Management)
사업타당성검토(Project Feasibility)
정부원가계산(Government Cost Accounting)
정부보조금정산(Government Grant Accounting)
공공서비스성과평가(Public Service Performance Evaluation)
사회적경제기업(Social Economy), 사회적가치평가(SROI)
조직 진단(Organizational Structure Design)
공공관리혁신(Public Management Innovation)
사회기반시설 자산관리(Infrastructure Asset Management)

연락처

전화 : 02 943 1941
팩스 : 02 943 1948
이메일 : pami@pami.re.kr
홈페이지: www.pami.re.kr

2025 전국 지방자치단체 「민·관 협업사무 운영현황」은 이렇게 발간되었습니다.

1. 조사개요

민 · 관 협업은 학계와 실무계를 불문하고 사회 각계각층이 이 주제의 중요성을 인식하고 처방적 대안 마련에 관심을 쏟고 있음에도 민간위탁 케이스별 연구만이 주로 되어 왔습니다. 또한 사회적 현상을 기반으로 공공서비스의 유형을 공공서비스, 준공공서비스, 선택적 공공서비스 등으로의 구분하고 공익성의 정도에 따른 관리기법 및 예산운영 방법 등을 심도 있게 연구한 연구문헌이 부족한 상황입니다.

민 · 관 협업형 공공서비스는 국민들과의 최접점에서 공급되는 공공서비스로 지속적으로 성장하는 국민들의 공공서비스 수요를 반영하고 개선하기 위해서는 다양한 주제와 분야별로 지속적인 연구가 되어야 합니다. 하지만 이러한 연구를 하기 위한 기초적 통계자료가 없다는 것은 실로 놀라운 일이 아닐 수 없습니다.

따라서 본 조사는 전국 243개 지자체 전부를 대상으로 민 · 관 협업사무 현황을 분석하기 위해 지자체의 민간경상사업보조(307-02), 민간단체 법정운영비보조(307-03), 민간행사사업보조(307-04), 민간위탁금(307-05), 사회복지시설법정운영비보조(307-10), 사회복지사업보조(307-11), 민간인위탁교육비(307-12), 공기관등에 대한 경상적 위탁사업비(308-13), 공사공단 경상전출금(309-01), 민간자본사업보조 자체재원(402-01), 민간자본사업보조 이전재원(402-02), 민간위탁사업비(402-03), 공기관등에 대한 자본적 위탁사업비(403-02), 공사공단 자본전출금(404-01) 예산을 조사한 후 해당사무별 업체선정방법, 개별조례 유무, 원가산정기준, 서비스(성과)평가 유무, 수탁기업 현황 등에 대한 정보공개요청을 통해 현황을 조사하였습니다.

본 조사를 통해 얻을 수 있었던 것은 동종의 민 · 관 협업사무라도 운영예산규모, 업체선정기준, 개별조례유무, 위탁비용 산정기준, 서비스(성과)평가 유무 등이 같지 않다는 것을 알 수 있었습니다. 이를 검증하기 위해서는 심도 있는 연구가 수행 되어야 하겠으나 이런 비교결과조차도 유의미하다고 생각됩니다.

전국 지자체 민 · 관 협업사무 통계조사의 효용성은 첫째, 유사 민 · 관 협업사무의 운영예산 확인을 통한 예산운영의 적정성을 판단할 수 있는 기준자료, 둘째, 개별조례 유무 확인을 통한 제정 및 개정 용이, 셋째, 적정 비용 산정기준 확인, 넷째, 성과평가 기준 확인, 다섯째, 민간위탁기업명 확인을 통한 경쟁력 있는 기업선정 기초자료 확보 등과 같습니다.

상기와 같은 조사를 통해 궁극적으로 얻고자 한 것은 「건전한 긴장관계 유지」 입니다. 전국 민 · 관 협업사무 운영현황을 통해 사무의 종류와 예산의 규모, 협업 수행 기업의 종류와 유형이 공개됨으로써 민 · 관 협업사무를 추진하는 입장에서는 선택의 폭이 넓어질 것이고, 서비스를 받는 국민의 입장에서는 서비스기업 간 경쟁시스템이 올바르게 갖추어져, 좀 더 체계적이며, 경제적이고, 만족할 만한 공공서비스가 제공 되어질 것입니다.

현 통계 조사의 한계점은 지자체에서 민간이전(307), 자치단체등이전(308), 전출금(309), 민간자본이전(402), 자치단체자본이전(403), 공기업전출금(404) 예산으로 운영하는 사무를 총괄하여 나열하였으나 해당 사무의 예산 편성시 다른 예산항목 사업으로 편성하여 혼재되어 공개된 사무가 다수 존재합니다. 이는 향후 관리자 교육을 통해 민간위탁 사업의 정확한 이해를 기반으로 해당사무 운영 기본 조례 제·개정과 함께 해당 사무가 운영될 시에 해소가 될 것으로 판단됩니다.

본 현황분석은 한국공공서비스연구소의 열 번 째 전국단위 민·관 협업사무 운영현황 통계조사를 한 것으로서 미흡한 부분이 다소 존재합니다. 하지만 전국 민·관 협업 서비스 발전을 위한 기초 연구자료로써 중요한 역할을 할 수 있을 것을 기대합니다.

도움을 주신 전국 민·관 협업사무 담당 공무원분들께 감사드립니다.

〈주요 분야 조사결과〉

(자료요청기관수: 245개 지자체 / 단위: 백만원)

분야	2023년 기준 예산	2024년 기준 예산	2025년 기준 예산
하수도	2,148,373	2,224,146	2,418,765
상수도	–	2,552,021	2,708,947
생활폐기물 수집운반	1,956,510	2,137,423	2,638,934
폐기물처리시설	638,846	1,168,608	1,235,285
민원콜센터	–	69,450	75,904
체육시설	478,701	866,072	992,137
관광시설	150,187	180,118	203,502
문화예술시설	323,826	504,846	593,449
청소년수련시설	181,774	242,673	245,763
평생교육시설	–	96,335	118,617
사회복지시설	**–**	**2,220,947**	**2,478,048**
정보화사업	–	703,826	707,663
중간지원조직	–	397,602	502,325

2. 조사기간 : 2025년 6월 ~ 2025년 9월

3. 조사결과

〈사회복지시설 분야 조사결과 종합〉

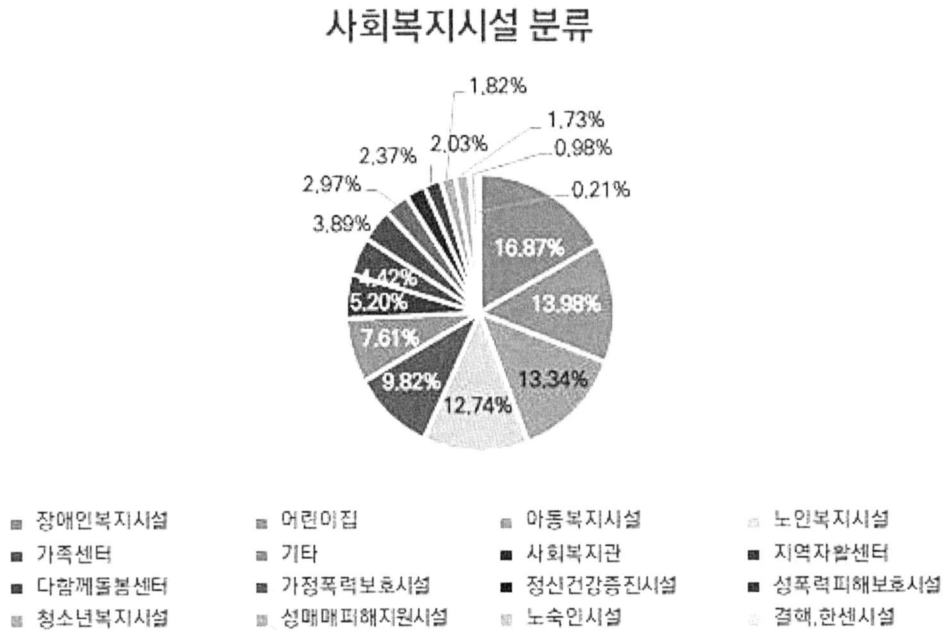

순위	문항	응답 건수(건)	백분율(%)
1	장애인복지시설	1,045	16.87
2	어린이집	866	13.98
3	아동복지시설	826	13.34
4	노인복지시설	789	12.74
5	가족센터	608	9.82
6	기타	471	7.61
7	사회복지관	322	5.20
8	지역자활센터	274	4.42
9	다함께돌봄센터	241	3.89
10	가정폭력보호시설	184	2.97
11	정신건강증진시설	147	2.37
12	성폭력피해보호시설	126	2.03
13	청소년복지시설	113	1.82

14	성매매피해지원시설	107	1.73
15	노숙인시설	61	0.98
16	결핵,한센시설	13	0.21

〈 2025년 사회복지시설 분야 시설별 통계 〉

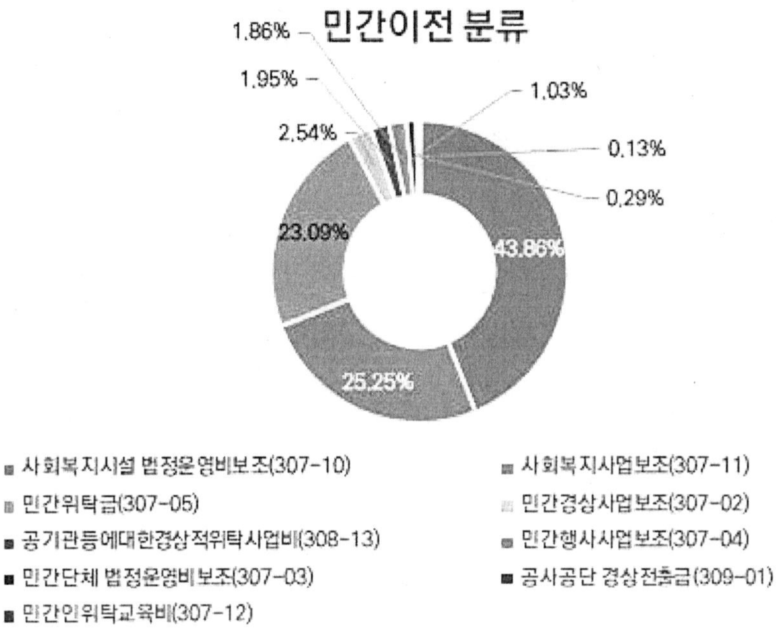

순위	문항	응답 건수(건)	백분율(%)
1	사회복지시설 법정운영비보조(307–10)	2,716	43.86
2	사회복지사업보조(307–11)	1,564	25.25
3	민간위탁금(307–05)	1,430	23.09
4	민간경상사업보조(307–02)	157	2.54
5	공기관등에대한경상적위탁사업비(308–13)	121	1.95
6	민간행사사업보조(307–04)	115	1.86
7	민간단체 법정운영비보조(307–03)	64	1.03
8	공사공단 경상전출금(309–01)	18	0.29
9	민간인위탁교육비(307–12)	8	0.13

〈 2025년 사회복지시설 분야 민간이전 분류 통계 〉

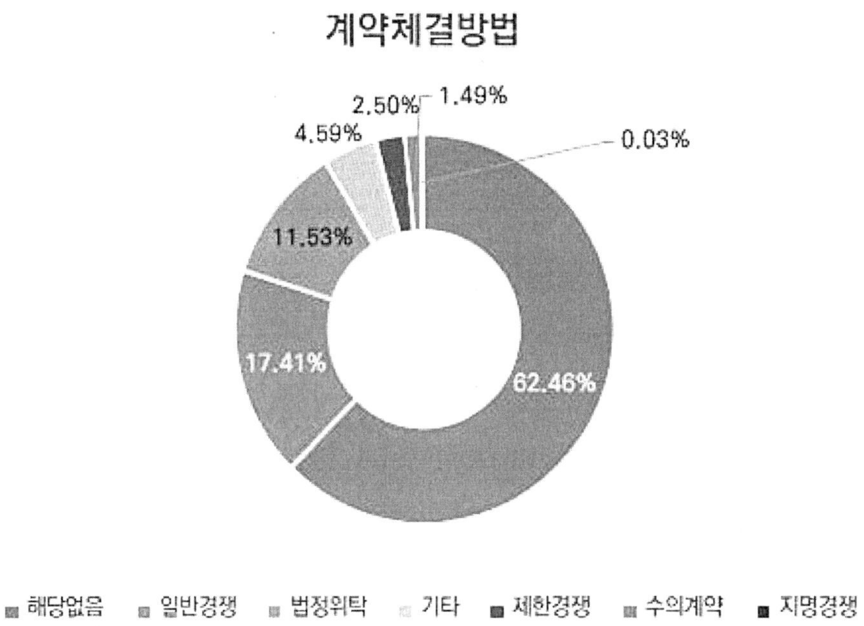

순위	문항	응답 건수(건)	백분율(%)
1	해당없음	3,868	62.46
2	일반경쟁	1,078	17.41
3	법정위탁	714	11.53
4	기타	284	4.59
5	제한경쟁	155	2.50
6	수의계약	92	1.49
7	지명경쟁	2	0.03

〈 2025년 사회복지시설 분야 계약체결방법 통계 〉

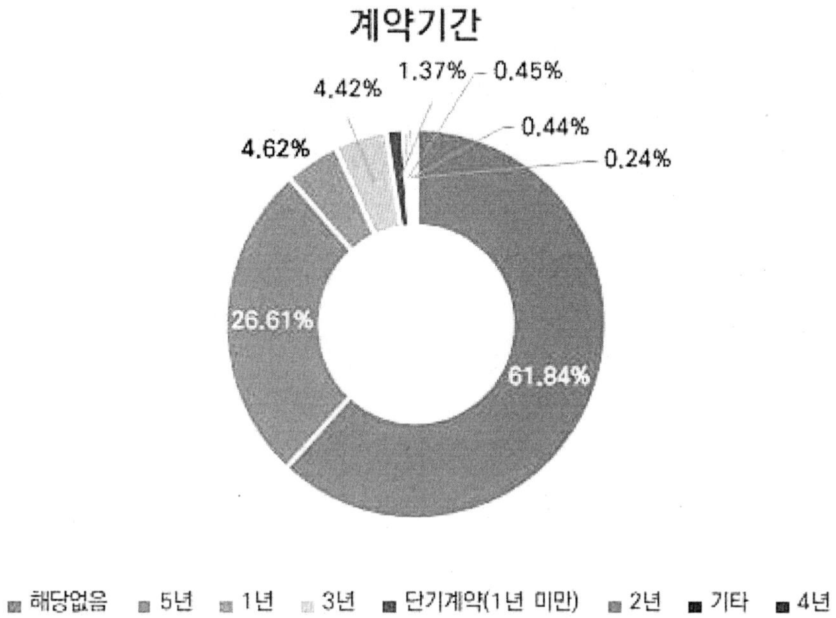

순위	문항	응답 건수(건)	백분율(%)
1	해당없음	3,830	61.84
2	5년	1,648	26.61
3	1년	286	4.62
4	3년	274	4.42
5	단기계약(1년 미만)	85	1.37
6	2년	28	0.45
7	기타	27	0.44
8	4년	15	0.24

〈 2025년 사회복지시설 분야 계약기간 통계 〉

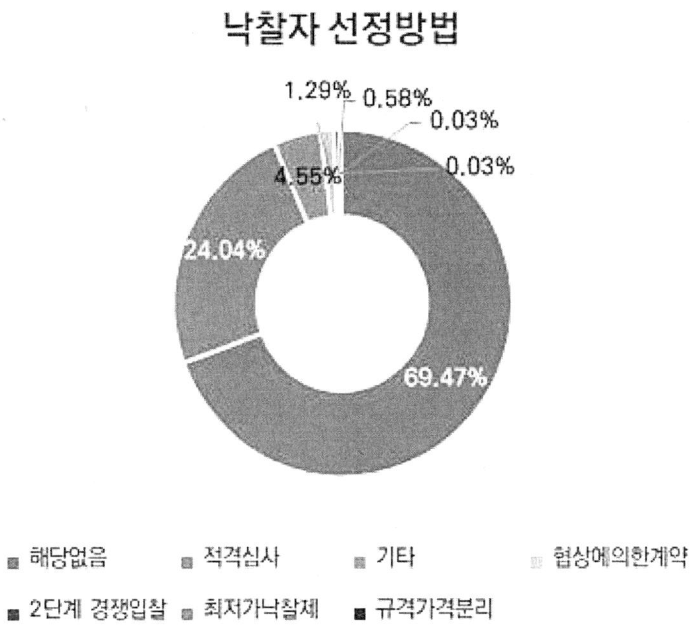

순위	문항	응답 건수(건)	백분율(%)
1	해당없음	4,302	69.47
2	적격심사	1,489	24.04
3	기타	282	4.55
4	협상에의한계약	80	1.29
5	2단계 경쟁입찰	36	0.58
6	최저가낙찰제	2	0.03
7	규격가격분리	2	0.03

〈 2025년 사회복지시설 분야 낙찰자 선정방법 통계 〉

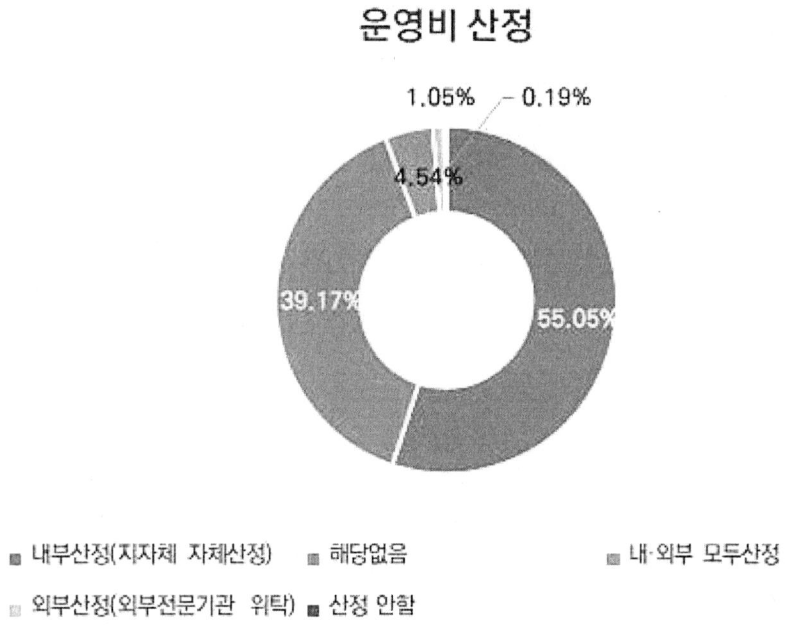

순위	문항	응답 건수(건)	백분율(%)
1	내부산정(지자체 자체산정)	3,409	55.05
2	해당없음	2,426	39.17
3	내 · 외부 모두산정	281	4.54
4	외부산정(외부전문기관 위탁)	65	1.05
5	산정 안함	12	0.19

〈 2025년 사회복지시설 분야 운영비 산정 통계 〉

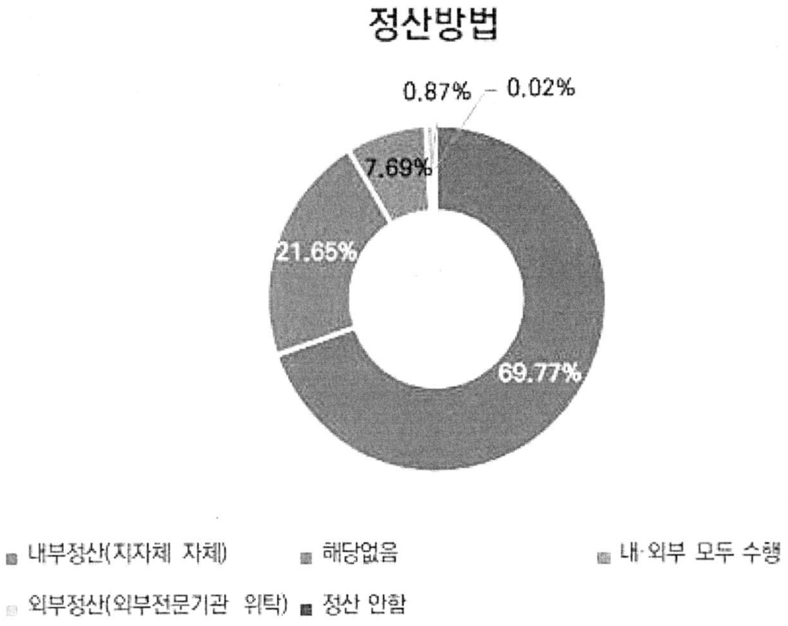

순위	문항	응답 건수(건)	백분율(%)
1	내부정산(지자체 자체)	4,321	69.77
2	해당없음	1,341	21.65
3	내 · 외부 모두 수행	476	7.69
4	외부정산(외부전문기관 위탁)	54	0.87
5	정산 안함	1	0.02

〈 2025년 사회복지시설 분야 정산방법 통계 〉

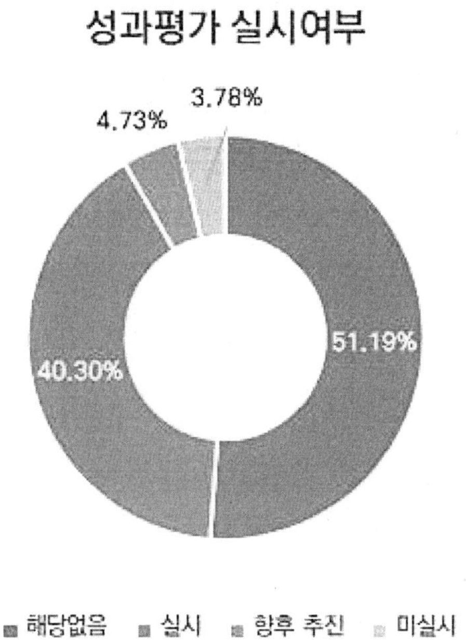

순위	문항	응답 건수(건)	백분율(%)
1	해당없음	3,170	51.19
2	실시	2,496	40.30
3	향후 추진	293	4.73
4	미실시	234	3.78

〈 2025년 사회복지시설 분야 성과평가 실시여부 통계 〉

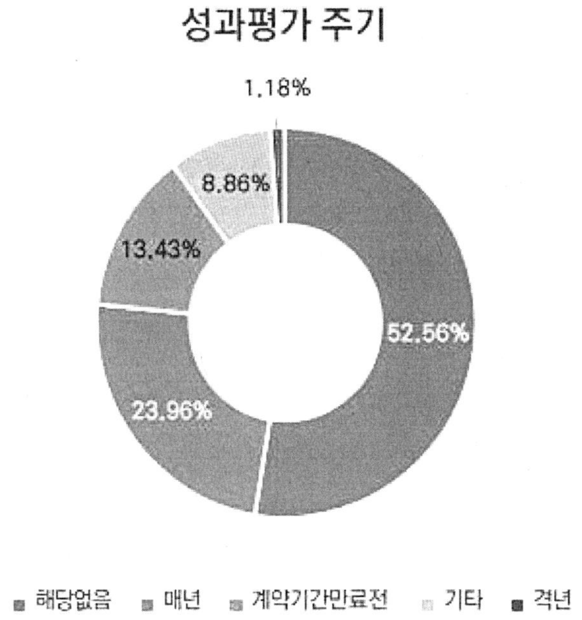

순위	문항	응답 건수(건)	백분율(%)
1	해당없음	3,255	52.56
2	매년	1,484	23.96
3	계약기간만료전	832	13.43
4	기타	549	8.86
5	격년	73	1.18

〈 2025년 사회복지시설 분야 성과평가 주기 통계 〉

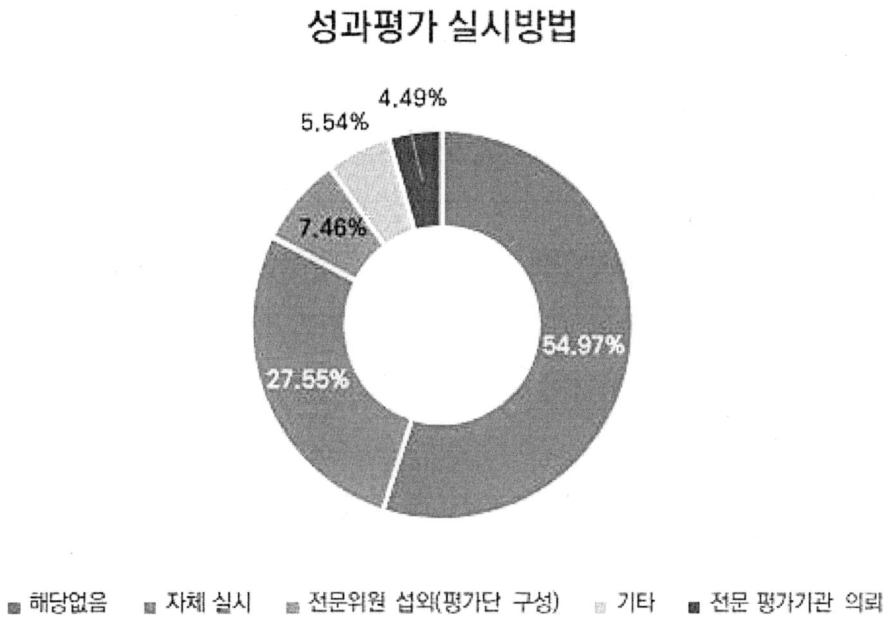

순위	문항	응답 건수(건)	백분율(%)
1	해당없음	3,404	54.97
2	자체 실시	1,706	27.55
3	전문위원 섭외(평가단 구성)	462	7.46
4	기타	343	5.54
5	전문 평가기관 의뢰	278	4.49

〈 2025년 사회복지시설 분야 성과평가 실시방법 통계 〉

평가기준 적용방법

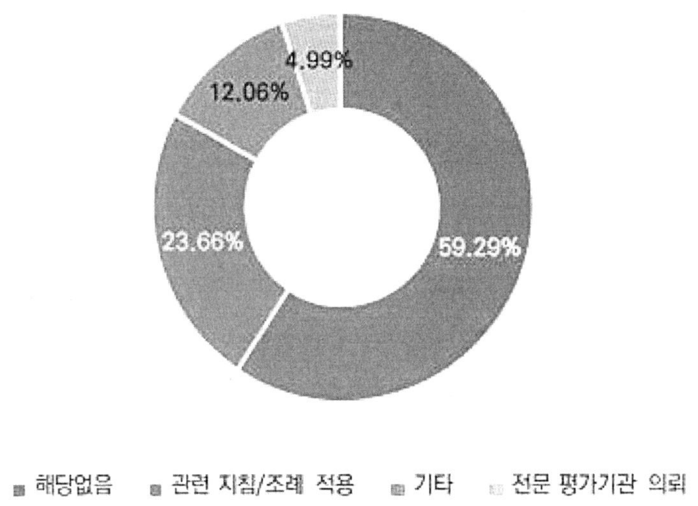

순위	문항	응답 건수(건)	백분율(%)
1	해당없음	3,672	59.29
2	관련 지침/조례 적용	1,465	23.66
3	기타	747	12.06
4	전문 평가기관 의뢰	309	4.99

〈 2025년 사회복지시설 분야 평가기준 적용방법 통계 〉

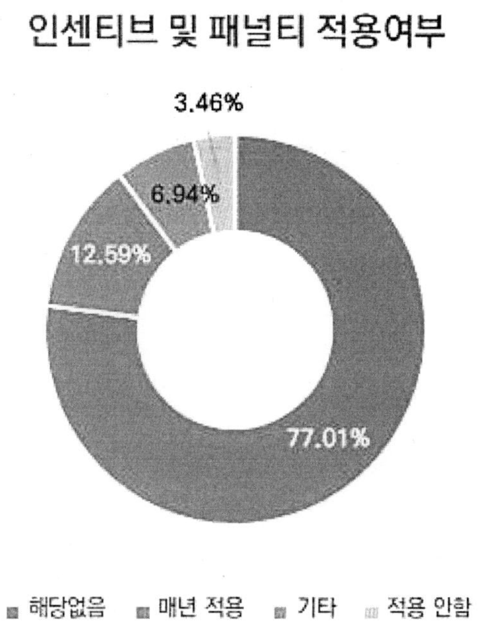

순위	문항	응답 건수(건)	백분율(%)
1	해당없음	4,769	77.01
2	매년 적용	780	12.59
3	기타	430	6.94
4	적용 안함	214	3.46

〈 2025년 사회복지시설 분야 인센티브 및 패널티 적용여부 통계 〉

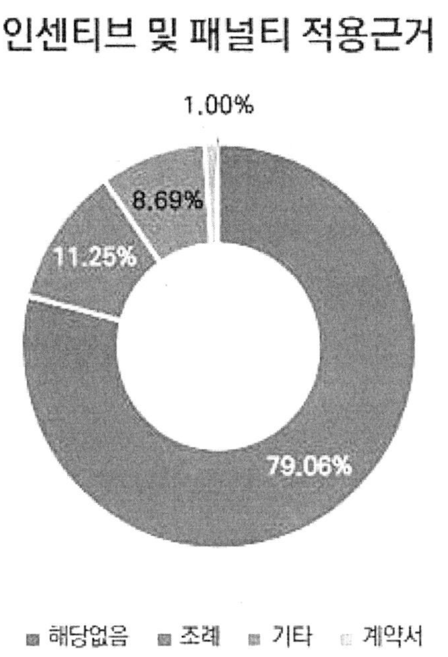

순위	문항	응답 건수(건)	백분율(%)
1	해당없음	4,896	79.06
2	조례	697	11.25
3	기타	538	8.69
4	계약서	62	1.00

〈 2025년 사회복지시설 분야 인센티브 및 패널티 적용근거 통계 〉

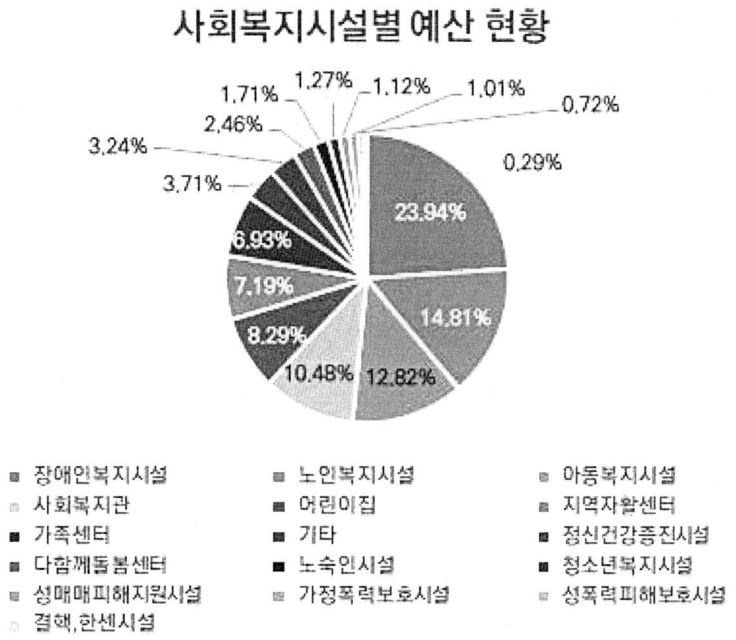

순위	시설	예산액(천원)	백분율(%)
1	장애인복지시설	593,362,738	23.94%
2	노인복지시설	366,968,156	14.81%
3	아동복지시설	317,756,275	12.82%
4	사회복지관	259,666,127	10.48%
5	어린이집	205,372,100	8.29%
6	지역자활센터	178,256,755	7.19%
7	가족센터	171,771,144	6.93%
8	기타	91,993,615	3.71%
9	정신건강증진시설	80,234,353	3.24%
10	다함께돌봄센터	61,078,062	2.46%
11	노숙인시설	42,252,593	1.71%
12	청소년복지시설	31,382,440	1.27%
13	성매매피해지원시설	27,771,505	1.12%
14	가정폭력보호시설	25,037,175	1.01%
15	성폭력피해보호시설	17,874,061	0.72%
16	결핵,한센시설	7,270,624	0.29%

〈 2025년 사회복지시설 분야 시설별 예산 현황 통계 〉

■ 민·관협업 예산비목 설명

1) 민간경상사업보조(307-02)란 민간이 행하는 사업에 대하여 자치단체가 이를 권장하기 위하여 교부하는 것으로 자본적 경비를 제외한 보조금을 말함
2) 민간단체 법정운영비보조(307-03)란 지방재정법 제17조 및 지방보조금법 제6조제2항에 따라 운영비를 지원할 수 있는 단체 등에 지원하는 경비를 말함
3) 민간행사사업보조(307-04)란 민간이 주관 또는 주최하는 행사에 대하여 자본적 경비를 제외한 보조금을 말함
4) 민간위탁금(307-05)이란 국가 또는 지방자치단체가 법령 및 조례에 의하여 민간인에게 위탁관리시키는 사업 중 기금성격의 사업비로서 사업이 종료되거나 위탁이 폐지될 때에는 전액 국고 또는 지방비로 회수가 가능한 사업을 말함
5) 사회복지시설 법정운영비 보조(307-10)란 주민 복지를 위해 법령의 명시적 근거에 따라 사회복지시설에 대하여 운영비 지원 목적으로 편성하는 보조금을 말함
6) 사회복지사업보조(307-11)란 주민 복지를 위해 법령 또는 조례상 지원기준에 따라 의무적으로 지출하는 보조금 또는 자치단체가 권장하는 다음 각 호의 사업을 위하여 지급하는 보조금으로서 자본적 경비를 제외한 경비를 말함
7) 민간인위탁교육비(307-12)란 법령 또는 조례 등에 따라 자치단체 사무를 위해 민간인을 위탁교육할 경우 위탁기관에 지급할 위탁교육비를 말함
8) 공기관등에 대한 경상적 위탁사업비(308-13)란 광역사업 등 당해 자치단체가 시행하여야 할 자본형성적 사업 외의 경비를 공기관에 위임 또는 위탁, 대행하여 시행할 경우 부담하는 제반경비, 지방자치단체조합(한국지역정보개발원 등)에 위탁하는 자본 형성적 사업 외 제반 경비를 말함
9) 공사 · 공단 경상전출금(309-01)이란 공사 · 공단에 대한 자본전출금을 제외한 전출금을 말함
10) 민간자본사업보조(자체재원)(402-01)이란 민간의 자본형성을 위하여 민간이 추진하는 사업을 권장할 목적으로 민간에게 자치단체 자체 재원으로 직접 지급하는 보조금을 말함
11) 민간자본사업보조(이전재원)(402-02)이란 민간의 자본형성을 위하여 민간이 추진하는 사업을 권장할 목적으로 민간에게 국비 또는 시도비를 시도 및 시군구에서 지급하는 보조금
12) 민간위탁사업비(402-03)란 자치단체가 직접 추진하여야 할 사업으로서 법령의 규정에 의하여 민간에 위임 또는 위탁, 대행시키는 사업의 사업비, 국가 또는 지방자치단체의 위임사무에 수반하는 경비로서 지방자치단체 이외의 타에 지급하는 교부금을 말함
13) 공기관등에 대한 자본적 위탁사업비(403-02)란 광역사업 등 당해 자치단체가 시행하여야 할 자본 형성적 사업을 공기관에 위임 또는 위탁, 대행하여 시행할 경우 부담하는 제반경비를 말함
14) 공사·공단자본전출금(404-01)이란 공사·공단에 대한 자본형성 또는 경제개발을 위하여 지급하는 전출금을 말함

자료출처 : 행정안전부, 2025년도 지방자치단체 예산편성 운영기준 및 기금운용계획 수립기준(2024. 7.)

목 차

목 차

목 차

충북

충남

전북

전남

목 차

2025년 전국 지방자치단체 사회복지시설 운영현황 조사

순번	시군구	지출명 (사업명)	시설종류 1. 생활시설 2. 이용시설	사회복지시설 종류 1. 노인복지시설 2. 아동복지시설 3. 장애인복지시설 4. 어린이집 5. 정신건강증진시설 6. 노숙인시설 7. 사회복지관 8. 지역자활센터 9. 다함께돌봄센터 10. 결핵,한센시설 11. 성매매피해지원시설 12. 성폭력피해보호시설 13. 가정폭력보호시설 14. 가족센터 15. 청소년복지시설 16. 기타 ( )	2025년예산 (단위:천원/1년간)	민간이전 분류 (지방자치단체 세출예산 집행기준에 의거) 1. 민간경상사업보조(307-02) 2. 민간단체 법정운영비보조(307-03) 3. 민간행사사업보조(307-04) 4. 민간위탁금(307-05) 5. 사회복지시설 법정운영비보조(307-10) 6. 사회복지사업보조(307-11) 7. 민간인위탁교육비(307-12) 8. 공기관등에대한경상적위탁사업(308-13) 9. 공사공단 경상전출금(309-01)	민간이전지출 근거 (지방보조금 관리기준 참고) 1. 법률에 규정 2. 국고보조 재원(국가지정) 3. 용도 지정 기부금 4. 조례에 직접규정 5. 지자체가 권장하는 사업을 하는 공공기관 6. 시,도 정책 및 재정사정 7. 기타 8. 해당없음	입찰방식: 계약체결방법 (경쟁형태) 1. 일반경쟁 2. 제한경쟁 3. 지명경쟁 4. 수의계약 5. 법정위탁 6. 기타 ( ) 7. 해당없음	입찰방식: 계약기간 1. 1년 2. 2년 3. 3년 4. 4년 5. 5년 6. 기타 ( )년 7. 단기계약 (1년미만) 8. 해당없음	입찰방식: 낙찰자선정방법 1. 적격심사 2. 협상에의한계약 3. 최저가낙찰제 4. 규격가격분리 5. 2단계 경쟁입찰 6. 기타 ( ) 7. 해당없음	운영예산 산정: 운영비산정 1. 내부산정 (지자체 자체적으로 산정) 2. 외부산정 (외부전문기관위탁 산정) 3. 내·외부 모두 산정 4. 산정 無 5. 해당없음	운영예산 산정: 정산방법 1. 내부정산 (지자체 내부적으로 정산) 2. 외부정산 (외부전문기관위탁 정산) 3. 내·외부 모두 산정 4. 정산 無 5. 해당없음	성과평가: 성과평가 실시여부 1. 실시 2. 미실시 3. 향후 추진 4. 해당없음	성과평가: 성과평가 주기 1. 매년 2. 격년 3. 기간만료전 4. 기타 ( ) 5. 해당없음	성과평가: 성과평가 실시 방법 1. 자체 실시 2. 평가단 구성 후 실시 (전문위원 섭외) 3. 전문 평가기관 의뢰 4. 기타 ( ) 5. 해당없음	성과평가: 평가기준 적용방법 1. 관련 조례 적용 2. 전문 평가기관 의뢰 3. 기타 ( ) 4. 해당없음	평가결과 적용: 실제 인센티브 및 페널티 적용 유무 1. 매년 적용 2. 적용 안함 3. 기타 ( ) 4. 해당없음	평가결과 적용: 인센티브 및 페널티 적용근거 1. 조례 2. 계약서 3. 기타 ( ) 4. 해당없음
1	서울 종로구	종로장애인가족지원센터	2	16	195,706	4	4	5	3	1	1	1	4	5	5	4	4	4
2	서울 종로구	종로장애인복지관 운영	2	3	2,293,235	4	1,4	7	6	7	3	3	4	5	5	4	4	4
3	서울 종로구	자활근로(보조)	2	8	2,562,363	4	2	5	1	1	1	1	1	2	4	3	3	3
4	서울 종로구	지역자활센터 운영(보조)	2	8	469,085	4	2	5	8	7	1	1	4	5	5	4	4	4
5	서울 종로구	지역 저소득 취약계층 심리상담 연계사업	2	8	10,000	4	7	7	8	7	1	1	2	5	5	4	4	4
6	서울 종로구	노숙인 프로그램 운영(전환사업)	2	6	11,176	6	1,4	2	5	5	3	3	1	1	2	1	1	1
7	서울 종로구	노숙인 프로그램 운영(전환사업)	2	6	3,960	6	1,4	4	7	3	1	1	1	4	1,4	3	3	3
8	서울 용산구	어린이집 운영지원	2	4	976,698	5	1	7	8	7	1	1	1	1	1	1	4	4
9	서울 용산구	어린이집 운영지원	2	4	144,336	6	1	7	8	7	1	1	1	1	1	1	4	4
10	서울 용산구	구청 직장어린이집 운영지원	2	4	310,344	5	1	1	5	1	1	1	1	1	1	1	4	4
11	서울 용산구	어린이집 보육행사	2	4	75,000	3	1	7	8	7	1	1	1	1	1	1	4	4
12	서울 용산구	어린이집 운영지원(보조-취약(맞춤) 보육지원)	2	4	208,394	5	1	7	8	7	1	1	4	5	5	4	4	4
13	서울 용산구	어린이집 운영지원(보조-취약(맞춤) 보육지원)	2	4	334,475	6	1	7	8	7	1	1	4	5	5	4	4	4
14	서울 용산구	어린이집 배상보험 지원(보조)	2	4	25,572	5	1	7	8	7	1	1	4	5	5	4	4	4
15	서울 용산구	어린이집 보육교직원 보수교육(국고)	2	4	12,400	6	1	7	8	7	1	1	4	5	5	4	4	4
16	서울 용산구	어린이집 운영지원(국고)	2	4	118,400	6	1	7	8	7	1	1	4	5	5	4	4	4
17	서울 용산구	시간제보육서비스 제공지원(국고)	2	4	136,648	6	1	7	8	7	1	1	4	5	5	4	4	4
18	서울 용산구	사회복지시설 종사자 복지포인트 지급	2	16	80,000	5	4	7	8	7	1	1	4	5	5	4	4	4
19	서울 용산구	사회복지시설 종사자 복지포인트 지급	2	16	120,000	5	4	7	8	7	1	1	4	5	5	4	4	4
20	서울 용산구	건강가정 및 다문화가족 지원센터 운영	2	14	4,478,814	4	1	6	5	6	5	1	4	5	5	4	4	4
21	서울 성동구	종합사회복지관운영 (3개소)	2	7	4,041,761	4	1	5	5	1	5	1	4	5	5	4	4	4
22	서울 광진구	종합사회복지관 운영	2	7	3,878,745	4	1	5	5	6	1	1	1	1	4	2	4	4
23	서울 광진구	광진푸드뱅크마켓센터 운영	2	16	190,384	4	1	5	5	6	1	1	1	1	4	2	4	4
24	서울 동대문구	시니어클럽 운영	2	1	433,444	5	1	5	5	1	1	2	1	1	4	3	4	4
25	서울 동대문구	구립 어르신종합복지관 운영	2	1	1,577,665	4	1	1	5	1	1	1	3	1	1	1	3	1
26	서울 동대문구	구립50플러스센터 운영	2	16	199,600	4	4	6	3	6	1	1	3	5	5	4	4	4
27	서울 동대문구	노인지회 운영지원	2	1	94,624	2	4	7	8	7	1	1	4	5	5	4	4	4
28	서울 동대문구	구립어린이집 운영	2	4	26,000	5	1	1	5	6	5	5	4	5	5	4	4	4
29	서울 동대문구	동대문구가족센터 운영	2	14	868,294	4	1	1	5	6	5	5	4	5	5	4	4	4
30	서울 동대문구	우리동네키움센터	2	9	1,394,950	4	2	7	8	7	1	1	1	3	1	3	4	4
31	서울 동대문구	우리동네키움센터	2	9	1,394,950	4	2	7	8	7	1	1	1	3	1	3	4	4
32	서울 동대문구	우리동네키움센터	2	9	1,394,950	4	2	7	8	7	1	1	1	3	1	3	4	4
33	서울 동대문구	우리동네키움센터	2	9	1,394,950	4	2	7	8	7	1	1	1	3	1	3	4	4
34	서울 동대문구	우리동네키움센터	2	9	1,394,950	4	2	7	8	7	1	1	1	3	1	3	4	4
35	서울 동대문구	우리동네키움센터	2	9	1,394,950	4	2	7	8	7	1	1	1	3	1	3	4	4
36	서울 동대문구	우리동네키움센터	2	9	1,394,950	4	2	7	8	7	1	1	1	3	1	3	4	4
37	서울 동대문구	지역아동센터 지원사업(보조사업)	2	2	1,931,460	5	2	7	8	7	5	5	4	5	5	4	4	4
38	서울 동대문구	지역아동센터 지원사업(자체사업)	2	2	102,120	5	4	7	8	7	5	5	4	5	5	4	4	4
39	서울 동대문구	지역아동센터 지원사업(자체사업)	2	2	51,600	6	4	7	8	7	5	5	4	5	5	4	4	4
40	서울동대문구	장애인편의증진기술지원센터	2	3	180,070	5	2	7	8	7	3	3	1	1	1	1	1	1
41	서울동대문구	발달장애인 평생교육센터	2	3	620,883	5	2	7	8	7	3	3	1	1	1	1	1	1
42	서울동대문구	장애인복지관	2	3	3,673,398	5	2	7	8	7	3	3	1	1	1	1	1	1
43	서울 성북구	종합사회복지관 운영 지원	2	7	6,428,717	5	2	1	5	1	1	1	4	5	5	4	4	4

순번	시군구	지출명 (사업명)	시설종류 1. 생활시설 2. 이용시설	사회복지시설 종류 1. 노인복지시설 2. 아동복지시설 3. 장애인복지시설 4. 어린이집 5. 정신건강증진시설 6. 노숙인시설 7. 사회복지관 8. 지역자활센터 9. 다함께돌봄센터 10. 결핵,한센시설 11. 성매매피해지원시설 12. 성폭력피해보호시설 13. 가정폭력보호시설 14. 가족센터 15. 청소년복지시설 16. 기타 ( )	2025년예산 (단위:천원/1년간)	민간이전 분류 (지방자치단체 세출예산 집행기준에 의거) 1. 민간경상사업보조(307-02) 2. 민간단체 법정운영비보조(307-03) 3. 민간행사사업보조(307-04) 4. 민간위탁금(307-05) 5. 사회복지시설 법정운영비보조(307-10) 6. 사회복지사업보조(307-11) 7. 민간인위탁교육비(307-12) 8. 공기관등에대한경상적위탁사업(308-13) 9. 공사공단 경상전출금(309-01)	민간이전지출 근거 (지방보조금 관리기준 참고) 1. 법률에 규정 2. 국고보조 재원(국가지정) 3. 용도 지정 기부금 4. 조례에 직접규정 5. 지자체가 권장하는 사업을 하는 공공기관 6. 시,도 정책 및 재정사정 7. 기타 8. 해당없음	입찰방식			운영예산 산정		성과평가				평가결과 적용	
								계약체결방법 (경쟁형태) 1. 일반경쟁 2. 제한경쟁 3. 지명경쟁 4. 수의계약 5. 법정위탁 6. 기타 ( ) 7. 해당없음	계약기간 1. 1년 2. 2년 3. 3년 4. 4년 5. 5년 6. 기타 ( )년 7. 단기계약 (1년미만) 8. 해당없음	낙찰자선정방법 1. 적격심사 2. 협상에의한계약 3. 최저가낙찰제 4. 규격가격분리 5. 2단계 경쟁입찰 6. 기타 ( ) 7. 해당없음	운영비산정 1. 내부산정 (지자체 자체적으로 산정) 2. 외부산정 (외부전문기관위탁 산정) 3. 내·외부 모두 산정 4. 산정 無 5. 해당없음	정산방법 1. 내부정산 (지자체 내부적으로 정산) 2. 외부정산 (외부전문기관위탁 정산) 3. 내·외부 모두 산정 4. 정산 無 5. 해당없음	성과평가 실시여부 1. 실시 2. 미실시 3. 향후 추진 4. 해당없음	성과평가 주기 1. 매년 2. 격년 3. 기간만료전 4. 기타 ( ) 5. 해당없음	성과평가 실시 방법 1. 자체 실시 2. 평가단 구성 후 실시 (전문위원 섭외) 3. 전문 평가기관 의뢰 4. 기타 ( ) 5. 해당없음	평가기준 적용방법 1. 관련 조례 적용 2. 전문 평가기관 의뢰 3. 기타 ( ) 4. 해당없음	실제 인센티브 및 페널티 적용 유무 1. 매년 적용 2. 적용 안함 3. 기타 ( ) 4. 해당없음	인센티브 및 페널티 적용근거 1. 조례 2. 계약서 3. 기타 ( ) 4. 해당없음
44	서울 강북구	서울형어린이집 공인 운영	2	4	2,167,142	5	6	7	8	7	5	5	4	5	5	4	4	4
45	서울 강북구	어린이집 운영 지원(자체,시비,국비)	2	4	5,981,365	5	4	7	8	7	1	1	4	5	5	4	4	4
46	서울 강북구	방과후어린이집 운영 지원	2	4	31,920	5	6	7	8	7	5	1	4	5	5	4	4	4
47	서울 강북구	장애아통합(전문)어린이집 운영 지원	2	4	271,696	5	6	7	8	7	5	1	4	5	5	4	4	4
48	서울 강북구	누리과정 운영 지원	2	4	1,840,755	5	2	7	8	7	5	1	4	5	5	4	4	4
49	서울 강북구	어린이집 교원 보수교육비 지원(국비)	2	4	11,200	5	2	7	8	7	5	1	4	5	5	4	4	4
50	서울 강북구	도농상생공공급식지원	2	4	200,640	6	4	7	7	7	5	5	4	4	4	4	4	4
51	서울 강북구	가정폭력 피해자 지원 사업	1	13	406,229	6	2	7	8	7	5	1	4	5	5	4	4	4
52	서울 강북구	가족센터 운영	1	14	565,024	4	4	7	5	1	1	1	1	3	2	4	4	4
53	서울 노원구	공릉종합사회복지관	2	7	1,374,129	4	1	5	5	1	3	3	1	4	2	1	4	4
54	서울 노원구	노원1종합사회복지관	2	7	1,310,529	4	1	5	5	1	3	3	1	4	2	1	4	4
55	서울 노원구	마들종합사회복지관	2	7	1,235,142	4	1	5	5	1	3	3	1	4	2	1	4	4
56	서울 노원구	북부종합사회복지관	2	7	1,283,320	5	1	5	5	1	3	3	1	4	2	1	4	4
57	서울 노원구	상계종합사회복지관	2	7	1,258,950	4	1	5	5	1	3	3	1	4	2	1	4	4
58	서울 노원구	월계종합사회복지관	2	7	1,235,075	4	1	5	5	1	3	3	1	4	2	1	4	4
59	서울 노원구	중계종합사회복지관	2	7	1,265,118	4	1	5	5	1	3	3	1	4	2	1	4	4
60	서울 노원구	평화종합사회복지관	2	7	1,317,054	4	1	5	5	1	3	3	1	4	2	1	4	4
61	서울 노원구	하계종합사회복지관	2	7	1,214,755	4	1	5	5	1	3	3	1	4	2	1	4	4
62	서울 노원구	지역자활센터운영	2	8	1,721,644	5	2	5	8	7	1	1	2	5	5	4	4	4
63	서울 노원구	자활사례관리	2	8	95,244	5	1	5	8	7	1	1	2	5	5	4	4	4
64	서울 노원구	가사,간병 방문 지원사업	2	8	319,580	6	1	5	8	7	1	1	2	5	5	4	4	4
65	서울 노원구	청소년상담복지센터 운영	2	15	819,355	4	1	5	3	1	1	1	1	3	2	1	3	1
66	서울 노원구	학교밖청소년지원센터 운영	2	15	237,139	4	1	5	3	1	1	1	1	3	2	1	3	1
67	서울 노원구	지역아동센터 운영비 지원	2	2	1,117,088	5	2	1	5	1	1	1	1	3	1	1	4	4
68	서울 노원구	다함께돌봄 사업 인건비 지원	2	9	5,231,592	4	2	1	5	1	1	1	1	3	1	1	4	4
69	서울 노원구	학대피해아동쉼터 운영	1	2	345,302	5	1	1	5	1	1	1	1	3	2	1	4	4
70	서울 노원구	영유아전용 학대피해아동보호시설 운영	1	2	332,903	5	1	1	5	1	1	1	1	3	2	1	4	4
71	서울 노원구	아동복지시설 운영지원	1	2	3,219,367	5	2	7	8	7	5	5	2	5	5	4	4	4
72	서울 노원구	아동복지시설 생활아동지원	1	2	210,952	6	2	7	8	7	5	5	2	5	5	4	4	4
73	서울 노원구	아동복지시설 운영지원	1	2	249,041	5	2	7	8	7	5	5	2	5	5	4	4	4
74	서울 노원구	아동복지시설 생활아동지원	1	2	24,590	6	2	7	8	7	5	5	2	5	5	4	4	4
75	서울 노원구	아동복지시설 운영지원	1	2	229,421	5	2	7	8	7	5	5	2	5	5	4	4	4
76	서울 노원구	아동복지시설 생활아동지원	1	2	18,315	6	2	7	8	7	5	5	2	5	5	4	4	4
77	서울 노원구	아동복지시설 운영지원	1	2	259,994	5	2	7	8	7	5	5	2	5	5	4	4	4
78	서울 노원구	아동복지시설 생활아동지원	1	2	32,991	6	2	7	8	7	5	5	2	5	5	4	4	4
79	서울 노원구	구립하계실버센터	1	1	158,007	4	1	1	5	1	1	1	1	3	1,2	1	4	4
80	서울 노원구	월계노인복지관 운영	2	1	585,700	4	1	1	3	1	1	1	1	3	1,2	1	3	1
81	서울 노원구	공릉노인복지관 운영	2	1	461,142	4	1	1	5	1	1	1	1	3	1,2	1	3	1
82	서울 노원구	구립수락노인종합복지관	2	1	1,909,990	4	1	1	5	1	1	1	1	3	1,2	1	4	4
83	서울 노원구	다모인 운영지원 사업	2	3	26,650	8	1	7	8	7	1	1	1	3	1	1	3	3
84	서울 노원구	수어통역센터 운영 지원 사업	2	3	324,032	5	1	7	8	7	1	1	1	1	1	1	4	4
85	서울 노원구	수어통역센터 운영 지원 사업	2	3	52,878	6	1	7	8	7	1	1	1	1	1	1	4	4
86	서울 노원구	장애인복지관 등 운영 지원 사업	1,2	3	3,937,819	5	1	7	8	7	1	1	1	1	1	1	4	4
87	서울 노원구	장애인복지관 등 운영 지원 사업	1,2	3	165,152	6	1	7	8	7	1	1	1	1	1	1	4	4
88	서울 노원구	최중증장애인 낮활동 지원 사업	2	3	576,088	6	1	7	8	7	1	1	1	1	1	1	4	4
89	서울 노원구	거점장애인복지관 운영 지원 사업	2	3	54,700	6	1	7	8	7	1	1	1	1	1	1	4	4

순번	시군구	지출명 (사업명)	시설종류 1. 생활시설 2. 이용시설	사회복지시설 종류 1. 노인복지시설 2. 아동복지시설 3. 장애인복지시설 4. 어린이집 5. 정신건강증진시설 6. 노숙인시설 7. 사회복지관 8. 지역자활센터 9. 다함께돌봄센터 10. 결핵,한센시설 11. 성매매피해지원시설 12. 성폭력피해보호시설 13. 가정폭력보호시설 14. 가족센터 15. 청소년복지시설 16. 기타 ( )	2025년예산 (단위:천원/1년간)	민간이전 분류 (지방자치단체 세출예산 집행기준에 의거) 1. 민간경상사업보조(307-02) 2. 민간단체 법정운영비보조(307-03) 3. 민간행사사업보조(307-04) 4. 민간위탁금(307-05) 5. 사회복지시설 법정운영비보조(307-10) 6. 사회복지사업보조(307-11) 7. 민간인위탁교육비(307-12) 8. 공기관등에대한경상적위탁사업(308-13) 9. 공사공단 경상전출금(309-01)	민간이전지출 근거 (지방보조금 관리기준 참고) 1. 법률에 규정 2. 국고보조 재원(국가지정) 3. 용도 지정 기부금 4. 조례에 직접규정 5. 지자체가 권장하는 사업을 하는 공공기관 6. 시,도 정책 및 재정사정 7. 기타 8. 해당없음	입찰방식			운영예산 산정		성과평가				평가결과 적용	
								계약체결방법 (경쟁형태) 1. 일반경쟁 2. 제한경쟁 3. 지명경쟁 4. 수의계약 5. 법정위탁 6. 기타 ( ) 7. 해당없음	계약기간 1. 1년 2. 2년 3. 3년 4. 4년 5. 5년 6. 기타 ( )년 7. 단기계약 (1년미만) 8. 해당없음	낙찰자선정방법 1. 적격심사 2. 협상에의한계약 3. 최저가낙찰제 4. 규격가격분리 5. 2단계 경쟁입찰 6. 기타 ( ) 7. 해당없음	운영비산정 1. 내부산정 (지자체 자체적으로 산정) 2. 외부산정 (외부전문기관위탁 산정) 3. 내·외부 모두 산정 4. 산정 無 5. 해당없음	정산방법 1. 내부정산 (지자체 내부적으로 정산) 2. 외부정산 (외부전문기관위탁 정산) 3. 내·외부 모두 산정 4. 정산 無 5. 해당없음	성과평가 실시여부 1. 실시 2. 미실시 3. 향후 추진 4. 해당없음	성과평가 주기 1. 매년 2. 격년 3. 기간만료전 4. 기타 ( ) 5. 해당없음	성과평가 실시 방법 1. 자체 실시 2. 평가단 구성 후 실시 (전문위원 섭외) 3. 전문 평가기관 의뢰 4. 기타 ( ) 5. 해당없음	평가기준 적용방법 1. 관련 조례 적용 2. 전문 평가기관 의뢰 3. 기타 ( ) 4. 해당없음	실제 인센티브 및 페널티 적용 유무 1. 매년 적용 2. 적용 안함 3. 기타 ( ) 4. 해당없음	인센티브 및 페널티 적용근거 1. 조례 2. 계약서 3. 기타 ( ) 4. 해당없음
90	서울 노원구	장애인 돌봄가족 휴가제 운영 지원 사업	2	3	26,000	6	1	7	8	7	1	1	1	1	1	1	4	4
91	서울 노원구	소규모 장애인복지시설 조리원 지원 사업	2	3	30,455	6	4	7	8	7	1	1	4	5	5	4	4	4
92	서울 노원구	장애인거주시설 사물인터넷(IOT)활용 돌봄 사업	1	3	1,448	6	1	7	8	7	1	1	1	1	1	1	4	4
93	서울 은평구	찾아가는 가족프로그램 소풍 운영	2	14	23,570	4	1	5	5	7	1	1	1	1	1	1	4	4
94	서울 은평구	가족센터(건강가정지원) 운영	2	14	647,139	4	1	5	5	7	1	1	1	1	1	1	4	4
95	서울 은평구	다문화가족 지원	2	14	91,790	4	1	5	5	7	1	1	1	1	1	1	4	4
96	서울 은평구	아이돌봄지원사업	2	14	435,231	4	1	5	5	7	1	1	1	1	1	1	4	4
97	서울 은평구	공동육아나눔터	2	14	118,608	4	1	5	5	7	1	1	1	1	1	1	4	4
98	서울 은평구	다함께돌봄센터 설치비 지원	2	9	12,600	4	1	7	5	7	5	1	1	1	1	1	4	4
99	서울 은평구	다함께돌봄센터 인건비 지원	2	9	1,943,953	4	2	7	5	7	5	1	1	1	1	1	4	4
100	서울 은평구	자립준비청년 지원	2	16	160,332	4	4	1	3	1	1	1	4	5	5	4	4	4
101	서울 은평구	지역아동센터 운영비 지원	2	2	775,622	5	2	7	8	7	5	1	4	5	5	4	4	4
102	서울 은평구	지역아동센터 환경개선비 지원	2	2	78,569	8	4	7	8	7	5	1	4	5	5	4	4	4
103	서울 서대문구	서대문장애인종합복지관 운영	2	3	1,731,053	4	1	1	5	1	1	3	1	3	2	3	3	4
104	서울마포구	염리종합사회복지관 운영	2	7	1,252,051	4	1	1	5	1	1	1	1	3	1	3	3	1
105	서울마포구	성산종합사회복지관 운영	2	7	1,197,517	4	1	1	5	1	1	1	1	3	1	3	3	1
106	서울 구로구	구로구푸드뱅크마켓센터 운영	2	16	152,396	4	4	6	5	6	5	5	1	4	4	3	3	1
107	서울 구로구	구로사회복지관 운영비 등지원	2	7	1,112,024	4	1	1	5	1	1	1	1	4	4	3	3	3
108	서울 구로구	궁동사회복지관 운영비 등지원	2	7	1,071,769	4	1	1	5	1	1	1	1	4	4	3	3	3
109	서울 구로구	화원사회복지관 운영비 등지원	2	7	1,107,422	4	1	1	5	1	1	1	1	4	4	3	3	3
110	서울 금천구	종합사회복지관운영	2	7	1,354,419	5	1	5	8	7	5	1	4	5	5	4	4	4
111	서울 금천구	종합사회복지관운영	2	7	1,256,815	4	1	6	5	1	5	1	4	5	5	4	4	4
112	서울 영등포구	영등포종합사회복지관 운영	2	7	1,226,618	5	1	1	5	1	2	2	1	1	1	1	4	4
113	서울 영등포구	신길종합사회복지관 운영	2	7	1,221,965	5	1	1	5	1	2	2	1	1	1	1	4	4
114	서울 영등포구	영중종합사회복지관 운영	2	7	1,189,727	5	1	1	5	1	2	2	1	1	1	1	4	4
115	서울 동작구	사회복지관 운영 지원(시비보조)	2	7	7,350,801	5	1	5	5	1	1	1	1	3	1	1	4	4
116	서울 관악구	사회복지관운영지원	2	7	1,320,296	5	1	1	5	1	1	1	1	4	3	2	3	1
117	서울 관악구	사회복지관운영지원	2	7	1,237,542	5	1	1	5	1	1	1	1	4	3	2	3	1
118	서울 관악구	사회복지관운영지원	2	7	1,217,222	5	1	6	8	7	1	1	1	4	3	2	4	4
119	서울 관악구	사회복지관운영지원	2	7	1,346,713	5	1	1	5	1	1	1	1	4	3	2	3	1
120	서울 관악구	사회복지관운영지원	2	7	1,317,815	5	1	6(직영)	8	7	1	1	1	4	3	2	4	4
121	서울 서초구	학대피해아동쉼터운영	1	2	362,774	4	2	1	5	1	5	5	4	5	5	4	4	4
122	서울 서초구	청소년상담복지센터 운영	2	15	621,953	4	1	5	5	1	1	1	1	4	4	3	4	4
123	서울 서초구	1인가구 지원사업	2	16	838,425	4	4	1	5	1	1	1	3	3	3	2	4	4
124	서울 서초구	반포종합사회복지관 운영비	2	7	1,251,785	4	1	5	5	7	3	3	1	3	2	2	4	4
125	서울 서초구	양재종합사회복지관 운영비	2	7	1,240,178	4	1	5	5	7	3	3	1	3	2	2	4	4
126	서울 서초구	우면종합사회복지관 운영비	2	7	1,409,703	4	1	5	5	7	3	3	1	3	2	2	4	4
127	서울 서초구	까리따스방배종합사회복지관 운영비	2	7	1,312,951	5	1	5	5	7	3	3	1	3	2	2	4	4
128	서울 서초구	바우뫼복지문화회관 운영비	2	7	120,000	4	1	5	1	7	3	3	1	3	2	2	4	4
129	서울 서초구	반포종합사회복지관 더봄교실 운영비	2	7	15,000	4	1	5	1	7	1	1	1	3	2	2	4	4
130	서울 서초구	종합사회복지관 분소 등 운영비	2	7	50,000	4	1	5	1	7	1	1	1	3	2	2	4	4
131	서울 서초구	양재종합사회복지관 독서실 운영비	2	7	40,200	4	1	5	1	7	1	1	1	3	2	2	4	4
132	서울 서초구	사회복지사 등 생일선물 지원비	2	7	3,000	5	1	5	1	7	1	1	1	3	2	2	4	4
133	서울 서초구	사회복지시설 종사자 상해보험 지원	2	16	28,000	5	1	5	1	7	2	2	4	5	5	4	4	4
134	서울 서초구	권역별 효도버스 운영비 지원	2	7	107,000	5	1	5	8	7	1	1	4	5	5	4	4	4
135	서울 서초구	보훈단체 사업비 및 운영비 지원	2	16	86,000	1	1	7	8	7	1	1	1	1	1	4	4	4

순번	시군구	지출명 (사업명)	시설종류 1. 생활시설 2. 이용시설	사회복지시설 종류 1. 노인복지시설 2. 아동복지시설 3. 장애인복지시설 4. 어린이집 5. 정신건강증진시설 6. 노숙인시설 7. 사회복지관 8. 지역자활센터 9. 다함께돌봄센터 10. 결핵,한센시설 11. 성매매피해지원시설 12. 성폭력피해보호시설 13. 가정폭력보호시설 14. 가족센터 15. 청소년복지시설 16. 기타 ( )	2025년예산 (단위:천원/1년간)	민간이전 분류 (지방자치단체 세출예산 집행기준에 의거) 1. 민간경상사업보조(307-02) 2. 민간단체 법정운영비보조(307-03) 3. 민간행사사업보조(307-04) 4. 민간위탁금(307-05) 5. 사회복지시설 법정운영비보조(307-10) 6. 사회복지사업보조(307-11) 7. 민간인위탁교육비(307-12) 8. 공기관등에대한경상적위탁사업(308-13) 9. 공사공단 경상전출금(309-01)	민간이전지출 근거 (지방보조금 관리기준 참고) 1. 법률에 규정 2. 국고보조 재원(국가지정) 3. 용도 지정 기부금 4. 조례에 직접규정 5. 지자체가 권장하는 사업을 하는 공공기관 6. 시,도 정책 및 재정사정 7. 기타 8. 해당없음	입찰방식 계약체결방법 (경쟁형태) 1. 일반경쟁 2. 제한경쟁 3. 지명경쟁 4. 수의계약 5. 법정위탁 6. 기타 ( ) 7. 해당없음	입찰방식 계약기간 1. 1년 2. 2년 3. 3년 4. 4년 5. 5년 6. 기타 ( )년 7. 단기계약 (1년미만) 8. 해당없음	입찰방식 낙찰자선정방법 1. 적격심사 2. 협상에의한계약 3. 최저가낙찰제 4. 규격가격분리 5. 2단계 경쟁입찰 6. 기타 ( ) 7. 해당없음	운영예산 산정 운영비산정 1. 내부산정 (지자체 자체적으로 산정) 2. 외부산정 (외부전문기관위탁 산정) 3. 내·외부 모두 산정 4. 산정 無 5. 해당없음	운영예산 산정 정산방법 1. 내부정산 (지자체 내부적으로 정산) 2. 외부정산 (외부전문기관위탁 정산) 3. 내·외부 모두 산정 4. 정산 無 5. 해당없음	성과평가 성과평가 실시여부 1. 실시 2. 미실시 3. 향후 추진 4. 해당없음	성과평가 성과평가 주기 1. 매년 2. 격년 3. 기간만료전 4. 기타 ( ) 5. 해당없음	성과평가 성과평가 실시 방법 1. 자체 실시 2. 평가단 구성 후 실시 (전문위원 섭외) 3. 전문 평가기관 의뢰 4. 기타 ( ) 5. 해당없음	성과평가 평가기준 적용방법 1. 관련 조례 적용 2. 전문 평가기관 의뢰 3. 기타 ( ) 4. 해당없음	평가결과 적용 실제 인센티브 및 페널티 적용 유무 1. 매년 적용 2. 적용 안함 3. 기타 ( ) 4. 해당없음	평가결과 적용 인센티브 및 페널티 적용근거 1. 조례 2. 계약서 3. 기타 ( ) 4. 해당없음
136	서울 서초구	보훈단체 사업비 및 운영비 지원	2	16	164,000	2	1	7	8	7	1	1	1	1	1	4	4	4
137	서울 서초구	보훈단체 행사 지원	2	16	48,000	3	1	7	8	7	1	1	1	1	1	4	4	4
138	서울 서초구	서초 행복한 꿈찾기	2	2	165,327	4	1	5	8	7	1	1	4	5	5	4	4	4
139	서울 서초구	장애인시설 및 단체 지원	2	16	24,000	4	4	7	8	7	1	1	4	5	5	1	4	4
140	서울 서초구	발달장애인 평생교육센터 운영	2	16	740,428	4	1	1	5	1	1	1	3	3	2	1	4	4
141	서울 서초구	장애아동발달지원센터 운영	2	16	548,500	4	4	1	5	1	1	1	3	3	2	1	4	4
142	서울 서초구	장애인복지관 운영	2	7	2,808,818	4	1	1	5	1	1	1	1	3	1	1	4	4
143	서울 서초구	구립 장애인 직업재활시설 운영	2	3	95,658	4	1	1	5	1	1	1	3	3	1	1	4	4
144	서울 서초구	장애인 주간보호센터 운영	2	3	60,175	4	1	1	5	1	1	1	3	3	1	1	4	4
145	서울 서초구	장애인가족지원센터 운영	2	16	224,044	6	4	1	3	1	1	1	3	3	1	1	4	4
146	서울 서초구	장애인편의증진기술지원센터 운영	2	16	238,260	4	1	7	3	7	1	1	1	4	4	3	4	4
147	서울 서초구	어린이집 교재교구비 지원	2	4	143,010	6	2	7	8	7	5	5	4	5	5	4	4	4
148	서울 서초구	어린이집 교원 보수교육비 지원	2	4	19,100	6	2	7	8	7	5	5	4	5	5	4	4	4
149	서울 서초구	어린이집 운영지원(시비)	2	4	2,545,965	5	6	7	8	7	5	5	4	5	5	4	4	4
150	서울 서초구	어린이집 특화보육 지원	2	4	2,268,010	5	6	7	8	7	5	5	4	5	5	4	4	4
151	서울 서초구	장애아통합시설 운영지원	2	4	380,542	5	6	7	8	7	5	5	4	5	5	4	4	4
152	서울 서초구	어린이집 공기청정기 운영비 지원	2	4	272,200	5	6	7	8	7	5	5	4	5	5	4	4	4
153	서울 서초구	어린이집 운영지원(자체사업)	2	4	4,079,258	5	7	7	8	7	5	5	4	5	5	4	4	4
154	서울 서초구	서초 나비코치 아카데미 운영	2	16	28,000	1	4	1	7	6	1	1	1	4	5	4	4	4
155	서울 서초구	안심장비 지원사업	2	16	25,600	1	4	7	8	7	1	1	3	4	5	4	4	4
156	서울 서초구	서초여성가족플라자 잠원센터 운영	2	16	1,520,125	4	4	2	5	1	1	1	3	3	3	2	4	4
157	서울 서초구	서초여성가족플라자 서초센터 운영	2	16	662,083	4	4	2	5	1	1	1	3	3	3	2	4	4
158	서울 서초구	서초여성가족플라자 방배센터 운영	2	16	662,083	4	4	2	3	1	1	1	3	3	3	2	4	4
159	서울 서초구	서초구립 우면동 초등키움센터 운영	2	9	256,881	4	2	5	5	7	1	1	4	5	5	4	4	4
160	서울 서초구	서초구립 네이처힐2단지 초등키움센터 운영	2	9	243,672	4	2	5	5	7	1	1	4	5	5	4	4	4
161	서울 서초구	서초구립 내곡동 초등키움센터 운영	2	9	278,349	4	2	5	5	7	1	1	4	5	5	4	4	4
162	서울 서초구	서초구립 반포동 초등키움센터 운영	2	9	232,681	4	2	5	5	7	1	1	4	5	5	4	4	4
163	서울 서초구	서초구립 방배동 초등키움센터 운영	2	9	267,074	4	2	5	5	7	1	1	4	5	5	4	4	4
164	서울 서초구	서초구립 서초동 초등키움센터 운영	2	9	267,978	4	2	5	5	7	1	1	4	5	5	4	4	4
165	서울 서초구	독거노인 지원사업	2	1	140,000	4	4	5	5	7	1	1	1	3	1	1	4	4
166	서울 서초구	독거노인 지원사업	2	1	140,000	4	4	5	5	7	1	1	1	3	1	1	4	4
167	서울 서초구	독거노인 지원사업	2	1	140,000	4	4	5	5	7	1	1	1	3	1	1	4	4
168	서울 서초구	경로당 운영비 지원	2	1	236,730	5	1	7	8	7	1	1	1	1	1	1	1	1
169	서울 서초구	경로당 운영비 지원	2	1	1,192,469	6	1	7	8	7	1	1	1	1	1	1	1	1
170	서울 서초구	경로당 활성화 사업	2	16	350,000	4	6	2	1	2	1	1	2	5	5	4	2	2
171	서울 서초구	소규모데이케어센터 운영비	2	1	107,000	4	1	7	8	7	1	1	1	3	2	1	4	4
172	서울 서초구	신규 구립데이케어센터 운영비	2	1	200,000	4	1	7	8	7	1	1	1	3	2	1	4	4
173	서울 서초구	정신재활시설 운영	2	5	710,519	5	1	7	8	7	5	5	4	5	5	4	4	4
174	서울 송파구	자활근로사업	2	8	3,183,180	4	1	5	6	6	3	3	1	1	4	3	1	3
175	서울 송파구	자활사례관리 지원 사업	2	8	31,740	4	1	5	6	6	3	3	1	1	4	3	1	3
176	서울 송파구	솔바람복지센터 운영	2	16	179,239	4	1	1	5	1	1	1	1	3	1	1	4	4
177	서울 송파구	건강가정지원사업	2	14	713,401	4	2	1	5	1	1	1	1	3	3	1	3	1
178	서울 송파구	다문화가족지원사업	2	14	1,077,575	4	2	1	5	1	1	1	1	3	3	1	3	1
179	서울 송파구	장애아통합보육시설 설치비 지원	2	4	4,800	5	1	7	8	7	1	1	4	5	5	4	4	4
180	서울 송파구	다문화통합어린이집 운영 지원	2	4	10,800	5	1	7	8	7	1	1	4	5	5	4	4	4
181	서울 송파구	장애아통합 및 아토피어린이집 운영 지원	2	4	316,068	5	1	7	8	7	1	1	4	5	5	4	4	4

순번	시군구	지출명 (사업명)	시설종류 1. 생활시설 2. 이용시설	사회복지시설 종류 1. 노인복지시설 2. 아동복지시설 3. 장애인복지시설 4. 어린이집 5. 정신건강증진시설 6. 노숙인시설 7. 사회복지관 8. 지역자활센터 9. 다함께돌봄센터 10. 결핵,한센시설 11. 성매매피해지원시설 12. 성폭력피해보호시설 13. 가정폭력보호시설 14. 가족센터 15. 청소년복지시설 16. 기타 ( )	2025년예산 (단위:천원/1년간)	민간이전 분류 (지방자치단체 세출예산 집행기준에 의거) 1. 민간경상사업보조(307-02) 2. 민간단체 법정운영비보조(307-03) 3. 민간행사사업보조(307-04) 4. 민간위탁금(307-05) 5. 사회복지시설 법정운영비보조(307-10) 6. 사회복지사업보조(307-11) 7. 민간인위탁교육비(307-12) 8. 공기관등에대한경상적위탁사업(308-13) 9. 공사공단 경상전출금(309-01)	민간이전지출 근거 (지방보조금 관리기준 참고) 1. 법률에 규정 2. 국고보조 재원(국가지정) 3. 용도 지정 기부금 4. 조례에 직접규정 5. 지자체가 권장하는 사업을 하는 공공기관 6. 시,도 정책 및 재정사정 7. 기타 8. 해당없음	입찰방식 계약체결방법 (경쟁형태) 1. 일반경쟁 2. 제한경쟁 3. 지명경쟁 4. 수의계약 5. 법정위탁 6. 기타 ( ) 7. 해당없음	입찰방식 계약기간 1. 1년 2. 2년 3. 3년 4. 4년 5. 5년 6. 기타 ( )년 7. 단기계약 (1년미만) 8. 해당없음	입찰방식 낙찰자선정방법 1. 적격심사 2. 협상에의한계약 3. 최저가낙찰제 4. 규격가격분리 5. 2단계 경쟁입찰 6. 기타 ( ) 7. 해당없음	운영예산 산정 운영비산정 1. 내부산정 (지자체 자체적으로 산정) 2. 외부산정 (외부전문기관위탁 산정) 3. 내·외부 모두 산정 4. 산정 無 5. 해당없음	운영예산 산정 정산방법 1. 내부정산 (지자체 내부적으로 정산) 2. 외부정산 (외부전문기관위탁 정산) 3. 내·외부 모두 산정 4. 정산 無 5. 해당없음	성과평가 성과평가 실시여부 1. 실시 2. 미실시 3. 향후 추진 4. 해당없음	성과평가 성과평가 주기 1. 매년 2. 격년 3. 기간만료전 4. 기타 ( ) 5. 해당없음	성과평가 성과평가 실시 방법 1. 자체 실시 2. 평가단 구성 후 실시 (전문위원 섭외) 3. 전문 평가기관 의뢰 4. 기타 ( ) 5. 해당없음	성과평가 평가기준 적용방법 1. 관련 조례 적용 2. 전문 평가기관 의뢰 3. 기타 ( ) 4. 해당없음	평가결과 적용 실제 인센티브 및 페널티 적용 유무 1. 매년 적용 2. 적용 안함 3. 기타 ( ) 4. 해당없음	평가결과 적용 인센티브 및 페널티 적용근거 1. 조례 2. 계약서 3. 기타 ( ) 4. 해당없음
182	서울 송파구	숲 어린이집 운영 지원	2	4	4,800	5	1	7	8	7	1	1	4	5	5	4	4	4
183	서울 송파구	서울형 모아어린이집 운영 지원	2	4	160,000	5	1	7	8	7	1	1	4	5	5	4	4	4
184	서울 송파구	어린이집 지원(근무환경개선비)	2	4	5,750,400	5	1	7	8	7	1	1	4	5	5	4	4	4
185	서울 송파구	장애아통합보육시설 운영 지원	2	4	642,562	5	1	7	8	7	1	1	4	5	5	4	4	4
186	서울 송파구	어린이집 명절휴가비 지원	2	4	408,000	5	1	7	8	7	1	1	4	5	5	4	4	4
187	서울 송파구	어린이집 상해 및 배상보험 가입	2	4	89,346	5	1	7	8	7	1	1	4	5	5	4	4	4
188	서울 송파구	어린이집 우수식재료 지원금 지원	2	4	202,800	5	1	7	8	7	1	1	4	5	5	4	4	4
189	서울 송파구	어린이집 지원(교재교구비)	2	2	268,770	5	1	7	8	7	1	1	4	5	5	4	4	4
190	서울 송파구	어린이집 냉·난방비 지원	2	2	120,650	5	1	7	8	7	1	1	4	5	5	4	4	4
191	서울 송파구	어린이집 지원(급식위생관리지원금)	2	4	165,827	5	2	7	8	7	5	5	4	5	5	4	4	4
192	서울 송파구	어린이집 공기청정기 설치 지원	2	4	479,268	5	6	7	8	7	5	5	4	5	5	4	4	4
193	서울 송파구	어린이집 IOT기반 환경센서 설치 지원	2	4	13,000	5	6	7	8	7	5	5	4	5	5	4	4	4
194	서울 송파구	구청 직장어린이집 운영지원	2	4	248,160	5	1	1	5	1	1	1	4	4	5	4	4	4
195	서울 송파구	장애인직업재활시설 운영	2	3	562,433	5	1	1	5	1	1	1	1	3	1	1	4	4
196	서울 송파구	장애인직업재활시설 운영	2	3	267,534	5	1	1	5	1	1	1	1	3	1	1	4	4
197	서울 송파구	장애인직업재활시설 운영	2	3	269,879	5	1	1	5	1	1	1	1	3	1	1	4	4
198	서울 송파구	장애인체육시설 운영	2	3	137,701	1	1	1	5	1	1	1	1	3	1	1	4	4
199	서울 송파구	장애인자립지원생활센터운영지원	2	3	145,266	5	4	7	8	7	1	1	1	1	1	1	4	4
200	서울 송파구	장애인자립지원생활센터운영지원	2	3	41,011	5	4	7	8	7	1	1	1	1	1	1	4	4
201	서울 송파구	장애인 차별상담사업 및 인권영화제 운영 지원	2	3	49,722	6	4	7	8	7	1	1	1	1	1	1	4	4
202	서울 송파구	장애인복지관 운영	2	3	1,664,952	4	1	1	5	1	1	3	1	3	1	1	4	4
203	서울 송파구	장애인복지관 운영	2	3	1,688,769	4	1	1	5	1	1	3	1	3	1	1	4	4
204	서울 송파구	장애인복지관 운영	2	3	1,749,393	5	1	1	5	1	1	3	1	3	1	1	4	4
205	서울 송파구	발달장애인평생교육센터 운영	2	16	659,344	4	1	1	3	1	1	3	1	3	1	1	4	4
206	서울 송파구	장애인가족지원센터 운영	2	16	276,955	4	1	1	3	1	1	3	1	3	1	1	4	4
207	서울 송파구	송파구장애인편의증진기술지원센터 운영	2	16	274,974	4	1	6	1	6	1	1	4	5	5	4	4	4
208	서울 송파구	다함께돌봄센터 인건비 지원	2	2	3,359,150	4	1	2,5	5	1	1	1	1	3	1	1	4	4
209	서울 송파구	송파키움센터 특별프로그램 지원	2	2	41,460	1	1	2,5	5	1	1	1	1	3	1	1	4	4
210	서울 송파구	지역아동센터 지원	2	2	344,005	5	1	5,7	5,8	1,7	1	1	4	5	5	4	4	4
211	서울 송파구	아동급식 지원	2	2	1,617,375	6	2	5,7	5,8	1,7	1	1	4	5	5	4	4	4
212	서울 송파구	치어리딩단 운영	2	2	4,000	1	1	7	8	7	5	5	4	5	5	4	4	4
213	서울 송파구	지역아동센터	2	2	1,343,871	5	6	5,7	5,8	1,7	1	1	4	5	5	4	4	4
214	부산광역시	부산사직사회복지관 운영	2	7	931,255	4	7	1	5	1	1	1	1	3	2	1	3	3
215	부산광역시	부산시각장애인복지관 운영	2	3	1,931,048	4	1	1	5	1	1	1	1	3	2	1	1	1
216	부산광역시	곰두리스포츠센터 운영	2	3	758,248	4	1	4	5	7	1	1	1	3	2	1	1	1
217	부산광역시	부산장애인종합복지관 운영	2	3	2,672,445	4	1	1	5	1	1	1	1	3	2	1	1	1
218	부산광역시	장노년 일자리 박람회	3	16	50,000	1	4	7	7	7	1	1	4	5	5	4	4	4
219	부산광역시	50+생애재설계 대학 운영	3	16	360,000	4	4	1	2	1	1	1	1	3	2	1	3	1
220	부산광역시	신중년 인생3모작 지원사업	3	16	60,000	6	4	1	1	1	1	1	1	1	2	1	1	1
221	부산광역시	전국 노인자원봉사대축제	3	16	2,167	6	1	7	8	7	1	1	4	5	5	4	4	4
222	부산광역시	노인맞춤 돌봄서비스 광역지원기관 운영	3	16	199,156	4	2	1	5	1	1	1	1	3	2	1	3	2
223	부산광역시	응급안전안심서비스 거점센터 운영	3	16	33,228	4	2	1	5	1	1	1	1	3	2	4	3	2
224	부산광역시	독거노인종합지원센터 운영	3	16	300,000	4	4	1	5	1	1	1	1	3	2	4	3	2
225	부산광역시	노인복지시설 종사자 심리지원 및 역량강화 사업	3	16	15,000	6	6	7	8	7	1	1	4	5	5	4	4	4
226	부산광역시	노인복지관 종사자 세미나	3	16	4,250	6	6	7	8	7	1	1	4	5	5	4	4	4
227	부산광역시	「HAHA 365」 노인복지관 선배시민 활성화	3	16	15,000	4	1	7	8	7	1	1	4	5	5	4	4	4

순번	시군구	지출명 (사업명)	시설종류 1. 생활시설 2. 이용시설	사회복지시설 종류 1. 노인복지시설 2. 아동복지시설 3. 장애인복지시설 4. 어린이집 5. 정신건강증진시설 6. 노숙인시설 7. 사회복지관 8. 지역자활센터 9. 다함께돌봄센터 10. 결핵,한센시설 11. 성매매피해지원시설 12. 성폭력피해보호시설 13. 가정폭력보호시설 14. 가족센터 15. 청소년복지시설 16. 기타 ( )	2025년예산 (단위:천원/1년간)	민간이전 분류 (지방자치단체 세출예산 집행기준에 의거) 1. 민간경상사업보조(307-02) 2. 민간단체 법정운영비보조(307-03) 3. 민간행사사업보조(307-04) 4. 민간위탁금(307-05) 5. 사회복지시설 법정운영비보조(307-10) 6. 사회복지사업보조(307-11) 7. 민간인위탁교육비(307-12) 8. 공기관등에대한경상적위탁사업(308-13) 9. 공사공단 경상전출금(309-01)	민간이전지출 근거 (지방보조금 관리기준 참고) 1. 법률에 규정 2. 국고보조 재원(국가지정) 3. 용도 지정 기부금 4. 조례에 직접규정 5. 지자체가 권장하는 사업을 하는 공공기관 6. 시,도 정책 및 재정사정 7. 기타 8. 해당없음	입찰방식 계약체결방법 (경쟁형태) 1. 일반경쟁 2. 제한경쟁 3. 지명경쟁 4. 수의계약 5. 법정위탁 6. 기타 ( ) 7. 해당없음	입찰방식 계약기간 1. 1년 2. 2년 3. 3년 4. 4년 5. 5년 6. 기타 ( )년 7. 단기계약 (1년미만) 8. 해당없음	입찰방식 낙찰자선정방법 1. 적격심사 2. 협상에의한계약 3. 최저가낙찰제 4. 규격가격분리 5. 2단계 경쟁입찰 6. 기타 ( ) 7. 해당없음	운영예산 산정 운영비산정 1. 내부산정 (지자체 자체적으로 산정) 2. 외부산정 (외부전문기관위탁 산정) 3. 내·외부 모두 산정 4. 산정 無 5. 해당없음	운영예산 산정 정산방법 1. 내부정산 (지자체 내부적으로 정산) 2. 외부정산 (외부전문기관위탁 정산) 3. 내·외부 모두 산정 4. 정산 無 5. 해당없음	성과평가 성과평가 실시여부 1. 실시 2. 미실시 3. 향후 추진 4. 해당없음	성과평가 성과평가 주기 1. 매년 2. 격년 3. 기간만료전 4. 기타 ( ) 5. 해당없음	성과평가 성과평가 실시 방법 1. 자체 실시 2. 평가단 구성 후 실시 (전문위원 섭외) 3. 전문 평가기관 의뢰 4. 기타 ( ) 5. 해당없음	성과평가 평가기준 적용방법 1. 관련 조례 적용 2. 전문 평가기관 의뢰 3. 기타 ( ) 4. 해당없음	평가결과 적용 실제 인센티브 및 페널티 적용 유무 1. 매년 적용 2. 적용 안함 3. 기타 ( ) 4. 해당없음	평가결과 적용 인센티브 및 페널티 적용근거 1. 조례 2. 계약서 3. 기타 ( ) 4. 해당없음
228	부산광역시	「HAHA 365」 노인복지관 선배시민 활성화	3	16	15,000	4	1	7	8	7	1	1	4	5	5	4	4	4
229	부산광역시	재가노인복지시설 종사자 어울림 행사	3	16	8,500	3	6	7	8	7	1	1	4	5	5	4	4	4
230	부산광역시	대한노인회 부산광역시 연합회 운영 지원	3	16	325,020	2	1	7	8	7	1	3	1	1	2	1	1	1
231	부산광역시	부산실버종합예술제	3	16	15,300	6	7	7	8	7	1	3	1	1	2	1	1	1
232	부산광역시	대통령기전국게이트볼대회	3	16	8,500	6	7	7	8	7	5	3	1	1	2	1	1	1
233	부산광역시	전국노인건강대축제	3	16	17,000	6	7	7	8	7	5	3	1	1	2	1	1	1
234	부산광역시	부산 백세어르신 위안잔치	3	16	7,650	6	7	7	8	7	5	3	1	1	2	1	1	1
235	부산광역시	대통령기 전국 노인파크골프대회	3	16	30,000	6	7	7	8	7	5	3	1	1	2	1	1	1
236	부산광역시	부산광역시장기 노인생활체육대회 지원	3	16	60,000	6	7	7	8	7	5	3	1	1	2	1	1	1
237	부산광역시	어버이날 기념 행사	3	16	30,000	6	4	7	8	7	1	3	1	1	2	4	1	4
238	부산광역시	노인의 날 기념 행사	3	16	30,000	6	4	7	8	7	1	3	1	1	2	4	1	4
239	부산광역시	대한노인회 노인지도자대학 운영 지원	3	16	30,000	6	7	7	8	7	5	3	1	1	2	1	1	1
240	부산광역시	여성긴급전화1366센터 운영	2	13	899,858	8	1,2	7	8	7	1	1	4	5	5	4	4	4
241	부산광역시	여성긴급전화1366센터 운영(자체)	2	13	14,000	8	1,2	7	8	7	1	1	4	5	5	4	4	4
242	부산광역시	1366센터 의료비 지원	2	13	1,000,000	8	1,2	7	8	7	1	1	4	5	5	4	4	4
243	부산광역시	여성폭력피해자 지원시설 복지증진(1366센터)	2	13	60,132	8	6	7	8	7	1	1	4	5	5	4	4	4
244	부산광역시	시 건강가정지원센터 운영(직접)	2	14	656,230	8	1,2	5	3	7	2	1	1	1	2	1	2	4
245	부산광역시	시 건강가정지원센터 운영(자체)	2	14	35,366	8	6	5	3	7	1	1	1	1	2	1	2	4
246	부산광역시	부산 가족축제	2	14	35,000	8	5	5	8	7	1	1	1	1	1	1	4	4
247	부산광역시	단기청소년쉼터 기능보강사업	1	15	8,390	4	2	6	5	6	5	3	1	3	4	1,2	4	4
248	부산광역시	가정위탁지원센터 종사자 복지포인트	2	2	15,600	4	1	1	5	2	1	1	1	3	2	1	4	4
249	부산광역시	가정위탁지원센터 종사자 시간외근무수당	2	2	15,207	4	1	1	5	2	1	1	1	3	2	1	4	4
250	부산광역시	아동보호전문기관 운영(자체,직접)(아동보호전문기관 상담·치료·교육)	2	2	370,000	4	4	7	8	7	1	1	1	3	2	1	4	2
251	부산광역시	아동보호전문기관 운영(자체,직접)(아동보호전문기관 종사자 처우개선비)	2	2	262,175	4	4	7	8	7	1	1	1	3	2	1	4	2
252	부산광역시	아동보호전문기관 운영(자체,직접)(아동보호전문기관 종사자 복지포인트)	2	2	7,800	4	4	7	8	7	1	1	1	3	2	1	4	2
253	부산광역시	아동보호전문기관 운영(자체,직접)(아동보호전문기관 종사자 시간외근무수당)	2	2	77,302	4	4	7	8	7	1	1	1	3	2	1	4	2
254	부산광역시	자립준비청년 자립지원 체계 구축(자립지원사업비)	2	2	1,257,500	4	1	1	5	1	5	3	1	3	2	1	4	4
255	부산광역시	자립준비청년 자립지원 체계 구축(자립지원전담인력 배치)	2	2	808,320	4	1	1	5	1	5	3	1	3	2	1	4	4
256	부산 서구	경로당 운영비 지원	2	1	297,000	6	1	7	8	7	5	5	4	5	5	4	4	4
257	부산 서구	부산기독교종합사회복지관 운영 지원	2	7	812,641	5	1	5	5	7	1	1	4	5	5	4	4	4
258	부산 동구	장애인 공동생활가정 운영 지원	1	3	152,120	5	1	7	8	7	5	5	4	5	5	4	4	4
259	부산 동구	장애인 주간보호시설 운영 지원	2	3	1,062,271	5	1	7	8	7	5	5	4	5	5	4	4	4
260	부산 동구	시각장애인 등 생활지원센터 운영지원	2	3	997,141	5	1	7	8	7	5	5	4	5	5	4	4	4
261	부산 동구	장애인 직업재활시설 운영	2	3	518,553	5	1	7	8	7	5	5	4	5	5	4	4	4
262	부산 동구	동구종합사회복지관 운영	2	7	898,177	4	1	4	5	1	1	1	3	3	4	3	1	3
263	부산 동구	부산종합사회복지관 운영	2	7	875,977	5	1	7	8	7	5	5	4	5	5	4	4	4
264	부산 동구	부산소망종합지원센터 운영	2	6	427,578	5	1	7	8	7	5	5	4	5	5	4	4	4
265	부산 동구	동구 쪽방상담소 운영	2	6	353,995	5	1	7	8	7	5	5	4	5	5	4	4	4
266	부산 영도구	사회복지관 법정운영비보조	2	7	870,917	5	1	1	5	1	1	1	2	5	5	4	4	4
267	부산 영도구	사회복지관 법정운영비보조	2	7	731,160	5	1	1	5	1	1	1	2	5	5	4	4	4
268	부산 영도구	사회복지관 법정운영비보조	2	7	850,205	5	1	1	5	1	1	1	2	5	5	4	4	4
269	부산 영도구	사회복지관 법정운영비보조	2	7	858,642	5	1	1	5	1	1	1	2	5	5	4	4	4
270	부산 영도구	사회복지관 법정운영비보조	2	7	893,977	5	1	1	5	1	1	1	2	5	5	4	4	4
271	부산 영도구	재가복지봉사 및 지역조직화 사업비	2	7	16,000	6	1	1	5	1	1	1	2	5	5	4	4	4
272	부산 영도구	재가복지봉사 및 지역조직화 사업비	2	7	18,000	6	1	1	5	1	1	1	2	5	5	4	4	4
273	부산 영도구	재가복지봉사 및 지역조직화 사업비	2	7	18,000	6	1	1	5	1	1	1	2	5	5	4	4	4

순번	시군구	지출명 (사업명)	시설종류 1. 생활시설 2. 이용시설	사회복지시설 종류 1. 노인복지시설 2. 아동복지시설 3. 장애인복지시설 4. 어린이집 5. 정신건강증진시설 6. 노숙인시설 7. 사회복지관 8. 지역자활센터 9. 다함께돌봄센터 10. 결핵,한센시설 11. 성매매피해지원시설 12. 성폭력피해보호시설 13. 가정폭력보호시설 14. 가족센터 15. 청소년복지시설 16. 기타 (　　)	2025년예산 (단위:천원/1년간)	민간이전 분류 (지방자치단체 세출예산 집행기준에 의거) 1. 민간경상사업보조(307-02) 2. 민간단체 법정운영비보조(307-03) 3. 민간행사사업보조(307-04) 4. 민간위탁금(307-05) 5. 사회복지시설 법정운영비보조(307-10) 6. 사회복지사업보조(307-11) 7. 민간인위탁교육비(307-12) 8. 공기관등에대한경상적위탁사업(308-13) 9. 공사공단 경상전출금(309-01)	민간이전지출 근거 (지방보조금 관리기준 참고) 1. 법률에 규정 2. 국고보조 재원(국가지정) 3. 용도 지정 기부금 4. 조례에 직접규정 5. 지자체가 권장하는 사업을 하는 공공기관 6. 시,도 정책 및 재정사정 7. 기타 8. 해당없음	입찰방식: 계약체결방법 (경쟁형태) 1. 일반경쟁 2. 제한경쟁 3. 지명경쟁 4. 수의계약 5. 법정위탁 6. 기타 ( ) 7. 해당없음	입찰방식: 계약기간 1. 1년 2. 2년 3. 3년 4. 4년 5. 5년 6. 기타 ( )년 7. 단기계약 (1년미만) 8. 해당없음	입찰방식: 낙찰자선정방법 1. 적격심사 2. 협상에의한계약 3. 최저가낙찰제 4. 규격가격분리 5. 2단계 경쟁입찰 6. 기타 ( ) 7. 해당없음	운영예산 산정: 운영비산정 1. 내부산정 (지자체 자체적으로 산정) 2. 외부산정 (외부전문기관위탁 산정) 3. 내·외부 모두 산정 4. 산정 無 5. 해당없음	운영예산 산정: 정산방법 1. 내부정산 (지자체 내부적으로 정산) 2. 외부정산 (외부전문기관위탁 정산) 3. 내·외부 모두 산정 4. 정산 無 5. 해당없음	성과평가: 성과평가 실시여부 1. 실시 2. 미실시 3. 향후 추진 4. 해당없음	성과평가: 성과평가 주기 1. 매년 2. 격년 3. 기간만료전 4. 기타 ( ) 5. 해당없음	성과평가: 성과평가 실시 방법 1. 자체 실시 2. 평가단 구성 후 실시 (전문위원 섭외) 3. 전문 평가기관 의뢰 4. 기타 ( ) 5. 해당없음	성과평가: 평가기준 적용방법 1. 관련 조례 적용 2. 전문 평가기관 의뢰 3. 기타 ( ) 4. 해당없음	평가결과 적용: 실제 인센티브 및 페널티 적용 유무 1. 매년 적용 2. 적용 안함 3. 기타 ( ) 4. 해당없음	평가결과 적용: 인센티브 및 페널티 적용근거 1. 조례 2. 계약서 3. 기타 ( ) 4. 해당없음
274	부산 영도구	재가복지봉사 및 지역조직화 사업비	2	7	18,000	6	1	1	5	1	1	1	2	5	5	4	4	4
275	부산 영도구	재가복지봉사 및 지역조직화 사업비	2	7	18,000	6	1	1	5	1	1	1	2	5	5	4	4	4
276	부산 영도구	영구임대프로그램 운영비	2	7	20,000	6	1	1	5	1	1	1	2	5	5	4	4	4
277	부산 영도구	영구임대프로그램 운영비	2	7	20,000	6	1	1	5	1	1	1	2	5	5	4	4	4
278	부산 영도구	영구임대프로그램 운영비	2	7	20,000	6	1	1	5	1	1	1	2	5	5	4	4	4
279	부산 영도구	영구임대프로그램 운영비	2	7	20,000	6	1	1	5	1	1	1	2	5	5	4	4	4
280	부산 영도구	목욕서비스	2	7	25,000	6	1	1	5	1	1	1	2	5	5	4	4	4
281	부산 영도구	밀환경 돌봄공동체 지원	2	7	5,000	6	1	1	5	1	1	1	2	5	5	4	4	4
282	부산 영도구	환경개선사업	2	7	478,134	6	1	1	5	1	1	1	2	5	5	4	4	4
283	부산 영도구	환경개선사업	2	7	500,000	6	1	1	5	1	1	1	2	5	5	4	4	4
284	부산 영도구	환경개선사업	2	7	60,450	6	1	1	5	1	1	1	2	5	5	4	4	4
285	부산 영도구	사회복장 특별지원구역 사업	2	7	300,000	6	2	1	5	1	1	1	2	5	5	4	4	4
286	부산 영도구	건강가정·다문화가족지원센터 통합서비스	2	14	638,300	5	2	5	3	1	3	3	1	4	4	3	2	2
287	부산 부산진구	당감종합사회복지관 운영	2	7	863,681	4	1	5	5	6	1	1	1	3	1	1	3	1
288	부산 부산진구	개금종합사회복지관 운영	2	7	828,097	4	1	5	5	6	1	1	1	3	1	1	3	1
289	부산 부산진구	부산진구종합사회복지관 운영	2	7	890,676	4	1	5	5	6	1	1	1	3	1	1	3	1
290	부산 부산진구	전포종합사회복지관 운영	2	7	944,694	4	1	5	5	6	1	1	1	3	1	1	3	1
291	부산 부산진구	영구임대아파트단지 복지관 프로그램 사업 지원	2	7	18,000	6	1	7	8	7	5	5	4	5	5	4	4	4
292	부산 부산진구	청년희망챌린지 사업 지원	2	7	58,000	6	1	7	8	7	5	5	4	5	5	4	4	4
293	부산 부산진구	사회복지관 발달지연 영유아 조기발견 사업 지원	2	7	20,000	6	1	7	8	7	5	5	4	5	5	4	4	4
294	부산 부산진구	자활근로사업(위탁운영)	2	10	3,987,517	4	1	5	5	7	5	5	3	3	1	1	4	4
295	부산 부산진구	부산진지역자활센터 운영비	2	10	464,964	5	1	5	5	7	5	5	4	5	5	4	4	4
296	부산 부산진구	건강가정지원센터 운영	2	14	480,570	4	1	5	5	6	5	1	1	1	5	4	1	4
297	부산 부산진구	건강가정지원센터 종사자 처우개선	2	14	28,710	4	1	5	5	6	5	1	2	5	5	4	4	4
298	부산 부산진구	다문화가족 지원센터 운영	2	14	585,870	4	1	5	5	6	5	1	1	1	5	4	1	4
299	부산 부산진구	다문화가족 특성화사업	2	14	327,730	4	1	5	5	6	5	1	1	1	5	4	4	4
300	부산 부산진구	다문화가족 지원센터 종사자 처우개선	2	14	25,747	4	1	5	5	6	5	1	2	5	5	4	4	4
301	부산 부산진구	결혼이민자 학력신장 지원사업	2	14	29,600	4	1	5	5	6	5	1	1	1	5	4	4	4
302	부산 부산진구	성가정폭력상담소 운영	2	6	267,700	5	1	7	8	7	5	5	4	5	5	4	4	4
303	부산 부산진구	성가정폭력상담소 복지증진비	2	6	57,288	5	1	7	8	7	5	5	4	5	5	4	4	4
304	부산 부산진구	가정폭력 피해자 지원	2	6	19,400	6	1	7	8	7	5	5	4	5	5	4	4	4
305	부산 부산진구	성폭력 피해자 지원	2	6	11,256	6	1	7	8	7	5	5	4	5	5	4	4	4
306	부산 부산진구	부산진구노인복지관 운영	2	1	797,293	4	1	1	5	1	1	1	1	3	1	1	3	1
307	부산 부산진구	부산진구노인복지관 신암분관 운영	2	1	147,278	4	1	1	5	1	1	1	1	3	1	1	3	1
308	부산 부산진구	시니어클럽 운영	2	1	379,476	5	1	5	5	6	1	1	1	3	1	1	1	3
309	부산 부산진구	부산진구종합재가노인지원서비스센터 운영	2	1	599,919	5	1	5	5	6	1	1	1	3	1	1	3	1
310	부산 부산진구	경로당 순회프로그램 관리자 명절 상여금	2	16	2,000	5	6	7	8	7	1	1	1	1	1	4	4	4
311	부산 부산진구	경로당 순회프로그램 관리자 배치	2	16	96,332	6	6	7	8	7	1	1	2	5	5	4	4	4
312	부산 부산진구	경로당 특화프로그램 운영비	2	16	5,970	6	6	7	8	7	1	1	2	5	5	4	4	4
313	부산 부산진구	문화예술활동 사업	2	3	98,342	6	1	7	8	7	5	1	4	4	4	4	4	4
314	부산 부산진구	발달장애인 요양보호사 보조사업	2	3	284,236	6	1	7	8	7	5	1	4	4	4	4	4	4
315	부산 부산진구	장애인 주간이용시설 관리운영비	2	3	60,000	5	1	7	8	7	5	1	4	4	4	4	4	4
316	부산 부산진구	장애인 생산품판매시설 운영	2	3	195,295	5	1	7	8	7	5	1	4	4	4	4	4	4
317	부산 부산진구	장애인 직업재활시설 운영	2	3	1,961,944	5	1	7	8	7	5	1	2	5	5	4	4	4
318	부산 부산진구	장애인 공동생활가정 운영	1	3	180,478	5	1	7	8	7	5	1	2	5	5	4	4	4
319	부산 부산진구	장애인 단기거주시설 운영	1	3	457,975	5	1	7	8	7	5	1	2	5	5	4	4	4

순번	시군구	지출명 (사업명)	시설종류 1. 생활시설 2. 이용시설	사회복지시설 종류 1. 노인복지시설 2. 아동복지시설 3. 장애인복지시설 4. 어린이집 5. 정신건강증진시설 6. 노숙인시설 7. 사회복지관 8. 지역자활센터 9. 다함께돌봄센터 10. 결핵,한센시설 11. 성매매피해지원시설 12. 성폭력피해보호시설 13. 가정폭력보호시설 14. 가족센터 15. 청소년복지시설 16. 기타 ( )	2025년예산 (단위:천원/1년간)	민간이전 분류 (지방자치단체 세출예산 집행기준에 의거) 1. 민간경상사업보조(307-02) 2. 민간단체 법정운영비보조(307-03) 3. 민간행사사업보조(307-04) 4. 민간위탁금(307-05) 5. 사회복지시설 법정운영비보조(307-10) 6. 사회복지사업보조(307-11) 7. 민간인위탁교육비(307-12) 8. 공기관등에대한경상적위탁사업(308-13) 9. 공사공단 경상전출금(309-01)	민간이전지출 근거 (지방보조금 관리기준 참고) 1. 법률에 규정 2. 국고보조 재원(국가지정) 3. 용도 지정 기부금 4. 조례에 직접규정 5. 지자체가 권장하는 사업을 하는 공공기관 6. 시,도 정책 및 재정사정 7. 기타 8. 해당없음	입찰방식: 계약체결방법 (경쟁형태) 1. 일반경쟁 2. 제한경쟁 3. 지명경쟁 4. 수의계약 5. 법정위탁 6. 기타 ( ) 7. 해당없음	입찰방식: 계약기간 1. 1년 2. 2년 3. 3년 4. 4년 5. 5년 6. 기타 ( )년 7. 단기계약 (1년미만) 8. 해당없음	입찰방식: 낙찰자선정방법 1. 적격심사 2. 협상에의한계약 3. 최저가낙찰제 4. 규격가격분리 5. 2단계 경쟁입찰 6. 기타 ( ) 7. 해당없음	운영예산 산정: 운영비산정 1. 내부산정 (지자체 자체적으로 산정) 2. 외부산정 (외부전문기관위탁 산정) 3. 내·외부 모두 산정 4. 산정 無 5. 해당없음	운영예산 산정: 정산방법 1. 내부정산 (지자체 내부적으로 정산) 2. 외부정산 (외부전문기관위탁 정산) 3. 내·외부 모두 산정 4. 정산 無 5. 해당없음	성과평가: 성과평가 실시여부 1. 실시 2. 미실시 3. 향후 추진 4. 해당없음	성과평가: 성과평가 주기 1. 매년 2. 격년 3. 기간만료전 4. 기타 ( ) 5. 해당없음	성과평가: 성과평가 실시 방법 1. 자체 실시 2. 평가단 구성 후 실시 (전문위원 섭외) 3. 전문 평가기관 의뢰 4. 기타 ( ) 5. 해당없음	성과평가: 평가기준 적용방법 1. 관련 조례 적용 2. 전문 평가기관 의뢰 3. 기타 ( ) 4. 해당없음	평가결과 적용: 실제 인센티브 및 페널티 적용 유무 1. 매년 적용 2. 적용 안함 3. 기타 ( ) 4. 해당없음	평가결과 적용: 인센티브 및 페널티 적용근거 1. 조례 2. 계약서 3. 기타 ( ) 4. 해당없음
320	부산 부산진구	장애인 거주시설 시비지원	1	3	4,550	5	1	7	8	7	5	1	2	5	5	4	4	4
321	부산 부산진구	장애인 거주시설 자립생활체험홈 운영	1	3	12,000	5	1	7	8	7	5	1	2	5	5	4	4	4
322	부산 부산진구	장애인복지관 운영	2	3	1,090,891	4	1	5	5	6	5	1	1	3	1	1	기간 갱신시 성과평가 결	1
323	부산 부산진구	장애인 주말 주간 일시보호사업	2	3	30,000	6	1	7	8	7	5	1	2	5	5	4	4	4
324	부산 부산진구	장애인복지관 목욕탕 사업 운영	2	3	26,460	4	1	7	8	7	5	1	2	5	5	4	4	4
325	부산 부산진구	육아종합지원센터 대체조리사 인건비	2	16	52,962	4	1	5	5	7	1	1	1	3	1	1	4	4
326	부산 부산진구	육아종합지원센터 가정양육사업 지원	2	16	25,000	4	1	5	5	7	1	1	1	3	1	1	4	4
327	부산 부산진구	육아종합지원센터 가정양육지원 공모사업(성립전)	2	16	40,000	4	1	5	5	7	1	1	1	3	1	1	4	4
328	부산 부산진구	다함께돌봄센터 운영비 지원	2	9	82,000	5	1	1	5	6	5	1	2	5	5	4	4	4
329	부산 부산진구	학교돌봄터 사업 운영비 지원	2	9	24,000	5	1	1	5	6	5	1	2	5	5	4	4	4
330	부산 부산진구	아동보호전문기관 직책수당(자체)	2	2	14,400	4	1	1	5	6	1	1	2	3	1	1	3	1
331	부산 부산진구	기초정신건강복지센터 지원	2	5	51,100	4	1	1	3	1	5	1	1	3	1	1	4	4
332	부산 부산진구	기초정신건강복지센터 인력확충	2	5	1,304,480	4	1	1	3	1	5	1	1	3	1	1	4	4
333	부산 부산진구	정신건강복지센터 종사자 복지수당	2	5	54,000	4	1	1	3	1	5	1	1	3	1	1	4	4
334	부산 부산진구	중증정신질환자 집중관리사업	2	5	65,060	4	1	1	3	1	5	1	1	3	1	1	4	4
335	부산 부산진구	아동청소년정신보건사업	2	5	22,000	4	1	1	3	1	5	1	1	3	1	1	4	4
336	부산 부산진구	통합정신건강증진사업	2	5	285,000	4	1	1	3	1	5	1	1	3	1	1	4	4
337	부산 부산진구	정신재활시설 운영지원	1,2	5	406,778	5	4	7	8	7	5	1	2	5	5	4	4	4
338	부산 부산진구	정신질환 당사자 지원사업	1,2	5	11,900	5	1	7	8	7	5	1	2	5	5	4	4	4
339	부산 부산진구	사회복지상담소 운영(생명의전화)	2	16	220,000	5	4	7	8	7	5	1	2	5	5	4	4	4
340	부산 부산진구	자살예방 및 정신건강증진사업	2	5	82,120	4	1	1	3	1	5	1	1	3	1	1	4	4
341	부산 부산진구	자살예방 및 정신건강증진사업(시비지원)	2	5	18,582	4	1	1	3	1	5	1	1	3	1	1	4	4
342	부산 부산진구	정신건강복지센터 자살예방사업 지원	2	5	76,307	4	1	1	3	1	5	1	1	3	1	1	4	4
343	부산 부산진구	청년공간이음 사업	2	5	30,000	4	6	1	3	1	5	1	1	3	1	1	4	4
344	부산 동래구	동래종합사회복지관 운영	2	7	874,315	4	1	1	5	1	1	1	1	4	2	2	1	3
345	부산 동래구	노숙인재활요양시설 운영(전환사업)	1	6	1,330,700	5	1	7	8	7	1	1	1	4	2	2	1	3
346	부산 동래구	건강가정 및 다문화가족 지원센터 운영	2	14	669,180	5	1	6	5	1	1	1	1	3	2	1	4	4
347	부산 동래구	공동육아나눔터 운영	2	14	58,244	6	1	6	5	1	1	1	1	3	2	1	4	4
348	부산 동래구	적십자와 함께하는 사랑의 밑반찬 나눔	3	16	3,000	1	4	7	8	7	1	1	4	5	5	4	4	4
349	부산 동래구	취약계층 가정 체절 김치지원	3	16	4,900	1	4	7	8	7	1	1	4	5	5	4	4	4
350	부산 동래구	여성단체사업 지원	3	16	3,000	1	4	7	8	7	1	1	4	5	5	4	4	4
351	부산 동래구	양성평등 촉진 및 여성 인권보호(복지증진) 사업	2	11	7,000	1	4	7	8	7	1	1	4	5	5	4	4	4
352	부산 동래구	통합상담소(부산성폭력·가정폭력상담소) 운영지원	2	13	267,700	5	1	7	8	7	5	1	4	5	5	4	4	4
353	부산 동래구	가정폭력 피해자 의료비	2	13	460	6	2	7	8	7	5	1	4	5	5	4	4	4
354	부산 동래구	가정폭력 피해자 치료회복 프로그램	2	13	14,583	6	2	7	8	7	5	1	4	5	5	4	4	4
355	부산 동래구	성폭력 피해자 의료비	2	13	18,942	6	2	7	8	7	5	1	4	5	5	4	4	4
356	부산 동래구	성폭력 피해자 치료회복 프로그램	2	13	16,910	6	2	7	8	7	5	1	4	5	5	4	4	4
357	부산 동래구	성매매피해자 지원시설(부산여성의집) 운영	1	11	254,851	5	1	7	8	7	5	1	4	5	5	4	4	4
358	부산 동래구	성매매피해자 지원시설(그룹홈 꿈터) 운영	1	11	69,180	5	1	7	8	7	5	1	4	5	5	4	4	4
359	부산 동래구	성매매피해 상담소(부산여성지원센터 꿈아리) 운영	2	11	199,825	5	1	7	8	7	5	1	4	5	5	4	4	4
360	부산 동래구	성매매피해자 구조지원 사업(부산여성의집)	1	11	39,437	6	1	7	8	7	5	1	4	5	5	4	4	4
361	부산 동래구	성매매피해 상담소 구조지원 사업(부산여성지원센터 꿈아리)	2	11	48,489	6	1	7	8	7	5	1	4	5	5	4	4	4
362	부산 동래구	성매매피해자 대학등록금 및 학자금 지원	1	11	6,000	6	6	7	8	7	5	1	4	5	5	4	4	4
363	부산 동래구	여성폭력 피해자 지원시설 종사자 복지증진(그룹홈 꿈터)	1	11	120	5	6	7	8	7	5	1	4	5	5	4	4	4
364	부산 동래구	여성폭력 피해자 지원시설 종사자 복지증진(부산여성의집)	1	11	68,642	5	6	7	8	7	5	1	4	5	5	4	4	4
365	부산 동래구	여성폭력 피해자 지원시설 종사자 복지증진(부산성폭력가정폭력 상담소)	2	13	41,748	5	6	7	8	7	5	1	4	5	5	4	4	4

순번	시군구	지출명 (사업명)	시설종류 1. 생활시설 2. 이용시설	사회복지시설 종류 1. 노인복지시설 2. 아동복지시설 3. 장애인복지시설 4. 어린이집 5. 정신건강증진시설 6. 노숙인시설 7. 사회복지관 8. 지역자활센터 9. 다함께돌봄센터 10. 결핵,한센시설 11. 성매매피해지원시설 12. 성폭력피해보호시설 13. 가정폭력보호시설 14. 가족센터 15. 청소년복지시설 16. 기타 ( )	2025년예산 (단위:천원/1년간)	민간이전 분류 (지방자치단체 세출예산 집행기준에 의거) 1. 민간경상사업보조(307-02) 2. 민간단체 법정운영비보조(307-03) 3. 민간행사사업보조(307-04) 4. 민간위탁금(307-05) 5. 사회복지시설 법정운영비보조(307-10) 6. 사회복지사업보조(307-11) 7. 민간인위탁교육비(307-12) 8. 공기관등에대한경상적위탁사업(308-13) 9. 공사공단 경상전출금(309-01)	민간이전지출 근거 (지방보조금 관리기준 참고) 1. 법률에 규정 2. 국고보조 재원(국가지정) 3. 용도 지정 기부금 4. 조례에 직접규정 5. 지자체가 권장하는 사업을 하는 공공기관 6. 시,도 정책 및 재정사정 7. 기타 8. 해당없음	입찰방식			운영예산 산정		성과평가				평가결과 적용	
								계약체결방법 (경쟁형태) 1. 일반경쟁 2. 제한경쟁 3. 지명경쟁 4. 수의계약 5. 법정위탁 6. 기타 ( ) 7. 해당없음	계약기간 1. 1년 2. 2년 3. 3년 4. 4년 5. 5년 6. 기타 ( )년 7. 단기계약 (1년미만) 8. 해당없음	낙찰자선정방법 1. 적격심사 2. 협상에의한계약 3. 최저가낙찰제 4. 규격가격분리 5. 2단계 경쟁입찰 6. 기타 ( ) 7. 해당없음	운영비산정 1. 내부산정 (지자체 자체적으로 산정) 2. 외부산정 (외부전문기관위탁 산정) 3. 내·외부 모두 산정 4. 산정 無 5. 해당없음	정산방법 1. 내부정산 (지자체 내부적으로 정산) 2. 외부정산 (외부전문기관위탁 정산) 3. 내·외부 모두 산정 4. 정산 無 5. 해당없음	성과평가 실시여부 1. 실시 2. 미실시 3. 향후 추진 4. 해당없음	성과평가 주기 1. 매년 2. 격년 3. 기간만료전 4. 기타 ( ) 5. 해당없음	성과평가 실시 방법 1. 자체 실시 2. 평가단 구성 후 실시 (전문위원 섭외) 3. 전문 평가기관 의뢰 4. 기타 ( ) 5. 해당없음	평가기준 적용방법 1. 관련 조례 적용 2. 전문 평가기관 의뢰 3. 기타 ( ) 4. 해당없음	실제 인센티브 및 페널티 적용 유무 1. 매년 적용 2. 적용 안함 3. 기타 ( ) 4. 해당없음	인센티브 및 페널티 적용근거 1. 조례 2. 계약서 3. 기타 ( ) 4. 해당없음
366	부산 동래구	여성폭력 피해자 지원시설 종사자 복지증진(부산여성지원센터 꿈아리)	2	11	73,152	5	6	7	8	7	5	1	4	5	5	4	4	4
367	부산 동래구	여성폭력 피해자 지원시설 입소자 복지증진(그룹홈 꿈터)	1	13	1,500	6	6	7	8	7	5	1	4	5	5	4	4	4
368	부산 동래구	여성폭력 피해자 지원시설 입소자 복지증진(부산여성의집)	1	13	3,351	6	6	7	8	7	5	1	4	5	5	4	4	4
369	부산 동래구	정신요양시설 운영	1	5	2,080,000	5	2	7	8	7	5	3	4	5	5	4	4	4
370	부산 동래구	통합정신건강증진사업(정신질환당사자지원사업)	2	5	18,700	5	2	7	8	7	5	3	4	5	5	4	4	4
371	부산 동래구	정신재활시설 운영	2	5	481,570	5	2	7	8	7	5	3	4	5	5	4	4	4
372	부산 동래구	지역자살예방사업	2	5	41,060	4	2	1	5	1	5	3	1	1	2	2	4	4
373	부산 동래구	정신건강복지센터 자살예방 인력	2	5	76,307	4	2	1	5	1	5	3	1	1	2	2	4	4
374	부산 동래구	지역자살예방사업(시비)	2	5	9,292	4	6	1	5	1	5	3	1	1	2	2	4	4
375	부산 동래구	기초 정신건강복지센터운영	2	5	51,100	4	2	1	5	1	5	3	1	1	2	2	4	4
376	부산 동래구	정신건강복지센터 종사자 복지수당	2	5	41,400	4	2	1	5	1	5	3	1	1	2	2	4	4
377	부산 동래구	중증정신질환자 집중관리 프로그램 운영	2	5	65,020	4	2	1	5	1	5	3	1	1	2	2	4	4
378	부산 동래구	아동청소년정신보건	2	5	22,000	4	2	1	5	1	5	3	1	1	2	2	4	4
379	부산 동래구	정신건강기초센터 인력확충(성립전)	2	5	909,200	4	2	1	5	1	5	3	1	1	2	2	4	4
380	부산 동래구	통합정신건강증진사업(기초정신건강복지센터사업)	2	5	85,000	4	2	1	5	1	5	3	1	1	2	2	4	4
381	부산 동래구	노인복지관 운영	2	1	786,642	4	1	1	5	1	1	1	1	3	2	2	4	4
382	부산 동래구	시니어클럽운영	2	1	397,048	5	1	5	5	1	1	1	3	3	1	1	4	4
383	부산 동래구	양로시설 운영지원(황전실버타운)(전환사업)	1	1	1,131,698	5	1	7	8	7	1	1	4	5	5	4	4	4
384	부산 동래구	노인의료복지시설 운영지원	1	1	150,000	5	1	7	8	7	1	1	4	5	5	4	4	4
385	부산 동래구	노인장기요양보험 등급외자 부담금	1	1	85,322	5	1	7	8	7	1	1	4	5	5	4	4	4
386	부산 동래구	재가노인지원서비스센터 운영지원	2	1	634,584	5	1	7	8	7	4	3	4	5	5	4	4	4
387	부산 동래구	장애인복지관 운영	2	3	1,190,485	4	1	1	5	1	1	1	1	3	2	2	4	4
388	부산 동래구	장애인 목욕탕 운영	2	3	26,460	6	1	7	8	7	1	1	4	5	5	4	4	4
389	부산 동래구	장애인 주간보호시설 운영	2	3	702,383	5	1	7	8	7	1	1	4	5	5	4	4	4
390	부산 동래구	장애인 주말주간 일시보호시설 운영	2	3	30,000	5	1	7	8	7	1	1	4	5	5	4	4	4
391	부산 동래구	장애인복지관 무료급식 지원	2	3	34,960	1	1	7	8	7	1	1	4	5	5	4	4	4
392	부산 동래구	장애인 직업재활시설 운영	2	3	1,006,668	5	1	7	8	7	1	1	4	5	5	4	4	4
393	부산 동래구	장애인직업재활시설 임차료 지원	2	3	12,000	5	1	7	8	7	1	1	4	5	5	4	4	4
394	부산 동래구	청소년상담복지센터 운영	2	16	434,073	4	2	2	5	1	1	1	1	4	3	2	4	4
395	부산 동래구	어린이집 교재교구비 지원	2	4	79,228	5	2	7	8	7	5	5	4	5	5	4	4	4
396	부산 동래구	어린이집 문화행사비	2	4	57,905	5	6	7	8	7	5	5	4	5	5	4	4	4
397	부산 동래구	다함께돌봄센터 인건비 지원	1	9	81,108	4	1	1	5	1	1	1	4	5	5	4	4	4
398	부산 동래구	다함께돌봄센터 인건비 지원(시비)	1	9	11,783	4	1	1	5	1	1	1	4	5	5	4	4	4
399	부산 동래구	다함께돌봄센터 프로그램비 지원	1	9	60,000	4	1	1	5	1	1	1	4	5	5	4	4	4
400	부산 동래구	다함께돌봄센터 인건비 지원	1	9	81,108	4	1	1	5	1	1	1	4	5	5	4	4	4
401	부산 동래구	다함께돌봄센터 인건비 지원(시비)	1	9	11,783	4	1	1	5	1	1	1	4	5	5	4	4	4
402	부산 동래구	다함께돌봄센터 프로그램비 지원	1	9	60,000	4	1	1	5	1	1	1	4	5	5	4	4	4
403	부산 동래구	다함께돌봄센터 인건비 지원	1	9	81,108	4	1	1	5	1	1	1	4	5	5	4	4	4
404	부산 동래구	다함께돌봄센터 인건비 지원(시비)	1	9	11,783	4	1	1	5	1	1	1	4	5	5	4	4	4
405	부산 동래구	다함께돌봄센터 프로그램비 지원	1	9	60,000	4	1	1	5	1	1	1	4	5	5	4	4	4
406	부산 동래구	학교 밖 청소년지원센터 운영	2	16	224,553	6	2	2	3	1	1	1	1	4	3	2	4	4
407	부산 남구	종합복지관 기능보강사업	2	7	160,405	4	1	7	8	7	5	5	4	5	5	4	4	4
408	부산 남구	노인의 날 기념 행사 지원	2	1	2,000	1	7	7	8	7	1	1	3	1	1	1	1	1
409	부산 남구	노인복지관 주말운영사업	2	1	8,000	4	4	7	8	7	5	5	4	5	5	4	4	4
410	부산 남구	노인복지관기능보강	2	1	166,675	4	4	7	8	7	5	5	4	5	5	4	4	4
411	부산 남구	노인회 노인복지 지원	2	1	61,730	2	4	7	3	7	1	1	3	1	1	1	1	1

순번	시군구	지출명 (사업명)	시설종류	사회복지시설 종류	2025년예산 (단위:천원/1년간)	민간이전 분류 (지방자치단체 세출예산 집행기준에 의거)	민간이전지출 근거 (지방보조금 관리기준 참고)	입찰방식			운영예산 산정		성과평가				평가결과 적용	
			1. 생활시설 2. 이용시설	1. 노인복지시설 2. 아동복지시설 3. 장애인복지시설 4. 어린이집 5. 정신건강증진시설 6. 노숙인시설 7. 사회복지관 8. 지역자활센터 9. 다함께돌봄센터 10. 결핵,한센시설 11. 성매매피해지원시설 12. 성폭력피해보호시설 13. 가정폭력보호시설 14. 가족센터 15. 청소년복지시설 16. 기타 ( )		1. 민간경상사업보조(307-02) 2. 민간단체 법정운영비보조(307-03) 3. 민간행사사업보조(307-04) 4. 민간위탁금(307-05) 5. 사회복지시설 법정운영비보조(307-10) 6. 사회복지사업보조(307-11) 7. 민간인위탁교육비(307-12) 8. 공기관등에대한경상적위탁사업(308-13) 9. 공사공단 경상전출금(309-01)	1. 법률에 규정 2. 국고보조 재원(국가지정) 3. 용도 지정 기부금 4. 조례에 직접규정 5. 지자체가 권장하는 사업을 하는 공공기관 6. 시,도 정책 및 재정사정 7. 기타 8. 해당없음	계약체결방법 (경쟁형태) 1. 일반경쟁 2. 제한경쟁 3. 지명경쟁 4. 수의계약 5. 법정위탁 6. 기타 ( ) 7. 해당없음	계약기간 1. 1년 2. 2년 3. 3년 4. 4년 5. 5년 6. 기타 ( )년 7. 단기계약 (1년미만) 8. 해당없음	낙찰자선정방법 1. 적격심사 2. 협상에의한계약 3. 최저가낙찰제 4. 규격가격분리 5. 2단계 경쟁입찰 6. 기타 ( ) 7. 해당없음	운영비산정 1. 내부산정 (지자체 자체적으로 산정) 2. 외부산정 (외부전문기관위탁 산정) 3. 내·외부 모두 산정 4. 산정 無 5. 해당없음	정산방법 1. 내부정산 (지자체 내부적으로 정산) 2. 외부정산 (외부전문기관위탁 정산) 3. 내·외부 모두 산정 4. 정산 無 5. 해당없음	성과평가 실시여부 1. 실시 2. 미실시 3. 향후 추진 4. 해당없음	성과평가 주기 1. 매년 2. 격년 3. 기간만료전 4. 기타 ( ) 5. 해당없음	성과평가 실시 방법 1. 자체 실시 2. 평가단 구성 후 실시 (전문위원 섭외) 3. 전문 평가기관 의뢰 4. 기타 ( ) 5. 해당없음	평가기준 적용방법 1. 관련 조례 적용 2. 전문 평가기관 의뢰 3. 기타 ( ) 4. 해당없음	실제 인센티브 및 페널티 적용 유무 1. 매년 적용 2. 적용 안함 3. 기타 ( ) 4. 해당없음	인센티브 및 페널티 적용근거 1. 조례 2. 계약서 3. 기타 ( ) 4. 해당없음
412	부산 남구	경로당 운영비 지원	2	1	557,640	5	1,4	7	8	7	1	1	3	1	1	1	1	1
413	부산 남구	경로당 냉난방비 지원	2	1	469,782	5	1,4	7	8	7	1	1	3	1	1	1	1	1
414	부산 남구	노인교실 운영 지원	2	1	76,940	6	1,4	7	8	7	1	1	3	1	1	1	1	1
415	부산 남구	인생후반전지원센터 운영	2	1	552,679	4	4	7	8	7	1	1	3	1	1	1	1	1
416	부산 남구	재가노인지원서비스센터 운영지원	2	1	310,168	5	6	7	8	7	4	1	3	1	1	1	1	1
417	부산 남구	독거노인장애인 응급안전안심서비스 운영 지원	2	1	235,766	5	2	7	8	7	1	1	3	1	1	1	1	1
418	부산 남구	장애인 공동생활가정 지원	1	3	327,344	5	2	7	8	7	1	1	3	1	1	1	1	1
419	부산 남구	장애인 직업재활시설 지원	2	3	683,769	5	2	7	8	7	1	1	3	1	1	1	1	1
420	부산 남구	장애인복지관 운영지원	2	3	2,380,726	5	1	7	8	7	1	1	4	5	5	4	4	4
421	부산 남구	장애인복지관 무료급식 지원	2	3	50,320	6	1	7	8	7	1	1	4	5	5	4	4	4
422	부산 남구	장애인주간보호시설 운영지원	2	3	932,955	5	1	7	8	7	1	1	4	5	5	4	4	4
423	부산 남구	장애인 주말 주간 일시보호사업	2	3	30,000	5	1	7	8	7	1	1	4	5	5	4	4	4
424	부산 남구	장애인자립생활센터 지원	2	3	198,467	5	1	7	8	7	1	1	4	5	5	4	4	4
425	부산 남구	장애인지역법인 직업장 운영지원	2	3	28,375	5	1	7	8	7	1	1	4	5	5	4	4	4
426	부산 남구	장애인단체지원	2	3	15,520	1	1	7	8	7	1	1	3	1	1	1	1	1
427	부산 남구	장애인의료비 지원	2	16	196,524	8	6	7	8	7	1	1	4	5	5	4	4	4
428	부산 남구	중증장애인 동료상담사업	2	3	75,075	4	1	1	1	1	1	1	3	1	1	1	1	1
429	부산 남구	발달장애인부모상담지원	2	3	9,611	7	1	7	8	7	4	5	4	5	5	4	4	4
430	부산 남구	장애인일자리지원(복지일자리)	2	3	695,420	4	1	1	3	1	1	1	3	1	1	1	4	4
431	부산 남구	권리중심 중증장애인 맞춤형 일자리사업	2	3	71,588	4	1	1	1	1	1	1	3	1	1	1	1	1
432	부산 남구	결혼이민여성 활동 지원	3	16	1,600	1	4	7	8	7	5	1	1	1	1	1	4	4
433	부산 남구	다문화가족 지원 사업	3	16	5,000	1	4	7	8	7	5	1	1	1	1	1	4	4
434	부산 남구	양성평등주간 행사 지원	3	16	6,500	3	4	7	8	7	5	1	1	1	1	1	4	4
435	부산 남구	가정폭력 상담소 운영지원	2	13	154,879	5	1	7	8	7	5	1	1	1	1	1	1	1
436	부산 남구	지역아동센터 운영 및 지원	2	2	34,500	6	4	7	8	1	5	1	4	5	5	4	4	4
437	부산 남구	지역아동센터 운영비 지원	2	2	271,392	5	1	7	8	1	5	1	4	5	5	4	4	4
438	부산 남구	특성별 지역아동센터 지원	2	2	18,000	5	1	7	8	1	5	1	4	5	5	4	4	4
439	부산 남구	다함께 돌봄 사업 인건비 시비추가지원	2	9	66,456	4	1	1	5	1	5	1	4	5	5	4	4	4
440	부산 남구	다함께 돌봄센터 지원	2	9	36,000	4	1	1	5	1	5	1	4	5	5	4	4	4
441	부산 남구	다함께 돌봄센터 운영	2	9	16,800	4	1	1	5	1	5	1	4	5	5	4	4	4
442	부산 남구	다함께 돌봄사업 인건비	2	9	225,252	4	1	1	5	1	5	1	4	5	5	4	4	4
443	부산 남구	아동양육시설 지원	1	2	154,000	5	6	7	8	7	5	5	4	5	5	4	4	4
444	부산 남구	요보호아동 그룹홈 운영	1	2	669,144	5	2	7	8	7	5	5	4	5	5	4	4	4
445	부산 남구	보육시설 운영지원	2	4	1,541,414	5	6	7	8	7	1	1	4	5	5	4	4	4
446	부산 남구	어린이집 운영지원	2	4	140,858	5	2	7	8	7	1	1	4	5	5	4	4	4
447	부산 남구	자활사업	3	8	577,866	5	1	7	8	7	5	5	4	5	5	4	4	4
448	부산 남구	정신건강증진사업	2	16	1,236,472	4	1	2	5	1	5	5	1	1	4	3	4	4
449	부산 남구	정신재활시설 운영 지원	1	5	127,555	5	1	7	8	7	5	5	4	5	5	4	4	4
450	부산 해운대구	사회복지관 운영지원	2	7	2,513,504	5	1	7	8	7	1	3	4	5	5	4	4	4
451	부산 해운대구	사회복지관 운영지원	2	7	2,513,504	5	1	7	8	7	1	3	4	5	5	4	4	4
452	부산 해운대구	사회복지관 운영지원	2	7	2,513,504	5	1	7	8	7	1	3	4	5	5	4	4	4
453	부산 해운대구	지역자활센터 운영비	2	8	556,556	6	1	7	8	7	5	5	4	5	5	4	4	4
454	부산 해운대구	자활사례관리 지원	2	8	31,740	6	7	7	8	7	5	5	4	5	5	4	4	4
455	부산 해운대구	행복드림 빨래터 운영	2	8	30,000	6	7	7	8	7	5	5	4	5	5	4	4	4
456	부산 해운대구	장산노인복지관 가형	2	1	857,522	4	1	4	5	1	1	1	1	1	1	1	2	4
457	부산 해운대구	노인복지관 반여분관 기타A형	2	1	439,713	4	1	4	5	1	1	1	1	1	1	1	2	4

순번	시군구	지출명 (사업명)	시설종류 1. 생활시설 2. 이용시설	사회복지시설 종류 1. 노인복지시설 2. 아동복지시설 3. 장애인복지시설 4. 어린이집 5. 정신건강증진시설 6. 노숙인시설 7. 사회복지관 8. 지역자활센터 9. 다함께돌봄센터 10. 결핵,한센시설 11. 성매매피해지원시설 12. 성폭력피해보호시설 13. 가정폭력보호시설 14. 가족센터 15. 청소년복지시설 16. 기타 ( )	2025년예산 (단위:천원/1년간)	민간이전 분류 (지방자치단체 세출예산 집행기준에 의거) 1. 민간경상사업보조(307-02) 2. 민간단체 법정운영비보조(307-03) 3. 민간행사사업보조(307-04) 4. 민간위탁금(307-05) 5. 사회복지시설 법정운영비보조(307-10) 6. 사회복지사업보조(307-11) 7. 민간인위탁교육비(307-12) 8. 공기관등에대한경상적위탁사업(308-13) 9. 공사공단 경상전출금(309-01)	민간이전지출 근거 (지방보조금 관리기준 참고) 1. 법률에 규정 2. 국고보조 재원(국가지정) 3. 용도 지정 기부금 4. 조례에 직접규정 5. 지자체가 권장하는 사업을 하는 공공기관 6. 시,도 정책 및 재정사정 7. 기타 8. 해당없음	입찰방식 계약체결방법 (경쟁형태) 1. 일반경쟁 2. 제한경쟁 3. 지명경쟁 4. 수의계약 5. 법정위탁 6. 기타 ( ) 7. 해당없음	입찰방식 계약기간 1. 1년 2. 2년 3. 3년 4. 4년 5. 5년 6. 기타 ( )년 7. 단기계약 (1년미만) 8. 해당없음	입찰방식 낙찰자선정방법 1. 적격심사 2. 협상에의한계약 3. 최저가낙찰제 4. 규격가격분리 5. 2단계 경쟁입찰 6. 기타 ( ) 7. 해당없음	운영예산 산정 운영비산정 1. 내부산정 (지자체 자체적으로 산정) 2. 외부산정 (외부전문기관위탁 산정) 3. 내·외부 모두 산정 4. 산정 無 5. 해당없음	운영예산 산정 정산방법 1. 내부정산 (지자체 내부적으로 정산) 2. 외부정산 (외부전문기관위탁 정산) 3. 내·외부 모두 산정 4. 정산 無 5. 해당없음	성과평가 성과평가 실시여부 1. 실시 2. 미실시 3. 향후 추진 4. 해당없음	성과평가 성과평가 주기 1. 매년 2. 격년 3. 기간만료전 4. 기타 ( ) 5. 해당없음	성과평가 성과평가 실시 방법 1. 자체 실시 2. 평가단 구성 후 실시 (전문위원 섭외) 3. 전문 평가기관 의뢰 4. 기타 ( ) 5. 해당없음	성과평가 평가기준 적용방법 1. 관련 조례 적용 2. 전문 평가기관 의뢰 3. 기타 ( ) 4. 해당없음	평가결과 적용 실제 인센티브 및 페널티 적용 유무 1. 매년 적용 2. 적용 안함 3. 기타 ( ) 4. 해당없음	평가결과 적용 인센티브 및 페널티 적용근거 1. 조례 2. 계약서 3. 기타 ( ) 4. 해당없음
458	부산 해운대구	장산노인복지관 직원 복지포인트 지원	2	1	21,600	4	1	4	5	1	1	1	1	1	1	1	2	4
459	부산 해운대구	반여분관복지관 직원 복지포인트 지원	2	1	7,200	4	1	4	5	1	1	1	1	1	1	1	2	4
460	부산 해운대구	경로당 운영비	2	1	769,200	6	1	7	8	7	1	1	1	1	1	1	4	4
461	부산 해운대구	경로당 냉난방비 및 양곡비 지원	2	1	677,116	6	2	4	1	6	1	1	1	1	1	1	4	4
462	부산 해운대구	경로당 순회 프로그램 관리자 배치	2	1	89,808	6	4	7	8	7	1	1	1	1	1	1	4	4
463	부산 해운대구	노인복지증진사업 지원	2	1	9,200	1	4	7	8	7	1	1	1	1	1	1	4	4
464	부산 해운대구	경로당 회장 노인교육원 교육비 자료	2	1	7,400	1	4	7	8	7	1	1	1	1	1	1	4	4
465	부산 해운대구	대한노인회 해운대구지회 운영	2	1	13,000	2	4	7	8	7	1	1	1	1	1	1	4	4
466	부산 해운대구	대한노인회 사무국장 인건비	2	1	27,600	2	4	7	8	7	1	1	1	1	1	1	4	4
467	부산 해운대구	대한노인회 지회장 업무추진 활동비	2	1	12,000	2	4	7	8	7	1	1	1	1	1	1	4	4
468	부산 해운대구	노인생활체육활동 및 행사 지원	2	1	5,000	3	4	7	8	7	1	1	1	1	1	1	4	4
469	부산 해운대구	독거노인 중증장애인 응급안전알림서비스 운영지원	2	1	581,300	6	2	7	8	7	5	5	4	5	5	4	4	4
470	부산 해운대구	장기요양기관 환기시설 설치 지원사업	1	1	35,800	6	2	7	8	7	5	5	4	5	5	4	4	4
471	부산 해운대구	재가노인복지시설 운영	2	1	420,657	6	2	7	8	7	5	5	4	5	5	4	4	4
472	부산 해운대구	건강가정지원센터 운영 지원	2	14	394,330	6	2	4	5	1	1	1	1	1	1	3	4	4
473	부산 해운대구	다문화가족지원센터	2	14	444,140	6	2	4	5	1	1	1	1	1	1	3	4	4
474	부산 해운대구	한부모시설 운영비 지원	1	16	473,489	6	6	7	8	7	5	5	4	5	5	4	4	4
475	부산 해운대구	한부모시설 입소자상담 및 치료지원	1	16	4,800	5	2	7	8	7	5	5	4	5	5	4	4	4
476	부산 해운대구	시간제보육서비스 제공 지원	2	4	1,061,527	6	1	7	8	7	5	5	4	5	5	4	4	4
477	부산 해운대구	장애영유아어린이집 치료사 근무환경개선비 지원	2	4	4,800	6	1	7	8	7	5	5	4	5	5	4	4	4
478	부산 해운대구	공공형 어린이집 지원(전환사업)	2	4	882,168	6	1	7	8	7	5	5	4	5	5	4	4	4
479	부산 해운대구	생태유아교육 시범어린이집 운영지원	2	4	24,000	6	4	7	8	7	5	5	4	5	5	4	4	4
480	부산 해운대구	육아종합지원센터 지원(전환사업)	2	16	573,439	4	1	1	5	1	1	1	1	3	1	1	4	4
481	부산 해운대구	가정양육사업 지원(전환사업)	2	16	30,000	6	1	7	8	7	5	5	4	5	5	4	4	4
482	부산 해운대구	어린이집 현장학습 및 문화행사비 지원	2	4	72,745	6	1	7	8	7	5	5	4	5	5	4	4	4
483	부산 해운대구	정부지원어린이집 차량운영비 지원	2	4	15,120	6	1	7	8	7	5	5	4	5	5	4	4	4
484	부산 해운대구	장애아전문어린이집차량운영비	2	4	4,800	6	1	7	8	7	5	5	4	5	5	4	4	4
485	부산 해운대구	야간어린이집 폴리스콜서비스 지원	2	4	1,318	6	1	7	8	7	5	5	4	5	5	4	4	4
486	부산 해운대구	어린이집 교재교구비 지원	2	4	96,728	6	1	7	8	7	5	5	4	5	5	4	4	4
487	부산 해운대구	어린이집 난방비 지원	2	4	72,550	6	1	7	8	7	5	5	4	5	5	4	4	4
488	부산 해운대구	어린이집 냉방비 지원	2	4	48,050	6	1	7	8	7	5	5	4	5	5	4	4	4
489	부산 해운대구	보육교직원 행복충전의 날	2	4	15,000	3	4	7	8	7	5	1	1	1	5	4	4	4
490	부산 해운대구	장애아전문어린이집 영유아안전장치 운영지원	2	4	820	6	1	7	8	7	5	5	4	5	5	4	4	4
491	부산 해운대구	부산형 영영아반 운영 지원	2	4	470,400	6	1	7	8	7	5	5	4	5	5	4	4	4
492	부산 해운대구	어린이집 급식위생 관리지원	2	4	120,586	6	1	7	8	7	5	5	4	5	5	4	4	4
493	부산 해운대구	해운대형 육아친화마을 운영	2	16	22,500	6	1	7	8	7	5	5	4	5	5	4	4	4
494	부산 해운대구	지역아동센터 운영비 지원	2	2	336,768	6	2	7	8	7	5	5	4	5	5	4	4	4
495	부산 해운대구	야간보호 지역아동센터 지원	2	2	7,800	6	6	7	8	7	5	5	4	5	5	4	4	4
496	부산 해운대구	지역아동센터 프로그램비 지원	2	2	47,640	6	6	7	8	7	5	5	4	5	5	4	4	4
497	부산 해운대구	지역아동센터 냉·난방비 지원	2	2	7,260	6	6	7	8	7	5	5	4	5	5	4	4	4
498	부산 해운대구	반송동 실내어린이놀이시설 운영	2	2	69,000	4	4	6	5	6	1	1	1	3	1	1	4	4
499	부산 해운대구	요보호아동 그룹홈 운영지원	1	2	269,880	6	1	7	8	7	5	5	4	5	5	4	4	4
500	부산 해운대구	공동생활가정 종사자 복지포인트	1	2	960	6	1	7	8	7	5	5	4	5	5	4	4	4
501	부산 해운대구	다함께돌봄센터 인건비 지원	2	9	375,420	4	1	6	5	6	5	1	1	3	1	1	4	4
502	부산 해운대구	다함께돌봄센터 인건비 지원(자체)	2	9	109,306	4	1	6	5	6	5	1	1	3	1	1	4	4
503	부산 해운대구	학대피해아동쉼터 종사자 처우개선	1	2	36,805	4	1	6	5	6	5	1	1	3	1	1	4	4

순번	시군구	지출명 (사업명)	시설종류 1. 생활시설 2. 이용시설	사회복지시설 종류 1. 노인복지시설 2. 아동복지시설 3. 장애인복지시설 4. 어린이집 5. 정신건강증진시설 6. 노숙인시설 7. 사회복지관 8. 지역자활센터 9. 다함께돌봄센터 10. 결핵,한센시설 11. 성매매피해지원시설 12. 성폭력피해보호시설 13. 가정폭력보호시설 14. 가족센터 15. 청소년복지시설 16. 기타 ( )	2025년예산 (단위:천원/1년간)	민간이전 분류 (지방자치단체 세출예산 집행기준에 의거) 1. 민간경상사업보조(307-02) 2. 민간단체 법정운영비보조(307-03) 3. 민간행사사업보조(307-04) 4. 민간위탁금(307-05) 5. 사회복지시설 법정운영비보조(307-10) 6. 사회복지사업보조(307-11) 7. 민간인위탁교육비(307-12) 8. 공기관등에대한경상적위탁사업(308-13) 9. 공사공단 경상전출금(309-01)	민간이전지출 근거 (지방보조금 관리기준 참고) 1. 법률에 규정 2. 국고보조 재원(국가지정) 3. 용도 지정 기부금 4. 조례에 직접규정 5. 지자체가 권장하는 사업을 하는 공공기관 6. 시,도 정책 및 재정사정 7. 기타 8. 해당없음	입찰방식: 계약체결방법 (경쟁형태) 1. 일반경쟁 2. 제한경쟁 3. 지명경쟁 4. 수의계약 5. 법정위탁 6. 기타 ( ) 7. 해당없음	입찰방식: 계약기간 1. 1년 2. 2년 3. 3년 4. 4년 5. 5년 6. 기타 ( )년 7. 단기계약 (1년미만) 8. 해당없음	입찰방식: 낙찰자선정방법 1. 적격심사 2. 협상에의한계약 3. 최저가낙찰제 4. 규격가격분리 5. 2단계 경쟁입찰 6. 기타 ( ) 7. 해당없음	운영예산 산정: 운영비산정 1. 내부산정 (지자체 자체적으로 산정) 2. 외부산정 (외부전문기관위탁 산정) 3. 내·외부 모두 산정 4. 산정 無 5. 해당없음	운영예산 산정: 정산방법 1. 내부정산 (지자체 내부적으로 정산) 2. 외부정산 (외부전문기관위탁 정산) 3. 내·외부 모두 산정 4. 정산 無 5. 해당없음	성과평가: 성과평가 실시여부 1. 실시 2. 미실시 3. 향후 추진 4. 해당없음	성과평가: 성과평가 주기 1. 매년 2. 격년 3. 기간만료전 4. 기타 ( ) 5. 해당없음	성과평가: 성과평가 실시 방법 1. 자체 실시 2. 평가단 구성 후 실시 (전문위원 심의) 3. 전문 평가기관 의뢰 4. 기타 ( ) 5. 해당없음	성과평가: 평가기준 적용방법 1. 관련 조례 적용 2. 전문 평가기관 의뢰 3. 기타 ( ) 4. 해당없음	평가결과 적용: 실제 인센티브 및 페널티 적용 유무 1. 매년 적용 2. 적용 안함 3. 기타 ( ) 4. 해당없음	평가결과 적용: 인센티브 및 페널티 적용근거 1. 조례 2. 계약서 3. 기타 ( ) 4. 해당없음
504	부산 해운대구	경계선 지능아동 자립지원	1	2	7,000	6	1	7	8	7	5	5	4	5	5	4	4	4
505	부산 해운대구	해운대청소년수련관 방과후아카데미	2	15	187,774	6	1	1	5	1	1	1	1	3	1	1	4	4
506	부산 해운대구	청소년 방과후아카데미 급식 지원	2	15	38,400	6	1	7	8	7	5	5	4	5	5	4	4	4
507	부산 해운대구	청소년방과후아카데미 종사자 지원	2	15	5,880	5	1	7	8	7	5	5	4	5	5	4	4	4
508	부산 해운대구	해운대청소년수련관 운영	2	15	750,000	4	1	7	8	7	5	5	4	5	5	4	4	4
509	부산 해운대구	청소년지도사 배치 지원	2	15	26,316	8	1	7	8	7	5	5	4	5	5	4	4	4
510	부산 해운대구	사회복귀시설운영	2	5	497,310	1	5	7	8	7	1	1	1	1	1	3	4	4
511	부산 해운대구	정신건강증진사업	2	5	1,665,820	4	1	1	5	1	5	5	1	2	4	3	4	4
512	부산 해운대구	정신건강증진사업	2	5	311,340	4	1	1	3	1	5	5	1	2	4	3	4	4
513	부산 사하구	노인일자리 사업지원	2	1	24,472,614	4	2	4	1	7	1	1	1	1	1	3	1	3
514	부산 사하구	시니어클럽 운영	2	1	434,031	4	6	1	5	1	1	3	1	1	1	3	1	3
515	부산 사하구	사하사랑채노인복지관 운영	2	1	842,548	4	6	1	5	1	1	3	1	1	1	3	1	3
516	부산 사하구	신장림사랑채노인복지관 운영	2	1	783,226	4	6	1	5	1	1	3	1	1	1	3	1	3
517	부산 사하구	신평사랑채노인복지관 운영	2	1	282,536	4	6	1	5	1	1	3	1	1	1	3	1	3
518	부산 사하구	촘촘한 돌봄	2	7	55,000	4	6	1	1	1	1	1	1	1	1	3	4	4
519	부산 사하구	권리헬퍼즈	2	1	35,000	4	6	1	1	1	1	1	1	1	1	3	4	4
520	부산 사하구	경로식당 무료급식	2	1	460,290	4	6	7	8	7	1	3	1	1	1	1	1	1
521	부산 사하구	저소득 재가노인식사배달	2	1	278,152	4	6	7	8	7	1	3	1	1	1	1	1	1
522	부산 사하구	재가노인복지시설 운영비 지급	2	1	313,181	5	6	7	8	7	1	3	1	1	1	1	4	4
523	부산 사하구	노인맞춤돌봄서비스	2	1	5,255,634	5	7	7	8	7	1	1	2	5	5	4	4	4
524	부산 사하구	독거노인·중증장애인 응급안전알림서비스	2	1	322,460	5	7	7	8	7	1	1	2	5	5	4	4	4
525	부산 사하구	장애인직업재활시설(보호작업장) 운영지원	2	3	1,005,481	5	1	7	8	7	1	1	1	4	2	2	3	3
526	부산 사하구	시각장애인안마사 파견	2	16	227,053	4	2	2	3	2	1	1	1	1	1	3	4	4
527	부산 사하구	권리중심 일자리 사업	2	16	81,216	4	6	2	1	7	1	1	4	5	5	4	4	4
528	부산 사하구	장애인수어통역센터 운영지원	2	3	200,109	5	1	7	8	7	1	1	1	1	1	4	4	4
529	부산 사하구	장애인 주간 보호시설 운영지원	2	3	1,290,741	5	1	7	8	7	1	1	1	1	1	4	4	4
530	부산 사하구	장애인복지증진 활동 지원	2	16	10,000	1	1	7	8	7	1	1	1	1	1	4	4	4
531	부산 사하구	장애인 권익증진 문화축제 지원	2	16	30,000	3	1	7	8	7	1	1	1	1	1	4	4	4
532	부산 사하구	사하구 장애인복지관 목욕탕 운영	2	3	31,560	4	1	7	8	7	1	1	1	1	1	4	4	4
533	부산 사하구	장애인지역법인 근로작업장 지원	2	16	40,375	5	1	7	8	7	1	1	1	1	1	4	4	4
534	부산 사하구	장애인복지관 무료급식 지원	2	3	17,968	4	6	7	8	7	1	1	1	1	1	4	4	4
535	부산 사하구	장애인공동생활가정 운영지원	1	3	761,827	5	1	7	1	1	1	1	1	4	2	2	3	3
536	부산 사하구	가족센터운영	2	14	1,074,940	4	2	1	5	1	4	3	1	1	1	4	4	4
537	부산 사하구	한나빌리지	1	16	371,617	5	1	7	8	7	1	1	4	5	5	4	4	4
538	부산 사하구	시간제보육서비스 제공 지원	2	4	332,436	8	1	7	8	7	1	3	4	5	5	4	4	4
539	부산 사하구	어린이집 공기청정기 관리비 지원	2	4	64,700	5	6	7	8	7	5	5	4	5	5	4	4	4
540	부산 사하구	어린이집 급식위생 관리지원금 지원	2	4	64,800	5	1	7	8	7	5	5	4	5	5	4	4	4
541	부산 사하구	장애아전문어린이집 영유아 안전장치 운영 지원	2	4	820	5	1	7	8	7	5	5	4	5	5	4	4	4
542	부산 사하구	장애아전문어린이집 치료사 근무환경개선비 지원	2	4	1,800	6	1	7	8	7	5	5	4	5	5	4	4	4
543	부산 사하구	어린이집 학부모 소양교육 지원	2	4	1,000	6	1	7	8	7	5	5	4	5	5	4	4	4
544	부산 사하구	장림, 다송어린이집 음식운반용 승강기 관리비 지원	2	4	2,000	6	1	7	8	7	5	5	4	5	5	4	4	4
545	부산 사하구	어린이집 교재교구비 지원	2	4	91,535	5	2	7	8	7	5	5	4	5	5	4	4	4
546	부산 사하구	어린이집 문화행사비 지원	2	4	60,545	6	6	7	8	7	5	5	4	5	5	4	4	4
547	부산 사하구	영영아반(12개월이하)운영비 지원	2	4	297,000	5	6	7	8	7	5	5	4	5	5	4	4	4
548	부산 사하구	공공형어린이집 지원	2	4	871,306	5	6	7	8	7	5	5	4	5	5	4	4	4
549	부산 사하구	어린이집 냉방비 지원	2	4	45,000	5	6	7	8	7	5	5	4	5	5	4	4	4

순번	시군구	지출명 (사업명)	시설종류 1. 생활시설 2. 이용시설	사회복지시설 종류 1. 노인복지시설 2. 아동복지시설 3. 장애인복지시설 4. 어린이집 5. 정신건강증진시설 6. 노숙인시설 7. 사회복지관 8. 지역자활센터 9. 다함께돌봄센터 10. 결핵,한센시설 11. 성매매피해지원시설 12. 성폭력피해보호시설 13. 가정폭력보호시설 14. 가족센터 15. 청소년복지시설 16. 기타 (　　　)	2025년예산 (단위:천원/1년간)	민간이전 분류 (지방자치단체 세출예산 집행기준에 의거) 1. 민간경상사업보조(307-02) 2. 민간단체 법정운영비보조(307-03) 3. 민간행사사업보조(307-04) 4. 민간위탁금(307-05) 5. 사회복지시설 법정운영비보조(307-10) 6. 사회복지사업보조(307-11) 7. 민간인위탁교육비(307-12) 8. 공기관등에대한경상적위탁사업(308-13) 9. 공사공단 경상전출금(309-01)	민간이전지출 근거 (지방보조금 관리기준 참고) 1. 법률에 규정 2. 국고보조 재원(국가지정) 3. 용도 지정 기부금 4. 조례에 직접규정 5. 지자체가 권장하는 사업을 하는 공공기관 6. 시,도 정책 및 재정사정 7. 기타 8. 해당없음	입찰방식 계약체결방법 (경쟁형태) 1. 일반경쟁 2. 제한경쟁 3. 지명경쟁 4. 수의계약 5. 법정위탁 6. 기타 ( ) 7. 해당없음	입찰방식 계약기간 1. 1년 2. 2년 3. 3년 4. 4년 5. 5년 6. 기타 ( )년 7. 단기계약 (1년미만) 8. 해당없음	입찰방식 낙찰자선정방법 1. 적격심사 2. 협상에의한계약 3. 최저가낙찰제 4. 규격가격분리 5. 2단계 경쟁입찰 6. 기타 ( ) 7. 해당없음	운영예산 산정 운영비산정 1. 내부산정 (지자체 자체적으로 산정) 2. 외부산정 (외부전문기관위탁 산정) 3. 내·외부 모두 산정 4. 산정 無 5. 해당없음	운영예산 산정 정산방법 1. 내부정산 (지자체 내부적으로 정산) 2. 외부정산 (외부전문기관위탁 정산) 3. 내·외부 모두 산정 4. 정산 無 5. 해당없음	성과평가 성과평가 실시여부 1. 실시 2. 미실시 3. 향후 추진 4. 해당없음	성과평가 성과평가 주기 1. 매년 2. 격년 3. 기간만료전 4. 기타 ( ) 5. 해당없음	성과평가 성과평가 실시 방법 1. 자체 실시 2. 평가단 구성 후 실시 (전문위원 섭외) 3. 전문 평가기관 의뢰 4. 기타 ( ) 5. 해당없음	성과평가 평가기준 적용방법 1. 관련 조례 적용 2. 전문 평가기관 의뢰 3. 기타 ( ) 4. 해당없음	평가결과 적용 실제 인센티브 및 페널티 적용 유무 1. 매년 적용 2. 적용 안함 3. 기타 ( ) 4. 해당없음	평가결과 적용 인센티브 및 페널티 적용근거 1. 조례 2. 계약서 3. 기타 ( ) 4. 해당없음
550	부산 사하구	어린이집 난방비 지원	2	4	73,000	5	6	7	8	7	5	5	4	5	5	4	4	4
551	부산 사하구	어린이집 운영지원(차량운영비)	2	4	4,800	5	1	7	8	7	5	5	4	5	5	4	4	4
552	부산 사하구	아동양육시설 운영지원	1	2	2,043,431	5	1	7	8	7	5	5	4	5	5	4	4	4
553	부산 사하구	정신요양시설 운영지원	1	5	3,277,143	5	2	7	8	7	5	3	4	5	5	4	4	4
554	부산 사하구	정신요양시설 운영지원(순시비)	1	5	117,002	5	1	7	8	7	5	3	4	5	5	4	4	4
555	부산 사하구	정신재활시설 운영지원(주간재활시설)	2	5	201,389	5	1	7	8	7	5	3	4	5	5	4	4	4
556	부산 금정구	사회복지관 운영비	2	7	1,571,118	5	1	2	5	1	1	5	4	5	5	4	4	4
557	부산 금정구	금정희망의집 운영비	1	6	532,436	5	1	7	8	7	1	2	4	4	4	4	4	4
558	부산 금정구	금정내일의집 운영비	1	6	284,530	5	1	7	8	7	1	2	4	4	4	4	4	4
559	부산 금정구	다이룸자활센터운영비	1	6	350,077	5	1	7	8	7	1	2	4	4	4	4	4	4
560	부산 금정구	양로시설 운영비	1	1	1,451,754	5	1	7	8	7	1	1	4	5	5	4	4	4
561	부산 금정구	노인복지관 운영 지원	2	1	789,496	5	1	5	5	6	1	1	1	3	1	1	4	4
562	부산 금정구	재가노인지원서비스센터 운영 지원	2	1	461,351	5	1	7	8	7	1	1	4	5	5	4	4	4
563	부산 금정구	노인 무료급식사업	2	1	288,708	6	6	7	8	6	1	1	1	1	1	3	4	4
564	부산 금정구	노인교실 운영비 지원	2	1	59,400	5	5	7	8	7	5	5	4	5	5	4	4	4
565	부산 금정구	시니어클럽 운영비 지원	2	1	388,648	5	1	5	5	1	1	1	1	3	1	1	4	4
566	부산 금정구	가족센터 운영	2	14	638,600	5	2	5	3	1	1	1	1	3	1	1	3	4
567	부산 금정구	성폭력피해자 보호시설 운영비	1	12	580,494	5	2	7	8	7	1	1	4	5	5	4	4	4
568	부산 금정구	성폭력피해자 보호시설 치료회복 프로그램	1	12	7,059	6	2	7	8	7	1	1	4	5	5	4	4	4
569	부산 금정구	성폭력피해자 보호시설 의료비 및 간병비	1	12	2,000	6	2	7	8	7	1	1	4	5	5	4	4	4
570	부산 금정구	성매매피해자 지원시설 운영비	1	11	419,585	5	2	7	8	7	1	1	4	5	5	4	4	4
571	부산 금정구	성매매피해자 지원시설 구조지원사업	1	11	54,307	6	2	7	8	7	1	1	4	5	5	4	4	4
572	부산 금정구	폭력피해 이주여성 보호시설 운영지원	1	13	279,629	5	2	7	8	7	1	1	4	5	5	4	4	4
573	부산 금정구	여성폭력피해자 지원시설 복지증진비	1	11,12,13	204,488	5	2	7	8	7	1	1	4	5	5	4	4	4
574	부산 금정구	성매매피해자 대학등록금 및 학자금 지원사업	1	11	2,000	6	2	7	8	7	1	1	4	5	5	4	4	4
575	부산 금정구	다함께돌봄센터 운영비 지원	2	9	60,000	5	2	1	5	1	5	1	4	5	5	4	4	4
576	부산 금정구	다함께돌봄센터 운영비 지원	2	9	42,000	5	6	1	5	1	1	1	4	5	5	4	4	4
577	부산 금정구	다함께돌봄센터 종사자 복지포인트	2	9	1,440	5	6	1	5	1	1	1	4	5	5	4	4	4
578	부산 금정구	학교 밖 청소년 지원 사업	2	15	134,943	4	1	1	3	1	5	1	1	3	1	3	4	4
579	부산 금정구	학교 밖 청소년 지원사업 종사자 처우개선수당	2	15	36,000	4	2	1	3	1	5	1	1	3	1	3	4	4
580	부산 금정구	학교 밖 청소년 급식비 지원	2	15	11,186	4	3	1	3	1	5	1	1	3	1	3	4	4
581	부산 금정구	학교 밖 청소년 급식비 지원(시비지원)	2	15	20,930	4	4	1	3	1	5	1	1	3	1	3	4	4
582	부산 금정구	청소년안전망 운영	2	15	103,220	4	5	1	3	1	5	1	1	3	1	3	4	4
583	부산 금정구	청소년안전망 운영(지방상담사업)	2	15	172,066	4	6	1	3	1	5	1	1	3	1	3	4	4
584	부산 금정구	청소년동반자 프로그램 운영	2	15	102,820	4	7	1	3	1	5	1	1	3	1	3	4	4
585	부산 금정구	청소년 회복지원시설 운영 지원	1	15	239,646	5	2	7	8	7	5	5	4	5	5	4	4	4
586	부산 금정구	공동생활가정(그룹홈) 운영지원	1	2	146,028	5	2	7	8	7	1	1	4	5	5	4	4	4
587	부산 금정구	학대피해아동쉼터 운영지원	1	2	258,700	5	2	7	8	7	1	1	4	5	5	4	4	4
588	부산 금정구	지역아동센터 기본운영비 지원	2	2	214,896	5	2	7	8	7	1	1	4	5	5	4	4	4
589	부산 금정구	지역자활센터 지원	2	8	373,001	5	1	7	8	7	1	1	1	2	3	2	3	3
590	부산 금정구	지역자활센터 복지포인트	2	8	1,080	5	6	7	8	7	1	1	4	5	5	4	4	4
591	부산 금정구	자활사례관리사업	2	8	31,740	5	1	7	8	7	1	1	4	5	5	4	4	4
592	부산 금정구	장애인직업재활시설 관리운영비	2	3	59,833	5	1	7	8	7	5	5	4	5	5	4	4	4
593	부산 금정구	장애인직업재활시설 복지포인트	2	3	2,040	5	1	7	8	7	5	5	4	5	5	4	4	4
594	부산 금정구	근로작업장부설 무료목욕탕 운영 지원	2	3	70,000	5	1	7	8	7	5	5	4	5	5	4	4	4
595	부산 금정구	장애인직업재활시설 재가장애인 중식비	2	3	52,920	5	1	7	8	7	5	5	4	5	5	4	4	4

순번	시군구	지출명 (사업명)	시설종류 1. 생활시설 2. 이용시설	사회복지시설 종류 1. 노인복지시설 2. 아동복지시설 3. 장애인복지시설 4. 어린이집 5. 정신건강증진시설 6. 노숙인시설 7. 사회복지관 8. 지역자활센터 9. 다함께돌봄센터 10. 결핵,한센시설 11. 성매매피해지원시설 12. 성폭력피해보호시설 13. 가정폭력보호시설 14. 가족센터 15. 청소년복지시설 16. 기타 ( )	2025년예산 (단위:천원/1년간)	민간이전 분류 (지방자치단체 세출예산 집행기준에 의거) 1. 민간경상사업보조(307-02) 2. 민간단체 법정운영비보조(307-03) 3. 민간행사사업보조(307-04) 4. 민간위탁금(307-05) 5. 사회복지시설 법정운영비보조(307-10) 6. 사회복지사업보조(307-11) 7. 민간인위탁교육비(307-12) 8. 공기관등에대한경상적위탁사업(308-13) 9. 공사공단 경상전출금(309-01)	민간이전지출 근거 (지방보조금 관리기준 참고) 1. 법률에 규정 2. 국고보조 재원(국가지정) 3. 용도 지정 기부금 4. 조례에 직접규정 5. 지자체가 권장하는 사업을 하는 공공기관 6. 시,도 정책 및 재정사정 7. 기타 8. 해당없음	입찰방식			운영예산 산정		성과평가				평가결과 적용	
								계약체결방법 (경쟁형태) 1. 일반경쟁 2. 제한경쟁 3. 지명경쟁 4. 수의계약 5. 법정위탁 6. 기타 ( ) 7. 해당없음	계약기간 1. 1년 2. 2년 3. 3년 4. 4년 5. 5년 6. 기타 ( )년 7. 단기계약 (1년미만) 8. 해당없음	낙찰자선정방법 1. 적격심사 2. 협상에의한계약 3. 최저가낙찰제 4. 규격가격분리 5. 2단계 경쟁입찰 6. 기타 ( ) 7. 해당없음	운영비산정 1. 내부산정 (지자체 자체적으로 산정) 2. 외부산정 (외부전문기관위탁 산정) 3. 내·외부 모두 산정 4. 산정 無 5. 해당없음	정산방법 1. 내부정산 (지자체 내부적으로 정산) 2. 외부정산 (외부전문기관위탁 정산) 3. 내·외부 모두 산정 4. 정산 無 5. 해당없음	성과평가 실시여부 1. 실시 2. 미실시 3. 향후 추진 4. 해당없음	성과평가 주기 1. 매년 2. 격년 3. 기간만료전 4. 기타 ( ) 5. 해당없음	성과평가 실시 방법 1. 자체 실시 2. 평가단 구성 후 실시 (전문위원 섭외) 3. 전문 평가기관 의뢰 4. 기타 ( ) 5. 해당없음	평가기준 적용방법 1. 관련 조례 적용 2. 전문 평가기관 의뢰 3. 기타 ( ) 4. 해당없음	실제 인센티브 및 페널티 적용 유무 1. 매년 적용 2. 적용 안함 3. 기타 ( ) 4. 해당없음	인센티브 및 페널티 적용근거 1. 조례 2. 계약서 3. 기타 ( ) 4. 해당없음
596	부산 금정구	장애인복지관 관리운영비	2	3	90,533	5	1	7	8	7	5	5	4	5	5	4	4	4
597	부산 금정구	장애인복지관 복지포인트	2	3	2,520	5	1	7	8	7	5	5	4	5	5	4	4	4
598	부산 금정구	장애인주간이용시설 관리운영비	2	3	36,000	5	1	7	8	7	5	5	4	5	5	4	4	4
599	부산 금정구	장애인주간이용시설 복지포인트	2	3	1,200	5	1	7	8	7	5	5	4	5	5	4	4	4
600	부산 금정구	수어통역센터 관리운영비	2	3	12,000	5	1	7	8	7	5	5	4	5	5	4	4	4
601	부산 금정구	수어통역센터 복지포인트	2	3	480	5	1	7	8	7	5	5	4	5	5	4	4	4
602	부산 금정구	장애인거주시설 관리운영비	1	3	197,328	5	2	7	8	7	5	5	4	5	5	4	4	4
603	부산 금정구	장애인거주시설 종사자 복지포인트	1	3	7,200	5	1	7	8	7	5	5	4	5	5	4	4	4
604	부산 금정구	장애인거주시설 입원간호비	1	3	3,000	5	1	7	8	7	5	5	4	5	5	4	4	4
605	부산 금정구	장애인공동생활가정 관리운영비	1	3	24,000	5	1	7	8	7	5	5	4	5	5	4	4	4
606	부산 금정구	장애인공동생활가정 복지포인트	1	3	240	5	1	7	8	7	5	5	4	5	5	4	4	4
607	부산 금정구	정신건강복지센터 운영	2	5	51,100	4	1	7	8	7	5	1	1	3	1	3	4	4
608	부산 금정구	기초 정신건강복지센터 인력확충	2	5	869,660	4	1	7	8	7	5	1	1	3	1	3	4	4
609	부산 금정구	정신건강복지센터 종사자 복지수당	2	5	43,200	4	1	7	8	7	5	1	1	3	1	3	4	4
610	부산 금정구	중증정신질환자 집중관리 프로그램 운영	2	5	65,020	4	1	7	8	7	5	1	1	3	1	3	4	4
611	부산 금정구	아동청소년 정신건강사업	2	5	14,000	4	1	7	8	7	5	1	1	3	1	3	4	4
612	부산 금정구	통합정신건강증진사업 운영비	2	5	85,000	4	1	7	8	7	5	1	1	3	1	3	4	4
613	부산 금정구	자살예방 및 정신건강증진사업	2	5	41,060	4	1	7	8	7	5	1	1	3	1	3	4	4
614	부산 금정구	자살예방 및 정신건강증진사업(자체)	2	5	9,292	4	1	7	8	7	5	1	1	3	1	3	4	4
615	부산 금정구	기초정신건강복지센터 자살예방사업 지원	2	5	190,764	4	1	7	8	7	5	1	1	3	1	3	4	4
616	부산 금정구	정신재활시설 관리 운영비	2	5	51,176	5	1	7	8	7	5	1	4	5	5	4	4	4
617	부산 금정구	정신재활시설 종사자 복지포인트	2	5	1,200	5	1	7	8	7	5	1	4	5	5	4	4	4
618	부산 금정구	정신재활시설 프로그램 운영비	2	5	20,400	5	1	7	8	7	5	1	4	5	5	4	4	4
619	부산 강서구	장애인거주시설 공기청정기 렌탈 지원	1	3	2,964	5	2	7	8	7	3	3	4	5	5	4	4	4
620	부산 강서구	장애인거주시설 IOT, AI활용 돌봄사업	1	3	6,174	5	2	7	8	7	3	3	4	5	5	4	4	4
621	부산 강서구	장애인직업재활시설 운영 지원	2	3	1,430,803	5	6	7	8	7	3	3	4	5	5	4	4	4
622	부산 강서구	장애인단체 사업지원	2	16	18,500	1	7	7	8	7	1	1	4	5	5	4	4	4
623	부산 강서구	발달재활서비스 바우처 지원	2	3	1,581,600	8	2	7	8	7	5	5	4	5	5	4	4	4
624	부산 강서구	장애인 주간이용시설 운영(보조)	2	3	322,130	5	6	7	8	7	5	1	4	5	5	4	4	4
625	부산 강서구	강서구 장애인 주간이용시설 운영(자체)	2	3	350,000	4	4	7	8	7	1	1	4	5	5	4	4	4
626	부산 강서구	장애인콜승합차 운영	2	3	45,000	4	4	7	8	7	1	1	4	5	5	4	4	4
627	부산 강서구	장애인활동지원 시비 추가지원사업	2	3	173,510	7	2	5	8	7	5	5	4	5	5	4	4	4
628	부산 강서구	장애인의료비 지원	2	16	115,640	7	2	5	8	7	5	5	4	5	5	4	4	4
629	부산 강서구	발달장애인 부모상담지원	2	3	2,883	7	2	5	8	7	5	5	4	5	5	4	4	4
630	부산 강서구	발달장애인 방과후 돌봄서비스 지원	2	3	213,571	7	2	5	8	7	5	5	4	5	5	4	4	4
631	부산 강서구	장애인 도시락 배달 사업	2	7	109,200	4	7	1	3	1	1	1	4	5	5	4	4	4
632	부산 강서구	가정폭력(통합)상담소 운영 지원	2	13	267,700	5	1	7	8	7	1	1	1	1	3	3	1	1
633	부산 강서구	여성폭력피해자 지원시설 복지증진	2	13	41,720	5	1	7	8	7	1	1	1	1	3	3	1	1
634	부산 강서구	가정폭력 피해자 지원	2	13	4,208	6	1	7	8	7	1	1	1	1	3	3	1	1
635	부산 강서구	다함께돌봄센터 운영비(자체)	2	9	14,400	4	1	1	5	1	1	1	1	3	2	1	4	4
636	부산 강서구	다함께돌봄센터 인건비 지원	2	9	468,576	4	1	1	5	1	1	1	1	3	2	1	4	4
637	부산 강서구	다함께돌봄센터 인건비(시비)	2	9	115,202	4	1	1	5	1	1	1	1	3	2	1	4	4
638	부산 강서구	지역아동센터 운영비 지원	2	2	74,856	5	1	7	8	7	3	3	4	5	5	4	4	4
639	부산 강서구	지역아동센터 운영 지원(시비)	2	2	10,560	5	1	7	8	7	3	3	4	5	5	4	4	4
640	부산 강서구	지역아동센터 종사자 복지포인트 지원	2	2	1,680	5	1	7	8	7	3	3	4	5	5	4	4	4
641	부산 강서구	지역자활센터 지원	2	8	494,393	5	2	5	8	7	1	1	1	1	4	3	1	3

순번	시군구	지출명 (사업명)	시설종류 1. 생활시설 2. 이용시설	사회복지시설 종류 1. 노인복지시설 2. 아동복지시설 3. 장애인복지시설 4. 어린이집 5. 정신건강증진시설 6. 노숙인시설 7. 사회복지관 8. 지역자활센터 9. 다함께돌봄센터 10. 결핵,한센시설 11. 성매매피해지원시설 12. 성폭력피해보호시설 13. 가정폭력보호시설 14. 가족센터 15. 청소년복지시설 16. 기타 ( )	2025년예산 (단위:천원/1년간)	민간이전 분류 (지방자치단체 세출예산 집행기준에 의거) 1. 민간경상사업보조(307-02) 2. 민간단체 법정운영비보조(307-03) 3. 민간행사사업보조(307-04) 4. 민간위탁금(307-05) 5. 사회복지시설 법정운영비보조(307-10) 6. 사회복지사업보조(307-11) 7. 민간인위탁교육비(307-12) 8. 공기관등에대한경상적위탁사업(308-13) 9. 공사공단 경상전출금(309-01)	민간이전지출 근거 (지방보조금 관리기준 참고) 1. 법률에 규정 2. 국고보조 재원(국가지정) 3. 용도 지정 기부금 4. 조례에 직접규정 5. 지자체가 권장하는 사업을 하는 공공기관 6. 시,도 정책 및 재정사정 7. 기타 8. 해당없음	입찰방식: 계약체결방법 (경쟁형태) 1. 일반경쟁 2. 제한경쟁 3. 지명경쟁 4. 수의계약 5. 법정위탁 6. 기타 ( ) 7. 해당없음	입찰방식: 계약기간 1. 1년 2. 2년 3. 3년 4. 4년 5. 5년 6. 기타 ( )년 7. 단기계약 (1년미만) 8. 해당없음	입찰방식: 낙찰자선정방법 1. 적격심사 2. 협상에의한계약 3. 최저가낙찰제 4. 규격가격분리 5. 2단계 경쟁입찰 6. 기타 ( ) 7. 해당없음	운영예산 산정: 운영비산정 1. 내부산정 (지자체 자체적으로 산정) 2. 외부산정 (외부전문기관위탁 산정) 3. 내·외부 모두 산정 4. 산정 無 5. 해당없음	운영예산 산정: 정산방법 1. 내부정산 (지자체 내부적으로 정산) 2. 외부정산 (외부전문기관위탁 정산) 3. 내·외부 모두 산정 4. 정산 無 5. 해당없음	성과평가: 성과평가 실시여부 1. 실시 2. 미실시 3. 향후 추진 4. 해당없음	성과평가: 성과평가 주기 1. 매년 2. 격년 3. 기간만료전 4. 기타 ( ) 5. 해당없음	성과평가: 성과평가 실시 방법 1. 자체 실시 2. 평가단 구성 후 실시 (전문위원 섭외) 3. 전문 평가기관 의뢰 4. 기타 ( ) 5. 해당없음	성과평가: 평가기준 적용방법 1. 관련 조례 적용 2. 전문 평가기관 의뢰 3. 기타 ( ) 4. 해당없음	평가결과 적용: 실제 인센티브 및 페널티 적용 유무 1. 매년 적용 2. 적용 안함 3. 기타 ( ) 4. 해당없음	평가결과 적용: 인센티브 및 페널티 적용근거 1. 조례 2. 계약서 3. 기타 ( ) 4. 해당없음
642	부산 강서구	지역자활센터 직원복지 지원	2	8	33,438	5	2	5	8	7	1	1	4	5	5	4	4	4
643	부산 강서구	자활근로	2	8	3,582,621	4	2	5	8	7	1	1	4	5	5	4	4	4
644	부산 강서구	노인의료복지시설 운영지원(보조)	2	1	74,000	5	1	7	8	7	1	1	4	5	5	4	4	4
645	부산 강서구	강서노인종합복지관 운영(보조)	2	1	849,456	4	2	1	5	1	1	1	4	5	5	4	4	4
646	부산 강서구	강서노인종합복지관 운영(자체)	2	1	81,035	4	2	1	5	1	1	1	4	5	5	4	4	4
647	부산 강서구	명지노인종합복지관 운영(보조)	2	1	984,281	4	2	1	5	1	1	1	4	5	5	4	4	4
648	부산 강서구	명지노인종합복지관 운영(자체)	2	1	93,675	4	2	1	5	1	1	1	4	5	5	4	4	4
649	부산 강서구	가덕도동 노인복지관 운영	2	1	171,541	4	2	1	5	1	1	1	4	5	5	4	4	4
650	부산 강서구	재가노인복지시설 운영비	2	1	461,351	5	1	7	8	7	1	1	4	5	5	4	4	4
651	부산 연제구	종합사회복지관 운영	2	7	829,177	5	1	6	5	6	1	1	4	5	5	4	4	4
652	부산 연제구	종합사회복지관 운영	2	7	804,550	5	1	6	5	6	1	1	4	5	5	4	4	4
653	부산 연제구	자활근로사업	2	8	3,682,977	5	1	3	1	7	2	2	4	5	5	4	4	4
654	부산 연제구	부산연제시니어클럽 운영 지원	2	1	388,648	5	1	6	5	6	1	1	4	5	5	4	4	4
655	부산 연제구	연제구노인복지관 운영	2	1	738,279	5	1	6	5	6	1	1	4	5	5	4	4	4
656	부산 연제구	가족센터 운영비	2	14	803,970	4	1	6	5	6	1	1	4	5	5	4	4	4
657	부산 연제구	아이사랑뜰 운영	2	2	159,400	4	4	6	5	6	1	1	4	5	5	4	4	4
658	부산 연제구	다함께돌봄센터 인건비	2	9	486,648	4	1	6	5	6	1	1	4	5	5	4	4	4
659	부산 연제구	다함께돌봄센터 운영비	2	9	72,000	4	1	6	5	6	1	1	4	5	5	4	4	4
660	부산 연제구	장애인거주시설 체험홈 운영	1	3	60,000	5	4	7	8	7	1	1	4	5	5	4	4	4
661	부산 연제구	장애인거주시설 종사자 복지포인트	1	3	10,080	5	1	7	8	7	1	1	4	5	5	4	4	4
662	부산 연제구	시설보호장애인 월동김장비	1	3	1,500	6	1	7	8	7	1	1	4	5	5	4	4	4
663	부산 연제구	시설보호장애인 입원간호비	1	3	5,000	6	4	7	8	7	1	1	4	5	5	4	4	4
664	부산 연제구	시설퇴소장애인 자립정착금	1	3	40,000	6	4	7	8	7	1	1	4	5	5	4	4	4
665	부산 연제구	장애인공동생활가정 운영	1	3	87,758	5	1	7	8	7	1	1	4	5	5	4	4	4
666	부산 연제구	장애인주간보호센터 운영	2	3	316,038	5	4	7	8	7	1	1	4	5	5	4	4	4
667	부산 연제구	수어통역센터 운영	2	3	588,759	5	4	7	8	7	1	1	4	5	5	4	4	4
668	부산 연제구	장애인직업재활시설 운영	2	3	1,932,615	5	1	7	8	7	1	1	4	5	5	4	4	4
669	부산 연제구	장애인직업재활시설 재가장애인 중식비	2	3	85,995	6	1	7	8	7	1	1	4	5	5	4	4	4
670	부산 수영구	수영구노인복지관 운영비	2	1	782,332	5	1	7	5	6	5	1	3	3	1	1	4	4
671	부산 수영구	광안노인복지관 운영비	2	1	675,638	5	1	7	5	6	5	1	3	3	1	1	4	4
672	부산 수영구	수영구노인복지관 복지포인트	2	1	1,680	5	1	7	5	6	5	1	3	3	1	1	4	4
673	부산 수영구	광안노인복지관 복지포인트	2	1	1,560	5	1	7	5	6	5	1	3	3	1	1	4	4
674	부산 수영구	광안노인복지관 고령친화지원사업	2	1	4,000	6	1	7	5	6	5	1	3	3	1	1	4	4
675	부산 수영구	시니어클럽 운영	2	1	434,031	5	1	7	5	6	5	1	3	3	1	1	4	4
676	부산 수영구	노인복지관 운영 지원	2	1	24,000	6	1, 4	2	1	1	1	1	3	3	1	1	4	4
677	부산 수영구	경로당 운영비 지원(보조사업)	2	1	169,200	5	1	7	8	7	1	1	4	5	5	4	4	4
678	부산 수영구	경로당 운영비 지원(자체사업)	2	1	146,640	5	1	7	8	7	1	1	4	5	5	4	4	4
679	부산 수영구	경로당 냉난방비 및 양곡구입비 지원(보조사업)	2	1	246,702	6	1	7	8	7	3	1	4	5	5	4	4	4
680	부산 수영구	노인장기요양보험 등급외자 부담금	1	1	28,441	6	1	7	8	7	1	1	4	5	5	4	4	4
681	부산 수영구	노인교실 운영비(보조사업)	2	1	34,020	6	1	7	8	7	1	1	4	5	5	4	4	4
682	부산 수영구	수영구 수어통역센터 운영 지원(보조사업)	2	3	235,975	8	1	7	8	5	5	1	4	5	5	4	4	1
683	부산 수영구	수영구 장애인복지관 운영(보조사업)	2	3	1,121,637	5	4	7	5	6	5	1	4	5	5	4	4	1
684	부산 수영구	장애인 공동생활가정 운영 지원(보조사업)	2	3	252,028	6	1	7	8	5	5	1	4	5	5	4	4	1
685	부산 수영구	장애인 공동생활가정 운영 지원(보조사업)	2	3	252,028	6	1	7	8	5	5	1	4	5	5	4	4	1
686	부산 수영구	장애인 공동생활가정 운영 지원(보조사업)	2	3	252,028	6	1	7	8	5	5	1	4	5	5	4	4	1
687	부산 수영구	장애인 주간이용시설 운영 지원(보조사업)	2	3	1,085,523	8	1	7	8	5	5	1	4	5	5	4	4	1

순번	시군구	지출명 (사업명)	시설종류 1. 생활시설 2. 이용시설	사회복지시설 종류 1. 노인복지시설 2. 아동복지시설 3. 장애인복지시설 4. 어린이집 5. 정신건강증진시설 6. 노숙인시설 7. 사회복지관 8. 지역자활센터 9. 다함께돌봄센터 10. 결핵,한센시설 11. 성매매피해지원시설 12. 성폭력피해보호시설 13. 가정폭력보호시설 14. 가족센터 15. 청소년복지시설 16. 기타 ( )	2025년예산 (단위:천원/1년간)	민간이전 분류 (지방자치단체 세출예산 집행기준에 의거) 1. 민간경상사업보조(307-02) 2. 민간단체 법정운영비보조(307-03) 3. 민간행사사업보조(307-04) 4. 민간위탁금(307-05) 5. 사회복지시설 법정운영비보조(307-10) 6. 사회복지사업보조(307-11) 7. 민간인위탁교육비(307-12) 8. 공기관등에대한경상적위탁사업(308-13) 9. 공사공단 경상전출금(309-01)	민간이전지출 근거 (지방보조금 관리기준 참고) 1. 법률에 규정 2. 국고보조 재원(국가지정) 3. 용도 지정 기부금 4. 조례에 직접규정 5. 지자체가 권장하는 사업을 하는 공공기관 6. 시,도 정책 및 재정사정 7. 기타 8. 해당없음	입찰방식: 계약체결방법 (경쟁형태) 1. 일반경쟁 2. 제한경쟁 3. 지명경쟁 4. 수의계약 5. 법정위탁 6. 기타 ( ) 7. 해당없음	입찰방식: 계약기간 1. 1년 2. 2년 3. 3년 4. 4년 5. 5년 6. 기타 ( )년 7. 단기계약 (1년미만) 8. 해당없음	입찰방식: 낙찰자선정방법 1. 적격심사 2. 협상에의한계약 3. 최저가낙찰제 4. 규격가격분리 5. 2단계 경쟁입찰 6. 기타 ( ) 7. 해당없음	운영예산 산정: 운영비산정 1. 내부산정 (지자체 자체적으로 산정) 2. 외부산정 (외부전문기관위탁 산정) 3. 내·외부 모두 산정 4. 산정 無 5. 해당없음	운영예산 산정: 정산방법 1. 내부정산 (지자체 내부적으로 정산) 2. 외부정산 (외부전문기관위탁 정산) 3. 내·외부 모두 산정 4. 정산 無 5. 해당없음	성과평가: 성과평가 실시여부 1. 실시 2. 미실시 3. 향후 추진 4. 해당없음	성과평가: 성과평가 주기 1. 매년 2. 격년 3. 기간만료전 4. 기타 ( ) 5. 해당없음	성과평가: 성과평가 실시 방법 1. 자체 실시 2. 평가단 구성 후 실시 (전문위원 참여) 3. 전문 평가기관 의뢰 4. 기타 ( ) 5. 해당없음	성과평가: 평가기준 적용방법 1. 관련 조례 적용 2. 전문 평가기관 의뢰 3. 기타 ( ) 4. 해당없음	평가결과 적용: 실제 인센티브 및 페널티 적용 유무 1. 매년 적용 2. 적용 안함 3. 기타 ( ) 4. 해당없음	평가결과 적용: 인센티브 및 페널티 적용근거 1. 조례 2. 계약서 3. 기타 ( ) 4. 해당없음
688	부산 수영구	장애인 주간이용시설 운영 지원(보조사업)	2	3	1,085,523	8	1	7	8	5	5	1	4	5	5	4	4	1
689	부산 수영구	장애인 주간이용시설 운영 지원(보조사업)	2	3	1,085,523	8	1	7	8	5	5	1	4	5	5	4	4	1
690	부산 수영구	장애인 주간이용시설 운영 지원(보조사업)	2	3	1,085,523	8	1	7	8	5	5	1	4	5	5	4	4	1
691	부산 수영구	장애인 주간이용시설 운영 지원(보조사업)	2	3	1,085,523	8	1	7	8	5	5	1	4	5	5	4	4	1
692	부산 수영구	장애인 주간이용시설 운영 지원(보조사업)	2	3	1,085,523	8	1	7	8	5	5	1	4	5	5	4	4	1
693	부산 수영구	장애인복지관 무료급식 지원(보조사업)	2	3	20,732	5	1	7	8	5	1	1	4	5	5	4	4	1
694	부산 수영구	장애인지역법인근로작업장 지원(보조사업)	2	3	28,375	5	1	7	8	5	5	1	4	5	5	4	4	1
695	부산 수영구	장애인직업재활시설 운영(보조사업)	2	3	676,375	5	1	7	8	5	5	1	4	5	5	4	4	1
696	부산 수영구	장애인직업재활시설 운영(보조사업)	2	3	676,375	5	1	7	8	5	5	1	4	5	5	4	4	1
697	부산 수영구	장애인 정책 지원	2	3	4,100	5	4	7	8	5	1	1	1	1	2	1	1	1
698	부산 수영구	장애인 정책 지원	2	3	19,900	5	4	7	8	5	1	1	1	1	2	1	1	1
699	부산 수영구	어린이집 안전공제회 의무가입 보험료 지원	2	4	14,342	5	5	7	8	7	5	5	4	5	5	4	4	4
700	부산 수영구	어린이집 난방비 지원	2	4	21,450	5	5	7	8	7	5	5	4	5	5	4	4	4
701	부산 수영구	어린이집 냉방비 지원	2	4	13,750	5	5	7	8	7	5	5	4	5	5	4	4	4
702	부산 수영구	어린이집 공기청정기 임차비용 지원	2	4	31,436	5	5	7	8	7	5	5	4	5	5	4	4	4
703	부산 수영구	수아&영이어린이집 휴일보육서비스 운영비 지원	2	4	30,645	6	5	7	8	7	1	1	1	1	1	1	4	4
704	부산 수영구	어린이집 운영 지원	2	4	60,652	6	6	7	8	7	5	5	4	5	5	4	4	4
705	부산 수영구	어린이집 운영 지원(교재교구비 지원)(보조사업)	2	4	43,844	6	2	7	8	7	5	5	4	5	5	4	4	4
706	부산 수영구	어린이집 운영 지원(차량운영비 지원)(보조사업)	2	4	9,600	6	2	7	8	7	5	5	4	5	5	4	4	4
707	부산 수영구	시간제보육서비스 제공지원	2	4	361,529	6	2	7	8	7	5	5	4	5	5	4	4	4
708	부산 수영구	가정양육사업 지원(보조사업)(전환사업)	1	16	22,000	4	5	7	8	7	5	5	4	5	5	4	4	4
709	부산 수영구	공공형 어린이집 운영비	2	4	212,986	6	1	7	8	7	5	5	4	5	5	4	4	4
710	부산 수영구	첫만남이용권(보조사업)	2	16	1,582,000	8	2	7	8	7	5	5	4	5	5	4	4	4
711	부산 수영구	육아종합지원센터 운영(보조사업)	1	16	1,029,737	4	5	2	5	6	1	1	1	3	1	3	4	4
712	부산 수영구	부산형 영영아반 운영 지원	2	4	135,000	6	6	7	8	7	5	5	4	5	5	4	4	4
713	부산 수영구	수영구 육아친화마을 운영(보조사업)	2	16	42,000	4	6	7	8	7	5	5	4	5	5	4	4	4
714	부산 수영구	공동육아나눔터 운영(보조사업)	2	14	58,244	4	4	1	5	1	5	5	4	5	5	4	4	4
715	부산 수영구	가정폭력(통합) 상담소 운영지원(보조사업)	2	16	267,700	5	1	7	8	7	5	5	4	5	5	4	4	4
716	부산 수영구	성폭력 피해자 의료비 지원(보조사업)	2	16	600	6	1	7	8	7	5	5	4	5	5	4	4	4
717	부산 수영구	성폭력 피해자 치료회복 프로그램 운영(보조사업)	2	16	8,256	6	1	7	8	7	5	5	4	5	5	4	4	4
718	부산 수영구	아이돌보미 건강검진비 지원(보조사업)	2	14	4,500	6	1	1	3	1	5	5	4	5	5	4	4	4
719	부산 수영구	가족센터 종사자 복지포인트(보조사업)	2	14	1,500	5	4	5	5	6	5	1	4	5	5	4	4	4
720	부산 수영구	가족센터 운영	2	14	80,000	4	7	5	5	6	5	1	4	5	5	4	4	4
721	부산 사상구	사회복지관 운영 사업	2	7	836,222	4	1	5	5	6	1	1	1	3	2	1	3	2
722	부산 사상구	사회복지관 운영 사업	2	7	924,544	4	1	5	5	6	1	1	1	3	2	1	3	2
723	부산 사상구	사회복지관 운영 사업	2	7	826,809	4	1	5	5	6	1	1	1	3	2	1	3	2
724	부산 사상구	사회복지관 운영 사업	2	7	947,905	4	1	5	5	6	1	1	1	3	2	1	3	2
725	부산 사상구	가족센터 운영 사업	2	14	891,340	4	1	5	5	6	1	3	3	3	1	1	3	2
726	대구광역시	정신요양시설(노숙인생활시설내) 운영	2	5	2,014,287	8	2	4	2	7	1	1	1	2	3	3	1	3
727	대구광역시	대구시노인종합복지관 운영	2	1	1,367,738	4	4	1	5	1	1	1	1	3	3	2	3	3
728	대구광역시	중증장애인 다수고용사업장 위탁운영(대구드림텍)	2	11	1,154,225	4	4	1	5	1	1	1	1	3	3	2	3	3
729	대구광역시	중증장애인 다수고용사업장(대구드림텍)종사자 복지포인트	2	11	51,500	4	4	1	5	1	1	1	1	3	3	2	3	3
730	대구광역시	희망드리 보호작업장 운영	2	11	423,727	4	4	1	5	1	1	1	1	3	3	2	3	3
731	대구광역시	희망드리 보호작업장 종사자 복지포인트	2	11	20,000	4	4	1	5	1	1	1	1	3	3	2	3	3
732	대구광역시	섬들 보호작업장 운영	2	11	341,566	4	4	1	5	1	1	1	1	3	3	2	3	3
733	대구광역시	섬들 보호작업장 종사자 복지포인트	2	11	16,500	4	4	1	5	1	1	1	1	3	3	2	3	3

순번	시군구	지출명 (사업명)	시설종류 1. 생활시설 2. 이용시설	사회복지시설 종류 1. 노인복지시설 2. 아동복지시설 3. 장애인복지시설 4. 어린이집 5. 정신건강증진시설 6. 노숙인시설 7. 사회복지관 8. 지역자활센터 9. 다함께돌봄센터 10. 결핵,한센시설 11. 성매매피해지원시설 12. 성폭력피해보호시설 13. 가정폭력보호시설 14. 가족센터 15. 청소년복지시설 16. 기타 ( )	2025년예산 (단위:천원/1년간)	민간이전 분류 (지방자치단체 세출예산 집행기준에 의거) 1. 민간경상사업보조(307-02) 2. 민간단체 법정운영비보조(307-03) 3. 민간행사사업보조(307-04) 4. 민간위탁금(307-05) 5. 사회복지시설 법정운영비보조(307-10) 6. 사회복지사업보조(307-11) 7. 민간인위탁교육비(307-12) 8. 공기관등에대한경상적위탁사업(308-13) 9. 공사공단 경상전출금(309-01)	민간이전지출 근거 (지방보조금 관리기준 참고) 1. 법률에 규정 2. 국고보조 재원(국가지정) 3. 용도 지정 기부금 4. 조례에 직접규정 5. 지자체가 권장하는 사업을 하는 공공기관 6. 시,도 정책 및 재정사정 7. 기타 8. 해당없음	입찰방식 계약체결방법 (경쟁형태) 1. 일반경쟁 2. 제한경쟁 3. 지명경쟁 4. 수의계약 5. 법정위탁 6. 기타 ( ) 7. 해당없음	입찰방식 계약기간 1. 1년 2. 2년 3. 3년 4. 4년 5. 5년 6. 기타 ( )년 7. 단기계약 (1년미만) 8. 해당없음	입찰방식 낙찰자선정방법 1. 적격심사 2. 협상에의한계약 3. 최저가낙찰제 4. 규격가격분리 5. 2단계 경쟁입찰 6. 기타 ( ) 7. 해당없음	운영예산 산정 운영비산정 1. 내부산정 (지자체 자체적으로 산정) 2. 외부산정 (외부전문기관위탁 산정) 3. 내·외부 모두 산정 4. 산정 無 5. 해당없음	운영예산 산정 정산방법 1. 내부정산 (지자체 내부적으로 정산) 2. 외부정산 (외부전문기관위탁 정산) 3. 내·외부 모두 산정 4. 정산 無 5. 해당없음	성과평가 성과평가 실시여부 1. 실시 2. 미실시 3. 향후 추진 4. 해당없음	성과평가 성과평가 주기 1. 매년 2. 격년 3. 기간만료전 4. 기타 ( ) 5. 해당없음	성과평가 성과평가 실시 방법 1. 자체 실시 2. 평가단 구성 후 실시 (전문위원 섭외) 3. 전문 평가기관 의뢰 4. 기타 ( ) 5. 해당없음	성과평가 평가기준 적용방법 1. 관련 조례 적용 2. 전문 평가기관 의뢰 3. 기타 ( ) 4. 해당없음	평가결과 적용 실제 인센티브 및 페널티 적용 유무 1. 매년 적용 2. 적용 안함 3. 기타 ( ) 4. 해당없음	평가결과 적용 인센티브 및 페널티 적용근거 1. 조례 2. 계약서 3. 기타 ( ) 4. 해당없음
734	대구광역시	학대피해 장애인쉼터 운영 추가지원	2	11	292,000	4	4	1	3	1	1	1	1	3	3	2	3	3
735	대구광역시	대구장애인종합복지관 운영	2	11	2,566,644	4	4	1	5	1	1	1	1	3	3	2	3	3
736	대구광역시	대구장애인종합복지관 종사자 복지포인트	2	11	14,350	4	4	1	5	1	1	1	1	3	3	2	3	3
737	대구광역시	달구벌종합복지관 운영	2	11	2,577,751	4	4	1	5	1	1	1	1	3	3	2	3	3
738	대구광역시	달구벌종합복지관 종사자 복지포인트	2	11	14,000	4	4	1	5	1	1	1	1	3	3	2	3	3
739	대구광역시	대구시각장애인복지관 운영	2	11	1,527,807	4	4	1	5	1	1	1	1	3	3	2	3	3
740	대구광역시	대구시각장애인복지관 종사자 복지포인트	2	11	9,100	4	4	1	5	1	1	1	1	3	3	2	3	3
741	대구광역시	대구청각언어장애인복지관 운영	2	11	1,482,714	4	4	1	5	1	1	1	1	3	3	2	3	3
742	대구광역시	대구청각언어장애인복지관 종사자 복지포인트	2	11	8,750	4	4	1	5	1	1	1	1	3	3	2	3	3
743	대구광역시	달구벌재활스포츠센터 운영	2	11	1,492,748	4	4	1	5	1	1	1	1	3	3	2	3	3
744	대구광역시	달구벌재활스포츠센터 종사자 복지포인트	2	11	7,100	4	4	1	5	1	1	1	1	3	3	2	3	3
745	대구광역시	장애인 권익옹호기관 운영 추가지원	2	11	231,000	4	4	1	3	1	1	1	1	3	3	2	3	3
746	대구광역시	여성인력개발센터 운영	2	16	521,500	5	6	7	8	7	1	1	4	5	5	4	4	4
747	대구광역시	아이돌봄 광역지원센터	2	16	664,770	5	1	1	3	1	1	1	3	5	5	4	4	4
748	대구광역시	성착취피해아동청소년지원센터 운영	2	11	130,706	5	1,2	7	8	7	1	1	4	5	5	4	4	4
749	대구광역시	해바라기센터(아동) 운영	2	12	664,900	8	2	7	8	7	1	1	4	5	5	4	4	4
750	대구광역시	해바라기센터 운영	2	12	568,400	8	2	7	8	7	1	1	4	5	5	4	4	4
751	대구광역시	해바라기센터 운영 추가지원	2	12	107,960	8	2	7	8	7	1	1	4	5	5	4	4	4
752	대구광역시	성폭력피해자 방문상담 지원	2	12	58,290	8	2	7	8	7	1	1	4	5	5	4	4	4
753	대구광역시	성폭력피해자 부대비용 지원	2	12	12,700	8	2	7	8	7	1	1	4	5	5	4	4	4
754	대구광역시	청소년쉼터운영	1	15	469,771	6	1	1	8	1	1	2	2	5	5	4	4	4
755	대구광역시	청소년쉼터운영	2	15	360,392	8	1	5	3	7	1	2	2	5	5	4	4	4
756	대구광역시	청소년쉼터운영	1	15	501,336	8	1	5	3	7	1	2	2	5	5	4	4	4
757	대구광역시	청소년쉼터운영	1	15	337,854	6	1	1	8	1	1	2	2	5	5	4	4	4
758	대구광역시	청소년쉼터운영	1	15	337,854	6	1	1	8	1	1	2	2	5	5	4	4	4
759	대구광역시	자립지원관운영	2	15	307,196	4	1	1	3	1	1	2	1	2	2	1	4	4
760	대구광역시	아동보호전문기관운영	2	2	923,730	5	2	1	5	1	1	3	2	5	5	4	4	4
761	대구광역시	아동보호전문기관운영	2	2	923,730	5	2	1	5	1	1	3	2	5	5	4	4	4
762	대구광역시	아동보호전문기관운영	2	2	923,730	5	2	1	5	1	1	3	2	5	5	4	4	4
763	대구광역시	가정위탁지원센터 운영	2	2	610,000	5	6	1	5	1	1	3	4	5	5	4	4	4
764	대구광역시	자립준비청년 자립지원 체계구축	2	2	1,034,943	5	2	1	5	1	1	3	1	2	3	2	1	1
765	대구광역시	시도지원단 운영	2	2	172,780	4	2	1	3	6	5	1	1	1	3	2	1	1
766	대구광역시	지역아동센터 특성화사업 지원	2	2	20,000	6	1	1	3	6	5	1	1	1	3	2	1	1
767	대구광역시	지방육아종합지원센터운영	2	16	538,844	8	1	6	5	6	1	1	1	1	1	3	4	4
768	대구광역시	지방육아종합지원센터 체험관운영	2	16	625,000	8	1	6	5	6	1	1	1	1	1	3	4	4
769	대구광역시	시청어린이집 운영지원	1	4	521,097	8	1, 4	6	5	6	3	3	2	5	5	4	4	2
770	대구 서구	종합사회복지관 운영	2	7	996,112	4	1	1	5	1	1	1	1	3	2	1	3	1
771	대구 서구	종합사회복지관 운영	2	7	1,033,987	4	1	1	5	1	1	1	1	3	2	1	3	1
772	대구 서구	가족센터 운영	2	14	338,600	4	2	7	5	7	5	1	1	3	2	1	4	4
773	대구 서구	한부모가족복지시설 퇴소자 자립정착금 지원	1	16	30,000	5	1	7	8	7	5	5	4	5	5	4	4	4
774	대구 서구	한부모가족복지시설 운영 지원	1	16	538,909	5	1	7	8	7	5	5	4	5	5	4	4	4
775	대구 서구	한부모가족복지시설 운영(시특별지원)	1	16	46,070	5	1	7	8	7	5	5	4	5	5	4	4	4
776	대구 서구	한부모시설 입소자 상담.치료 지원	1	16	34,198	5	1	7	8	7	5	5	4	5	5	4	4	4
777	대구 서구	한부모가족(매입임대) 주거지원	1	16	61,052	5	1	7	8	7	5	5	4	5	5	4	4	4
778	대구 서구	한부모시설 아이돌봄 서비스 지원	1	16	20,618	5	1	7	8	7	5	5	4	5	5	4	4	4
779	대구 서구	성폭력,가정폭력 상담소 운영지원	2	12	151,322	5	1	7	8	7	5	5	4	5	5	4	4	4

순번	시군구	지출명 (사업명)	시설종류 1. 생활시설 2. 이용시설	사회복지시설 종류 1. 노인복지시설 2. 아동복지시설 3. 장애인복지시설 4. 어린이집 5. 정신건강증진시설 6. 노숙인시설 7. 사회복지관 8. 지역자활센터 9. 다함께돌봄센터 10. 결핵,한센시설 11. 성매매피해지원시설 12. 성폭력피해보호시설 13. 가정폭력보호시설 14. 가족센터 15. 청소년복지시설 16. 기타 ( )	2025년예산 (단위:천원/1년간)	민간이전 분류 (지방자치단체 세출예산 집행기준에 의거) 1. 민간경상사업보조(307-02) 2. 민간단체 법정운영비보조(307-03) 3. 민간행사사업보조(307-04) 4. 민간위탁금(307-05) 5. 사회복지시설 법정운영비보조(307-10) 6. 사회복지사업보조(307-11) 7. 민간인위탁교육비(307-12) 8. 공기관등에대한경상적위탁사업(308-13) 9. 공사공단 경상전출금(309-01)	민간이전지출 근거 (지방보조금 관리기준 참고) 1. 법률에 규정 2. 국고보조 재원(국가지정) 3. 용도 지정 기부금 4. 조례에 직접규정 5. 지자체가 권장하는 사업을 하는 공공기관 6. 시,도 정책 및 재정사정 7. 기타 8. 해당없음	입찰방식			운영예산 산정		성과평가				평가결과 적용	
								계약체결방법 (경쟁형태) 1. 일반경쟁 2. 제한경쟁 3. 지명경쟁 4. 수의계약 5. 법정위탁 6. 기타 ( ) 7. 해당없음	계약기간 1. 1년 2. 2년 3. 3년 4. 4년 5. 5년 6. 기타 ( )년 7. 단기계약 (1년미만) 8. 해당없음	낙찰자선정방법 1. 적격심사 2. 협상에의한계약 3. 최저가낙찰제 4. 규격가격분리 5. 2단계 경쟁입찰 6. 기타 ( ) 7. 해당없음	운영비산정 1. 내부산정 (지자체 자체적으로 산정) 2. 외부산정 (외부전문기관위탁 산정) 3. 내·외부 모두 산정 4. 산정 無 5. 해당없음	정산방법 1. 내부정산 (지자체 내부적으로 정산) 2. 외부정산 (외부전문기관위탁 정산) 3. 내·외부 모두 산정 4. 정산 無 5. 해당없음	성과평가 실시여부 1. 실시 2. 미실시 3. 향후 추진 4. 해당없음	성과평가 주기 1. 매년 2. 격년 3. 기간만료전 4. 기타 ( ) 5. 해당없음	성과평가 실시 방법 1. 자체 실시 2. 평가단 구성 후 실시 (전문위원 섭외) 3. 전문 평가기관 의뢰 4. 기타 ( ) 5. 해당없음	평가기준 적용방법 1. 관련 조례 적용 2. 전문 평가기관 의뢰 3. 기타 ( ) 4. 해당없음	실제 인센티브 및 페널티 적용 유무 1. 매년 적용 2. 적용 안함 3. 기타 ( ) 4. 해당없음	인센티브 및 페널티 적용근거 1. 조례 2. 계약서 3. 기타 ( ) 4. 해당없음
780	대구 서구	여성폭력피해시설 지원	2	12	44,004	5	1	7	8	7	5	5	4	5	5	4	4	4
781	대구 서구	성폭력피해자 의료비, 간병비 지원	2	12	87,100	5	1	7	8	7	5	5	4	5	5	4	4	4
782	대구 서구	성폭력피해자 지원(치료회복 프로그램)	2	12	9,431	5	1	7	8	7	5	5	4	5	5	4	4	4
783	대구 서구	가정폭력피해자 치료회복 프로그램 및 의료비 지원	2	13	7,000	5	1	7	8	7	5	5	4	5	5	4	4	4
784	대구 남구	장애인 주간보호시설 운영	2	3	1,587,781	5	1	7	8	7	1	1	4	5	5	4	4	4
785	대구 남구	수어통역센터 운영	2	3	318,428	5	1	7	8	7	1	3	4	5	5	4	4	4
786	대구 남구	장애인 공동생활가정 운영	1	3	922,431	5	1	7	8	7	1	1	4	5	5	4	4	4
787	대구 남구	재가장애인 복지봉사센터 운영	2	16	106,984	6	1	7	8	7	1	1	4	5	5	4	4	4
788	대구 남구	장애인 직업재활시설 운영	2	3	1,809,703	5	1	7	8	7	1	3	4	5	5	4	4	4
789	대구 북구	양로시설 운영비 지원사업	1	1	1,088,639	5	6	7	8	7	1	1	4	5	5	4	4	4
790	대구 북구	양로시설 입소자 보호비	1	1	2,700	5	6	7	8	7	1	1	4	5	5	4	4	4
791	대구 북구	경증치매노인 기억학교 지원	2	1	1,273,868	5	2	7	8	7	1	1	4	5	5	4	4	4
792	대구 북구	종합사회복지관지원	2	7	2,952,910	5	1	7	8	7	1	1	4	5	5	4	4	4
793	대구 북구	노인복지관 민간위탁	2	7	3,674,089	4	6	1	5	1	1	1	1	1	1	1	1	3
794	대구 북구	재가노인복지시설운영지원	2	1	868,958	6	1	7	8	7	1	1	4	5	5	4	4	4
795	대구 북구	자활근로사업	2	8	4,000,000	4	2	2	1	2	5	1	1	1	1	4	1	4
796	대구 북구	북구자원봉사센터지원	2	16	461,658	4	1	1	2	1	1	1	1	1	3	1	4	4
797	대구 수성구	한부모가족복지시설 운영	1	16	1,221,092	5	1	6	8	7	1	1	1	4	2	2	3	3
798	대구 수성구	한부모가족복지시설 생활자 지원	1	16	41,600	6	1	6	8	7	1	1	1	4	2	2	3	3
799	대구 수성구	출산지원시설 퇴소자 피복비 지원	1	16	3,000	6	1	6	8	7	1	1	1	4	2	2	3	3
800	대구 수성구	한부모가족복지시설 입소자 상담 치료	1	16	21,800	6	1	6	8	7	1	1	1	4	2	2	3	3
801	대구 수성구	출산지원시설 입소자 의료비	1	16	6,200	6	1	6	8	7	1	1	1	4	2	2	3	3
802	대구 수성구	한부모가족복지시설 아이돌봄서비스 지원	1	16	55,305	6	1	3	8	7	1	1	1	4	2	2	3	3
803	대구 수성구	위기임신 및 보호출산 지역상담기관 운영지원	1	16	190,050	5	1	6	8	7	1	1	1	4	2	2	3	3
804	대구 수성구	폭력피해 이주여성 보호시설 운영	1	13	394,524	5	2	6	8	7	1	1	1	4	2	1	3	3
805	대구 수성구	성매매피해자 지원시설 운영	1	11	459,575	5	2	6	8	7	1	1	1	4	2	1	3	3
806	대구 수성구	성매매피해자 구조 지원	1	11	50,000	6	2	6	8	7	1	1	1	4	2	1	3	3
807	대구 수성구	이주여성 상담소 운영 지원	2	16	319,854	5	2	6	8	7	1	1	1	4	2	1	3	3
808	대구 수성구	가족센터 통합서비스 운영	2	14	456,700	4	1	1	5	6	1	1	1	4	2	2	3	3
809	대구 수성구	취약위기가구 통합지원	2	14	257,380	4	1	1	5	6	1	1	1	4	2	2	3	3
810	대구 수성구	다문화가족 교류소통공간 운영	2	14	45,140	4	1	1	5	6	1	1	1	4	2	2	3	3
811	대구 수성구	다문화가족 자녀지원	2	14	267,370	4	1	1	5	6	1	1	1	4	2	2	3	3
812	대구 수성구	결혼이민자 취업지원	2	14	52,000	4	1	1	5	6	1	1	1	4	2	2	3	3
813	대구 수성구	가족센터 종사자 처우개선	2	14	29,749	4	1	1	5	6	1	1	1	4	2	2	3	3
814	대구 수성구	가족먹거리 교육	2	14	50,000	4	1	7	8	7	1	1	1	5	5	4	4	4
815	대구 수성구	건강가족을 위한 야간 심리상담	2	14	50,000	4	1	7	8	7	1	1	1	5	5	4	4	4
816	대구 수성구	공동육아나눔터사업 지원	2	14	116,488	4	1	1	5	6	1	1	1	4	2	2	3	3
817	대구 수성구	사각지대 다문화가족 지원	2	14	8,000	4	1	1	5	6	1	1	1	4	2	2	3	3
818	대구 수성구	수요맞춤형 사업	2	14	60,000	4	1	1	5	6	1	1	1	4	2	2	3	3
819	대구 수성구	다문화가족 자조모임 지원	2	14	10,000	4	1	7	8	7	1	1	1	5	5	4	4	4
820	대구 수성구	다문화가족 방문교육서비스 지원	2	14	178,000	4	1	1	5	6	1	1	1	4	2	2	3	3
821	대구 수성구	결혼이민자 통·번역 서비스 지원	2	14	72,220	4	1	1	5	6	1	1	1	4	2	2	3	3
822	대구 수성구	다문화가족 자녀 언어발달 지원	2	14	41,740	4	1	1	5	6	1	1	1	4	2	2	3	3
823	대구 수성구	이중언어 부모코칭	2	14	38,090	4	1	1	5	6	1	1	1	4	2	2	3	3
824	대구 수성구	이중언어 직접학습	2	14	15,700	4	1	1	5	6	1	1	1	4	2	2	3	3
825	대구 수성구	결혼이민자 역량강화 지원	2	14	20,000	4	1	1	5	6	1	1	1	4	2	2	3	3

순번	시군구	지출명 (사업명)	시설종류 1. 생활시설 2. 이용시설	사회복지시설 종류 1. 노인복지시설 2. 아동복지시설 3. 장애인복지시설 4. 어린이집 5. 정신건강증진시설 6. 노숙인시설 7. 사회복지관 8. 지역자활센터 9. 다함께돌봄센터 10. 결핵,한센시설 11. 성매매피해지원시설 12. 성폭력피해보호시설 13. 가정폭력보호시설 14. 가족센터 15. 청소년복지시설 16. 기타 ( )	2025년예산 (단위:천원/1년간)	민간이전 분류 (지방자치단체 세출예산 집행기준에 의거) 1. 민간경상사업보조(307-02) 2. 민간단체 법정운영비보조(307-03) 3. 민간행사사업보조(307-04) 4. 민간위탁금(307-05) 5. 사회복지시설 법정운영비보조(307-10) 6. 사회복지사업보조(307-11) 7. 민간인위탁교육비(307-12) 8. 공기관등에대한경상적위탁사업(308-13) 9. 공사공단 경상전출금(309-01)	민간이전지출 근거 (지방보조금 관리기준 참고) 1. 법률에 규정 2. 국고보조 재원(국가지정) 3. 용도 지정 기부금 4. 조례에 직접규정 5. 지자체가 권장하는 사업을 하는 공공기관 6. 시,도 정책 및 재정사정 7. 기타 8. 해당없음	입찰방식 계약체결방법 (경쟁형태) 1. 일반경쟁 2. 제한경쟁 3. 지명경쟁 4. 수의계약 5. 법정위탁 6. 기타 () 7. 해당없음	입찰방식 계약기간 1. 1년 2. 2년 3. 3년 4. 4년 5. 5년 6. 기타 ( )년 7. 단기계약 (1년미만) 8. 해당없음	입찰방식 낙찰자선정방법 1. 적격심사 2. 협상에의한계약 3. 최저가낙찰제 4. 규격가격분리 5. 2단계 경쟁입찰 6. 기타 () 7. 해당없음	운영예산 산정 운영비산정 1. 내부산정 (지자체 자체적으로 산정) 2. 외부산정 (외부전문기관위탁 산정) 3. 내·외부 모두 산정 4. 산정 無 5. 해당없음	운영예산 산정 정산방법 1. 내부정산 (지자체 내부적으로 정산) 2. 외부정산 (외부전문기관위탁 정산) 3. 내·외부 모두 산정 4. 정산 無 5. 해당없음	성과평가 성과평가 실시여부 1. 실시 2. 미실시 3. 향후 추진 4. 해당없음	성과평가 성과평가 주기 1. 매년 2. 격년 3. 기간만료전 4. 기타 () 5. 해당없음	성과평가 성과평가 실시 방법 1. 자체 실시 2. 평가단 구성 후 실시 (전문위원 섭외) 3. 전문 평가기관 의뢰 4. 기타 () 5. 해당없음	성과평가 평가기준 적용방법 1. 관련 조례 적용 2. 전문 평가기관 의뢰 3. 기타 () 4. 해당없음	평가결과 적용 실제 인센티브 및 패널티 적용 유무 1. 매년 적용 2. 적용 안함 3. 기타 ( ) 4. 해당없음	평가결과 적용 인센티브 및 패널티 적용근거 1. 조례 2. 계약서 3. 기타 ( ) 4. 해당없음
826	대구 달서구	종합사회복지관 특성화프로그램 운영	2	7	239,082	4	4	1	5	6	1	1	1	4	2	2	1	3
827	대구 달서구	종합사회복지관 특성화프로그램 운영	2	7	251,558	4	4	1	5	6	1	1	1	4	2	2	1	3
828	대구 달서구	종합사회복지관 특성화프로그램 운영	2	7	294,020	4	4	1	5	6	1	1	1	4	2	2	1	3
829	대구 달서구	종합사회복지관 특성화프로그램 운영	2	7	312,995	4	4	1	5	6	1	1	1	4	2	2	1	3
830	대구 달서구	종합사회복지관 특성화프로그램 운영	2	7	220,392	4	4	1	5	6	1	1	1	4	2	2	1	3
831	대구 달서구	종합사회복지관 특성화프로그램 운영	2	7	210,693	4	4	1	5	6	1	1	1	4	2	2	1	3
832	대구 달서구	종합사회복지관 특성화프로그램 운영	2	7	151,019	4	4	1	5	6	1	1	1	4	2	2	1	3
833	대구 달성군	결핵요양시설 운영비	1	10	725,600	4	2	7	8	7	1	1	2	5	5	4	4	4
834	대구 군위군	장애인거주시설운영	1	3	1,497,133	5	1, 2	7	8	7	5	1	4	5	5	4	4	4
835	대구 군위군	장애인직업재활시설운영	2	3	499,187	5	1	7	8	7	5	1	4	5	5	4	4	4
836	대구 군위군	장애인생활이동지원센터운영	2	3	177,004	5	1	7	8	7	5	1	4	5	5	4	4	4
837	대구 군위군	수어통역센터운영	2	3	229,860	5	1	7	8	7	5	1	4	5	5	4	4	4
838	대구 군위군	자활근로사업	2	8	1,116,043	4	1	5	1	1	3	3	1	1	4	3	1	3
839	대구 군위군	지역자활센터 운영지원	2	8	273,280	5	2	7	8	7	3	3	4	5	5	4	4	4
840	대구 군위군	재가노인돌봄센터운영	2	1	227,051	1	1	5	5	7	5	1	4	4	5	4	4	4
841	대구 군위군	가족센터 운영	2	14	565,390	6	1	7	8	7	1	1	2	5	5	4	4	4
842	대구 군위군	지역아동센터 운영비 지원	2	2	52,884	5	1, 2	7	8	7	5	1	4	5	5	4	4	4
843	대구 군위군	지역아동센터 운영비 지원	2	2	52,884	5	1, 2	7	8	7	5	1	4	5	5	4	4	4
844	대구 군위군	지역아동센터 운영비 지원	2	2	52,884	5	1, 2	7	8	7	5	1	4	5	5	4	4	4
845	대구 군위군	지역아동센터 운영지원	2	2	75,770	5	6	7	8	7	5	1	4	5	5	4	4	4
846	대구 군위군	지역아동센터 운영지원	2	2	75,770	5	6	7	8	7	5	1	4	5	5	4	4	4
847	대구 군위군	지역아동센터 운영지원	2	2	75,770	5	6	7	8	7	5	1	4	5	5	4	4	4
848	인천광역시	피해장애인쉼터 운영지원	2	3	631,330	8	2	6	5	1	3	1	4	5	5	4	4	4
849	인천광역시	피해장애아동쉼터 운영 지원	2	3	867,588	8	2	6	5	1	3	1	4	5	5	4	4	4
850	인천광역시	경인권역재활병원 운영	2	3	2,980,000	5	2	7	7	7	5	2	4	5	5	4	4	4
851	인천광역시	권역재활병원 공공재활프로그램 운영지원	2	3	139,591	5	2	7	7	7	5	5	1	1	4	3	4	4
852	인천 중구	사회복지관 운영	2	7	991,377	5	1	7	8	7	2	1	1	1	3	2	4	4
853	인천 중구	영종종합사회복지관 운영지원	2	7	991,377	5	1	7	8	7	2	1	3	1	3	2	4	4
854	인천 동구	기초푸드마켓	2	16	165,386	6	1	7	8	7	1	1	1	1	2	4	4	4
855	인천 동구	기초푸드뱅크	2	16	82,202	6	1	7	8	7	1	1	1	1	2	1	4	4
856	인천 동구	노인여가복지시설(노인복지관) 종사자 후생복지 지원	2	1	24,820	6	1	5	5	1	1	1	1	4	4	3	2	4
857	인천 동구	노인여가복지시설(노인복지관) 종사자 후생복지 지원	2	1	13,740	6	1	5	5	1	1	1	1	4	4	3	2	4
858	인천 동구	어르신 민간시설 활용한 여가보급사업	2	1	10,000	6	1	5	5	1	1	1	1	4	4	3	2	4
859	인천 동구	행복한 어르신 공동밥상사업	2	1	6,250	6	1	5	5	1	1	1	1	4	4	3	2	4
860	인천 동구	경로식당무료급식	2	1	307,714	5	1	7	8	7	1	1	2	5	5	4	4	4
861	인천 동구	경로식당무료급식	2	7	173,939	5	1	7	8	7	1	1	2	5	5	4	4	4
862	인천 동구	거동불편 저소득 재가노인 식사배달	2	1	67,600	5	1	7	8	7	1	1	2	5	5	4	4	4
863	인천 동구	거동불편 저소득 재가노인 식사배달	2	7	26,000	5	1	7	8	7	1	1	2	5	5	4	4	4
864	인천 동구	재가노인복지시설 운영	2	1	209,952	5	1	7	8	7	1	1	2	5	5	4	4	4
865	인천 동구	재가노인복지시설(동외) 종사자 후생복지 지원	2	1	5,280	6	1	7	8	7	1	1	2	5	5	4	4	4
866	인천 동구	성폭력 피해자 의료비 지원	2	11	50,000	5	2	5	5	6	5	5	4	5	5	4	4	4
867	인천 동구	여성권익시설종사자 지원 사업	2	11	15,631	5	5	5	5	6	5	5	4	5	5	4	4	4
868	인천 동구	가정폭력상담소 운영 지원	2	16	11,000	5	7	7	8	7	5	5	4	5	5	4	4	4
869	인천 동구	만3~5세아 누리과정 지원	2	4	1,477,456	5	2	7	8	7	5	5	4	5	5	4	4	4
870	인천 동구	무상보육추진	2	4	282,276	5	6	7	8	7	5	5	4	5	5	4	4	4
871	인천 동구	정부 미지원 어린이집 0세반 운영비 지원	2	4	13,200	5	6	7	8	7	5	5	4	5	5	4	4	4

순번	시군구	지출명 (사업명)	시설종류 1. 생활시설 2. 이용시설	사회복지시설 종류 1. 노인복지시설 2. 아동복지시설 3. 장애인복지시설 4. 어린이집 5. 정신건강증진시설 6. 노숙인시설 7. 사회복지관 8. 지역자활센터 9. 다함께돌봄센터 10. 결핵,한센시설 11. 성매매피해지원시설 12. 성폭력피해보호시설 13. 가정폭력보호시설 14. 가족센터 15. 청소년복지시설 16. 기타 ( )	2025년예산 (단위:천원/1년간)	민간이전 분류 (지방자치단체 세출예산 집행기준에 의거) 1. 민간경상사업보조(307-02) 2. 민간단체 법정운영비보조(307-03) 3. 민간행사사업보조(307-04) 4. 민간위탁금(307-05) 5. 사회복지시설 법정운영비보조(307-10) 6. 사회복지사업보조(307-11) 7. 민간인위탁교육비(307-12) 8. 공기관등에대한경상적위탁사업(308-13) 9. 공사공단 경상전출금(309-01)	민간이전지출 근거 (지방보조금 관리기준 참고) 1. 법률에 규정 2. 국고보조 재원(국가지정) 3. 용도 지정 기부금 4. 조례에 직접규정 5. 지자체가 권장하는 사업을 하는 공공기관 6. 시,도 정책 및 재정사정 7. 기타 8. 해당없음	입찰방식			운영예산 산정		성과평가				평가결과 적용	
								계약체결방법 (경쟁형태) 1. 일반경쟁 2. 제한경쟁 3. 지명경쟁 4. 수의계약 5. 법정위탁 6. 기타 ( ) 7. 해당없음	계약기간 1. 1년 2. 2년 3. 3년 4. 4년 5. 5년 6. 기타 ( )년 7. 단기계약 (1년미만) 8. 해당없음	낙찰자선정방법 1. 적격심사 2. 협상에의한계약 3. 최저가낙찰제 4. 규격가격분리 5. 2단계 경쟁입찰 6. 기타 ( ) 7. 해당없음	운영비산정 1. 내부산정 (지자체 자체적으로 산정) 2. 외부산정 (외부전문기관위탁 산정) 3. 내·외부 모두 산정 4. 산정 無 5. 해당없음	정산방법 1. 내부정산 (지자체 내부적으로 정산) 2. 외부정산 (외부전문기관위탁 정산) 3. 내·외부 모두 산정 4. 정산 無 5. 해당없음	성과평가 실시여부 1. 실시 2. 미실시 3. 향후 추진 4. 해당없음	성과평가 주기 1. 매년 2. 격년 3. 기간만료전 4. 기타 ( ) 5. 해당없음	성과평가 실시 방법 1. 자체 실시 2. 평가단 구성 후 실시 (전문위원 섭외) 3. 전문 평가기관 의뢰 4. 기타 ( ) 5. 해당없음	평가기준 적용방법 1. 관련 조례 적용 2. 전문 평가기관 의뢰 3. 기타 ( ) 4. 해당없음	실제 인센티브 및 패널티 적용 유무 1. 매년 적용 2. 적용 안함 3. 기타 ( ) 4. 해당없음	인센티브 및 패널티 적용근거 1. 조례 2. 계약서 3. 기타 ( ) 4. 해당없음
872	인천 동구	공공형어린이집 운영비(전환사업)	2	4	58,503	5	6	7	8	7	5	5	4	5	5	4	4	4
873	인천 동구	공공형 어린이집 활성화 지원	2	4	33,386	5	6	7	8	7	5	5	4	5	5	4	4	4
874	인천 동구	보육서비스 다양화	2	4	149,000	5	6	7	8	7	5	5	4	5	5	4	4	4
875	인천 동구	시간차등형 보육지원	2	4	59,580	5	2	7	8	7	5	5	4	5	5	4	4	4
876	인천 동구	어린이집 운영지원	2	4	39,754	5	2	7	8	7	5	5	4	5	5	4	4	4
877	인천 동구	어린이집 냉난방비 지원	2	4	33,172	5	6	7	8	7	5	5	4	5	5	4	4	4
878	인천 동구	어린이집 영유아 안전보험 가입 지원	2	4	4,296	5	6	7	8	7	5	5	4	5	5	4	4	4
879	인천 동구	어린이집 시설물유지관리 안전점검비 지원	2	4	4,000	5	6	7	8	7	5	5	4	5	5	4	4	4
880	인천 동구	보육시설 환경개선	2	4	20,560	5	6	7	8	7	5	5	4	5	5	4	4	4
881	인천 동구	아이사랑꿈터 운영	2	16	275,700	4	2	7	8	7	5	5	4	5	5	4	4	4
882	인천 동구	육아종합지원센터 운영	2	16	418,800	4	6	7	8	7	5	5	4	5	5	4	4	4
883	인천 동구	육아종합원센터 가정양육사업	2	16	25,000	4	6	7	8	7	5	5	4	5	5	4	4	4
884	인천 동구	가정육아활성화지원사업	2	16	90,130	4	6	7	8	7	5	5	4	5	5	4	4	4
885	인천 동구	가족센터 운영 지원	2	14	610,130	5	2	5	5	6	5	5	4	5	5	4	4	4
886	인천 동구	인천형 아이돌봄서비스 맞춤지원	2	14	6,400	5	5	5	5	6	5	5	4	5	5	4	4	4
887	인천 동구	공동육아나눔터 운영	2	14	58,244	6	2	5	5	6	5	5	4	5	5	4	4	4
888	인천 동구	다문화가족 특성화사업	2	14	176,140	6	2	5	5	6	5	5	4	5	5	4	4	4
889	인천 동구	결혼이민자 역량강화	2	14	15,500	6	2	5	5	6	5	5	4	5	5	4	4	4
890	인천 동구	다문화가족 자녀지원	2	14	129,000	6	2	5	5	6	5	5	4	5	5	4	4	4
891	인천 동구	결혼이민자 취업지원	2	14	51,000	6	2	5	5	6	5	5	4	5	5	4	4	4
892	인천 동구	결혼이민자 일자리지원 연계사업	2	14	13,100	6	5	5	5	6	5	5	4	5	5	4	4	4
893	인천 동구	지역특화형 다문화가족지원사업	2	14	16,500	6	5	5	5	6	5	5	4	5	5	4	4	4
894	인천 동구	다문화가족 행복프로그램	2	14	4,800	6	5	5	5	6	5	5	4	5	5	4	4	4
895	인천 동구	지역아동센터 운영비 지원	2	2	116,504	5	2	7	8	7	1	1	1	4	4	3	1	3
896	인천 동구	지역아동센터 학습환경 지원	2	2	22,910	5	6	7	8	7	1	1	1	4	4	3	1	3
897	인천 동구	지역아동센터 프로그램비 지원	2	2	11,480	5	6	7	8	7	1	1	1	4	4	3	1	3
898	인천 동구	지역아동센터 종사자 복지점수 지원	2	2	5,600	5	6	7	8	7	1	1	1	4	4	3	1	3
899	인천 동구	지역아동센터 종사자 종합건강검진비 지원	2	2	1,600	5	6	7	8	7	1	1	1	4	4	3	1	3
900	인천 동구	지역아동센터 해충 방역 지원	2	2	1,946	5	6	7	8	7	1	1	1	4	4	3	1	3
901	인천 동구	지역아동센터 이용아동 건강검진비용지원	2	2	3,030	5	6	7	8	7	1	1	1	4	4	3	1	3
902	인천 동구	지역아동센터 문화체육활동 지원	2	2	10,000	6	6	7	8	7	1	1	1	4	4	3	1	3
903	인천 동구	지역아동센터 맞춤형 학습진단 지원	2	2	15,000	6	6	7	8	7	1	1	1	4	4	3	1	3
904	인천 동구	다함께돌봄센터 운영비 지원	2	9	38,796	6	2	5	5	1	1	1	1	4	4	3	1	3
905	인천 동구	아동양육시설 지원	1	2	2,341,455	5	1	7	8	7	1	1	4	5	5	4	4	4
906	인천 동구	치매전담형 주간보호센터 운영	2	1	525,000	4	4	1	5	1	1	1	1	1	1	3	2	4
907	인천 동구	정신재활시설 운영비 지원	1	5	73,460	1	7	7	8	7	1	1	4	5	5	4	4	4
908	인천 동구	정신재활시설 종사자 복지지원	1	5	1,390	1	7	7	8	7	1	1	4	5	5	4	4	4
909	인천 미추홀구	푸드뱅크 사업 지원	2	16	79,940	6	4	7	8	7	1	1	4	5	5	4	4	4
910	인천 미추홀구	푸드뱅크 급량비 지원	2	16	960	6	4	7	8	7	1	1	4	5	5	4	4	4
911	인천 미추홀구	푸드뱅크 복지점수 지원	2	16	350	6	4	7	8	7	1	1	4	5	5	4	4	4
912	인천 미추홀구	푸드뱅크 건강검진비 지원	2	16	200	6	4	7	8	7	1	1	4	5	5	4	4	4
913	인천 미추홀구	푸드마켓 사업 지원	2	16	212,774	6	4	7	8	7	1	1	4	5	5	4	4	4
914	인천 미추홀구	푸드마켓 급량비 지원	2	16	1,920	6	4	7	8	7	1	1	4	5	5	4	4	4
915	인천 미추홀구	푸드마켓 복지점수 지원	2	16	650	6	4	7	8	7	1	1	4	5	5	4	4	4
916	인천 미추홀구	푸드마켓 건강검진비 지원	2	16	200	6	4	7	8	7	1	1	4	5	5	4	4	4
917	인천 미추홀구	푸드마켓 노후냉동탑차 교체 지원	2	16	36,400	1	4	7	8	7	1	1	4	5	5	4	4	4

순번	시군구	지출명 (사업명)	시설종류 1. 생활시설 2. 이용시설	사회복지시설 종류 1. 노인복지시설 2. 아동복지시설 3. 장애인복지시설 4. 어린이집 5. 정신건강증진시설 6. 노숙인시설 7. 사회복지관 8. 지역자활센터 9. 다함께돌봄센터 10. 결핵,한센시설 11. 성매매피해지원시설 12. 성폭력피해보호시설 13. 가정폭력보호시설 14. 가족센터 15. 청소년복지시설 16. 기타 ( )	2025년예산 (단위:천원/1년간)	민간이전 분류 (지방자치단체 세출예산 집행기준에 의거) 1. 민간경상사업보조(307-02) 2. 민간단체 법정운영비보조(307-03) 3. 민간행사사업보조(307-04) 4. 민간위탁금(307-05) 5. 사회복지시설 법정운영비보조(307-10) 6. 사회복지사업보조(307-11) 7. 민간인위탁교육비(307-12) 8. 공기관등에대한경상적위탁사업(308-13) 9. 공사공단 경상전출금(309-01)	민간이전지출 근거 (지방보조금 관리기준 참고) 1. 법률에 규정 2. 국고보조 재원(국가지정) 3. 용도 지정 기부금 4. 조례에 직접규정 5. 지자체가 권장하는 사업을 하는 공공기관 6. 시,도 정책 및 재정사정 7. 기타 8. 해당없음	입찰방식			운영예산 산정		성과평가				평가결과 적용	
								계약체결방법 (경쟁형태) 1. 일반경쟁 2. 제한경쟁 3. 지명경쟁 4. 수의계약 5. 법정위탁 6. 기타 ( ) 7. 해당없음	계약기간 1. 1년 2. 2년 3. 3년 4. 4년 5. 5년 6. 기타 ( )년 7. 단기계약 (1년미만) 8. 해당없음	낙찰자선정방법 1. 적격심사 2. 협상에의한계약 3. 최저가낙찰제 4. 규격가격분리 5. 2단계 경쟁입찰 6. 기타 ( ) 7. 해당없음	운영비산정 1. 내부산정 (지자체 자체적으로 산정) 2. 외부산정 (외부전문기관위탁 산정) 3. 내·외부 모두 산정 4. 산정 無 5. 해당없음	정산방법 1. 내부정산 (지자체 내부적으로 정산) 2. 외부정산 (외부전문기관위탁 정산) 3. 내·외부 모두 산정 4. 정산 無 5. 해당없음	성과평가 실시여부 1. 실시 2. 미실시 3. 향후 추진 4. 해당없음	성과평가 주기 1. 매년 2. 격년 3. 기간만료전 4. 기타 ( ) 5. 해당없음	성과평가 실시 방법 1. 자체 실시 2. 평가단 구성 후 실시 (전문위원 섭외) 3. 전문 평가기관 의뢰 4. 기타 ( ) 5. 해당없음	평가기준 적용방법 1. 관련 조례 적용 2. 전문 평가기관 의뢰 3. 기타 ( ) 4. 해당없음	실제 인센티브 및 패널티 적용 유무 1. 매년 적용 2. 적용 안함 3. 기타 ( ) 4. 해당없음	인센티브 및 패널티 적용근거 1. 조례 2. 계약서 3. 기타 ( ) 4. 해당없음
918	인천 미추홀구	푸드마켓 코디 지원	2	16	102,868	6	4	7	8	7	1	1	4	5	5	4	4	4
919	인천 미추홀구	푸드마켓 코디 급량비 지원	2	16	1,920	6	4	7	8	7	1	1	4	5	5	4	4	4
920	인천 미추홀구	푸드마켓 코디 복지점수 지원	2	16	650	6	4	7	8	7	1	1	4	5	5	4	4	4
921	인천 미추홀구	푸드마켓 코디 건강검진비 지원	2	16	200	6	4	7	8	7	1	1	4	5	5	4	4	4
922	인천 미추홀구	종합사회복지관 운영지원	2	7	2,940,652	5	1	1,7	5,8	1,7	1	1	4	5	5	4	4	4
923	인천 미추홀구	종합사회복지관 복지포인트 지원	2	7	15,700	5	1	1,7	5,8	1,7	1	1	4	5	5	4	4	4
924	인천 미추홀구	종합사회복지관 종사자 건강검진비 지원	2	7	6,000	5	1	1,7	5,8	1,7	1	1	4	5	5	4	4	4
925	인천 미추홀구	종합사회복지관 찾아가는 복지시범 특화사업	2	7	40,000	5	1	7	8	7	1	1	4	5	5	4	4	4
926	인천 미추홀구	노숙인복지시설 지원	1	6	65,333	2	1	7	8	7	5	5	4	5	5	4	4	4
927	인천 미추홀구	노숙인복지시설 지원	1	6	43,300	6	1	7	8	7	5	5	4	5	5	4	4	4
928	인천 연수구	종합사회복지관 특색사업비	2	7	293,471	6	1	7	8	7	5	1	4	5	5	4	4	4
929	인천 연수구	종합사회복지관 종사자 후생복지	2	7	89,600	6	6	7	8	7	5	1	4	5	5	4	4	4
930	인천 연수구	사회복지시설 종사자 상해보험 지원	2	7	5,300	6	6	7	8	7	5	1	4	5	5	4	4	4
931	인천 연수구	찾아가는 복지 시범 특화사업	2	7	20,000	6	1	7	8	7	5	1	4	5	5	4	4	4
932	인천 남동구	사회복지관 운영	2	7	4,643,864	5	1	7	8	7	5	5	4	5	5	4	4	4
933	인천 남동구	노인일자리전담기관운영비지원	2	1	907,120	5	1	7	8	7	1	1	1	1	1	3	2	4
934	인천 남동구	도시관리공단위탁사업비(남동구노인인력개발센터)	2	1	51,210	8	4	7	8	7	1	1	1	1	1	4	4	4
935	인천 남동구	노인일자리전담기관운영비지원(남동시니어클럽)	2	1	437,815	4	1	7	5	7	1	1	1	1	1	3	2	4
936	인천 남동구	노인일자리전담기관종사자처우개선비	2	1	9,510	4	1	7	5	7	1	1	1	1	1	3	2	4
937	인천 남동구	재가노인복지시설운영(동외자)	2	1	211,866	5	1	5	8	7	1	1	4	5	5	4	4	4
938	인천 남동구	재가노인복지시설운영(동외자)복지점수	2	1	5,130	6	1	5	8	7	1	1	4	5	5	4	4	4
939	인천 남동구	개인(노인)운영신고시설지원	1	1	28,756	5	1	5	8	7	1	1	4	5	5	4	4	4
940	인천 남동구	장애인복지관 운영	2	3	2,616,791	4	1	7	5	7	1	3	4	5	5	4	4	4
941	인천 남동구	주간이용시설 운영	2	3	340,765	5	1	7	8	7	1	3	4	5	5	4	4	4
942	인천 남동구	주간이용시설 운영	2	3	276,922	5	1	7	8	7	1	3	4	5	5	4	4	4
943	인천 남동구	주간이용시설 운영	2	3	252,570	5	1	7	8	7	1	3	4	5	5	4	4	4
944	인천 남동구	주간이용시설 운영	2	3	250,868	5	1	7	8	7	1	3	4	5	5	4	4	4
945	인천 남동구	주간이용시설 운영	2	3	265,114	5	1	7	8	7	1	3	4	5	5	4	4	4
946	인천 남동구	주간이용시설 운영	2	3	233,812	5	1	7	8	7	1	3	4	5	5	4	4	4
947	인천 남동구	주간이용시설 운영	2	3	68,000	5	1	7	8	7	1	3	4	5	5	4	4	4
948	인천 남동구	생활이동 지원센터 운영	2	3	1,299,543	5	1	7	8	7	1	3	4	5	5	4	4	4
949	인천 남동구	수어통역센터 운영	2	3	1,752,261	5	1	7	8	7	1	3	4	5	5	4	4	4
950	인천 남동구	직업재활시설 운영	2	3	403,000	5	1	7	8	7	1	3	4	5	5	4	4	4
951	인천 남동구	직업재활시설 운영	2	3	341,215	5	1	7	8	7	1	3	4	5	5	4	4	4
952	인천 남동구	직업재활시설 운영	2	3	336,842	5	1	7	8	7	1	3	4	5	5	4	4	4
953	인천 남동구	직업재활시설 운영	2	3	277,626	5	1	7	8	7	1	3	4	5	5	4	4	4
954	인천 남동구	장애인공동생활가정 운영	1	3	92,536	5	1	7	8	7	1	3	4	5	5	4	4	4
955	인천 남동구	장애인공동생활가정 운영	1	3	68,476	5	1	7	8	7	1	3	4	5	5	4	4	4
956	인천 남동구	자활근로사업(민간위탁)	2	8	4,223,429	4	1	7	5	7	1	3	4	5	5	4	4	4
957	인천 남동구	아동복지종합센터 지원	2	2	357,572	4	1	6	5	6	5	5	4	5	5	4	4	4
958	인천 남동구	아동복지시설 종사자 복지점수 지원	2	2	16,500	4	1	6	5	6	5	5	4	5	5	4	4	4
959	인천 남동구	아동복지시설 종사자 종합건강검진비 지원	2	2	6,000	4	1	6	5	6	5	5	4	5	5	4	4	4
960	인천 남동구	아동복지시설 종사자 급량비 및 관리자 수당	2	2	60,000	4	1	6	5	6	5	5	4	5	5	4	4	4
961	인천 남동구	다함께돌봄센터 인건비 지원	2	9	600,672	4	1	6	5	6	5	5	4	5	5	4	4	4
962	인천 남동구	다함께돌봄센터 운영비 보조 지원	2	9	28,800	4	1	6	5	6	5	5	4	5	5	4	4	4
963	인천 남동구	다함께돌봄센터 종사자 임금보전수당 지원	2	9	275,080	4	1	6	5	6	5	5	4	5	5	4	4	4

순번	시군구	지출명 (사업명)	시설종류 1. 생활시설 2. 이용시설	사회복지시설 종류 1. 노인복지시설 2. 아동복지시설 3. 장애인복지시설 4. 어린이집 5. 정신건강증진시설 6. 노숙인시설 7. 사회복지관 8. 지역자활센터 9. 다함께돌봄센터 10. 결핵,한센시설 11. 성매매피해지원시설 12. 성폭력피해보호시설 13. 가정폭력보호시설 14. 가족센터 15. 청소년복지시설 16. 기타 ( )	2025년예산 (단위:천원/1년간)	민간이전 분류 (지방자치단체 세출예산 집행기준에 의거) 1. 민간경상사업보조(307-02) 2. 민간단체 법정운영비보조(307-03) 3. 민간행사사업보조(307-04) 4. 민간위탁금(307-05) 5. 사회복지시설 법정운영비보조(307-10) 6. 사회복지사업보조(307-11) 7. 민간인위탁교육비(307-12) 8. 공기관등에대한경상적위탁사업(308-13) 9. 공사공단 경상전출금(309-01)	민간이전지출 근거 (지방보조금 관리기준 참고) 1. 법률에 규정 2. 국고보조 재원(국가지정) 3. 용도 지정 기부금 4. 조례에 직접규정 5. 지자체가 권장하는 사업을 하는 공공기관 6. 시,도 정책 및 재정사정 7. 기타 8. 해당없음	입찰방식: 계약체결방법 (경쟁형태) 1. 일반경쟁 2. 제한경쟁 3. 지명경쟁 4. 수의계약 5. 법정위탁 6. 기타 ( ) 7. 해당없음	입찰방식: 계약기간 1. 1년 2. 2년 3. 3년 4. 4년 5. 5년 6. 기타 ( )년 7. 단기계약 (1년미만) 8. 해당없음	입찰방식: 낙찰자선정방법 1. 적격심사 2. 협상에의한계약 3. 최저가낙찰제 4. 규격가격분리 5. 2단계 경쟁입찰 6. 기타 ( ) 7. 해당없음	운영예산 산정: 운영비산정 1. 내부산정 (지자체 자체적으로 산정) 2. 외부산정 (외부전문기관위탁 산정) 3. 내·외부 모두 산정 4. 산정 無 5. 해당없음	운영예산 산정: 정산방법 1. 내부정산 (지자체 내부적으로 정산) 2. 외부정산 (외부전문기관위탁 정산) 3. 내·외부 모두 산정 4. 정산 無 5. 해당없음	성과평가: 성과평가 실시여부 1. 실시 2. 미실시 3. 향후 추진 4. 해당없음	성과평가: 성과평가 주기 1. 매년 2. 격년 3. 기간만료전 4. 기타 ( ) 5. 해당없음	성과평가: 성과평가 실시 방법 1. 자체 실시 2. 평가단 구성 후 실시 (전문위원 섭외) 3. 전문 평가기관 의뢰 4. 기타 ( ) 5. 해당없음	성과평가: 평가기준 적용방법 1. 관련 조례 적용 2. 전문 평가기관 의뢰 3. 기타 ( ) 4. 해당없음	평가결과 적용: 실제 인센티브 및 페널티 적용 유무 1. 매년 적용 2. 적용 안함 3. 기타 ( ) 4. 해당없음	평가결과 적용: 인센티브 및 페널티 적용근거 1. 조례 2. 계약서 3. 기타 ( ) 4. 해당없음
964	인천 남동구	다함께돌봄센터 종사자 급량비 및 관리자수당 지원	2	9	21,120	4	1	6	5	6	5	5	4	5	5	4	4	4
965	인천 남동구	다함께돌봄센터 종사자 복지점수 지원	2	9	40,500	4	1	6	5	6	5	5	4	5	5	4	4	4
966	인천 남동구	다함께돌봄센터 종사자 종합건강검진비 지원	2	9	16,000	4	1	6	5	6	5	5	4	5	5	4	4	4
967	인천 남동구	다함께돌봄센터 학습환경 지원	2	9	7,456	4	1	6	5	6	5	5	4	5	5	4	4	4
968	인천 남동구	요보호아동그룹홈운영지원(운영비)	2	2	11,280	5	2	7	8	7	5	5	4	5	5	4	4	4
969	인천 남동구	어린이집교재교구비	2	4	190,169	6	2	7	8	7	5	5	4	5	5	4	4	4
970	인천 남동구	어린이집청정무상급식지원	2	4	1,026,896	6	6	7	8	7	5	5	4	5	5	4	4	4
971	인천 남동구	어린이집냉난방비	2	4	239,464	6	6	7	8	7	5	5	4	5	5	4	4	4
972	인천 남동구	시간제보육지원	2	4	196,743	6	2	7	8	7	5	5	4	5	5	4	4	4
973	인천 남동구	정부미지원어린이집0세반운영비지원	2	4	144,000	6	6	7	8	7	5	5	4	5	5	4	4	4
974	인천 남동구	정부지원어린이집0세반운영비지원	2	4	63,650	6	6	7	8	7	5	5	4	5	5	4	4	4
975	인천 남동구	특수어린이집운영	2	4	284,000	6	1	7	8	7	5	5	4	5	5	4	4	4
976	인천 남동구	국공립어린이집교직원생활입금보조	2	4	18,000	6	1,4	7	8	7	5	5	4	5	5	4	4	4
977	인천 남동구	정부지원어린이집육아휴직자퇴직적립금지원	2	4	32,561	6	1,4	7	8	7	5	5	4	5	5	4	4	4
978	인천 남동구	보육가족어울마당 지원	2	4	17,000	6	4	7	8	7	1	5	4	5	5	4	4	4
979	인천 남동구	대체조리원 지원	2	4	35,500	6	6	7	8	7	5	1	4	5	5	4	4	4
980	인천 남동구	공공형어린이집운영비	2	4	1,288,608	6	4	7	8	7	1	5	4	4	4	4	4	4
981	인천 남동구	어린이집영유아안전보험가입지원	2	4	34,990	6	4	7	8	7	1	5	4	4	4	4	4	4
982	인천 남동구	씨튼어린이집 운영비 지원	2	4	4,000	6	1	7	8	7	5	1	4	5	5	4	4	4
983	인천 남동구	평가완료어린이집원장학습운영비	2	4	136,200	6	4	7	8	7	5	4	4	5	5	4	4	4
984	인천 계양구	노숙인시설 운영	1	6	1,033,030	5	7	7	8	7	5	1	4	5	5	4	4	4
985	인천 계양구	계양종합사회복지관 운영	2	7	1,138,087	5	1	7	1	1	1	1	4	5	5	4	4	4
986	인천 계양구	노숙인 프로그램비 지원(전환사업)	1	6	60,000	5	7	7	8	7	5	1	4	5	5	4	4	4
987	인천 계양구	쪽방상담소 운영	2	6	398,074	5	7	7	8	7	5	1	4	5	5	4	4	4
988	인천 계양구	지역자활센터 운영비	2	8	566,556	5	6	4	1	7	5	1	1	2	3	3	3	3
989	인천 계양구	지역사례관리	2	8	31,740	5	6	4	1	7	5	1	1	2	3	3	3	3
990	인천 서구	가정폭력 상담소 운영지원(보조)	2	12,13	267,700	5	2	7	8	7	1	1	1	1	1	1	4	4
991	인천 서구	가정폭력·성폭력 통합상담소 운영 지원	2	12,13	60,000	5	5	7	8	7	1	1	1	1	1	1	4	4
992	인천 서구	여성권익시설 종사자 복지 지원	2	12,13	2,300	5	6	7	8	7	1	1	1	1	1	1	4	4
993	인천 서구	여성권익시설 종사자 종합건강검진비 지원	2	12,13	600	5	6	7	8	7	1	1	1	1	1	1	4	4
994	인천 서구	가정폭력 피해자 치료회복 프로그램 및 의료비 지원	2	12,13	5,000	6	1	7	8	7	1	1	1	1	1	1	4	4
995	인천 서구	성폭력 피해자 치료회복 프로그램 운영	2	12,13	3,400	6	1	7	8	7	1	1	1	1	1	1	4	4
996	인천 서구	가정폭력 피해자지원 특화사업	2	12,13	10,000	6	1	7	8	7	1	1	1	1	1	1	4	4
997	인천 서구	공동육아 나눔터 운영	2	14	116,488	6	1	1	5	1	1	1	3	5	5	4	4	4
998	인천 서구	가족센터 통합 운영 지원	2	14	853,360	6	1	1	5	1	1	1	3	5	5	4	4	4
999	인천 서구	다문화가족 특화사업	2	14	520,990	6	1	1	5	1	1	1	3	5	5	4	4	4
1000	인천 서구	결혼이민자 역량강화 지원사업	2	14	24,500	6	1	1	5	1	1	1	3	5	5	4	4	4
1001	인천 서구	지역특화형 다문화가족지원사업	2	14	15,000	6	1	1	5	1	1	1	3	5	5	4	4	4
1002	인천 서구	지역특화형 다문화가족지원사업	2	14	3,000	6	1	1	5	1	1	1	3	5	5	4	4	4
1003	인천 서구	지역특화형 다문화가족지원사업	2	14	9,900	6	1	1	5	1	1	1	3	5	5	4	4	4
1004	인천 서구	다문화가족 행복프로그램	2	14	4,800	6	1	1	5	1	1	1	3	5	5	4	4	4
1005	인천 서구	위기가정 가족치료 사업	2	14	12,000	6	1	1	5	1	1	1	3	5	5	4	4	4
1006	인천 서구	결혼이민자 등 일자리 지원사업	2	14	24,890	6	1	1	5	1	1	1	3	5	5	4	4	4
1007	인천 서구	결혼이민자 등 일자리 지원사업	2	14	16,000	6	1	1	5	1	1	1	3	5	5	4	4	4
1008	인천 서구	거주외국인 한국어교육	2	14	26,772	6	1	1	5	1	1	1	3	5	5	4	4	4
1009	인천 서구	거주외국인 직업교육	2	14	20,000	6	1	1	5	1	1	1	3	5	5	4	4	4

순번	시군구	지출명 (사업명)	시설종류 1. 생활시설 2. 이용시설	사회복지시설 종류 1. 노인복지시설 2. 아동복지시설 3. 장애인복지시설 4. 어린이집 5. 정신건강증진시설 6. 노숙인시설 7. 사회복지관 8. 지역자활센터 9. 다함께돌봄센터 10. 결핵,한센시설 11. 성매매피해지원시설 12. 성폭력피해보호시설 13. 가정폭력보호시설 14. 가족센터 15. 청소년복지시설 16. 기타 ( )	2025년예산 (단위:천원/1년간)	민간이전 분류 (지방자치단체 세출예산 집행기준에 의거) 1. 민간경상사업보조(307-02) 2. 민간단체 법정운영비보조(307-03) 3. 민간행사사업보조(307-04) 4. 민간위탁금(307-05) 5. 사회복지시설 법정운영비보조(307-10) 6. 사회복지사업보조(307-11) 7. 민간인위탁교육비(307-12) 8. 공기관등에대한경상적위탁사업(308-13) 9. 공사공단 경상전출금(309-01)	민간이전지출 근거 (지방보조금 관리기준 참고) 1. 법률에 규정 2. 국고보조 재원(국가지정) 3. 용도 지정 기부금 4. 조례에 직접규정 5. 지자체가 권장하는 사업을 하는 공공기관 6. 시,도 정책 및 재정사정 7. 기타 8. 해당없음	입찰방식 계약체결방법 (경쟁형태) 1. 일반경쟁 2. 제한경쟁 3. 지명경쟁 4. 수의계약 5. 법정위탁 6. 기타 ( ) 7. 해당없음	계약기간 1. 1년 2. 2년 3. 3년 4. 4년 5. 5년 6. 기타 ( )년 7. 단기계약 (1년미만) 8. 해당없음	낙찰자선정방법 1. 적격심사 2. 협상에의한계약 3. 최저가낙찰제 4. 규격가격분리 5. 2단계 경쟁입찰 6. 기타 ( ) 7. 해당없음	운영예산 산정 운영비산정 1. 내부산정 (지자체 자체적으로 산정) 2. 외부산정 (외부전문기관위탁 산정) 3. 내·외부 모두 산정 4. 산정 無 5. 해당없음	정산방법 1. 내부정산 (지자체 내부적으로 정산) 2. 외부정산 (외부전문기관위탁 정산) 3. 내·외부 모두 산정 4. 정산 無 5. 해당없음	성과평가 성과평가 실시여부 1. 실시 2. 미실시 3. 향후 추진 4. 해당없음	성과평가 주기 1. 매년 2. 격년 3. 기간만료전 4. 기타 ( ) 5. 해당없음	성과평가 실시 방법 1. 자체 실시 2. 평가단 구성 후 실시 (전문위원 섭외) 3. 전문 평가기관 의뢰 4. 기타 ( ) 5. 해당없음	평가기준 적용방법 1. 관련 조례 적용 2. 전문 평가기관 의뢰 3. 기타 ( ) 4. 해당없음	평가결과 적용 실제 인센티브 및 페널티 적용 유무 1. 매년 적용 2. 적용 안함 3. 기타 ( ) 4. 해당없음	인센티브 및 페널티 적용근거 1. 조례 2. 계약서 3. 기타 ( ) 4. 해당없음
1010	인천 서구	결혼이민자를 활용한 외국어강사 파견	2	14	14,000	6	1	1	5	1	1	1	3	5	5	4	4	4
1011	인천 서구	1인가구 행복동행 사업	2	14	68,000	6	1	1	5	1	1	1	3	5	5	4	4	4
1012	인천 서구	가족센터 운영(다문화)	2	14	478,840	6	1	1	5	1	1	1	3	5	5	4	4	4
1013	인천 서구	가족센터 운영(다문화)	2	14	52,000	6	1	1	5	1	1	1	3	5	5	4	4	4
1014	인천 서구	공공형어린이집 지원(전환사업)	2	11	1,578,667	5	1	7	8	7	1	1	4	5	5	4	4	4
1015	인천 서구	공공형어린이집 활성화 지원	2	11	577,384	5	1	7	8	7	1	1	4	5	5	4	4	4
1016	인천 서구	공공형어린이집 활성화 지원	2	11	24,142	5	1	7	8	7	1	1	4	5	5	4	4	4
1017	인천 서구	보육환경개선 지원	2	11	300,000	5	4	7	8	7	1	1	4	5	5	4	4	4
1018	인천 서구	공공형어린이집 누리과정 품질 개선비 지원사업	2	11	111,070	5	1	7	8	7	1	1	4	5	5	4	4	4
1019	인천 서구	장난감 무상수리센터 설치운영	2	11	41,880	4	4	1	3	1	1	1	4	5	5	4	4	4
1020	인천 서구	서구 육아종합지원센터 운영(전환사업)	2	11	500,000	4	1	1	5	1	1	1	1	1	1	1	4	4
1021	인천 서구	서구 육아종합지원센터 운영(전환사업)	2	11	25,000	6	1	1	5	1	1	1	1	1	1	1	4	4
1022	인천 서구	도담도담장난감월드 운영	2	11	493,000	4	1	1	5	1	1	1	1	1	1	1	4	4
1023	인천 서구	지역 가정육아활성화 지원센터 운영	2	11	46,400	4	1	1	5	1	1	1	1	1	1	1	4	4
1024	인천 서구	가정육아활성화 프로그램 보급사업 지원	2	11	54,000	4	1	1	5	1	1	1	1	1	1	1	4	4
1025	인천 서구	어린이집 영유아 안전보험 가입 지원	2	11	73,626	5	1	7	1	7	2	1	4	5	5	4	4	4
1026	인천 서구	인천형 어린이집 지원	2	11	950,000	5	1	7	8	7	1	1	4	5	5	4	4	4
1027	인천 서구	급식위생관리지원금 지원	2	11	249,667	5	1	7	8	7	1	1	4	5	5	4	4	4
1028	인천 서구	인천형 i+돌봄 맞춤 지원	2	14	92,000	6	6	1	3	1	1	1	4	5	5	4	4	4
1029	인천 서구	종합사회복지관 운영 지원	2	7	1,005,641	5	1	7	8	7	1	1	4	5	5	4	4	4
1030	인천 서구	종합사회복지관 프로그램운영비 및 특화사업비	2	7	92,142	6	1	7	8	7	1	1	4	5	5	4	4	4
1031	인천 서구	노숙인 등 복지지원	1	6	2,950,124	5	1	7	8	7	1	1	4	5	5	4	4	4
1032	인천 서구	노숙인 등 복지지원	1	6	52,950	6	1	7	8	7	1	1	4	5	5	4	4	4
1033	인천 서구	노숙인 복지시설 지원	1	6	87,946	5	1	7	8	7	1	1	4	5	5	4	4	4
1034	인천 서구	노숙인 복지시설 지원	1	6	70,000	6	1	7	8	7	1	1	4	5	5	4	4	4
1035	인천 강화군	개인(노인)운영 신고시설 지원(보조)	1	1	57,512	5	4	7	8	7	5	1	4	5	5	4	4	4
1036	인천 강화군	재가노인지원서비스센터 운영(보조)	2	1	372,318	5	4	7	8	7	5	1	4	5	5	4	4	4
1037	인천 강화군	재가노인지원서비스센터 종사자 복지점수(보조)	2	1	1,950	5	4	7	8	7	5	1	4	5	5	4	4	4
1038	인천 강화군	재가노인지원서비스센터 종사자 종합검진비(보조)	2	1	800	5	4	7	8	7	5	1	4	5	5	4	4	4
1039	인천 강화군	노인사회활동지원사업	2	1	13,592,022	4	1	1	1	1	2	1	4	5	5	4	4	4
1040	인천 강화군	노인일자리 전담인력 급량비	2	1	19,200	4	1	1	1	1	2	1	4	5	5	4	4	4
1041	인천 강화군	노인일자리 전담인력 급량비	2	1	4,800	8	1	1	1	1	2	1	4	5	5	4	4	4
1042	인천 강화군	노인일자리 전담인력 퇴직적립금	2	1	16,000	4	1	1	1	1	2	1	4	5	5	4	4	4
1043	인천 강화군	노인일자리 전담인력 퇴직적립금	2	1	400	8	1	1	1	1	2	1	4	5	5	4	4	4
1044	인천 강화군	노인일자리수행기관 사업운영 지원	2	1	42,790	8	1	1	1	1	2	1	4	5	5	4	4	4
1045	인천 강화군	노인일자리수행기관 종사자 처우개선비	2	1	1,460	8	1	1	1	1	2	1	4	5	5	4	4	4
1046	인천 강화군	군·구지회 운영비 지원	2	1	4,000	2	1	7	8	7	2	1	4	5	5	4	4	4
1047	인천 강화군	노인회 운영 지원	2	1	409,159	1	1	7	8	7	1	1	1	1	1	1	1	1
1048	인천 강화군	노인대학 운영지원(1학년)	2	1	42,000	5	1	7	8	7	2	1	4	5	5	4	4	4
1049	인천 강화군	노인대학 운영지원(2학년)	2	1	97,064	5	1	7	8	7	1	1	1	1	1	1	1	1
1050	인천 강화군	어르신 민간시설 활용한 여가보급 사업	2	1	8,000	4	1	1	5	1	2	1	4	5	5	4	4	4
1051	인천 강화군	노인문화센터 운영지원	2	1	1,115,368	8	1	1	5	1	2	1	4	5	5	4	4	4
1052	인천 강화군	행복한 어르신 공동밥상 지원	2	1	62,500	4	1	1	5	1	2	1	4	5	5	4	4	4
1053	인천 강화군	행복한 어르신 공동밥상 지원	2	1	6,250	8	1	1	5	1	2	1	4	5	5	4	4	4
1054	인천 강화군	경로당 여가문화 보급사업	2	1	130,920	2	1	7	8	7	2	1	4	5	5	4	4	4
1055	인천 강화군	경로당 여가문화 보급사업	2	1	364,493	4	1	1	5	1	2	1	4	5	5	4	4	4

순번	시군구	지출명 (사업명)	시설종류 1. 생활시설 2. 이용시설	사회복지시설 종류 1. 노인복지시설 2. 아동복지시설 3. 장애인복지시설 4. 어린이집 5. 정신건강증진시설 6. 노숙인시설 7. 사회복지관 8. 지역자활센터 9. 다함께돌봄센터 10. 결핵,한센시설 11. 성매매피해지원시설 12. 성폭력피해보호시설 13. 가정폭력보호시설 14. 가족센터 15. 청소년복지시설 16. 기타 ( )	2025년예산 (단위:천원/1년간)	민간이전 분류 (지방자치단체 세출예산 집행기준에 의거) 1. 민간경상사업보조(307-02) 2. 민간단체 법정운영비보조(307-03) 3. 민간행사사업보조(307-04) 4. 민간위탁금(307-05) 5. 사회복지시설 법정운영비보조(307-10) 6. 사회복지사업보조(307-11) 7. 민간인위탁교육비(307-12) 8. 공기관등에대한경상적위탁사업(308-13) 9. 공사공단 경상전출금(309-01)	민간이전지출 근거 (지방보조금 관리기준 참고) 1. 법률에 규정 2. 국고보조 재원(국가지정) 3. 용도 지정 기부금 4. 조례에 직접규정 5. 지자체가 권장하는 사업을 하는 공공기관 6. 시,도 정책 및 재정사정 7. 기타 8. 해당없음	입찰방식 계약체결방법 (경쟁형태) 1. 일반경쟁 2. 제한경쟁 3. 지명경쟁 4. 수의계약 5. 법정위탁 6. 기타 ( ) 7. 해당없음	입찰방식 계약기간 1. 1년 2. 2년 3. 3년 4. 4년 5. 5년 6. 기타 ( )년 7. 단기계약 (1년미만) 8. 해당없음	입찰방식 낙찰자선정방법 1. 적격심사 2. 협상에의한계약 3. 최저가낙찰제 4. 규격가격분리 5. 2단계 경쟁입찰 6. 기타 ( ) 7. 해당없음	운영예산 산정 운영비산정 1. 내부산정 (지자체 자체적으로 산정) 2. 외부산정 (외부전문기관위탁 산정) 3. 내·외부 모두 산정 4. 산정 無 5. 해당없음	운영예산 산정 정산방법 1. 내부정산 (지자체 내부적으로 정산) 2. 외부정산 (외부전문기관위탁 정산) 3. 내·외부 모두 산정 4. 정산 無 5. 해당없음	성과평가 성과평가 실시여부 1. 실시 2. 미실시 3. 향후 추진 4. 해당없음	성과평가 성과평가 주기 1. 매년 2. 격년 3. 기간만료전 4. 기타 ( ) 5. 해당없음	성과평가 성과평가 실시 방법 1. 자체 실시 2. 평가단 구성 후 실시 (전문위원 섭외) 3. 전문 평가기관 의뢰 4. 기타 ( ) 5. 해당없음	성과평가 평가기준 적용방법 1. 관련 조례 적용 2. 전문 평가기관 의뢰 3. 기타 ( ) 4. 해당없음	평가결과 적용 실제 인센티브 및 페널티 적용 유무 1. 매년 적용 2. 적용 안함 3. 기타 ( ) 4. 해당없음	평가결과 적용 인센티브 및 페널티 적용근거 1. 조례 2. 계약서 3. 기타 ( ) 4. 해당없음
1056	인천 강화군	경로당 순회프로그램관리자 인건비	2	1	37,940	2	1	7	8	7	2	1	4	5	5	4	4	4
1057	인천 강화군	재가노인 식사배달(보조)	2	1	405,428	6	6	7	8	7	5	1	4	5	5	4	4	4
1058	인천 강화군	재가노인 식사배달(자체)	2	1	165,852	6	6	7	8	7	5	1	4	5	5	4	4	4
1059	인천 강화군	경로식당 무료급식 사업(보조)	2	1	109,200	6	6	7	8	7	5	1	4	5	5	4	4	4
1060	인천 강화군	보육아동 지원	2	4	120,468	6	4	7	8	7	5	1	4	4	5	4	4	4
1061	인천 강화군	어린이집 청정무상급식 지원(보조)	2	4	99,438	6	4	7	8	7	5	1	4	4	5	4	4	4
1062	인천 강화군	어린이집 영유아 안전보험 가입 지원(보조)	2	4	3,322	6	4	7	8	7	5	1	4	4	5	4	4	4
1063	인천 강화군	보육교직원 인플루엔자(독감) 예방접종 지원	2	4	3,200	6	4	7	8	7	5	1	4	4	5	4	4	4
1064	인천 강화군	어린이집 운영지원(교재교구비)	2	4	11,500	5	1	7	8	7	5	1	4	4	5	4	4	4
1065	인천 강화군	어린이집 운영지원(차량운영비)	2	4	41,440	5	1	7	8	7	5	1	4	4	5	4	4	4
1066	인천 강화군	어린이집 차량운영비 지원	2	4	64,800	5	4	7	8	7	5	1	4	4	5	4	4	4
1067	인천 강화군	어린이집 환경개선비 지원	2	4	8,100	5	4	7	8	7	5	1	4	4	5	4	4	4
1068	인천 강화군	어린이집 지원(보조)	2	4	34,664	5	4	7	8	7	5	1	4	4	5	4	4	4
1069	인천 강화군	정부미지원 어린이집 0세반 운영비 지원	2	4	3,600	6	4	7	8	7	5	1	4	4	5	4	4	4
1070	인천 강화군	아이돌봄지원(보조)	2	14	1,774,562	5	1	7	3	7	5	3	1	1	4	3	4	4
1071	인천 강화군	강화군 가족센터 운영(보조)	2	14	447,220	4	4	1	5	1	5	3	4	5	5	4	4	4
1072	인천 강화군	건강가정지원사업 종사자 지원 (보조)	2	14	31,396	4	4	1	5	1	5	1	4	5	5	4	4	4
1073	인천 강화군	다문화가족지원사업 종사자 지원(보조)	2	14	58,906	4	4	1	5	1	5	1	4	5	5	4	4	4
1074	인천 강화군	공동육아나눔터운영(보조)	2	14	58,244	4	4	1	5	1	5	1	4	5	5	4	4	4
1075	인천 강화군	지역특화형 다문화 가족지원사업(보조)	2	14	16,000	4	4	1	5	1	5	1	4	5	5	4	4	4
1076	인천 강화군	다문화가족 행복프로그램(보조)	2	14	24,000	4	4	1	5	1	5	1	4	5	5	4	4	4
1077	인천 강화군	다문화가족 특성화 사업(보조)	2	14	279,000	4	4	1	5	1	5	1	4	5	5	4	4	4
1078	인천 강화군	결혼이민자 역량강화 지원(보조)	2	14	20,000	4	4	1	5	1	5	1	4	5	5	4	4	4
1079	인천 강화군	다문화가족지원 교류소통공간 운영(보조)	2	14	45,140	4	4	1	5	1	5	1	4	5	5	4	4	4
1080	인천 강화군	다문화가족 자녀지원(보조)	2	14	131,870	4	4	1	5	1	5	1	4	5	5	4	4	4
1081	인천 강화군	결혼이민자 일자리지원 연계사업(보조)	2	14	7,000	4	4	1	5	1	5	1	4	5	5	4	4	4
1082	인천 강화군	다문화가정 지원사업	2	14	66,500	4	4	1	5	1	5	1	4	5	5	4	4	4
1083	인천 강화군	지역아동센터 운영비지원	2	2	185,796	5	2	7	8	7	5	1	4	5	5	4	4	4
1084	인천 강화군	지역아동센터 프로그램비 지원	2	2	15,730	5	4	7	8	7	5	1	4	5	5	4	4	4
1085	인천 강화군	지역아동센터 이용아동 건강검진 비용지원	2	2	4,710	5	4	7	8	7	5	1	4	5	5	4	4	4
1086	인천 강화군	지역아동센터 해충방역비 지원	2	2	2,780	5	4	7	8	7	5	1	4	5	5	4	4	4
1087	인천 강화군	지역아동센터 종사자 복지점수 지원	2	2	8,550	5	4	7	8	7	5	1	4	5	5	4	4	4
1088	인천 강화군	지역아동센터 종사자 종합건강검진비 지원	2	2	2,000	5	4	7	8	7	5	1	4	5	5	4	4	4
1089	인천 강화군	지역아동센터 특별운영비 지원	2	2	85,800	5	4	7	8	7	5	1	4	5	5	4	4	4
1090	인천 강화군	강화지역아동센터 협의회지원	2	2	4,000	1	4	7	8	7	5	1	4	5	5	4	4	4
1091	인천 강화군	아동양육시설 운영지원(보조)	1	2	2,255,619	5	2	7	8	7	5	1	4	5	5	4	4	4
1092	인천 강화군	아동양육시설 프로그램비 지원(보조)	1	2	165,594	5	2	7	8	7	5	1	4	5	5	4	4	4
1093	인천 강화군	아동양육시설 종사자 복지점수 지원(보조)	1	2	13,250	5	2	7	8	7	5	1	4	5	5	4	4	4
1094	인천 강화군	아동양육시설 종사자 종합검진비 지원(보조)	1	2	4,200	5	2	7	8	7	5	1	4	5	5	4	4	4
1095	인천 강화군	장애인 공동생활가정 운영지원(보조)	1	3	464,936	5	1	7	8	7	1	1	4	5	5	4	4	4
1096	인천 강화군	장애인공동생활가정 종사자 복지점수 및 건강검진비 지원(보조)	1	3	2,800	5	1	7	8	7	1	1	4	5	5	4	4	4
1097	인천 강화군	장애인 실비입소 이용료 지원(보조)	1	3	76,566	5	1	7	8	7	1	1	4	5	5	4	4	4
1098	인천 강화군	장애인거주시설 공기청정기 렌탈 지원(보조)	1	3	4,230	5	1	7	8	7	1	1	4	5	5	4	4	4
1099	인천 강화군	장애인거주시설 종사자 복지점수 및 건강검진비 지원(보조)	1	3	57,950	5	1	7	8	7	1	1	4	5	5	4	4	4
1100	인천 강화군	장애인거주시설 오폐수 관리비 지원(보조)	1	3	13,000	5	1	7	8	7	1	1	4	5	5	4	4	4
1101	인천 강화군	장애인거주시설 자립체험 프로그램 운영(보조)	1	3	40,000	5	1	7	8	7	1	1	4	5	5	4	4	4

순번	시군구	지출명 (사업명)	시설종류 1. 생활시설 2. 이용시설	사회복지시설 종류 1. 노인복지시설 2. 아동복지시설 3. 장애인복지시설 4. 어린이집 5. 정신건강증진시설 6. 노숙인시설 7. 사회복지관 8. 지역자활센터 9. 다함께돌봄센터 10. 결핵,한센시설 11. 성매매피해지원시설 12. 성폭력피해보호시설 13. 가정폭력보호시설 14. 가족센터 15. 청소년복지시설 16. 기타 ( )	2025년예산 (단위:천원/1년간)	민간이전 분류 (지방자치단체 세출예산 집행기준에 의거) 1. 민간경상사업보조(307-02) 2. 민간단체 법정운영비보조(307-03) 3. 민간행사사업보조(307-04) 4. 민간위탁금(307-05) 5. 사회복지시설 법정운영비보조(307-10) 6. 사회복지사업보조(307-11) 7. 민간인위탁교육비(307-12) 8. 공기관등에대한경상적위탁사업(308-13) 9. 공사공단 경상전출금(309-01)	민간이전지출 근거 (지방보조금 관리기준 참고) 1. 법률에 규정 2. 국고보조 재원(국가지정) 3. 용도 지정 기부금 4. 조례에 직접규정 5. 지자체가 권장하는 사업을 하는 공공기관 6. 시,도 정책 및 재정사정 7. 기타 8. 해당없음	입찰방식 계약체결방법 (경쟁형태) 1. 일반경쟁 2. 제한경쟁 3. 지명경쟁 4. 수의계약 5. 법정위탁 6. 기타 ( ) 7. 해당없음	입찰방식 계약기간 1. 1년 2. 2년 3. 3년 4. 4년 5. 5년 6. 기타 ( )년 7. 단기계약 (1년미만) 8. 해당없음	입찰방식 낙찰자선정방법 1. 적격심사 2. 협상에의한계약 3. 최저가낙찰제 4. 규격가격분리 5. 2단계 경쟁입찰 6. 기타 ( ) 7. 해당없음	운영예산 산정 운영비산정 1. 내부산정 (지자체 자체적으로 산정) 2. 외부산정 (외부전문기관위탁 산정) 3. 내·외부 모두 산정 4. 산정 無 5. 해당없음	운영예산 산정 정산방법 1. 내부정산 (지자체 내부적으로 정산) 2. 외부정산 (외부전문기관위탁 정산) 3. 내·외부 모두 산정 4. 정산 無 5. 해당없음	성과평가 성과평가 실시여부 1. 실시 2. 미실시 3. 향후 추진 4. 해당없음	성과평가 성과평가 주기 1. 매년 2. 격년 3. 기간만료전 4. 기타 ( ) 5. 해당없음	성과평가 성과평가 실시 방법 1. 자체 실시 2. 평가단 구성 후 실시 (전문위원 섭외) 3. 전문 평가기관 의뢰 4. 기타 ( ) 5. 해당없음	성과평가 평가기준 적용방법 1. 관련 조례 적용 2. 전문 평가기관 의뢰 3. 기타 ( ) 4. 해당없음	평가결과 적용 실제 인센티브 및 페널티 적용 유무 1. 매년 적용 2. 적용 안함 3. 기타 ( ) 4. 해당없음	평가결과 적용 인센티브 및 페널티 적용근거 1. 조례 2. 계약서 3. 기타 ( ) 4. 해당없음
1102	인천 강화군	장애인거주시설 입원환자 간병비 지원(보조)	1	3	15,080	5	1	7	8	7	1	1	4	5	5	4	4	4
1103	인천 강화군	장애인 직업재활시설 운영지원(보조)	2	3	1,732,535	5	1	7	8	7	1	1	4	5	5	4	4	4
1104	인천 강화군	장애인 재가복지센터 운영(보조)	2	3	192,480	5	1	5	5	6	1	1	4	5	5	4	4	4
1105	인천 강화군	장애인주간이용시설 운영지원(보조)	2	3	501,967	5	1	7	8	7	1	1	4	5	5	4	4	4
1106	인천 강화군	장애인 특별운송 사업(보조)	2	3	88,392	6	1	5	5	6	1	1	4	5	5	4	4	4
1107	인천 강화군	중증장애인 시민옹호지원사업(보조)	2	3	21,400	6	1	5	5	6	1	1	4	5	5	4	4	4
1108	인천 강화군	자살예방사업(보조)	2	5	51,060	4	1	6	5	1	1	1	1	4	4	3	4	2
1109	인천 강화군	통합정신건강증진사업(보조)	2	5	164,276	4	1	6	5	1	1	1	1	4	4	3	4	2
1110	인천옹진군	종합사회복지관 운영	2	7	1,382,892	6	1	4	5	1	1	1	4	5	5	4	4	4
1111	광주광역시	청소년회복지원시설 운영	1	15	292,551	4	1	1	3	1	1	3	1	3	2	1	4	4
1112	광주광역시	광주광역시자립지원전담기관 운영	2	2	1,259,076	4	1	1	3	1	1	3	1	3	2	1	4	4
1113	광주광역시	아동보호전문기관운영	2	2	1,388,473	4	1	1	5	1	1	3	1	3	2	1	4	4
1114	광주광역시	학대피해장애인쉼터	1	3	796,102	8	1	6	3	7	1	1	1	3	2	1	2	2
1115	광주광역시	광주공원노인복지관운영	2	1	967,000	4	8	1	5	1	1	1	1	3	2	1	1	3
1116	광주 동구	다함께 동동동 마을축제 지원	2	7	15,000	3	6	7	8	7	1	1	4	5	5	4	4	4
1117	광주 동구	종합사회복지관 기능보강 사업	2	7	50,000	6	6	7	8	7	1	1	4	5	5	4	4	4
1118	광주 동구	기부식품제공사업 푸드뱅크 운영지원	2	7	51,333	6	6	7	8	7	1	1	4	5	5	4	4	4
1119	광주 동구	노숙인재활시설 운영비 및 인건비 지원	1	6	1,514,000	4	1	5	5	5	1	3	4	5	5	4	4	4
1120	광주 동구	노숙인시설 프로그램	1	6	8,000	4	1	5	5	5	1	3	4	5	5	4	4	4
1121	광주 동구	노숙인재활시설 종사자 복지포인트 및 여성생활동 지원	1	6	15,750	4	1	5	5	5	1	3	4	5	5	4	4	4
1122	광주 서구	어린이집관계자연수	2	4	15,000	6	4	2	5	1	1	1	1	3	2	1	4	4
1123	광주 서구	어린이집운영지원(교재교구비)	2	4	111,318	6	1	2	5	1	1	1	1	3	2	1	4	4
1124	광주 서구	어린이집운영지원(차량운영비)	2	4	19,650	5	1	7	8	7	5	5	4	5	5	4	4	4
1125	광주 서구	장애아전문어린이집차량운영비지원	2	4	4,800	5	4	7	8	7	5	5	4	5	5	4	4	4
1126	광주 서구	정부지원어린이집교재교구비지원	2	4	30,800	6	4	2	5	1	1	1	1	3	2	1	4	4
1127	광주 서구	어린이집도서구입비지원	2	4	52,500	6	4	7	8	7	5	5	4	5	5	4	4	4
1128	광주 서구	공공형어린이집운영비지원(전환사업)	2	4	707,512	5	1	7	8	7	5	5	4	5	5	4	4	4
1129	광주 서구	공공형가정민간어린이집취사부지원	2	4	523,800	5	4	7	8	7	5	5	4	5	5	4	4	4
1130	광주 서구	시간차등형보육지원	2	4	421,927	5	1	2	5	1	1	1	1	3	2	1	4	4
1131	광주 서구	어린이집냉난방비지원	2	4	89,400	5	4	2	5	1	1	1	1	3	2	1	4	4
1132	광주 서구	육아종합지원센터운영	2	16	441,239	4	1	2	3	1	1	1	1	3	2	1	4	4
1133	광주 서구	육아종합지원센터운영(순시비)	2	16	77,000	4	1	2	3	1	1	1	1	3	2	1	4	4
1134	광주 서구	어린이집안심보육비지원	2	4	537,000	5	4	2	5	1	1	1	1	3	2	1	4	4
1135	광주 서구	조리사대체인력비지원	2	4	11,900	5	4	2	5	1	1	1	1	3	2	1	4	4
1136	광주 서구	공공형어린이집환경개선비지원	2	4	15,000	5	1	7	8	7	5	5	4	5	5	4	4	4
1137	광주 서구	어린이집운영지원(급식위생관리지원금)	2	4	75,800	5	1	7	8	7	5	5	4	5	5	4	4	4
1138	광주 서구	어린이집안전보건비지원	2	4	44,300	6	4	2	5	1	1	1	1	3	2	1	4	4
1139	광주 서구	다함께돌봄사업	2	9	97,263	5	1	1	5	7	5	1	3	3	2	1	4	4
1140	광주 서구	다함께돌봄사업	2	9	97,163	5	1	6	5	2	5	1	3	3	2	1	4	4
1141	광주 서구	성매매피해자지원시설및상담소운영	1	11	254,851	5	1	7	8	7	5	1	4	5	5	4	4	4
1142	광주 서구	성매매피해자구조지원	1	11	35,000	6	1	7	8	7	5	1	4	5	5	4	4	4
1143	광주 서구	성매매피해자지원시설퇴소자자립정착금지원	1	11	10,000	6	4	7	8	7	5	1	4	5	5	4	4	4
1144	광주 서구	성매매피해자지원시설종사자지원	1	11	41,788	6	4	7	8	7	5	1	4	5	5	4	4	4
1145	광주 서구	폭력피해여성주거지원운영지원	1	13	44,476	5	1	7	8	7	5	1	4	5	5	4	4	4
1146	광주 서구	폭력피해여성주거지원임대보증금지원	1	13	1,300	6	1	7	8	7	5	1	4	5	5	4	4	4
1147	광주 서구	가정폭력피해자치료회복프로그램운영	1	13	50,135	6	1	7	8	7	5	1	4	5	5	4	4	4

순번	시군구	지출명 (사업명)	시설종류 1. 생활시설 2. 이용시설	사회복지시설 종류 1. 노인복지시설 2. 아동복지시설 3. 장애인복지시설 4. 어린이집 5. 정신건강증진시설 6. 노숙인시설 7. 사회복지관 8. 지역자활센터 9. 다함께돌봄센터 10. 결핵,한센시설 11. 성매매피해지원시설 12. 성폭력피해보호시설 13. 가정폭력보호시설 14. 가족센터 15. 청소년복지시설 16. 기타 ( )	2025년예산 (단위:천원/1년간)	민간이전 분류 (지방자치단체 세출예산 집행기준에 의거) 1. 민간경상사업보조(307-02) 2. 민간단체 법정운영비보조(307-03) 3. 민간행사사업보조(307-04) 4. 민간위탁금(307-05) 5. 사회복지시설 법정운영비보조(307-10) 6. 사회복지사업보조(307-11) 7. 민간인위탁교육비(307-12) 8. 공기관등에대한경상적위탁사업(308-13) 9. 공사공단 경상전출금(309-01)	민간이전지출 근거 (지방보조금 관리기준 참고) 1. 법률에 규정 2. 국고보조 재원(국가지정) 3. 용도 지정 기부금 4. 조례에 직접규정 5. 지자체가 권장하는 사업을 하는 공공기관 6. 시,도 정책 및 재정사정 7. 기타 8. 해당없음	입찰방식: 계약체결방법 (경쟁형태) 1. 일반경쟁 2. 제한경쟁 3. 지명경쟁 4. 수의계약 5. 법정위탁 6. 기타 ( ) 7. 해당없음	입찰방식: 계약기간 1. 1년 2. 2년 3. 3년 4. 4년 5. 5년 6. 기타 ( )년 7. 단기계약 (1년미만) 8. 해당없음	입찰방식: 낙찰자선정방법 1. 적격심사 2. 협상에의한계약 3. 최저가낙찰제 4. 규격가격분리 5. 2단계 경쟁입찰 6. 기타 ( ) 7. 해당없음	운영예산 산정: 운영비산정 1. 내부산정 (지자체 자체적으로 산정) 2. 외부산정 (외부전문기관위탁 산정) 3. 내·외부 모두 산정 4. 산정 無 5. 해당없음	운영예산 산정: 정산방법 1. 내부정산 (지자체 내부적으로 정산) 2. 외부정산 (외부전문기관위탁 정산) 3. 내·외부 모두 산정 4. 정산 無 5. 해당없음	성과평가: 성과평가 실시여부 1. 실시 2. 미실시 3. 향후 추진 4. 해당없음	성과평가: 성과평가 주기 1. 매년 2. 격년 3. 기간만료전 4. 기타 ( ) 5. 해당없음	성과평가: 성과평가 실시 방법 1. 자체 실시 2. 평가단 구성 후 실시 (전문위원 섭외) 3. 전문 평가기관 의뢰 4. 기타 ( ) 5. 해당없음	성과평가: 평가기준 적용방법 1. 관련 조례 적용 2. 전문 평가기관 의뢰 3. 기타 ( ) 4. 해당없음	평가결과 적용: 실제 인센티브 및 페널티 적용 유무 1. 매년 적용 2. 적용 안함 3. 기타 ( ) 4. 해당없음	평가결과 적용: 인센티브 및 페널티 적용근거 1. 조례 2. 계약서 3. 기타 ( ) 4. 해당없음
1148	광주 서구	가정폭력피해자의료비지원	1	13	10,000	6	1	7	8	7	5	1	4	5	5	4	4	4
1149	광주 서구	가정폭력성폭력통합상담소운영지원	2	13	267,700	5	1	7	8	7	5	1	4	5	5	4	4	4
1150	광주 서구	성폭력피해자의료비,간병비지원	1	13	5,000	6	1	7	8	7	5	1	4	5	5	4	4	4
1151	광주 남구	어린이집 운영지원(차량운영비)(보조)	2	4	12,000	5	2	7	8	7	5	1	4	5	5	4	4	4
1152	광주 남구	어린이집 운영지원(교재교구비)(보조)	2	4	67,520	5	2	7	8	7	5	1	4	5	5	4	4	4
1153	광주 남구	어린이집 운영지원(농어촌소재 법인어린이집 지원)(보조)	2	4	2,047	5	2	7	8	7	5	1	4	5	5	4	4	4
1154	광주 남구	어린이집 운영지원(급식위생관리지원금)(보조)	2	4	69,100	5	2	7	8	7	5	1	4	5	5	4	4	4
1155	광주 남구	장애아전담시설 차량운영(보조)	2	4	7,200	5	6	7	8	7	5	1	4	5	5	4	4	4
1156	광주 남구	정부지원시설 교재교구비(보조)	2	4	30,800	5	6	7	8	7	5	1	4	5	5	4	4	4
1157	광주 남구	민간시설도서구입비(보조)	2	4	28,500	5	6	7	8	7	5	1	4	5	5	4	4	4
1158	광주 남구	어린이집 조리사 대체인력지원(보조)	2	4	9,100	5	2	7	8	7	5	1	4	5	5	4	4	4
1159	광주 남구	공공형/가정/민간어린이집 조리사 지원(보조)	2	4	253,800	5	6	7	8	7	5	1	4	5	5	4	4	4
1160	광주 남구	어린이집 냉난방비지원(보조)	2	4	62,400	5	6	7	8	7	5	1	4	5	5	4	4	4
1161	광주 남구	어린이집 안심보육비 지원(보조)	2	4	406,000	5	6	7	8	7	5	1	4	5	5	4	4	4
1162	광주 남구	공공형어린이집 지원(보조)	2	4	668,206	5	6	7	8	7	5	1	4	5	5	4	4	4
1163	광주 남구	시설 입소자 상담·치료지원(보조)	1	16	36,500	6	1	7	8	7	1	1	4	5	5	4	4	4
1164	광주 남구	시설아이돌봄서비스지원(보조)	1	16	41,245	6	1	7	8	7	1	1	4	5	5	4	4	4
1165	광주 남구	가정폭력피해자 치료회복프로그램 및 의료비 지원(보조)	1	13	57,714	6	1	7	8	7	1	1	4	5	5	4	4	4
1166	광주 남구	폭력피해여성주거지원 운영지원(보조)	1	13	44,476	6	1	7	8	7	1	1	4	5	5	4	4	4
1167	광주 남구	성폭력상담소 운영지원(보조)	1	12	348,848	6	1	7	8	7	1	1	4	5	5	4	4	4
1168	광주 남구	성폭력피해자 보호시설 운영지원(보조)	1	12	599,994	6	1	7	8	7	1	1	4	5	5	4	4	4
1169	광주 남구	성폭력피해자 치료회복프로그램 및 의료비 지원(보조)	1	12	4,786	6	1	7	8	7	1	1	4	5	5	4	4	4
1170	광주 남구	디지털 성범죄 특화형 통합상담소 운영지원(보조)	1	12	94,932	6	1	7	8	7	1	1	4	5	5	4	4	4
1171	광주 남구	가족센터 운영(보조)	2	14	1,004,570	5	1	7	8	7	1	1	4	5	5	4	4	4
1172	광주 남구	결혼이민자 취업역량강화 프로그램	2	14	3,000	6	1	7	8	7	1	1	4	5	5	4	4	4
1173	광주 남구	다문화가족 특성화사업(보조)	2	14	376,340	6	1	7	8	7	1	1	4	5	5	4	4	4
1174	광주 남구	결혼이민자 역량강화지원(보조)	2	14	24,500	6	1	7	8	7	1	1	4	5	5	4	4	4
1175	광주 남구	공동육아나눔터(보조)	2	14	116,488	6	1	7	8	7	1	1	4	5	5	4	4	4
1176	광주 남구	다문화가정 자녀 심리정서지원(보조)	2	14	13,000	6	1	7	8	7	1	1	4	5	5	4	4	4
1177	광주 남구	청년 고독사 고위험군 지원(보조)	2	7	40,000	6	1	7	8	7	5	5	4	5	5	4	4	4
1178	광주 남구	사회복지관 지원 운영(보조)	2	7	10,000	1	1	7	8	7	5	5	4	5	5	4	4	4
1179	광주 남구	사회복지관 지원 운영(보조)	2	7	2,338,436	5	1	7	8	7	5	5	4	5	5	4	4	4
1180	광주 남구	노인복지관지원사업	2	1	657,667	5	4	7	8	7	5	5	4	5	5	4	4	4
1181	광주 남구	주월동 통합거점 경로당 운영	2	1	78,346	5	4	7	8	7	5	5	4	5	5	4	4	4
1182	광주 남구	지역자활센터운영지원	2	8	533,398	5	2	7	8	7	5	5	4	5	5	4	4	4
1183	광주 남구	장애인지역사회재활시설운영지원(보조)	2	3	5,284,238	5	1	7	8	7	5	5	4	5	5	4	4	4
1184	광주 남구	장애인거주시설운영지원	1	3	6,648,553	5	1	7	8	7	5	5	4	5	5	4	4	4
1185	광주 남구	장애인직업재활시설운영지원	2	3	1,836,813	5	1	7	8	7	5	5	4	5	5	4	4	4
1186	광주 남구	지역아동센터 운영비 지원(보조)	2	2	698,956	5	1	7	8	7	5	5	4	5	5	4	4	4
1187	광주 남구	지역아동센터 지원	2	2	3,000	3	4	7	8	7	1	1	1	1	2	1	1	1
1188	광주 남구	다함께돌봄센터 운영비 지원(보조)	2	9	12,000	5	1	1	5	1	5	1	3	3	1	1	4	4
1189	광주 남구	아동복지시설 운영	1	2	4,167,889	5	2	7	8	7	5	5	4	5	5	4	4	4
1190	광주 남구	요보호아동 그룹홈 운영	1	2	584,112	5	2	7	8	7	5	5	4	5	5	4	4	4
1191	광주 남구	경계선지능아동 자립지원	1	2	7,900	6	2	7	8	7	5	5	4	5	5	4	4	4
1192	광주 남구	청소년쉼터 운영 지원(보조)	2	15	431,385	5	2	7	8	7	5	5	4	5	5	4	4	4
1193	광주 남구	정신요양시설 운영지원	1	5	4,404,286	5	1,2	7	8	7	1	1	4	5	5	4	4	4

순번	시군구	지출명 (사업명)	시설종류	사회복지시설 종류	2025년예산 (단위:천원/1년간)	민간이전 분류 (지방자치단체 세출예산 집행기준에 의거)	민간이전지출 근거 (지방보조금 관리기준 참고)	입찰방식			운영예산 산정		성과평가				평가결과 적용	
			1. 생활시설 2. 이용시설	1. 노인복지시설 2. 아동복지시설 3. 장애인복지시설 4. 어린이집 5. 정신건강증진시설 6. 노숙인시설 7. 사회복지관 8. 지역자활센터 9. 다함께돌봄센터 10. 결핵,한센시설 11. 성매매피해지원시설 12. 성폭력피해보호시설 13. 가정폭력보호시설 14. 가족센터 15. 청소년복지시설 16. 기타 ( )		1. 민간경상사업보조(307-02) 2. 민간단체 법정운영비보조(307-03) 3. 민간행사사업보조(307-04) 4. 민간위탁금(307-05) 5. 사회복지시설 법정운영비보조(307-10) 6. 사회복지사업보조(307-11) 7. 민간인위탁교육비(307-12) 8. 공기관등에대한경상적위탁사업(308-13) 9. 공사공단 경상전출금(309-01)	1. 법률에 규정 2. 국고보조 재원(국가지정) 3. 용도 지정 기부금 4. 조례에 직접규정 5. 지자체가 권장하는 사업을 하는 공공기관 6. 시,도 정책 및 재정사정 7. 기타 8. 해당없음	계약체결방법 (경쟁형태) 1. 일반경쟁 2. 제한경쟁 3. 지명경쟁 4. 수의계약 5. 법정위탁 6. 기타 ( ) 7. 해당없음	계약기간 1. 1년 2. 2년 3. 3년 4. 4년 5. 5년 6. 기타 ( )년 7. 단기계약 (1년미만) 8. 해당없음	낙찰자선정방법 1. 적격심사 2. 협상에의한계약 3. 최저가낙찰제 4. 규격가격분리 5. 2단계 경쟁입찰 6. 기타 ( ) 7. 해당없음	운영비산정 1. 내부산정 (지자체 자체적으로 산정) 2. 외부산정 (외부전문기관위탁 산정) 3. 내·외부 모두 산정 4. 산정 無 5. 해당없음	정산방법 1. 내부정산 (지자체 내부적으로 정산) 2. 외부정산 (외부전문기관위탁 정산) 3. 내·외부 모두 산정 4. 정산 無 5. 해당없음	성과평가 실시여부 1. 실시 2. 미실시 3. 향후 추진 4. 해당없음	성과평가 주기 1. 매년 2. 격년 3. 기간만료전 4. 기타 ( ) 5. 해당없음	성과평가 실시 방법 1. 자체 실시 2. 평가단 구성 후 실시 (전문위원 섭외) 3. 전문 평가기관 의뢰 4. 기타 ( ) 5. 해당없음	평가기준 적용방법 1. 관련 조례 적용 2. 전문 평가기관 의뢰 3. 기타 ( ) 4. 해당없음	실제 인센티브 및 페널티 적용 유무 1. 매년 적용 2. 적용 안함 3. 기타 ( ) 4. 해당없음	인센티브 및 페널티 적용근거 1. 조례 2. 계약서 3. 기타 ( ) 4. 해당없음
1194	광주 남구	정신요양시설 종사자 및 입소자 지원	1	5	305,750	5	1	7	8	7	1	1	4	5	5	4	4	4
1195	광주 남구	정신재활시설 운영지원	1,2	5	569,000	5	1	7	8	7	1	1	4	5	5	4	4	4
1196	광주 북구	종합사회복지관운영	2	7	5,190,430	4	1	5	5	1	1	1	1	4	4	4	4	4
1197	광주 광산구	하남종합사회복지관 운영지원	2	7	725,415	5	1	7	8	7	1	1	4	5	5	4	4	4
1198	광주 광산구	송광종합사회복지관	2	7	792,706	5	1	7	8	7	1	1	4	5	5	4	4	4
1199	광주 광산구	지역아동센터운영비지원	2	2	1,115,584	5	1	7	8	7	3	3	4	5	5	4	4	4
1200	광주 광산구	다함께돌봄사업(운영비)	2	9	132,000	5	1	5	5	2	3	3	4	5	5	4	4	4
1201	광주 광산구	학대피해아동쉼터운영	1	2	258,700	5	1	5	5	2	3	3	4	5	5	4	4	4
1202	광주 광산구	아동양육전용시설운영지원	1	2	2,066,520	5	1	7	8	7	3	3	4	5	5	4	4	4
1203	광주 광산구	요보호아동그룹홈운영	1	2	1,017,996	5	1	7	8	7	3	3	4	5	5	4	4	4
1204	광주 광산구	생활시설아동참고서구입	1	2	5,220	5	1	7	8	7	3	3	4	5	5	4	4	4
1205	광주 광산구	경계선지능아동자립지원	1	2	16,650	5	1	7	8	7	3	3	4	5	5	4	4	4
1206	광주 광산구	장애아전담시설차량운영비	2	4	7,200	6	4	1,2	5	1	5	1	4	5	5	4	4	4
1207	광주 광산구	정부지원시설교재교구비	2	4	60,200	6	4	1,2	5	1	5	1	4	5	5	4	4	4
1208	광주 광산구	보육교직원워크숍지원	2	4	30,000	6	4	1,2	5	1	5	1	4	5	5	4	4	4
1209	광주 광산구	어린이집운영지원(차량운영비)	2	4	25,993	5	1	1,2	5	1	5	1	4	5	5	4	4	4
1210	광주 광산구	어린이집 운영지원(농어촌소재법인어린이집 지원)	2	4	5,003	5	1	1,2	5	1	5	1	4	5	5	4	4	4
1211	광주 광산구	보육시설안전공제지원	2	4	115,984	6	1	1,2	5	1	5	1	4	5	5	4	4	4
1212	광주 광산구	어린이집냉·난방비지원	2	4	177,000	6	4	1,2	5	1	5	1	4	5	5	4	4	4
1213	광주 광산구	보육교직원안전교육비지원	2	4	32,800	6	1	1,2	5	1	5	1	4	5	5	4	4	4
1214	광주 광산구	어린이집안심보육비지원	2	4	1,022,000	6	4	1,2	5	1	5	1	4	5	5	4	4	4
1215	광주 광산구	시니어클럽운영	2	1	362,260	5	1	7	7	7	1	1	1	1	3	3	1	1
1216	광주 광산구	경로당 운영비	2	1	1,237,740	5	1,4	7	8	7	1	1	1	1	1	4	2	4
1217	광주 광산구	경로당 한시난방비	2	1	90,000	5	1,4	7	8	7	1	1	1	1	1	4	2	4
1218	광주 광산구	경로당 정부양곡 지원	2	1	248,000	5	2	7	8	7	1	1	1	1	1	4	2	4
1219	광주 광산구	경로당 냉난방비	2	1	864,000	5	2	7	8	7	1	1	1	1	1	4	2	4
1220	광주 광산구	미등록 경로당 운영지원	2	1	35,000	5	4	7	8	7	1	1	1	1	1	4	2	4
1221	광주 광산구	행복나루노인복지관 운영지원	2	1	901,630	9	8	7	8	7	1	1	4	5	5	4	4	4
1222	광주 광산구	노인여가프로그램 운영지원	2	1	7,143	9	8	7	8	7	1	1	4	5	5	4	4	4
1223	광주 광산구	경로당 소통채널 지원	2	1	127,000	6	1,4	7	8	7	1	1	1	1	1	4	2	4
1224	광주 광산구	지적장애인자립지원센터운영지원	2	16	174,000	5	1	7	8	7	1	1	4	5	5	4	4	4
1225	광주 광산구	중증장애인자립생활지원	2	16	168,467	5	1	7	8	7	1	1	4	5	5	4	4	4
1226	광주 광산구	중증장애인자립생활지원(시자체)	2	16	119,400	5	1	7	8	7	1	1	4	5	5	4	4	4
1227	광주 광산구	탈시설자립지원주거사업	2	16	101,000	5	1	7	8	7	1	1	4	5	5	4	4	4
1228	광주 광산구	장애인거주시설운영지원(시자체)	1	3	2,150,606	5	1	7	8	7	1	1	4	5	5	4	4	4
1229	광주 광산구	장애인거주시설운영지원(실비입소이용료)	1	3	108,914	5	2	7	8	7	1	1	4	5	5	4	4	4
1230	광주 광산구	장애인거주시설 공기청정기 렌탈 지원	1	3	5,223	5	2	7	8	7	1	1	4	5	5	4	4	4
1231	광주 광산구	장애인편의증진기술지원기초센터운영	2	16	65,669	2	1	5	8	7	1	1	4	5	5	4	4	4
1232	광주 광산구	장애인지역사회재활시설운영지원	2	3	3,431,480	5	1	7	8	7	1	1	4	5	5	4	4	4
1233	광주 광산구	장애인직업재활시설운영지원	2	3	6,521,500	5	1	7	8	7	1	3	2	5	5	4	4	4
1234	광주 광산구	장애인생산품판매시설운영지원	2	3	267,295	5	1	7	8	7	1	3	2	5	5	4	4	4
1235	광주 광산구	자활근로사업(광산지역자활센터)	2	8	4,461,607	4	1	7	8	6	5	1	1	4	4	3	4	4
1236	광주 광산구	자활센터운영(광산지역자활센터)	2	8	566,556	5	1	7	8	6	5	1	1	4	4	3	3	3
1237	대전광역시	노인보호전문기관 운영	2	1	541,210	5	1	5	8	1	1	3	1	4	4	2	4	4
1238	대전광역시	학대피해노인전용쉼터	2	1	265,232	5	1	5	5	6	1	1	1	4	4	2	4	4
1239	대전광역시	자립준비청년 지원 전담인력 배치 자립준비청년 자립지원 사업비	2	2	1,032,460	4	1, 2	1	3	1	3	3	1	3	1	1	4	4

순번	시군구	지출명 (사업명)	시설종류 1. 생활시설 2. 이용시설	사회복지시설 종류 1. 노인복지시설 2. 아동복지시설 3. 장애인복지시설 4. 어린이집 5. 정신건강증진시설 6. 노숙인시설 7. 사회복지관 8. 지역자활센터 9. 다함께돌봄센터 10. 결핵,한센시설 11. 성매매피해지원시설 12. 성폭력피해보호시설 13. 가정폭력보호시설 14. 가족센터 15. 청소년복지시설 16. 기타 ( )	2025년예산 (단위:천원/1년간)	민간이전 분류 (지방자치단체 세출예산 집행기준에 의거) 1. 민간경상사업보조(307-02) 2. 민간단체 법정운영비보조(307-03) 3. 민간행사사업보조(307-04) 4. 민간위탁금(307-05) 5. 사회복지시설 법정운영비보조(307-10) 6. 사회복지사업보조(307-11) 7. 민간인위탁교육비(307-12) 8. 공기관등에대한경상적위탁사업(308-13) 9. 공사공단 경상전출금(309-01)	민간이전지출 근거 (지방보조금 관리기준 참고) 1. 법률에 규정 2. 국고보조 재원(국가지정) 3. 용도 지정 기부금 4. 조례에 직접규정 5. 지자체가 권장하는 사업을 하는 공공기관 6. 시.도 정책 및 재정사정 7. 기타 8. 해당없음	입찰방식: 계약체결방법 (경쟁형태) 1. 일반경쟁 2. 제한경쟁 3. 지명경쟁 4. 수의계약 5. 법정위탁 6. 기타 ( ) 7. 해당없음	입찰방식: 계약기간 1. 1년 2. 2년 3. 3년 4. 4년 5. 5년 6. 기타 ( )년 7. 단기계약 (1년미만) 8. 해당없음	입찰방식: 낙찰자선정방법 1. 적격심사 2. 협상에의한계약 3. 최저가낙찰제 4. 규격가격분리 5. 2단계 경쟁입찰 6. 기타 ( ) 7. 해당없음	운영예산 산정: 운영비산정 1. 내부산정 (지자체 자체적으로 산정) 2. 외부산정 (외부전문기관위탁 산정) 3. 내·외부 모두 산정 4. 산정 無 5. 해당없음	운영예산 산정: 정산방법 1. 내부정산 (지자체 내부적으로 정산) 2. 외부정산 (외부전문기관위탁 정산) 3. 내·외부 모두 산정 4. 정산 無 5. 해당없음	성과평가: 성과평가 실시여부 1. 실시 2. 미실시 3. 향후 추진 4. 해당없음	성과평가: 성과평가 주기 1. 매년 2. 격년 3. 기간만료전 4. 기타 ( ) 5. 해당없음	성과평가: 성과평가 실시 방법 1. 자체 실시 2. 평가단 구성 후 실시 (전문위원 섭외) 3. 전문 평가기관 의뢰 4. 기타 ( ) 5. 해당없음	평가결과 적용: 평가기준 적용방법 1. 관련 조례 적용 2. 전문 평가기관 의뢰 3. 기타 ( ) 4. 해당없음	평가결과 적용: 실제 인센티브 및 패널티 적용 유무 1. 매년 적용 2. 적용 안함 3. 기타 ( ) 4. 해당없음	평가결과 적용: 인센티브 및 패널티 적용근거 1. 조례 2. 계약서 3. 기타 ( ) 4. 해당없음
1240	대전광역시	아동보호전문기관 거점 심리치료 지원	2	2	3,465,572	4	1, 2	1	5	1	3	3	2	5	5	4	4	4
1241	대전광역시	학대피해 장애인쉼터 운영지원	1	3	191,666	5	1	7	8	7	5	5	4	5	5	4	4	4
1242	대전광역시	시립 장애인복지관 운영	2	3	5,956,029	4	1	1	5	7	1	1	1	4	1	1	4	4
1243	대전광역시	시립 장애인복지관 운영	2	3	5,956,029	4	1	1	5	7	1	1	1	3	1	1	4	4
1244	대전광역시	시립 장애인복지관 운영	2	3	5,956,029	4	1	1	5	7	1	1	1	3	1	1	4	4
1245	대전광역시	시립 체육재활원 운영	2	3	1,577,155	4	1	1	5	7	1	1	1	3	1	1	4	4
1246	대전광역시	공공어린이재활병원 운영	2	3	9,200,000	4	1	1	5	7	1	1	1	3	1	3	4	4
1247	대전광역시	여성긴급전화1366센터 긴급피난처 운영	2	16	50,000	4	4	1	5	1	5	1	4	5	5	4	4	4
1248	대전광역시	가정폭력피해자 의료비 지원 (여성긴급전화1366센터)	2	16	40,000	4	2	1	5	1	5	1	4	5	5	4	4	4
1249	대전광역시	보호출산 상담기관 운영지원	1	16	190,050	6	1	7	3	7	5	5	4	5	5	4	4	4
1250	대전광역시	북한이탈주민지역적응센터 운영	2	16	224,000	2	1, 2	7	8	7	5	5	4	5	5	4	4	4
1251	대전광역시	학교 밖 청소년 지원 프로그램 운영	1	15	22,500	6	4	6	1	6	1	1	1	1	4	3	1	3
1252	대전 동구	사회복지관 운영비 지원	2	7	745,146	5	1	1	5	1	1	1	1	4	4	3	2	4
1253	대전 동구	사회복지관 운영비 지원	2	7	746,092	5	1	1	5	1	1	1	1	4	4	3	2	4
1254	대전 동구	사회복지관 운영비 지원	2	7	746,689	5	1	1	5	1	1	1	1	4	4	3	2	4
1255	대전 동구	사회복지관 운영비 지원	2	7	830,569	5	1	1	5	1	1	1	1	4	4	3	2	4
1256	대전 동구	사회복지관 운영비 지원	2	7	807,494	5	1	1	5	1	1	1	1	4	4	3	2	4
1257	대전 동구	사회복지관 운영비 지원	2	7	38,000	6	1	1	5	1	1	1	1	4	4	3	2	4
1258	대전 동구	사회복지관 운영비 지원	2	7	38,000	6	1	1	5	1	1	1	1	4	4	3	2	4
1259	대전 동구	사회복지관 운영비 지원	2	7	38,000	6	1	1	5	1	1	1	1	4	4	3	2	4
1260	대전 동구	사회복지관 운영비 지원	2	7	38,000	6	1	1	5	1	1	1	1	4	4	3	2	4
1261	대전 동구	사회복지관 운영비 지원	2	7	52,000	6	1	1	5	1	1	1	1	4	4	3	2	4
1262	대전 동구	자활근로사업	2	8	518,909	5	1	5	1	2	1	1	2	5	5	4	4	4
1263	대전 동구	가족센터운영(국비)	2	14	1,083,990	5	1	5	5	1	3	1	3	1	1	4	4	4
1264	대전 동구	가족센터 종사자 지원(국비)	2	14	51,400	5	1	5	5	1	3	1	3	1	1	4	4	4
1265	대전 동구	사랑의집	1	3	684,956	5	1	7	8	1	1	1	1	1	3	3	1	1
1266	대전 동구	하람	1	3	1,709,385	5	1	7	8	1	1	1	1	1	3	3	1	1
1267	대전 동구	참사랑단기보호	1	3	336,869	5	1	7	8	1	1	1	1	1	3	3	1	1
1268	대전 동구	파란나무단기보호	1	3	325,827	5	1	7	8	1	1	1	1	1	3	3	1	1
1269	대전 동구	루루단기보호	1	3	165,265	5	1	7	8	1	1	1	1	1	3	3	1	1
1270	대전 동구	한우리쉼터 신상동	1	3	109,648	5	1	7	8	1	1	1	1	1	3	3	1	1
1271	대전 동구	한우리쉼터 용운동	1	3	122,648	5	1	7	8	1	1	1	1	1	3	3	1	1
1272	대전 동구	에벤에셀의집	1	3	123,448	5	1	7	8	1	1	1	1	1	3	3	1	1
1273	대전 동구	주사랑 쉼터	1	3	122,248	5	1	7	8	1	1	1	1	1	3	3	1	1
1274	대전 동구	베델리엄의집	1	3	115,448	5	1	7	8	1	1	1	1	1	3	3	1	1
1275	대전 동구	해담별	1	3	127,448	5	1	7	8	1	1	1	1	1	3	3	1	1
1276	대전 동구	호마노의집	1	3	118,248	5	1	7	8	1	1	1	1	1	3	3	1	1
1277	대전 동구	새솔	1	3	105,724	5	1	7	8	1	1	1	1	1	3	3	1	1
1278	대전 동구	주사랑의집	1	3	64,488	5	1	7	8	1	1	1	1	1	3	3	1	1
1279	대전 동구	우리들	1	3	95,448	5	1	7	8	1	1	1	1	1	3	3	1	1
1280	대전 동구	조은나무	1	3	50,806	5	1	7	8	1	1	1	1	1	3	3	1	1
1281	대전 동구	아름다운복지관	2	3	2,004,981	5	1	1	5	1	1	1	1	1	3	3	1	1
1282	대전 동구	밀알복지관	2	3	1,728,647	5	1	1	5	1	1	1	1	1	3	3	1	1
1283	대전 동구	영은장애인주간보호센터	2	3	208,357	5	1	7	8	1	1	1	1	1	3	3	1	1
1284	대전 동구	생명장애인주간보호센터	2	3	177,528	5	1	7	8	1	1	1	1	1	3	3	1	1
1285	대전 동구	파랑새장애인주간보호센터	2	3	360,107	5	1	7	8	1	1	1	1	1	3	3	1	1

순번	시군구	지출명 (사업명)	시설종류 1. 생활시설 2. 이용시설	사회복지시설 종류 1. 노인복지시설 2. 아동복지시설 3. 장애인복지시설 4. 어린이집 5. 정신건강증진시설 6. 노숙인시설 7. 사회복지관 8. 지역자활센터 9. 다함께돌봄센터 10. 결핵,한센시설 11. 성매매피해지원시설 12. 성폭력피해보호시설 13. 가정폭력보호시설 14. 가족센터 15. 청소년복지시설 16. 기타 ( )	2025년예산 (단위:천원/1년간)	민간이전 분류 (지방자치단체 세출예산 집행기준에 의거) 1. 민간경상사업보조(307-02) 2. 민간단체 법정운영비보조(307-03) 3. 민간행사사업보조(307-04) 4. 민간위탁금(307-05) 5. 사회복지시설 법정운영비보조(307-10) 6. 사회복지사업보조(307-11) 7. 민간인위탁교육비(307-12) 8. 공기관등에대한경상적위탁사업(308-13) 9. 공사공단 경상전출금(309-01)	민간이전지출 근거 (지방보조금 관리기준 참고) 1. 법률에 규정 2. 국고보조 재원(국가지정) 3. 용도 지정 기부금 4. 조례에 직접규정 5. 지자체가 권장하는 사업을 하는 공공기관 6. 시,도 정책 및 재정사정 7. 기타 8. 해당없음	입찰방식: 계약체결방법 (경쟁형태) 1. 일반경쟁 2. 제한경쟁 3. 지명경쟁 4. 수의계약 5. 법정위탁 6. 기타 ( ) 7. 해당없음	입찰방식: 계약기간 1. 1년 2. 2년 3. 3년 4. 4년 5. 5년 6. 기타 ( )년 7. 단기계약 (1년미만) 8. 해당없음	입찰방식: 낙찰자선정방법 1. 적격심사 2. 협상에의한계약 3. 최저가낙찰제 4. 규격가격분리 5. 2단계 경쟁입찰 6. 기타 ( ) 7. 해당없음	운영예산 산정: 운영비산정 1. 내부산정 (지자체 자체적으로 산정) 2. 외부산정 (외부전문기관위탁 산정) 3. 내·외부 모두 산정 4. 산정 無 5. 해당없음	운영예산 산정: 정산방법 1. 내부정산 (지자체 내부적으로 정산) 2. 외부정산 (외부전문기관위탁 정산) 3. 내·외부 모두 산정 4. 정산 無 5. 해당없음	성과평가: 성과평가 실시여부 1. 실시 2. 미실시 3. 향후 추진 4. 해당없음	성과평가: 성과평가 주기 1. 매년 2. 격년 3. 기간만료전 4. 기타 ( ) 5. 해당없음	성과평가: 성과평가 실시 방법 1. 자체 실시 2. 평가단 구성 후 실시 (전문위원 섭외) 3. 전문 평가기관 의뢰 4. 기타 ( ) 5. 해당없음	성과평가: 평가기준 적용방법 1. 관련 조례 적용 2. 전문 평가기관 의뢰 3. 기타 ( ) 4. 해당없음	평가결과 적용: 실제 인센티브 및 패널티 적용 유무 1. 매년 적용 2. 적용 안함 3. 기타 ( ) 4. 해당없음	평가결과 적용: 인센티브 및 패널티 적용근거 1. 조례 2. 계약서 3. 기타 ( ) 4. 해당없음
1286	대전 동구	꿈이있는장애인주간보호센터	2	3	270,762	5	1	7	8	1	1	1	1	1	3	3	1	1
1287	대전 동구	판암장애인주간보호센터	2	3	211,330	5	1	7	8	1	1	1	1	1	3	3	1	1
1288	대전 동구	초록나무장애인주간보호센터	2	3	255,092	5	1	7	8	1	1	1	1	1	3	3	1	1
1289	대전 동구	한울장애인주간보호센터	2	3	171,460	5	1	7	8	1	1	1	1	1	3	3	1	1
1290	대전 동구	기쁜우리주간보호센터	2	3	241,999	5	1	7	8	1	1	1	1	1	3	3	1	1
1291	대전 동구	두손주간보호센터	2	3	169,498	5	1	7	8	1	1	1	1	1	3	3	1	1
1292	대전 동구	대전주간보호센터	2	3	197,176	5	1	7	8	1	1	1	1	1	3	3	1	1
1293	대전 동구	동그라미주간보호센터	2	3	163,372	5	1	7	8	1	1	1	1	1	3	3	1	1
1294	대전 동구	대전광역시수어통역센터지역본부	2	3	451,743	5	1	7	8	1	1	1	1	1	3	3	1	1
1295	대전 동구	판암보호작업장	2	3	583,927	5	1	7	8	1	1	1	1	1	3	3	1	1
1296	대전 동구	탄탄재활작업장	2	3	404,709	5	1	7	8	1	1	1	1	1	3	3	1	1
1297	대전 동구	거북이보호작업장	2	3	367,446	5	1	7	8	1	1	1	1	1	3	3	1	1
1298	대전 동구	루루장애인직업훈련센터	2	3	198,052	5	1	7	8	1	1	1	1	1	3	3	1	1
1299	대전 동구	다솜장애인보호작업장	2	3	154,751	5	1	7	8	1	1	1	1	1	3	3	1	1
1300	대전 동구	아름드리장애인직업훈련센터	2	3	123,848	5	1	7	8	1	1	1	1	1	3	3	1	1
1301	대전 동구	보문장애인자립지원센터	2	3	168,467	6	1	1	5	1	1	1	1	1	3	3	1	1
1302	대전 동구	행복한어르신복지관	2	1	1,139,119	5	1	1	5	1	1	1	1	1	3	3	1	1
1303	대전 동구	정다운어르신복지관	2	1	976,539	5	1	1	5	1	1	1	1	1	3	3	1	1
1304	대전 중구	다문화가족지원센터 운영	2	16	565,870	5	1	1	5	1	5	1	1	3	1	1	2	4
1305	대전 중구	성폭력피해자 보호시설운영	1	12	353,762	5	2	7	8	7	5	5	1	4	3	2	4	4
1306	대전 중구	성폭력피해자 보호시설운영 지원	1	12	71,215	5	2	7	8	7	5	5	1	4	3	2	4	4
1307	대전 중구	성폭력피해자치료회복프로그램	1	12	16,607	6	2	7	8	7	5	5	1	4	3	2	4	4
1308	대전 중구	성폭력피해자보호시설비수급자 생계비 등 지원	1	12	4,500	6	2	7	8	7	5	5	1	4	3	2	4	4
1309	대전 중구	성매매피해자 구조지원 사업	2	11	57,707	6	2	7	8	7	5	5	1	4	3	2	4	4
1310	대전 중구	성매매피해상담소 운영	2	11	199,825	5	2	7	8	7	5	5	1	4	3	2	4	4
1311	대전 중구	성매매피해상담소운영지원	2	11	98,625	5	2	7	8	7	5	5	1	4	3	2	4	4
1312	대전 중구	성매매집결지현장지원	2	11	131,579	6	2	7	8	7	5	5	1	4	3	2	4	4
1313	대전 중구	대전여성자활지원센터 운영	2	11	469,730	5	2	7	8	7	5	5	1	4	3	2	4	4
1314	대전 중구	대전여성자활지원센터 운영지원	2	11	54,417	5	2	7	8	7	5	5	1	4	3	2	4	4
1315	대전 중구	한부모가족복지시설 운영	1	16	357,519	5	2	7	8	7	5	5	1	4	2	2	2	2
1316	대전 중구	한부모가족복지시설 운영	1	16	386,156	5	2	7	8	7	5	5	1	4	2	2	2	2
1317	대전 중구	한부모가족복지시설 운영	1	16	231,155	5	2	7	8	7	5	5	1	4	2	2	2	2
1318	대전 중구	지역아동센터 운영비 지원(운영비, 냉난방비, 프로그램비)	2	2	688,848	5	1	7	8	7	1	1	4	5	5	4	4	4
1319	대전 중구	지역아동센터연합회 프로그램 발표회 지원	2	2	6,000	3	1	7	8	7	1	1	4	5	5	4	4	4
1320	대전 중구	다함께돌봄센터 운영비, 인건비, 급식비, 기능보강	2	9	819,339	4	1	1	5	6	1	1	4	5	5	4	4	4
1321	대전 중구	아동양육시설 운영 지원	1	2	1,661,864	5	1	7	8	7	1	1	4	5	5	4	4	4
1322	대전 중구	아동양육시설 운영 지원	1	2	21,500	6	1	7	8	7	1	1	4	5	5	4	4	4
1323	대전 중구	학대피해아동 쉼터 지원	1	2	354,651	5	1	7	8	7	1	1	4	5	5	4	4	4
1324	대전 중구	요보호아동 그룹형태 보호	1	2	189,553	5	1	7	8	7	1	1	4	5	5	4	4	4
1325	대전 중구	요보호아동 그룹형태 보호	1	2	191,552	5	1	7	8	7	1	1	4	5	5	4	4	4
1326	대전 중구	요보호아동 그룹형태 보호	1	2	189,553	5	1	7	8	7	1	1	4	5	5	4	4	4
1327	대전 서구	사회복지관 운영 지원(보조)	2	7	792,088	5	6	6	5	1	1	1	3	3	1	1	3	1
1328	대전 서구	사회복지관 운영 지원(보조)	2	7	765,244	5	6	6	5	1	1	1	3	3	1	1	3	1
1329	대전 서구	사회복지관 운영 지원(보조)	2	7	816,776	5	6	6	5	1	1	1	3	3	1	1	3	1
1330	대전 서구	사회복지관 운영 지원(보조)	2	7	750,871	5	6	6	5	1	1	1	3	3	1	1	3	1
1331	대전 서구	사회복지관 운영 지원(보조)	2	7	810,481	5	6	6	5	1	1	1	3	3	1	1	3	1

순번	시군구	지출명 (사업명)	시설종류 1. 생활시설 2. 이용시설	사회복지시설 종류 1. 노인복지시설 2. 아동복지시설 3. 장애인복지시설 4. 어린이집 5. 정신건강증진시설 6. 노숙인시설 7. 사회복지관 8. 지역자활센터 9. 다함께돌봄센터 10. 결핵,한센시설 11. 성매매피해지원시설 12. 성폭력피해보호시설 13. 가정폭력보호시설 14. 가족센터 15. 청소년복지시설 16. 기타 ( )	2025년예산 (단위:천원/1년간)	민간이전 분류 (지방자치단체 세출예산 집행기준에 의거) 1. 민간경상사업보조(307-02) 2. 민간단체 법정운영비보조(307-03) 3. 민간행사사업보조(307-04) 4. 민간위탁금(307-05) 5. 사회복지시설 법정운영비보조(307-10) 6. 사회복지사업보조(307-11) 7. 민간인위탁교육비(307-12) 8. 공기관등에대한경상적위탁사업(308-13) 9. 공사공단 경상전출금(309-01)	민간이전지출 근거 (지방보조금 관리기준 참고) 1. 법률에 규정 2. 국고보조 재원(국가지정) 3. 용도 지정 기부금 4. 조례에 직접규정 5. 지자체가 권장하는 사업을 하는 공공기관 6. 시,도 정책 및 재정사정 7. 기타 8. 해당없음	입찰방식 계약체결방법 (경쟁형태) 1. 일반경쟁 2. 제한경쟁 3. 지명경쟁 4. 수의계약 5. 법정위탁 6. 기타 ( ) 7. 해당없음	입찰방식 계약기간 1. 1년 2. 2년 3. 3년 4. 4년 5. 5년 6. 기타 ( )년 7. 단기계약 (1년미만) 8. 해당없음	입찰방식 낙찰자선정방법 1. 적격심사 2. 협상에의한계약 3. 최저가낙찰제 4. 규격가격분리 5. 2단계 경쟁입찰 6. 기타 ( ) 7. 해당없음	운영예산 산정 운영비산정 1. 내부산정 (지자체 자체적으로 산정) 2. 외부산정 (외부전문기관위탁 산정) 3. 내·외부 모두 산정 4. 산정 無 5. 해당없음	운영예산 산정 정산방법 1. 내부정산 (지자체 내부적으로 정산) 2. 외부정산 (외부전문기관위탁 정산) 3. 내·외부 모두 산정 4. 정산 無 5. 해당없음	성과평가 성과평가 실시여부 1. 실시 2. 미실시 3. 향후 추진 4. 해당없음	성과평가 성과평가 주기 1. 매년 2. 격년 3. 기간만료전 4. 기타 ( ) 5. 해당없음	성과평가 성과평가 실시 방법 1. 자체 실시 2. 평가단 구성 후 실시 (전문위원 섭외) 3. 전문 평가기관 의뢰 4. 기타 ( ) 5. 해당없음	성과평가 평가기준 적용방법 1. 관련 조례 적용 2. 전문 평가기관 의뢰 3. 기타 ( ) 4. 해당없음	평가결과 적용 실제 인센티브 및 패널티 적용 유무 1. 매년 적용 2. 적용 안함 3. 기타 ( ) 4. 해당없음	평가결과 적용 인센티브 및 패널티 적용근거 1. 조례 2. 계약서 3. 기타 ( ) 4. 해당없음
1332	대전 서구	사회복지관 운영 지원(보조)	2	7	834,026	5	6	6	5	1	1	1	3	3	1	1	3	1
1333	대전 서구	사회복지관 운영 지원(보조)	2	7	38,000	6	6	6	5	1	1	1	3	3	1	1	3	1
1334	대전 서구	사회복지관 운영 지원(보조)	2	7	38,000	6	6	6	5	1	1	1	3	3	1	1	3	1
1335	대전 서구	사회복지관 운영 지원(보조)	2	7	52,000	6	6	6	5	1	1	1	3	3	1	1	3	1
1336	대전 서구	사회복지관 운영 지원(보조)	2	7	38,000	6	6	6	5	1	1	1	3	3	1	1	3	1
1337	대전 서구	사회복지관 운영 지원(보조)	2	7	38,000	6	6	6	5	1	1	1	1	3	1	1	3	1
1338	대전 서구	사회복지관 운영 지원(보조)	2	7	38,000	6	6	6	5	1	1	1	3	3	1	1	3	1
1339	대전 유성구	재가시설 등급외자 운영지원	2	1	156,690	5	1	7	8	7	5	5	4	5	5	4	4	4
1340	대전 유성구	노인복지 생활시설 운영지원	1	1	63,080	5	1	7	8	7	5	5	4	5	5	4	4	4
1341	대전 유성구	양로시설 운영지원	1	1	922,288	5	1	7	8	7	5	5	4	5	5	4	4	4
1342	대전 유성구	양로시설 지원	1	1	10,140	6	1	7	8	7	5	5	4	5	5	4	4	4
1343	대전 유성구	장애인생산품판매시설 지원	2	3	195,295	5	2	7	5	7	5	5	4	5	5	4	4	4
1344	대전 유성구	장애인공동생활가정운영	1	3	340,251	5	2	7	5	7	5	5	4	5	5	4	4	4
1345	대전 유성구	장애인단기거주시설 운영지원	1	3	1,440,442	5	2	7	5	7	5	5	4	5	5	4	4	4
1346	대전 유성구	장애인의료재활시설 운영지원	2	3	403,558	5	2	7	5	7	5	5	4	5	5	4	4	4
1347	대전 유성구	장애인주간보호시설 운영지원	2	3	1,675,271	5	2	7	5	7	5	5	4	5	5	4	4	4
1348	대전 유성구	장애인직업재활시설 운영지원	2	3	1,708,408	5	2	7	5	7	5	5	4	5	5	4	4	4
1349	대전 유성구	장애인체육관운영	2	3	168,801	5	2	7	5	7	5	5	4	5	5	4	4	4
1350	대전 유성구	장애인수어통역센터 운영지원	2	3	360,679	5	2	7	5	7	5	5	4	5	5	4	4	4
1351	대전 유성구	장애인의약품비 지원	1	3	21,168	5	2	7	5	7	5	5	4	5	5	4	4	4
1352	대전 유성구	장애인월동김장비 지원	1	3	1,911	5	2	7	5	7	5	5	4	5	5	4	4	4
1353	대전 유성구	장애인 춘계부식비 지원	1	3	1,764	5	2	7	5	7	5	5	4	5	5	4	4	4
1354	대전 유성구	장애인피복비 지원	1	3	7,350	5	2	7	5	7	5	5	4	5	5	4	4	4
1355	대전 유성구	지역자활센터운영	2	8	566,556	5	1	5	1	6	4	1	1	2	4	3	3	2
1356	대전 유성구	지역자활센터종사자건강검진비	2	8	2,600	5	6	5	1	6	4	1	4	2	5	4	4	4
1357	대전 유성구	다함께돌봄센터 유성아이1호점	1	9	15,830	4	1	7	8	6	1	1	3	3	1	1	4	4
1358	대전 유성구	지역아동센터 종사자 건강검진비	2	2	7,600	5	6	7	8	7	5	5	4	5	5	4	4	4
1359	대전 유성구	지역아동센터 꿈나무재능교실 지원	2	2	44,000	6	4	7	8	7	5	5	1	2	1	4	4	4
1360	대전 유성구	지역아동센터 프로그램비지원	2	2	35,400	5	6	7	8	7	5	5	4	5	5	4	4	4
1361	대전 유성구	지역아동센터 냉난방비지원	2	2	26,400	5	6	7	8	7	5	5	4	5	5	4	4	4
1362	대전 유성구	지역아동센터 종사자명절휴가비	2	2	120,600	5	6	7	8	7	5	5	4	5	5	4	4	4
1363	대전 유성구	지역아동센터 운영비 지원	2	2	372,900	5	2	7	8	7	5	5	4	5	5	4	4	4
1364	대전 유성구	요보호아동 그룹홈 운영(국비)	1	2	872,568	5	1	7	8	7	5	5	4	5	5	4	4	4
1365	대전 유성구	요보호아동 그룹홈 종사자 명절휴가비(시비)	1	2	43,200	5	1	7	8	7	5	5	4	5	5	4	4	4
1366	대전 유성구	요보호아동 그룹홈 냉난방비(시비)	1	2	7,200	5	1	7	8	7	5	5	4	5	5	4	4	4
1367	대전 유성구	요보호아동 그룹홈 아동지원(시비)	1	2	14,000	5	1	7	8	7	5	5	4	5	5	4	4	4
1368	대전 유성구	아동복지시설 지원(시비)	1	2	3,257,666	5	1	7	8	7	5	5	4	5	5	4	4	4
1369	대전 유성구	아동복지시설 지원(시비)	1	2	29,880	6	1	7	8	7	5	5	4	5	5	4	4	4
1370	대전 유성구	학대피해아동쉼터 운영(국비)	1	2	258,700	5	1	7	8	7	5	5	4	5	5	4	4	4
1371	대전 유성구	학대피해아동쉼터 운영지원(시비)	1	2	51,443	5	1	7	8	7	5	5	4	5	5	4	4	4
1372	대전 유성구	학대피해아동쉼터 종사자 명절휴가비(시비)	1	2	5,400	5	1	7	8	7	5	5	4	5	5	4	4	4
1373	대전 대덕구	한부모가족복지시설 운영(시비)	1	16	768,296	5	5	7	8	7	5	5	4	5	5	4	4	4
1374	대전 대덕구	한부가보족복지시설 입소자 상담의료지원(국비) 한부모가족복지시설 아이돌봄서비스 지원(국비)	1	16	69,194	6	6	7	8	7	5	5	4	5	5	4	4	4
1375	대전 대덕구	성폭력피해자 보호시설 지원(시비) 성폭력피해자 보호시설 운영지원(국비)	1	12	438,902	5	5	7	8	7	5	5	4	5	5	4	4	4
1376	대전 대덕구	성폭력피해자 치료회복 프로그램(국비)	1	12	9,964	6	6	7	8	7	5	5	4	5	5	4	4	4
1377	대전 대덕구	가정폭력상담소 운영지원(국비) 가정폭력상담소 운영지원(시비)	2	13	373,315	5	5	7	8	7	5	5	4	5	5	4	4	4

순번	시군구	지출명 (사업명)	시설종류 1. 생활시설 2. 이용시설	사회복지시설 종류 1. 노인복지시설 2. 아동복지시설 3. 장애인복지시설 4. 어린이집 5. 정신건강증진시설 6. 노숙인시설 7. 사회복지관 8. 지역자활센터 9. 다함께돌봄센터 10. 결핵,한센시설 11. 성매매피해지원시설 12. 성폭력피해보호시설 13. 가정폭력보호시설 14. 가족센터 15. 청소년복지시설 16. 기타 ( )	2025년예산 (단위:천원/1년간)	민간이전 분류 (지방자치단체 세출예산 집행기준에 의거) 1. 민간경상사업보조(307-02) 2. 민간단체 법정운영비보조(307-03) 3. 민간행사사업보조(307-04) 4. 민간위탁금(307-05) 5. 사회복지시설 법정운영비보조(307-10) 6. 사회복지사업보조(307-11) 7. 민간인위탁교육비(307-12) 8. 공기관등에대한경상적위탁사업(308-13) 9. 공사공단 경상전출금(309-01)	민간이전지출 근거 (지방보조금 관리기준 참고) 1. 법률에 규정 2. 국고보조 재원(국가지정) 3. 용도 지정 기부금 4. 조례에 직접규정 5. 지자체가 권장하는 사업을 하는 공공기관 6. 시,도 정책 및 재정사정 7. 기타 8. 해당없음	입찰방식: 계약체결방법 (경쟁형태) 1. 일반경쟁 2. 제한경쟁 3. 지명경쟁 4. 수의계약 5. 법정위탁 6. 기타 ( ) 7. 해당없음	입찰방식: 계약기간 1. 1년 2. 2년 3. 3년 4. 4년 5. 5년 6. 기타 ( )년 7. 단기계약 (1년미만) 8. 해당없음	입찰방식: 낙찰자선정방법 1. 적격심사 2. 협상에의한계약 3. 최저가낙찰제 4. 규격가격분리 5. 2단계 경쟁입찰 6. 기타 ( ) 7. 해당없음	운영예산 산정: 운영비산정 1. 내부산정 (지자체 자체적으로 산정) 2. 외부산정 (외부전문기관위탁 산정) 3. 내·외부 모두 산정 4. 산정 無 5. 해당없음	운영예산 산정: 정산방법 1. 내부정산 (지자체 내부적으로 정산) 2. 외부정산 (외부전문기관위탁 정산) 3. 내·외부 모두 산정 4. 정산 無 5. 해당없음	성과평가: 성과평가 실시여부 1. 실시 2. 미실시 3. 향후 추진 4. 해당없음	성과평가: 성과평가 주기 1. 매년 2. 격년 3. 기간만료전 4. 기타 ( ) 5. 해당없음	성과평가: 성과평가 실시 방법 1. 자체 실시 2. 평가단 구성 후 실시 (전문위원 섭외) 3. 전문 평가기관 의뢰 4. 기타 ( ) 5. 해당없음	성과평가: 평가기준 적용방법 1. 관련 조례 적용 2. 전문 평가기관 의뢰 3. 기타 ( ) 4. 해당없음	평가결과 적용: 실제 인센티브 및 페널티 적용 유무 1. 매년 적용 2. 적용 안함 3. 기타 ( ) 4. 해당없음	평가결과 적용: 인센티브 및 페널티 적용근거 1. 조례 2. 계약서 3. 기타 ( ) 4. 해당없음
1378	대전 대덕구	가족센터 운영	2	14	1,462,250	6	6	7	8	7	5	5	4	5	5	4	4	4
1379	대전 대덕구	송촌동 다함께돌봄센터 운영	2	9	151,912	4	1	1	5	1	1	1	3	3	1	1	1	1
1380	대전 대덕구	신탄진동 다함께돌봄센터 운영	2	9	171,484	4	1	1	5	1	1	1	3	3	1	1	1	1
1381	대전 대덕구	대화동 다함께돌봄센터 운영	2	9	145,427	4	1	1	5	1	1	1	3	3	1	1	1	1
1382	대전 대덕구	송촌동 다함께돌봄센터 2호점 운영	2	9	153,732	4	1	1	5	1	1	1	3	3	1	1	1	1
1383	대전 대덕구	목상동 다함께돌봄센터 운영	2	9	138,912	4	1	1	5	1	1	1	3	3	1	1	1	1
1384	대전 대덕구	지역아동센터 운영비 지원(국비)	2	2	412,608	5	2	7	8	7	1	1	4	5	5	4	4	4
1385	대전 대덕구	지역아동센터 운영비 지원(시비)	2	2	847,240	5	6	7	8	7	1	1	4	5	5	4	4	4
1386	대전 대덕구	지역아동센터 프로그램비 지원(시비)	2	2	41,180	5	6	7	8	7	1	1	4	5	5	4	4	4
1387	대전 대덕구	지역아동센터종사자건강증진비지원	2	2	10,200	6	7	7	8	7	1	1	4	5	5	4	4	4
1388	대전 대덕구	아동복지시설운영	1	2	1,284,919	5	1	7	8	7	1	1	4	5	5	4	4	4
1389	대전 대덕구	아동복지시설하계수련비	1	2	600	6	1	7	8	7	1	1	4	5	5	4	4	4
1390	대전 대덕구	아동복지시설도서구입비	1	2	1,000	6	1	7	8	7	1	1	4	5	5	4	4	4
1391	대전 대덕구	학대피해아동쉼터운영	1	2	91,932	5	1	7	8	7	1	1	4	5	5	4	4	4
1392	대전 대덕구	학대피해아동쉼터운영종사자명절휴가비	1	2	21,600	5	1	7	8	7	1	1	4	5	5	4	4	4
1393	대전 대덕구	보호대상아동그룹홈운영	1	2	146,028	5	1	7	8	7	1	1	4	5	5	4	4	4
1394	대전 대덕구	보호대상아동그룹홈종사자명절휴가비	1	2	10,000	5	1	7	8	7	1	1	4	5	5	4	4	4
1395	대전 대덕구	보호대상아동그룹홈냉난방비지원	1	2	1,200	5	1	7	8	7	1	1	4	5	5	4	4	4
1396	대전 대덕구	입양가정위탁아동심리치료비	2	16	977	6	2	7	8	7	1	1	4	5	5	4	4	4
1397	대전 대덕구	국공립교재교구비	2	4	25,000	5	1	7	8	7	5	1	4	5	5	4	4	4
1398	대전 대덕구	어린이집대체교사지원(육아종합지원센터파견)	2	4	368,400	4	2	7	8	7	5	1	4	5	5	4	4	4
1399	대전 대덕구	야간연장어린이집난방비	2	4	35,236	5	1	7	8	7	5	1	4	5	5	4	4	4
1400	대전 대덕구	어린이집 안심보육운영비	2	4	108,000	5	1	7	8	7	5	1	4	5	5	4	4	4
1401	대전 대덕구	차량유지비	2	4	48,600	5	1	7	8	7	5	1	4	5	5	4	4	4
1402	대전 대덕구	어린이집도서구입비	2	4	12,610	5	1	7	8	7	5	1	4	5	5	4	4	4
1403	대전 대덕구	어린이집반별운영비	2	4	820,800	5	1	7	8	7	5	1	4	5	5	4	4	4
1404	대전 대덕구	어린이집냉난방비지원	2	4	40,670	5	1	7	8	7	5	1	4	5	5	4	4	4
1405	대전 대덕구	육아종합지원센터가정양육사업지원	2	4	25,000	4	1	5	3	7	5	1	1	3	2	1	3	2
1406	대전 대덕구	육아종합지원센터운영	2	4	388,000	4	1	5	3	7	1	1	1	3	2	1	3	2
1407	대전 대덕구	0세아전용어린이집지원	2	4	231,134	5	1	7	8	7	5	1	4	5	5	4	4	4
1408	대전 대덕구	공공형어린이집지원	2	4	678,334	5	1	7	8	7	5	1	4	5	5	4	4	4
1409	대전 대덕구	장기운영어린이집격려금지원	2	4	11,800	6	1	7	8	7	5	1	4	5	5	4	4	4
1410	울산광역시	아동보호전문기관 운영(시비)	2	2	44,600	6	6	1	5	6	1	1	3	3	1	1	4	4
1411	울산광역시	아동보호전문기관 운영(시비)	2	2	43,160	6	6	1	5	6	1	1	3	3	1	1	4	4
1412	울산광역시	노숙인자활시설 운영	1	6	505,889	4	1	1	5	6	1	1	1	3	1	1	4	4
1413	울산광역시	울산하늘공원 민간위탁 임대료 지원	2	16	170,000	4	7	6	5	6	1	1	4	5	5	4	4	4
1414	울산광역시	울산하늘공원 화장장 개보수	2	16	300,000	9	7	6	8	7	1	1	4	5	5	4	4	4
1415	울산광역시	노인보호전문기관 운영	2	1	474,490	4	1	1	5	1	3	1	1	4	2	2	4	4
1416	울산광역시	노인복지관 운영	2	1	1,593,348	4	1	1	5	1	1	1	1	3	2	2	1	3
1417	울산광역시	제2시립인복지관 운영	2	1	1,785,263	8	1	1	5	1	1	1	2	3	2	2	1	3
1418	울산광역시	피해장애인쉼터	1	3	393,129	4	2	6	5	6	1	1	1	3	1	1	4	4
1419	울산광역시	피해장애아동쉼터	1	3	502,000	4	2	6	5	6	1	1	1	3	1	1	4	4
1420	울산광역시	장애인종합복지관	2	3	4,845,780	4	4	6	5	6	1	1	1	3	1	1	4	4
1421	울산광역시	시각장애인복지관	2	3	182,914	4	4	6	5	6	1	1	1	3	1	1	4	4
1422	울산광역시	장애인체육관	2	3	3,606,733	4	6	6	5	6	1	1	1	3	1	1	4	4
1423	울산광역시	생활이동지원센터	2	3	851,699	5	1	6	6	6	1	1	3	3	1	1	4	4

순번	시군구	지출명 (사업명)	시설종류 1. 생활시설 2. 이용시설	사회복지시설 종류 1. 노인복지시설 2. 아동복지시설 3. 장애인복지시설 4. 어린이집 5. 정신건강증진시설 6. 노숙인시설 7. 사회복지관 8. 지역자활센터 9. 다함께돌봄센터 10. 결핵,한센시설 11. 성매매피해지원시설 12. 성폭력피해보호시설 13. 가정폭력보호시설 14. 가족센터 15. 청소년복지시설 16. 기타 ( )	2025년예산 (단위:천원/1년간)	민간이전 분류 (지방자치단체 세출예산 집행기준에 의거) 1. 민간경상사업보조(307-02) 2. 민간단체 법정운영비보조(307-03) 3. 민간행사사업보조(307-04) 4. 민간위탁금(307-05) 5. 사회복지시설 법정운영비보조(307-10) 6. 사회복지사업보조(307-11) 7. 민간인위탁교육비(307-12) 8. 공기관등에대한경상적위탁사업(308-13) 9. 공사공단 경상전출금(309-01)	민간이전지출 근거 (지방보조금 관리기준 참고) 1. 법률에 규정 2. 국고보조 재원(국가지정) 3. 용도 지정 기부금 4. 조례에 직접규정 5. 지자체가 권장하는 사업을 하는 공공기관 6. 시,도 정책 및 재정사정 7. 기타 8. 해당없음	입찰방식 계약체결방법 (경쟁형태) 1. 일반경쟁 2. 제한경쟁 3. 지명경쟁 4. 수의계약 5. 법정위탁 6. 기타 ( ) 7. 해당없음	입찰방식 계약기간 1. 1년 2. 2년 3. 3년 4. 4년 5. 5년 6. 기타 ( )년 7. 단기계약 (1년미만) 8. 해당없음	입찰방식 낙찰자선정방법 1. 적격심사 2. 협상에의한계약 3. 최저가낙찰제 4. 규격가격분리 5. 2단계 경쟁입찰 6. 기타 ( ) 7. 해당없음	운영예산 산정 운영비산정 1. 내부산정 (지자체 자체적으로 산정) 2. 외부산정 (외부전문기관위탁 산정) 3. 내·외부 모두 산정 4. 산정 無 5. 해당없음	운영예산 산정 정산방법 1. 내부정산 (지자체 내부적으로 정산) 2. 외부정산 (외부전문기관위탁 정산) 3. 내·외부 모두 산정 4. 정산 無 5. 해당없음	성과평가 성과평가 실시여부 1. 실시 2. 미실시 3. 향후 추진 4. 해당없음	성과평가 성과평가 주기 1. 매년 2. 격년 3. 기간만료전 4. 기타 ( ) 5. 해당없음	성과평가 성과평가 실시 방법 1. 자체 실시 2. 평가단 구성 후 실시 (전문위원 섭외) 3. 전문 평가기관 의뢰 4. 기타 ( ) 5. 해당없음	성과평가 평가기준 적용방법 1. 관련 조례 적용 2. 전문 평가기관 의뢰 3. 기타 ( ) 4. 해당없음	평가결과 적용 실제 인센티브 및 페널티 적용 유무 1. 매년 적용 2. 적용 안함 3. 기타 ( ) 4. 해당없음	평가결과 적용 인센티브 및 페널티 적용근거 1. 조례 2. 계약서 3. 기타 ( ) 4. 해당없음
1424	울산광역시	점자도서관	2	3	215,411	5	1	6	6	6	1	1	3	3	1	1	4	4
1425	울산광역시	장애인생산품판매시설	2	3	207,589	8	2	6	5	6	1	1	3	3	1	1	4	4
1426	울산 중구	성폭력상담소 운영 지원	1	12	151,322	5	2	5	8	7	3	3	4	5	5	4	4	4
1427	울산 중구	한부모가족복지시설 운영비	1	16	868,710	5	1	7	8	7	1	3	4	5	5	4	4	4
1428	울산 중구	한부모가족복지시설 퇴소자 자립정착금 지원	1	16	15,000	6	6	7	8	7	1	1	4	5	5	4	4	4
1429	울산 중구	한부모가족복지시설 가족캠프 및 치료회복지원	1	16	23,000	6	6	7	8	7	1	1	4	5	5	4	4	4
1430	울산 중구	한부모가족복지시설 입소자 상담치료지원	1	16	41,520	6	2	7	8	7	1	1	4	5	5	4	4	4
1431	울산 중구	한부모가족복지시설 아이돌봄서비스 지원	1	16	113,403	6	2	7	8	7	1	1	4	5	5	4	4	4
1432	울산 중구	위기임산부 지역상담기관 운영 지원	1	16	126,700	6	1	7	8	7	1	1	4	5	5	4	4	4
1433	울산 중구	청소년회복지원시설 운영지원	1	15	119,823	5	2	7	8	7	5	5	4	5	5	4	4	4
1434	울산 중구	가족센터 운영비	2	14	625,630	5	2	1	5	1	5	3	1	1	4	3	1	3
1435	울산 중구	가족센터 운영비(추가)	2	14	50,400	4	7	7	8	7	5	3	1	1	4	3	1	3
1436	울산 중구	시간제보육지원	2	4	221,866	4	2	7	8	7	1	1	4	5	5	4	4	4
1437	울산 중구	육아종합지원센터 운영비 및 사업비	2	16	832,199	4	4	5	3	1	1	1	1	1	1	3	2	4
1438	울산 중구	육아종합지원센터 클로버부모교육사업 운영비(전환)	2	16	40,200	4	2	5	3	1	1	1	1	1	1	3	2	4
1439	울산 중구	어린이집 보육물품구입비	2	4	33,700	5	6	7	8	7	1	1	4	5	5	4	4	4
1440	울산 중구	정부지원어린이집 장비비	2	4	2,000	6	1	7	8	7	1	1	4	4	4	4	4	4
1441	울산 중구	장애아전문어린이집 차량운영비	2	4	7,200	5	1	7	8	7	1	1	4	4	4	4	4	4
1442	울산 중구	급식위생 관리지원금	2	4	104,061	5	1	7	8	7	1	1	4	4	4	4	4	4
1443	울산 중구	냉난방비	2	4	46,500	5	6	7	8	7	1	1	4	5	5	4	4	4
1444	울산 중구	공공형어린이집 교육환경 개선비	2	4	10,000	5	6	7	8	7	1	1	4	5	5	4	4	4
1445	울산 중구	공공형어린이집운영비(전환사업)	2	4	923,146	5	1	7	8	7	1	1	4	5	5	4	4	4
1446	울산 중구	0~2세 보육료	2	4	16,680,922	4	2	7	8	7	1	5	4	5	5	4	4	4
1447	울산 중구	3~5세 보육료	2	4	3,939,062	4	6	7	8	7	1	5	4	5	5	4	4	4
1448	울산 중구	3~5세 누리과정 운영비	2	4	1,553,427	5	6	7	8	7	1	5	4	5	5	4	4	4
1449	울산 중구	어린이집 보육료 차액 지원	2	4	449,280	4	6	7	8	7	1	5	4	5	5	4	4	4
1450	울산 중구	지역아동센터 운영비	2	2	137,400	5	1	7	8	7	5	3	4	5	5	4	4	4
1451	울산 중구	다함께돌봄센터 운영비	2	9	29,000	5	1	1	5	1	5	3	4	5	5	4	4	4
1452	울산 동구	울산동구종합사회복지관 운영	2	7	841,790	5	1	6	5	7	1	2	1	4	4	3	2	3
1453	울산 동구	울산화정종합사회복지관 운영	2	7	672,422	5	1	6	5	7	1	2	1	4	4	3	2	3
1454	울산 동구	지역자활센터운영	2	8	3,036,813	5	1	6	6	7	1	2	1	2	3	2	3	3
1455	울산 북구	구청 어린이집 운영	2	4	323,970	4	4	6	3	1	1	1	3	4	4	3	4	4
1456	울산 북구	지역자활센터 운영지원	1	8	432,864	5	2	5	1	7	5	1	1	2	3	2	4	4
1457	울산 북구	종합사회복지관운영	2	7	807,334	4	1	5	5	7	1	1	1	4	4	3	4	4
1458	울산 북구	토요운영 지원	2	2	5,952	5	4	7	5	7	1	1	1	4	4	3	4	4
1459	울산 북구	정서지원프로그램	2	2	12,000	5	4	7	5	7	1	1	1	4	4	3	4	4
1460	울산 북구	기능보강비	2	2	10,000	5	4	7	5	7	1	1	4	5	5	4	4	4
1461	울산 북구	지역아동센터 연합캠프	2	2	15,000	6	4	7	5	7	1	1	4	5	5	4	4	4
1462	울산 북구	지역아동센터 종사자교육	2	2	2,000	6	4	7	5	7	1	1	4	5	5	4	4	4
1463	울산 북구	지역아동센터 후원자 및 자원봉사자의 밤	2	2	3,000	6	4	7	5	7	1	1	4	5	5	4	4	4
1464	울산 북구	지역아동센터 운영비지원	2	2	178,128	5	1	7	5	7	1	1	1	4	4	3	4	4
1465	울산 북구	지역아동센터 특수목적형 운영비 지원	2	2	7,536	5	1	7	5	7	1	1	1	4	4	3	4	4
1466	울산 북구	지역아동센터 토요운영 지원	2	2	1,200	5	1	7	5	7	1	1	1	4	4	3	4	4
1467	울산 북구	지역아동센터 프로그램 사업비	2	2	2,000	6	1	7	5	7	1	1	1	4	4	3	4	4
1468	울산 북구	지역아동센터 공공요금 지원	2	2	12,000	5	1	7	5	7	1	1	1	4	4	3	4	4
1469	울산 북구	지역아동센터 급식지원	2	2	648,774	6	1	7	5	7	1	1	1	4	4	3	4	4

순번	시군구	지출명 (사업명)	시설종류 1. 생활시설 2. 이용시설	사회복지시설 종류 1. 노인복지시설 2. 아동복지시설 3. 장애인복지시설 4. 어린이집 5. 정신건강증진시설 6. 노숙인시설 7. 사회복지관 8. 지역자활센터 9. 다함께돌봄센터 10. 결핵,한센시설 11. 성매매피해지원시설 12. 성폭력피해보호시설 13. 가정폭력보호시설 14. 가족센터 15. 청소년복지시설 16. 기타 (　　　)	2025년예산 (단위:천원/1년간)	민간이전 분류 (지방자치단체 세출예산 집행기준에 의거) 1. 민간경상사업보조(307-02) 2. 민간단체 법정운영비보조(307-03) 3. 민간행사사업보조(307-04) 4. 민간위탁금(307-05) 5. 사회복지시설 법정운영비보조(307-10) 6. 사회복지사업보조(307-11) 7. 민간인위탁교육비(307-12) 8. 공기관등에대한경상적위탁사업(308-13) 9. 공사공단 경상전출금(309-01)	민간이전지출 근거 (지방보조금 관리기준 참고) 1. 법률에 규정 2. 국고보조 재원(국가지정) 3. 용도 지정 기부금 4. 조례에 직접규정 5. 지자체가 권장하는 사업을 하는 공공기관 6. 시,도 정책 및 재정사정 7. 기타 8. 해당없음	입찰방식 계약체결방법 (경쟁형태) 1. 일반경쟁 2. 제한경쟁 3. 지명경쟁 4. 수의계약 5. 법정위탁 6. 기타 () 7. 해당없음	입찰방식 계약기간 1. 1년 2. 2년 3. 3년 4. 4년 5. 5년 6. 기타 ()년 7. 단기계약 (1년미만) 8. 해당없음	입찰방식 낙찰자선정방법 1. 적격심사 2. 협상에의한계약 3. 최저가낙찰제 4. 규격가격분리 5. 2단계 경쟁입찰 6. 기타 () 7. 해당없음	운영예산 산정 운영비산정 1. 내부산정 (지자체 자체적으로 산정) 2. 외부산정 (외부전문기관위탁 산정) 3. 내·외부 모두 산정 4. 산정 無 5. 해당없음	운영예산 산정 정산방법 1. 내부정산 (지자체 내부적으로 정산) 2. 외부정산 (외부전문기관위탁 정산) 3. 내·외부 모두 산정 4. 정산 無 5. 해당없음	성과평가 성과평가 실시여부 1. 실시 2. 미실시 3. 향후 추진 4. 해당없음	성과평가 성과평가 주기 1. 매년 2. 격년 3. 기간만료전 4. 기타 () 5. 해당없음	성과평가 성과평가 실시 방법 1. 자체 실시 2. 평가단 구성 후 실시 (전문위원 섭외) 3. 전문 평가기관 의뢰 4. 기타 () 5. 해당없음	성과평가 평가기준 적용방법 1. 관련 조례 적용 2. 전문 평가기관 의뢰 3. 기타 () 4. 해당없음	평가결과 적용 실제 인센티브 및 페널티 적용 유무 1. 매년 적용 2. 적용 안함 3. 기타 ( ) 4. 해당없음	평가결과 적용 인센티브 및 페널티 적용근거 1. 조례 2. 계약서 3. 기타 ( ) 4. 해당없음
1470	울산 북구	어린이날 행사 추진	3	16	40,000	3	1	7	5	7	1	1	4	5	5	4	4	4
1471	울산 북구	노인의료복지시설 종사자 지원	1	1	422,520	5	6	7	8	7	5	5	4	5	5	4	4	4
1472	울산 북구	재가노인복지시설 운영비	2	1	284,506	5	6	7	8	7	5	5	4	5	5	4	4	4
1473	울산 북구	사회복지사 보수교육비	2	1	21,504	6	6	7	8	7	5	5	4	5	5	4	4	4
1474	울산 북구	경로당 운영비(1~8등급)	1	1	415,596	6	1	7	8	7	5	5	4	5	5	4	4	4
1475	울산 북구	경로당 난방비(1~5등급)	1	1	142,145	6	1	7	8	7	5	5	4	5	5	4	4	4
1476	울산 북구	경로당 냉방비(1~5등급)	1	1	74,576	6	1	7	8	7	5	5	4	5	5	4	4	4
1477	울산 북구	경로당 양곡비 한시지원	1	1	44,050	6	1	7	8	7	5	5	4	5	5	4	4	4
1478	울산 북구	경로당 난방비 한시지원	1	1	294,000	6	1	7	8	7	5	5	4	5	5	4	4	4
1479	울산 북구	경로당 냉방비 한시지원	1	1	48,510	6	1	7	8	7	5	5	4	5	5	4	4	4
1480	울산 북구	찾아가는 경로당 프로그램 운영	2	1	35,000	4	4	7	7	7	1	1	4	5	5	4	4	4
1481	울산 북구	경로당 순회프로그램 관리자 배치사업	2	1	58,286	6	6	7	8	7	5	5	4	5	5	4	4	4
1482	울산 북구	경로식당 운영	2	1	394,125	6	1	7	8	7	5	5	4	5	5	4	4	4
1483	울산 북구	노인복지관 운영비	2	1	1,648,264	4	1	1	5	1	1	1	1	4	4	3	3	3
1484	울산북구	재가노인 식사 배달	2	1	139,200	6	1	7	8	7	5	5	4	5	5	4	4	4
1485	울산북구	시니어클럽 운영비	2	1	277,056	5	6	7	8	7	5	5	4	5	5	4	4	4
1486	울산북구	시니어클럽 사업개발비	2	1	10,000	6	6	7	8	7	5	5	4	5	5	4	4	4
1487	울산 북구	북구장애아동재활치료센터 운영	2	3	96,255	4	1	2	5	1	1	1	3	3	1	1	4	4
1488	울산 북구	북구장애인인권센터 운영	2	16	78,083	4	4	2	3	1	1	1	3	3	1	1	4	4
1489	울산 북구	장애유형별거주시설 운영비	1	3	7,895,815	5	1	7	8	7	5	5	4	5	5	4	4	4
1490	울산 북구	장애인단기보호시설 운영비	1	3	1,042,994	5	1	7	8	7	5	5	4	5	5	4	4	4
1491	울산 북구	장애인공동생활가정 운영비	1	3	285,758	5	1	7	8	7	5	5	4	5	5	4	4	4
1492	울산 북구	장애인주간보호시설 운영비	2	3	731,932	5	1	7	8	7	5	5	4	5	5	4	4	4
1493	울산 북구	최중증주간보호시설 운영비	2	3	318,648	5	1	7	8	7	5	5	4	5	5	4	4	4
1494	울산 북구	장애인직업재활시설 운영비	2	3	1,262,698	5	1	7	8	7	5	5	4	5	5	4	4	4
1495	울산 북구	북구발달장애인평생교육센터 운영	2	16	568,092	4	6	1	5	1	1	1	3	3	1	1	4	4
1496	울산 북구	북구장애인복지관 운영	2	3	1,273,210	4	1	2	5	1	1	1	3	3	1	1	4	4
1497	울산 북구	중증장애인자립생활센터 운영비	2	16	206,855	5	2	5	8	7	1	1	4	5	5	4	4	4
1498	울산 북구	청소년쉼터 운영	1	15	400,522	5	1	7	8	7	1	1	4	4	4	4	4	4
1499	울산 울주군	성폭력상담센터 운영지원	2	12	197,526	5	2	7	8	7	1	1	1	4	2	1	2	4
1500	울산 울주군	한부모가족복지시설 운영	1	16	310,174	5	1	7	8	7	3	1	1	4	1,2	2	4	4
1501	울산 울주군	한부모가족복지시설 입소자 상담·의료 지원	1	16	10,000	5	2	7	8	7	3	1	1	4	1,2	2	4	4
1502	울산 울주군	한부모가족복지시설 아이돌봄서비스	1	16	15,397	5	2	7	8	7	3	1	1	4	1,2	2	4	4
1503	울산 울주군	가족센터 운영	2	14	1,071,450	4	2	7	5	7	1	1	1	4	1,2	2	3	3
1504	울산 울주군	가족센터 운영 추가지원	2	14	760,139	4	4	7	5	7	1	1	1	5	5	4	4	4
1505	울산 울주군	다문화가족 지원사업	2	14	348,760	4	2	7	5	7	1	1	1	4	1,2	2	4	4
1506	울산 울주군	결혼이민자 역량강화지원	2	14	24,500	4	2	7	5	7	1	1	1	4	1,2	2	4	4
1507	울산 울주군	국제결혼가족 지원 활성화 사업	2	14	16,000	4	6	7	5	7	1	1	1	5	5	4	4	4
1508	울산 울주군	어린이집 운영지원	2	4	346,491	5	2	7	7	7	5	1	4	4	4	4	4	4
1509	울산 울주군	어린이집 운영 활성화	2	4	2,032,800	5	4	7	7	7	1	1	4	4	4	4	4	4
1510	울산 울주군	공공형 어린이집 지원	2	4	790,807	5	6	7	7	7	1	1	4	4	4	4	4	4
1511	울산 울주군	울산양육원 운영	1	2	5,036,321	5	1	7	8	7	1	1	4	5	5	4	4	4
1512	울산 울주군	울산일시보호시설 운영	1	2	390,787	5	1	7	8	7	1	1	4	5	5	4	4	4
1513	울산 울주군	울산자립생활관 운영	1	2	313,772	5	1	7	8	7	1	1	4	5	5	4	4	4
1514	울산 울주군	그루터기(그룹홈) 운영비	1	2	179,497	5	1	7	8	7	1	1	4	5	5	4	4	4
1515	울산 울주군	다함께돌봄센터 인건비 지원	2	9	662,216	4	2	5	5	1	1	1	4	5	5	4	4	4

순번	시군구	지출명 (사업명)	시설종류 1. 생활시설 2. 이용시설	사회복지시설 종류 1. 노인복지시설 2. 아동복지시설 3. 장애인복지시설 4. 어린이집 5. 정신건강증진시설 6. 노숙인시설 7. 사회복지관 8. 지역자활센터 9. 다함께돌봄센터 10. 결핵,한센시설 11. 성매매피해지원시설 12. 성폭력피해보호시설 13. 가정폭력보호시설 14. 가족센터 15. 청소년복지시설 16. 기타 ( )	2025년예산 (단위:천원/1년간)	민간이전 분류 (지방자치단체 세출예산 집행기준에 의거) 1. 민간경상사업보조(307-02) 2. 민간단체 법정운영비보조(307-03) 3. 민간행사사업보조(307-04) 4. 민간위탁금(307-05) 5. 사회복지시설 법정운영비보조(307-10) 6. 사회복지사업보조(307-11) 7. 민간인위탁교육비(307-12) 8. 공기관등에대한경상적위탁사업(308-13) 9. 공사공단 경상전출금(309-01)	민간이전지출 근거 (지방보조금 관리기준 참고) 1. 법률에 규정 2. 국고보조 재원(국가지정) 3. 용도 지정 기부금 4. 조례에 직접규정 5. 지자체가 권장하는 사업을 하는 공공기관 6. 시,도 정책 및 재정사정 7. 기타 8. 해당없음	입찰방식: 계약체결방법 (경쟁형태) 1. 일반경쟁 2. 제한경쟁 3. 지명경쟁 4. 수의계약 5. 법정위탁 6. 기타 ( ) 7. 해당없음	입찰방식: 계약기간 1. 1년 2. 2년 3. 3년 4. 4년 5. 5년 6. 기타 ( )년 7. 단기계약 (1년미만) 8. 해당없음	입찰방식: 낙찰자선정방법 1. 적격심사 2. 협상에의한계약 3. 최저가낙찰제 4. 규격가격분리 5. 2단계 경쟁입찰 6. 기타 ( ) 7. 해당없음	운영예산 산정: 운영비산정 1. 내부산정 (지자체 자체적으로 산정) 2. 외부산정 (외부전문기관위탁 산정) 3. 내·외부 모두 산정 4. 산정 無 5. 해당없음	운영예산 산정: 정산방법 1. 내부정산 (지자체 내부적으로 정산) 2. 외부정산 (외부전문기관위탁 정산) 3. 내·외부 모두 산정 4. 정산 無 5. 해당없음	성과평가: 성과평가 실시여부 1. 실시 2. 미실시 3. 향후 추진 4. 해당없음	성과평가: 성과평가 주기 1. 매년 2. 격년 3. 기간만료전 4. 기타 ( ) 5. 해당없음	성과평가: 성과평가 실시 방법 1. 자체 실시 2. 평가단 구성 후 실시 (전문위원 섭외) 3. 전문 평가기관 의뢰 4. 기타 ( ) 5. 해당없음	성과평가: 평가기준 적용방법 1. 관련 조례 적용 2. 전문 평가기관 의뢰 3. 기타 ( ) 4. 해당없음	평가결과 적용: 실제 인센티브 및 페널티 적용 유무 1. 매년 적용 2. 적용 안함 3. 기타 ( ) 4. 해당없음	평가결과 적용: 인센티브 및 페널티 적용근거 1. 조례 2. 계약서 3. 기타 ( ) 4. 해당없음
1516	울산 울주군	다함께돌봄센터 종사자 추가 지원	2	9	27,720	4	6	5	5	1	1	1	4	5	5	4	4	4
1517	울산 울주군	다함께돌봄센터 설치비 지원	2	9	70,000	4	2	5	5	1	1	1	4	5	5	4	4	4
1518	울산 울주군	지역아동센터 운영비 지원	2	2	323,628	5	1	7	8	7	2	1	1	4	3	2	1	3
1519	울산 울주군	지역아동센터 종사자 맞춤형 복지포인트 지원	2	2	11,500	5	1	7	8	7	2	1	1	4	3	2	1	3
1520	울산 울주군	지역아동센터 공공요금 지원	2	2	21,600	5	1	7	8	7	2	1	1	4	3	2	1	3
1521	울산 울주군	지역아동센터 프로그램사업비 지원	2	2	36,000	5	1	7	8	7	2	1	1	4	3	2	1	3
1522	세종특별자치시	종촌종합사회복지관 운영	2	7	1,868,965	4	1	2	5	1	1	1	1	3	2	3	4	4
1523	세종특별자치시	세종종합사회복지관 운영	2	7	659,659	5	1	7	8	7	1	1	1	1	2	3	4	4
1524	세종특별자치시	지역자활센터운영	2	8	652,264	5	2	7	8	7	1	1	4	5	5	4	4	4
1525	세종특별자치시	노숙인시설(금이성마을) 운영	1	6	1,523,810	5	1	7	8	7	1	1	4	5	5	4	4	4
1526	세종특별자치시	어린이집 운영지원	2	4	440,313	5	2	7	8	7	1	1	4	5	5	4	4	4
1527	세종특별자치시	어린이집 운영지원(자체)	2	4	5,577,020	5	1	7	8	7	1	1	1	1	1	1	1	1
1528	세종특별자치시	다함께돌봄센터 인건비	2	9	752,000	4	2	2	5	1	1	1	1	3	2	3	4	4
1529	세종특별자치시	다함께돌봄센터 운영비	2	9	144,000	4	2	2	5	1	1	1	1	3	2	3	4	4
1530	세종특별자치시	지역아동센터 인건비	2	2	338,520	4	2	2	5	1	5	5	1	3	2	3	4	4
1531	세종특별자치시	지역아동센터 인건비 추가지원	2	2	66,012	4	2	2	5	1	5	5	1	3	2	3	4	4
1532	세종특별자치시	지역아동센터 운영비	2	2	43,440	4	2	2	5	1	5	5	1	3	2	3	4	4
1533	세종특별자치시	지역아동센터 운영비	2	2	212,560	5	2	7	8	7	5	5	4	5	5	4	4	4
1534	세종특별자치시	특성별 지역아동센터 추가지원	2	2	400,000	4	2	2	5	1	5	5	1	3	2	3	4	4
1535	세종특별자치시	지역아동센터 프로그램 운영	2	2	13,455	5	2	7	8	7	5	5	4	5	5	4	4	4
1536	세종특별자치시	지역아동센터 시도지원단 운영	2	2	15,837	5	2	4	3	7	5	5	4	5	5	4	4	4
1537	세종특별자치시	아동양육시설 운영 지원	1	2	1,020,500	5	1	7	8	7	5	5	4	5	5	4	4	4
1538	세종특별자치시	세종시니어클럽 운영	1	1	318,437	4	1	7	8	7	3	1	1	1	3	2	3	1
1539	세종특별자치시	노인개인운영신고시설 지원	1	1	11,279	5	4	7	8	7	1	1	1	1	1	3	3	3
1540	세종특별자치시	노인복지주택 지원	1	1	685,000	4	1	1	5	1	1	3	1	3	2	3	3	3
1541	세종특별자치시	세종시립요양원 지원	1	1	220,258	7	1	7	5	7	1	3	1	1	1	3	3	3
1542	세종특별자치시	노인장기요양보험 등급외자	1,2	1	165,674	5	1	7	8	7	1	1	1	1	1	3	3	3
1543	세종특별자치시	재가노인복지시설 지원	2	1	181,000	5	1, 4	7	8	7	1	1	1	1	1	3	3	3
1544	세종특별자치시	장애인가족지원센터운영	2	16	354,396	4	1	2	2	2	1	1	1	3	2	1	2	4
1545	세종특별자치시	장애인주간이용시설 운영	2	3	1,954,000	4	1	7	8	7	1	1	1	3	2	3	3	3
1546	세종특별자치시	장애인복지관 운영	2	3	1,709,443	4	1	7	8	7	1	1	1	3	2	3	3	3
1547	세종특별자치시	장애인직업재활시설운영	2	3	670,508	5	1	6	6	1	1	1	1	4	3	3	3	3
1548	세종특별자치시	장애인직업재활시설운영	2	3	690,931	5	1	6	6	1	1	1	1	4	3	3	3	3
1549	세종특별자치시	장애인직업재활시설운영	2	3	352,602	5	1	6	6	1	1	1	1	4	3	3	3	3
1550	세종특별자치시	장애인직업재활시설운영	2	3	267,338	5	1	6	6	1	1	1	1	4	3	3	3	3
1551	세종특별자치시	장애인직업재활시설운영	2	3	293,751	5	1	6	6	1	1	1	1	4	3	3	3	3
1552	세종특별자치시	장애인직업재활시설운영	2	3	567,424	5	1	5	5	1	1	1	1	4	3	3	3	3
1553	세종특별자치시	장애인직업재활시설운영	2	3	508,258	5	1	5	5	1	1	1	1	4	3	3	3	3
1554	세종특별자치시	장애인직업재활시설운영	2	3	44,507	5	1	6	6	1	1	1	1	4	3	3	3	3
1555	세종특별자치시	장애인생산품판매시설운영	2	3	195,295	5	1	6	6	1	2	1	1	1	1	3	3	3
1556	세종특별자치시	장애인거주시설운영	1	3	6,367,000	5	1	7	8	7	5	1	3	4	4	3	3	3
1557	세종특별자치시	장애인거주시설 공기청정기렌탈지원	1	3	1,080	5	1	7	8	7	5	1	3	4	4	3	3	3
1558	세종특별자치시	피해장애인 쉼터운영	1	3	191,666	4	1	1	5	1	1	1	3	3	4	3	3	3
1559	세종특별자치시	피해장애인 쉼터운영(자체)	1	3	190,134	4	1	1	5	1	1	1	3	3	4	3	3	3
1560	세종특별자치시	장애인공동생활가정 운영	1	3	164,770	5	1	7	8	7	1	1	3	4	4	3	3	3
1561	세종특별자치시	세종점자도서관 운영	2	3	313,414	4	1	1	5	1	1	1	3	3	4	3	3	3

순번	시군구	지출명 (사업명)	시설종류 1. 생활시설 2. 이용시설	사회복지시설 종류 1. 노인복지시설 2. 아동복지시설 3. 장애인복지시설 4. 어린이집 5. 정신건강증진시설 6. 노숙인시설 7. 사회복지관 8. 지역자활센터 9. 다함께돌봄센터 10. 결핵,한센시설 11. 성매매피해지원시설 12. 성폭력피해보호시설 13. 가정폭력보호시설 14. 가족센터 15. 청소년복지시설 16. 기타 ( )	2025년예산 (단위:천원/1년간)	민간이전 분류 (지방자치단체 세출예산 집행기준에 의거) 1. 민간경상사업보조(307-02) 2. 민간단체 법정운영비보조(307-03) 3. 민간행사사업보조(307-04) 4. 민간위탁금(307-05) 5. 사회복지시설 법정운영비보조(307-10) 6. 사회복지사업보조(307-11) 7. 민간인위탁교육비(307-12) 8. 공기관등에대한경상적위탁사업(308-13) 9. 공사공단 경상전출금(309-01)	민간이전지출 근거 (지방보조금 관리기준 참고) 1. 법률에 규정 2. 국고보조 재원(국가지정) 3. 용도 지정 기부금 4. 조례에 직접규정 5. 지자체가 권장하는 사업을 하는 공공기관 6. 시,도 정책 및 재정사정 7. 기타 8. 해당없음	입찰방식 계약체결방법 (경쟁형태) 1. 일반경쟁 2. 제한경쟁 3. 지명경쟁 4. 수의계약 5. 법정위탁 6. 기타 ( ) 7. 해당없음	입찰방식 계약기간 1. 1년 2. 2년 3. 3년 4. 4년 5. 5년 6. 기타 ( )년 7. 단기계약 (1년미만) 8. 해당없음	입찰방식 낙찰자선정방법 1. 적격심사 2. 협상에의한계약 3. 최저가낙찰제 4. 규격가격분리 5. 2단계 경쟁입찰 6. 기타 ( ) 7. 해당없음	운영예산 산정 운영비산정 1. 내부산정 (지자체 자체적으로 산정) 2. 외부산정 (외부전문기관위탁 산정) 3. 내·외부 모두 산정 4. 산정 無 5. 해당없음	운영예산 산정 정산방법 1. 내부정산 (지자체 내부적으로 정산) 2. 외부정산 (외부전문기관위탁 정산) 3. 내·외부 모두 산정 4. 정산 無 5. 해당없음	성과평가 성과평가 실시여부 1. 실시 2. 미실시 3. 향후 추진 4. 해당없음	성과평가 성과평가 주기 1. 매년 2. 격년 3. 기간만료전 4. 기타 ( ) 5. 해당없음	성과평가 성과평가 실시 방법 1. 자체 실시 2. 평가단 구성 후 실시 (전문위원 섭외) 3. 전문 평가기관 의뢰 4. 기타 ( ) 5. 해당없음	성과평가 평가기준 적용방법 1. 관련 조례 적용 2. 전문 평가기관 의뢰 3. 기타 ( ) 4. 해당없음	평가결과 적용 실제 인센티브 및 페널티 적용 유무 1. 매년 적용 2. 적용 안함 3. 기타 ( ) 4. 해당없음	평가결과 적용 인센티브 및 페널티 적용근거 1. 조례 2. 계약서 3. 기타 ( ) 4. 해당없음
1562	세종특별자치시	장애인생활이동지원센터 운영	2	3	543,350	5	1	7	8	7	1	1	3	4	4	3	3	3
1563	세종특별자치시	청각언어장애인지원센터 운영	2	3	503,490	5	1	7	8	7	1	1	3	4	4	3	3	3
1564	세종특별자치시	정신요양시설 운영 지원	1	5	2,522,120	5	2	7	8	7	3	3	1	1	1	4	4	4
1565	세종특별자치시	정신재활시설 운영 지원	1	5	567,247	5	1	7	8	7	1	3	1	1	1	4	4	4
1566	경기도	지역노인보호전문기관 운영(국비/직접)	2	1	2,477,890	5	1	7	8	7	5	5	4	5	5	4	4	4
1567	경기도	지역노인보호전문기관 등 운영 지원(자체/직접)	1,2	1	2,155,219	5	1	7	8	7	5	5	4	5	5	4	4	4
1568	경기도	학대피해노인 전용쉼터 운영 지원(국비/직접)	1	1	511,664	5	1	7	8	7	5	5	4	5	5	4	4	4
1569	경기도	학대피해노인쉼터 운영(자체)	1	1	300,174	5	1	7	8	7	5	5	4	5	5	4	4	4
1570	경기도	여성긴급전화1366센터 운영(기금/직접)	1	13	1,875,540	5	1,2	4	5	7	1	1	4	5	5	4	4	4
1571	수원특례시	장애인생산품판매시설 지원	1	3	1,484,479	4	4	1	5	6	1	3	1	3	1	1	4	4
1572	수원특례시	아동보호전문기관 운영(국비/직접)	2	2	527,622	4	1	2	5	6	1	3	1	3	3	2	4	4
1573	수원특례시	아동보호전문기관 운영(자체/직접)	2	2	518,133	4	1	2	5	6	1	3	1	3	3	2	4	4
1574	수원특례시	거점심리지원팀 운영(국비/직접)	2	2	209,664	4	1	2	5	6	1	3	1	3	3	2	4	4
1575	수원특례시	경기남부가정위탁지원센터 운영	2	2	1,425,364	4	1	1	5	6	1	3	1	3	3	1	3	1
1576	수원특례시	경기남부 피해장애인쉼터	2	3	658,300	4	4	4	5	6	1	3	1	3	1	1	2	4
1577	수원특례시	경기남부 피해장애인쉼터	2	3	658,300	4	4	4	5	6	1	3	1	3	1	1	2	4
1578	수원특례시	사회복지관 운영	2	7	6,950,473	4	1	1	5	1	1	1	1	3	2	1	3	1
1579	수원특례시	노숙인자활시설 운영	1	6	744,386	5	1	7	8	7	1	1	4	5	5	4	4	4
1580	수원특례시	노숙인 자활근로사업	2	6	1,279,898	4	1	4	1	7	1	1	1	5	5	4	4	4
1581	수원특례시	노숙인 종합지원센터 운영	2	6	1,277,834	4	1	1	5	1	1	1	1	3	2	1	3	1
1582	수원특례시	노숙인일시보호소	2	6	473,300	4	1	1	5	1	1	1	1	3	2	1	3	1
1583	수원특례시	노숙인 보호 및 지원	2	6	81,800	6	1	1	5	1	1	1	1	3	2	1	3	1
1584	수원특례시	노숙인 임시주거 지원	2	6	78,000	6	1	1	5	1	1	1	1	3	2	1	3	1
1585	수원특례시	노숙인시설 운영비(노숙인 프로그램)	2	6	215,580	6	1	1	5	1	1	1	1	3	2	1	3	1
1586	수원특례시	자활근로사업	2	8	4,645,324	4	2	5	1	7	5	3	1	2	4	3	3	3
1587	수원특례시	자활근로사업	2	8	4,744,570	4	2	5	1	7	5	3	1	2	4	3	3	3
1588	수원특례시	자활근로사업	2	8	4,152,840	4	2	5	1	7	5	3	1	2	4	3	3	3
1589	수원특례시	노인복지관 운영	2	1	986,037	4	1,4	5	5	1	5	3	1	1	1,3	1,2	3	1
1590	수원특례시	무료노인복지시설 관리	1	1	12,000	5	1	7	8	7	1	1	1	1	1	1	1	1
1591	수원특례시	노인양로·요양시설 기초생활수급자	1	1	151,150	5	1	7	8	7	1	1	4	5	5	4	4	4
1592	수원특례시	양로시설 운영	1	1	2,823,576	5	1	7	8	7	1	1	4	5	5	4	4	4
1593	수원특례시	개인운영 노인생활시설 운영	1	1	8,600	5	1	7	8	7	1	1	4	5	5	4	4	4
1594	수원특례시	경로식당 무료급식	2	1,7	1,163,712	6	1	7	8	7	1	1	4	5	5	4	4	4
1595	수원특례시	저소득 재가노인 식사배달	2	1,7	756,000	6	1	7	8	7	1	1	4	5	5	4	4	4
1596	수원특례시	시니어클럽 운영	2	1	751,543	4	1	1	5	1	1	1	1	3	2	1	3	3
1597	수원특례시	재가노인복지시설 운영	2	1	1,500,000	5	1	7	8	7	1	1	4	5	5	4	4	4
1598	수원특례시	중증장애인자립생활센터 지원	1	3	210,000	2	4	1	8	1	1	1	1	1	1	1	3	1
1599	수원특례시	중증장애인자립생활센터 지원	1	3	210,000	2	4	1	8	1	1	1	1	1	1	1	3	1
1600	수원특례시	중증장애인자립생활센터 지원	1	3	210,000	2	4	1	8	1	1	1	1	1	1	1	3	1
1601	수원특례시	중증장애인자립생활센터 지원	1	3	210,000	2	4	1	8	1	1	1	1	1	1	1	3	1
1602	수원특례시	장애인가족지원센터 운영	2	3	492,890	4	4	1	3	1	1	1	1	3	1	1	3	1
1603	수원특례시	장애인복지관 운영	2	3	633,825	4	1,4	6	5	1	5	1	1	1	1.3	1,2	3	1
1604	수원특례시	장애인직업재활시설 위탁운영	2	3	2,086,436	4	1,4	6	5	1	5	1	1	1	1.3	1,2	3	1
1605	수원특례시	장애인직업재활시설 신고운영	2	3	7,397,364	5	1,4	7	8	7	5	1	4	1,5	1.3	1,2	3	1
1606	수원특례시	장애인직업재활시설 운영(7종)	2	3	470,527	5	1,4	7	8	7	1	1	4	1,5	1.3	1,2	3	1
1607	수원특례시	장애인직업재활시설 입소자(4종)	2	3	148,872	5	1,4	7	8	7	1	1	4	1,5	1.3	1,2	3	1

순번	시군구	지출명 (사업명)	시설종류 1. 생활시설 2. 이용시설	사회복지시설 종류 1. 노인복지시설 2. 아동복지시설 3. 장애인복지시설 4. 어린이집 5. 정신건강증진시설 6. 노숙인시설 7. 사회복지관 8. 지역자활센터 9. 다함께돌봄센터 10. 결핵,한센시설 11. 성매매피해지원시설 12. 성폭력피해보호시설 13. 가정폭력보호시설 14. 가족센터 15. 청소년복지시설 16. 기타 ( )	2025년예산 (단위:천원/1년간)	민간이전 분류 (지방자치단체 세출예산 집행기준에 의거) 1. 민간경상사업보조(307-02) 2. 민간단체 법정운영비보조(307-03) 3. 민간행사사업보조(307-04) 4. 민간위탁금(307-05) 5. 사회복지시설 법정운영비보조(307-10) 6. 사회복지사업보조(307-11) 7. 민간인위탁교육비(307-12) 8. 공기관등에대한경상적위탁사업(308-13) 9. 공사공단 경상전출금(309-01)	민간이전지출 근거 (지방보조금 관리기준 참고) 1. 법률에 규정 2. 국고보조 재원(국가지정) 3. 용도 지정 기부금 4. 조례에 직접규정 5. 지자체가 권장하는 사업을 하는 공공기관 6. 시,도 정책 및 재정사정 7. 기타 8. 해당없음	입찰방식 계약체결방법 (경쟁형태) 1. 일반경쟁 2. 제한경쟁 3. 지명경쟁 4. 수의계약 5. 법정위탁 6. 기타 ( ) 7. 해당없음	입찰방식 계약기간 1. 1년 2. 2년 3. 3년 4. 4년 5. 5년 6. 기타 ( )년 7. 단기계약 (1년미만) 8. 해당없음	입찰방식 낙찰자선정방법 1. 적격심사 2. 협상에의한계약 3. 최저가낙찰제 4. 규격가격분리 5. 2단계 경쟁입찰 6. 기타 ( ) 7. 해당없음	운영예산 산정 운영비산정 1. 내부산정 (지자체 자체적으로 산정) 2. 외부산정 (외부전문기관위탁 산정) 3. 내·외부 모두 산정 4. 산정 無 5. 해당없음	운영예산 산정 정산방법 1. 내부정산 (지자체 내부적으로 정산) 2. 외부정산 (외부전문기관위탁 정산) 3. 내·외부 모두 산정 4. 정산 無 5. 해당없음	성과평가 성과평가 실시여부 1. 실시 2. 미실시 3. 향후 추진 4. 해당없음	성과평가 성과평가 주기 1. 매년 2. 격년 3. 기간만료전 4. 기타 ( ) 5. 해당없음	성과평가 성과평가 실시 방법 1. 자체 실시 2. 평가단 구성 후 실시 (전문위원 섭외) 3. 전문 평가기관 의뢰 4. 기타 ( ) 5. 해당없음	성과평가 평가기준 적용방법 1. 관련 조례 적용 2. 전문 평가기관 의뢰 3. 기타 ( ) 4. 해당없음	평가결과 적용 실제 인센티브 및 페널티 적용 유무 1. 매년 적용 2. 적용 안함 3. 기타 ( ) 4. 해당없음	평가결과 적용 인센티브 및 페널티 적용근거 1. 조례 2. 계약서 3. 기타 ( ) 4. 해당없음
1608	수원특례시	장애인주간이용시설(위탁) 운영	2	3	822,056	4	1,4	6	5	1	5	1	1	1	1,3	1,2	3	1
1609	수원특례시	장애인주간이용시설(신고) 운영	2	3	1,741,000	5	1,4	7	8	7	5	1	4	5	5	4	4	4
1610	수원특례시	장애인재가복지시설 운영 지원(2종)	2	3	120,000	5	1,4	7	8	7	5	1	4	5	5	4	4	4
1611	수원특례시	개인운영 장애인생활시설 지원	1	3	258,374	5	1,4	7	8	7	5	1	4	5	5	4	4	4
1612	수원특례시	장애인거주시설운영(6종)	1	3	638,100	5	1,4	7	8	7	5	1	4	5	5	4	4	4
1613	수원특례시	장애인거주시설 입소자 지원(4종)	1	3	52,955	5	1,4	7	8	7	5	1	4	5	5	4	4	4
1614	수원특례시	장애인공동생활가정 운영	1	3	939,160	5	1,4	7	8	7	5	1	4	5	5	4	4	4
1615	수원특례시	시각장애인 점자도서관 위탁운영	2	3	214,517	4	1,4	6	5	1	5	1	1	1	1,3	1,2	3	1
1616	수원특례시	시각장애인 점자도서관 신고운영	2	3	243,682	5	1,4	7	8	7	5	1	4	1	1,3	1,2	3	1
1617	수원특례시	장애인단기거주시설 운영	1	3	467,930	4	5	6	5	1	5	1	1	1	1,3	1,2	3	1
1618	수원특례시	장애인365쉼터 운영지원	1	3	98,453	5	1,4	7	8	7	5	1	4	1	1,3	1,2	3	1
1619	수원특례시	수어통역센터 운영	2	3	461,420	5	1,4	7	8	7	5	1	4	5	5	4	4	4
1620	수원특례시	장애인생활이동지원센터 운영	2	3	729,460	5	1,4	7	8	7	5	1	4	5	5	4	4	4
1621	수원특례시	장애인편의증진 기술지원센터 운영	2	16	397,800	5	1,4	7	8	7	5	1	4	5	5	4	4	4
1622	수원특례시	가정폭력상담소 운영지원	2	16	267,700	5	2	7	8	7	1	1	4	5	5	4	4	4
1623	수원특례시	가정폭력상담소 운영 지원(도비)	2	16	263,782	5	1	7	8	7	1	1	4	5	5	4	4	4
1624	수원특례시	한부모가족복지시설 입소자 상담치료	1	16	13,000	6	2	7	8	7	1	1	4	5	5	4	4	4
1625	수원특례시	공동생활가정형(매입임대) 주거지원	1	16	57,152	6	2	7	8	7	1	1	4	5	5	4	4	4
1626	수원특례시	한부모가족복지시설 지원	1	16	27,921	5	1	7	8	7	1	1	4	5	5	4	4	4
1627	수원특례시	한부모가족복지시설 운영	1	16	821,589	5	1	7	8	7	1	1	4	5	5	4	4	4
1628	수원특례시	성폭력피해자치료회복프로그램(국비)	1	12	63,690	4	1,4	5	5	1	1	1	4	5	5	4	4	4
1629	수원특례시	성폭력피해자 보호지원(도비)	1	12	7,850	4	1,4	5	5	1	1	1	4	5	5	4	4	4
1630	수원특례시	성매매피해자 구조지원(국비)	2	11	60,975	6	1	7	8	7	1	1	4	5	5	4	4	4
1631	수원특례시	성매매피해자 지원시설 상담소 및 운영(상담소)(국비)	2	11	199,825	5	1	7	8	7	1	1	4	5	5	4	4	4
1632	수원특례시	성매매피해자 지원시설 상담소 및 운영(지원시설)(국비)	2	11	490,315	5	1	7	8	7	1	1	4	5	5	4	4	4
1633	수원특례시	수원시건강가정지원센터	2	14	683,151	4	2	1	5	7	1	1	1	3	1,3	1,2	3	1
1634	수원특례시	수원시립서호지역아동센터	2	2	280,819	4	2	1	5	7	1	1	1	3	2	2	3	1,2
1635	수원특례시	아동보호전문기관 운영	2	2	1,415,872	4	2	1	5	1	1	1	1	3	1	1	4	4
1636	수원특례시	학대피해아동쉼터 운영	1	2	367,410	4	2	1	5	1	1	1	1	3	1	1	4	4
1637	수원특례시	학대피해아동쉼터 운영	1	2	369,295	4	2	1	5	1	1	1	1	3	1	1	4	4
1638	수원특례시	다함께돌봄센터 위탁운영	2	9	162,119	4	2	1	5	1	1	1	1	3	3	2	3	1
1639	수원특례시	다함께돌봄센터 위탁운영	2	9	166,919	4	2	1	5	1	1	1	1	3	3	2	3	1
1640	수원특례시	다함께돌봄센터 위탁운영	2	9	166,919	4	2	1	5	1	1	1	1	3	3	2	3	1
1641	수원특례시	다함께돌봄센터 위탁운영	2	9	225,106	4	2	1	5	1	1	1	1	3	3	2	3	1
1642	수원특례시	다함께돌봄센터 위탁운영	2	9	168,919	4	2	1	5	1	1	1	1	3	3	2	3	1
1643	수원특례시	다함께돌봄센터 위탁운영	2	9	192,438	4	2	1	5	1	1	1	1	3	3	2	3	1
1644	수원특례시	다함께돌봄센터 위탁운영	2	9	164,119	4	2	1	5	1	1	1	1	3	3	2	3	1
1645	수원특례시	다함께돌봄센터 위탁운영	2	9	164,119	4	2	1	5	1	1	1	1	3	3	2	3	1
1646	수원특례시	다함께돌봄센터 위탁운영	2	9	164,119	4	2	1	5	1	1	1	1	3	3	2	3	1
1647	수원특례시	다함께돌봄센터 위탁운영	2	9	162,919	4	2	1	5	1	1	1	1	3	3	2	3	1
1648	수원특례시	다함께돌봄센터 위탁운영	2	9	162,120	4	2	1	5	1	1	1	1	3	3	2	3	1
1649	수원특례시	다함께돌봄센터 위탁운영	2	9	162,120	4	2	1	5	1	1	1	1	3	3	2	3	1
1650	수원특례시	다함께돌봄센터 위탁운영	2	9	162,920	4	2	1	5	1	1	1	1	3	3	2	3	1
1651	수원특례시	다함께돌봄센터 위탁운영	2	9	209,158	4	2	1	5	1	1	1	1	3	3	2	3	1
1652	수원특례시	다함께돌봄센터 위탁운영	2	9	185,639	4	2	1	5	1	1	1	1	3	3	2	3	1
1653	수원특례시	다함께돌봄센터 위탁운영	2	9	339,608	4	2	1	5	1	1	1	1	3	3	2	3	1

순번	시군구	지출명 (사업명)	시설종류 1. 생활시설 2. 이용시설	사회복지시설 종류 1. 노인복지시설 2. 아동복지시설 3. 장애인복지시설 4. 어린이집 5. 정신건강증진시설 6. 노숙인시설 7. 사회복지관 8. 지역자활센터 9. 다함께돌봄센터 10. 결핵,한센시설 11. 성매매피해지원시설 12. 성폭력피해보호시설 13. 가정폭력보호시설 14. 가족센터 15. 청소년복지시설 16. 기타 ( )	2025년예산 (단위:천원/1년간)	민간이전 분류 (지방자치단체 세출예산 집행기준에 의거) 1. 민간경상사업보조(307-02) 2. 민간단체 법정운영비보조(307-03) 3. 민간행사사업보조(307-04) 4. 민간위탁금(307-05) 5. 사회복지시설 법정운영비보조(307-10) 6. 사회복지사업보조(307-11) 7. 민간인위탁교육비(307-12) 8. 공기관등에대한경상적위탁사업(308-13) 9. 공사공단 경상전출금(309-01)	민간이전지출 근거 (지방보조금 관리기준 참고) 1. 법률에 규정 2. 국고보조 재원(국가지정) 3. 용도 지정 기부금 4. 조례에 직접규정 5. 지자체가 권장하는 사업을 하는 공공기관 6. 시,도 정책 및 재정사정 7. 기타 8. 해당없음	입찰방식 계약체결방법 (경쟁형태) 1. 일반경쟁 2. 제한경쟁 3. 지명경쟁 4. 수의계약 5. 법정위탁 6. 기타 () 7. 해당없음	입찰방식 계약기간 1. 1년 2. 2년 3. 3년 4. 4년 5. 5년 6. 기타 ()년 7. 단기계약 (1년미만) 8. 해당없음	입찰방식 낙찰자선정방법 1. 적격심사 2. 협상에의한계약 3. 최저가낙찰제 4. 규격가격분리 5. 2단계 경쟁입찰 6. 기타 () 7. 해당없음	운영예산 산정 운영비산정 1. 내부산정 (지자체 자체적으로 산정) 2. 외부산정 (외부전문기관위탁 산정) 3. 내·외부 모두 산정 4. 산정 無 5. 해당없음	운영예산 산정 정산방법 1. 내부정산 (지자체 내부적으로 정산) 2. 외부정산 (외부전문기관위탁 정산) 3. 내·외부 모두 산정 4. 정산 無 5. 해당없음	성과평가 성과평가 실시여부 1. 실시 2. 미실시 3. 향후 추진 4. 해당없음	성과평가 성과평가 주기 1. 매년 2. 격년 3. 기간만료전 4. 기타 () 5. 해당없음	성과평가 성과평가 실시 방법 1. 자체 실시 2. 평가단 구성 후 실시 (전문위원 섭외) 3. 전문 평가기관 의뢰 4. 기타 () 5. 해당없음	성과평가 평가기준 적용방법 1. 관련 조례 적용 2. 전문 평가기관 의뢰 3. 기타 () 4. 해당없음	평가결과 적용 실제 인센티브 및 페널티 적용 유무 1. 매년 적용 2. 적용 안함 3. 기타 ( ) 4. 해당없음	평가결과 적용 인센티브 및 페널티 적용근거 1. 조례 2. 계약서 3. 기타 ( ) 4. 해당없음
1654	수원특례시	다함께돌봄센터 위탁운영	2	9	202,388	4	2	1	5	1	1	1	1	3	3	2	3	1
1655	수원특례시	다함께돌봄센터 위탁운영	2	9	201,388	4	2	1	5	1	1	1	1	3	3	2	3	1
1656	수원특례시	다함께돌봄센터 위탁운영	2	9	161,920	4	2	1	5	1	1	1	1	3	3	2	3	1
1657	수원특례시	다함께돌봄센터 위탁운영	2	9	185,439	4	2	1	5	1	1	1	1	3	3	2	3	1
1658	수원특례시	다함께돌봄센터 위탁운영	2	9	268,962	4	2	1	5	1	1	1	1	3	3	2	3	1
1659	수원특례시	청소년쉼터 운영 지원(국비)	1	15	852,108	8	2	7	8	7	1	1	4	5	5	4	4	4
1660	수원특례시	청소년회복지원시설 지원(국비)	1	15	239,648	5	2	7	8	7	1	1	4	5	5	4	4	4
1661	수원특례시	다문화가족지원센터 운영	2	14	367,891	4	1,2	1	5	1	1	3	1	3	3	2	평가결과 미흡시 재계약 배	1
1662	수원특례시	교류소통공간 운영비	2	14	45,140	4	1,2	1	5	1	1	3	1	3	3	2	평가결과 미흡시 재계약 배	1
1663	수원특례시	다문화가족 자녀지원사업	2	14	722,110	4	1,2	1	5	1	1	3	1	3	3	2	평가결과 미흡시 재계약 배	1
1664	수원특례시	취약위기가족 통합지원	2	14	115,490	4	1,2	1	5	1	1	3	1	3	3	2	평가결과 미흡시 재계약 배	1
1665	수원특례시	다문화가족 특성화사업	2	14	405,030	4	1,2	1	5	1	1	3	1	3	3	2	평가결과 미흡시 재계약 배	1
1666	수원특례시	결혼이민자 역량강화지원	2	14	24,500	4	1,2	1	5	1	1	3	1	3	3	2	평가결과 미흡시 재계약 배	1
1667	수원특례시	다문화가족 서포터즈 운영	2	14	15,000	4	4	1	5	1	1	3	1	3	3	2	평가결과 미흡시 재계약 배	1
1668	수원특례시	다문화아동 이중언어 교육지원	2	14	18,060	4	4	1	5	1	1	3	1	3	3	2	평가결과 미흡시 재계약 배	1
1669	경기 성남시	자활근로사업	2	8	8,197,333	4	1	5	1	6(지역자활센터 우선위탁)	1	1	1	2	2	3(국민기초생활보장법 시행규칙)	1	3(자활사업 안내 지침)
1670	경기 성남시	지역자활센터 운영 관리	2	8	902,632	5	1	5	1	6(지역자활센터 우선위탁)	1	1	1	2	2	3(국민기초생활보장법 시행규칙)	1	3(자활사업 안내 지침)
1671	경기 성남시	탈수급 유지지원 사업	2	8	88,186	5	1	5	1	6(지역자활센터 우선위탁)	1	1	1	2	2	3(국민기초생활보장법 시행규칙)	1	3(자활사업 안내 지침)
1672	경기 성남시	통장사례관리자 운영	2	8	78,592	5	1	5	1	6(지역자활센터 우선위탁)	1	1	1	2	2	3(국민기초생활보장법 시행규칙)	1	3(자활사업 안내 지침)
1673	경기 성남시	자활사례관리	2	8	63,480	5	1	5	1	6(지역자활센터 우선위탁)	1	1	1	2	2	3(국민기초생활보장법 시행규칙)	1	3(자활사업 안내 지침)
1674	경기 성남시	노숙인 자활시설 운영	2	8	597,182	5	1	7	8	7	1	1	4	5	5	4	4	4
1675	경기 성남시	노숙인보호 및 지원	2	8	62,960	5	1	7	8	7	1	1	4	5	5	4	4	4
1676	경기 성남시	노숙인 자활사업	2	8	398,563	4	1	1	5	1	1	1	4	5	5	4	4	4
1677	경기 성남시	노숙인 자활사업	2	8	377,854	5	1	7	8	7	1	1	4	5	5	4	4	4
1678	경기 성남시	노숙인 종합지원센터 운영	2	8	811,915	4	1	1	5	1	1	1	4	5	5	4	4	4
1679	경기 성남시	노숙인 프로그램 운영	2	8	31,036	4	1	1	5	1	1	1	4	5	5	4	4	4
1680	경기 성남시	노숙인 무료급식소 운영 지원	2	8	17,428	5	1	7	8	7	1	1	4	5	5	4	4	4
1681	경기 성남시	노숙인 무료급식소 운영지원(보조)	2	8	197,836	5	1	7	8	7	1	1	4	5	5	4	4	4
1682	경기 성남시	노숙인 임시주거 지원사업	2	8	46,500	4	1	1	5	1	1	1	4	5	5	4	4	4
1683	경기 성남시	장애인 편의시설 기술지원센터 운영	2	16	251,500	5	1	7	8	7	5	5	4	5	5	4	4	4
1684	경기 성남시	장애인 주간이용시설 운영	2	3	6,216,705	5	1	7	8	7	5	5	4	5	5	4	4	4
1685	경기 성남시	장애인 단기보호시설 운영	1	3	563,010	4	1	1	5	1	1	1	4	5	5	4	4	4
1686	경기 성남시	장애인 직업재활시설 운영	2	3	6,859,608	5	1	7	8	7	5	5	4	5	5	4	4	4
1687	경기 성남시	장애인 직업재활시설 기능보강	2	3	45,000	9	1	7	8	7	5	5	4	5	5	4	4	4
1688	경기 성남시	장애인 공동생활가정 운영	1	3	1,644,560	5	1	7	8	7	5	5	4	5	5	4	4	4
1689	경기 성남시	수어통역센터 운영	2	3	371,050	5	1	7	8	7	5	5	4	5	5	4	4	4
1690	경기 성남시	장애인생산품 마케팅활동 지원	2	3	43,579	5	1	7	8	7	5	5	4	5	5	4	4	4
1691	경기 성남시	시각장애인 등 생활지원센터	2	3	430,600	5	1	7	8	7	5	5	4	5	5	4	4	4
1692	경기 성남시	장애인편의시설 현장조사요원 운영	2	3	59,427	5	1	7	8	7	5	5	4	5	5	4	4	4
1693	경기 성남시	장애인 직업재활시설 지원(4종)	2	3	116,296	5	1	7	8	7	5	5	4	5	5	4	4	4
1694	경기 성남시	장애인 직업재활시설 지원(7종)	2	3	408,223	5	1	7	8	7	5	5	4	5	5	4	4	4
1695	경기 성남시	장애인 재가복지시설 운영지원(2종)	2	3	88,600	5	1	7	8	7	5	5	4	5	5	4	4	4
1696	경기 성남시	장애인 복지시설 재활프로그램 운영	2	3	44,919	5	1	7	8	7	5	5	4	5	5	4	4	4
1697	경기 성남시	성남시 율동생태학습원 운영	2	3	508,500	4	4	1	5	1	1	1	4	5	5	4	4	4
1698	경기 성남시	시각장애인 점자도서관운영	2	3	220,121	1	1	5	5	1	1	1	1	3	1	1	4	4
1699	경기 성남시	장애인권리증진센터 운영	2	3	539,587	1	4	1	5	1	1	1	1	3	1	1	4	4

순번	시군구	지출명 (사업명)	시설종류 1. 생활시설 2. 이용시설	사회복지시설 종류 1. 노인복지시설 2. 아동복지시설 3. 장애인복지시설 4. 어린이집 5. 정신건강증진시설 6. 노숙인시설 7. 사회복지관 8. 지역자활센터 9. 다함께돌봄센터 10. 결핵,한센시설 11. 성매매피해지원시설 12. 성폭력피해보호시설 13. 가정폭력보호시설 14. 가족센터 15. 청소년복지시설 16. 기타 ( )	2025년예산 (단위:천원/1년간)	민간이전 분류 (지방자치단체 세출예산 집행기준에 의거) 1. 민간경상사업보조(307-02) 2. 민간단체 법정운영비보조(307-03) 3. 민간행사사업보조(307-04) 4. 민간위탁금(307-05) 5. 사회복지시설 법정운영비보조(307-10) 6. 사회복지사업보조(307-11) 7. 민간인위탁교육비(307-12) 8. 공기관등에대한경상적위탁사업(308-13) 9. 공사공단 경상전출금(309-01)	민간이전지출 근거 (지방보조금 관리기준 참고) 1. 법률에 규정 2. 국고보조 재원(국가지정) 3. 용도 지정 기부금 4. 조례에 직접규정 5. 지자체가 권장하는 사업을 하는 공공기관 6. 시,도 정책 및 재정사정 7. 기타 8. 해당없음	입찰방식 계약체결방법 (경쟁형태) 1. 일반경쟁 2. 제한경쟁 3. 지명경쟁 4. 수의계약 5. 법정위탁 6. 기타 ( ) 7. 해당없음	입찰방식 계약기간 1. 1년 2. 2년 3. 3년 4. 4년 5. 5년 6. 기타 ( )년 7. 단기계약 (1년미만) 8. 해당없음	입찰방식 낙찰자선정방법 1. 적격심사 2. 협상에의한계약 3. 최저가낙찰제 4. 규격가격분리 5. 2단계 경쟁입찰 6. 기타 ( ) 7. 해당없음	운영예산 산정 운영비산정 1. 내부산정 (지자체 자체적으로 산정) 2. 외부산정 (외부전문기관위탁 산정) 3. 내·외부 모두 산정 4. 산정 無 5. 해당없음	운영예산 산정 정산방법 1. 내부정산 (지자체 내부적으로 정산) 2. 외부정산 (외부전문기관위탁 정산) 3. 내·외부 모두 산정 4. 정산 無 5. 해당없음	성과평가 성과평가 실시여부 1. 실시 2. 미실시 3. 향후 추진 4. 해당없음	성과평가 성과평가 주기 1. 매년 2. 격년 3. 기간만료전 4. 기타 ( ) 5. 해당없음	성과평가 성과평가 실시 방법 1. 자체 실시 2. 평가단 구성 후 실시 (전문위원 섭외) 3. 전문 평가기관 의뢰 4. 기타 ( ) 5. 해당없음	성과평가 평가기준 적용방법 1. 관련 조례 적용 2. 전문 평가기관 의뢰 3. 기타 ( ) 4. 해당없음	평가결과 적용 실제 인센티브 및 페널티 적용 유무 1. 매년 적용 2. 적용 안함 3. 기타 ( ) 4. 해당없음	평가결과 적용 인센티브 및 페널티 적용근거 1. 조례 2. 계약서 3. 기타 ( ) 4. 해당없음
1700	경기 성남시	장애인거주시설 6종 보조금 교부 건의	1	3	393,663	5	4	7	8	7	3	3	1	4	2	2	3	3
1701	경기 성남시	장애인거주시설 4종 보조금 교부 건의	1	3	76,354	5	4	7	8	7	3	3	1	4	2	2	3	3
1702	경기 성남시	다함께돌봄센터 운영비 지원	2	9	384,000	5	2	1	5	1	5	1	1	3	1	3	4	4
1703	경기 성남시	다함께돌봄센터 운영시간 연장 시범사업 지원	2	9	47,280	5	2	1	5	1	5	1	1	3	1	3	4	4
1704	경기 성남시	다함께 돌봄 사업(자체)	2	9	2,234,760	4	6	1	5	1	5	1	1	3	1	3	4	4
1705	경기 성남시	아동돌봄 틈새서비스	2	9	628,002	5	2	1	5	1	5	1	1	3	1	3	4	4
1706	경기 성남시	학교돌봄터 운영비 지원(보조)	2	9	288,000	5	2	1	5	1	5	1	1	3	1	3	4	4
1707	경기 성남시	지역아동센터 운영비 지원(보조)	2	8	108,951	5	2	1	5	1	5	1	1	3	1	3	4	4
1708	경기 성남시	지역아동센터 운영비 지원(자체)	2	8	160,625	5	4	1	5	1	5	1	1	3	1	3	4	4
1709	경기 성남시	지역아동센터 체험활동비 지원	2	8	11,000	5	2	1	5	1	5	1	1	3	1	3	4	4
1710	경기 성남시	지역아동센터 특기적성 교육강사 지원(도비)	2	8	172,800	1	2	1	5	1	5	1	1	3	1	3	4	4
1711	경기 성남시	국공립, 법인장애반(영아,취학유예) 교사인건비 지원	2	4	131,000	4	1	5	5	1	5	5	4	5	5	4	4	4
1712	경기 성남시	영아전담,야간연장형, 장애아동 교직원 인건비	2	4	3,165,163	4	1	5	5	1	5	5	4	5	5	4	4	4
1713	경기 성남시	장애아전문어린이집 간호사 인건비 지원	2	4	31,764	4	1	5	5	1	5	5	4	5	5	4	4	4
1714	경기 성남시	신규개원 어린이집 안착지원	2	4	40,000	4	1	5	5	1	5	5	4	5	5	4	4	4
1715	경기 성남시	어르신과 함께하는 어린이 예술제	2	4	5,000	3	4	7	8	7	5	5	4	5	5	4	4	4
1716	경기 성남시	어린이집 안전공제회 단체가입	2	4	256,185	6	1	6	1	6	5	5	2	5	5	4	4	4
1717	경기 성남시	영아발달 서포터즈 활동지원	2	4	10,000	3	4	7	8	7	5	5	4	5	5	4	4	4
1718	경기 성남시	어린이집 교재교구비 지원	2	4	71,273	4	4	5	5	1	5	5	4	5	5	4	4	4
1719	경기 성남시	정부지원 어린이집 활성화 지원	2	4	2,008,800	4	4	5	5	1	5	5	4	5	5	4	4	4
1720	경기 성남시	어린이집 공기청정기 설치 지원	2	4	106,837	5	4	5	5	1	5	5	4	5	5	4	4	4
1721	경기 성남시	보육환경개선비 지원	2	4	190,000	4	4	5	5	1	5	5	4	5	5	4	4	4
1722	경기 성남시	장애아교육 교재교구비	2	4	22,000	4	4	5	5	1	5	5	4	5	5	4	4	4
1723	경기 성남시	그룹홈 지원(보조)	1	2	1,314,252	5	2	7	8	7	1	1	4	5	5	4	4	4
1724	경기 성남시	그룹홈 아동학습활동 지원	1	2	206,272	6	6	7	8	7	1	1	4	5	5	4	4	4
1725	경기 성남시	경계선지능아동 자립지원	1	2	10,500	6	2	7	8	7	1	1	4	5	5	4	4	4
1726	경기 성남시	학대 피해아동 전용 그룹홈 운영비 지원	1	2	517,400	5	2	1	5	1	2	1	4	5	5	4	4	4
1727	경기 성남시	학대 피해아동 그룹홈 지원	1	2	63,600	5	6	1	5	1	2	1	4	5	5	4	4	4
1728	경기 성남시	학대피해아동쉼터 지원	1	2	54,080	5	6	1	5	1	2	1	4	5	5	4	4	4
1729	경기 성남시	아동보호전문기관 지원	2	2	1,079,978	5	2	7	8	7	5	5	4	5	5	4	4	4
1730	경기 성남시	아동보호전문기관 운영 지원	2	2	138,273	5	6	7	8	7	5	5	4	5	5	4	4	4
1731	경기 성남시	아동학대예방, 조기지원 시범사업	2	2	10,000	4	2	7	8	7	5	5	4	5	5	4	4	4
1732	경기 성남시	어버이날,노인의날	2	1	36,000	3	1	1	1	1	1	1	1	1	2	3	1	3
1733	경기 성남시	노인종합복지관 민간위탁 사업	2	1	13,751,000	4	1	1	5	1	1	1	1	4	1	3	1	1
1734	경기 성남시	노인상담사업	2	1	331,965	4	1	1	5	1	1	1	4	5	4	4	1	1
1735	경기 성남시	노인일자리 수행기관 및 종사자지원	2	1	996,200	5	6	1	5	1	1	2	1	1	1	1	3	3
1736	경기 성남시	독거노인주거복지주택운영	1	1	451,710	4	4	1	3	1	1	1	1	3	1	4	4	4
1737	경기 성남시	재가노인지원서비스사업	2	1	1,250,000	5	4	7	8	5	5	5	4	4	4	4	4	4
1738	경기 성남시	우수평생학습 프로그램 지원사업	2	1,3,7	100,000	1	1	7	8	7	1	1	1	1	1	3	3	3
1739	경기 성남시	성인문해교육 지원사업	2	1,7	80,000	1	1	7	8	7	1	1	1	1	1	3	3	3
1740	경기 성남시	성인문해교육 지원사업(국비)	2	1,7,16	173,000	1	1	7	8	7	1	1	1	1	1	3	3	3
1741	경기 성남시	장애인 평생교육 지원(장애인 평생교육시설)	2	3	112,000	1	1	7	8	7	1	1	1	1	1	3	3	3
1742	경기 성남시	장애인 평생교육 지원(프로그램 공모)	2	3	31,000	1	1	7	8	7	1	1	1	1	1	3	3	3
1743	경기 성남시	장애인평생학습도시	2	3,7	175,000	1	1	7	8	7	1	1	1	1	1	3	3	3
1744	경기 성남시	5060 신중년 교육 프로그램 지원 사업	2	1,3,7,16	40,000	1	1	7	8	7	1	1	1	1	1	3	3	3
1745	경기 성남시	정신재활시설 운영비	2	5	566,187	1	1	7	8	7	1	1	4	5	5	4	4	4

순번	시군구	지출명 (사업명)	시설종류 1. 생활시설 2. 이용시설	사회복지시설 종류 1. 노인복지시설 2. 아동복지시설 3. 장애인복지시설 4. 어린이집 5. 정신건강증진시설 6. 노숙인시설 7. 사회복지관 8. 지역자활센터 9. 다함께돌봄센터 10. 결핵,한센시설 11. 성매매피해지원시설 12. 성폭력피해보호시설 13. 가정폭력보호시설 14. 가족센터 15. 청소년복지시설 16. 기타 ( )	2025년예산 (단위:천원/1년간)	민간이전 분류 (지방자치단체 세출예산 집행기준에 의거) 1. 민간경상사업보조(307-02) 2. 민간단체 법정운영비보조(307-03) 3. 민간행사사업보조(307-04) 4. 민간위탁금(307-05) 5. 사회복지시설 법정운영비보조(307-10) 6. 사회복지사업보조(307-11) 7. 민간인위탁교육비(307-12) 8. 공기관등에대한경상적위탁사업(308-13) 9. 공사공단 경상전출금(309-01)	민간이전지출 근거 (지방보조금 관리기준 참고) 1. 법률에 규정 2. 국고보조 재원(국가지정) 3. 용도 지정 기부금 4. 조례에 직접규정 5. 지자체가 권장하는 사업을 하는 공공기관 6. 시,도 정책 및 재정사정 7. 기타 8. 해당없음	입찰방식: 계약체결방법 (경쟁형태) 1. 일반경쟁 2. 제한경쟁 3. 지명경쟁 4. 수의계약 5. 법정위탁 6. 기타 ( ) 7. 해당없음	입찰방식: 계약기간 1. 1년 2. 2년 3. 3년 4. 4년 5. 5년 6. 기타 ( )년 7. 단기계약 (1년미만) 8. 해당없음	입찰방식: 낙찰자선정방법 1. 적격심사 2. 협상에의한계약 3. 최저가낙찰제 4. 규격가격분리 5. 2단계 경쟁입찰 6. 기타 ( ) 7. 해당없음	운영예산 산정: 운영비산정 1. 내부산정 (지자체 자체적으로 산정) 2. 외부산정 (외부전문기관위탁 산정) 3. 내·외부 모두 산정 4. 산정 無 5. 해당없음	운영예산 산정: 정산방법 1. 내부정산 (지자체 내부적으로 정산) 2. 외부정산 (외부전문기관위탁 정산) 3. 내·외부 모두 산정 4. 정산 無 5. 해당없음	성과평가: 성과평가 실시여부 1. 실시 2. 미실시 3. 향후 추진 4. 해당없음	성과평가: 성과평가 주기 1. 매년 2. 격년 3. 기간만료전 4. 기타 ( ) 5. 해당없음	성과평가: 성과평가 실시 방법 1. 자체 실시 2. 평가단 구성 후 실시 (전문위원 섭외) 3. 전문 평가기관 의뢰 4. 기타 ( ) 5. 해당없음	성과평가: 평가기준 적용방법 1. 관련 조례 적용 2. 전문 평가기관 의뢰 3. 기타 ( ) 4. 해당없음	평가결과 적용: 실제 인센티브 및 페널티 적용 유무 1. 매년 적용 2. 적용 안함 3. 기타 ( ) 4. 해당없음	평가결과 적용: 인센티브 및 페널티 적용근거 1. 조례 2. 계약서 3. 기타 ( ) 4. 해당없음
1746	경기 성남시	정신재활시설 환경개선비	2	5	3,500	1	1	7	8	7	1	1	4	5	5	4	4	4
1747	경기 성남시	정신재활시설 공동캠프비	2	5	919	1	1	7	8	7	1	1	4	5	5	4	4	4
1748	경기 성남시	정신재활시설 운영 지원	1	5	134,353	1	1	7	8	7	1	1	4	5	5	4	4	4
1749	경기 성남시	정신재활시설 입소자 구료비 등	1	5	6,432	1	1	7	8	7	1	1	4	5	5	4	4	4
1750	경기 성남시	정신재활시설 공동 캠프 지원	1	5	919	1	1	7	8	7	1	1	4	5	5	4	4	4
1751	경기 성남시	수정구청 직장어린이집 운영	2	4	338,034	4	1	1	5	1	1	1	4	5	5	4	4	4
1752	경기 성남시	청사내 시설 민간위탁 운영	2	4	278,826	4	1	1	5	1	1	1	4	5	5	4	4	4
1753	경기 성남시	경로식당 무료급식 지원 등	2	16	3,015,105	5	6	1	5	1	3	3	4	5	5	4	4	4
1754	경기 성남시	경로당운영 활성화 사업(보조)	2	1	19,000	4	2	1	3	1	1	1	4	5	5	4	4	4
1755	경기 성남시	경로당운영 활성화 사업	2	1	50,000	4	4	1	3	1	1	1	1	1	1	4	4	4
1756	경기 성남시	경로당운영 활성화 사업	2	1	50,000	4	4	1	3	1	1	1	1	1	1	4	4	4
1757	경기 성남시	성남동경로식당	2	1	117,000	5	4	1	5	1	1	1	2	5	5	4	4	4
1758	경기 성남시	경로당운영 활성화 사업	2	1	50,000	4	4	1	3	1	1	1	1	1	1	1	1	1
1759	경기 성남시	경로당운영 활성화 사업	2	1	50,000	4	4	1	3	1	1	1	1	1	1	1	1	1
1760	경기 성남시	경로당운영 활성화 사업	2	1	50,000	4	4	1	3	1	1	1	1	1	1	1	1	1
1761	경기 성남시	경로당운영 활성화 사업	2	1	50,000	4	4	1	3	1	1	1	1	1	1	1	1	1
1762	경기 성남시	경로당운영 활성화 사업	2	1	50,000	4	4	1	3	1	1	1	1	1	1	1	1	1
1763	경기 성남시	지역아동센터 운영비 지원(보조)	1	2	344,688	5	2	7	8	7	5	5	4	5	5	4	4	4
1764	경기 성남시	지역아동센터 관리운영비 지원	1	2	163,174	5	4	7	8	7	5	5	4	5	5	4	4	4
1765	경기 성남시	장애통합 지역아동센터 지원	1	2	29,880	5	2	7	8	7	5	5	4	5	5	4	4	4
1766	경기 성남시	지역아동센터 시간연장 운영비 지원	1	2	5,400	5	2	7	8	7	5	5	4	5	5	4	4	4
1767	경기 성남시	지역아동센터 체험활동비 지원	1	2	30,000	5	4	7	8	7	5	5	4	5	5	4	4	4
1768	경기 성남시	공공형 어린이집 운영비 지원(전환사업)	2	4	23,157	5	1	7	8	7	5	1	4	5	5	4	4	4
1769	경기 성남시	어린이집 운영 지원(도비)	2	4	476,903	6	1	7	8	7	5	1	4	5	5	4	4	4
1770	경기 성남시	어린이집 교재교구비 지원	2	4	32,363	6	1	7	8	7	5	1	4	5	5	4	4	4
1771	경기 성남시	공공형 어린이집 운영활성화 지원(전환사업)	2	4	8,668	5	1	7	8	7	5	1	4	5	5	4	4	4
1772	경기 성남시	외국인근로자자녀 보육 지원	2	4	228,600	6	1	7	8	7	5	1	4	5	5	4	4	4
1773	경기 성남시	영세아전용 어린이집 운영지원	2	4	376,276	6	1	7	8	7	5	1	4	5	5	4	4	4
1774	경기 성남시	보육환경개선비 지원	2	4	103,000	6	1	7	8	7	5	1	4	5	5	4	4	4
1775	경기 성남시	어린이집 공기청정기 설치 지원	2	4	40,257	5	1	7	8	7	5	1	4	5	5	4	4	4
1776	경기 성남시	어린이집 운영비 지원(0~2세)	2	4	80,000	6	1	7	8	7	5	1	4	5	5	4	4	4
1777	경기 성남시	공공형 어린이집 운영비 차액보존 지원	2	4	3,600	5	1	7	8	7	5	1	4	5	5	4	4	4
1778	경기 성남시	야간연장형 어린이집 운영지원	2	4	40,000	6	1	7	8	7	5	1	4	5	5	4	4	4
1779	경기 성남시	어린이집 운영 지원	2	4	99,180	6	1	7	8	7	5	1	4	5	5	4	4	4
1780	경기 성남시	취약계층 아동 어린이집 입학준비금	3	16	3,000	6	1	7	8	7	5	1	4	5	5	4	4	4
1781	경기 성남시	지역아동센터 지원사업	2	2	3,177,655	5	1	7	8	7	5	5	4	5	5	4	4	4
1782	경기 성남시	어린이집 교재교구비 지원	2	4	41,477	6	2	7	8	7	5	5	4	5	5	4	4	4
1783	경기 성남시	야간연장형 어린이집 운영지원	2	4	85,000	6	2	7	8	7	5	5	4	5	5	4	4	4
1784	경기 성남시	공공형 어린이집 운영비 지원(전환사업)	2	4	138,939	5	6	7	8	7	5	5	4	5	5	4	4	4
1785	경기 성남시	공공형 어린이집 운영비 차액보존 지원	2	4	18,000	5	4	7	8	7	5	5	4	5	5	4	4	4
1786	경기 성남시	공공형 어린이집 운영활성화 지원(전환사업)	2	4	52,009	5	6	7	8	7	5	5	4	5	5	4	4	4
1787	경기 성남시	보육환경개선비 지원	2	4	159,000	6	4	7	8	7	5	5	4	5	5	4	4	4
1788	경기 성남시	영세아전용 어린이집 운영 지원	2	4	419,172	6	2	7	8	7	5	5	4	5	5	4	4	4
1789	경기 성남시	어린이집 운영지원 (도비/운영비)	2	4	497,638	6	4	7	8	7	5	5	4	5	5	4	4	4
1790	경기 성남시	어린이집 운영 지원(0~2세)(24년 신규)	2	4	120,600	6	4	7	8	7	5	5	4	5	5	4	4	4
1791	경기 성남시	취약계층 아동 어린이집 입학준비금 지원	2	4	2,000	6	4	7	8	7	5	5	4	5	5	4	4	4

순번	시군구	지출명 (사업명)	시설종류 1. 생활시설 2. 이용시설	사회복지시설 종류 1. 노인복지시설 2. 아동복지시설 3. 장애인복지시설 4. 어린이집 5. 정신건강증진시설 6. 노숙인시설 7. 사회복지관 8. 지역자활센터 9. 다함께돌봄센터 10. 결핵,한센시설 11. 성매매피해지원시설 12. 성폭력피해보호시설 13. 가정폭력보호시설 14. 가족센터 15. 청소년복지시설 16. 기타 ( )	2025년예산 (단위:천원/1년간)	민간이전 분류 (지방자치단체 세출예산 집행기준에 의거) 1. 민간경상사업보조(307-02) 2. 민간단체 법정운영비보조(307-03) 3. 민간행사사업보조(307-04) 4. 민간위탁금(307-05) 5. 사회복지시설 법정운영비보조(307-10) 6. 사회복지사업보조(307-11) 7. 민간인위탁교육비(307-12) 8. 공기관등에대한경상적위탁사업(308-13) 9. 공사공단 경상전출금(309-01)	민간이전지출 근거 (지방보조금 관리기준 참고) 1. 법률에 규정 2. 국고보조 재원(국가지정) 3. 용도 지정 기부금 4. 조례에 직접규정 5. 지자체가 권장하는 사업을 하는 공공기관 6. 시,도 정책 및 재정사정 7. 기타 8. 해당없음	입찰방식			운영예산 산정		성과평가				평가결과 적용	
								계약체결방법 (경쟁형태) 1. 일반경쟁 2. 제한경쟁 3. 지명경쟁 4. 수의계약 5. 법정위탁 6. 기타 ( ) 7. 해당없음	계약기간 1. 1년 2. 2년 3. 3년 4. 4년 5. 5년 6. 기타 ( )년 7. 단기계약 (1년미만) 8. 해당없음	낙찰자선정방법 1. 적격심사 2. 협상에의한계약 3. 최저가낙찰제 4. 규격가격분리 5. 2단계 경쟁입찰 6. 기타 ( ) 7. 해당없음	운영비산정 1. 내부산정 (지자체 자체적으로 산정) 2. 외부산정 (외부전문기관위탁 산정) 3. 내·외부 모두 산정 4. 산정 無 5. 해당없음	정산방법 1. 내부정산 (지자체 내부적으로 정산) 2. 외부정산 (외부전문기관위탁 정산) 3. 내·외부 모두 산정 4. 정산 無 5. 해당없음	성과평가 실시여부 1. 실시 2. 미실시 3. 향후 추진 4. 해당없음	성과평가 주기 1. 매년 2. 격년 3. 기간만료전 4. 기타 ( ) 5. 해당없음	성과평가 실시 방법 1. 자체 실시 2. 평가단 구성 후 실시 (전문위원 섭외) 3. 전문 평가기관 의뢰 4. 기타 ( ) 5. 해당없음	평가기준 적용방법 1. 관련 조례 적용 2. 전문 평가기관 의뢰 3. 기타 ( ) 4. 해당없음	실제 인센티브 및 페널티 적용 유무 1. 매년 적용 2. 적용 안함 3. 기타 ( ) 4. 해당없음	인센티브 및 페널티 적용근거 1. 조례 2. 계약서 3. 기타 ( ) 4. 해당없음
1792	경기 성남시	외국인근로자 자녀 보육 지원 (2022년 신규)	2	4	59,400	6	1	7	8	7	5	5	4	5	5	4	4	4
1793	경기 성남시	어린이집 운영지원 (연1회 지급)	2	4	116,360	6	4	7	8	7	5	5	4	5	5	4	4	4
1794	경기 성남시	공기청정기 설치 지원	2	4	44,902	5	1	7	8	7	5	5	4	5	5	4	4	4
1795	경기 의정부시	청소년자립지원관 운영	2	15	509,468	4	1	1	3	6	1	3	1	3	3	2	1	1
1796	경기 의정부시	경기북부가정위탁지원센터 운영	2	2	882,106	4	1	1	5	6	1	3	1	3	3	1	3	1
1797	경기 의정부시	경기남북부아동일시보호소 운영(자체/직접)	1	2	5,723,239	5	1	7	8	7	5	5	4	5	5	4	4	4
1798	경기 의정부시	종합사회복지관 운영	2	7	2,239,074	4	4	1	5	1	1	1	1	3	1	1	4	1
1799	경기 의정부시	자활근로사업	2	8	4,800,001	4	2	4	1	2	5	1	1	2	4	3	3	3
1800	경기 의정부시	노숙인 복지지원사업	2	6	831,861	4	1	1	5	1	1	1	1	3	1	1	4	1
1801	경기 의정부시	경로당 운영난방비	2	1	574,560	5	1	7	8	7	1	1	2	5	5	4	4	4
1802	경기 의정부시	경로당 냉난방비 및 양곡비 지원	2	1	699,095	6	2	7	8	7	1	1	2	5	5	4	4	4
1803	경기 의정부시	재가노인복지시설 지원	2	1	468,000	5	1	7	8	7	1	1	2	5	5	4	4	4
1804	경기 의정부시	노인종합복지관 운영	2	1	1,710,000	4	1	1	5	1	1	1,2	1	3	1	1	1	1
1805	경기 의정부시	노인종합복지관 운영(시비추가)	2	1	1,013,665	4	1	1	5	1	1	1,2	1	3	1	1	1	1
1806	경기 의정부시	양로시설 운영비 지원	1	1	701,385	5	2	7	8	7	1	1	4	5	5	4	4	4
1807	경기 의정부시	시니어클럽 운영비	2	1	609,600	5	2	5	5	1	1	1	1	1	1	1	1	2
1808	경기 의정부시	장애인직업재활시설 운영	2	3	4,629,808	5	6	7	8	7	1	1	4	5	5	4	4	4
1809	경기 의정부시	장애인직업재활시설 마케팅 지원	2	3	43,579	6	6	7	8	7	1	1	4	5	5	4	4	4
1810	경기 의정부시	장애인종합복지관 운영	2	3	2,273,182	4	6	1	5	1	1	1	1	3	1	1	3	1
1811	경기 의정부시	최중증 발달장애인 긍정적 행동지원 사업	2	3	174,000	6	6	7	8	7	1	1	4	5	5	4	4	4
1812	경기 의정부시	발달장애학생 방학돌봄 지원사업	2	3	24,000	6	6	7	8	7	1	1	4	5	5	4	4	4
1813	경기 의정부시	장애인 맞춤형 지원사 운영	2	3	152,235	6	6	7	8	7	1	1	4	5	5	4	4	4
1814	경기 의정부시	장애인주간이용시설 운영	2	3	996,327	4	6	1	5	1	1	1	1	3	1	1	3	1
1815	경기 의정부시	장애인지역사회재활시설 운영 지원(2종)	2	3	24,800	6	6	7	8	7	1	1	4	5	5	4	4	4
1816	경기 의정부시	시각장애인 등 생활지원센터 운영	2	3	394,610	5	6	7	8	7	1	1	4	5	5	4	4	4
1817	경기 의정부시	수어통역센터 운영	2	3	423,830	5	6	7	8	7	1	1	4	5	5	4	4	4
1818	경기 의정부시	장애인 단기거주시설 운영	1	3	415,830	4	6	1	5	1	1	1	1	3	1	1	3	1
1819	경기 의정부시	장애인 365쉼터 운영 지원	1	3	84,210	6	6	7	8	7	1	1	4	5	5	4	4	4
1820	경기 의정부시	장애인공동생활가정 운영	1	3	230,100	4	6	1	5	1	1	1	1	3	1	1	3	1
1821	경기 의정부시	장애인거주시설 공기청정기 렌탈 지원	1	3	1,198	5	2	7	8	7	1	1	4	5	5	4	4	4
1822	경기 의정부시	장애인거주시설 입소자 지원(4종)	1	3	24,630	6	6	7	8	7	1	1	4	5	5	4	4	4
1823	경기 의정부시	장애인직업재활시설 입소자 지원(4종)	2	3	68,714	6	6	7	8	7	1	1	4	5	5	4	4	4
1824	경기 의정부시	장애인직업재활시설 운영 지원(7종)	2	3	316,911	5	6	7	8	7	1	1	4	5	5	4	4	4
1825	경기 의정부시	장애인복지시설 재활프로그램 지원	1	3	26,529	6	6	7	8	7	1	1	4	5	5	4	4	4
1826	경기 의정부시	아동양육시설 운영	1	2	4,348,870	5	6	7	8	7	1	1	1	1	1	3	4	4
1827	경기 의정부시	요보호아동 그룹홈 운영	1	2	292,056	5	2	7	8	7	1	1	4	5	5	4	4	4
1828	경기 의정부시	아동복지생활시설 생활지원	1	2	459,800	6	6	7	8	7	1	1	1	1	1	3	4	4
1829	경기 의정부시	요보호아동 자립지원(경계선지능아동 자립지원)	1	2	1,750	6	2	7	8	7	1	1	4	5	5	4	4	4
1830	경기 의정부시	학대피해아동쉼터 운영 지원	1	2	517,400	5	2	5	5	1	1	1	1	1	1	1	4	4
1831	경기 의정부시	학대피해아동쉼터 지원	1	2	54,080	5	6	5	5	1	1	1	1	1	1	1	4	4
1832	경기 의정부시	아동보호전문기관 운영	2	2	683,870	5	2	5	5	1	1	1	1	1	1	1	4	4
1833	경기 의정부시	지역아동센터 기본운영비 지원 사업	2	2	480,288	5	2	7	8	7	5	1	1	1	1	1	4	4
1834	경기 의정부시	지역아동센터 냉난방비 지원 사업	2	2	23,520	5	7	7	8	7	5	1	1	1	1	1	4	4
1835	경기 의정부시	지역아동센터 체험활동비 지원 사업	2	2	44,700	5	2	7	8	7	5	1	1	1	1	1	4	4
1836	경기 의정부시	장애통합 지역아동센터 지원 사업	2	2	41,688	5	2	7	8	7	5	1	1	1	1	1	4	4
1837	경기 의정부시	지역아동센터 특기적성 교육강사 지원	2	2	134,400	5	2	7	8	7	5	1	1	1	1	1	4	4

순번	시군구	지출명 (사업명)	시설종류 1. 생활시설 2. 이용시설	사회복지시설 종류 1. 노인복지시설 2. 아동복지시설 3. 장애인복지시설 4. 어린이집 5. 정신건강증진시설 6. 노숙인시설 7. 사회복지관 8. 지역자활센터 9. 다함께돌봄센터 10. 결핵,한센시설 11. 성매매피해지원시설 12. 성폭력피해보호시설 13. 가정폭력보호시설 14. 가족센터 15. 청소년복지시설 16. 기타 (　　　)	2025년예산 (단위:천원/1년간)	민간이전 분류 (지방자치단체 세출예산 집행기준에 의거) 1. 민간경상사업보조(307-02) 2. 민간단체 법정운영비보조(307-03) 3. 민간행사사업보조(307-04) 4. 민간위탁금(307-05) 5. 사회복지시설 법정운영비보조(307-10) 6. 사회복지사업보조(307-11) 7. 민간인위탁교육비(307-12) 8. 공기관등에대한경상적위탁사업(308-13) 9. 공사공단 경상전출금(309-01)	민간이전지출 근거 (지방보조금 관리기준 참고) 1. 법률에 규정 2. 국고보조 재원(국가지정) 3. 용도 지정 기부금 4. 조례에 직접규정 5. 지자체가 권장하는 사업을 하는 공공기관 6. 시,도 정책 및 재정사정 7. 기타 8. 해당없음	입찰방식: 계약체결방법 (경쟁형태) 1. 일반경쟁 2. 제한경쟁 3. 지명경쟁 4. 수의계약 5. 법정위탁 6. 기타 ( ) 7. 해당없음	입찰방식: 계약기간 1. 1년 2. 2년 3. 3년 4. 4년 5. 5년 6. 기타 ( )년 7. 단기계약 (1년미만) 8. 해당없음	입찰방식: 낙찰자선정방법 1. 적격심사 2. 협상에의한계약 3. 최저가낙찰제 4. 규격가격분리 5. 2단계 경쟁입찰 6. 기타 ( ) 7. 해당없음	운영예산 산정: 운영비산정 1. 내부산정 (지자체 자체적으로 산정) 2. 외부산정 (외부전문기관위탁 산정) 3. 내·외부 모두 산정 4. 산정 無 5. 해당없음	운영예산 산정: 정산방법 1. 내부정산 (지자체 내부적으로 정산) 2. 외부정산 (외부전문기관위탁 정산) 3. 내·외부 모두 산정 4. 정산 無 5. 해당없음	성과평가: 성과평가 실시여부 1. 실시 2. 미실시 3. 향후 추진 4. 해당없음	성과평가: 성과평가 주기 1. 매년 2. 격년 3. 기간만료전 4. 기타 ( ) 5. 해당없음	성과평가: 성과평가 실시 방법 1. 자체 실시 2. 평가단 구성 후 실시 (전문위원 섭외) 3. 전문 평가기관 의뢰 4. 기타 ( ) 5. 해당없음	성과평가: 평가기준 적용방법 1. 관련 조례 적용 2. 전문 평가기관 의뢰 3. 기타 ( ) 4. 해당없음	평가결과 적용: 실제 인센티브 및 페널티 적용 유무 1. 매년 적용 2. 적용 안함 3. 기타 ( ) 4. 해당없음	평가결과 적용: 인센티브 및 페널티 적용근거 1. 조례 2. 계약서 3. 기타 ( ) 4. 해당없음
1838	경기 의정부시	지역아동센터 행사 지원	2	2	5,250	3	7	7	8	7	5	1	1	1	1	1	4	4
1839	경기 의정부시	다함께돌봄센터 인건비 지원	2	9	750,840	4	2	5	5	1	1	1	1	4	4	3	4	4
1840	경기 의정부시	다함께돌봄센터 인건비 추가 지원	2	9	236,930	4	6	5	5	1	1	1	1	4	4	3	4	4
1841	경기 의정부시	다함께돌봄센터 돌봄인력 지원	2	9	212,601	4	6	5	5	1	1	1	1	4	4	3	4	4
1842	경기 의정부시	아동돌봄 프로그램 지원	2	9	28,800	4	6	5	5	1	1	1	1	4	4	3	4	4
1843	경기 의정부시	다함께돌봄센터 방학중 행복밥상 지원	2	9	67,500	4	6	5	5	1	1	1	1	4	4	3	4	4
1844	경기 의정부시	다함께돌봄센터 방학중 행복밥상 지원	2	9	60,960	4	6	5	5	1	1	1	1	4	4	3	4	4
1845	경기 의정부시	정신재활시설 운영지원	2	5	698,979	1	2	7	7	7	1	3	1	4	4	2	3	3
1846	경기 의정부시	정신요양 및 정신재활시설입소자 구료비	2	5	1,466	1	2	7	7	7	1	3	2	4	4	2	3	3
1847	경기 의정부시	정신재활시설 환경개선금	2	5	3,500	1	2	7	7	7	1	3	1	4	4	2	3	3
1848	경기 의정부시	정신재활시설 공동캠프 지원	2	5	1,838	1	2	7	7	7	1	3	1,2	4	4	2	3	3
1849	경기 안양시	종합사회복지관 지원	2	7	680,798	4	4	1	5	1	1	1	1	1	1	3	3	3
1850	경기 안양시	종합사회복지관 지원	2	7	691,037	4	4	1	5	1	1	1	1	1	1	3	3	3
1851	경기 안양시	종합사회복지관 지원	2	7	864,495	4	4	1	5	1	1	1	1	1	1	3	3	3
1852	경기 안양시	종합사회복지관 지원	2	7	1,057,190	4	4	1	5	1	1	1	1	1	1	3	3	3
1853	경기 부천시	자활근로, 지역자활센터운영(지역자활센터운영)	2	8	1,286,013	5	2	5	1	7	5	1	2	5	5	4	4	4
1854	경기 부천시	자활근로, 지역자활센터운영(통장사례관리 운영)	2	8	78,112	5	2	5	1	7	5	1	2	5	5	4	4	4
1855	경기 부천시	자활교육훈련지원	2	8	21,786	6	6	5	1	7	5	1	2	5	5	4	4	4
1856	경기 부천시	탈수급유지 지원사업	2	8	102,673	6	6	5	1	7	5	1	2	5	5	4	4	4
1857	경기 부천시	자활자립기반 조성(자활기업 관리 전문가 인건비)	2	8	95,400	1	4	5	1	7	3	1	1	1	1	3	4	4
1858	경기 부천시	자활자립기반 조성(통장사례관리사업 운영비)	2	8	38,150	1	4	5	1	7	3	1	1	1	1	3	4	4
1859	경기 부천시	자활자립기반 조성(자활지원 사업비)	2	8	9,000	1	4	5	1	7	3	1	1	1	1	3	4	4
1860	경기 부천시	노숙인 자활시설 운영(전환사업	1	6	373,965	6	4	7	8	7	1	1	4	5	5	4	4	4
1861	경기 부천시	사회복지관 운영비 보조금	2	7	621,589	5	1	7	8	7	1	1	1	3	4	3	3	3
1862	경기 부천시	고강종합사회복지관 주민지원사업	2	7	50,000	6	4	7	8	7	1	1	4	5	5	4	4	4
1863	경기 부천시	가정폭력피해자 보호지원	1	13	5,672	6	1	1	5	1	1	1	2	5	5	4	4	4
1864	경기 부천시	가정폭력피해자 보호시설 운영 지원(비수급 생계비)	1	13	13,500	6	1	1	5	1	1	1	2	5	5	4	4	4
1865	경기 부천시	가정폭력피해자 보호시설 운영 지원(직업훈련비)	1	13	2,445	6	1	1	5	1	1	1	2	5	5	4	4	4
1866	경기 부천시	가정폭력피해자 보호시설 운영 지원(기능보강)	1	13	15,000	6	1	1	5	1	1	1	2	5	5	4	4	4
1867	경기 부천시	가정폭력피해자 의료비 지원	1	13	6,667	6	1	1	5	1	1	1	2	5	5	4	4	4
1868	경기 부천시	가정폭력피해자 치료·회복 프로그램 운영	1	13	13,333	6	1	1	5	1	1	1	2	5	5	4	4	4
1869	경기 부천시	성폭력피해자 의료비 지원	1	13	10,000	6	1	1	5	1	1	1	2	5	5	4	4	4
1870	경기 부천시	가정폭력상담소 운영	2	13	373,767	5	1	7	8	7	1	1	4	5	5	4	4	4
1871	경기 부천시	가정폭력피해자치료회복프로그램	2	13	24,593	6	1	7	8	7	1	1	4	5	5	4	4	4
1872	경기 부천시	성폭력상담소 운영	2	12	288,739	5	1	5	8	7	5	1	3	5	5	4	4	4
1873	경기 부천시	성폭력피해자 치료회복 프로그램 운영	2	12	9,455	6	1	7	8	7	5	1	3	5	5	4	4	4
1874	경기 부천시	한부모가족복지시설 입소자 상담·치료 지원	1	16	6,623	6	2	7	8	7	5	1	2	5	5	4	4	4
1875	경기 부천시	한부모가족복지시설 운영 지원	1	16	17,617	5	6	7	8	7	5	1	2	5	5	4	4	4
1876	경기 부천시	한부모가족복지시설 아이돌봄서비스 지원	1	16	8,203	6	2	7	8	7	5	1	2	5	5	4	4	4
1877	경기 부천시	한부모가족복지시설 기능보강지원	1	16	15,300	6	3	7	8	7	5	1	2	5	5	4	4	4
1878	경기 부천시	다자녀가정 아이돌봄서비스 지원	2	14	100,000	6	4	2	5	1	5	1	3	3	2	1	4	4
1879	경기 부천시	아이돌보미 독감예방접종비 지원	2	14	6,600	6	6	2	5	1	5	1	2	5	5	4	4	4
1880	경기 부천시	건강가정지원센터 운영	2	14	445,550	4	1, 6	2	5	1	3	3	3	3	2	1	4	4
1881	경기 부천시	온가족보듬사업	2	14	150,195	6	2	2	5	1	3	3	3	3	2	1	4	4
1882	경기 부천시	1인가구 지원사업	2	14	17,100	6	6	2	5	1	5	1	2	5	5	4	4	4
1883	경기 부천시	가사스트레스 해소 지원사업	2	14	3,000	6	6	2	5	1	5	1	2	5	5	4	4	4

순번	시군구	지출명 (사업명)	시설종류 1. 생활시설 2. 이용시설	사회복지시설 종류 1. 노인복지시설 2. 아동복지시설 3. 장애인복지시설 4. 어린이집 5. 정신건강증진시설 6. 노숙인시설 7. 사회복지관 8. 지역자활센터 9. 다함께돌봄센터 10. 결핵,한센시설 11. 성매매피해지원시설 12. 성폭력피해보호시설 13. 가정폭력보호시설 14. 가족센터 15. 청소년복지시설 16. 기타 ( )	2025년예산 (단위:천원/1년간)	민간이전 분류 (지방자치단체 세출예산 집행기준에 의거) 1. 민간경상사업보조(307-02) 2. 민간단체 법정운영비보조(307-03) 3. 민간행사사업보조(307-04) 4. 민간위탁금(307-05) 5. 사회복지시설 법정운영비보조(307-10) 6. 사회복지사업보조(307-11) 7. 민간인위탁교육비(307-12) 8. 공기관등에대한경상적위탁사업(308-13) 9. 공사공단 경상전출금(309-01)	민간이전지출 근거 (지방보조금 관리기준 참고) 1. 법률에 규정 2. 국고보조 재원(국가지정) 3. 용도 지정 기부금 4. 조례에 직접규정 5. 지자체가 권장하는 사업을 하는 공공기관 6. 시,도 정책 및 재정사정 7. 기타 8. 해당없음	입찰방식: 계약체결방법 (경쟁형태) 1. 일반경쟁 2. 제한경쟁 3. 지명경쟁 4. 수의계약 5. 법정위탁 6. 기타 ( ) 7. 해당없음	입찰방식: 계약기간 1. 1년 2. 2년 3. 3년 4. 4년 5. 5년 6. 기타 ( )년 7. 단기계약 (1년미만) 8. 해당없음	입찰방식: 낙찰자선정방법 1. 적격심사 2. 협상에의한계약 3. 최저가낙찰제 4. 규격가격분리 5. 2단계 경쟁입찰 6. 기타 ( ) 7. 해당없음	운영예산 산정: 운영비산정 1. 내부산정 (지자체 자체적으로 산정) 2. 외부산정 (외부전문기관위탁 산정) 3. 내·외부 모두 산정 4. 산정 無 5. 해당없음	운영예산 산정: 정산방법 1. 내부정산 (지자체 내부적으로 정산) 2. 외부정산 (외부전문기관위탁 정산) 3. 내·외부 모두 정산 4. 정산 無 5. 해당없음	성과평가: 성과평가 실시여부 1. 실시 2. 미실시 3. 향후 추진 4. 해당없음	성과평가: 성과평가 주기 1. 매년 2. 격년 3. 기간만료전 4. 기타 ( ) 5. 해당없음	성과평가: 성과평가 실시 방법 1. 자체 실시 2. 평가단 구성 후 실시 (전문위원 섭외) 3. 전문 평가기관 의뢰 4. 기타 ( ) 5. 해당없음	성과평가: 평가기준 적용방법 1. 관련 조례 적용 2. 전문 평가기관 의뢰 3. 기타 ( ) 4. 해당없음	평가결과 적용: 실제 인센티브 및 페널티 적용 유무 1. 매년 적용 2. 적용 안함 3. 기타 ( ) 4. 해당없음	평가결과 적용: 인센티브 및 페널티 적용근거 1. 조례 2. 계약서 3. 기타 ( ) 4. 해당없음
1884	경기 부천시	행복한 가족 프로그램	2	14	3,000	6	6	2	5	1	5	1	2	5	5	4	4	4
1885	경기 부천시	다문화가족 자녀 지원 사업	2	14	547,340	4	1	5	5	1	1	1	2	5	5	4	4	4
1886	경기 부천시	결혼이민자 직업훈련 프로그램	2	14	52,000	4	1	5	5	1	1	1	2	5	5	4	4	4
1887	경기 부천시	온가족 보듬사업(다문화)	2	14	77,000	4	1	5	5	1	1	1	2	5	5	4	4	4
1888	경기 부천시	온가족 보듬사업(다문화, 시비추가)	2	14	16,576	4	1	5	5	1	1	1	2	5	5	4	4	4
1889	경기 부천시	다문화가족 특성화사업	2	14	323,500	4	1	5	5	1	1	1	2	5	5	4	4	4
1890	경기 부천시	다문화가족 특성화사업(시비추가)	2	14	50,064	4	1	5	5	1	1	1	2	5	5	4	4	4
1891	경기 부천시	다문화신문 구독 지원	2	14	17,370	4	1	5	5	1	1	1	2	5	5	4	4	4
1892	경기 부천시	결혼이민자 역량강화교육(도비)	2	14	46,200	6	4	5	1	1	1	1	2	5	5	4	4	4
1893	경기 부천시	다함께돌봄센터 인건비 추가지원	2	9	201,478	4	6	1	5	1	1	1	1,3	3	2	1	4	4
1894	경기 부천시	학교돌봄터 인건비 지원	2	9	111,228	4	6	1	5	1	1	1	3	3	2	1	4	4
1895	경기 부천시	다함께돌봄센터 기자재비 지원	2	9	30,000	9	2	1	5	1	1	1	4	3	2	1	4	4
1896	경기 부천시	다함께돌봄센터 인건비 지원	2	9	872,252	4	2	1	5	1	1	1	1,3	3	2	1	4	4
1897	경기 부천시	다함께돌봄센터 돌봄인력지원	2	9	207,269	4	6	1	5	1	1	1	1,3	3	2	1	4	4
1898	경기 부천시	다함께돌봄센터 아동돌봄 프로그램지원	2	9	28,800	4	6	1	5	1	1	1	1,3	3	2	1	4	4
1899	경기 부천시	방학 중 어린이 행복밥상	2	9	33,671	4	6	1	5	1	1	1	1,3	3	2	1	4	4
1900	경기 부천시	꿈나무아동종합상담소 운영비 지원	2	16	304,443	5	5	7	8	7	5	1	4	5	5	4	4	4
1901	경기 부천시	아동급식지원 플랫폼 배달비지원	2	16	8,125	7	6	4	2	2	5	1	4	5	5	4	4	4
1902	경기 부천시	지역아동센터 특기적성교육 강사 지원	2	2	144,000	5	2	7	8	7	1	1	4	4	5	4	4	4
1903	경기 부천시	지역아동센터 종사자 역량강화	2	2	2,353	1	6	7	8	7	1	1	4	4	5	4	4	4
1904	경기 부천시	지역아동센터 체육문화행사 지원	2	2	5,000	1	6	7	8	7	1	1	4	4	5	4	4	4
1905	경기 부천시	학대피해아동쉼터운영	1	2	258,700	4	2	7	8	7	1	1	4	4	5	4	4	4
1906	경기 부천시	학대피해아동쉼터운영	1	2	258,700	5	2	7	8	7	1	1	4	4	5	4	4	4
1907	경기 부천시	학대피해아동쉼터지원(도)	1	2	20,800	4	2	7	8	7	1	1	4	4	5	4	4	4
1908	경기 부천시	학대피해아동쉼터지원(도)	1	2	20,800	5	2	7	8	7	1	1	4	4	5	4	4	4
1909	경기 부천시	학대피해아동쉼터 인건비 추가지원(도)	1	2	62,050	4	2	7	8	7	1	1	4	4	5	4	4	4
1910	경기 부천시	지역아동보호전문기관 운영(부천시아동보호전문기관 운영)	2	2	1,211,206	4	1	1	3	1	1	1	1	3	1	3	4	4
1911	경기 부천시	국공립 어린이집 유지보수	2	2	12,600	6	6	1	5	1	1	1	1	3	2	3	3	2
1912	경기 부천시	어린이집 공기청정기 지원	2	2	47,395	5	6	1	5	1	1	1	1	3	2	3	3	2
1913	경기 부천시	어린이집 친환경발 지원	2	2	47,395	6	6	1	5	1	1	1	1	3	2	3	3	2
1914	경기 부천시	취약지역 어린이집 차량운영 지원	2	4	14,160	5	1	1	5	1	1	1	1	3	2	3	3	2
1915	경기 부천시	어린이집 운영지원(차량운영비 지원)	2	4	2,962	5	1	7	8	7	5	5	4	5	5	4	4	4
1916	경기 부천시	장애아보육 어린이집	2	4	58,296	5	1	7	8	7	5	5	4	5	5	4	4	4
1917	경기 부천시	야간연장형 어린이집 운영지원	2	4	91,653	5	1	1	5	1	1	1	1	3	2	3	3	2
1918	경기 부천시	어린이집 전기·가스 안전점검	2	4	38,246	5	1	1	5	1	1	1	1	3	2	3	3	2
1919	경기 부천시	영아 표준보육과정 프로그램	2	4	47,347	5	4	1	5	1	1	1	1	3	2	3	3	2
1920	경기 부천시	경기도형 보육컨설턴트	2	4	73,492	4	4	1	5	1	1	1	1	3	2	3	3	2
1921	경기 부천시	어린이집 냉난방비 지원	2	4	20,250	5	1	1	5	1	1	1	1	3	2	3	3	2
1922	경기 부천시	어린이집 운영지원(교재교구비)	2	4	39,587	5	1	1	5	1	1	1	1	3	2	3	3	2
1923	경기 부천시	어린이집 안전공제회 가입	2	4	133,268	6	1	1	5	1	1	1	1	3	2	3	3	2
1924	경기 부천시	노인복지관 운영	2	1	2,516,880	4	1,4	1	5	1	1	1	3	3	1	1	4	4
1925	경기 부천시	위탁노인복지시설 유지보수비	2	1	6,000	5	1,4	1	5	1	1	1	3	3	1	1	4	4
1926	경기 부천시	노인요양시설 수급자 및 환경개선비 지원	2	1	34,600	5	6	7	8	7	5	5	4	5	5	4	4	4
1927	경기 부천시	재가노인복지시설 운영	2	1	743,250	5	4	7	8	7	1	1	4	5	5	4	4	4
1928	경기 부천시	장애인복지관 운영	2	3	3,357,500	4	1	1	5	1	1	1	1	3	2	1	3	1
1929	경기 부천시	시각장애인점자도서관 운영	2	3	1,134,624	4	1	1	5	1	1	1	1	3	2	1	3	1

순번	시군구	지출명 (사업명)	시설종류 1. 생활시설 2. 이용시설	사회복지시설 종류 1. 노인복지시설 2. 아동복지시설 3. 장애인복지시설 4. 어린이집 5. 정신건강증진시설 6. 노숙인시설 7. 사회복지관 8. 지역자활센터 9. 다함께돌봄센터 10. 결핵,한센시설 11. 성매매피해지원시설 12. 성폭력피해보호시설 13. 가정폭력보호시설 14. 가족센터 15. 청소년복지시설 16. 기타 (　　　)	2025년예산 (단위:천원/1년간)	민간이전 분류 (지방자치단체 세출예산 집행기준에 의거) 1. 민간경상사업보조(307-02) 2. 민간단체 법정운영비보조(307-03) 3. 민간행사사업보조(307-04) 4. 민간위탁금(307-05) 5. 사회복지시설 법정운영비보조(307-10) 6. 사회복지사업보조(307-11) 7. 민간인위탁교육비(307-12) 8. 공기관등에대한경상적위탁사업(308-13) 9. 공사공단 경상전출금(309-01)	민간이전지출 근거 (지방보조금 관리기준 참고) 1. 법률에 규정 2. 국고보조 재원(국가지정) 3. 용도 지정 기부금 4. 조례에 직접규정 5. 지자체가 권장하는 사업을 하는 공공기관 6. 시,도 정책 및 재정사정 7. 기타 8. 해당없음	입찰방식 계약체결방법 (경쟁형태) 1. 일반경쟁 2. 제한경쟁 3. 지명경쟁 4. 수의계약 5. 법정위탁 6. 기타 ( ) 7. 해당없음	입찰방식 계약기간 1. 1년 2. 2년 3. 3년 4. 4년 5. 5년 6. 기타 ( )년 7. 단기계약 (1년미만) 8. 해당없음	입찰방식 낙찰자선정방법 1. 적격심사 2. 협상에의한계약 3. 최저가낙찰제 4. 규격가격분리 5. 2단계 경쟁입찰 6. 기타 ( ) 7. 해당없음	운영예산 산정 운영비산정 1. 내부산정 (지자체 자체적으로 산정) 2. 외부산정 (외부전문기관위탁 산정) 3. 내·외부 모두 산정 4. 산정 無 5. 해당없음	운영예산 산정 정산방법 1. 내부정산 (지자체 내부적으로 정산) 2. 외부정산 (외부전문기관위탁 정산) 3. 내·외부 모두 산정 4. 정산 無 5. 해당없음	성과평가 성과평가 실시여부 1. 실시 2. 미실시 3. 향후 추진 4. 해당없음	성과평가 성과평가 주기 1. 매년 2. 격년 3. 기간만료전 4. 기타 ( ) 5. 해당없음	성과평가 성과평가 실시 방법 1. 자체 실시 2. 평가단 구성 후 실시 (전문위원 섭외) 3. 전문 평가기관 의뢰 4. 기타 ( ) 5. 해당없음	성과평가 평가기준 적용방법 1. 관련 조례 적용 2. 전문 평가기관 의뢰 3. 기타 ( ) 4. 해당없음	평가결과 적용 실제 인센티브 및 패널티 적용 유무 1. 매년 적용 2. 적용 안함 3. 기타 ( ) 4. 해당없음	평가결과 적용 인센티브 및 패널티 적용근거 1. 조례 2. 계약서 3. 기타 ( ) 4. 해당없음
1930	경기 부천시	장애인주간보호시설 운영	2	3	3,875,207	5	1	7	8	7	5	5	4	5	5	4	4	4
1931	경기 부천시	수어통역센터 운영	2	3	397,731	5	1	7	8	7	5	5	4	5	5	4	4	4
1932	경기 부천시	시각장애인등생활지원센터 운영	2	3	452,513	5	1	7	8	7	5	5	4	5	5	4	4	4
1933	경기 부천시	장애인재가복지시설 운영지원(2종)	2	3	83,902	5	1	7	8	7	5	5	4	5	5	4	4	4
1934	경기 부천시	장애인거주시설 입소자 지원(4종)	1	3	45,567	5	1	7	8	7	5	5	4	5	5	4	4	4
1935	경기 부천시	개인운영 장애인거주시설 지원	1	3	164,416	5	1	7	8	7	5	5	4	5	5	4	4	4
1936	경기 부천시	장애인 365쉼터 운영	1	3	18,957	5	1	7	8	7	5	5	4	5	5	4	4	4
1937	경기 부천시	장애인단기거주시설 운영	1	3	447,480	5	1	7	8	7	5	5	4	5	5	4	4	4
1938	경기 부천시	장애인공동생활가정 운영	1	3	628,300	5	1	7	8	7	5	5	4	5	5	4	4	4
1939	경기 부천시	장애인직업재활시설 운영	2	3	3,002,737	5	1	7	8	7	5	5	4	5	5	4	4	4
1940	경기 부천시	장애인직업재활시설 운영지원(7종)	2	3	153,621	5	1	7	8	7	5	5	4	5	5	4	4	4
1941	경기 부천시	장애인직업재활시설 입소자 지원(4종)	2	3	58,230	5	1	7	8	7	5	5	4	5	5	4	4	4
1942	경기 부천시	장애인직업재활시설 마케팅 지원	2	3	12,693	5	1	7	8	7	5	5	4	5	5	4	4	4
1943	경기 부천시	장애인복지시설 재활프로그램 지원	2	3	17,877	5	1	7	8	7	5	5	4	5	5	4	4	4
1944	경기 부천시	장애인자립생활지원센터 지원	1	3	630,000	2	1	7	8	7	5	5	4	5	5	4	4	4
1945	경기 부천시	장애인자립생활 체험홈 운영 지원	1	3	71,106	2	1	7	8	7	5	5	4	5	5	4	4	4
1946	경기 부천시	청소년쉼터 운영지원	1	15	440,897	5	1	7	8	7	1	1	4	5	5	4	4	4
1947	경기 부천시	청소년쉼터 야간근무자 배치지원	1	15	95,110	4	1	1	3	6	1	1	1	1	1	1	1	1
1948	경기 부천시	청소년쉼터 야간근무자 배치지원	1	15	95,110	5	1	7	8	7	1	1	4	5	5	4	4	4
1949	경기 부천시	정신재활시설 운영지원	1,2	5	1,258,509	2	6	7	8	7	5	1	4	5	5	4	4	4
1950	경기 부천시	정신요양 및 정신재활시설 입소자 구료비 등	1	5	19,864	2	6	7	8	7	5	1	4	5	5	4	4	4
1951	경기 부천시	정신재활시설 공동캠프 지원	1,2	5	5,424	3	6	7	8	7	5	1	4	5	5	4	4	4
1952	경기 부천시	경로당 운영 지원(원미)	2	1	986,844	5	1	7	8	7	5	1	4	5	5	4	4	4
1953	경기 부천시	지역아동센터 운영비 지원(원미)	2	2	48,000	5	6	7	8	7	5	1	4	5	5	4	4	4
1954	경기 부천시	장애통합 지역아동센터 지원(원미)	2	2	41,088	5	6	7	8	7	5	1	4	5	5	4	4	4
1955	경기 부천시	지역아동센터 체험활동비 지원(원미)	2	2	33,400	6	6	7	8	7	5	1	4	5	5	4	4	4
1956	경기 부천시	어린이집 공기청정기 지원(원미)	2	4	120,114	5	1	7	8	7	5	1	4	5	5	4	4	4
1957	경기 부천시	영아 표준보육과정 프로그램 지원(원미)	2	4	201,225	5	1	7	8	7	5	1	4	5	5	4	4	4
1958	경기 부천시	영세아전용 어린이집 운영지원(원미)	2	4	605,686	5	1	7	8	7	5	1	4	5	5	4	4	4
1959	경기 부천시	야간연장형 어린이집 운영지원(원미)	2	4	96,340	5	1	7	8	7	5	1	4	5	5	4	4	4
1960	경기 부천시	공공형 어린이집 운영비(원미)	2	4	1,187,466	5	1	7	8	7	5	1	4	5	5	4	4	4
1961	경기 부천시	공공형 어린이집 운영활성화 지원(원미)	2	4	401,633	5	1	7	8	7	5	1	4	5	5	4	4	4
1962	경기 부천시	어린이집 운영지원(교재교구비)(원미)	2	4	98,000	5	1	7	8	7	5	1	4	5	5	4	4	4
1963	경기 부천시	어린이집 운영지원(원미)	2	4	459,300	5	1	7	8	7	5	1	4	5	5	4	4	4
1964	경기 부천시	어린이집 운영지원(급식위생관리지원금)(원미)	2	4	120,505	5	1	7	8	7	5	1	4	5	5	4	4	4
1965	경기 부천시	어린이집 보조인력 지원(원미)	2	4	528,000	5	1	7	8	7	5	1	4	5	5	4	4	4
1966	경기 부천시	경로당 사회봉사 활동비	2	16	105,300	6	4	7	8	7	5	1	4	5	5	4	4	4
1967	경기 부천시	경로당 운영 지원(소사)	2	16	723,614	5	4	7	8	7	1	1	4	5	5	4	4	4
1968	경기 부천시	지역아동센터 운영비 지원(기본운영비)(소사)	2	2	303,648	5	1	7	8	7	1	1	4	5	5	4	4	4
1969	경기 부천시	어린이집 공기청정기 지원(소사)	2	4	61,578	5	1	7	8	7	1	1	4	5	5	4	4	4
1970	경기 부천시	영아 표준보육과정 프로그램 지원(소사)	2	4	90,749	5	1	7	8	7	5	5	4	5	5	4	4	4
1971	경기 부천시	영세아전용 어린이집 운영지원(소사)	2	4	331,413	5	1	7	8	7	5	5	4	5	5	4	4	4
1972	경기 부천시	야간연장형 어린이집 운영지원(소사)	2	4	73,954	5	1	7	8	7	5	5	4	5	5	4	4	4
1973	경기 부천시	공공형 어린이집 운영비(소사)	2	4	519,890	5	1	7	8	7	5	5	4	5	5	4	4	4
1974	경기 부천시	공공형 어린이집 운영활성화 지원(소사)	2	4	171,820	5	1	7	8	7	5	5	4	5	5	4	4	4
1975	경기 부천시	어린이집 운영 지원(교재교구비 / 소사)	2	4	51,000	5	1	7	8	7	5	5	4	5	5	4	4	4

순번	시군구	지출명 (사업명)	시설종류 1. 생활시설 2. 이용시설	사회복지시설 종류 1. 노인복지시설 2. 아동복지시설 3. 장애인복지시설 4. 어린이집 5. 정신건강증진시설 6. 노숙인시설 7. 사회복지관 8. 지역자활센터 9. 다함께돌봄센터 10. 결핵,한센시설 11. 성매매피해지원시설 12. 성폭력피해보호시설 13. 가정폭력보호시설 14. 가족센터 15. 청소년복지시설 16. 기타 ( )	2025년예산 (단위:천원/1년간)	민간이전 분류 (지방자치단체 세출예산 집행기준에 의거) 1. 민간경상사업보조(307-02) 2. 민간단체 법정운영비보조(307-03) 3. 민간행사사업보조(307-04) 4. 민간위탁금(307-05) 5. 사회복지시설 법정운영비보조(307-10) 6. 사회복지사업보조(307-11) 7. 민간인위탁교육비(307-12) 8. 공기관등에대한경상적위탁사업(308-13) 9. 공사공단 경상전출금(309-01)	민간이전지출 근거 (지방보조금 관리기준 참고) 1. 법률에 규정 2. 국고보조 재원(국가지정) 3. 용도 지정 기부금 4. 조례에 직접규정 5. 지자체가 권장하는 사업을 하는 공공기관 6. 시,도 정책 및 재정사정 7. 기타 8. 해당없음	입찰방식 계약체결방법 (경쟁형태) 1. 일반경쟁 2. 제한경쟁 3. 지명경쟁 4. 수의계약 5. 법정위탁 6. 기타 ( ) 7. 해당없음	입찰방식 계약기간 1. 1년 2. 2년 3. 3년 4. 4년 5. 5년 6. 기타 ( )년 7. 단기계약 (1년미만) 8. 해당없음	입찰방식 낙찰자선정방법 1. 적격심사 2. 협상에의한계약 3. 최저가낙찰제 4. 규격가격분리 5. 2단계 경쟁입찰 6. 기타 ( ) 7. 해당없음	운영예산 산정 운영비산정 1. 내부산정 (지자체 자체적으로 산정) 2. 외부산정 (외부전문기관위탁 산정) 3. 내·외부 모두 산정 4. 산정 無 5. 해당없음	운영예산 산정 정산방법 1. 내부정산 (지자체 내부적으로 정산) 2. 외부정산 (외부전문기관위탁 정산) 3. 내·외부 모두 산정 4. 정산 無 5. 해당없음	성과평가 성과평가 실시여부 1. 실시 2. 미실시 3. 향후 추진 4. 해당없음	성과평가 성과평가 주기 1. 매년 2. 격년 3. 기간만료전 4. 기타 ( ) 5. 해당없음	성과평가 성과평가 실시 방법 1. 자체 실시 2. 평가단 구성 후 실시 (전문위원 섭외) 3. 전문 평가기관 의뢰 4. 기타 ( ) 5. 해당없음	성과평가 평가기준 적용방법 1. 관련 조례 적용 2. 전문 평가기관 의뢰 3. 기타 ( ) 4. 해당없음	평가결과 적용 실제 인센티브 및 패널티 적용 유무 1. 매년 적용 2. 적용 안함 3. 기타 ( ) 4. 해당없음	평가결과 적용 인센티브 및 패널티 적용근거 1. 조례 2. 계약서 3. 기타 ( ) 4. 해당없음
1976	경기 부천시	어린이집 운영 지원(소사)	2	4	237,000	5	1	7	8	7	5	5	4	5	5	4	4	4
1977	경기 부천시	어린이집 운영 지원(급식위생관리 지원금)	2	4	120,505	5	1	7	8	7	5	5	4	5	5	4	4	4
1978	경기 부천시	어린이집 보조인력 지원(소사)	2	4	345,600	5	1	7	8	7	5	5	4	5	5	4	4	4
1979	경기 부천시	어린이집 공기청정기 지원	2	4	41,155	5	1	7	8	7	3	1	4	5	5	4	4	4
1980	경기 부천시	영아 표준보육과정 프로그램 지원	2	4	55,239	5	1	7	8	7	3	1	4	5	5	4	4	4
1981	경기 부천시	영세아전용 어린이집 운영지원	2	4	205,705	5	1	7	8	7	3	1	4	5	5	4	4	4
1982	경기 부천시	야간연장형 어린이집 운영지원	2	4	55,229	5	1	7	8	7	3	1	4	5	5	4	4	4
1983	경기 부천시	공공형 어린이집 운영비	2	4	158,695	5	1	7	8	7	3	1	4	5	5	4	4	4
1984	경기 부천시	공공형 어린이집 운영활성화 지원	2	4	53,810	5	1	7	8	7	3	1	4	5	5	4	4	4
1985	경기 부천시	어린이집 운영 지원(교재교구비)	2	4	30,688	5	1	7	8	7	3	1	4	5	5	4	4	4
1986	경기 부천시	어린이집 운영 지원	2	4	134,800	5	1	7	8	7	3	1	4	5	5	4	4	4
1987	경기 부천시	어린이집 보조인력 지원	2	4	231,912	5	1	7	8	7	3	1	4	5	5	4	4	4
1988	경기 부천시	경로당 운영 지원(오정)	2	16	557,168	5	1	7	8	7	3	1	4	5	5	4	4	4
1989	경기 부천시	지역아동센터 장애통합 운영지원(오정)	2	16	41,088	5	1	7	8	7	3	1	4	5	5	4	4	4
1990	경기 동두천시	경기북부 피해장애인쉼터	1	3	637,667	4	4	4	5	6	1	3	1	3	1	1	2	4
1991	경기 동두천시	다함께돌봄센터	2	9	529,263	4	2	1	5	1	1	1	4	5	5	4	4	4
1992	경기 동두천시	노인복지관 운영	2	1	1,238,136	4	4	1	5	1	1	3	4	5	5	4	4	4
1993	경기 동두천시	장애인복지관 운영	2	3	1,600,975	4	1	1	5	1	1	2	1	1	3	2	2	4
1994	경기 동두천시	장애인주간보호센터 운영	2	3	534,571	5	1	1	5	1	1	2	1	1	3	2	2	4
1995	경기 동두천시	장애인단기보호센터 운영	1	3	469,213	5	1	1	5	1	1	2	1	1	3	2	2	4
1996	경기 동두천시	시각장애인 등 생활지원센터 운영	2	3	205,800	5	1	7	8	7	1	1	4	5	5	4	4	4
1997	경기 동두천시	수어통역센터 운영	2	3	323,420	5	1	7	8	7	1	1	4	5	5	4	4	4
1998	경기 동두천시	시군 장애인편의시설 기술지원센터 운영	3	16	90,640	5	1	7	8	7	1	1	4	5	5	4	4	4
1999	경기 동두천시	장애인 편의시설 현장조사요원 운영	3	16	30,539	5	1	7	8	7	1	1	4	5	5	4	4	4
2000	경기 동두천시	장애인자립생활센터 지원	2	3	210,000	5	1	7	8	7	1	1	4	5	5	4	4	4
2001	경기 동두천시	장애인의 날 행사	2	3	13,000	6	7	7	8	7	1	1	4	5	5	4	4	4
2002	경기 동두천시	장애인단체총연합회 활성화 지원	2	3	28,562	5	1	7	8	7	1	1	4	5	5	4	4	4
2003	경기 동두천시	지체 및 중증장애인 재활사업	2	3	61,148	5	1	7	8	7	1	1	4	5	5	4	4	4
2004	경기 동두천시	지체 및 중증장애인 재활사업	2	3	6,068	6	7	7	8	7	1	1	4	5	5	4	4	4
2005	경기 동두천시	교통장애인 재활사업	2	3	4,626	5	1	7	8	7	1	1	4	5	5	4	4	4
2006	경기 동두천시	교통장애인 재활사업	2	3	7,430	6	7	7	8	7	1	1	4	5	5	4	4	4
2007	경기 동두천시	시각장애인 재활사업	2	3	32,985	5	1	7	8	7	1	1	4	5	5	4	4	4
2008	경기 동두천시	시각장애인 재활사업	2	3	10,870	6	7	7	8	7	1	1	4	5	5	4	4	4
2009	경기 동두천시	청각, 언어장애인 재활사업	2	3	10,200	5	1	7	8	7	1	1	4	5	5	4	4	4
2010	경기 동두천시	청각, 언어장애인 재활사업	2	3	10,000	6	7	7	8	7	1	1	4	5	5	4	4	4
2011	경기 동두천시	장애인복지회 재활사업	2	3	2,727	5	1	7	8	7	1	1	4	5	5	4	4	4
2012	경기 동두천시	장애인복지회 재활사업	2	3	6,390	6	7	7	8	7	1	1	4	5	5	4	4	4
2013	경기 동두천시	장애인부모연대 활성화 지원	2	3	11,412	5	1	7	8	7	1	1	4	5	5	4	4	4
2014	경기 동두천시	장애자녀 재활교육 및 체험	2	3	4,420	5	1	7	8	7	1	1	4	5	5	4	4	4
2015	경기 동두천시	장애자녀 재활교육 및 체험	2	3	6,802	6	7	7	8	7	1	1	4	5	5	4	4	4
2016	경기 동두천시	장애어르신 쉼마루 지원	2	3	76,000	6	7	7	8	7	1	1	4	5	5	4	4	4
2017	경기 동두천시	요보호아동 자립지원(경계선지능아동 자립지원)	1	2	7,000	6	1	7	8	7	5	1	4	5	5	4	4	4
2018	경기 동두천시	학대피해아동쉼터 지원	1	2	258,700	5	1	7	8	7	5	1	4	5	5	4	4	4
2019	경기 동두천시	아동복지시설 운영	1	2	2,644,806	5	1	7	8	7	5	1	4	5	5	4	4	4
2020	경기 동두천시	아동복지시설 아동 문화학습활동 지원	1	2	370,202	6	1	7	8	7	5	1	4	5	5	4	4	4
2021	경기 동두천시	시설보호아동 마음건강 돌봄 지원	1	2	58,200	6	1	7	8	7	5	1	4	5	5	4	4	4

순번	시군구	지출명 (사업명)	시설종류 1. 생활시설 2. 이용시설	사회복지시설 종류 1. 노인복지시설 2. 아동복지시설 3. 장애인복지시설 4. 어린이집 5. 정신건강증진시설 6. 노숙인시설 7. 사회복지관 8. 지역자활센터 9. 다함께돌봄센터 10. 결핵,한센시설 11. 성매매피해지원시설 12. 성폭력피해보호시설 13. 가정폭력보호시설 14. 가족센터 15. 청소년복지시설 16. 기타 ( )	2025년예산 (단위:천원/1년간)	민간이전 분류 (지방자치단체 세출예산 집행기준에 의거) 1. 민간경상사업보조(307-02) 2. 민간단체 법정운영비보조(307-03) 3. 민간행사사업보조(307-04) 4. 민간위탁금(307-05) 5. 사회복지시설 법정운영비보조(307-10) 6. 사회복지사업보조(307-11) 7. 민간인위탁교육비(307-12) 8. 공기관등에대한경상적위탁사업(308-13) 9. 공사공단 경상전출금(309-01)	민간이전지출 근거 (지방보조금 관리기준 참고) 1. 법률에 규정 2. 국고보조 재원(국가지정) 3. 용도 지정 기부금 4. 조례에 직접규정 5. 지자체가 권고하는 사업을 하는 공공기관 6. 시,도 정책 및 재정사정 7. 기타 8. 해당없음	입찰방식: 계약체결방법 (경쟁형태) 1. 일반경쟁 2. 제한경쟁 3. 지명경쟁 4. 수의계약 5. 법정위탁 6. 기타 ( ) 7. 해당없음	입찰방식: 계약기간 1. 1년 2. 2년 3. 3년 4. 4년 5. 5년 6. 기타 ( )년 7. 단기계약 (1년미만) 8. 해당없음	입찰방식: 낙찰자선정방법 1. 적격심사 2. 협상에의한계약 3. 최저가낙찰제 4. 규격가격분리 5. 2단계 경쟁입찰 6. 기타 ( ) 7. 해당없음	운영예산 산정: 운영비산정 1. 내부산정 (지자체 자체적으로 산정) 2. 외부산정 (외부전문기관위탁 산정) 3. 내·외부 모두 산정 4. 산정 無 5. 해당없음	운영예산 산정: 정산방법 1. 내부정산 (지자체 내부적으로 정산) 2. 외부정산 (외부전문기관위탁 정산) 3. 내·외부 모두 산정 4. 정산 無 5. 해당없음	성과평가: 성과평가 실시여부 1. 실시 2. 미실시 3. 향후 추진 4. 해당없음	성과평가: 성과평가 주기 1. 매년 2. 격년 3. 기간만료전 4. 기타 ( ) 5. 해당없음	성과평가: 성과평가 실시 방법 1. 자체 실시 2. 평가단 구성 후 실시 (전문위원 섭외) 3. 전문 평가기관 의뢰 4. 기타 ( ) 5. 해당없음	성과평가: 평가기준 적용방법 1. 관련 조례 적용 2. 전문 평가기관 의뢰 3. 기타 ( ) 4. 해당없음	평가결과 적용: 실제 인센티브 및 페널티 적용 유무 1. 매년 적용 2. 적용 안함 3. 기타 ( ) 4. 해당없음	평가결과 적용: 인센티브 및 페널티 적용근거 1. 조례 2. 계약서 3. 기타 ( ) 4. 해당없음
2022	경기 동두천시	요보호아동 그룹홈 운영	1	2	146,028	5	1	7	8	7	5	1	4	5	5	4	4	4
2023	경기 동두천시	시설아동 어린이날 행사 참가 지원	1	2	1,500	6	1	7	8	7	5	1	4	5	5	4	4	4
2024	경기 동두천시	시설아동 체육대회 참가 지원	1	2	1,500	6	1	7	8	7	5	1	4	5	5	4	4	4
2025	경기 동두천시	가족센터 운영(기금/지원)	2	14	565,210	4	2	1	3	7	1	1	4	5	5	4	4	4
2026	경기 동두천시	성매매피해자 지원시설 및 상담소 운영	2	11	250,822	5	2	7	8	7	5	5	1	1	4	3	4	4
2027	경기 동두천시	성매매피해자 지원시설 및 상담소 운영	2	11	239,493	6	2	7	8	7	5	5	1	1	4	3	4	4
2028	경기 동두천시	성폭력, 가정폭력 상담소 운영지원	2	12	151,322	5	2	7	8	7	5	5	1	1	4	3	4	4
2029	경기 동두천시	성폭력, 가정폭력 상담소 운영지원	2	12	4,233	6	2	7	8	7	5	5	1	1	4	3	4	4
2030	경기 동두천시	한부모가족 복지시설 운영	2	16	212,000	5	1	7	8	7	5	5	4	5	5	4	4	4
2031	경기 동두천시	한부모가족 복지시설 운영	2	16	104,468	6	1	7	8	7	5	5	4	5	5	4	4	4
2032	경기 동두천시	한부모가족 복지시설 지원	2	16	14,599	6	1	7	8	7	5	5	4	5	5	4	4	4
2033	경기 동두천시	시설입소자 상담의료지원	2	16	5,000	6	2	7	8	7	5	5	4	5	5	4	4	4
2034	경기 동두천시	한부모가족 아이돌봄 서비스 지원	2	16	14,426	6	2	7	8	7	5	5	4	5	5	4	4	4
2035	경기 동두천시	아이돌봄지원사업	2	14	133,790	2	2	7	3	7	1	1	4	5	5	4	4	4
2036	경기 동두천시	시립어린이집 기능보강	2	4	600	6	1	1	1	1	1	1	4	5	5	4	4	4
2037	경기 동두천시	육아종합지원센터 운영	2	16	493,837	4	4	1	3	1	1	1	4	5	5	4	4	4
2038	경기 동두천시	청소년상담복지센터 운영	2	15	239,062	4	1	1	3	1	1	1	1	1	1	1	4	4
2039	경기 동두천시	청년창업지원센터 운영	2	16	230,000	4	4	6	3	2	1	1	4	5	5	4	4	4
2040	경기 안산시	경기도피해장애아동 남아쉼터	1	3	470,278	4	4	4	5	6	1	3	3	3	1	1	2	4
2041	경기 안산시	경기도피해장애아동 여아쉼터	1	3	444,611	4	4	4	5	6	1	3	3	3	1	1	2	4
2042	고양특례시	사회복지관 운영비	2	7	1,234,000	4	1	4	5	1	1	3	1	3	2	3	4	4
2043	고양특례시	사회복지관 운영비	2	7	745,000	4	1	4	5	1	1	3	1	3	2	3	4	4
2044	고양특례시	사회복지관 운영비	2	7	3,040,827	4	1	4	5	1	1	3	1	3	2	3	4	4
2045	고양특례시	사회복지관 운영비	2	7	1,413,880	4	1	4	5	1	1	3	1	3	2	3	4	4
2046	고양특례시	사회복지관 운영비	2	7	1,202,000	4	1	4	5	1	1	3	1	3	2	3	4	4
2047	고양특례시	사회복지관 운영비	2	7	1,268,573	4	1	4	5	1	1	3	1	3	2	3	4	4
2048	고양특례시	사회복지관 운영비	2	7	1,501,403	4	1	4	5	1	1	3	1	3	2	3	4	4
2049	고양특례시	사회복지관 운영비	2	7	720,000	4	1	4	5	1	1	3	1	3	2	3	4	4
2050	고양특례시	사회복지관 운영비	2	7	735,000	4	1	4	5	1	1	3	1	3	2	3	4	4
2051	고양특례시	자활근로, 지역자활센터 및 광역자활센터 운영-지역자활센터 운영	2	8	425,668	5	2	5	1	7	5	3	1	2	2	3	3	3
2052	경기 과천시	과천종합사회복지관	2	7	1,168,191	4	4	5	5	1	3	3	3	3	4	3	4	4
2053	경기 과천시	요보호아동 그룹홈 운영지원	1	2	146,028	6	2	7	8	7	3	3	4	5	5	4	4	4
2054	경기 과천시	지역아동센터 운영비	2	2	47,760	6	2	7	8	7	3	3	4	5	5	4	4	4
2055	경기 과천시	지역아동센터 특수목적형 지원	2	2	7,200	6	2	7	8	7	3	3	4	5	5	4	4	4
2056	경기 과천시	지역아동센터 운영 추가지원	2	2	200,000	4	6	7	8	7	3	3	4	5	5	4	4	4
2057	경기 과천시	지역아동센터 아동인권 교육지원	2	2	10,000	4	6	7	8	7	3	3	4	5	5	4	4	4
2058	경기 과천시	지역아동센터 종사자 처우개선비	2	2	6,600	1	2	7	8	7	3	3	4	5	5	4	4	4
2059	경기 과천시	지역아동센터 종사자 특수근무수당	2	2	18,600	1	2	7	8	7	3	3	4	5	5	4	4	4
2060	경기 과천시	지역아동센터 체험활동비 지원	2	2	5,450	6	2	7	8	7	3	3	4	5	5	4	4	4
2061	경기 과천시	지역아동센터 특기적성 강사 지원(지역아동센터 경기남부지원단)	2	2	14,400	6	2	7	8	7	3	3	4	5	5	4	4	4
2062	경기 과천시	어린이집운영지원(국비)	2	4	53,850	5	2	7	8	7	2	1	4	5	5	4	4	4
2063	경기 과천시	어린이집 환경개선(국비)	2	4	29,000	4	2	7	8	7	1	1	4	5	5	4	4	4
2064	경기 과천시	어린이집 환경개선 추가지원	2	4	100,000	4	6	7	8	7	1	1	4	5	5	4	4	4
2065	경기 과천시	과천형 비담임 지원사업	2	4	674,771	5	4	7	8	7	1	1	4	5	5	4	4	4
2066	경기 과천시	장애영유아보육교사 전문성강화교육	2	4	10,000	4	6	7	8	7	1	1	4	5	5	4	4	4
2067	경기 과천시	다함께돌봄센터 인건비 지원	2	9	754,248	4	2	7	8	7	3	3	4	5	5	4	4	4

순번	시군구	지출명 (사업명)	시설종류 1. 생활시설 2. 이용시설	사회복지시설 종류 1. 노인복지시설 2. 아동복지시설 3. 장애인복지시설 4. 어린이집 5. 정신건강증진시설 6. 노숙인시설 7. 사회복지관 8. 지역자활센터 9. 다함께돌봄센터 10. 결핵,한센시설 11. 성매매피해지원시설 12. 성폭력피해보호시설 13. 가정폭력보호시설 14. 가족센터 15. 청소년복지시설 16. 기타 ( )	2025년예산 (단위:천원/1년간)	민간이전 분류 (지방자치단체 세출예산 집행기준에 의거) 1. 민간경상사업보조(307-02) 2. 민간단체 법정운영비보조(307-03) 3. 민간행사사업보조(307-04) 4. 민간위탁금(307-05) 5. 사회복지시설 법정운영비보조(307-10) 6. 사회복지사업보조(307-11) 7. 민간인위탁교육비(307-12) 8. 공기관등에대한경상적위탁사업(308-13) 9. 공사공단 경상전출금(309-01)	민간이전지출 근거 (지방보조금 관리기준 참고) 1. 법률에 규정 2. 국고보조 재원(국가지정) 3. 용도 지정 기부금 4. 조례에 직접규정 5. 지자체가 권장하는 사업을 하는 공공기관 6. 시,도 정책 및 재정사정 7. 기타 8. 해당없음	입찰방식 계약체결방법 (경쟁형태) 1. 일반경쟁 2. 제한경쟁 3. 지명경쟁 4. 수의계약 5. 법정위탁 6. 기타 ( ) 7. 해당없음	입찰방식 계약기간 1. 1년 2. 2년 3. 3년 4. 4년 5. 5년 6. 기타 ( )년 7. 단기계약 (1년미만) 8. 해당없음	입찰방식 낙찰자선정방법 1. 적격심사 2. 협상에의한계약 3. 최저가낙찰제 4. 규격가격분리 5. 2단계 경쟁입찰 6. 기타 ( ) 7. 해당없음	운영예산 산정 운영비산정 1. 내부산정 (지자체 자체적으로 산정) 2. 외부산정 (외부전문기관위탁 산정) 3. 내·외부 모두 산정 4. 산정 無 5. 해당없음	운영예산 산정 정산방법 1. 내부정산 (지자체 내부적으로 정산) 2. 외부정산 (외부전문기관위탁 정산) 3. 내·외부 모두 산정 4. 정산 無 5. 해당없음	성과평가 성과평가 실시여부 1. 실시 2. 미실시 3. 향후 추진 4. 해당없음	성과평가 성과평가 주기 1. 매년 2. 격년 3. 기간만료전 4. 기타 ( ) 5. 해당없음	성과평가 성과평가 실시 방법 1. 자체 실시 2. 평가단 구성 후 실시 (전문위원 섭외) 3. 전문 평가기관 의뢰 4. 기타 ( ) 5. 해당없음	성과평가 평가기준 적용방법 1. 관련 조례 적용 2. 전문 평가기관 의뢰 3. 기타 ( ) 4. 해당없음	평가결과 적용 실제 인센티브 및 페널티 적용 유무 1. 매년 적용 2. 적용 안함 3. 기타 ( ) 4. 해당없음	평가결과 적용 인센티브 및 페널티 적용근거 1. 조례 2. 계약서 3. 기타 ( ) 4. 해당없음
2068	경기 과천시	다함께돌봄센터 인건비 추가 지원	2	9	182,970	4	2	7	8	7	3	3	4	5	5	4	4	4
2069	경기 과천시	다함께돌봄센터 돌봄인력 지원	2	9	145,810	4	2	7	8	7	3	3	4	5	5	4	4	4
2070	경기 과천시	아동돌봄 프로그램 지원	2	9	21,600	4	6	7	8	7	3	3	4	5	5	4	4	4
2071	경기 과천시	방학 중 어린이 행복밥상	2	9	70,200	4	6	7	8	7	3	3	4	5	5	4	4	4
2072	경기 과천시	다함께돌봄센터 운영 추가 지원	2	9	73,280	4	6	7	8	7	3	3	4	5	5	4	4	4
2073	경기 과천시	가족센터 운영	2	14	790,260	4	2	1	5	1	5	3	4	5	5	4	4	4
2074	경기 과천시	가족센터 가족상담비 지원사업	2	14	60,000	4	6	1	5	1	5	3	4	5	5	4	4	4
2075	경기 과천시	성매매 및 성폭력 가정폭력 예방교육	2	14	20,000	4	6	1	5	1	5	3	4	5	5	4	4	4
2076	경기 과천시	부부 특성화 지원 사업	2	14	10,000	4	6	1	5	1	5	3	4	5	5	4	4	4
2077	경기 과천시	위기가족 회복지원 사업	2	14	40,000	4	6	1	5	1	5	3	4	5	5	4	4	4
2078	경기 과천시	다문화 신문 구독 지원	2	14	16,200	4	6	1	5	1	5	3	4	5	5	4	4	4
2079	경기 과천시	다문화 사회 이해 교육	2	14	50,000	4	6	1	5	1	5	3	4	5	5	4	4	4
2080	경기 과천시	다문화 가정 자녀 방문학습지 지원	2	14	40,500	4	6	1	5	1	5	3	4	5	5	4	4	4
2081	경기 과천시	아이돌봄 지원	2	14	1,762,473	4	2	1	2	1	5	3	4	5	5	4	4	4
2082	경기 과천시	아이돌봄서비스 본인부담금 지원	2	14	310,668	4	6	1	2	1	5	3	4	5	5	4	4	4
2083	경기 과천시	아이돌보미 영아돌봄수당 지원	2	14	71,640	4	6	1	2	1	5	3	4	5	5	4	4	4
2084	경기 과천시	아이돌보미 건강증진비 지원	2	14	9,000	4	6	1	2	1	5	3	4	5	5	4	4	4
2085	경기 과천시	마을돌봄나눔터	2	14	109,080	4	6	1	5	1	5	3	4	5	5	4	4	4
2086	경기 구리시	구리시종합사회복지관 운영	2	7	837,342	4	1, 4	1	5	6	1	1	1	3	2	1	1	2
2087	경기 구리시	갈매사회복지관 운영	2	7	480,000	4	1, 4	1	5	6	1	1	1	3	2	1	1	2
2088	경기 남양주시	아동보호전문기관 운영(국비/직접)	1	2	1,021,584	4	1	2	5	6	1	3	1	3	3	2	4	4
2089	경기 남양주시	아동보호전문기관 운영(자체/직접)	2	2	312,818	4	1	2	5	6	1	3	1	3	3	2	4	4
2090	경기 남양주시	가정폭력 상담소 운영지원	2	16	189,782	5	2	7	8	7	5	1	4	1	1	1	4	4
2091	경기 남양주시	성폭력 상담소 운영지원	2	16	151,322	5	2	7	8	7	5	1	4	1	1	1	4	4
2092	경기 남양주시	아이돌봄 지원	2	14	7,829,554	4	6	1	2	7	5	1	4	5	5	4	4	4
2093	경기 남양주시	아이돌보미 영아돌봄 수당 지원 사업	2	14	88,080	4	6	1	2	7	5	1	4	5	5	4	4	4
2094	경기 남양주시	아이돌보미 건강증진비 지원	2	14	14,500	4	6	1	2	7	5	1	4	5	5	4	4	4
2095	경기 남양주시	방문형 긴급돌봄 강화(도비)	2	14	50,400	4	6	1	2	7	5	1	4	5	5	4	4	4
2096	경기 남양주시	외국인복지센터 지원	2	16	31,933	4	6	1	5	7	1	1	4	5	5	4	4	4
2097	경기 남양주시	외국인복지센터 통역 지원	2	16	27,133	4	6	1	5	7	1	1	4	5	5	4	4	4
2098	경기 남양주시	외국인주민 한국어교육	2	16	15,067	4	6	1	5	7	1	1	4	5	5	4	4	4
2099	경기 남양주시	외국인주민 상담지원	2	16	31,633	4	6	1	5	7	1	1	4	5	5	4	4	4
2100	경기 남양주시	경기도 통역 서포터즈 운영	2	16	34,000	4	6	1	5	7	1	1	4	5	5	4	4	4
2101	경기 남양주시	문화다양성 이해교육	2	16	12,500	4	6	1	5	7	1	1	4	5	5	4	4	4
2102	경기 남양주시	가족센터 운영	2	14	449,950	4	6	1	5	7	1	1	4	5	5	4	4	4
2103	경기 남양주시	1인가구 지원사업	2	14	20,000	4	6	1	5	7	1	1	4	5	5	4	4	4
2104	경기 남양주시	1인가구 자유주제 사업	2	14	10,000	4	6	1	5	7	1	1	4	5	5	4	4	4
2105	경기 남양주시	가족상담비 지원사업	2	14	60,000	4	6	1	5	7	1	1	4	5	5	4	4	4
2106	경기 남양주시	가족센터(다문화) 운영	2	14	388,440	4	6	1	5	7	1	1	4	5	5	4	4	4
2107	경기 남양주시	다문화가족 특성화사업	2	14	455,160	4	6	1	5	7	1	1	4	5	5	4	4	4
2108	경기 남양주시	결혼이민자 역량강화 지원	2	14	24,500	4	6	1	5	7	1	1	4	5	5	4	4	4
2109	경기 남양주시	다문화가족 서포터즈 운영	2	14	7,000	4	6	1	5	7	1	1	4	5	5	4	4	4
2110	경기 남양주시	다문화가족 동아리모임 활성화 지원	2	14	4,000	4	6	1	5	7	1	1	4	5	5	4	4	4
2111	경기 남양주시	다문화가정자녀 방문학습지 지원	2	14	20,480	4	6	1	5	7	1	1	4	5	5	4	4	4
2112	경기 남양주시	다문화신문 구독 지원	2	14	11,340	4	6	1	5	7	1	1	4	5	5	4	4	4
2113	경기 남양주시	결혼이민자 취업교육 지원	2	14	60,000	4	6	1	5	7	1	1	4	5	5	4	4	4

순번	시군구	지출명 (사업명)	시설종류 1. 생활시설 2. 이용시설	사회복지시설 종류 1. 노인복지시설 2. 아동복지시설 3. 장애인복지시설 4. 어린이집 5. 정신건강증진시설 6. 노숙인시설 7. 사회복지관 8. 지역자활센터 9. 다함께돌봄센터 10. 결핵,한센시설 11. 성매매피해지원시설 12. 성폭력피해보호시설 13. 가정폭력보호시설 14. 가족센터 15. 청소년복지시설 16. 기타 ( )	2025년예산 (단위:천원/1년간)	민간이전 분류 (지방자치단체 세출예산 집행기준에 의거) 1. 민간경상사업보조(307-02) 2. 민간단체 법정운영비보조(307-03) 3. 민간행사사업보조(307-04) 4. 민간위탁금(307-05) 5. 사회복지시설 법정운영비보조(307-10) 6. 사회복지사업보조(307-11) 7. 민간인위탁교육비(307-12) 8. 공기관등에대한경상적위탁사업(308-13) 9. 공사공단 경상전출금(309-01)	민간이전지출 근거 (지방보조금 관리기준 참고) 1. 법률에 규정 2. 국고보조 재원(국가지정) 3. 용도 지정 기부금 4. 조례에 직접규정 5. 지자체가 권장하는 사업을 하는 공공기관 6. 시,도 정책 및 재정사정 7. 기타 8. 해당없음	입찰방식 계약체결방법 (경쟁형태) 1. 일반경쟁 2. 제한경쟁 3. 지명경쟁 4. 수의계약 5. 법정위탁 6. 기타 ( ) 7. 해당없음	계약기간 1. 1년 2. 2년 3. 3년 4. 4년 5. 5년 6. 기타 ( )년 7. 단기계약 (1년미만) 8. 해당없음	낙찰자선정방법 1. 적격심사 2. 협상에의한계약 3. 최저가낙찰제 4. 규격가격분리 5. 2단계 경쟁입찰 6. 기타 ( ) 7. 해당없음	운영예산 산정 운영비산정 1. 내부산정 (지자체 자체적으로 산정) 2. 외부산정 (외부전문기관위탁 산정) 3. 내·외부 모두 산정 4. 산정 無 5. 해당없음	정산방법 1. 내부정산 (지자체 내부적으로 정산) 2. 외부정산 (외부전문기관위탁 정산) 3. 내·외부 모두 산정 4. 정산 無 5. 해당없음	성과평가 성과평가 실시여부 1. 실시 2. 미실시 3. 향후 추진 4. 해당없음	성과평가 주기 1. 매년 2. 격년 3. 기간만료전 4. 기타 ( ) 5. 해당없음	성과평가 실시 방법 1. 자체 실시 2. 평가단 구성 후 실시 (전문위원 섭외) 3. 전문 평가기관 의뢰 4. 기타 ( ) 5. 해당없음	평가기준 적용방법 1. 관련 조례 적용 2. 전문 평가기관 의뢰 3. 기타 ( ) 4. 해당없음	평가결과 적용 실제 인센티브 및 페널티 적용 유무 1. 매년 적용 2. 적용 안함 3. 기타 ( ) 4. 해당없음	인센티브 및 페널티 적용근거 1. 조례 2. 계약서 3. 기타 ( ) 4. 해당없음
2114	경기 남양주시	중도입국자녀 한국사회 적응 지원	2	14	9,500	4	6	1	5	7	1	1	4	5	5	4	4	4
2115	경기 남양주시	다문화가족 캠프 지원	2	14	68,000	4	6	1	5	7	1	1	4	5	5	4	4	4
2116	경기 남양주시	문화다양성 이해교육(주민참여형 소통 프로그램 지원)	2	14	11,600	4	6	1	5	7	1	1	4	5	5	4	4	4
2117	경기 남양주시	지역아동센터 운영비 지원	2	2	1,087,377	5	2	7	8	7	5	1	4	5	5	4	4	4
2118	경기 남양주시	지역아동센터 운영비 지원	2	2	32,114	5	2	7	8	7	5	1	4	5	5	4	4	4
2119	경기 남양주시	장애통합 지역아동센터 지원	2	2	243,528	5	6	7	8	7	5	1	4	5	5	4	4	4
2120	경기 남양주시	지역아동센터 특기적성 교육강사 지원	2	2	297,600	6	6	7	8	7	5	1	4	5	5	4	4	4
2121	경기 남양주시	지역아동센터 체험활동비 지원	2	2	96,000	6	6	7	8	7	5	1	4	5	5	4	4	4
2122	경기 남양주시	지역아동센터 문화활동 지원	2	2	40,000	6	6	7	8	7	5	1	4	5	5	4	4	4
2123	경기 남양주시	지역아동센터 문화활동 지원	2	2	4,000	6	6	7	8	7	5	1	4	5	5	4	4	4
2124	경기 남양주시	요보호아동 그룹홈 운영	1	2	1,017,996	5	2	7	8	7	5	1	4	5	5	4	4	4
2125	경기 남양주시	요보호아동 자립지원(경계선지능아동 자립지원)	1	2	1,750	5	2	7	8	7	5	1	4	5	5	4	4	4
2126	경기 남양주시	학대피해아동쉼터 인건비 추가지원	1	2	110,595	4	6	1	5	1	5	1	4	5	5	4	4	4
2127	경기 남양주시	학대피해아동쉼터 지원(도비)	1	2	54,080	4	6	1	5	1	5	1	4	5	5	4	4	4
2128	경기 남양주시	다함께돌봄센터 설치비 지원	2	2	20,000	5	2	4	8	7	5	1	4	5	5	4	4	4
2129	경기 남양주시	다함께돌봄센터 인건비 지원	2	2	1,112,348	4	2	1	5	1	5	1	4	5	5	4	4	4
2130	경기 남양주시	다함께돌봄센터 인건비 추가지원	2	2	562,611	4	6	1	5	1	5	1	4	5	5	4	4	4
2131	경기 남양주시	다함께돌봄센터 돌봄인력 지원	2	2	325,296	4	6	1	5	1	5	1	4	5	5	4	4	4
2132	경기 남양주시	다함께돌봄센터 아동돌봄 프로그램 지원	2	2	43,200	4	6	1	5	1	5	1	4	5	5	4	4	4
2133	경기 남양주시	다함께돌봄센터 방학중 행복밥상 지원	2	2	106,380	4	6	1	5	1	5	1	4	5	5	4	4	4
2134	경기 남양주시	아동돌봄남양주센터 운영	2	2	77,160	4	6	7	5	7	5	1	4	5	5	4	4	4
2135	경기 남양주시	시설형 긴급돌봄 지원	2	2	60,960	4	6	7	8	7	5	1	4	5	5	4	4	4
2136	경기 남양주시	상상누리터 방학중 행복밥상 지원	2	2	32,400	4	4	7	8	7	1	1	3	3	3	2	4	4
2137	경기 남양주시	정신재활시설 운영지원	1	5	147,709	1	1	7	8	7	3	3	4	5	5	4	4	4
2138	경기 남양주시	정신요양 및 정신재활시설 종사자 특수근무수당 등	1	5	6,432	1	1	7	8	7	3	3	4	5	5	4	4	4
2139	경기 남양주시	정신재활시설 공동탬프 지원	1	5	919	1	1	7	8	7	3	3	4	5	5	4	4	4
2140	경기 남양주시	정신재활시설 운영지원	1	5	83,948	1	1	7	8	7	3	3	4	5	5	4	4	4
2141	경기 남양주시	정신요양 및 정신재활시설 종사자 특수근무수당 등	1	5	4,966	1	1	7	8	7	3	3	4	5	5	4	4	4
2142	경기 남양주시	정신재활시설 공동탬프 지원	1	5	919	1	1	7	8	7	3	3	4	5	5	4	4	4
2143	경기 남양주시	권역별 사회복지관(희망케어센터) 운영	2	7	2,617,760	4	4	1	5	1	1	1	1	4	4	3	2	4
2144	경기 남양주시	자활근로사업	2	8	3,544,444	4	2	1	1	1	5	1	1	1	2	3	1	3
2145	경기 남양주시	지역자활센터운영	2	8	313,386	5	2	1	1	1	5	1	1	1	2	3	1	3
2146	경기 남양주시	자활근로(사례관리) 균특	2	8	31,740	4	2	1	1	1	5	1	1	1	2	3	1	3
2147	경기 남양주시	통장사례관리자 운영	2	8	78,592	4	2	1	1	1	5	1	1	1	2	3	1	3
2148	경기 남양주시	탈수급 유지지원사업	2	8	44,093	4	2	1	1	1	5	1	1	1	2	3	1	3
2149	경기 남양주시	자활교육훈련지원	2	8	15,000	4	2	1	1	1	5	1	1	1	2	3	1	3
2150	경기 남양주시	저소득취약계층 생활안심케어(깔끄미사업)	2	8	10,000	4	2	1	1	1	5	1	1	1	2	3	1	3
2151	경기 남양주시	자활성공지원금	2	8	17,000	4	2	1	1	1	5	1	1	1	2	3	1	3
2152	경기 남양주시	장애인직업재활시설 입소자 지원(7종)	2	3	280,960	5	8	7	8	7	5	5	4	5	5	4	4	4
2153	경기 남양주시	장애인지역사회재활시설 운영 지원(2종)	2	3	14,200	5	8	1	5	1	1	1	1	3	1	3	3	1
2154	경기 남양주시	장애인지역사회재활시설 운영 지원(2종)	2	3	17,800	5	8	1	5	1	1	1	1	3	1	3	3	1
2155	경기 남양주시	장애인지역사회재활시설 운영 지원(2종)	2	3	10,600	5	8	1	5	1	1	1	1	3	1	3	3	1
2156	경기 남양주시	장애인 365쉼터 운영 지원	1	3	84,210	5	8	7	8	7	5	5	4	5	5	4	4	4
2157	경기 남양주시	개인운영 장애인거주시설 지원	1	3	625,063	5	8	7	8	7	5	5	4	5	5	4	4	4
2158	경기 남양주시	장애인 단기거주시설 운영	1	3	272,950	5	8	7	8	7	5	5	4	5	5	4	4	4
2159	경기 남양주시	장애인 공동생활가정 운영	1	3	118,000	5	8	7	8	7	5	5	4	5	5	4	4	4

순번	시군구	지출명 (사업명)	시설종류	사회복지시설 종류	2025년예산 (단위:천원/1년간)	민간이전 분류 (지방자치단체 세출예산 집행기준에 의거)	민간이전지출 근거 (지방보조금 관리기준 참고)	입찰방식			운영예산 산정		성과평가				평가결과 적용	
			1. 생활시설 2. 이용시설	1. 노인복지시설 2. 아동복지시설 3. 장애인복지시설 4. 어린이집 5. 정신건강증진시설 6. 노숙인시설 7. 사회복지관 8. 지역자활센터 9. 다함께돌봄센터 10. 결핵,한센시설 11. 성매매피해지원시설 12. 성폭력피해보호시설 13. 가정폭력보호시설 14. 가족센터 15. 청소년복지시설 16. 기타 ( )		1. 민간경상사업보조(307-02) 2. 민간단체 법정운영비보조(307-03) 3. 민간행사사업보조(307-04) 4. 민간위탁금(307-05) 5. 사회복지시설 법정운영비보조(307-10) 6. 사회복지사업보조(307-11) 7. 민간인위탁교육비(307-12) 8. 공기관등에대한경상적위탁사업(308-13) 9. 공사공단 경상전출금(309-01)	1. 법률에 규정 2. 국고보조 재원(국가지정) 3. 용도 지정 기부금 4. 조례에 직접규정 5. 지자체가 권장하는 사업을 하는 공공기관 6. 시,도 정책 및 재정사정 7. 기타 8. 해당없음	계약체결방법 (경쟁형태) 1. 일반경쟁 2. 제한경쟁 3. 지명경쟁 4. 수의계약 5. 법정위탁 6. 기타 ( ) 7. 해당없음	계약기간 1. 1년 2. 2년 3. 3년 4. 4년 5. 5년 6. 기타 ( )년 7. 단기계약 (1년미만) 8. 해당없음	낙찰자선정방법 1. 적격심사 2. 협상에의한계약 3. 최저가낙찰제 4. 규격가격분리 5. 2단계 경쟁입찰 6. 기타 ( ) 7. 해당없음	운영비산정 1. 내부산정 (지자체 자체적으로 산정) 2. 외부산정 (외부전문기관위탁 산정) 3. 내·외부 모두 산정 4. 산정 無 5. 해당없음	정산방법 1. 내부정산 (지자체 내부적으로 정산) 2. 외부정산 (외부전문기관위탁 정산) 3. 내·외부 모두 산정 4. 정산 無 5. 해당없음	성과평가 실시여부 1. 실시 2. 미실시 3. 향후 추진 4. 해당없음	성과평가 주기 1. 매년 2. 격년 3. 기간만료전 4. 기타 ( ) 5. 해당없음	성과평가 실시 방법 1. 자체 실시 2. 평가단 구성 후 실시 (전문위원 섭외) 3. 전문 평가기관 의뢰 4. 기타 ( ) 5. 해당없음	평가기준 적용방법 1. 관련 조례 적용 2. 전문 평가기관 의뢰 3. 기타 ( ) 4. 해당없음	실제 인센티브 및 패널티 적용 유무 1. 매년 적용 2. 적용 안함 3. 기타 ( ) 4. 해당없음	인센티브 및 패널티 적용근거 1. 조례 2. 계약서 3. 기타 ( ) 4. 해당없음
2160	경기 남양주시	장애인거주시설 공기청정기 렌탈 지원	2	3	5,987	5	8	7	8	7	5	5	4	5	5	4	4	4
2161	경기 남양주시	장애인거주시설 IoT, AI활용 돌봄사업 운영비	2	3	502	5	8	7	8	7	5	5	4	5	5	4	4	4
2162	경기 남양주시	개인운영 장애인거주시설 지원(자체)	1	3	238,800	5	8	7	8	7	5	5	4	5	5	4	4	4
2163	경기 남양주시	시각장애인 등 생활지원센터 운영	2	3	472,870	5	8	7	8	7	5	5	4	5	5	4	4	4
2164	경기 남양주시	수어통역센터 운영	2	3	455,640	5	8	7	8	7	5	5	4	5	5	4	4	4
2165	경기 남양주시	장애인직업재활시설 운영 지원	2	3	4,732,738	5	8	7	8	7	5	5	4	5	5	4	4	4
2166	경기 남양주시	장애인직업재활시설 마케팅 지원	2	3	43,579	5	8	7	8	7	5	5	4	5	5	4	4	4
2167	경기 남양주시	장례식장 다회용기 대여 및 세척 서비스 지원	2	3	15,000	5	8	7	8	7	5	5	4	5	5	4	4	4
2168	경기 남양주시	어린이집 전기안전 검사비 지원	2	4	30,000	5	1	7	8	7	1	1	4	5	5	4	4	4
2169	경기 남양주시	어린이집 CCTV 대여료 지원	2	4	190,000	5	1	7	8	7	1	1	4	5	5	4	4	4
2170	경기 남양주시	어린이집 운영지원	2	4	2,536,887	5	6	7	8	7	5	5	4	5	5	4	4	4
2171	경기 남양주시	어린이집 운영지원(차량운영비)	2	4	469,933	5	2	7	8	7	5	5	4	5	5	4	4	4
2172	경기 남양주시	동지역 어린이집 차량운영비 지원	2	4	41,000	5	6	7	8	7	5	5	4	5	5	4	4	4
2173	경기 남양주시	공공형어린이집 운영비	2	4	735,660	5	1	7	8	7	5	5	4	5	5	4	4	4
2174	경기 남양주시	공공형어린이집 운영활성화비	2	4	284,960	5	1	7	8	7	5	5	4	5	5	4	4	4
2175	경기 남양주시	영아표준보육과정 프로그램 지원	2	4	427,200	5	1	7	8	7	5	5	4	5	5	4	4	4
2176	경기 남양주시	농어촌소재 법인어린이집 지원	2	4	4,926	5	1	7	8	7	5	5	4	5	5	4	4	4
2177	경기 남양주시	급식위생 관리지원금	2	4	244,800	5	1	7	8	7	5	5	4	5	5	4	4	4
2178	경기 남양주시	야간연장어린이집 운영 지원	2	4	552,000	5	1	7	8	7	5	5	4	5	5	4	4	4
2179	경기 남양주시	어린이집 운영비 지원(0~2세)	2	4	581,880	5	1	7	8	7	5	5	4	5	5	4	4	4
2180	경기 남양주시	언제나 어린이집 운영 지원	2	4	131,200	5	1	7	8	7	5	5	4	5	5	4	4	4
2181	경기 남양주시	0세아전용 어린이집 운영 지원	2	4	2,117,388	5	1	7	8	7	5	5	4	5	5	4	4	4
2182	경기 남양주시	외국인 자녀 보육 지원	2	4	147,600	5	1	7	8	7	5	5	4	5	5	4	4	4
2183	경기 남양주시	어린이집 냉·난방비 지원	2	4	261,150	5	1	7	8	7	5	5	4	5	5	4	4	4
2184	경기 남양주시	어린이집 공기청정기 유지관리 지원	2	4	316,800	5	1	7	8	7	5	5	4	5	5	4	4	4
2185	경기 남양주시	어린이집 교재교구비 지원	2	4	240,120	5	1	7	8	7	5	5	4	5	5	4	4	4
2186	경기 남양주시	장애아보육 어린이집 지원	2	4	28,000	5	1	7	8	7	5	5	4	5	5	4	4	4
2187	경기 남양주시	장애아전문어린이집 교재교구비 지원	2	4	24,000	5	1	7	8	7	5	5	4	5	5	4	4	4
2188	경기 남양주시	어린이집 교원 보수교육	2	4	29,036	5	1	7	8	7	5	5	4	5	5	4	4	4
2189	경기 군포시	청소년자립지원관 운영	1	15	509,468	4	1	1	2	6	1	3	1	3	3	2	1	1
2190	경기 군포시	종합사회복지관 운영	2	7	818,200	4	4	1	5	2	1	1	1	3	1	1	4	4
2191	경기 군포시	종합사회복지관 운영	2	7	695,540	4	4	1	5	2	1	1	1	3	1	1	4	4
2192	경기 군포시	종합사회복지관 운영	2	7	739,600	4	4	1	5	2	1	1	1	3	1	1	4	4
2193	경기 군포시	종합사회복지관 운영	2	7	1,118,605	4	4	1	5	2	1	1	4	3	1	1	4	4
2194	경기 군포시	지역자활센터 운영	2	8	401,259	5	1	5	1	7	5	5	1	4	4	3	1	3
2195	경기 군포시	통장사례관리자 운영	2	8	39,296	5	1	5	1	7	5	5	1	5	5	4	4	4
2196	경기 군포시	자활사례관리	2	8	31,740	5	1	5	1	7	5	5	1	5	5	4	4	4
2197	경기 군포시	자활교육훈련	2	8	14,680	6	1	5	1	7	5	5	1	5	5	4	4	4
2198	경기 군포시	탈수급유지지원사업	2	8	44,093	5	1	5	1	7	5	5	1	5	5	4	4	4
2199	경기 군포시	깔끄미사업	2	8	11,665	6	1	5	1	7	5	5	1	5	5	4	4	4
2200	경기 의왕시	자립지원전담기관 운영비	2	2	2,102,000	4	1	1	5	6	1	2	1	3	3	1	3	1
2201	경기 의왕시	자립준비청년 자립지원 사업비	2	2	2,703,500	4	1	1	5	6	1	2	1	3	3	1	3	1
2202	경기 하남시	하남시종합사회복지관 운영	2	7	1,220,014	4	4	5	5	1	1	1	1	3	1	1	3	4
2203	경기 하남시	하남시미사강변종합사회복지관 운영	2	7	824,840	4	4	5	5	1	1	1	1	3	1	1	3	4
2204	경기 하남시	하남시감일종합사회복지관 운영	2	7	729,475	4	4	5	5	1	1	1	1	3	1	1	3	4
2205	경기 하남시	지역자활센터 초과근무수당 지원	2	8	32,000	4	1	5	1	2	1	1	1	1	1	1,3	1,3	1,3

순번	시군구	지출명 (사업명)	시설종류 1. 생활시설 2. 이용시설	사회복지시설 종류 1. 노인복지시설 2. 아동복지시설 3. 장애인복지시설 4. 어린이집 5. 정신건강증진시설 6. 노숙인시설 7. 사회복지관 8. 지역자활센터 9. 다함께돌봄센터 10. 결핵,한센시설 11. 성매매피해지원시설 12. 성폭력피해보호시설 13. 가정폭력보호시설 14. 가족센터 15. 청소년복지시설 16. 기타 ( )	2025년예산 (단위:천원/1년간)	민간이전 분류 (지방자치단체 세출예산 집행기준에 의거) 1. 민간경상사업보조(307-02) 2. 민간단체 법정운영비보조(307-03) 3. 민간행사사업보조(307-04) 4. 민간위탁금(307-05) 5. 사회복지시설 법정운영비보조(307-10) 6. 사회복지사업보조(307-11) 7. 민간인위탁교육비(307-12) 8. 공기관등에대한경상적위탁사업(308-13) 9. 공사공단 경상전출금(309-01)	민간이전지출 근거 (지방보조금 관리기준 참고) 1. 법률에 규정 2. 국고보조 재원(국가지정) 3. 용도 지정 기부금 4. 조례에 직접규정 5. 지자체가 권장하는 사업을 하는 공공기관 6. 시,도 정책 및 재정사정 7. 기타 8. 해당없음	입찰방식: 계약체결방법 (경쟁형태) 1. 일반경쟁 2. 제한경쟁 3. 지명경쟁 4. 수의계약 5. 법정위탁 6. 기타 ( ) 7. 해당없음	입찰방식: 계약기간 1. 1년 2. 2년 3. 3년 4. 4년 5. 5년 6. 기타 ( )년 7. 단기계약 (1년미만) 8. 해당없음	입찰방식: 낙찰자선정방법 1. 적격심사 2. 협상에의한계약 3. 최저가낙찰제 4. 규격가격분리 5. 2단계 경쟁입찰 6. 기타 ( ) 7. 해당없음	운영예산 산정: 운영비산정 1. 내부산정 (지자체 자체적으로 산정) 2. 외부산정 (외부전문기관위탁 산정) 3. 내·외부 모두 산정 4. 산정 無 5. 해당없음	운영예산 산정: 정산방법 1. 내부정산 (지자체 내부적으로 정산) 2. 외부정산 (외부전문기관위탁 정산) 3. 내·외부 모두 산정 4. 정산 無 5. 해당없음	성과평가: 성과평가 실시여부 1. 실시 2. 미실시 3. 향후 추진 4. 해당없음	성과평가: 성과평가 주기 1. 매년 2. 격년 3. 기간만료전 4. 기타 ( ) 5. 해당없음	성과평가: 성과평가 실시 방법 1. 자체 실시 2. 평가단 구성 후 실시 (전문위원 섭외) 3. 전문 평가기관 의뢰 4. 기타 ( ) 5. 해당없음	성과평가: 평가기준 적용방법 1. 관련 조례 적용 2. 전문 평가기관 의뢰 3. 기타 ( ) 4. 해당없음	평가결과 적용: 실제 인센티브 및 페널티 적용 유무 1. 매년 적용 2. 적용 안함 3. 기타 ( ) 4. 해당없음	평가결과 적용: 인센티브 및 페널티 적용근거 1. 조례 2. 계약서 3. 기타 ( ) 4. 해당없음
2206	경기 하남시	지역자활센터 운영비 지원	2	8	425,668	5	1	5	1	2	1	1	1	1	1	1,3	1,3	1,3
2207	경기 하남시	자활사례관리 및 자활교육 훈련지원	2	8	44,240	6	1	5	1	2	1	1	1	1	1	1,3	1,3	1,3
2208	용인특례시	용인종합사회복지관 운영 지원	2	7	801,185	5	1	7	8	7	1	1	4	5	5	4	4	4
2209	용인특례시	자활근로, 지역자활센터 및 광역자활센터 운영(자활근로사업)	2	8	2,477,779	4	1	5	1	7	1	1	1	1	4	3	3	3
2210	용인특례시	경기도아동일시보호소 운영(자체/직접)	3	2	2,087,576	4	1	2	3	6	1	1	1	3	3	2	4	4
2211	경기 파주시	장애인복지시설 운영 지원(장애인공동생활가정 운영)	1	3	540,100	5	1	7	8	7	1	1	4	5	5	4	4	4
2212	경기 파주시	장애인복지시설 운영 지원(장애인단기거주시설 운영)	1	3	449,030	5	1	7	8	7	1	1	4	5	5	4	4	4
2213	경기 파주시	장애인복지시설 운영 지원(개인운영 장애인거주시설 지원)	1	3	143,441	5	1	7	8	7	1	1	4	5	5	4	4	4
2214	경기 파주시	장애인거주시설 공기청정기 렌탈 지원	1	3	3,479	5	1	7	8	7	1	1	4	5	5	4	4	4
2215	경기 파주시	장애인복지시설 운영 지원(장애인직업재활시설 운영)	2	3	3,912,663	5	1	7	8	7	1	1	4	5	5	4	4	4
2216	경기 파주시	장애인복지시설 운영(장애인복지시설 운영지원(7종)	2	3	174,274	5	1	7	8	7	1	1	4	5	5	4	4	4
2217	경기 파주시	장애인복지시설 입소자 지원(4종)	2	3	41,397	6	1	7	8	7	1	1	4	5	5	4	4	4
2218	경기 파주시	장애인복지시설 지원(장애인직업재활시설 마케팅 지원)	2	3	43,579	6	1	7	8	7	1	1	4	5	5	4	4	4
2219	경기 파주시	운정다누림장애인복지관 운영	2	3	1,524,898	4	4	7	8	7	5	5	4	5	5	4	4	4
2220	경기 파주시	장애인복지관 운영	2	3	70,000	4	1	1	5	1	1	1	1	3	1	1	3	1
2221	경기 파주시	파주시장애인종합복지관 운영	2	3	2,325,729	4	1	1	5	1	1	1	1	3	1	1	3	1
2222	경기 파주시	장애인주간보호시설 운영	2	3	1,394,769	4	1	1	5	1	1	1	1	3	1	1	3	1
2223	경기 파주시	장애인주간보호시설 운영	2	3	353,110	6	1	7	8	7	1	1	4	5	5	4	4	4
2224	경기 파주시	장애인생활이동지원센터 운영	2	3	435,360	6	1	7	8	7	1	1	4	5	5	4	4	4
2225	경기 파주시	장애인생활이동지원센터 임차료	2	3	14,400	6	1	7	8	7	1	1	4	5	5	4	4	4
2226	경기 파주시	수어통역센터 운영	2	3	360,920	6	1	7	8	7	1	1	4	5	5	4	4	4
2227	경기 파주시	수어통역센터 임차료	2	3	22,440	6	1	7	8	7	1	1	4	5	5	4	4	4
2228	경기 파주시	장애인재가복지시설 운영 지원(2종)	2	3	32,000	6	1	7	8	7	1	1	4	5	5	4	4	4
2229	경기 파주시	독거노인 응급안전안심서비스사업	2	1	188,892	6	2	7	7	7	1	1	1	1	1	3	4	4
2230	경기 파주시	어르신인생노트사업	2	1	20,000	6	6	7	7	7	1	1	1	1	1	3	4	4
2231	경기 파주시	어르신인생노트사업	2	7	20,000	6	6	7	7	7	1	1	1	1	1	3	4	4
2232	경기 파주시	재가노인 복지시설 지원	2	1	250,000	4	1	5	5	1	1	1	1	3	1	1	4	4
2233	경기 파주시	365어르신돌봄센터 운영	2	1	55,000	4	1	5	5	1	1	1	1	3	1	1	4	4
2234	경기 파주시	자활근로, 지역자활센터 및 광역자활센터 운영(지역자활센터 운영)	2	8	262,590	5	1	6	8	6	5	1	1	2	4	3	3	3
2235	경기 파주시	성매매피해자지원시설 운영	1	11	254,851	5	2	7	8	7	1	1	1	1	5	4	4	4
2236	경기 파주시	성매매피해자 상담소 운영지원	2	11	199,825	5	2	7	8	7	1	1	1	1	5	4	4	4
2237	경기 파주시	성폭력피해자 보호시설 운영지원	1	12	212,783	5	2	7	8	7	1	1	1	1	5	4	4	4
2238	경기 파주시	성폭력상담소 운영지원	2	12	151,322	5	2	7	8	7	1	1	1	1	5	4	4	4
2239	경기 파주시	가족센터운영	2	14	368,120	4	2	5	5	7	1	1	1	1	1	1	4	4
2240	경기 파주시	가족센터운영(도비)	2	14	241,700	4	6	5	5	7	1	1	1	1	1	1	4	4
2241	경기 파주시	가족센터운영(자체)	2	14	24,000	4	6	5	5	7	1	1	1	1	1	1	4	4
2242	경기 파주시	가족센터운영(다문화)	2	14	378,640	4	2	5	5	7	1	1	1	1	1	1	4	4
2243	경기 파주시	행복한 가족 조성	2	14	15,000	6	6	5	5	7	1	1	1	1	1	1	4	4
2244	경기 파주시	위기가족 회복지원	2	14	4,000	6	6	5	5	7	1	1	1	1	1	1	4	4
2245	경기 파주시	가족센터 가족상담비 지원	2	14	6,000	6	6	5	5	7	1	1	1	1	1	1	4	4
2246	경기 파주시	1인가구 지원사업	2	14	65,252	6	6	5	5	7	1	1	1	1	1	1	4	4
2247	경기 파주시	다문화가족 특성화사업	2	14	340,690	6	6	5	5	7	1	1	1	1	1	1	4	4
2248	경기 파주시	지역아동센터 운영비 지원	2	2	459,624	5	1	7	8	7	1	1	4	5	5	4	4	4
2249	경기 파주시	특성별 지역아동센터 지원	2	2	120,000	5	1	7	8	7	1	1	4	5	5	4	4	4
2250	경기 파주시	장애통합 지역아동센터 지원	2	2	41,688	6	1	7	8	7	1	1	4	5	5	4	4	4
2251	경기 파주시	지역아동센터 체험활동비 지원	2	2	37,400	6	1	7	8	7	1	1	4	5	5	4	4	4

순번	시군구	지출명 (사업명)	시설종류 1. 생활시설 2. 이용시설	사회복지시설 종류 1. 노인복지시설 2. 아동복지시설 3. 장애인복지시설 4. 어린이집 5. 정신건강증진시설 6. 노숙인시설 7. 사회복지관 8. 지역자활센터 9. 다함께돌봄센터 10. 결핵,한센시설 11. 성매매피해지원시설 12. 성폭력피해보호시설 13. 가정폭력보호시설 14. 가족센터 15. 청소년복지시설 16. 기타 (　　　)	2025년예산 (단위:천원/1년간)	민간이전 분류 (지방자치단체 세출예산 집행기준에 의거) 1. 민간경상사업보조(307-02) 2. 민간단체 법정운영비보조(307-03) 3. 민간행사사업보조(307-04) 4. 민간위탁금(307-05) 5. 사회복지시설 법정운영비보조(307-10) 6. 사회복지사업보조(307-11) 7. 민간인위탁교육비(307-12) 8. 공기관등에대한경상적위탁사업(308-13) 9. 공사공단 경상전출금(309-01)	민간이전지출 근거 (지방보조금 관리기준 참고) 1. 법률에 규정 2. 국고보조 재원(국가지정) 3. 용도 지정 기부금 4. 조례에 직접규정 5. 지자체가 권장하는 사업을 하는 공공기관 6. 시,도 정책 및 재정사정 7. 기타 8. 해당없음	입찰방식			운영예산 산정		성과평가				평가결과 적용	
								계약체결방법 (경쟁형태) 1. 일반경쟁 2. 제한경쟁 3. 지명경쟁 4. 수의계약 5. 법정위탁 6. 기타 ( ) 7. 해당없음	계약기간 1. 1년 2. 2년 3. 3년 4. 4년 5. 5년 6. 기타 ( )년 7. 단기계약 (1년미만) 8. 해당없음	낙찰자선정방법 1. 적격심사 2. 협상에의한계약 3. 최저가낙찰제 4. 규격가격분리 5. 2단계 경쟁입찰 6. 기타 ( ) 7. 해당없음	운영비산정 1. 내부산정 (지자체 자체적으로 산정) 2. 외부산정 (외부전문기관위탁 산정) 3. 내·외부 모두 산정 4. 산정 無 5. 해당없음	정산방법 1. 내부정산 (지자체 내부적으로 정산) 2. 외부정산 (외부전문기관위탁 정산) 3. 내·외부 모두 산정 4. 정산 無 5. 해당없음	성과평가 실시여부 1. 실시 2. 미실시 3. 향후 추진 4. 해당없음	성과평가 주기 1. 매년 2. 격년 3. 기간만료전 4. 기타 ( ) 5. 해당없음	성과평가 실시 방법 1. 자체 실시 2. 평가단 구성 후 실시 (전문위원 섭외) 3. 전문 평가기관 의뢰 4. 기타 ( ) 5. 해당없음	평가기준 적용방법 1. 관련 조례 적용 2. 전문 평가기관 의뢰 3. 기타 ( ) 4. 해당없음	실제 인센티브 및 패널티 적용 유무 1. 매년 적용 2. 적용 안함 3. 기타 ( ) 4. 해당없음	인센티브 및 패널티 적용근거 1. 조례 2. 계약서 3. 기타 ( ) 4. 해당없음
2252	경기 파주시	지역아동센터 급식 운영비 지원	2	2	65,400	5	1	7	8	7	1	1	4	5	5	4	4	4
2253	경기 파주시	육아종합지원센터 운영	2	16	633,629	4	4	1	3	1	1	1	1	3	1	1	4	4
2254	경기 파주시	장난감도서관 운영	2	16	256,896	4	4	1	3	1	1	1	1	3	1	1	4	4
2255	경기 파주시	육아종합지원센터 놀이지도사 배치	2	16	88,224	4	4	1	3	1	1	1	1	3	1	1	4	4
2256	경기 파주시	육아종합지원센터 영유아발달지원상담원 배치	2	16	55,874	4	4	1	3	1	1	1	1	3	1	1	4	4
2257	경기 파주시	장애영유아보육교사 전문성 강화 교육	2	16	18,580	4	4	1	3	1	1	1	1	3	1	1	4	4
2258	경기 파주시	육아종합지원센터 부모교육	2	16	34,000	4	4	1	3	1	1	1	1	3	1	1	4	4
2259	경기 파주시	어린이집 지원(급식위생 관리지원금)	2	4	165,600	5	2	7	8	7	5	5	4	5	5	4	4	4
2260	경기 파주시	어린이집 파주쌀 지원	2	4	376,000	6	4	7	8	7	1	1	4	5	5	4	4	4
2261	경기 파주시	어린이집 운영비 지원(0~2세)	2	4	438,840	6	6	7	8	7	5	5	4	5	5	4	4	4
2262	경기 파주시	영아 표준보육과정 프로그램 지원	2	4	332,400	6	6	7	8	7	5	5	4	5	5	4	4	4
2263	경기 파주시	야간연장형 어린이집 운영	2	4	259,200	5	6	7	8	7	5	5	4	5	5	4	4	4
2264	경기 파주시	장애아보육 어린이집 지원	2	4	10,000	6	6	7	8	7	5	5	4	5	5	4	4	4
2265	경기 파주시	공공형 어린이집 운영 활성화 지원(전환사업)	2	4	398,640	5	6	7	8	7	5	5	4	5	5	4	4	4
2266	경기 파주시	공공형 어린이집 운영비(전환사업)	2	4	900,240	5	6	7	8	7	5	5	4	5	5	4	4	4
2267	경기 파주시	어린이집 안전공제회비	2	4	173,000	6	4	7	8	7	1	1	4	5	5	4	4	4
2268	경기 파주시	어린이집 전기안전점검 지원	2	4	18,000	6	4	7	8	7	1	1	4	5	5	4	4	4
2269	경기 파주시	어린이집 지원(교재교구비)	2	4	178,627	5	2	7	8	7	5	5	4	5	5	4	4	4
2270	경기 파주시	어린이집 지원(농어촌소재 법인어린이집 지원)	2	4	7,393	5	2	7	8	7	5	5	4	5	5	4	4	4
2271	경기 파주시	어린이집 지원(차량운영비)	2	4	263,567	5	2	7	8	7	5	5	4	5	5	4	4	4
2272	경기 파주시	영세아전용 어린이집 운영	2	4	1,763,880	5	6	7	8	7	5	5	4	5	5	4	4	4
2273	경기 파주시	어린이집 냉난방비	2	4	290,100	6	6	7	8	7	1	1	4	5	5	4	4	4
2274	경기 파주시	시간제보육서비스 제공 지원	2	4	244,244	6	2	7	8	7	5	5	4	5	5	4	4	4
2275	경기 파주시	어린이집 공기청정기 지원	2	4	224,400	6	6	7	8	7	5	5	4	5	5	4	4	4
2276	경기 파주시	어린이집 교원 보수교육	2	4	25,387	6	2	7	8	7	5	5	4	5	5	4	4	4
2277	경기 파주시	외국인 자녀 보육 지원	2	4	273,600	6	6	7	8	7	5	5	4	5	5	4	4	4
2278	경기 파주시	아동복지시설 월동연료비	1	2	6,480	5	8	7	8	7	5	5	4	5	5	4	4	4
2279	경기 파주시	아동양육시설 운영	1	2	3,236,380	5	8	7	8	7	5	5	4	5	5	4	4	4
2280	경기 파주시	다함께돌봄센터 운영시간 연장 지원	1	2	145,008	4	1	1	5	1	5	1	1	1	1	1	4	4
2281	경기 파주시	요보호아동 그룹홈 운영	1	2	436,284	5	8	7	8	7	5	5	4	5	5	4	4	4
2282	경기 파주시	다함께돌봄센터 확대	2	2	507,467	4	1	1	5	1	5	1	3	3	1	1	1	1
2283	경기 파주시	다함께돌봄센터 거점 아동돌봄센터 운영	2	2	210,000	4	1	7	8	7	5	5	4	5	5	4	4	4
2284	경기 파주시	시설형 긴급돌봄 지원	2	2	60,960	4	1	7	8	7	5	5	4	5	5	4	4	4
2285	경기 파주시	아동급식지원 플랫폼 배달비 지원	2	2	15,840	8	8	7	8	7	5	5	4	5	5	4	4	4
2286	경기 파주시	다함께돌봄센터 인건비	2	2	1,201,344	4	1	1	5	1	5	1	3	3	1	1	1	1
2287	경기 파주시	다함께돌봄센터 인건비 추가 지원(호봉제)	2	2	346,807	4	1	1	5	1	5	1	3	3	1	1	1	1
2288	경기 파주시	다함께돌봄센터 운영비	2	2	192,000	4	1	1	5	1	5	1	3	3	1	1	1	1
2289	경기 파주시	다함께돌봄센터 아동돌봄 프로그램 지원	2	2	40,800	4	1	1	5	1	5	1	3	3	1	1	1	1
2290	경기 파주시	다함께돌봄센터 이용 아동 급식지원	2	2	91,800	4	1	1	5	1	5	1	3	3	1	1	1	1
2291	경기 파주시	학대피해아동쉼터 운영 지원	2	2	258,700	5	2	5	5	5	1	1	3	5	5	4	4	4
2292	경기 파주시	학대피해아동쉼터 지원	2	2	27,040	5	2	5	5	5	1	1	3	5	5	4	4	4
2293	경기 파주시	아동보호전문기관 운영	1	2	806,544	4	2	5	5	5	1	1	3	5	5	4	4	4
2294	경기 파주시	아동보호전문기관 운영 인건비 지원	1	2	115,036	4	2	5	5	5	1	1	3	5	5	4	4	4
2295	경기 파주시	청소년복지시설 운영지원(청소년쉼터)	1	15	313,496	5	1	7	8	7	1	1	1	1	1	4	4	4
2296	경기 파주시	청소년복지시설 운영지원(청소년쉼터)(자체)	1	15	97,460	5	1	7	8	7	1	1	1	1	1	4	4	4
2297	경기 파주시	기능특화형 청소년복지시설 운영지원	1	15	55,000	6	1	7	8	7	1	1	1	1	1	4	4	4

순번	시군구	지출명 (사업명)	시설종류 1. 생활시설 2. 이용시설	사회복지시설 종류 1. 노인복지시설 2. 아동복지시설 3. 장애인복지시설 4. 어린이집 5. 정신건강증진시설 6. 노숙인시설 7. 사회복지관 8. 지역자활센터 9. 다함께돌봄센터 10. 결핵,한센시설 11. 성매매피해지원시설 12. 성폭력피해보호시설 13. 가정폭력보호시설 14. 가족센터 15. 청소년복지시설 16. 기타 ( )	2025년예산 (단위:천원/1년간)	민간이전 분류 (지방자치단체 세출예산 집행기준에 의거) 1. 민간경상사업보조(307-02) 2. 민간단체 법정운영비보조(307-03) 3. 민간행사사업보조(307-04) 4. 민간위탁금(307-05) 5. 사회복지시설 법정운영비보조(307-10) 6. 사회복지사업보조(307-11) 7. 민간인위탁교육비(307-12) 8. 공기관등에대한경상적위탁사업(308-13) 9. 공사공단 경상전출금(309-01)	민간이전지출 근거 (지방보조금 관리기준 참고) 1. 법률에 규정 2. 국고보조 재원(국가지정) 3. 용도 지정 기부금 4. 조례에 직접규정 5. 지자체가 권장하는 사업을 하는 공공기관 6. 시,도 정책 및 재정사정 7. 기타 8. 해당없음	입찰방식: 계약체결방법 (경쟁형태) 1. 일반경쟁 2. 제한경쟁 3. 지명경쟁 4. 수의계약 5. 법정위탁 6. 기타 ( ) 7. 해당없음	입찰방식: 계약기간 1. 1년 2. 2년 3. 3년 4. 4년 5. 5년 6. 기타 ( )년 7. 단기계약 (1년미만) 8. 해당없음	입찰방식: 낙찰자선정방법 1. 적격심사 2. 협상에의한계약 3. 최저가낙찰제 4. 규격가격분리 5. 2단계 경쟁입찰 6. 기타 ( ) 7. 해당없음	운영예산 산정: 운영비산정 1. 내부산정 (지자체 자체적으로 산정) 2. 외부산정 (외부전문기관위탁 산정) 3. 내·외부 모두 산정 4. 산정 無 5. 해당없음	운영예산 산정: 정산방법 1. 내부정산 (지자체 내부적으로 정산) 2. 외부정산 (외부전문기관위탁 정산) 3. 내·외부 모두 산정 4. 정산 無 5. 해당없음	성과평가: 성과평가 실시여부 1. 실시 2. 미실시 3. 향후 추진 4. 해당없음	성과평가: 성과평가 주기 1. 매년 2. 격년 3. 기간만료전 4. 기타 ( ) 5. 해당없음	성과평가: 성과평가 실시 방법 1. 자체 실시 2. 평가단 구성 후 실시 (전문위원 섭외) 3. 전문 평가기관 의뢰 4. 기타 ( ) 5. 해당없음	성과평가: 평가기준 적용방법 1. 관련 조례 적용 2. 전문 평가기관 의뢰 3. 기타 ( ) 4. 해당없음	평가결과 적용: 실제 인센티브 및 페널티 적용 유무 1. 매년 적용 2. 적용 안함 3. 기타 ( ) 4. 해당없음	평가결과 적용: 인센티브 및 페널티 적용근거 1. 조례 2. 계약서 3. 기타 ( ) 4. 해당없음
2298	경기 파주시	청소년복지시설 야간근무자 배치지원(청소년쉼터)	1	15	95,110	5	1	7	8	7	1	1	1	1	1	4	4	4
2299	경기 파주시	문산종합사회복지관 운영	2	7	1,759,123	4	4	2	5	1	3	3	1	1	1	1	1	1
2300	경기 파주시	운정종합사회복지관 운영	2	7	820,887	4	4	2	5	1	3	3	1	1	1	1	1	1
2301	경기 이천시	지역자활센터 운영비	3	10	425,668	5	1	6	8	7	3	1	1	2	3	3	1	3
2302	경기 이천시	통장사례관리 운영	3	10	4,626	6	1	6	8	7	3	1	1	2	3	3	1	3
2303	경기 이천시	탈수급 유지지원사업	3	10	44,093	6	1	6	8	7	3	1	1	2	3	3	1	3
2304	경기 이천시	자활사업활성화	3	10	18,400	1	4	6	8	7	3	1	1	1	1	3	1	3
2305	경기 안성시	주민 주도 마을복지계획 수립 지원	2	7	50,000	6	5	7	8	7	1	1	1	1	1	1	4	4
2306	경기 안성시	사회복지관 운영비	2	7	28,990	5	5	7	8	7	1	1	1	1	1	1	4	4
2307	경기 안성시	사회복지관 사업비	2	7	60,000	6	5	7	8	7	1	1	1	1	1	1	4	4
2308	경기 안성시	사회복지관 기능보강사업	2	7	37,000	6	5	7	8	7	1	1	1	1	1	1	4	4
2309	경기 안성시	사회복지시설종사자 상해보험비 지원	2	7	16,680	6	5	7	8	7	1	1	1	1	1	1	4	4
2310	경기 안성시	양로시설 운영비 지원(전환)	1	1	468,330	5	1	7	8	7	1	1	4	5	5	4	4	4
2311	경기 안성시	노인요양시설 운영	1	1	22,583	5	1	7	8	7	1	1	4	5	5	4	4	4
2312	경기 안성시	노인요양시설 운영	1	1	22,583	5	1	7	8	7	1	1	4	5	5	4	4	4
2313	경기 안성시	노인생활시설 수급자 및 환경개선비 지원	1	1	47,440	5	1	7	8	7	1	1	4	5	5	4	4	4
2314	경기 안성시	노인생활시설 수급자 및 환경개선비 지원	1	1	47,440	5	1	7	8	7	1	1	4	5	5	4	4	4
2315	경기 안성시	노인생활시설 수급자 및 환경개선비 지원	1	1	47,440	5	1	7	8	7	1	1	4	5	5	4	4	4
2316	경기 안성시	개인운영신고시설(노인) 지원	1	1	6,432	5	1	7	8	7	1	1	4	5	5	4	4	4
2317	경기 안성시	재가노인 복지시설 운영	1	1	250,000	5	1	7	8	7	1	1	4	5	5	4	4	4
2318	경기 안성시	건강가정 정착추진	2	14	13,000	4	2	5	5	7	5	5	1	3	2	1	1	1
2319	경기 안성시	결혼이민자 한국어교육(다문화가족 국내적응지원)	2	14	19,950	4	6	5	5	7	5	5	1	3	2	1	1	1
2320	경기 안성시	결혼이민자 취업교육 지원	2	14	15,200	4	6	5	5	7	5	5	1	3	2	1	1	1
2321	경기 안성시	다문화가족 특성화사업	2	14	225,210	4	2	5	5	7	5	5	1	3	2	1	1	1
2322	경기 안성시	다문화가족 특성화사업(결혼이민자 역량강화 한국어교육)	2	14	24,500	4	2	5	5	7	5	5	1	3	2	1	1	1
2323	경기 안성시	다문화가족 국내적응지원(다문화가족 서포터즈 운영)	2	14	31,700	4	6	5	5	7	5	5	1	3	2	1	1	1
2324	경기 안성시	다문화가족 국내적응 지원(다문화가족 자녀 방문학습지 지원)	2	14	9,000	4	6	5	5	7	5	5	1	3	2	1	1	1
2325	경기 안성시	다문화가족 소통지원(다문화가족 동아리모임 활성화 지원)	2	14	27,000	4	6	5	5	7	5	5	1	3	2	1	1	1
2326	경기 안성시	다문화아동 이중언어 교육지원	2	14	10,000	4	6	5	5	7	5	5	1	3	2	1	1	1
2327	경기 안성시	문화다양성 이해교육(내외국인이 참여하는 문화 소통 프로그램 지원)	2	14	11,600	4	6	5	5	7	5	5	1	3	2	1	1	1
2328	경기 안성시	문화다양성 이해교육(지역주민 인식개선을 위한 문화다양성 이해교육)	2	14	11,667	4	6	5	5	7	5	5	1	3	2	1	1	1
2329	경기 안성시	중도입국자녀 한국사회 적응지원	2	14	8,000	4	6	5	5	7	5	5	1	3	2	1	1	1
2330	경기 안성시	외국인 및 다문화 가족 지원	2	14	23,000	4	6	5	5	7	5	5	1	3	2	1	1	1
2331	경기 안성시	외국인주민 지역사회적응지원(외국인주민 한국어교육)	2	14	7,100	4	6	5	5	7	5	5	1	3	2	1	1	1
2332	경기 안성시	가족센터 운영(시비)	2	14	217,499	4	6	5	5	7	5	5	1	3	2	1	1	1
2333	경기 안성시	가족센터 전문상담비 지원사업	2	14	60,000	4	2	5	5	7	5	5	1	3	2	1	1	1
2334	경기 안성시	아이돌봄 지원사업	2	14	2,073,677	4	2	5	5	7	5	5	1	3	2	1	1	1
2335	경기 안성시	아이돌보미 건강증진비 지원	2	14	48,500	4	6	5	5	7	5	5	1	3	2	1	1	1
2336	경기 안성시	아이돌보미 영아돌봄수당 지원	2	14	31,680	4	6	5	5	7	5	5	1	3	2	1	1	1
2337	경기 안성시	아이돌봄서비스 본인부담금 지원사업	2	14	208,464	4	6	5	5	7	5	5	1	3	2	1	1	1
2338	경기 안성시	아이돌봄서비스 긴급돌봄 강화사업	2	14	25,200	4	6	5	5	7	5	5	1	3	2	1	1	1
2339	경기 안성시	가사돌봄지원사업	2	14	432,000	4	5	5	5	7	5	5	1	3	2	1	1	1
2340	경기 안성시	입원아동돌봄서비스	2	14	119,000	4	5	5	5	7	5	5	1	3	2	1	1	1
2341	경기 안성시	1인가구 지원사업	2	14	65,252	4	6	5	5	7	5	5	1	3	2	1	1	1
2342	경기 김포시	종합사회복지관 운영비	2	7	1,714,539	4	4	1	5	1	1	1	4	5	5	4	4	4
2343	경기 김포시	김포시제2종합사회복지관 운영비	2	7	1,649,648	4	4	1	5	1	1	1	4	5	5	4	4	4

순번	시군구	지출명 (사업명)	사업종류 1. 생활시설 2. 이용시설	사회복지시설 종류 1. 노인복지시설 2. 아동복지시설 3. 장애인복지시설 4. 어린이집 5. 정신건강증진시설 6. 노숙인시설 7. 사회복지관 8. 지역자활센터 9. 다함께돌봄센터 10. 결핵,한센시설 11. 성매매피해지원시설 12. 성폭력피해보호시설 13. 가정폭력보호시설 14. 가족센터 15. 청소년복지시설 16. 기타 ( )	2025년예산 (단위:천원/1년간)	민간이전 분류 (지방자치단체 세출예산 집행기준에 의거) 1. 민간경상사업보조(307-02) 2. 민간단체 법정운영비보조(307-03) 3. 민간행사사업보조(307-04) 4. 민간위탁금(307-05) 5. 사회복지시설 법정운영비보조(307-10) 6. 사회복지사업보조(307-11) 7. 민간인위탁교육비(307-12) 8. 공기관등에대한경상적위탁사업(308-13) 9. 공사공단 경상전출금(309-01)	민간이전지출 근거 (지방보조금 관리기준 참고) 1. 법률에 규정 2. 국고보조 재원(국가지정) 3. 용도 지정 기부금 4. 조례에 직접규정 5. 지자체가 권장하는 사업을 하는 공공기관 6. 시,도 정책 및 재정사정 7. 기타 8. 해당없음	입찰방식 계약체결방법 (경쟁형태) 1. 일반경쟁 2. 제한경쟁 3. 지명경쟁 4. 수의계약 5. 법정위탁 6. 기타 ( ) 7. 해당없음	입찰방식 계약기간 1. 1년 2. 2년 3. 3년 4. 4년 5. 5년 6. 기타 ( )년 7. 단기계약 (1년미만) 8. 해당없음	입찰방식 낙찰자선정방법 1. 적격심사 2. 협상에의한계약 3. 최저가낙찰제 4. 규격가격분리 5. 2단계 경쟁입찰 6. 기타 ( ) 7. 해당없음	운영예산 산정 운영비산정 1. 내부산정 (지자체 자체적으로 산정) 2. 외부산정 (외부전문기관위탁 산정) 3. 내·외부 모두 산정 4. 산정 無 5. 해당없음	운영예산 산정 정산방법 1. 내부정산 (지자체 내부적으로 정산) 2. 외부정산 (외부전문기관위탁 정산) 3. 내·외부 모두 산정 4. 정산 無 5. 해당없음	성과평가 성과평가 실시여부 1. 실시 2. 미실시 3. 향후 추진 4. 해당없음	성과평가 성과평가 주기 1. 매년 2. 격년 3. 기간만료전 4. 기타 ( ) 5. 해당없음	성과평가 성과평가 실시 방법 1. 자체 실시 2. 평가단 구성 후 실시 (전문위원 섭외) 3. 전문 평가기관 의뢰 4. 기타 ( ) 5. 해당없음	성과평가 평가기준 적용방법 1. 관련 조례 적용 2. 전문 평가기관 의뢰 3. 기타 ( ) 4. 해당없음	평가결과 적용 실제 인센티브 및 페널티 적용 유무 1. 매년 적용 2. 적용 안함 3. 기타 ( ) 4. 해당없음	평가결과 적용 인센티브 및 페널티 적용근거 1. 조례 2. 계약서 3. 기타 ( ) 4. 해당없음
2344	경기 김포시	지역자활센터운영	2	8	374,872	5	1	5	1	7	3	1	1	2	2	3	3	1
2345	경기 김포시	자활교육훈련	2	8	9,000	6	1	5	1	7	3	1	4	5	5	4	4	4
2346	경기 김포시	탈수급유지지원	2	8	44,093	6	1	5	1	7	3	1	4	5	5	4	4	4
2347	경기 김포시	통장사례관리사운영	2	8	39,296	6	1	5	1	7	3	1	4	5	5	4	4	4
2348	경기 김포시	노인종합복지관 운영	2	1	1,966,991	4	1	2	5	1	5	5	1	3	4	3	2	4
2349	경기 김포시	북부노인복지관 운영	2	1	1,482,148	4	1	2	5	1	5	5	1	3	4	3	2	4
2350	경기 김포시	김포시니어클럽 운영	2	1	682,000	4	1	2	5	1	5	5	1	3	4	3	2	4
2351	경기 김포시	시군노인상담센터 지원	2	1	94,403	6	1	7	8	7	5	5	4	5	5	4	4	4
2352	경기 김포시	카네이션하우스 지원	2	1	10,000	6	1	7	8	7	5	5	4	5	5	4	4	4
2353	경기 김포시	어르신문화체육이음터	2	1	15,000	6	1	7	8	7	5	5	4	5	5	4	4	4
2354	경기 김포시	저소득 재가노인 식사배달	2	1	364,500	6	1	7	8	7	5	5	4	5	5	4	4	4
2355	경기 김포시	경로식당 무료급식	2	1	264,000	6	1	7	8	7	5	5	4	5	5	4	4	4
2356	경기 김포시	독거노인응급안전안심서비스 지원	2	1	143,786	6	1	7	8	7	5	5	4	5	5	4	4	4
2357	경기 김포시	효드림밥상 사업	2	1	266,256	4	6	2	7	2	5	5	3	3	4	3	4	4
2358	경기 김포시	응급안전안심서비스 모니터링 지원	2	1	2,000	6	1	7	8	7	5	5	4	5	5	4	4	4
2359	경기 김포시	경로당 운영 지원	2	1	1,744,310	5	4,6	7	8	7	1	1	4	5	5	4	4	4
2360	경기 김포시	경로당 프로그램 지원	2	1	18,000	6	4,6	7	8	7	1	1	4	5	5	4	4	4
2361	경기 김포시	경로당 냉난방비 및 양곡비 지원	2	1	1,007,708	6	4,6	7	8	7	1	1	4	5	5	4	4	4
2362	경기 김포시	장애인복지관 운영(자체)	1	3	1,864,572	4	1	2	5	1	5	5	1	3	4	3	2	4
2363	경기 김포시	장애인주간이용시설 운영 지원	1	3	642,423	5	1	7	8	7	5	5	4	5	5	4	4	4
2364	경기 김포시	시각장애인 등 생활지원센터 운영	1	3	414,030	5	1	7	8	7	5	5	4	5	5	4	4	4
2365	경기 김포시	장애아동 발달재활지원센터 운영	1	3	80,000	4	1	2	5	1	5	5	1	3	4	3	2	4
2366	경기 김포시	수어통역센터 운영	1	3	311,510	5	1	7	8	7	5	5	4	5	5	4	4	4
2367	경기 김포시	장애인 단기거주시설 운영	1	3	765,920	4	1	5	5	1	5	5	1	3	4	3	2	4
2368	경기 김포시	장애인거주시설 입소자 지원(4종)	1	3	47,630	5	1	2	5	1	5	5	4	5	5	4	4	4
2369	경기 김포시	개인운영 장애인거주시설 지원	1	3	266,093	5	1	2	5	1	5	5	4	5	5	4	4	4
2370	경기 김포시	장애인 공동생활가정 운영	1	3	349,800	5	1	2	5	1	5	5	4	5	5	4	4	4
2371	경기 김포시	장애인지역사회재활시설 운영 지원(2종)	1	3	56,200	5	1	7	8	7	5	5	4	5	5	4	4	4
2372	경기 김포시	장애인직업재활시설 운영 지원	1	3	3,202,195	5	1	7	8	7	5	5	4	5	5	4	4	4
2373	경기 김포시	장애인직업재활시설 운영지원(7종)	1	3	107,828	5	1	7	8	7	5	5	4	5	5	4	4	4
2374	경기 김포시	장애인직업재활시설 입소자 지원(4종)	1	3	42,882	5	1	7	8	7	5	5	4	5	5	4	4	4
2375	경기 김포시	장애인복지시설 재활프로그램 운영	1	3	25,218	6	1	2	5	1	5	5	4	5	5	4	4	4
2376	경기 김포시	가정폭력피해자 보호지원(동반아동 및 부식비 지원)	1	13	8,570	4	2	1	3	1	1	1	2	5	5	4	4	4
2377	경기 김포시	가정폭력피해자 치료회복 프로그램 지원	1	13	14,500	4	2	1	3	1	1	1	2	5	5	4	4	4
2378	경기 김포시	가정폭력피해자 의료비 지원	1	13	12,400	6	2	1	3	1	1	1	2	5	5	4	4	4
2379	경기 김포시	여성폭력피해자 지원시설 인건비 지원(인건비차액)	1	13	56,140	4	2	1	3	1	1	1	2	5	5	4	4	4
2380	경기 김포시	아이돌봄 지원	2	14	1,575,370	4	1	2	3	1	1	1	1	1	1,4	3	1	3
2381	경기 김포시	아이돌보미 영아돌봄수당 지원	2	14	69,360	4	4	2	3	1	1	1	4	5	5	4	4	4
2382	경기 김포시	아이돌보미 건강증진비 지원	2	14	8,500	4	4	2	3	1	1	1	4	5	5	4	4	4
2383	경기 김포시	1인가구 지원사업(식생활 개선 다이닝)	2	14	7,000	4	4	2	3	1	1	1	4	5	5	4	4	4
2384	경기 김포시	1인가구 자유주제 제안사업(1인가구 교환일기 사업)	2	14	10,000	4	4	2	3	1	1	1	4	5	5	4	4	4
2385	경기 김포시	가족센터 운영(다문화가족 지원)	2	14	338,510	4	1	2	3	1	1	1	1	1	1,4	3	1	3
2386	경기 김포시	다문화가족 특성화사업	2	14	269,710	4	1	2	3	1	1	1	1	1	1,4	3	1	3
2387	경기 김포시	결혼이민자 역량강화(국비)	2	14	24,500	4	1	2	3	1	1	1	1	1	1,4	3	1	3
2388	경기 김포시	결혼이민자 역량강화(도비)	2	14	18,000	4	6	2	3	1	1	1	4	5	5	4	4	4
2389	경기 김포시	다문화가족 서포터즈 운영	2	14	32,900	4	6	2	3	1	1	1	4	5	5	4	4	4

순번	시군구	지출명 (사업명)	시설종류 1. 생활시설 2. 이용시설	사회복지시설 종류 1. 노인복지시설 2. 아동복지시설 3. 장애인복지시설 4. 어린이집 5. 정신건강증진시설 6. 노숙인시설 7. 사회복지관 8. 지역자활센터 9. 다함께돌봄센터 10. 결핵,한센시설 11. 성매매피해지원시설 12. 성폭력피해보호시설 13. 가정폭력보호시설 14. 가족센터 15. 청소년복지시설 16. 기타 ( )	2025년예산 (단위:천원/1년간)	민간이전 분류 (지방자치단체 세출예산 집행기준에 의거) 1. 민간경상사업보조(307-02) 2. 민간단체 법정운영비보조(307-03) 3. 민간행사사업보조(307-04) 4. 민간위탁금(307-05) 5. 사회복지시설 법정운영비보조(307-10) 6. 사회복지사업보조(307-11) 7. 민간인위탁교육비(307-12) 8. 공기관등에대한경상적위탁사업(308-13) 9. 공사공단 경상전출금(309-01)	민간이전지출 근거 (지방보조금 관리기준 참고) 1. 법률에 규정 2. 국고보조 재원(국가지정) 3. 용도 지정 기부금 4. 조례에 직접규정 5. 지자체가 권장하는 사업을 하는 공공기관 6. 시,도 정책 및 재정사정 7. 기타 8. 해당없음	입찰방식 계약체결방법 (경쟁형태) 1. 일반경쟁 2. 제한경쟁 3. 지명경쟁 4. 수의계약 5. 법정위탁 6. 기타 ( ) 7. 해당없음	입찰방식 계약기간 1. 1년 2. 2년 3. 3년 4. 4년 5. 5년 6. 기타 ( )년 7. 단기계약 (1년미만) 8. 해당없음	입찰방식 낙찰자선정방법 1. 적격심사 2. 협상에의한계약 3. 최저가낙찰제 4. 규격가격분리 5. 2단계 경쟁입찰 6. 기타 ( ) 7. 해당없음	운영예산 산정 운영비산정 1. 내부산정 (지자체 자체적으로 산정) 2. 외부산정 (외부전문기관위탁 산정) 3. 내·외부 모두 산정 4. 산정 無 5. 해당없음	운영예산 산정 정산방법 1. 내부정산 (지자체 내부적으로 정산) 2. 외부정산 (외부전문기관위탁 정산) 3. 내·외부 모두 산정 4. 정산 無 5. 해당없음	성과평가 성과평가 실시여부 1. 실시 2. 미실시 3. 향후 추진 4. 해당없음	성과평가 성과평가 주기 1. 매년 2. 격년 3. 기간만료전 4. 기타 ( ) 5. 해당없음	성과평가 성과평가 실시 방법 1. 자체 실시 2. 평가단 구성 후 실시 (전문위원 섭외) 3. 전문 평가기관 의뢰 4. 기타 ( ) 5. 해당없음	성과평가 평가기준 적용방법 1. 관련 조례 적용 2. 전문 평가기관 의뢰 3. 기타 ( ) 4. 해당없음	평가결과 적용 실제 인센티브 및 페널티 적용 유무 1. 매년 적용 2. 적용 안함 3. 기타 ( ) 4. 해당없음	평가결과 적용 인센티브 및 페널티 적용근거 1. 조례 2. 계약서 3. 기타 ( ) 4. 해당없음
2390	경기 김포시	다문화신문 구독 지원	2	14	14,742	4	6	2	3	1	1	1	4	5	5	4	4	4
2391	경기 김포시	다문화가족 동아리모임 활성화 지원	2	14	7,500	4	6	2	3	1	1	1	4	5	5	4	4	4
2392	경기 김포시	문화다양성 이해교육	2	14	13,333	4	6	2	3	1	1	1	4	5	5	4	4	4
2393	경기 김포시	다함께 돌봄센터 인건비	2	9	1,651,848	4	1	7	5	7	1	1	4	4	5	4	4	4
2394	경기 김포시	다함께돌봄센터인건비 추가지원	2	9	504,813	4	1	7	5	7	1	1	4	4	5	4	4	4
2395	경기 김포시	다함께 돌봄센터 돌봄인력 지원	2	9	423,460	4	1	7	5	7	1	1	4	4	5	4	4	4
2396	경기 김포시	다함께돌봄센터 아동돌봄 프로그램 지원	2	9	55,200	4	1	7	5	7	1	1	4	4	5	4	4	4
2397	경기 김포시	방학 중 어린이 행복밥상 지원	2	9	122,040	4	1	7	5	7	1	1	4	4	5	4	4	4
2398	경기 김포시	거점 아동돌봄센터 운영	2	9	77,160	4	1	7	5	7	1	1	4	4	5	4	4	4
2399	경기 김포시	다함께 돌봄센터 운영비	2	9	412,800	4	1	7	5	7	1	1	4	4	5	4	4	4
2400	경기 김포시	초등 시설형 긴급돌봄 지원	2	9	60,960	4	1	7	5	7	1	1	4	4	5	4	4	4
2401	경기 김포시	특화 돌봄센터 프로그램 지원	2	9	50,760	4	1	7	5	7	1	1	4	4	5	4	4	4
2402	경기 김포시	안심동행 서비스 지원	2	9	78,445	4	1	7	5	7	1	1	4	4	5	4	4	4
2403	경기 김포시	다함께돌봄센터 인건비 지원(도비)	2	9	25,028	4	1	7	5	7	1	1	4	4	5	4	4	4
2404	경기 김포시	다함께돌봄센터 돌봄인력지원(도비)	2	9	60,240	4	1	7	5	7	1	1	4	4	5	4	4	4
2405	경기 김포시	다함께돌봄센터 아동돌봄 프로그램 지원(도비)	2	9	8,000	4	1	7	5	7	1	1	4	4	5	4	4	4
2406	경기 김포시	아동급식지원 플랫폼 배달비지원	3	16	6,768	8	1	7	8	7	1	3	4	4	5	4	4	4
2407	경기 김포시	어린이날 기념행사	3	16	200,000	8	1	7	8	7	3	3	4	4	5	4	4	4
2408	경기 김포시	김포시어린이집연합회 행사지원	3	16	15,000	3	4	6	8	7	1	1	1	1	2	3	1	1
2409	경기 김포시	육아종합지원센터 운영	2	16	1,295,859	4	1	1	5	6	1	1	1	3	1	1	4	4
2410	경기 김포시	시군 육아종합지원센터 부모교육 지원	2	16	34,000	4	1	7	8	7	1	1	4	4	5	4	4	4
2411	경기 김포시	시군 육아종합지원센터 놀이지도사 배치	2	16	74,086	4	1	7	8	7	1	1	4	4	5	4	4	4
2412	경기 김포시	시군 육아종합지원센터 영유아발달지원 상담원 배치	2	16	88,224	4	1	7	8	7	1	1	4	4	5	4	4	4
2413	경기 김포시	어린이집 냉·난방비 지원	2	4	140,000	5	1	7	8	7	5	5	4	4	5	4	4	4
2414	경기 김포시	어린이집 공기살균기 지원	2	4	230,904	5	1	7	8	7	5	5	4	4	5	4	4	4
2415	경기 김포시	어린이집 공기청정기 유지관리 지원	2	4	220,440	5	1	7	8	7	5	5	4	4	5	4	4	4
2416	경기 김포시	공공형 어린이집 운영 지원	2	4	723,000	5	1	7	8	7	5	5	4	4	5	4	4	4
2417	경기 김포시	공공형 어린이집 운영활성화 지원	2	4	299,200	5	1	7	8	7	5	5	4	4	5	4	4	4
2418	경기 김포시	0세아전용 어린이집 운영 지원	2	4	1,574,237	5	1	7	8	7	5	5	4	4	5	4	4	4
2419	경기 김포시	야간연장형 어린이집 운영 지원	2	4	384,000	5	1	7	8	7	5	5	4	4	5	4	4	4
2420	경기 김포시	어린이집 운영 지원(교재교구비)	2	4	182,184	5	1	7	8	7	5	5	4	4	5	4	4	4
2421	경기 김포시	어린이집 운영 지원(차량운영비)	2	4	82,933	5	1	7	8	7	5	5	4	4	5	4	4	4
2422	경기 김포시	어린이집 운영 지원(농어촌 소재 법인 어린이집 지원)	2	4	17,249	5	1	7	8	7	5	5	4	4	5	4	4	4
2423	경기 김포시	어린이집 운영 지원(급식위생관리 지원)	2	4	216,000	5	1	7	8	7	5	5	4	4	5	4	4	4
2424	경기 김포시	장애아보육 어린이집 지원	2	4	6,000	5	1	7	8	7	5	5	4	4	5	4	4	4
2425	경기 김포시	영아 표준보육과정 프로그램 지원	2	4	340,560	5	1	7	8	7	5	5	4	4	5	4	4	4
2426	경기 김포시	어린이집 운영 지원	2	4	1,971,260	5	1	7	8	7	5	5	4	4	5	4	4	4
2427	경기 김포시	농어촌지역 어린이집 차량운영비 지원(국공립·법인)	2	4	14,400	5	1	7	8	7	5	5	4	4	5	4	4	4
2428	경기 김포시	어린이집 운영비 지원(0~2세)	2	4	484,320	5	1	7	8	7	5	5	4	4	5	4	4	4
2429	경기 김포시	언제나 어린이집 운영 지원	2	4	230,904	5	1	7	8	7	5	5	4	4	5	4	4	4
2430	경기 김포시	육아종합지원센터「경기도형 보육컨설턴트」인건비 지원	2	16	123,450	4	4	7	8	7	1	1	4	5	5	4	4	4
2431	경기 김포시	지역아동센터 기본운영비 지원	2	2	327,996	5	4	7	8	7	5	5	4	4	5	4	4	4
2432	경기 김포시	요보호아동 그룹홈 운영	1	2	581,712	5	1	7	8	7	1	1	4	4	5	4	4	4
2433	경기 김포시	아동복지생활시설 문화학습활동 지원	1	2	112,476	6	1	7	8	7	1	1	4	4	5	4	4	4
2434	경기 김포시	아동보호전문기관 운영	2	2	722,932	4	1	5	5	1	1	1	4	4	5	4	4	4
2435	경기 김포시	시군 아동보호전문기관 인건비 추가 지원	2	2	47,183	4	1	5	5	1	1	1	4	4	5	4	4	4

순번	시군구	지출명 (사업명)	시설종류 1. 생활시설 2. 이용시설	사회복지시설 종류 1. 노인복지시설 2. 아동복지시설 3. 장애인복지시설 4. 어린이집 5. 정신건강증진시설 6. 노숙인시설 7. 사회복지관 8. 지역자활센터 9. 다함께돌봄센터 10. 결핵,한센시설 11. 성매매피해지원시설 12. 성폭력피해보호시설 13. 가정폭력보호시설 14. 가족센터 15. 청소년복지시설 16. 기타 ( )	2025년예산 (단위:천원/1년간)	민간이전 분류 (지방자치단체 세출예산 집행기준에 의거) 1. 민간경상사업보조(307-02) 2. 민간단체 법정운영비보조(307-03) 3. 민간행사사업보조(307-04) 4. 민간위탁금(307-05) 5. 사회복지시설 법정운영비보조(307-10) 6. 사회복지사업보조(307-11) 7. 민간인위탁교육비(307-12) 8. 공기관등에대한경상적위탁사업(308-13) 9. 공사공단 경상전출금(309-01)	민간이전지출 근거 (지방보조금 관리기준 참고) 1. 법률에 규정 2. 국고보조 재원(국가지정) 3. 용도 지정 기부금 4. 조례에 직접규정 5. 지자체가 권장하는 사업을 하는 공공기관 6. 시,도 정책 및 재정사정 7. 기타 8. 해당없음	입찰방식 계약체결방법 (경쟁형태) 1. 일반경쟁 2. 제한경쟁 3. 지명경쟁 4. 수의계약 5. 법정위탁 6. 기타 ( ) 7. 해당없음	계약기간 1. 1년 2. 2년 3. 3년 4. 4년 5. 5년 6. 기타 ( )년 7. 단기계약 (1년미만) 8. 해당없음	낙찰자선정방법 1. 적격심사 2. 협상에의한계약 3. 최저가낙찰제 4. 규격가격분리 5. 2단계 경쟁입찰 6. 기타 ( ) 7. 해당없음	운영예산 산정 운영비산정 1. 내부산정 (지자체 자체적으로 산정) 2. 외부산정 (외부전문기관위탁 산정) 3. 내·외부 모두 산정 4. 산정 無 5. 해당없음	정산방법 1. 내부정산 (지자체 내부적으로 정산) 2. 외부정산 (외부전문기관위탁 정산) 3. 내·외부 모두 산정 4. 정산 無 5. 해당없음	성과평가 성과평가 실시여부 1. 실시 2. 미실시 3. 향후 추진 4. 해당없음	성과평가 주기 1. 매년 2. 격년 3. 기간만료전 4. 기타 ( ) 5. 해당없음	성과평가 실시 방법 1. 자체 실시 2. 평가단 구성 후 실시 (전문위원 섭외) 3. 전문 평가기관 의뢰 4. 기타 ( ) 5. 해당없음	평가기준 적용방법 1. 관련 조례 적용 2. 전문 평가기관 의뢰 3. 기타 ( ) 4. 해당없음	평가결과 적용 실제 인센티브 및 페널티 적용 유무 1. 매년 적용 2. 적용 안함 3. 기타 ( ) 4. 해당없음	인센티브 및 페널티 적용근거 1. 조례 2. 계약서 3. 기타 ( ) 4. 해당없음
2436	경기 김포시	시군 아동보호전문기관 인건비 지원	2	2	41,623	4	1	5	5	1	1	1	4	4	5	4	4	4
2437	경기 김포시	학대피해아동쉼터 인건비 추가 지원	1	2	78,181	4	1	5	5	1	1	1	4	4	5	4	4	4
2438	경기 김포시	학대피해아동쉼터 지원	1	2	54,080	4	1	5	5	1	1	1	4	4	5	4	4	4
2439	화성특례시	종합사회복지관 운영	2	7	2,385,697	4	1	6	5	6	3	1	1	3	2	1	4	1
2440	경기 광주시	지역자활센터 운영	2	8	374,872	5	2	5	8	7	5	5	1	1	4	3	4	4
2441	경기 광주시	탈수급 유지지원 사업	2	8	44,093	5	2	5	8	7	5	5	1	1	4	3	4	4
2442	경기 광주시	깔끄미 사업	2	8	30,130	6	2	5	8	7	5	5	1	1	4	3	4	4
2443	경기 광주시	통장 사례관리 운영	2	8	39,296	5	2	5	8	7	5	5	1	1	4	3	4	4
2444	경기 광주시	사례관리 전달체계 개선(자활 사례관리)	2	8	15,871	5	2	5	8	7	5	5	1	1	4	3	4	4
2445	경기 양주시	경기도시각장애인복지관 운영	2	3	1,856,176	4	4	1	5	6	1	1	1	3	3	2	2	4
2446	경기 양주시	노인대학 운영	2	1	228,510	6	1	7	8	7	1	1	1	1	1	1	1	1
2447	경기 양주시	양주시 노인상담센터 지원	2	1	95,137	6	6	7	8	7	1	1	1	1	1	1	1	1
2448	경기 양주시	경로식당 무료급식	2	1,7	385,440	6	6	6	1	2	1	1	4	5	5	4	4	4
2449	경기 양주시	저소득 재가노인 식사배달	2	1	47,250	6	6	6	1	2	1	1	4	5	5	4	4	4
2450	경기 양주시	노인복지관 운영	2	1	1,783,823	4	4	2	5	1	1	1	4	5	5	4	4	4
2451	경기 양주시	노인복지관 운영	2	1	844,654	4	4	2	5	1	1	1	4	5	5	4	4	4
2452	경기 양주시	재가노인서비스센터 지원	2	1	250,000	5	4	7	8	7	5	1	4	5	5	4	4	4
2453	경기 양주시	365 어르신 돌봄센터 운영	2	1	40,000	6	1	7	8	7	5	1	4	5	5	4	4	4
2454	경기 양주시	개인운영 노인생활시설 지원	1	1	7,440	5	1	7	8	7	5	1	4	5	5	4	4	4
2455	경기 양주시	노인복지정보제공(신문보급)	2	1	18,216	6	1	7	8	7	1	1	4	5	5	4	4	4
2456	경기 포천시	포천시종합사회복지관	2	7	1,113,271	4	4	5	5	1	1	1	1	1	1	1	4	4
2457	경기 여주시	한부모가족 복지시설 지원(시설환경개선비 등)	1	16	22,775	6	2	7	8	7	1	1	4	5	5	4	4	4
2458	경기 여주시	시설 입소자 상담의료 지원(한부모가족 복지시설)	1	16	8,700	6	2	7	8	7	1	1	4	5	5	4	4	4
2459	경기 여주시	시설 아이돌봄 서비스지원	1	16	20,143	6	2	7	8	7	1	1	4	5	5	4	4	4
2460	경기 여주시	가정폭력상담소 운영지원	2	16	232,797	5	2	7	8	7	1	1	4	5	5	4	4	4
2461	경기 여주시	어린이집 운영지원(교재교구비)	2	4	31,797	6	1	7	8	7	1	1	4	5	5	4	4	4
2462	경기 여주시	어린이집 운영지원(차량운영비)	2	4	149,880	6	1	7	8	7	1	1	4	5	5	4	4	4
2463	경기 여주시	어린이집 운영지원(도비)	2	4	405,480	6	1	7	8	7	1	1	4	5	5	4	4	4
2464	경기 여주시	어린이집 운영비 지원(0~2세)	2	4	48,360	6	1	7	8	7	1	1	4	5	5	4	4	4
2465	경기 여주시	어린이집 냉난방비 지원	2	4	69,900	6	4	7	8	7	1	1	4	5	5	4	4	4
2466	경기 여주시	어린이집 공기청정기 유지관리 지원	2	4	38,280	6	1	7	8	7	1	1	4	5	5	4	4	4
2467	경기 여주시	장애영유아보육교사 전문성 강화교육	2	4	20,000	4	1	7	8	7	1	1	4	5	5	4	4	4
2468	경기 여주시	야간연장 어린이집 운영 지원	2	4	33,600	6	1	7	8	7	1	1	4	5	5	4	4	4
2469	경기 여주시	0세아전용 어린이집 운영지원	2	4	82,954	6	1	7	8	7	1	1	4	5	5	4	4	4
2470	경기 여주시	영아 표준보육과정 프로그램 지원	2	4	41,280	6	1	7	8	7	1	1	4	5	5	4	4	4
2471	경기 여주시	공공형어린이집 운영 지원	2	4	672,900	5	6	7	8	7	1	1	4	5	5	4	4	4
2472	경기 여주시	어린이집연합회 지원	2	4	24,510	3	4	7	8	7	1	1	4	5	5	4	4	4
2473	경기 여주시	경계선지능아동 자립지원	1	2	14,000	5	1	7	8	7	1	1	4	4	5	4	4	4
2474	경기 여주시	시설보호아동 마음건강돌봄사업	1	2	36,600	5	1	7	8	7	1	1	4	4	5	4	4	4
2475	경기 여주시	요보호아동 그룹홈형태 보호	1	2	581,712	5	1	7	8	7	1	1	4	4	5	4	4	4
2476	경기 여주시	아동양육시설 운영	1	2	2,786,590	5	1	7	8	7	1	1	4	4	5	4	4	4
2477	경기 여주시	학대피해아동쉼터 운영 지원	1	2	334,940	5	1	7	8	7	1	1	4	4	5	4	4	4
2478	경기 여주시	다함께돌봄센터 인건비 지원	2	9	436,821	4	1	1	5	1	1	1	1	1	2	2	1	3
2479	경기 여주시	아동돌봄틈새서비스(돌봄인력지원)	2	9	185,177	4	1	1	5	1	1	1	1	1	2	2	1	3
2480	경기 여주시	아동돌봄틈새서비스(아동돌봄 프로그램)	2	9	12,000	4	1	1	5	1	1	1	1	1	2	2	1	3
2481	경기 여주시	거점아동돌봄센터운영	2	9	77,160	4	1	1	5	1	1	1	1	1	2	2	1	3

순번	시군구	지출명 (사업명)	시설종류 1. 생활시설 2. 이용시설	사회복지시설 종류 1. 노인복지시설 2. 아동복지시설 3. 장애인복지시설 4. 어린이집 5. 정신건강증진시설 6. 노숙인시설 7. 사회복지관 8. 지역자활센터 9. 다함께돌봄센터 10. 결핵,한센시설 11. 성매매피해지원시설 12. 성폭력피해보호시설 13. 가정폭력보호시설 14. 가족센터 15. 청소년복지시설 16. 기타 ( )	2025년예산 (단위:천원/1년간)	민간이전 분류 (지방자치단체 세출예산 집행기준에 의거) 1. 민간경상사업보조(307-02) 2. 민간단체 법정운영비보조(307-03) 3. 민간행사사업보조(307-04) 4. 민간위탁금(307-05) 5. 사회복지시설 법정운영비보조(307-10) 6. 사회복지사업보조(307-11) 7. 민간인위탁교육비(307-12) 8. 공기관등에대한경상적위탁사업(308-13) 9. 공사공단 경상전출금(309-01)	민간이전지출 근거 (지방보조금 관리기준 참고) 1. 법률에 규정 2. 국고보조 재원(국가지정) 3. 용도 지정 기부금 4. 조례에 직접규정 5. 지자체가 권장하는 사업을 하는 공공기관 6. 시,도 정책 및 재정사정 7. 기타 8. 해당없음	입찰방식 계약체결방법 (경쟁형태) 1. 일반경쟁 2. 제한경쟁 3. 지명경쟁 4. 수의계약 5. 법정위탁 6. 기타 ( ) 7. 해당없음	입찰방식 계약기간 1. 1년 2. 2년 3. 3년 4. 4년 5. 5년 6. 기타 ( )년 7. 단기계약 (1년미만) 8. 해당없음	입찰방식 낙찰자선정방법 1. 적격심사 2. 협상에의한계약 3. 최저가낙찰제 4. 규격가격분리 5. 2단계 경쟁입찰 6. 기타 ( ) 7. 해당없음	운영예산 산정 운영비산정 1. 내부산정 (지자체 자체적으로 산정) 2. 외부산정 (외부전문기관위탁 산정) 3. 내·외부 모두 산정 4. 산정 無 5. 해당없음	운영예산 산정 정산방법 1. 내부정산 (지자체 내부적으로 정산) 2. 외부정산 (외부전문기관위탁 정산) 3. 내·외부 모두 산정 4. 정산 無 5. 해당없음	성과평가 성과평가 실시여부 1. 실시 2. 미실시 3. 향후 추진 4. 해당없음	성과평가 성과평가 주기 1. 매년 2. 격년 3. 기간만료전 4. 기타 ( ) 5. 해당없음	성과평가 성과평가 실시 방법 1. 자체 실시 2. 평가단 구성 후 실시 (전문위원 섭외) 3. 전문 평가기관 의뢰 4. 기타 ( ) 5. 해당없음	성과평가 평가기준 적용방법 1. 관련 조례 적용 2. 전문 평가기관 의뢰 3. 기타 ( ) 4. 해당없음	평가결과 적용 실제 인센티브 및 페널티 적용 유무 1. 매년 적용 2. 적용 안함 3. 기타 ( ) 4. 해당없음	평가결과 적용 인센티브 및 페널티 적용근거 1. 조례 2. 계약서 3. 기타 ( ) 4. 해당없음
2482	경기 여주시	다함께돌봄센터 인건비 추가지원	2	9	189,999	4	1	1	5	1	1	1	1	1	2	2	1	3
2483	경기 여주시	방학 중 어린이 행복밥상 지원	2	9	45,630	4	1	1	5	1	1	1	1	1	2	2	1	3
2484	경기 여주시	시설형 긴급돌봄 지원	2	9	60,960	4	1	1	5	1	1	1	1	1	2	2	1	3
2485	경기 여주시	지역아동센터연합회 지원	2	8	53,100	4	1	1	5	1	1	1	1	1	2	2	1	3
2486	경기 여주시	지역아동센터 종사자 워크숍 지원	2	8	7,700	4	1	1	5	1	1	1	1	1	2	2	1	3
2487	강원특별자치도	아동보호전문기관 운영(국고)	2	2	4,501,464	5	1	1	5	1	1	3	1	4	2	2	4	4
2488	강원특별자치도	자립지원 전담인력 배치(국고)	2	2	444,576	5	2	1	5	7	1	3	1	1	2	3	1	3
2489	강원특별자치도	자립지원 사업비 지원(국고)	2	2	734,100	5	2	1	5	7	1	3	1	1	2	3	1	3
2490	강원특별자치도	아동자립지원시설 운영	1	2	393,888	5	7	7	1	7	1	3	1	1	2	3	1	3
2491	강원특별자치도	아동일시보호시설 운영	1	2	867,905	5	7	7	1	7	1	3	1	1	2	3	1	3
2492	강원특별자치도	가정위탁지원센터 운영	2	2	813,164	5	7	1	5	7	1	3	1	1	2	3	1	3
2493	강원특별자치도	노인보호전문기관 운영	2	1	474,490	5	2	5	5	7	5	1	1	4	3	2	4	4
2494	강원특별자치도	노인보호전문기관 운영	2	1	421,768	5	2	5	5	7	5	1	1	4	3	2	4	4
2495	강원특별자치도	노인보호전문기관 운영	2	1	421,768	5	2	5	5	7	5	1	1	4	3	2	4	4
2496	강원특별자치도	학대피해노인전용쉼터 운영지원	2	1	255,832	5	2	5	5	7	5	1	1	4	3	2	4	4
2497	강원특별자치도	경로당광역지원센터 운영지원	2	1	306,000	5	2	5	8	7	5	1	1	4	3	2	4	4
2498	강원특별자치도	장애인단기거주시설 운영지원	1	3	352,305	5	1	7	8	7	1	1	4	5	5	4	4	4
2499	강원특별자치도	장애인 공동생활가정 운영지원	1	3	160,616	5	1	7	8	7	1	1	4	5	5	4	4	4
2500	강원특별자치도	피해장애인쉼터 운영지원(국고)	1	3	191,666	5	1	7	8	7	1	1	4	5	5	4	4	4
2501	강원특별자치도	피해장애인쉼터 운영지원	1	3	142,135	5	1	7	8	7	1	1	4	5	5	4	4	4
2502	강원특별자치도	장애인 직업재활시설 운영	2	3	882,329	5	1	7	8	7	1	1	4	5	5	4	4	4
2503	강원특별자치도	장애인 생산품판매시설 지원	2	3	195,293	5	1	7	8	7	1	1	4	5	5	4	4	4
2504	강원특별자치도	장애인 생산품판매시설 마케팅 인력지원	2	3	80,721	5	1	7	8	7	1	1	4	5	5	4	4	4
2505	강원특별자치도	점자도서관 운영	2	3	252,241	5	1	5	5	7	1	1	4	5	5	4	4	4
2506	강원특별자치도	장애인생활이동지원센터 운영	2	3	372,641	5	1	5	5	7	1	1	4	5	5	4	4	4
2507	강원특별자치도	하나린주간보호소 운영	2	3	279,616	5	1	7	8	7	1	1	4	5	5	4	4	4
2508	강원특별자치도	새라새주간보호소 운영	2	3	259,418	5	1	7	8	7	1	1	4	5	5	4	4	4
2509	강원특별자치도	도 수어통역센터 운영	2	3	474,209	5	1	5	5	7	1	1	4	5	5	4	4	4
2510	강원특별자치도	도 장애인종합복지관 운영	2	3	3,122,668	5	1	7	8	7	1	1	4	5	5	4	4	4
2511	강원특별자치도	청소년복지시설 운영지원	1	15	2,097,494	5	2	1	5	1	1	3	1	3	2	1	3	1
2512	강원특별자치도	청소년복지시설 운영지원	1	15	337,854	5	2	1	5	1	1	3	1	3	2	1	3	1
2513	강원특별자치도	여성긴급전화 1366센터 운영	2	13	800,222	6	1	7	8	7	1	1	4	5	5	4	3	4
2514	강원특별자치도	위기임산부 지역상담기관 운영 지원(국고)(직접)	2	16	190,050	6	1	7	6	7	1	1	4	5	5	4	4	4
2515	강원 춘천시	지역자활센터 운영	2	8	635,852	5	2	4	5	1	1	1	1	1	1	3	3	3
2516	강원 춘천시	노숙인일시보호 시설 운영	1	6	277,020	4	1	6	5	6	1	1	1	1	1	1	4	4
2517	강원 춘천시	다함께돌봄센터(꿈자람나눔터) 운영비(보조)	2	9	84,000	5	1	7	8	7	5	1	4	5	5	4	4	4
2518	강원 춘천시	다함께돌봄센터(꿈자람나눔터) 운영비(자체)	2	9	160,617	5	1	7	8	7	5	1	4	5	5	4	4	4
2519	강원 춘천시	지역아동센터 운영비 지원	2	2	587,304	5	2	7	8	7	5	5	4	5	5	4	4	4
2520	강원 춘천시	지역아동센터 안정적 운영지원	2	2	2,052,739	5	1	7	8	7	5	5	4	5	5	4	4	4
2521	강원 춘천시	육아종합지원센터 운영 및 관리	2	16	1,181,228	4	1	5	5	1	1	1	1	3	2	1	3	1
2522	강원 춘천시	어린이집 지원	2	2	533,609	5	1	7	8	7	5	1	4	5	5	4	4	4
2523	강원 춘천시	어린이집 운영수준 향상지원 교재교구비 지원	2	2	40,400	5	1	7	8	7	5	1	4	5	5	4	4	4
2524	강원 춘천시	어린이집 운영수준 향상지원 냉난방비 지원	2	2	102,000	5	1	7	8	7	5	1	4	5	5	4	4	4
2525	강원 춘천시	어린이집 입학준비금	2	2	70,455	5	1	7	8	7	5	1	4	5	5	4	4	4
2526	강원 춘천시	공공형어린이집지원	2	2	1,015,140	5	1	7	8	7	5	1	4	5	5	4	4	4
2527	강원 춘천시	어린이집 운영비 지원	2	2	348,552	5	1	7	8	7	5	1	4	5	5	4	4	4

순번	시군구	지출명 (사업명)	시설종류 1. 생활시설 2. 이용시설	사회복지시설 종류 1. 노인복지시설 2. 아동복지시설 3. 장애인복지시설 4. 어린이집 5. 정신건강증진시설 6. 노숙인시설 7. 사회복지관 8. 지역자활센터 9. 다함께돌봄센터 10. 결핵,한센시설 11. 성매매피해지원시설 12. 성폭력피해보호시설 13. 가정폭력보호시설 14. 가족센터 15. 청소년복지시설 16. 기타 ( )	2025년예산 (단위:천원/1년간)	민간이전 분류 (지방자치단체 세출예산 집행기준에 의거) 1. 민간경상사업보조(307-02) 2. 민간단체 법정운영비보조(307-03) 3. 민간행사사업보조(307-04) 4. 민간위탁금(307-05) 5. 사회복지시설 법정운영비보조(307-10) 6. 사회복지사업보조(307-11) 7. 민간인위탁교육비(307-12) 8. 공기관등에대한경상적위탁사업(308-13) 9. 공사공단 경상전출금(309-01)	민간이전지출 근거 (지방보조금 관리기준 참고) 1. 법률에 규정 2. 국고보조 재원(국가지정) 3. 용도 지정 기부금 4. 조례에 직접규정 5. 지자체가 권장하는 사업을 하는 공공기관 6. 시,도 정책 및 재정사정 7. 기타 8. 해당없음	입찰방식: 계약체결방법 (경쟁형태) 1. 일반경쟁 2. 제한경쟁 3. 지명경쟁 4. 수의계약 5. 법정위탁 6. 기타 () 7. 해당없음	입찰방식: 계약기간 1. 1년 2. 2년 3. 3년 4. 4년 5. 5년 6. 기타 ( )년 7. 단기계약 (1년미만) 8. 해당없음	입찰방식: 낙찰자선정방법 1. 적격심사 2. 협상에의한계약 3. 최저가낙찰제 4. 규격가격분리 5. 2단계 경쟁입찰 6. 기타 () 7. 해당없음	운영예산 산정: 운영비산정 1. 내부산정 (지자체 자체적으로 산정) 2. 외부산정 (외부전문기관위탁 산정) 3. 내·외부 모두 산정 4. 산정 無 5. 해당없음	운영예산 산정: 정산방법 1. 내부정산 (지자체 내부적으로 정산) 2. 외부정산 (외부전문기관위탁 정산) 3. 내·외부 모두 산정 4. 정산 無 5. 해당없음	성과평가: 성과평가 실시여부 1. 실시 2. 미실시 3. 향후 추진 4. 해당없음	성과평가: 성과평가 주기 1. 매년 2. 격년 3. 기간만료전 4. 기타 () 5. 해당없음	성과평가: 성과평가 실시 방법 1. 자체 실시 2. 평가단 구성 후 실시 (전문위원 섭외) 3. 전문 평가기관 의뢰 4. 기타 () 5. 해당없음	성과평가: 평가기준 적용방법 1. 관련 조례 적용 2. 전문 평가기관 의뢰 3. 기타 () 4. 해당없음	평가결과 적용: 실제 인센티브 및 페널티 적용 유무 1. 매년 적용 2. 적용 안함 3. 기타 ( ) 4. 해당없음	평가결과 적용: 인센티브 및 페널티 적용근거 1. 조례 2. 계약서 3. 기타 ( ) 4. 해당없음
2528	강원 춘천시	어린이집 보조인력 일자리 지원	2	2	1,106,600	5	1	7	8	7	5	1	4	5	5	4	4	4
2529	강원 춘천시	정부 미지원 어린이집 보조인력 지원	2	2	300,000	5	1	7	8	7	5	1	4	5	5	4	4	4
2530	강원 춘천시	경계선지능 아동 발달 지원 사업	2	15	25,000	6	4	7	8	7	5	5	1	1	1	1	4	4
2531	강원 춘천시	아동양육시설 운영 지원	1	2	2,237,708	5	1	7	8	7	5	5	1	1	1	1	4	4
2532	강원 춘천시	학대피해아동쉼터 운영 지원	1	2	547,400	5	1	7	8	7	5	5	4	5	5	4	4	4
2533	강원 춘천시	성매매피해자 지원시설 운영	1	11	254,851	4	1	1	5	1	1	1	1	1	1	4	4	4
2534	강원 춘천시	성매매피해 상담소 운영	2	11	199,825	5	1	7	8	7	1	1	1	1	1	4	4	4
2535	강원 춘천시	성매매피해자 구조지원(의료지원법률지원 등)	1	11	70,916	6	1	1	5	1	1	1	1	1	1	4	4	4
2536	강원 춘천시	성매매피해자 보호시설 운영	1	11	17,000	4	1	1	5	1	1	1	1	1	1	4	4	4
2537	강원 춘천시	가족센터 통합서비스	2	14	1,252,360	6	2	5	5	7	5	3	1	3	1	1	3	1
2538	강원 춘천시	가정폭력피해자 보호시설 운영(국비)	2	13	243,695	5	1	7	8	7	1	1	1	1	1	4	4	4
2539	강원 춘천시	가정폭력피해자 보호시설 운영(도비)	2	13	17,000	5	1	7	8	7	1	1	1	1	1	4	4	4
2540	강원 춘천시	이주여성상담소 운영	1	13	357,332	5	1	7	8	7	1	1	1	1	1	4	4	4
2541	강원 춘천시	가정폭력피해자 지원시설 운영	1	16	208,921	5	1	7	8	7	1	1	1	1	1	4	4	4
2542	강원 춘천시	경로당 운영비 지원	2	1	1,469,000	5	1	7	8	7	5	1	4	5	5	4	4	4
2543	강원 춘천시	노인대학 프로그램비 지원	2	1	13,230	6	1	7	8	7	5	1	4	5	5	4	4	4
2544	강원 춘천시	경로당 냉방비 지원	2	1	121,440	5	2	7	8	7	5	1	4	5	5	4	4	4
2545	강원 춘천시	노인복지행사 운영지원	2	1	65,000	3	1	7	8	7	5	1	4	5	5	4	4	4
2546	강원 춘천시	시립노인복지관 운영	2	1	3,920,030	4	1	1	5	1	1	3	1	3	2	3	2	4
2547	강원 춘천시	시니어클럽 운영	2	1	610,000	4	1	7	8	7	1	3	4	5	5	4	4	4
2548	강원 원주시	노숙인요양시설 운영지원	1	6	1,035,422	5	1	1	5	1	1	1	1	1	1	1	2	4
2549	강원 원주시	노숙인 일시보호소 운영	2	6	226,061	5	1	7	7	7	1	1	4	5	5	4	4	4
2550	강원 원주시	희망업토마스의집 운영	1	6	391,802	5	1	7	7	7	1	1	4	5	5	4	4	4
2551	강원 원주시	다시서는집 운영	1	6	219,583	5	1	7	7	7	1	1	4	5	5	4	4	4
2552	강원 강릉시	지역자활센터 운영	2	8	515,760	5	2	6	1	2	1	1	1	1	3	3	1	4
2553	강원 강릉시	강릉시립복지원 운영	1	6	1,310,500	5	2	1	5	1	1	3	1	1	3	3	4	4
2554	강원 강릉시	종합사회복지관 운영지원	2	7	712,000	5	1	5	5	6	1	3	3	5	5	4	4	4
2555	강원 강릉시	장애인거주시설 공기청정기 렌탈지원	1	3	2,599	1	1	4	8	2	1	1	1	1	1	1	4	4
2556	강원 강릉시	경로당 프로그램 발표회	2	1	10,000	3	1	7	8	7	5	5	4	5	5	4	4	4
2557	강원 강릉시	강릉시립노인요양센터 운영	1	1	356,310	4	6	5	5	1	1	1	3	1	1	1	4	4
2558	강원 강릉시	노인양로시설 운영 지원(전환사업)	1	1	1,056,959	5	1	7	8	7	5	5	4	5	5	4	4	4
2559	강원 강릉시	노인대학 운영 및 기능보강	2	1	58,000	5	1	7	8	7	5	5	4	5	5	4	4	4
2560	강원 강릉시	지역사회 시니어클럽 운영	2	1	352,656	5	1	5	5	7	1	1	1	1	1	1	4	4
2561	강원 강릉시	장애인복지관 운영	2	3	1,585,216	5	1	5	5	2	1	1	1	1	1	1	4	4
2562	강원 강릉시	장애인거주시설 전담인력 지원	1	3	77,688	5	1	4	5,8	2	1	1	1	1	1	1	4	4
2563	강원 강릉시	장애인 직업재활시설 운영	2	3	670,000	5	1	5	5	2	1	1	1	1	1	1	4	4
2564	강원 강릉시	장애인 단기거주시설 운영 지원	1	3	204,352	5	1	4	8	2	1	1	1	1	1	1	4	4
2565	강원 강릉시	장애인 공동생활가정 운영	1	3	568,583	5	1	4	8	2	1	1	1	1	1	1	4	4
2566	강원 강릉시	장애인 공동생활가정 대체인력 지원	1	3	15,105	5	1	4	8	2	1	1	1	1	1	1	4	4
2567	강원 강릉시	장애인 주간보호시설 운영	2	3	850,163	5	1	4,5	5,8	2	1	1	1	1	1	1	4	4
2568	강원 강릉시	생활이동 지원센터 운영	2	3	369,239	5	1	6	5	2	1	1	1	1	1	1	4	4
2569	강원 강릉시	수어통역센터 운영	2	3	336,600	5	1	4	8	2	1	1	1	1	1	1	4	4
2570	강원 강릉시	어르신 병원동행서비스 운영	2	8	105,459	6	1	7	8	7	5	5	4	5	5	4	4	4
2571	강원 강릉시	재가노인지원서비스 운영지원	1	1	296,000	6	1	7	8	7	5	5	4	5	5	4	4	4
2572	강원 강릉시	노인대학 운영 및 기능보강	2	1	22,050	6	1	7	8	7	5	5	4	5	5	4	4	4
2573	강원 강릉시	경로당 운영비 지원	2	1	1,157,700	6	1	7	8	7	5	5	4	5	5	4	4	4

순번	시군구	지출명 (사업명)	시설종류 1. 생활시설 2. 이용시설	사회복지시설 종류 1. 노인복지시설 2. 아동복지시설 3. 장애인복지시설 4. 어린이집 5. 정신건강증진시설 6. 노숙인시설 7. 사회복지관 8. 지역자활센터 9. 다함께돌봄센터 10. 결핵,한센시설 11. 성매매피해지원시설 12. 성폭력피해보호시설 13. 가정폭력보호시설 14. 가족센터 15. 청소년복지시설 16. 기타 (　　　)	2025년예산 (단위:천원/1년간)	민간이전 분류 (지방자치단체 세출예산 집행기준에 의거) 1. 민간경상사업보조(307-02) 2. 민간단체 법정운영비보조(307-03) 3. 민간행사사업보조(307-04) 4. 민간위탁금(307-05) 5. 사회복지시설 법정운영비보조(307-10) 6. 사회복지사업보조(307-11) 7. 민간인위탁교육비(307-12) 8. 공기관등에대한경상적위탁사업(308-13) 9. 공사공단 경상전출금(309-01)	민간이전지출 근거 (지방보조금 관리기준 참고) 1. 법률에 규정 2. 국고보조 재원(국가지정) 3. 용도 지정 기부금 4. 조례에 직접규정 5. 지자체가 권장하는 사업을 하는 공공기관 6. 시,도 정책 및 재정사정 7. 기타 8. 해당없음	입찰방식 계약체결방법 (경쟁형태) 1. 일반경쟁 2. 제한경쟁 3. 지명경쟁 4. 수의계약 5. 법정위탁 6. 기타 ( ) 7. 해당없음	입찰방식 계약기간 1. 1년 2. 2년 3. 3년 4. 4년 5. 5년 6. 기타 ( )년 7. 단기계약 (1년미만) 8. 해당없음	입찰방식 낙찰자선정방법 1. 적격심사 2. 협상에의한계약 3. 최저가낙찰제 4. 규격가격분리 5. 2단계 경쟁입찰 6. 기타 ( ) 7. 해당없음	운영예산 산정 운영비산정 1. 내부산정 (지자체 자체적으로 산정) 2. 외부산정 (외부전문기관위탁 산정) 3. 내·외부 모두 산정 4. 산정 無 5. 해당없음	운영예산 산정 정산방법 1. 내부정산 (지자체 내부적으로 정산) 2. 외부정산 (외부전문기관위탁 정산) 3. 내·외부 모두 산정 4. 정산 無 5. 해당없음	성과평가 성과평가 실시여부 1. 실시 2. 미실시 3. 향후 추진 4. 해당없음	성과평가 성과평가 주기 1. 매년 2. 격년 3. 기간만료전 4. 기타 ( ) 5. 해당없음	성과평가 성과평가 실시 방법 1. 자체 실시 2. 평가단 구성 후 실시 (전문위원 섭외) 3. 전문 평가기관 의뢰 4. 기타 ( ) 5. 해당없음	성과평가 평가기준 적용방법 1. 관련 조례 적용 2. 전문 평가기관 의뢰 3. 기타 ( ) 4. 해당없음	평가결과 적용 실제 인센티브 및 패널티 적용 유무 1. 매년 적용 2. 적용 안함 3. 기타 ( ) 4. 해당없음	평가결과 적용 인센티브 및 패널티 적용근거 1. 조례 2. 계약서 3. 기타 ( ) 4. 해당없음
2574	강원 강릉시	경로당 냉난방기 및 양곡비 지원	2	1	650,304	6	1	7	8	7	5	5	4	5	5	4	4	4
2575	강원 강릉시	경로당 프로그램 운영비 지원	2	1	330,000	6	1	7	8	7	5	5	4	5	5	4	4	4
2576	강원 강릉시	경로당 순회 프로그램관리자 지원	2	1	110,157	6	1	7	8	7	5	5	4	5	5	4	4	4
2577	강원 강릉시	장애인 무료급식 지원	2	3	58,240	6	1	5	5	2	1	1	1	1	1	1	4	4
2578	강원 강릉시	장애인일자리(복지일자리)사업	2	3	295,025	6	1	7	8	7	5	5	4	5	5	4	4	4
2579	강원 강릉시	장애인일자리(발달장애인요양보호사보조)사업	2	3	132,644	6	1	7	8	7	5	5	4	5	5	4	4	4
2580	강원 강릉시	장애인복지관 운영	2	3	160,000	6	1	5	5	2	1	1	1	1	1	1	4	4
2581	강원 강릉시	장기요양기관 종사자 역량강화	2	1	30,000	8	1	4	8	7	1	1	4	5	5	4	4	4
2582	강원 강릉시	정신재활시설 운영	1	5	299,610	5	4	7	8	7	1	1	4	5	5	4	4	4
2583	강원 강릉시	다함께돌봄사업 운영비 지원	2	2	126,000	5	2	7	8	7	5	5	4	5	5	4	4	4
2584	강원 강릉시	다함께돌봄센터 이용료 지원(교특)	2	2	72,000	5	5	7	8	7	5	5	4	5	5	4	4	4
2585	강원 강릉시	지역아동센터 기본 운영비	2	2	620,352	5	2	7	8	7	5	5	4	5	5	4	4	4
2586	강원 강릉시	지역아동센터[특성별] 지원	2	2	8,600	5	2	7	8	7	5	5	4	5	5	4	4	4
2587	강원 강릉시	지역아동센터 돌봄인력 지원	2	2	35,416	5	7	7	8	7	5	5	4	5	5	4	4	4
2588	강원 강릉시	어린이집 기능보강 개보수	2	4	150,000	1	2	7	8	7	5	5	4	5	5	4	4	4
2589	강원 강릉시	어린이집 기능보강 개보수(미디어촌7단지)	2	2	2,540	1	2	7	8	7	5	5	4	5	5	4	4	4
2590	강원 강릉시	노후 실내 환경 물품 교체	2	2	200,000	5	6	7	8	7	5	5	4	5	5	4	4	4
2591	강원 강릉시	공공형어린이집 지원	2	4	942,240	5	1	7	8	7	5	5	4	5	5	4	4	4
2592	강원 강릉시	평가제(인증.우수)어린이집 냉난방비 지원	2	4	60,000	5	1	7	8	7	5	5	4	5	5	4	4	4
2593	강원 강릉시	장애아전문 어린이집 재활치료 프로그램 지원	2	4	5,000	5	1	7	8	7	5	5	4	5	5	4	4	4
2594	강원 강릉시	어린이집 교재교구비	2	4	60,000	5	1	7	8	7	5	5	4	5	5	4	4	4
2595	강원 강릉시	차량운영비	2	4	64,800	5	1	7	8	7	5	5	4	5	5	4	4	4
2596	강원 강릉시	농어촌소재 법인어린이집	2	4	22,040	5	1	7	8	7	5	5	4	5	5	4	4	4
2597	강원 강릉시	급식위생 관리지원금	2	4	72,000	5	1	7	8	7	5	5	4	5	5	4	4	4
2598	강원 강릉시	어린이집 운영 안정화 지원	2	4	195,000	5	1	7	8	7	5	5	4	5	5	4	4	4
2599	강원 강릉시	어린이집 냉난방비 지원	2	4	60,000	5	1	7	8	7	5	5	4	5	5	4	4	4
2600	강원 강릉시	정부지원 어린이집 교재교구비 지원	2	4	37,000	5	1	7	8	7	5	5	4	5	5	4	4	4
2601	강원 강릉시	저소득층 아동 어린이집 입학준비금 지원	2	4	51,030	5	1	7	8	7	5	5	4	5	5	4	4	4
2602	강원 강릉시	어린이집 보조인력 일자리 지원(장애아전문 포함)	2	4	654,000	5	1	7	8	7	5	5	4	5	5	4	4	4
2603	강원 강릉시	휴일어린이집 운영 지원	2	4	66,330	5	1	7	8	7	5	5	4	5	5	4	4	4
2604	강원 강릉시	장난감도서관 운영요원 인건비 지원	2	2	116,700	4	4	7	5	7	5	1	4	5	5	4	4	4
2605	강원 강릉시	가정양육 지원(부모교육 사업)	2	2	25,000	5	1	7	8	7	5	5	4	5	5	4	4	4
2606	강원 강릉시	대체교사 지원	2	2	419,173	4	2	7	5	7	5	1	4	5	5	4	4	4
2607	강원 강릉시	공공형 실내놀이터 운영	2	2	111,200	4	4	7	5	7	1	1	4	5	5	4	4	4
2608	강원 강릉시	아동시설 운영	1	2	2,063,280	5	4	7	8	7	5	5	4	5	5	4	4	4
2609	강원 강릉시	요보호아동 공동생활가정(그룹홈) 운영 지원	1	2	584,112	5	2	7	8	7	5	5	4	5	5	4	4	4
2610	강원 강릉시	경계선 지능아동 자립 지원 사업	1	2	4,100	6	2	7	8	7	5	5	4	5	5	4	4	4
2611	강원 강릉시	해솔터 운영	1	13	8,000	5	6	7	8	7	1	1	1	1	1	3	1	3
2612	강원 강릉시	여성권익증진시설 종사자 역량강화 지원	1,2	13	4,400	5	6	7	8	7	1	1	1	1	1	3	1	3
2613	강원 강릉시	가정폭력·성폭력·성희롱·성매매 예방 교육지원	2	13	3,000	6	6	7	8	7	1	1	1	1	1	3	1	3
2614	강원 강릉시	여성긴급피난처운영	2	13	9,000	6	6	7	8	7	1	1	1	1	1	3	1	3
2615	강원 강릉시	가정폭력피해자 보호시설 운영지원	1	13	205,338	5	2	7	8	7	1	1	4	5	5	4	4	4
2616	강원 강릉시	가정폭력피해자 직업훈련비 지원	1	13	1,463	6	2	7	8	7	1	1	4	5	5	4	4	4
2617	강원 강릉시	가정폭력피해자 치료회복프로그램	1,2	13	30,879	6	2	7	8	7	1	1	4	5	5	4	4	4
2618	강원 강릉시	가정폭력피해자 의료비 지원	1	13	7,000	6	2	7	8	7	1	1	4	5	5	4	4	4
2619	강원 강릉시	가정폭력상담소 운영 지원	2	13	267,700	5	2	7	8	7	1	1	4	5	5	4	4	4

순번	시군구	지출명 (사업명)	시설종류 1. 생활시설 2. 이용시설	사회복지시설 종류 1. 노인복지시설 2. 아동복지시설 3. 장애인복지시설 4. 어린이집 5. 정신건강증진시설 6. 노숙인시설 7. 사회복지관 8. 지역자활센터 9. 다함께돌봄센터 10. 결핵,한센시설 11. 성매매피해지원시설 12. 성폭력피해보호시설 13. 가정폭력보호시설 14. 가족센터 15. 청소년복지시설 16. 기타 ( )	2025년예산 (단위:천원/1년간)	민간이전 분류 (지방자치단체 세출예산 집행기준에 의거) 1. 민간경상사업보조(307-02) 2. 민간단체 법정운영비보조(307-03) 3. 민간행사사업보조(307-04) 4. 민간위탁금(307-05) 5. 사회복지시설 법정운영비보조(307-10) 6. 사회복지사업보조(307-11) 7. 민간인위탁교육비(307-12) 8. 공기관등에대한경상적위탁사업(308-13) 9. 공사공단 경상전출금(309-01)	민간이전지출 근거 (지방보조금 관리기준 참고) 1. 법률에 규정 2. 국고보조 재원(국가지정) 3. 용도 지정 기부금 4. 조례에 직접규정 5. 지자체가 권장하는 사업을 하는 공공기관 6. 시,도 정책 및 재정사정 7. 기타 8. 해당없음	입찰방식: 계약체결방법 (경쟁형태) 1. 일반경쟁 2. 제한경쟁 3. 지명경쟁 4. 수의계약 5. 법정위탁 6. 기타 ( ) 7. 해당없음	입찰방식: 계약기간 1. 1년 2. 2년 3. 3년 4. 4년 5. 5년 6. 기타 ( )년 7. 단기계약 (1년미만) 8. 해당없음	입찰방식: 낙찰자선정방법 1. 적격심사 2. 협상에의한계약 3. 최저가낙찰제 4. 규격가격분리 5. 2단계 경쟁입찰 6. 기타 ( ) 7. 해당없음	운영예산 산정: 운영비산정 1. 내부산정 (지자체 자체적으로 산정) 2. 외부산정 (외부전문기관위탁 산정) 3. 내·외부 모두 산정 4. 산정 無 5. 해당없음	운영예산 산정: 정산방법 1. 내부정산 (지자체 내부적으로 정산) 2. 외부정산 (외부전문기관위탁 정산) 3. 내·외부 모두 산정 4. 정산 無 5. 해당없음	성과평가: 성과평가 실시여부 1. 실시 2. 미실시 3. 향후 추진 4. 해당없음	성과평가: 성과평가 주기 1. 매년 2. 격년 3. 기간만료전 4. 기타 ( ) 5. 해당없음	성과평가: 성과평가 실시 방법 1. 자체 실시 2. 평가단 구성 후 실시 (전문위원 섭외) 3. 전문 평가기관 의뢰 4. 기타 ( ) 5. 해당없음	성과평가: 평가기준 적용방법 1. 관련 조례 적용 2. 전문 평가기관 의뢰 3. 기타 ( ) 4. 해당없음	평가결과 적용: 실제 인센티브 및 페널티 적용 유무 1. 매년 적용 2. 적용 안함 3. 기타 ( ) 4. 해당없음	평가결과 적용: 인센티브 및 페널티 적용근거 1. 조례 2. 계약서 3. 기타 ( ) 4. 해당없음
2620	강원 강릉시	가정폭력피해자 보호시설 운영	1	13	17,000	5	6	7	8	7	1	1	1	1	1	3	1	3
2621	강원 강릉시	4대보험 및 퇴직금 지원	1,2	13	86,747	5	6	7	8	7	1	1	1	1	1	3	1	3
2622	강원 강릉시	강릉시청소년자립지원관(이용형,월정사)	2	15	307,196	6	1	7	8	7	1	1	1	4	4	1	4	4
2623	강원 동해시	장애인단기거주시설 운영지원	1	3	280,000	5	2	7	8	7	1	1	1	1	1	3	1	3
2624	강원 동해시	수어통역센터 운영지원	2	3	226,126	5	4	7	8	7	1	1	1	1	1	3	1	3
2625	강원 동해시	장애인생활이동지원센터 운영지원	2	3	244,400	5	4	7	8	7	1	1	1	1	1	3	1	3
2626	강원 동해시	사회복지관운영	2	7	698,720	4	4	1	5	1	1	1	1	1	1	3	1	3
2627	강원 동해시	지역자활센터 운영	2	8	379,498	5	4	7	5	7	1	1	1	1	1	3	1	3
2628	강원 태백시	(공익형)100세시대 어르신 일자리 사업(국고)	2	1	586,722	6	2	5	1	6	1	3	1	1	1	3	1	3
2629	강원 태백시	경로식당 무료급식	2	1	233,438	6	4	7	8	7	1	1	1	1	3	2	2	2
2630	강원 태백시	저소득 재가노인 식사배달사업	2	1	251,850	6	4	7	1	7	1	1	1	1	3	2	2	2
2631	강원 태백시	재가노인지원서비스 운영지원	2	1	5,490	6	6	7	8	7	1	1	1	1	3	2	2	2
2632	강원 태백시	독거노인중증장애인 응급안전안심서비스 운영지원	2	1	262,589	5	2	7	5	7	1	3	1	1	3	2	2	2
2633	강원 태백시	100세시대,어르신일자리사업(도비)	2	1	2,400	2	6	5	1	6	1	1	1	1	1	3	1	3
2634	강원 태백시	노인맞춤돌봄서비스사업 운영	2	1	2,189,530	5	2	7	2	7	1	3	1	1	3	2	1	2
2635	강원 태백시	어르신 병원동행 운영지원	2	1	103,659	6	6	7	2	7	1	3	2	1	1	3	1	3
2636	강원 태백시	사회복지시설 종사자 복지포인트	2	1~15	100,000	5	1	7	8	7	1	1	4	5	5	4	4	4
2637	강원 태백시	노후 사회참여 프로그램 지원	2	1	26,820	5	6	7	8	7	1	1	4	5	5	4	4	4
2638	강원 태백시	노후 사회참여 프로그램 지원	2	1	79,560	6	4	7	8	7	1	1	4	5	5	4	4	4
2639	강원 태백시	경로당 운영 지원	2	1	551,600	6	6	7	8	7	1	1	1	1	3	2	2	4
2640	강원 태백시	노인회 지회 운영 지원	2	1	146,560	1	6	7	8	7	1	1	1	1	3	2	2	4
2641	강원 태백시	노인 관련 대회 및 행사 참가 지원	2	1	5,000	1	6	7	8	7	1	1	1	1	3	2	2	4
2642	강원 태백시	노인 관련 대회 및 행사 참가 지원	2	1	33,646	3	6	7	8	7	1	1	1	1	3	2	2	4
2643	강원 태백시	경로당 냉,난방비 및 양곡비	2	1	332,169	6	6	7	8	7	1	1	1	1	3	2	2	4
2644	강원 태백시	사회복지사업 운영 활성화(여성)	2	16	6,000	1	4	7	8	7	1	1	1	1	3	2	1	3
2645	강원 태백시	사회복지사업 운영 활성화(여성)	2	16	2,500	2	4	7	8	7	1	1	1	1	3	2	1	3
2646	강원 태백시	사회복지사업 운영 활성화(여성)	2	16	70,000	3	4	7	8	7	1	1	1	1	3	2	1	3
2647	강원 태백시	가정폭력상담소 운영지원	2	13	232,797	5	2	7	8	7	3	1	1	1	1	1	2	4
2648	강원 태백시	여성권익증진시설운영지원	2	13	28,146	5	6	7	8	7	3	1	1	1	1	1	2	4
2649	강원 태백시	가정폭력 피해자 의료비 지원	2	13	500	6	2	7	8	7	1	1	1	1	1	1	2	4
2650	강원 태백시	성폭력 피해자 의료비 지원	2	13	1,000	6	2	7	8	7	5	5	4	5	5	4	4	4
2651	강원 태백시	태백시가족센터 운영지원	2	14	609,730	5	2	7	8	7	3	1	1	1	1	1	2	4
2652	강원 태백시	공동육아나눔터 운영지원	2	14	58,244	6	2	7	8	7	3	1	1	1	1	1	2	4
2653	강원 태백시	다문화가족 특화사업	2	14	137,850	6	2	7	8	7	3	1	1	1	1	1	2	4
2654	강원 태백시	다문화가족자녀 한글교육 지원	2	14	15,960	6	6	7	8	7	3	1	1	1	1	1	2	4
2655	강원 태백시	돌봄 취약계층 자녀 책읽어주기 지원	2	14	31,800	6	4	7	8	7	1	1	1	1	3	2	1	3
2656	강원 태백시	결혼이민자 상호 멘토링 지원 사업	2	14	2,460	6	6	7	8	7	3	1	1	1	1	1	2	4
2657	강원 태백시	결혼이민자 직업교육 지원	2	14	7,320	6	4	7	8	7	1	1	1	1	3	2	1	3
2658	강원 태백시	결혼이민자 고향방문지원	2	14	30,000	6	4	7	8	7	1	1	1	1	3	2	1	3
2659	강원 태백시	다문화가족 행사 지원	2	14	14,250	6	6	7	8	7	3	1	1	1	1	1	2	4
2660	강원 태백시	다문화가족 힐링캠프	2	14	20,000	6	6	7	8	7	3	1	1	1	1	1	2	4
2661	강원 태백시	아이돌봄 서비스 지원	2	14	524,416	6	2	7	8	7	3	1	1	1	1	1	2	4
2662	강원 태백시	어린이집 보조인력 일자리 지원	2	4	118,800	5	6	7	8	7	3	1	1	1	1	1	2	3
2663	강원 태백시	어린이집 품질향상 지원사업	2	4	42,300	5	6	7	8	7	3	1	1	1	1	1	2	3
2664	강원 태백시	어린이집 운영지원	2	4	58,400	5	2	7	8	7	3	1	1	1	1	1	2	3
2665	강원 태백시	어린이집 운영비 등 지원	2	4	59,136	5	6	7	8	7	3	1	1	1	1	1	2	3

순번	시군구	지출명 (사업명)	시설종류 1. 생활시설 2. 이용시설	사회복지시설 종류 1. 노인복지시설 2. 아동복지시설 3. 장애인복지시설 4. 어린이집 5. 정신건강증진시설 6. 노숙인시설 7. 사회복지관 8. 지역자활센터 9. 다함께돌봄센터 10. 결핵,한센시설 11. 성매매피해지원시설 12. 성폭력피해보호시설 13. 가정폭력보호시설 14. 가족센터 15. 청소년복지시설 16. 기타 ( )	2025년예산 (단위:천원/1년간)	민간이전 분류 (지방자치단체 세출예산 집행기준에 의거) 1. 민간경상사업보조(307-02) 2. 민간단체 법정운영비보조(307-03) 3. 민간행사사업보조(307-04) 4. 민간위탁금(307-05) 5. 사회복지시설 법정운영비보조(307-10) 6. 사회복지사업보조(307-11) 7. 민간인위탁교육비(307-12) 8. 공기관등에대한경상적위탁사업(308-13) 9. 공사공단 경상전출금(309-01)	민간이전지출 근거 (지방보조금 관리기준 참고) 1. 법률에 규정 2. 국고보조 재원(국가지정) 3. 용도 지정 기부금 4. 조례에 직접규정 5. 지자체가 권장하는 사업을 하는 공공기관 6. 시,도 정책 및 재정사정 7. 기타 8. 해당없음	입찰방식 계약체결방법 (경쟁형태) 1. 일반경쟁 2. 제한경쟁 3. 지명경쟁 4. 수의계약 5. 법정위탁 6. 기타 ( ) 7. 해당없음	입찰방식 계약기간 1. 1년 2. 2년 3. 3년 4. 4년 5. 5년 6. 기타 ( )년 7. 단기계약 (1년미만) 8. 해당없음	입찰방식 낙찰자선정방법 1. 적격심사 2. 협상에의한계약 3. 최저가낙찰제 4. 규격가격분리 5. 2단계 경쟁입찰 6. 기타 ( ) 7. 해당없음	운영예산 산정 운영비산정 1. 내부산정 (지자체 자체적으로 산정) 2. 외부산정 (외부전문기관위탁 산정) 3. 내·외부 모두 산정 4. 산정 無 5. 해당없음	운영예산 산정 정산방법 1. 내부정산 (지자체 내부적으로 정산) 2. 외부정산 (외부전문기관위탁 정산) 3. 내·외부 모두 산정 4. 정산 無 5. 해당없음	성과평가 성과평가 실시여부 1. 실시 2. 미실시 3. 향후 추진 4. 해당없음	성과평가 성과평가 주기 1. 매년 2. 격년 3. 기간만료전 4. 기타 ( ) 5. 해당없음	성과평가 성과평가 실시 방법 1. 자체 실시 2. 평가단 구성 후 실시 (전문위원 섭외) 3. 전문 평가기관 의뢰 4. 기타 ( ) 5. 해당없음	성과평가 평가기준 적용방법 1. 관련 조례 적용 2. 전문 평가기관 의뢰 3. 기타 ( ) 4. 해당없음	평가결과 적용 실제 인센티브 및 패널티 적용 유무 1. 매년 적용 2. 적용 안함 3. 기타 ( ) 4. 해당없음	평가결과 적용 인센티브 및 패널티 적용근거 1. 조례 2. 계약서 3. 기타 ( ) 4. 해당없음
2666	강원 태백시	어린이집 입학준비금 지원사업	2	4	10,500	6	6	7	8	7	3	1	1	1	1	1	2	3
2667	강원 태백시	공공형 어린이집 운영지원(전환사업)	2	4	55,740	5	6	7	8	7	3	1	1	1	1	1	2	3
2668	강원 태백시	어린이집 안전공제 단체가입 지원	2	4	3,780	5	6	7	8	7	3	1	1	1	1	1	2	3
2669	강원 태백시	누리과정 특별활동비	2	4	228,000	5	6	7	8	7	1	1	1	1	1	1	2	3
2670	강원 태백시	영아 발달 프로그램비 지원	2	4	17,920	6	6	7	8	7	1	1	1	1	1	1	2	3
2671	강원 태백시	국공립 어린이집 운영지원(시비)	2	4	216,601	5	6	7	8	7	1	1	1	1	1	1	2	3
2672	강원 태백시	민간가정어린이집 운영지원	2	4	35,363	5	6	7	8	7	1	1	1	1	1	1	2	3
2673	강원 태백시	어린이집 장난감 소독비 지원	2	4	33,248	5	6	7	8	7	1	1	1	1	1	1	2	3
2674	강원 태백시	어린이날 기념행사	2	16	31,000	6	4	4	7	1	3	1	1	1	1	1	2	3
2675	강원 태백시	장난감도서관 운영 관리	2	2	122,000	4	4	4	3	1	3	1	1	1	1	1	2	3
2676	강원 태백시	청소년 활동 지원	2	15	17,665	3	4	4	1	1	3	1	1	1	1	1	2	3
2677	강원 태백시	지역청소년참여기구 운영	2	15	1,400	8	1	7	8	7	3	1	1	1	1	1	2	3
2678	강원 태백시	공공수련시설 청소년운영위원회 운영	2	15	3,000	8	1	7	8	7	3	1	1	1	1	1	2	3
2679	강원 태백시	청소년 동아리 지원	2	15	3,750	8	1	7	8	7	3	1	1	1	1	1	2	3
2680	강원 태백시	청소년 방과후아카데미 운영	2	15	194,474	8	2	7	8	7	3	1	1	1	1	1	2	3
2681	강원 태백시	청소년 방과후아카데미 운영(자체)	2	15	117,235	8	4	7	8	7	3	1	1	1	1	1	2	3
2682	강원 태백시	청소년안전망 구축	2	15	108,740	8	2	7	8	7	3	1	1	1	1	1	2	3
2683	강원 태백시	청소년 동반자 프로그램 운영	2	15	35,774	8	2	7	8	7	3	1	1	1	1	1	2	3
2684	강원 태백시	학교 밖 청소년 지원	2	15	96,810	8	2	7	8	7	3	1	1	1	1	1	2	3
2685	강원 태백시	학교 밖 청소년 지원(급식비)	2	15	6,500	8	2	7	8	7	3	1	1	1	1	1	2	3
2686	강원 태백시	사회복지기관 종사자 처우개선수당(청소년)	2	15	5,400	8	6	7	8	7	3	1	1	1	1	1	2	3
2687	강원 태백시	청소년시설 프로그램 지원	2	15	20,000	8	6	7	8	7	3	1	1	1	1	1	2	3
2688	강원 태백시	공공수련시설 청소년지도사 배치	2	15	87,477	8	2	7	8	7	3	1	1	1	1	1	2	3
2689	강원 태백시	지역아동센터 운영비 지원	2	2	210,792	5	2	7	8	7	1	1	1	1	1	1	2	3
2690	강원 태백시	지역아동센터 운영 활성화 지원	2	2	288,917	5	2	7	8	7	1	1	1	1	1	1	2	3
2691	강원 태백시	다함께돌봄센터 운영비 지원	2	9	167,050	5	2	1	5	1	1	1	1	1	1	3	2	3
2692	강원 태백시	다함께돌봄센터 지원	2	9	10,000	5	2	1	5	1	1	1	1	1	1	3	2	3
2693	강원 태백시	요보호아동 그룹홈 보호 운영 지원	1	2	146,028	5	1	7	8	7	1	1	4	5	5	4	2	3
2694	강원 태백시	지역아동센터 진흥사업	2	2	23,396	6	2	7	8	7	1	1	1	1	1	1	2	3
2695	강원 속초시	가정폭력상담소 운영지원	2	13	154,879	5	1	7	8	7	1	1	4	5	5	4	4	4
2696	강원 속초시	가정폭력 심화클리닉 지원(피해자 회복 프로그램)	2	13	8,450	6	1	7	8	7	1	1	4	5	5	4	4	4
2697	강원 속초시	가정폭력 피해자 보호시설 운영 지원	1	13	234,695	5	1	7	8	7	1	1	4	5	5	4	4	4
2698	강원 속초시	가정폭력 피해자 보호시설 운영 지원(직업훈련비)	1	13	1,463	6	1	7	8	7	1	1	4	5	5	4	4	4
2699	강원 속초시	가정폭력 피해자 치료회복 프로그램 및 의료비 지원	1	13	32,877	6	1	7	8	7	1	1	4	5	5	4	4	4
2700	강원 속초시	여성권익증진시설 운영 지원(운영비 및 난방비)	1	13	17,000	5	1	7	8	7	1	1	4	5	5	4	4	4
2701	강원 속초시	성폭력·장애인성폭력 상담소 운영지원	1	12	195,758	5	1	7	8	7	1	1	4	5	5	4	4	4
2702	강원 속초시	성폭력 피해자 의료비, 간병비 지원	1	12	5,714	6	1	7	8	7	1	1	4	5	5	4	4	4
2703	강원 속초시	아동·청소년 디지털 성범죄 예방교육(성폭력상담소)	1	12	10,610	6	1	7	8	7	1	1	4	5	5	4	4	4
2704	강원 속초시	여성권익증진시설 운영 지원(교육운영비 및 홍보비 등)	1	12	10,000	5	1	7	8	7	1	1	4	5	5	4	4	4
2705	강원 속초시	일본군 위안부 피해자 기림의 날 기념식	1	12	4,680	3	1	7	8	7	1	1	4	5	5	4	4	4
2706	강원 속초시	아이돌봄지원	2	14	1,021,652	5	1	5	5	1	5	1	1	3	1	4	4	4
2707	강원 속초시	가족센터 운영	2	14	855,418	4	1	5	5	1	5	1	1	3	1	4	4	4
2708	강원 속초시	공동육아나눔터 운영	2	14	116,488	4	1	5	5	1	5	1	1	3	1	4	4	4
2709	강원 속초시	결혼이민자 상호 멘토링 사업	2	14	41,000	4	1	5	5	1	5	1	1	3	1	4	4	4
2710	강원 속초시	다문화 마음치유 어울림 교실	2	14	20,000	4	1	5	5	1	5	1	1	3	1	4	4	4
2711	강원 속초시	다문화가정 지원	2	14	78,560	4	1	5	5	1	5	1	1	3	1	4	4	4

순번	시군구	지출명 (사업명)	시설종류 1. 생활시설 2. 이용시설	사회복지시설 종류 1. 노인복지시설 2. 아동복지시설 3. 장애인복지시설 4. 어린이집 5. 정신건강증진시설 6. 노숙인시설 7. 사회복지관 8. 지역자활센터 9. 다함께돌봄센터 10. 결핵,한센시설 11. 성매매피해지원시설 12. 성폭력피해보호시설 13. 가정폭력보호시설 14. 가족센터 15. 청소년복지시설 16. 기타 ( )	2025년예산 (단위:천원/1년간)	민간이전 분류 (지방자치단체 세출예산 집행기준에 의거) 1. 민간경상사업보조(307-02) 2. 민간단체 법정운영비보조(307-03) 3. 민간행사사업보조(307-04) 4. 민간위탁금(307-05) 5. 사회복지시설 법정운영비보조(307-10) 6. 사회복지사업보조(307-11) 7. 민간인위탁교육비(307-12) 8. 공기관등에대한경상적위탁사업(308-13) 9. 공사공단 경상전출금(309-01)	민간이전지출 근거 (지방보조금 관리기준 참고) 1. 법률에 규정 2. 국고보조 재원(국가지정) 3. 용도 지정 기부금 4. 조례에 직접규정 5. 지자체가 권장하는 사업을 하는 공공기관 6. 시,도 정책 및 재정사정 7. 기타 8. 해당없음	입찰방식: 계약체결방법 (경쟁형태) 1. 일반경쟁 2. 제한경쟁 3. 지명경쟁 4. 수의계약 5. 법정위탁 6. 기타 ( ) 7. 해당없음	입찰방식: 계약기간 1. 1년 2. 2년 3. 3년 4. 4년 5. 5년 6. 기타 ( )년 7. 단기계약 (1년미만) 8. 해당없음	입찰방식: 낙찰자선정방법 1. 적격심사 2. 협상에의한계약 3. 최저가낙찰제 4. 규격가격분리 5. 2단계 경쟁입찰 6. 기타 ( ) 7. 해당없음	운영예산 산정: 운영비산정 1. 내부산정 (지자체 자체적으로 산정) 2. 외부산정 (외부전문기관위탁 산정) 3. 내·외부 모두 산정 4. 산정 無 5. 해당없음	운영예산 산정: 정산방법 1. 내부정산 (지자체 내부적으로 정산) 2. 외부정산 (외부전문기관위탁 정산) 3. 내·외부 모두 산정 4. 정산 無 5. 해당없음	성과평가: 성과평가 실시여부 1. 실시 2. 미실시 3. 향후 추진 4. 해당없음	성과평가: 성과평가 주기 1. 매년 2. 격년 3. 기간만료전 4. 기타 ( ) 5. 해당없음	성과평가: 성과평가 실시 방법 1. 자체 실시 2. 평가단 구성 후 실시 (전문위원 섭외) 3. 전문 평가기관 의뢰 4. 기타 ( ) 5. 해당없음	성과평가: 평가기준 적용방법 1. 관련 조례 적용 2. 전문 평가기관 의뢰 3. 기타 ( ) 4. 해당없음	평가결과 적용: 실제 인센티브 및 페널티 적용 유무 1. 매년 적용 2. 적용 안함 3. 기타 ( ) 4. 해당없음	평가결과 적용: 인센티브 및 페널티 적용근거 1. 조례 2. 계약서 3. 기타 ( ) 4. 해당없음
2712	강원 속초시	경력단절여성 구직활동 지원사업	2	14	150,100	6	1	5	5	1	5	1	1	3	1	4	4	4
2713	강원 속초시	다문화특화사업(통합)	2	14	164,600	5	1	5	5	1	5	1	1	3	1	4	4	4
2714	강원 속초시	다문화가족자녀 한글교육 지원	2	14	7,752	5	1	5	5	1	5	1	1	3	1	4	4	4
2715	강원 속초시	세계인의 날 기념행사 참가비	2	14	2,000	5	1	7	8	7	5	1	4	5	5	4	4	4
2716	강원 속초시	다함께돌봄사업 운영비	2	9	12,000	4	2	1	5	6	1	1	1	1	1	1	1	1
2717	강원 속초시	다함께돌봄사업 운영비	2	9	12,000	4	2	1	5	6	1	1	1	1	1	1	1	1
2718	강원 속초시	다함께돌봄사업 인건비	2	9	75,084	4	2	1	5	6	1	1	1	1	1	1	1	1
2719	강원 속초시	다함께돌봄사업 인건비	2	9	111,228	4	2	1	5	6	1	1	1	1	1	1	1	1
2720	강원 속초시	다함께돌봄센터 추가운영비 보조지원	2	9	43,664	4	4	1	5	6	1	1	1	1	1	1	1	1
2721	강원 속초시	다함께돌봄센터 추가운영비 보조지원	2	9	165,692	4	4	1	5	6	1	1	1	1	1	1	1	1
2722	강원 속초시	다함께돌봄사업 운영시간 연장지원	2	9	24,168	4	2	1	5	6	1	1	1	1	1	1	1	1
2723	강원 속초시	지역아동센터 운영비 지원	2	2	114,636	5	2	7	7	7	1	1	1	1	1	1	1	1
2724	강원 속초시	아띠의 집 운영비(자체)	1	2	21,533	8	4	7	8	7	5	1	4	5	5	4	4	4
2725	강원 속초시	요보호아동 그룹홈 운영비 지원	1	2	146,028	8	2	7	8	7	5	1	4	5	5	4	4	4
2726	강원 속초시	학대피해아동쉼터 운영비	1	2	226,104	5	2	7	8	7	5	1	4	5	5	4	4	4
2727	강원 속초시	학대피해아동쉼터 운영 지원(자체)	1	2	22,523	5	4	7	8	7	5	1	4	5	5	4	4	4
2728	강원 속초시	학대피해아동쉼터 사업비	1	2	32,596	6	2	7	8	7	5	1	4	5	5	4	4	4
2729	강원 속초시	공공형어린이집 운영비(전환사업)	2	4	422,820	5	2	7	8	7	1	1	1	1	1	1	4	4
2730	강원 속초시	속초시 보육인대회 지원	2	4	10,500	3	6	7	8	7	1	1	1	1	1	1	4	4
2731	강원 속초시	어린이집 보육아동 놀이한마당	2	4	15,000	3	6	7	8	7	1	1	1	1	1	1	4	4
2732	강원 속초시	에너지비용 지원	2	4	54,000	5	6	7	8	7	1	1	1	1	1	1	4	4
2733	강원 속초시	강원어린이집 한마음대회 참가 및 원장 직무교육	2	4	3,000	6	6	7	8	7	1	1	1	1	1	1	4	4
2734	강원 속초시	보육교직원 직무향상 지원	2	4	25,000	6	6	7	8	7	1	1	1	1	1	1	4	4
2735	강원 속초시	어린이집 방역 지원	2	4	4,050	6	6	7	8	7	1	1	1	1	1	1	4	4
2736	강원 속초시	어린이집 학부모 및 보육교직원 교육	2	4	6,000	6	6	7	8	7	1	1	1	1	1	1	4	4
2737	강원 속초시	어린이집 보조인력 일자리 지원	2	4	290,400	5	6	7	8	7	1	1	1	1	1	1	4	4
2738	강원 속초시	어린이집 운영비 등 지원	2	4	85,200	5	6	7	8	7	1	1	1	1	1	1	4	4
2739	강원 속초시	어린이집 운영지원	2	4	43,600	5	2	7	8	7	1	1	1	1	1	1	4	4
2740	강원 속초시	어린이집 입학준비금 지원	2	4	17,535	6	6	7	8	7	1	1	1	1	1	1	4	4
2741	강원 속초시	어린이집 품질 향상 지원	2	4	80,500	5	6	7	8	7	1	1	1	1	1	1	4	4
2742	강원 속초시	청소년문화의집 민간위탁금	2	16	168,530	4	1, 4	4	5	1	1	1	1	2	2	2	1	3
2743	강원 속초시	청소년지도사 배치지원	2	16	26,316	4	2	7	8	7	1	1	4	5	5	4	4	4
2744	강원 속초시	청소년수련관 위탁사업비	1	16	78,120	8	1, 4	4	1	2	1	1	1	2	2	2	1	3
2745	강원 속초시	청소년지도사 배치지원	1	16	29,159	8	2	4	1	2	1	1	4	5	5	4	4	4
2746	강원 속초시	청소년상담사업 지원	2	15	185,389	8	4	6	5	1	1	1	4	5	5	4	4	4
2747	강원 속초시	청소년동반자 프로그램 운영	2	15	90,556	8	2	6	5	1	5	1	4	5	5	4	4	4
2748	강원 속초시	청소년방과후아카데미 운영	2	15	187,874	8	2	6	8	1	5	1	4	5	5	4	4	4
2749	강원 속초시	청소년방과후아카데미 차량임차비	2	15	50,000	8	5	6	8	1	5	1	4	5	5	4	4	4
2750	강원 속초시	청소년안전망	2	15	103,220	8	2	6	5	1	5	1	4	5	5	4	4	4
2751	강원 속초시	학교 밖 청소년 지원	2	15	140,461	8	2	7	8	7	5	1	4	5	5	4	4	4
2752	강원 속초시	학교 밖 청소년 지원(급식비)	2	15	12,500	8	2	7	8	7	5	1	4	5	5	4	4	4
2753	강원 속초시	종합사회복지관 운영	2	7	681,242	4	4	5	5	1	5	1	4	5	5	4	4	4
2754	강원 속초시	지역자활센터운영	2	8	421,498	5	2	5	5	1	5	1	1	2	4	3	3	3
2755	강원 속초시	속초시노인복지관 운영 보조금 지급	1	7	813,521	4	1	1	5	1	1	1	2	5	5	4	4	4
2756	강원 속초시	재가노인복지센터 운영지원(사업비)	2	1	15,522	6	1	7	8	7	1	1	1	1	1	1	1	3
2757	강원 속초시	시니어클럽 운영비 지원	2	1	434,299	5	1	1	1	1	1	3	1	1	1	1	4	4

순번	시군구	지출명 (사업명)	시설종류 1. 생활시설 2. 이용시설	사회복지시설 종류 1. 노인복지시설 2. 아동복지시설 3. 장애인복지시설 4. 어린이집 5. 정신건강증진시설 6. 노숙인시설 7. 사회복지관 8. 지역자활센터 9. 다함께돌봄센터 10. 결핵,한센시설 11. 성매매피해지원시설 12. 성폭력피해보호시설 13. 가정폭력보호시설 14. 가족센터 15. 청소년복지시설 16. 기타 ( )	2025년예산 (단위:천원/1년간)	민간이전 분류 (지방자치단체 세출예산 집행기준에 의거) 1. 민간경상사업보조(307-02) 2. 민간단체 법정운영비보조(307-03) 3. 민간행사사업보조(307-04) 4. 민간위탁금(307-05) 5. 사회복지시설 법정운영비보조(307-10) 6. 사회복지사업보조(307-11) 7. 민간인위탁교육비(307-12) 8. 공기관등에대한경상적위탁사업(308-13) 9. 공사공단 경상전출금(309-01)	민간이전지출 근거 (지방보조금 관리기준 참고) 1. 법률에 규정 2. 국고보조 재원(국가지정) 3. 용도 지정 기부금 4. 조례에 직접규정 5. 지자체가 권장하는 사업을 하는 공공기관 6. 시,도 정책 및 재정사정 7. 기타 8. 해당없음	입찰방식: 계약체결방법 (경쟁형태) 1. 일반경쟁 2. 제한경쟁 3. 지명경쟁 4. 수의계약 5. 법정위탁 6. 기타 ( ) 7. 해당없음	입찰방식: 계약기간 1. 1년 2. 2년 3. 3년 4. 4년 5. 5년 6. 기타 ( )년 7. 단기계약 (1년미만) 8. 해당없음	입찰방식: 낙찰자선정방법 1. 적격심사 2. 협상에의한계약 3. 최저가낙찰제 4. 규격가격분리 5. 2단계 경쟁입찰 6. 기타 ( ) 7. 해당없음	운영예산 산정: 운영비산정 1. 내부산정 (지자체 자체적으로 산정) 2. 외부산정 (외부전문기관위탁 산정) 3. 내·외부 모두 산정 4. 산정 無 5. 해당없음	운영예산 산정: 정산방법 1. 내부정산 (지자체 내부적으로 정산) 2. 외부정산 (외부전문기관위탁 정산) 3. 내·외부 모두 산정 4. 정산 無 5. 해당없음	성과평가: 성과평가 실시여부 1. 실시 2. 미실시 3. 향후 추진 4. 해당없음	성과평가: 성과평가 주기 1. 매년 2. 격년 3. 기간만료전 4. 기타 ( ) 5. 해당없음	성과평가: 성과평가 실시 방법 1. 자체 실시 2. 평가단 구성 후 실시 (전문위원 섭외) 3. 전문 평가기관 의뢰 4. 기타 ( ) 5. 해당없음	성과평가: 평가기준 적용방법 1. 관련 조례 적용 2. 전문 평가기관 의뢰 3. 기타 ( ) 4. 해당없음	평가결과 적용: 실제 인센티브 및 페널티 적용 유무 1. 매년 적용 2. 적용 안함 3. 기타 ( ) 4. 해당없음	평가결과 적용: 인센티브 및 페널티 적용근거 1. 조례 2. 계약서 3. 기타 ( ) 4. 해당없음
2758	강원 속초시	금강장애인복지센터	2	3	435,457	5	1	7	8	7	5	5	4	5	5	4	4	4
2759	강원 속초시	속초시장애인복지센터	2	3	299,039	5	1	7	8	7	5	5	4	5	5	4	4	4
2760	강원 속초시	속초시수어통역센터	2	3	345,300	5	1	7	8	7	5	5	4	5	5	4	4	4
2761	강원 속초시	속초시시각장애인플러스지원센터	2	3	136,228	5	1	7	8	7	5	5	4	5	5	4	4	4
2762	강원 속초시	자비의집 보호작업장	2	3	180,767	5	1	7	8	7	5	5	4	5	5	4	4	4
2763	강원 속초시	속초한우리공동체	1	3	4,200	5	1	7	8	7	5	5	4	5	5	4	4	4
2764	강원 삼척시	재가복지시설 운영	2	1	125,000	4	4	1	5	1	1	1	1	3	1	1	4	4
2765	강원 삼척시	장애인 단기거주시설 운영	1	3	390,000	4	1	5	5	1	1	1	1	1	1,2	1,2	4	4
2766	강원 삼척시	장애인 보호작업장 운영	1	3	727,066	5	1	5	5	1	1	1	1	1	1	1	4	4
2767	강원 삼척시	장애인 생활이동지원센터 운영	1	3	258,591	5	1	6	6	6	1	1	1	1	1	1	4	4
2768	강원 삼척시	수어통역센터 운영	1	3	454,707	5	1	6	6	6	1	1	1	1	1	1	4	4
2769	강원 삼척시	장애인 주간보호소(센터) 운영	1	3	319,290	5	1	5	5	1	1	1	1	1	1,2	1,2	4	4
2770	강원 횡성군	노인대학운영지원	2	1	383,805	6	1	7	8	7	1	1	1	1	2	2	4	4
2771	강원 횡성군	노인대학 운영 프로그램비 지원	2	1	63,920	6	1	7	8	7	1	1	1	1	2	2	4	4
2772	강원 횡성군	노인 여가문화프로그램 운영 지원	2	1	40,000	6	6	7	8	7	1	1	1	1	2	2	4	4
2773	강원 횡성군	가족센터 운영	2	14	844,610	4	2	1	5	1	4	1	1	1	1	1	1	3
2774	강원 횡성군	가정폭력상담소 운영	2	16	232,797	5	2	7	8	7	4	1	1	1	1	1	1	4
2775	강원 횡성군	요보호아동 그룹홈운영	1	2	164,993	5	1	7	8	7	4	1	1	1	1	1	4	4
2776	강원 영월군	노인교실 운영비 지원	2	1	23,230	6	4	7	8	7	1	1	1	1	2	3	4	4
2777	강원 영월군	노인복지시설 운영 지원	2	1	220,000	5	7	7	8	7	1	1	1	1	2	3	4	4
2778	강원 영월군	경로당 운영비 지원	2	1	594,980	5	4	7	8	7	1	1	1	1	2	3	4	4
2779	강원 영월군	장애인거주시설 관리전담인력 지원	2	3	51,792	5	6	7	8	7	1	3	4	5	5	4	4	4
2780	강원 영월군	장애인복지시설운영지원	2	3	514,000	5	1	7	8	7	1	1	1	1	2	2	4	4
2781	강원 영월군	어린이집 운영지원(국고)	2	4	61,000	6	2	1	3	6	5	1	1	1	3	2	4	4
2782	강원 영월군	어린이집 품질향상 지원(도)	2	4	17,000	6	2	1	3	6	5	1	1	1	3	2	4	4
2783	강원 영월군	어린이집 입소료 지원(도)	2	4	2,940	6	2	1	3	6	5	1	1	1	3	2	4	4
2784	강원 영월군	어린이집 운영비 등 지원	2	4	32,300	6	2	1	3	6	5	1	1	1	3	2	4	4
2785	강원 영월군	24시간 시간제 어린이집 운영	2	4	122,739	6	2	1	3	6	5	1	1	1	3	2	4	4
2786	강원 영월군	영유아 특별활동비 지원	2	4	308,000	6	2	1	3	6	5	1	1	1	3	2	4	4
2787	강원 영월군	차량운영비 지원	2	4	21,600	6	2	1	3	6	5	1	1	1	3	2	4	4
2788	강원 영월군	보육교직원 전문성 향상 지원	2	4	13,000	6	2	1	3	6	5	1	1	1	3	2	4	4
2789	강원 영월군	육아용품대여 지원사업	2	14	42,000	6	4	1	5	6	2	3	1	1	1	3	4	4
2790	강원 영월군	건강가정 및 다문화 가정 지원센터 운영	2	14	621,580	4	1	1	5	6	2	3	1	1	1	3	4	4
2791	강원 영월군	다문화가족지원사업(국)	2	14	170,184	4	1	1	5	6	2	3	1	1	1	3	4	4
2792	강원 영월군	공동육아나눔터 지원사업(국)	2	14	56,712	4	1	1	5	6	2	3	1	1	1	3	4	4
2793	강원 영월군	다문화가족 방문교육지도사 처우개선	2	14	24,560	4	1	1	5	6	2	3	1	1	1	3	4	4
2794	강원 영월군	다문화가족자녀 한글교육사업	2	14	11,856	4	1	1	5	6	2	3	1	1	1	3	4	4
2795	강원 영월군	세계인의 날 기념행사	2	14	19,000	4	1	1	5	6	2	3	1	1	1	3	4	4
2796	강원 영월군	결혼이민자 상호멘토링 사업	2	14	56,000	4	1	1	5	6	2	3	1	1	1	3	4	4
2797	강원 영월군	다문화 마음치유 어울림교실	2	14	20,000	4	1	1	5	6	2	3	1	1	1	3	4	4
2798	강원 영월군	영월군 가족센터 운영(군)	2	14	260,380	4	1	1	5	6	1	3	1	1	1	3	4	4
2799	강원 영월군	다함께돌봄센터 인건비지원(국고)	2	9	111,228	4	1,4	5	5	1	5	1	1	5	5	1	4	4
2800	강원 영월군	다함께돌봄센터 운영(군비추가)	2	9	195,624	4	1,4	5	5	1	1	1	3	4	2	2	1	3
2801	강원 영월군	청소년수련관 운영(자체)	2	15	768,520	4	1,4	5	5	1	1	1	1	1	1	1	4	4
2802	강원 영월군	청소년문화의집 운영(자체)	2	15	471,700	4	1,4	5	5	1	1	1	1	1	1	1	4	4
2803	강원 영월군	청소년상담복지센터 운영(자체)	2	15	220,986	4	1,4	5	5	1	5	1	1	1	1	1	4	4

순번	시군구	지출명 (사업명)	시설종류 1. 생활시설 2. 이용시설	사회복지시설 종류 1. 노인복지시설 2. 아동복지시설 3. 장애인복지시설 4. 어린이집 5. 정신건강증진시설 6. 노숙인시설 7. 사회복지관 8. 지역자활센터 9. 다함께돌봄센터 10. 결핵,한센시설 11. 성매매피해지원시설 12. 성폭력피해보호시설 13. 가정폭력보호시설 14. 가족센터 15. 청소년복지시설 16. 기타 ( )	2025년예산 (단위:천원/1년간)	민간이전 분류 (지방자치단체 세출예산 집행기준에 의거) 1. 민간경상사업보조(307-02) 2. 민간단체 법정운영비보조(307-03) 3. 민간행사사업보조(307-04) 4. 민간위탁금(307-05) 5. 사회복지시설 법정운영비보조(307-10) 6. 사회복지사업보조(307-11) 7. 민간인위탁교육비(307-12) 8. 공기관등에대한경상적위탁사업(308-13) 9. 공사공단 경상전출금(309-01)	민간이전지출 근거 (지방보조금 관리기준 참고) 1. 법률에 규정 2. 국고보조 재원(국가지정) 3. 용도 지정 기부금 4. 조례에 직접규정 5. 지자체가 권장하는 사업을 하는 공공기관 6. 시,도 정책 및 재정사정 7. 기타 8. 해당없음	입찰방식: 계약체결방법 (경쟁형태) 1. 일반경쟁 2. 제한경쟁 3. 지명경쟁 4. 수의계약 5. 법정위탁 6. 기타 ( ) 7. 해당없음	입찰방식: 계약기간 1. 1년 2. 2년 3. 3년 4. 4년 5. 5년 6. 기타 ( )년 7. 단기계약 (1년미만) 8. 해당없음	입찰방식: 낙찰자선정방법 1. 적격심사 2. 협상에의한계약 3. 최저가낙찰제 4. 규격가격분리 5. 2단계 경쟁입찰 6. 기타 ( ) 7. 해당없음	운영예산 산정: 운영비산정 1. 내부산정 (지자체 자체적으로 산정) 2. 외부산정 (외부전문기관위탁 산정) 3. 내·외부 모두 산정 4. 산정 無 5. 해당없음	운영예산 산정: 정산방법 1. 내부정산 (지자체 내부적으로 정산) 2. 외부정산 (외부전문기관위탁 정산) 3. 내·외부 모두 산정 4. 정산 無 5. 해당없음	성과평가: 성과평가 실시여부 1. 실시 2. 미실시 3. 향후 추진 4. 해당없음	성과평가: 성과평가 주기 1. 매년 2. 격년 3. 기간만료전 4. 기타 ( ) 5. 해당없음	성과평가: 성과평가 실시 방법 1. 자체 실시 2. 평가단 구성 후 실시 (전문위원 섭외) 3. 전문 평가기관 의뢰 4. 기타 ( ) 5. 해당없음	성과평가: 평가기준 적용방법 1. 관련 조례 적용 2. 전문 평가기관 의뢰 3. 기타 ( ) 4. 해당없음	평가결과 적용: 실제 인센티브 및 패널티 적용 유무 1. 매년 적용 2. 적용 안함 3. 기타 ( ) 4. 해당없음	평가결과 적용: 인센티브 및 패널티 적용근거 1. 조례 2. 계약서 3. 기타 ( ) 4. 해당없음
2804	강원 영월군	학교밖청소년지원(국고)	2	15	91,292	4	1,4	5	5	7	5	1	1	1	1	1	4	4
2805	강원 영월군	요보호아동 그룹홈 보호(국고)	1	2	436,284	5	1	7	8	7	5	1	1	1	1	1	4	4
2806	강원 영월군	요보호아동 그룹홈 보호(도)	1	2	64,204	5	1	7	8	7	1	1	1	1	1	1	4	4
2807	강원 영월군	지역아동센터 운영비 지원(국고)	2	2	255,540	5	1	7	8	7	5	1	1	5	5	1	4	4
2808	강원 영월군	지역아동센터 특성별 지원(국고)	2	2	44,600	5	1	7	8	7	5	1	1	5	5	1	4	4
2809	강원 영월군	종합사회복지관 운영	2	7	1,423,400	4	4	1	5	1	1	1	1	1	1	1	2	1
2810	강원 평창군	o 사회복지협의회 운영지원	2	16	203,427	5	1	5	8	7	5	1	4	5	5	4	4	4
2811	강원 평창군	o 사랑이음 밥차 사업 지원	2	16	38,200	6	1	5	8	7	5	1	4	5	5	4	4	4
2812	강원 평창군	o 아동목욕처량 운영	2	16	46,260	6	1	5	8	7	5	1	4	5	5	4	4	4
2813	강원 평창군	수어통역센터 운영지원	2	3	236,500	5	1	7	8	1	1	1	3	5	5	4	4	4
2814	강원 평창군	장애인 생활이동지원센터 운영지원	2	3	323,000	5	1	7	8	1	1	1	3	5	5	4	4	4
2815	강원 평창군	장애인 직업재활시설 곰두리광고 운영지원	2	3	347,487	5	1	1	5	1	1	1	3	5	5	4	4	4
2816	강원 평창군	어르신 한마당 체육대회 지원	2	1	20,780	6	4	7	1	7	1	1	1	1	1	3	4	4
2817	강원 평창군	어르신 한궁대회 지원	2	1	7,800	6	4	7	1	7	1	1	1	1	1	3	4	4
2818	강원 평창군	한 여름밤의 실버 음악회 지원	2	1	13,600	6	4	7	1	7	1	1	1	1	1	3	4	4
2819	강원 평창군	노인의 날 행사지원	2	1	56,000	6	4	7	1	7	1	1	1	1	1	3	4	4
2820	강원 평창군	노인지도자 연수회 지원	2	1	30,000	6	4	7	1	7	1	1	1	1	1	3	4	4
2821	강원 평창군	노인지도자 연찬회 지원	2	1	6,500	6	4	7	1	7	1	1	1	1	1	3	4	4
2822	강원 평창군	노인게이트볼 대회지원	2	1	4,700	6	4	7	1	7	1	1	1	1	1	3	4	4
2823	강원 평창군	경로당프로그램 발표대회 지원	2	1	3,500	6	4	7	1	7	1	1	1	1	1	3	4	4
2824	강원 평창군	도 어르신 한마당 축제 지원	2	1	20,780	6	4	7	1	7	1	1	1	1	1	3	4	4
2825	강원 평창군	도 회장기 게이트볼 대회지원	2	1	3,400	6	4	7	1	7	1	1	1	1	1	3	4	4
2826	강원 평창군	도 경로당광역지원센터 사업참가 지원	2	1	1,400	6	4	7	1	7	1	1	1	1	1	3	4	4
2827	강원 평창군	지회장기 파크골프대회 지원	2	1	1,865	6	4	7	1	7	1	1	1	1	1	3	4	4
2828	강원 평창군	장수식당 운영 지원	2	1	165,990	6	4	7	1	7	1	1	1	1	1	3	4	4
2829	강원 평창군	저소득 재가노인 식사배달 지원	2	1	228,780	6	4	7	1	7	1	1	1	1	1	3	4	4
2830	강원 평창군	경로당 운영지원	2	1	128,560	5	4	7	1	7	1	1	1	1	1	3	4	4
2831	강원 평창군	경로당 프로그램운영 지원	2	1	92,000	6	4	7	1	7	1	1	1	1	1	3	4	4
2832	강원 평창군	경로당 운영비 지원	2	1	699,410	5	4	7	1	7	1	1	1	1	1	3	4	4
2833	강원 평창군	경로당 프로그램 운영비 지원	2	1	192,000	6	4	7	1	7	1	1	1	1	1	3	4	4
2834	강원 평창군	경로당 냉방비	2	1	67,900	5	4	7	1	7	1	1	1	1	1	3	4	4
2835	강원 평창군	경로당 난방비	2	1	324,626	5	4	7	1	7	1	1	1	1	1	3	4	4
2836	강원 평창군	경로당 순회프로그램 관리자 지원	2	1	73,344	6	4	7	1	7	1	1	1	1	1	3	4	4
2837	강원 평창군	대한노인회 평창군지회 운영지원	2	1	183,373	2	4	7	1	7	1	1	1	1	1	3	4	4
2838	강원 평창군	시니어클럽 운영지원	2	1	522,620	5	4	7	5	7	1	1	1	1	1	3	4	4
2839	강원 평창군	노인대학운영 프로그램 지원	2	1	30,610	6	4	7	1	7	1	1	1	1	1	3	4	4
2840	강원 평창군	공공이불빨래방 운영지원	2	1	100,000	6	4	7	1	7	1	1	1	1	1	3	4	4
2841	강원 평창군	공익형 일자리사업 지원	2	1	590,092	6	4	7	1	7	1	1	1	1	1	3	4	4
2842	강원 평창군	노인맞춤 돌봄서비스 지원	2	1	1,454,705	6	2	7	1	7	1	1	1	4	2	3	4	4
2843	강원 평창군	노인맞춤 돌봄서비스 사업지원	2	1	22,858	6	2	7	1	7	1	1	1	4	2	3	4	4
2844	강원 평창군	응급안전알림서비스 운영지원	2	1	152,214	6	4	7	1	7	1	1	1	1	1	3	4	4
2845	강원 평창군	응급안전알림서비스 운영지원	2	1	30,052	6	4	7	1	7	1	1	1	1	1	3	4	4
2846	강원 평창군	어르신 병원동행서비스 운영 지원	2	1	71,119	6	2	7	7	7	1	1	3	4	2	3	4	4
2847	강원 평창군	노인대학 운영 프로그램비 지원	2	1	13,230	6	4	7	1	7	1	1	1	1	1	3	4	4
2848	강원 평창군	중부고령자복지주택 노인복지회관 위탁금	2	1	270,000	4	4	7	1	7	1	1	1	1	1	3	4	4
2849	강원 평창군	노인복지회관 위탁금	2	1	114,460	4	4	7	1	7	1	1	1	1	1	3	4	4

순번	시군구	지출명 (사업명)	시설종류 1. 생활시설 2. 이용시설	사회복지시설 종류 1. 노인복지시설 2. 아동복지시설 3. 장애인복지시설 4. 어린이집 5. 정신건강증진시설 6. 노숙인시설 7. 사회복지관 8. 지역자활센터 9. 다함께돌봄센터 10. 결핵,한센시설 11. 성매매피해지원시설 12. 성폭력피해보호시설 13. 가정폭력보호시설 14. 가족센터 15. 청소년복지시설 16. 기타 ( )	2025년예산 (단위:천원/1년간)	민간이전 분류 (지방자치단체 세출예산 집행기준에 의거) 1. 민간경상사업보조(307-02) 2. 민간단체 법정운영비보조(307-03) 3. 민간행사사업보조(307-04) 4. 민간위탁금(307-05) 5. 사회복지시설 법정운영비보조(307-10) 6. 사회복지사업보조(307-11) 7. 민간인위탁교육비(307-12) 8. 공기관등에대한경상적위탁사업(308-13) 9. 공사공단 경상전출금(309-01)	민간이전지출 근거 (지방보조금 관리기준 참고) 1. 법률에 규정 2. 국고보조 재원 국가지정) 3. 용도 지정 기부금 4. 조례에 직접규정 5. 지자체가 권장하는 사업을 하는 공공기관 6. 시,도 정책 및 재정사정 7. 기타 8. 해당없음	입찰방식: 계약체결방법 (경쟁형태) 1. 일반경쟁 2. 제한경쟁 3. 지명경쟁 4. 수의계약 5. 법정위탁 6. 기타 ( ) 7. 해당없음	입찰방식: 계약기간 1. 1년 2. 2년 3. 3년 4. 4년 5. 5년 6. 기타 ( )년 7. 단기계약 (1년미만) 8. 해당없음	입찰방식: 낙찰자선정방법 1. 적격심사 2. 협상에의한계약 3. 최저가낙찰제 4. 규격가격분리 5. 2단계 경쟁입찰 6. 기타 ( ) 7. 해당없음	운영예산 산정: 운영비산정 1. 내부산정 (지자체 자체적으로 산정) 2. 외부산정 (외부전문기관위탁 산정) 3. 내·외부 모두 산정 4. 산정 無 5. 해당없음	운영예산 산정: 정산방법 1. 내부정산 (지자체 내부적으로 정산) 2. 외부정산 (외부전문기관위탁 정산) 3. 내·외부 모두 산정 4. 정산 無 5. 해당없음	성과평가: 성과평가 실시여부 1. 실시 2. 미실시 3. 향후 추진 4. 해당없음	성과평가: 성과평가 주기 1. 매년 2. 격년 3. 기간만료전 4. 기타 ( ) 5. 해당없음	성과평가: 성과평가 실시 방법 1. 자체 실시 2. 평가단 구성 후 실시 (전문위원 섭외) 3. 전문 평가기관 의뢰 4. 기타 ( ) 5. 해당없음	성과평가: 평가기준 적용방법 1. 관련 조례 적용 2. 전문 평가기관 의뢰 3. 기타 ( ) 4. 해당없음	평가결과 적용: 실제 인센티브 및 페널티 적용 유무 1. 매년 적용 2. 적용 안함 3. 기타 ( ) 4. 해당없음	평가결과 적용: 인센티브 및 페널티 적용근거 1. 조례 2. 계약서 3. 기타 ( ) 4. 해당없음
2850	강원 평창군	재가노인 서비스 지원	2	1	180,534	6	1	7	8	7	1	1	3	4	1	1	4	4
2851	강원 평창군	양성평등주간 기념사업 지원	2	14	35,000	6	1	1	7	1	1	1	1	1	1	1	4	4
2852	강원 평창군	일상속 평등더하기	2	14	15,000	6	1	1	7	1	1	1	1	1	1	1	4	4
2853	강원 평창군	여성지도자 역량강화 워크숍 지원	2	14	20,000	6	1	1	7	1	1	1	1	1	1	1	4	4
2854	강원 평창군	건강가정 및 다문화가족지원센터 운영지원	2	14	275,000	5	2	5	5	1	1	1	1	1	1	1	4	4
2855	강원 평창군	다문화가족 교류소통공간 운영지원	2	14	45,140	5	2	5	5	1	1	1	1	1	1	1	4	4
2856	강원 평창군	다문화가족 자녀지원	2	14	72,870	5	2	5	5	1	1	1	1	1	1	1	4	4
2857	강원 평창군	결혼이민자 취업지원	2	14	51,000	5	2	5	5	1	1	1	1	1	1	1	4	4
2858	강원 평창군	다문화가족 방문교육서비스 지원	2	14	44,500	6	2	5	5	1	1	1	1	1	1	1	4	4
2859	강원 평창군	결혼이민자 통번역서비스 지원	2	14	36,110	6	2	5	5	1	1	1	1	1	1	1	4	4
2860	강원 평창군	결혼이민자 역량강화지원	2	14	15,500	6	2	5	5	1	1	1	1	1	1	1	4	4
2861	강원 평창군	취학전 아동교육 지원	2	14	6,840	6	2	5	5	1	1	1	1	1	1	1	4	4
2862	강원 평창군	다문화 자신만만 세계요리대회 지원	2	14	20,000	6	2	5	5	1	1	1	1	1	1	1	4	4
2863	강원 평창군	결혼이민자 상호멘토링 지원	2	14	1,640	5	2	5	5	1	1	1	1	1	1	1	4	4
2864	강원 평창군	공동육아나눔터 운영	2	14	58,244	5	2	5	5	1	1	1	1	1	1	1	4	4
2865	강원 평창군	세계인의 날 기념행사 참가 지원	2	14	2,000	6	2	5	5	1	1	1	1	1	1	1	4	4
2866	강원 평창군	가족어울림 한마당 축제 지원	2	14	25,000	6	2	5	5	1	1	1	1	1	1	1	4	4
2867	강원 평창군	건강가정-다문화가족지원센터 프로그램 운영지원	2	14	25,736	6	2	5	5	1	1	1	1	1	1	1	4	4
2868	강원 평창군	가족쉼터 운영지원	2	14	43,628	6	1	5	5	1	1	1	1	1	1	1	4	4
2869	강원 평창군	어린이집 특별활동비 부모지원	2	4	150,000	6	2	7	8	7	5	1	1	1	1	1	4	4
2870	강원 평창군	교재교구비 지원	2	4	9,600	5	2	7	8	7	5	1	4	5	5	4	4	4
2871	강원 평창군	차량운영비 지원	2	4	125,400	5	2	7	8	7	5	1	4	5	5	4	4	4
2872	강원 평창군	농어촌소재 법인어린이집 지원	2	4	58,200	5	2	7	8	7	3	1	4	5	5	4	4	4
2873	강원 평창군	급식위생 관리지원금	2	4	3,600	5	2	7	8	7	3	1	4	5	5	4	4	4
2874	강원 평창군	어린이집 냉난방비 지원	2	4	9,900	5	2	7	8	7	5	1	4	5	5	4	4	4
2875	강원 평창군	어린이집 교재교구비 지원	2	4	1,000	5	6	7	8	7	5	1	4	5	5	4	4	4
2876	강원 평창군	어린이집 입학준비금 지원	2	4	6,615	5	6	7	8	7	5	1	4	5	5	4	4	4
2877	강원 평창군	어린이집 운영비 지원	2	4	21,600	5	6	7	8	7	5	1	4	5	5	4	4	4
2878	강원 평창군	장난감도서관	2	16	105,300	3	6	7	8	7	5	1	4	5	5	4	4	4
2879	강원 평창군	평창어린이 행복 페스티벌	2	16	20,000	3	1	1	1	1	1	1	3	1	1	1	2	4
2880	강원 평창군	어린이 실내놀이터 운영 위탁금	2	2	280,000	4	4	1	5	1	3	1	4	5	5	4	4	4
2881	강원 평창군	아이돌봄서비스관리	2	2	120,672	6	1	1	5	1	3	3	4	5	5	4	4	4
2882	강원 평창군	아이돌봄 교통비 지원	2	2	12,160	6	6	1	5	1	3	3	4	5	5	4	4	4
2883	강원 평창군	다함께돌봄사업 운영 지원	2	9	345,460	5	1	1	5	1	3	3	1	1	1	3	4	4
2884	강원 평창군	지역아동센터 기본운영비	2	2	70,692	5	2	7	8	7	1	1	1	1	1	1	4	4
2885	강원 평창군	지역아동센터 축제한마당 참가여비 지원	2	2	3,413	6	1	7	8	7	1	1	1	1	1	1	4	4
2886	강원 평창군	지역아동센터 급식전담인력지원	2	2	29,250	5	1	7	8	7	1	1	1	1	1	1	4	4
2887	강원 정선군	지역자활센터 운영	2	8	408,372	5	1	4	1	7	1	1	1	4	4	3	1	3
2888	강원 정선군	정선군종합사회복지관 운영	2	7	1,587,820	4	1	4	5	7	1	1	1	4	4	2	1	3
2889	강원 철원군	경로당 운영비 지원	2	1	662,180	5	1	7	8	7	1	1	1	1	1	1	4	4
2890	강원 철원군	경로당 프로그램 운영비 지원	2	1	136,000	6	1	7	8	7	1	1	1	1	1	1	4	4
2891	강원 철원군	경로당 냉난방비 지원	2	1	500,730	5	1	7	8	7	1	1	1	1	1	1	4	4
2892	강원 철원군	경로당 청소용역	2	1	23,580	6	1	7	8	7	1	1	1	1	1	1	4	4
2893	강원 철원군	경로당순회프로그램 발표대회	2	1	10,000	6	1	7	8	7	1	1	1	1	1	1	4	4
2894	강원 철원군	경로당순회프로그램 관리자 지원	2	1	42,353	6	1	7	8	7	1	1	1	1	1	1	4	4
2895	강원 철원군	다함께돌봄센터 운영	2	9	303,422	4	1	6	5	1	1	1	1	1	1	1	2	4

순번	시군구	지출명 (사업명)	시설종류	사회복지시설 종류	2025년예산 (단위:천원/1년간)	민간이전 분류 (지방자치단체 세출예산 집행기준에 의거)	민간이전지출 근거 (지방보조금 관리기준 참고)	입찰방식			운영예산 산정		성과평가				평가결과 적용	
			1. 생활시설 2. 이용시설	1. 노인복지시설 2. 아동복지시설 3. 장애인복지시설 4. 어린이집 5. 정신건강증진시설 6. 노숙인시설 7. 사회복지관 8. 지역자활센터 9. 다함께돌봄센터 10. 결핵,한센시설 11. 성매매피해지원시설 12. 성폭력피해보호시설 13. 가정폭력보호시설 14. 가족센터 15. 청소년복지시설 16. 기타 ( )		1. 민간경상사업보조(307-02) 2. 민간단체 법정운영비보조(307-03) 3. 민간행사사업보조(307-04) 4. 민간위탁금(307-05) 5. 사회복지시설 법정운영비보조(307-10) 6. 사회복지사업보조(307-11) 7. 민간인위탁교육비(307-12) 8. 공기관등에대한경상적위탁사업(308-13) 9. 공사공단 경상전출금(309-01)	1. 법률에 규정 2. 국고보조 재원(국가지정) 3. 용도 지정 기부금 4. 조례에 직접규정 5. 지자체가 권장하는 사업을 하는 공공기관 6. 시,도 정책 및 재정사정 7. 기타 8. 해당없음	계약체결방법 (경쟁형태) 1. 일반경쟁 2. 제한경쟁 3. 지명경쟁 4. 수의계약 5. 법정위탁 6. 기타 ( ) 7. 해당없음	계약기간 1. 1년 2. 2년 3. 3년 4. 4년 5. 5년 6. 기타 ( )년 7. 단기계약 (1년미만) 8. 해당없음	낙찰자선정방법 1. 적격심사 2. 협상에의한계약 3. 최저가낙찰제 4. 규격가격분리 5. 2단계 경쟁입찰 6. 기타 ( ) 7. 해당없음	운영비산정 1. 내부산정 (지자체 자체적으로 산정) 2. 외부산정 (외부전문기관위탁 산정) 3. 내·외부 모두 산정 4. 산정 無 5. 해당없음	정산방법 1. 내부정산 (지자체 내부적으로 정산) 2. 외부정산 (외부전문기관위탁 정산) 3. 내·외부 모두 산정 4. 정산 無 5. 해당없음	성과평가 실시여부 1. 실시 2. 미실시 3. 향후 추진 4. 해당없음	성과평가 주기 1. 매년 2. 격년 3. 기간만료전 4. 기타 ( ) 5. 해당없음	성과평가 실시 방법 1. 자체 실시 2. 평가단 구성 후 실시 (전문위원 섭외) 3. 전문 평가기관 의뢰 4. 기타 ( ) 5. 해당없음	평가기준 적용방법 1. 관련 조례 적용 2. 전문 평가기관 의뢰 3. 기타 ( ) 4. 해당없음	실제 인센티브 및 페널티 적용 유무 1. 매년 적용 2. 적용 안함 3. 기타 ( ) 4. 해당없음	인센티브 및 페널티 적용근거 1. 조례 2. 계약서 3. 기타 ( ) 4. 해당없음
2896	강원 철원군	공공형어린이집 운영비 지원사업	2	4	175,140	5	2	7	8	7	1	1	4	5	4	4	4	4
2897	강원 철원군	어린이집 현장학습비 지원사업	2	4	21,600	6	4	7	8	7	1	1	4	5	4	4	4	4
2898	강원 철원군	어린이집 품질향상 지원사업	2	4	44,600	5	6	7	8	7	1	1	4	5	4	4	4	4
2899	강원 철원군	어린이집 운영 지원사업	2	4	95,800	5	2	7	8	7	1	1	4	5	4	4	4	4
2900	강원 철원군	어린이집 보조인력 일자리 지원사업	2	4	138,600	5	6	7	8	7	1	1	4	5	4	4	4	4
2901	강원 철원군	어린이집 특별활동비 지원사업	2	4	420,000	6	4	7	8	7	1	1	4	5	4	4	4	4
2902	강원 철원군	어린이집 운영 안정화	2	4	43,200	5	6	7	8	7	1	1	4	5	4	4	4	4
2903	강원 철원군	장애인 공동생활가정 운영지원	1	3	25,986	5	4	7	8	7	1	1	1	1	1	1	4	4
2904	강원 철원군	개인운영신고시설지원	1	3	4,200	5	4	7	8	7	1	1	4	5	5	4	4	4
2905	강원 철원군	장애인 생활이동지원센터 운영지원	2	3	188,500	5	1	7	8	7	1	1	1	1	1	1	4	4
2906	강원 철원군	수어통역센터 운영지원	2	3	220,780	5	1	7	8	7	1	1	1	1	1	1	4	4
2907	강원 철원군	성폭력가정폭력상담소운영지원	2	13	163,566	5	2	7	8	7	1	1	1	1	1	3	4	4
2908	강원 철원군	건강가족 및 다문화가족 지원센터 운영	2	14	415,010	5	2	7	8	7	1	1	1	1	1	3	4	4
2909	강원 화천군	보육사업 지원	2	4	24,200	6	4	7	8	7	1	1	4	5	5	4	4	4
2910	강원 화천군	공공형어린이집 운영비	2	4	64,020	5	2	7	8	7	1	1	4	5	5	4	4	4
2911	강원 화천군	어린이집 운영지원	2	4	49,800	5	2	7	8	7	1	1	4	5	5	4	4	4
2912	강원 화천군	어린이집 운영비 등 지원	3	4	29,400	5	4	7	8	7	1	1	4	5	5	4	4	4
2913	강원 화천군	어린이집품질향상지원	2	4	37,800	5	4	7	8	7	1	1	4	5	5	4	4	4
2914	강원 화천군	어린이집 입학준비금 지원	2	4	10,710	5	4	7	8	7	1	1	4	5	5	4	4	4
2915	강원 화천군	어린이집 보조인력 일자리 지원	2	4	99,000	5	2	7	8	7	1	1	4	5	5	4	4	4
2916	강원 화천군	어린이집 활성화 사업지원	2	4	742,056	5	4	7	8	7	1	1	4	5	5	4	4	4
2917	강원 화천군	풍익홈 아동복지시설 운영지원	1	2	242,000	5	1	7	8	7	1	1	4	5	5	4	4	4
2918	강원 화천군	화천지역아동센터 운영지원	2	2	159,660	5	2	7	8	7	1	1	4	5	5	4	4	4
2919	강원 화천군	푸르나지역아동센터 운영지원	2	2	169,368	5	2	7	8	7	1	1	4	5	5	4	4	4
2920	강원 화천군	경로당 운영비	2	1	466,060	5	1	7	8	7	5	1	4	5	5	4	4	4
2921	강원 화천군	장애인직업재활시설 운영	2	3	389,713	5	1	1	5	1	1	1	3	3	2	1	4	4
2922	강원 화천군	청각장애인수어통역센터 지원	2	3	219,000	5	1	7	8	7	1	1	4	5	5	4	4	4
2923	강원 화천군	시각장애인생활이동지원센터 운영	2	3	199,586	5	1	7	8	7	1	1	4	5	5	4	4	4
2924	강원 양구군	지역자활센터 운영 (지역자활센터 운영비)	2	8	273,280	6	2	5	1	1	1	1	1	1	1	1	1	2
2925	강원 양구군	지역자활센터 운영 (자활사례관리)	2	8	15,871	6	2	5	1	1	1	1	1	1	1	1	1	2
2926	강원 양구군	지역자율형 사회서비스 투자사업 (가사간병도우미 지원) (가사간병도우미지원사업)	2	1	57,091	4	2	5	1	1	1	1	1	1	1	1	1	2
2927	강원 양구군	자활사업 실시기관 역량강화 지원사업 (자활사업 실시기관 역량강화 지원사업)	2	8	6,000	6	2	5	1	1	1	1	1	1	1	1	1	2
2928	강원 양구군	양구시니어클럽 운영지원 (양구시니어클럽 운영지원)	2	1	295,000	5	1	5	1	7	1	3	1	1	1	1	1	1
2929	강원 양구군	양구시니어클럽 운영지원 (양구시니어클럽 시설비 등)	2	1	5,000	8	1	5	1	7	1	3	1	1	1	1	1	1
2930	강원 양구군	재가노인복지시설 운영 (재가노인지원서비스사업 지원)	2	1	207,450	5	4	7	8	7	1	1	1	1	1	4	4	4
2931	강원 양구군	양구노인종합복지센터 운영 (노인대학프로그램 운영비)	2	1	8,820	5	6	5	8	7	5	1	1	1	1	1	1	1
2932	강원 양구군	경로당 운영비 지원 (경로당 운영비 지원)	2	1	385,801	5	1	7	8	7	5	5	4	5	5	4	4	4
2933	강원 양구군	경로당운영 활성화 추진 (경로당 기능보강(물품) 지원)	2	1	197,000	9	4	5	8	7	1	1	1	5	5	4	4	4
2934	강원 양구군	경로당 냉난방비 및 양곡비 지원 (경로당 냉난방비 지원)	2	1	189,280	5	1	7	8	7	5	5	4	5	5	4	4	4
2935	강원 양구군	장애인생활이동지원센터 지원 (장애인생활이동지원센터 지원)	2	3	151,355	5	3	7	1	7	1	1	1	1	1	4	4	4
2936	강원 양구군	수어통역센터 운영지원 (수어통역센터 운영지원)	2	3	142,700	5	3	7	1	7	1	1	1	1	1	4	4	4
2937	강원 양구군	어린이집 보조인력 일자리 지원 (어린이집 보조인력 일자리 지원)	1	4	66,000	5	1,2,5	7	8	7	5	5	4	1	1	1	1	1
2938	강원 양구군	어린이집 기능보강비지원 (어린이집 기능보강 사업비)	1	4	20,000	8	1,2,5	7	8	7	5	5	4	1	1	1	1	1
2939	강원 양구군	어린이집 품질 향상 지원 (어린이집 냉난방비 지원)	1	4	6,600	5	1,2,5	7	8	7	5	5	4	1	1	1	1	1
2940	강원 양구군	어린이집 품질 향상 지원 (어린이집 교재교구비 지원)	1	4	8,800	5	1,2,5	7	8	7	5	5	4	1	1	1	1	1
2941	강원 양구군	어린이집 운영지원 (어린이집 교재교구비 및 차량운영비)	1	4	43,400	5	1,2,5	7	8	7	5	5	4	1	1	1	1	1

순번	시군구	지출명 (사업명)	시설종류 1. 생활시설 2. 이용시설	사회복지시설 종류 1. 노인복지시설 2. 아동복지시설 3. 장애인복지시설 4. 어린이집 5. 정신건강증진시설 6. 노숙인시설 7. 사회복지관 8. 지역자활센터 9. 다함께돌봄센터 10. 결핵,한센시설 11. 성매매피해지원시설 12. 성폭력피해보호시설 13. 가정폭력보호시설 14. 가족센터 15. 청소년복지시설 16. 기타 ( )	2025년예산 (단위:천원/1년간)	민간이전 분류 (지방자치단체 세출예산 집행기준에 의거) 1. 민간경상사업보조(307-02) 2. 민간단체 법정운영비보조(307-03) 3. 민간행사사업보조(307-04) 4. 민간위탁금(307-05) 5. 사회복지시설 법정운영비보조(307-10) 6. 사회복지사업보조(307-11) 7. 민간인위탁교육비(307-12) 8. 공기관등에대한경상적위탁사업(308-13) 9. 공사공단 경상전출금(309-01)	민간이전지출 근거 (지방보조금 관리기준 참고) 1. 법률에 규정 2. 국고보조 재원(국가지정) 3. 용도 지정 기부금 4. 조례에 직접규정 5. 지자체가 권장하는 사업을 하는 공공기관 6. 시,도 정책 및 재정사정 7. 기타 8. 해당없음	입찰방식			운영예산 산정		성과평가				평가결과 적용	
								계약체결방법 (경쟁형태) 1. 일반경쟁 2. 제한경쟁 3. 지명경쟁 4. 수의계약 5. 법정위탁 6. 기타 ( ) 7. 해당없음	계약기간 1. 1년 2. 2년 3. 3년 4. 4년 5. 5년 6. 기타 ( )년 7. 단기계약 (1년미만) 8. 해당없음	낙찰자선정방법 1. 적격심사 2. 협상에의한계약 3. 최저가낙찰제 4. 규격가격분리 5. 2단계 경쟁입찰 6. 기타 ( ) 7. 해당없음	운영비산정 1. 내부산정 (지자체 자체적으로 산정) 2. 외부산정 (외부전문기관위탁 산정) 3. 내·외부 모두 산정 4. 산정 無 5. 해당없음	정산방법 1. 내부정산 (지자체 내부적으로 정산) 2. 외부정산 (외부전문기관위탁 정산) 3. 내·외부 모두 산정 4. 정산 無 5. 해당없음	성과평가 실시여부 1. 실시 2. 미실시 3. 향후 추진 4. 해당없음	성과평가 주기 1. 매년 2. 격년 3. 기간만료전 4. 기타 ( ) 5. 해당없음	성과평가 실시 방법 1. 자체 실시 2. 평가단 구성 후 실시 (전문위원 섭외) 3. 전문 평가기관 의뢰 4. 기타 ( ) 5. 해당없음	평가기준 적용방법 1. 관련 조례 적용 2. 전문 평가기관 의뢰 3. 기타 ( ) 4. 해당없음	실제 인센티브 및 페널티 적용 유무 1. 매년 적용 2. 적용 안함 3. 기타 ( ) 4. 해당없음	인센티브 및 페널티 적용근거 1. 조례 2. 계약서 3. 기타 ( ) 4. 해당없음
2942	강원 양구군	어린이집 입학준비금 지원 (어린이집 입학준비금 지원)	1	4	6,615	5	1,2,5	7	8	7	5	5	4	1	1	1	1	1
2943	강원 양구군	어린이집 보호자 교육 지원사업 (어린이집 보호자 교육실시)	1	4	4,000	5	1,2,5	7	8	7	5	5	4	1	1	1	1	1
2944	강원 양구군	어린이집 운영 안정화 지원사업 (어린이집 운영비 지원)	1	4	21,600	5	1,2,5	7	8	7	5	5	4	1	1	1	1	1
2945	강원 양구군	요보호아동 그룹홈 운영 (요보호아동 그룹홈 운영지원)	1	2	145,428	5	1,2,5	7	8	7	5	5	4	1	1	1	1	1
2946	강원 양구군	아동복지시설 운영비(냉방비) (아동복지시설 그룹홈 냉방비)	1	2	300	5	1,2,5	7	8	7	5	5	4	1	1	1	1	1
2947	강원 인제군	종합사회복지관 운영	2	7	1,007,050	4	1	7	8	7	1	1	1	1	1	1	1	1
2948	강원 인제군	사회복지협의회 운영지원	3	16	124,000	5	1	7	8	7	1	1	1	1	1	1	1	1
2949	강원 인제군	인제군 사회복지대회 개최	3	16	10,000	3	5	7	8	7	1	1	1	1	1	1	1	1
2950	강원 인제군	기초푸드뱅크 운영지원	3	16	46,000	5	5	7	8	7	1	1	1	1	1	1	1	1
2951	강원 인제군	대한민국 무공수훈자회인제군지회	3	16	16,000	2	1	7	8	7	1	1	1	1	1	1	1	1
2952	강원 인제군	대한민국 월남전참전자회인제군지회	3	16	16,000	2	1	7	8	7	1	1	1	1	1	1	1	1
2953	강원 인제군	대한민국 6.25참전유공자회인제군지회	3	16	24,200	2	1	7	8	7	1	1	1	1	1	1	1	1
2954	강원 인제군	대한민국 전몰군경미망인회인제군지회	3	16	16,500	2	1	7	8	7	1	1	1	1	1	1	1	1
2955	강원 인제군	대한민국 전몰군경유족회인제군지회	3	16	16,000	2	1	7	8	7	1	1	1	1	1	1	1	1
2956	강원 인제군	대한민국 상이군경회인제군지회	3	16	16,000	2	1	7	8	7	1	1	1	1	1	1	1	1
2957	강원 인제군	대한민국 고엽제전우회인제군지회	3	16	26,200	2	1	7	8	7	1	1	1	1	1	1	1	1
2958	강원 인제군	대한민국 고엽제전우회인제군지회 차량운영	3	16	27,720	3	1	7	8	7	1	1	1	1	1	1	1	1
2959	강원 인제군	보훈대상자 사회활동 지원	3	16	183,240	4	4	7	8	7	1	1	1	1	1	1	1	1
2960	강원 인제군	장묘센터 민간위탁	2	16	313,280	5	1	7	5	7	1	1	1	1	1	1	1	1
2961	강원 인제군	자활센터운영(국비)	2	8	6,000	5	1	5	8	7	3	2	1	2	3	2	1	3
2962	강원 인제군	강원도형자활사업지원(도비)	2	8	15,871	5	1	5	8	7	3	1	1	2	3	2	1	3
2963	강원 인제군	자활사례관리지원(도비)	2	8	15,870	5	1	5	8	7	3	1	1	2	3	2	1	3
2964	강원 인제군	가사간병방문지원[균특]	3	16	17,101	4	2	5	8	7	3	2	1	1	4	3	1	3
2965	강원 인제군	지역사회서비스 투자[균특]	3	16	403,299	4	2	5	8	7	3	2	1	1	4	3	1	3
2966	강원 인제군	청년 마음건강 지원[균특]	3	16	14,025	4	2	5	8	7	3	2	1	1	4	3	1	3
2967	강원 인제군	자원봉사센터 운영지원[자체]	3	16	40,075	1	5	6	8	7	3	1	1	1	4	3	1	3
2968	강원 인제군	자원봉사센터 운영지원[자체]	3	16	230,720	2	5	6	8	7	3	1	1	1	4	3	1	3
2969	강원 인제군	자원봉사 코디네이터 지원[국비]	3	16	66,666	5	2	5	8	7	3	2	1	1	4	3	1	3
2970	강원 인제군	자원봉사자 보험료지원[국비]	3	16	1,642	5	2	5	8	7	3	2	1	1	4	3	1	3
2971	강원 인제군	자원봉사센터 프로그램운영 인센티브 지원[도비]	3	16	26,000	5	5	6	8	7	3	1	1	1	4	3	1	3
2972	강원 인제군	노인 사회활동 지원	2	16	64,213	3	4	7	8	7	1	1	1	1	1	1	1	1
2973	강원 인제군	노인지회 운영 및 사업지원	2	16	96,852	3	4	7	8	7	1	1	1	1	1	1	1	1
2974	강원 인제군	노인지회 운영 및 사업지원	2	16	327,428	5	4	7	8	7	1	1	1	1	1	1	1	1
2975	강원 인제군	시니어클럽 운영지원	2	1	303,927	5	1	7	8	7	1	1	1	1	1	1	1	1
2976	강원 인제군	장애인생활이동지원센터 운영지원	2	3	180,600	5	1	7	8	7	1	1	1	1	1	1	1	1
2977	강원 인제군	시각장애인자립지원센터 운영	2	3	44,100	5	1	7	8	7	1	1	1	1	1	1	1	1
2978	강원 인제군	장애인종합상담실 운영지원	2	3	207,531	5	1	7	8	7	1	1	1	1	1	1	1	1
2979	강원 인제군	지적장애인자립지원센터 운영지원	2	3	262,352	5	1	7	8	7	1	1	1	1	1	1	1	1
2980	강원 인제군	장애인직업재활 지원	2	3	770,221	5	1	7	8	7	1	1	1	1	1	1	1	1
2981	강원 인제군	장애인사회활동 지원	2	3	191,040	3	1	7	8	7	1	1	1	1	1	1	1	1
2982	강원 인제군	장애인 활동지원	3	16	535,503	4	2	5	8	7	5	1	4	5	5	4	4	4
2983	강원 인제군	장애인활동지원 가산급여 지원	3	16	21,920	4	2	5	8	7	5	1	4	5	5	4	4	4
2984	강원 인제군	중증장애인 활동보조 지원	3	16	30,000	4	2	5	8	7	5	1	4	5	5	4	4	4
2985	강원 인제군	발달재활서비스(바우처)	3	16	160,451	4	2	5	8	7	5	1	4	5	5	4	4	4
2986	강원 인제군	언어발달지원	3	16	22,460	4	2	5	8	7	5	1	4	5	5	4	4	4
2987	강원 인제군	발달장애학생 방과후활동서비스	3	16	230,617	4	2	5	8	7	5	1	4	5	5	4	4	4

순번	시군구	지출명 (사업명)	시설종류 1. 생활시설 2. 이용시설	사회복지시설 종류 1. 노인복지시설 2. 아동복지시설 3. 장애인복지시설 4. 어린이집 5. 정신건강증진시설 6. 노숙인시설 7. 사회복지관 8. 지역자활센터 9. 다함께돌봄센터 10. 결핵,한센시설 11. 성매매피해지원시설 12. 성폭력피해보호시설 13. 가정폭력보호시설 14. 가족센터 15. 청소년복지시설 16. 기타 (　　　)	2025년예산 (단위:천원/1년간)	민간이전 분류 (지방자치단체 세출예산 집행기준에 의거) 1. 민간경상사업보조(307-02) 2. 민간단체 법정운영비보조(307-03) 3. 민간행사사업보조(307-04) 4. 민간위탁금(307-05) 5. 사회복지시설 법정운영비보조(307-10) 6. 사회복지사업보조(307-11) 7. 민간인위탁교육비(307-12) 8. 공기관등에대한경상적위탁사업(308-13) 9. 공사공단 경상전출금(309-01)	민간이전지출 근거 (지방보조금 관리기준 참고) 1. 법률에 규정 2. 국고보조 재원(국가지정) 3. 용도 지정 기부금 4. 조례에 직접규정 5. 지자체가 권장하는 사업을 하는 공공기관 6. 시,도 정책 및 재정사정 7. 기타 8. 해당없음	입찰방식: 계약체결방법 (경쟁형태) 1. 일반경쟁 2. 제한경쟁 3. 지명경쟁 4. 수의계약 5. 법정위탁 6. 기타 ( ) 7. 해당없음	입찰방식: 계약기간 1. 1년 2. 2년 3. 3년 4. 4년 5. 5년 6. 기타 ( )년 7. 단기계약 (1년미만) 8. 해당없음	입찰방식: 낙찰자선정방법 1. 적격심사 2. 협상에의한계약 3. 최저가낙찰제 4. 규격가격분리 5. 2단계 경쟁입찰 6. 기타 ( ) 7. 해당없음	운영예산 산정: 운영비산정 1. 내부산정 (지자체 자체적으로 산정) 2. 외부산정 (외부전문기관위탁 산정) 3. 내·외부 모두 산정 4. 산정 無 5. 해당없음	운영예산 산정: 정산방법 1. 내부정산 (지자체 내부적으로 정산) 2. 외부정산 (외부전문기관위탁 정산) 3. 내·외부 모두 산정 4. 정산 無 5. 해당없음	성과평가: 성과평가 실시여부 1. 실시 2. 미실시 3. 향후 추진 4. 해당없음	성과평가: 성과평가 주기 1. 매년 2. 격년 3. 기간만료전 4. 기타 ( ) 5. 해당없음	성과평가: 성과평가 실시 방법 1. 자체 실시 2. 평가단 구성 후 실시 (전문위원 섭외) 3. 전문 평가기관 의뢰 4. 기타 ( ) 5. 해당없음	성과평가: 평가기준 적용방법 1. 관련 조례 적용 2. 전문 평가기관 의뢰 3. 기타 ( ) 4. 해당없음	평가결과 적용: 실제 인센티브 및 페널티 적용 유무 1. 매년 적용 2. 적용 안함 3. 기타 ( ) 4. 해당없음	평가결과 적용: 인센티브 및 페널티 적용근거 1. 조례 2. 계약서 3. 기타 ( ) 4. 해당없음
2988	강원 인제군	발달장애인 주간활동서비스	3	16	406,562	4	2	5	8	7	5	1	4	5	5	4	4	4
2989	강원 인제군	장애인거주시설(애향원, 임마누엘집) 운영지원	1	3	4,470,566	5	2	5	8	7	5	1	4	5	5	4	4	4
2990	강원 인제군	장애인거주시설 전담관리인력 지원	1	3	51,792	5	2	5	8	7	5	1	4	5	5	4	4	4
2991	강원 인제군	인제군 양성평등 한마음대회 행사지원	3	16	25,000	3	4	7	8	7	1	1	1	1	1	1	1	1
2992	강원 인제군	강원도 양성평등 한마음대회 참가	3	16	4,000	3	4	7	8	7	1	1	1	1	1	1	1	1
2993	강원 인제군	다문화가족지원센터 운영	2	14	561,290	5	2	5	5	7	5	1	1	1	1	1	1	1
2994	강원 고성군	노인복지관 운영	2	1	500,855	5	4	7	8	7	1	1	1	1	1	1	1	1
2995	강원 고성군	노인복지관 운영	2	1	46,145	6	4	7	8	7	1	1	1	1	1	1	1	1
2996	강원 고성군	시니어클럽 운영	2	1	310,400	5	5	7	8	7	1	1	1	1	1	1	1	1
2997	강원 고성군	시니어클럽 운영	2	1	2,000	6	5	7	8	7	1	1	1	1	1	1	1	1
2998	강원 고성군	노인생활시설 등급외자 운영	1	1	26,940	5	6	7	8	7	1	1	1	1	1	1	1	1
2999	강원 고성군	재가노인복지시설 운영	2	1	230,940	5	4	7	8	7	1	1	1	1	1	1	1	1
3000	강원 고성군	재가노인복지시설 운영	2	1	29,060	6	4	7	8	7	1	1	1	1	1	1	1	1
3001	강원 고성군	양로시설운영지원	1	1	556,715	5	6	7	8	7	1	1	1	1	1	1	1	1
3002	강원 고성군	장애인보호작업장 운영	2	3	284,040	5	5	7	8	7	1	1	1	1	1	1	1	1
3003	강원 고성군	장애인보호작업장 운영	2	3	10,056	6	5	7	8	7	1	1	1	1	1	1	1	1
3004	강원 고성군	수어통역센터 운영	2	3	233,856	5	5	7	8	7	1	1	1	1	1	1	1	1
3005	강원 고성군	수어통역센터 운영	2	3	2,600	6	5	7	8	7	1	1	1	1	1	1	1	1
3006	강원 고성군	장애인생활이동지원센터 운영	2	3	239,400	5	5	7	8	7	1	1	1	1	1	1	1	1
3007	강원 고성군	지역자활센터 운영	2	8	374,872	5	2	7	8	7	1	1	1	1	1	1	1	1
3008	강원 양양군	지역자활센터 운영비(자체)	2	16	17,588	5	1	7	8	7	1	1	1	1	1	3	4	4
3009	강원 양양군	지역자활센터 운영비	2	16	324,076	5	2	7	8	7	1	1	4	4	4	4	4	4
3010	강원 양양군	자활사례관리 지원	2	16	15,871	6	2	7	8	7	1	1	4	4	4	4	4	4
3011	강원 양양군	자활사업 실시기관 역량강화 지원	2	16	6,000	6	2	7	8	7	1	1	4	4	4	4	4	4
3012	강원 양양군	자활 교육비 지원	2	16	10,000	6	4	7	8	7	1	1	4	4	4	4	4	4
3013	강원 양양군	지역아동센터 운영비 지원	2	2	19,760	5	1	7	8	7	3	1	4	4	4	4	4	4
3014	강원 양양군	지역아동센터 운영비 지원	2	2	24,140	5	1	7	8	7	3	1	4	4	4	4	4	4
3015	강원 양양군	지역아동센터 운영비 지원	2	2	22,760	5	1	7	8	7	3	1	4	4	4	4	4	4
3016	강원 양양군	지역아동센터 문화체험 지원	2	2	4,000	6	4	7	8	7	1	1	4	4	4	4	4	4
3017	강원 양양군	지역아동센터 문화체험 지원	2	2	6,000	6	4	7	8	7	1	1	4	4	4	4	4	4
3018	강원 양양군	지역아동센터 문화체험 지원	2	2	4,000	6	4	7	8	7	1	1	1	1	1	3	4	4
3019	강원 양양군	저소득 재가노인 식사배달	2	1	108,040	6	4	7	8	7	5	1	4	4	4	4	4	4
3020	강원 양양군	경로당식당무료급식	2	1	96,980	6	4	7	8	7	5	1	4	4	4	4	4	4
3021	강원 양양군	노인이해증진 및 효문화 정립(실버예술단 지원)	2	1	9,240	6	4	7	8	7	5	1	4	4	4	4	4	4
3022	강원 양양군	노인복지관 운영(운영 및 인건비, 프로그램)	2	1	800,598	4	4	6	5	1	1	1	1	3	1	3	3	3
3023	강원 양양군	장애인거주시설 운영지원	1	3	25,896	6	1	7	8	7	1	3	1	1	1	4	4	4
3024	강원 양양군	장애인직업재활시설 운영	2	3	237,234	4	4	5	8	7	1	1	1	1	1	4	4	4
3025	강원 양양군	장애인직업재활시설 운영	2	3	340,189	5	1	7	8	7	1	3	1	1	1	4	4	4
3026	강원 양양군	장애인 생활이동지원센터 운영 지원	2	3	211,542	5	4	7	8	7	1	1	1	1	1	4	4	4
3027	강원 양양군	수어통역센터 운영 지원	2	3	224,567	5	4	7	8	7	1	1	1	1	1	4	4	4
3028	강원 양양군	장애인 주간보호센터 운영 지원	2	3	294,962	5	4	7	8	7	1	1	1	1	1	4	4	4
3029	강원 양양군	장애인 재활지원센터	2	3	69,442	6	4	7	8	7	1	1	1	1	1	4	4	4
3030	강원 양양군	공동육아나눔터 지원	2	14	58,244	6	1	7	8	7	1	1	1	1	1	3	3	3
3031	강원 양양군	아이돌봄 서비스 운영 지원	2	14	208,556	6	2	7	8	7	1	1	1	1	2	3	3	3
3032	강원 양양군	양양군가족센터 운영	2	14	332,450	5	2	7	8	7	1	1	1	1	1	3	3	3
3033	강원 양양군	양양군가족센터 운영(도비보조)	2	14	159,900	5	6	7	8	7	1	1	1	1	1	3	3	3

순번	시군구	지출명 (사업명)	시설종류 1. 생활시설 2. 이용시설	사회복지시설 종류 1. 노인복지시설 2. 아동복지시설 3. 장애인복지시설 4. 어린이집 5. 정신건강증진시설 6. 노숙인시설 7. 사회복지관 8. 지역자활센터 9. 다함께돌봄센터 10. 결핵,한센시설 11. 성매매피해지원시설 12. 성폭력피해보호시설 13. 가정폭력보호시설 14. 가족센터 15. 청소년복지시설 16. 기타 ( )	2025년예산 (단위:천원/1년간)	민간이전 분류 (지방자치단체 세출예산 집행기준에 의거) 1. 민간경상사업보조(307-02) 2. 민간단체 법정운영비보조(307-03) 3. 민간행사사업보조(307-04) 4. 민간위탁금(307-05) 5. 사회복지시설 법정운영비보조(307-10) 6. 사회복지사업보조(307-11) 7. 민간인위탁교육비(307-12) 8. 공기관등에대한경상적위탁사업(308-13) 9. 공사공단 경상전출금(309-01)	민간이전지출 근거 (지방보조금 관리기준 참고) 1. 법률에 규정 2. 국고보조 재원(국가지정) 3. 용도 지정 기부금 4. 조례에 직접규정 5. 지자체가 권고하는 사업을 하는 공공기관 6. 시,도 정책 및 재정사정 7. 기타 8. 해당없음	입찰방식: 계약체결방법 (경쟁형태) 1. 일반경쟁 2. 제한경쟁 3. 지명경쟁 4. 수의계약 5. 법정위탁 6. 기타 ( ) 7. 해당없음	입찰방식: 계약기간 1. 1년 2. 2년 3. 3년 4. 4년 5. 5년 6. 기타 ( )년 7. 단기계약 (1년미만) 8. 해당없음	입찰방식: 낙찰자선정방법 1. 적격심사 2. 협상에의한계약 3. 최저가낙찰제 4. 규격가격분리 5. 2단계 경쟁입찰 6. 기타 ( ) 7. 해당없음	운영예산 산정: 운영비산정 1. 내부산정 (지자체 자체적으로 산정) 2. 외부산정 (외부전문기관위탁 산정) 3. 내·외부 모두 산정 4. 산정 無 5. 해당없음	운영예산 산정: 정산방법 1. 내부정산 (지자체 내부적으로 정산) 2. 외부정산 (외부전문기관위탁 정산) 3. 내·외부 모두 산정 4. 정산 無 5. 해당없음	성과평가: 성과평가 실시여부 1. 실시 2. 미실시 3. 향후 추진 4. 해당없음	성과평가: 성과평가 주기 1. 매년 2. 격년 3. 기간만료전 4. 기타 ( ) 5. 해당없음	성과평가: 성과평가 실시 방법 1. 자체 실시 2. 평가단 구성 후 실시 (전문위원 섭외) 3. 전문 평가기관 의뢰 4. 기타 ( ) 5. 해당없음	성과평가: 평가기준 적용방법 1. 관련 조례 적용 2. 전문 평가기관 의뢰 3. 기타 ( ) 4. 해당없음	평가결과 적용: 실제 인센티브 및 페널티 적용 유무 1. 매년 적용 2. 적용 안함 3. 기타 ( ) 4. 해당없음	평가결과 적용: 인센티브 및 페널티 적용근거 1. 조례 2. 계약서 3. 기타 ( ) 4. 해당없음
3034	강원 양양군	자녀양육 및 자녀생활 등 방문교육서비스 지원	2	14	44,500	6	2	7	8	7	1	1	1	1	1	3	3	3
3035	강원 양양군	결혼이민자 역량강화지원(한국어교육)	2	14	20,000	6	2	7	8	7	1	1	1	1	1	3	3	3
3036	강원 양양군	결혼이민자 상호 멘토링 사업 지원	2	14	1,640	6	6	7	8	7	1	1	1	1	1	3	3	3
3037	강원 양양군	세계인의 날 기념행사 참가	2	14	2,000	6	6	7	8	7	1	1	1	1	1	3	3	3
3038	강원 양양군	다문화가족자녀 한글교육 지원	2	14	4,560	6	6	7	8	7	1	1	1	1	1	3	3	3
3039	강원 양양군	다문화복지신문 구독 지원	2	14	5,280	6	6	7	8	7	1	1	1	1	1	3	3	3
3040	강원 양양군	아이돌보미 교통비지급	2	14	6,570	6	6	7	8	7	1	1	1	1	1	3	3	3
3041	강원 양양군	다문화가족 한마음 Festival	2	14	10,000	6	6	7	8	7	1	1	1	1	1	3	3	3
3042	강원 양양군	다문화 마음치유 어울림교실 지원	2	14	20,000	6	6	7	8	7	1	1	1	1	1	3	3	3
3043	강원 양양군	어린이집 지원(국고)	2	4	30,920	1	2	7	8	7	1	1	1	4	4	4	3	3
3044	강원 양양군	어린이집 품질향상지원	2	4	13,700	1	1	7	8	7	1	1	1	4	4	4	3	3
3045	강원 양양군	어린이집 차량유류비 지원	2	4	21,600	5	4	7	8	7	1	1	1	4	4	4	3	3
3046	강원 양양군	어린이집 특별활동비 지원	2	4	131,880	5	4	7	8	7	1	1	1	4	4	4	3	3
3047	강원 양양군	어린이집 보조인력 일자리 지원	2	4	33,000	5	1	7	8	7	1	1	1	4	4	4	3	3
3048	강원 양양군	어린이집 안전공제 단체가입 지원	2	4	1,790	1	1	7	8	7	1	1	1	4	4	4	3	3
3049	강원 양양군	어린이집 운영비 등 지원	2	4	9,600	5	1	7	8	7	1	1	1	4	4	4	3	3
3050	강원 양양군	재가 노인복지시설 운영	2	1	461,000	5	1	7	8	7	1	1	1	1	1	1	1	4
3051	충북 청주시	청소년복지시설 운영지원	1,2	15	1,425,692	6	2	7	8	7	5	5	4	5	5	4	4	4
3052	충북 청주시	용암종합사회복지관 운영	2	7	758,762	4	1	6	5	6	1	1	1	3	2	3	2	4
3053	충북 청주시	산남종합사회복지관 운영	2	7	748,064	4	1	6	5	6	1	1	1	3	2	3	2	4
3054	충북 청주시	서부종합사회복지관 운영	2	7	740,726	4	1	6	5	6	1	1	1	3	2	3	2	4
3055	충북 청주시	북부종합사회복지관 운영	2	7	677,437	4	1	6	5	6	1	1	1	3	2	3	2	4
3056	충북 청주시	오송종합사회복지관 운영	2	7	987,505	4	1	6	5	6	1	1	1	3	2	3	2	4
3057	충북 청주시	목련종합사회복지관 운영	2	7	864,856	4	1	6	5	6	1	1	1	3	2	3	2	4
3058	충북 청주시	청주종합사회복지관 운영	2	7	704,123	5	1	7	8	7	5	5	4	5	5	4	4	4
3059	충북 청주시	청주사회복지관 운영	2	7	738,785	5	1	7	8	7	5	5	4	5	5	4	4	4
3060	충북 청주시	한마음실직자지원센터 운영	1	6	286,572	2	1	7	8	7	5	5	4	5	5	4	4	4
3061	충북 청주시	노숙인시설 운영비 지원	1	6	1,248,977	2	1	7	8	7	5	5	4	5	5	4	4	4
3062	충북 청주시	자활센터 운영	2	8	929,928	5	2	6	8	7	5	1	1	1	2	3	1	3
3063	충북 청주시	자활사업 활성화 추진사업	2	8	32,300	1	6	6	8	7	5	1	1	1	2	3	1	3
3064	충북 청주시	자활근로사업	2	8	6,412,572	4	2	5	3	7	5	1	1	1	2	3	1	3
3065	충북 청주시	자활사례관리	2	8	47,614	5	2	6	8	7	5	1	1	1	2	3	1	3
3066	충북 청주시	청주시노인종합복지관 위탁운영	2	1	764,525	4	1	7	8	7	1	1	1	3	1	1	3	3
3067	충북 청주시	청주가경노인복지관 위탁운영	2	1	781,821	4	1	7	8	7	1	1	1	3	1	1	3	3
3068	충북 청주시	청주상당노인복지관 위탁운영	2	1	834,420	4	1	7	8	7	1	1	1	3	1	1	3	3
3069	충북 청주시	청주내덕노인복지관 위탁운영	2	1	766,837	4	1	7	8	7	1	1	1	3	1	1	3	3
3070	충북 청주시	청주서원노인복지관 위탁운영	2	1	769,864	4	1	7	8	7	1	1	1	3	1	1	3	3
3071	충북 청주시	점자도서관 운영(도비)	2	3	553,836	5	1	7	8	7	1	1	4	5	5	4	4	4
3072	충북 청주시	장애인복지관 운영	2	3	1,767,700	4	1	7	8	7	1	1	1	3	2	4	4	4
3073	충북 청주시	장애인복지관 운영	2	3	2,269,757	5	1	7	8	7	1	1	4	5	5	4	4	4
3074	충북 청주시	시각장애인플러스지원센터 운영	2	3	469,107	5	1	7	8	7	1	1	4	5	5	4	4	4
3075	충북 청주시	장애인주간이용시설 운영(1개소)	2	3	723,258	4	1	7	8	7	1	1	1	3	2	4	4	4
3076	충북 청주시	장애인주간이용시설 운영(11개소)	2	3	5,159,436	5	1	7	8	7	1	1	4	5	5	4	4	4
3077	충북 청주시	수어통역센터 운영	2	3	462,660	5	1	7	8	7	1	1	4	5	5	4	4	4
3078	충북 청주시	장애인재활의원 운영	2	3	761,278	5	1	7	8	7	1	1	4	5	5	4	4	4
3079	충북 청주시	장애인직업재활시설 운영지원	2	3	11,502	5	1	7	8	7	5	1	1	1	5	4	4	4

순번	시군구	지출명 (사업명)	시설종류 1. 생활시설 2. 이용시설	사회복지시설 종류 1. 노인복지시설 2. 아동복지시설 3. 장애인복지시설 4. 어린이집 5. 정신건강증진시설 6. 노숙인시설 7. 사회복지관 8. 지역자활센터 9. 다함께돌봄센터 10. 결핵,한센시설 11. 성매매피해지원시설 12. 성폭력피해보호시설 13. 가정폭력보호시설 14. 가족센터 15. 청소년복지시설 16. 기타 ( )	2025년예산 (단위:천원/1년간)	민간이전 분류 (지방자치단체 세출예산 집행기준에 의거) 1. 민간경상사업보조(307-02) 2. 민간단체 법정운영비보조(307-03) 3. 민간행사사업보조(307-04) 4. 민간위탁금(307-05) 5. 사회복지시설 법정운영비보조(307-10) 6. 사회복지사업보조(307-11) 7. 민간인위탁교육비(307-12) 8. 공기관등에대한경상적위탁사업(308-13) 9. 공사공단 경상전출금(309-01)	민간이전지출 근거 (지방보조금 관리기준 참고) 1. 법률에 규정 2. 국고보조 재원(국가지정) 3. 용도 지정 기부금 4. 조례에 직접규정 5. 지자체가 권장하는 사업을 하는 공공기관 6. 시,도 정책 및 재정사정 7. 기타 8. 해당없음	입찰방식: 계약체결방법 (경쟁형태) 1. 일반경쟁 2. 제한경쟁 3. 지명경쟁 4. 수의계약 5. 법정위탁 6. 기타 ( ) 7. 해당없음	입찰방식: 계약기간 1. 1년 2. 2년 3. 3년 4. 4년 5. 5년 6. 기타 ( )년 7. 단기계약 (1년미만) 8. 해당없음	입찰방식: 낙찰자선정방법 1. 적격심사 2. 협상에의한계약 3. 최저가낙찰제 4. 규격가격분리 5. 2단계 경쟁입찰 6. 기타 ( ) 7. 해당없음	운영예산 산정: 운영비산정 1. 내부산정 (지자체 자체적으로 산정) 2. 외부산정 (외부전문기관위탁 산정) 3. 내·외부 모두 산정 4. 산정 無 5. 해당없음	운영예산 산정: 정산방법 1. 내부정산 (지자체 내부적으로 정산) 2. 외부정산 (외부전문기관위탁 정산) 3. 내·외부 모두 산정 4. 정산 無 5. 해당없음	성과평가: 성과평가 실시여부 1. 실시 2. 미실시 3. 향후 추진 4. 해당없음	성과평가: 성과평가 주기 1. 매년 2. 격년 3. 기간만료전 4. 기타 ( ) 5. 해당없음	성과평가: 성과평가 실시 방법 1. 자체 실시 2. 평가단 구성 후 실시 (전문위원 섭외) 3. 전문 평가기관 의뢰 4. 기타 ( ) 5. 해당없음	성과평가: 평가기준 적용방법 1. 관련 조례 적용 2. 전문 평가기관 의뢰 3. 기타 ( ) 4. 해당없음	평가결과 적용: 실제 인센티브 및 페널티 적용 유무 1. 매년 적용 2. 적용 안함 3. 기타 ( ) 4. 해당없음	평가결과 적용: 인센티브 및 페널티 적용근거 1. 조례 2. 계약서 3. 기타 ( ) 4. 해당없음
3080	충북 청주시	장애인단기거주시설운영지원(2개소)	1	3	1,023,716	5	1	7	8	7	3	3	1	1	2	1	4	4
3081	충북 청주시	장애인공동생활가정 운영지원	1	3	1,681,440	5	1	7	8	7	3	3	1	1	2	1	4	4
3082	충북 청주시	개인운영 장애인거주시설 지원	1	3	974,223	5	1	7	8	7	3	3	4	5	5	4	4	4
3083	충북 청주시	장애인거주시설 기능보강(이전재원)	1	3	111,300	9	2	7	8	7	1	1	4	5	5	4	4	4
3084	충북 청주시	가정폭력 피해자 보호시설 운영지원	1	13	313,252	6	2	7	8	7	5	1	4	5	5	4	4	4
3085	충북 청주시	가정폭력피해자 보호시설 비수급자생계비	1	13	16,658	6	2	7	8	7	5	1	4	5	5	4	4	4
3086	충북 청주시	가정폭력피해자 직업훈련비	1	13	2,593	6	2	7	8	7	5	1	4	5	5	4	4	4
3087	충북 청주시	가정폭력피해자 보호시설 기능보강	1	13	13,000	6	2	7	8	7	5	1	4	5	5	4	4	4
3088	충북 청주시	가정폭력 피해자 치료회복 프로그램 및 의료비 지원	1,2	13	68,620	6	2	7	8	7	5	1	4	5	5	4	4	4
3089	충북 청주시	폭력피해여성 주거지원 운영지원	1	13	44,476	6	2	7	8	7	5	1	4	5	5	4	4	4
3090	충북 청주시	가정폭력상담소 운영	2	13	154,879	6	2	7	8	7	5	1	4	5	5	4	4	4
3091	충북 청주시	통합상담소 운영	2	13	267,700	6	2	7	8	7	5	1	4	5	5	4	4	4
3092	충북 청주시	성폭력상담소 운영지원	2	12	348,848	6	2	7	8	7	5	1	4	5	5	4	4	4
3093	충북 청주시	성폭력피해자 보호시설 운영지원	1	12	654,700	6	2	7	8	7	5	1	4	5	5	4	4	4
3094	충북 청주시	성폭력피해자 생계비 지원	1	12	26,000	6	2	7	8	7	5	1	4	5	5	4	4	4
3095	충북 청주시	성폭력 피해자 치료회복 프로그램	1,2	12	41,714	6	2	7	8	7	5	1	4	5	5	4	4	4
3096	충북 청주시	성폭력 피해자 의료비 간병비	1,2	12	50,944	6	2	7	8	7	5	1	4	5	5	4	4	4
3097	충북 청주시	해바라기센터 운영지원	2	12	573,300	6	2	7	8	7	5	1	4	5	5	4	4	4
3098	충북 청주시	성폭력 피해자 돌봄비용 등 지원	2	12	3,340	6	2	7	8	7	5	1	4	5	5	4	4	4
3099	충북 청주시	성매매피해자 상담소 운영	2	11	199,825	6	2	7	8	7	5	1	4	5	5	4	4	4
3100	충북 청주시	성매매피해자 지원시설 운영	1	11	254,851	6	2	7	8	7	5	1	4	5	5	4	4	4
3101	충북 청주시	성매매피해자 구조지원 사업	1,2	11	60,110	6	2	7	8	7	5	1	4	5	5	4	4	4
3102	충북 청주시	성착취 피해아동청소년 통합지원	2	11	130,706	6	2	7	8	7	5	1	4	5	5	4	4	4
3103	충북 청주시	디지털성범죄 특화형 통합상담소	2	13	94,932	6	2	7	8	7	5	1	4	5	5	4	4	4
3104	충북 청주시	스토킹피해자 치료회복 프로그램	2	13	10,000	6	2	7	8	7	5	1	4	5	5	4	4	4
3105	충북 청주시	한부모가족복지시설 입소자 상담치료비지원	1	16	30,340	6	1, 2	7	8	7	5	1	4	4	5	4	4	4
3106	충북 청주시	한부모가족복지시설 아이돌봄서비스지원	1	16	29,586	6	1, 2	7	8	7	5	1	4	4	5	4	4	4
3107	충북 청주시	공동생활가정형(매입임대) 주거지원	2	16	65,252	6	1, 2	7	8	7	5	1	4	4	5	4	4	4
3108	충북 청주시	한부모가족복지시설운영	1,2	16	718,230	5	1	7	8	7	1	1	1	1	1	1	1	1
3109	충북 청주시	청주해오름마을 운영지원	1	16	4,000	3	1	7	8	7	1	1	1	1	1	1	1	1
3110	충북 청주시	폭력피해이주여성 보호시설 운영지원	1	13	265,985	5	1, 2	7	8	7	5	1	4	4	5	4	4	4
3111	충북 청주시	폭력피해이주여성 상담소 운영지원	2	13	264,122	5	1, 2	7	8	7	5	1	4	4	5	4	4	4
3112	충북 청주시	청주시가족센터 운영	2	14	1,497,260	4	1	1	5	2	5	5	3	3	2	1	4	4
3113	충북 청주시	다문화가족지원센터 운영	2	14	268,000	4	1	1	5	2	5	5	3	3	2	1	4	4
3114	충북 청주시	학대피해아동쉼터 운영	1	2	689,867	4	2	7	8	7	5	5	4	5	5	4	4	4
3115	충북 청주시	다함께돌봄센터 운영비 지원(국도비 매칭)	2	9	168,000	1	1	1	5	1	5	5	1	3	2	1	2	3
3116	충북 청주시	다함께돌봄센터 운영비 지원(자체재원)	2	9	196,000	1	1	1	5	1	1	5	1	3	2	1	2	3
3117	충북 청주시	지역아동센터 운영비 지원	2	2	1,312,030	5	1	7	8	7	1	1	2	5	5	4	4	4
3118	충북 청주시	지역아동센터 냉난방비 지원	2	2	28,400	6	1	7	8	7	1	1	1	1	1	1	1	1
3119	충북 청주시	지역아동센터 긴급·일시돌봄	2	2	3,500	5	1	7	8	7	1	1	2	5	5	4	4	4
3120	충북 청주시	정신재활시설운영	2	5	555,800	5	1	7	8	7	1	1	1	1	1	1	1	1
3121	충북 청주시	정신재활시설운영	2	5	548,392	5	1	7	8	7	1	1	1	1	1	1	1	1
3122	충북 청주시	정신재활시설운영	1	5	722,918	5	1	7	8	7	1	1	1	1	1	1	1	1
3123	충북 청주시	정신재활시설운영	1	5	162,731	5	1	7	8	7	1	1	1	1	1	1	1	1
3124	충북 청주시	정신재활시설운영	1	5	112,290	5	1	7	8	7	1	1	1	1	1	1	1	1
3125	충북 청주시	정신재활시설 운영	1	5	157,868	5	1	7	8	7	1	1	1	1	1	1	1	1

순번	시군구	지출명 (사업명)	시설종류 1. 생활시설 2. 이용시설	사회복지시설 종류 1. 노인복지시설 2. 아동복지시설 3. 장애인복지시설 4. 어린이집 5. 정신건강증진시설 6. 노숙인시설 7. 사회복지관 8. 지역자활센터 9. 다함께돌봄센터 10. 결핵,한센시설 11. 성매매피해지원시설 12. 성폭력피해보호시설 13. 가정폭력보호시설 14. 가족센터 15. 청소년복지시설 16. 기타 ( )	2025년예산 (단위:천원/1년간)	민간이전 분류 (지방자치단체 세출예산 집행기준에 의거) 1. 민간경상사업보조(307-02) 2. 민간단체 법정운영비보조(307-03) 3. 민간행사사업보조(307-04) 4. 민간위탁금(307-05) 5. 사회복지시설 법정운영비보조(307-10) 6. 사회복지사업보조(307-11) 7. 민간인위탁교육비(307-12) 8. 공기관등에대한경상적위탁사업(308-13) 9. 공사공단 경상전출금(309-01)	민간이전지출 근거 (지방보조금 관리기준 참고) 1. 법률에 규정 2. 국고보조 재원(국가지정) 3. 용도 지정 기부금 4. 조례에 직접규정 5. 지자체가 권장하는 사업을 하는 공공기관 6. 시,도 정책 및 재정사정 7. 기타 8. 해당없음	입찰방식: 계약체결방법 (경쟁형태) 1. 일반경쟁 2. 제한경쟁 3. 지명경쟁 4. 수의계약 5. 법정위탁 6. 기타 ( ) 7. 해당없음	입찰방식: 계약기간 1. 1년 2. 2년 3. 3년 4. 4년 5. 5년 6. 기타 ( )년 7. 단기계약 (1년미만) 8. 해당없음	입찰방식: 낙찰자선정방법 1. 적격심사 2. 협상에의한계약 3. 최저가낙찰제 4. 규격가격분리 5. 2단계 경쟁입찰 6. 기타 ( ) 7. 해당없음	운영예산 산정: 운영비산정 1. 내부산정 (지자체 자체적으로 산정) 2. 외부산정 (외부전문기관위탁 산정) 3. 내·외부 모두 산정 4. 산정 無 5. 해당없음	운영예산 산정: 정산방법 1. 내부정산 (지자체 내부적으로 정산) 2. 외부정산 (외부전문기관위탁 정산) 3. 내·외부 모두 산정 4. 정산 無 5. 해당없음	성과평가: 성과평가 실시여부 1. 실시 2. 미실시 3. 향후 추진 4. 해당없음	성과평가: 성과평가 주기 1. 매년 2. 격년 3. 기간만료전 4. 기타 ( ) 5. 해당없음	성과평가: 성과평가 실시 방법 1. 자체 실시 2. 평가단 구성 후 실시 (전문위원 섭외) 3. 전문 평가기관 의뢰 4. 기타 ( ) 5. 해당없음	성과평가: 평가기준 적용방법 1. 관련 조례 적용 2. 전문 평가기관 의뢰 3. 기타 ( ) 4. 해당없음	평가결과 적용: 실제 인센티브 및 패널티 적용 유무 1. 매년 적용 2. 적용 안함 3. 기타 ( ) 4. 해당없음	평가결과 적용: 인센티브 및 패널티 적용근거 1. 조례 2. 계약서 3. 기타 ( ) 4. 해당없음
3126	충북 충주시	사회복지관 운영	2	7	993,247	4	4	5	5	1	1	1	1	3	2	3	4	4
3127	충북 충주시	지역자활센터 운영비	2	8	414,168	5	1	5	5	6	5	1	3	3	2	3	3	3
3128	충북 충주시	대한노인회 시군구지회 사무국 지원	3	16	42,841	2	1	7	8	7	1	1	1	1	1	1	2	1
3129	충북 충주시	대한노인회 충주시지회 사무국 지원	3	16	73,957	2	1	7	8	7	1	1	1	1	1	1	2	1
3130	충북 충주시	대한노인회 충주시지회 분회 운영 지원	3	16	55,440	2	1	7	8	7	1	1	1	1	1	1	2	1
3131	충북 충주시	노인회 연찬회 지원	3	16	21,600	6	1	7	8	7	1	1	1	1	1	1	2	1
3132	충북 충주시	경로당 노인회기 지원	3	16	3,080	6	1	7	8	7	1	1	1	1	1	1	2	1
3133	충북 충주시	경로당 여가문화강사 지원	3	16	781,683	6	1	7	8	7	1	1	1	1	1	1	2	1
3134	충북 충주시	경로당지키미 활동비 지원	3	16	735,600	6	1	7	8	7	1	1	1	1	1	1	2	1
3135	충북 충주시	경로당회장 교육비 지원	3	16	17,100	6	1	7	8	7	1	1	1	1	1	1	2	1
3136	충북 충주시	세대공감 문화대축제 지원	2	1	50,000	6	1	7	8	7	1	1	1	1	1	1	2	1
3137	충북 충주시	시장기 게이트볼대회 지원	3	16	8,080	6	1	7	8	7	1	1	1	1	1	1	2	1
3138	충북 충주시	지회장기 게이트볼대회 지원	3	16	8,080	6	1	7	8	7	1	1	1	1	1	1	2	1
3139	충북 충주시	시니어자원봉사단 운영	3	16	254,060	6	1	7	8	7	1	1	1	1	1	1	2	1
3140	충북 충주시	저소득노인 이미용 봉사	3	16	4,000	6	1	7	8	7	1	1	1	1	1	1	2	1
3141	충북 충주시	시니어클럽 운영 지원	2	1	1,047,422	6	1	5	5	1	1	2	1	1	1	1	2	1
3142	충북 충주시	노인교실 운영 지원	2	1	254,060	6	1	7	8	7	1	1	1	1	1	1	2	1
3143	충북 충주시	대한노인회 충주시지회 부설 노인대학 운영	3	16	11,190	6	1	7	8	7	1	1	1	1	1	1	2	1
3144	충북 충주시	노인의 날 행사	3	16	7,600	6	1	7	8	7	1	1	1	1	1	1	2	1
3145	충북 충주시	노인건강증진사업	3	16	31,760	6	1	7	8	7	1	1	1	1	1	1	2	1
3146	충북 충주시	분회장급 행사	3	16	3,500	6	1	7	8	7	1	1	1	1	1	1	2	1
3147	충북 충주시	문화교류행사	3	16	2,100	6	1	7	8	7	1	1	1	1	1	1	2	1
3148	충북 충주시	경로당 운영비 지원	2	1	2,083,960	5	1	7	8	7	1	1	2	4	5	4	4	4
3149	충북 충주시	경로당 안마의자 임차지원	2	1	149,000	5	1	7	8	7	1	1	2	4	5	4	4	4
3150	충북 충주시	경로당 신문구독료 지원	2	1	39,270	5	1	7	8	7	1	1	2	4	5	4	4	4
3151	충북 충주시	경로당 냉난방비 지원	2	1	1,332,471	5	1	7	8	7	1	1	2	4	5	4	4	4
3152	충북 충주시	경로당 양곡지원	2	1	431,309	5	1	7	8	7	1	1	2	4	5	4	4	4
3153	충북 충주시	경로당 냉방기기 점검 및 세척지원	2	1	30,000	6	1,4	7	8	7	1	1	2	4	5	4	4	4
3154	충북 충주시	노인복지관 위탁운영	2	1	2,097,175	4	4	7	8	7	1	1	1	4	4	3	4	4
3155	충북 충주시	경로급식지원	2	1,7	403,200	6	1,4	7	8	7	1	1	1	1	1	3	4	4
3156	충북 충주시	저소득 재가노인 식사배달지원	2	7	128,400	6	1,4	7	8	7	1	1	1	1	1	3	4	4
3157	충북 충주시	재미와건강 프로그램 운영	2	1	140,644	6	6	7	8	7	1	1	1	1	1	3	4	4
3158	충북 충주시	경로당 안전점검	2	1	46,000	8	1,4	5	8	7	1	1	1	1	1	3	4	4
3159	충북 충주시	노인양로시설 운영지원(전환사업)	1	1	870,896	5	1	7	8	7	1	1	4	5	5	4	4	4
3160	충북 충주시	개인운영복지시설 운영 지원	1	1,2,3	30,000	5	1	7	8	7	1	1	4	5	5	4	4	4
3161	충북 충주시	노인복지시설 입소자 생계비 지원	1	1	18,600	6	1	7	8	7	1	1	3	1	1	1	2	1
3162	충북 충주시	장기요양기관 환기시설 설치	1	1	18,616	6	1	7	8	7	1	1	4	5	5	4	4	4
3163	충북 충주시	독거노인,중증장애인 응급안전안심서비스	2	7	212,214	6	1	5	3	1	1	1	3	3	2	1	2	1
3164	충북 충주시	급성기 노인 긴급돌봄 효 채움사업	2	1	260,000	6	1	7	8	7	5	5	4	5	5	4	4	4
3165	충북 충주시	장애인주간보호시설 지원	2	3	358,612	4	4	1	5	1	1	3	1	1	1	1	1	1
3166	충북 충주시	장애인주간보호시설 지원	2	3	338,810	4	4	1	5	1	1	3	1	1	1	1	1	1
3167	충북 충주시	장애인주간보호시설 지원	2	3	350,275	5	4	6	8	7	1	3	1	1	1	1	1	1
3168	충북 충주시	장애인직업재활시설 지원	2	3	768,551	5	4	7	8	7	1	3	1	1	1	1	1	1
3169	충북 충주시	장애인직업재활시설 지원	2	3	701,731	5	4	7	8	7	1	3	1	1	1	1	1	1
3170	충북 충주시	장애인직업재활시설 지원	2	3	605,546	5	4	7	8	7	1	3	1	1	1	1	1	1
3171	충북 충주시	수어통역센터 지원	2	3	327,806	5	4	7	8	7	1	3	1	1	1	1	1	1

순번	시군구	지출명 (사업명)	시설종류 1. 생활시설 2. 이용시설	사회복지시설 종류 1. 노인복지시설 2. 아동복지시설 3. 장애인복지시설 4. 어린이집 5. 정신건강증진시설 6. 노숙인시설 7. 사회복지관 8. 지역자활센터 9. 다함께돌봄센터 10. 결핵,한센시설 11. 성매매피해지원시설 12. 성폭력피해보호시설 13. 가정폭력보호시설 14. 가족센터 15. 청소년복지시설 16. 기타 (　　　)	2025년예산 (단위:천원/1년간)	민간이전 분류 (지방자치단체 세출예산 집행기준에 의거) 1. 민간경상사업보조(307-02) 2. 민간단체 법정운영비보조(307-03) 3. 민간행사사업보조(307-04) 4. 민간위탁금(307-05) 5. 사회복지시설 법정운영비보조(307-10) 6. 사회복지사업보조(307-11) 7. 민간인위탁교육비(307-12) 8. 공기관등에대한경상적위탁사업(308-13) 9. 공사공단 경상전출금(309-01)	민간이전지출 근거 (지방보조금 관리기준 참고) 1. 법률에 규정 2. 국고보조 재원(국가지정) 3. 용도 지정 기부금 4. 조례에 직접규정 5. 지자체가 권장하는 사업을 하는 공공기관 6. 시,도 정책 및 재정사정 7. 기타 8. 해당없음	입찰방식			운영예산 산정		성과평가				평가결과 적용	
								계약체결방법 (경쟁형태) 1. 일반경쟁 2. 제한경쟁 3. 지명경쟁 4. 수의계약 5. 법정위탁 6. 기타 ( ) 7. 해당없음	계약기간 1. 1년 2. 2년 3. 3년 4. 4년 5. 5년 6. 기타 ( )년 7. 단기계약 (1년미만) 8. 해당없음	낙찰자선정방법 1. 적격심사 2. 협상에의한계약 3. 최저가낙찰제 4. 규격가격분리 5. 2단계 경쟁입찰 6. 기타 ( ) 7. 해당없음	운영비산정 1. 내부산정 (지자체 자체적으로 산정) 2. 외부산정 (외부전문기관위탁 산정) 3. 내·외부 모두 산정 4. 산정 無 5. 해당없음	정산방법 1. 내부정산 (지자체 내부적으로 정산) 2. 외부정산 (외부전문기관위탁 정산) 3. 내·외부 모두 산정 4. 정산 無 5. 해당없음	성과평가 실시여부 1. 실시 2. 미실시 3. 향후 추진 4. 해당없음	성과평가 주기 1. 매년 2. 격년 3. 기간만료전 4. 기타 ( ) 5. 해당없음	성과평가 실시 방법 1. 자체 실시 2. 평가단 구성 후 실시 (전문위원 섭외) 3. 전문 평가기관 의뢰 4. 기타 ( ) 5. 해당없음	평가기준 적용방법 1. 관련 조례 적용 2. 전문 평가기관 의뢰 3. 기타 ( ) 4. 해당없음	실제 인센티브 및 패널티 적용 유무 1. 매년 적용 2. 적용 안함 3. 기타 ( ) 4. 해당없음	인센티브 및 패널티 적용근거 1. 조례 2. 계약서 3. 기타 ( ) 4. 해당없음
3172	충북 충주시	장애인생활이동지원센터 운영지원	2	3	390,276	5	4	7	8	7	1	3	1	1	1	1	1	1
3173	충북 충주시	장애인단기거주시설 지원	1	3	494,518	4	1	1	5	1	1	3	4	5	5	4	4	4
3174	충북 충주시	개인운영 장애인거주시설운영	1	3	205,139	5	4	7	8	7	1	1	4	5	5	4	4	4
3175	충북 충주시	장애인거주시설 공기청정기 지원	1	3	2,851	5	2	7	8	7	1	1	4	5	5	4	4	4
3176	충북 충주시	장애인거주시설iot,ai돌봄사업	1	3	5,346	5	2	7	8	7	1	1	4	5	5	4	4	4
3177	충북 충주시	장애인공동생활지원	1	3	233,592	5	4	7	8	7	1	1	4	5	5	4	4	4
3178	충북 충주시	가족센터 운영	2	3	1,287,670	5	2	1	5	1	5	5	1	3	2	1	3	1
3179	충북 충주시	가정폭력상담소 운영 지원	2	13	158,379	5	2	7	8	7	5	5	4	5	5	4	4	4
3180	충북 충주시	성폭력상담소 운영 지원	2	12	154,822	5	2	7	8	7	5	5	4	5	5	4	4	4
3181	충북 충주시	성폭력피해자보호시설 운영 지원	1	12	226,283	5	2	7	8	7	5	5	4	5	5	4	4	4
3182	충북충주시	여자청소년쉼터 운영지원	1	15	362,262	6	2	1	3	1	1	3	1	3	2	1	4	4
3183	충북 충주시	아동복지시설 운영	1	2	1,592,000	5	1	7	8	7	5	5	4	5	5	4	4	4
3184	충북 충주시	요보호아동 그룹홈 운영 지원	1	2	292,056	5	1	7	8	7	5	5	4	5	5	4	4	4
3185	충북 충주시	다함께돌봄사업	2	2	388,336	4	2	1	5	1	1	1	1	3	2	1	3	1
3186	충북 충주시	지역아동센터 운영비지원	2	2	642,096	5	2	7	8	7	5	5	4	5	5	4	4	4
3187	충북 충주시	지역아동센터 이용아동급식지원	2	2	1,428,840	6	6	7	8	7	5	5	4	5	5	4	4	4
3188	충북 충주시	지역아동센터 운영(자체)	2	2	42,000	6	6	7	8	7	5	5	4	5	5	4	4	4
3189	충북 충주시	지역아동센터 긴급 일시돌봄 시범사업	2	2	6,000	6	2	7	8	7	5	5	4	5	5	4	4	4
3190	충북 충주시	정신건강복지센터 운영	2	5	51,100	4	2	1	3	1	5	1	3	3	2	1	4	4
3191	충북 충주시	정신건강복지센터 인력확충	2	5	835,740	4	2	1	3	1	5	1	3	3	2	1	4	4
3192	충북 충주시	자살예방 및 정신건강증진사업	2	5	71,260	4	2	1	3	1	5	1	3	3	2	1	4	4
3193	충북 충주시	자살위험자 응급개입치료비 지원	2	5	23,900	4	2	1	3	1	5	1	3	3	2	1	4	4
3194	충북 충주시	정신건강복지센터 등 종사자 처우개선비 지원	2	5	25,200	4	2	1	3	1	5	1	3	3	2	1	4	4
3195	충북 충주시	지역사회 자살예방 네트워크 구축	2	5	20,000	4	2	1	3	1	5	1	3	3	2	1	4	4
3196	충북 충주시	우울증환자 치료관리비 지원	2	5	31,500	4	2	1	3	1	5	1	3	3	2	1	4	4
3197	충북 충주시	정신재활시설 운영(충주어울림센터)	2	5	532,697	5	1	7	8	7	5	5	4	5	5	4	4	4
3198	충북 충주시	정신재활시설 운영(해피하우스다솜)	1	5	607,327	5	1	7	8	7	5	5	4	5	5	4	4	4
3199	충북 충주시	정신질환 치료비지원사업	2	5	56,900	4	2	1	3	1	5	1	3	3	2	1	4	4
3200	충북 충주시	정신건강복지센터 자살예방사업 지원	2	5	38,158	4	2	1	3	1	5	1	3	3	2	1	4	4
3201	충북 충주시	통합정신건강증진사업	2	5	160,870	4	2	1	3	1	5	1	3	3	2	1	4	4
3202	충북 충주시	자살유족 원스톱 서비스 지원사업	2	5	147,980	4	2	1	3	1	5	1	3	3	2	1	4	4
3203	충북 충주시	자살위험자 응급개입치료비 지원(자체사업)	2	5	30,000	4	6	1	3	1	5	1	3	3	2	1	4	4
3204	충북 제천시	가정폭력상담소 운영	2	13	154,879	5	2	7	8	7	5	5	4	5	5	4	4	4
3205	충북 제천시	가정폭력피해자 보호시설 운영	1	13	313,252	5	2	7	8	7	5	5	4	5	5	4	4	4
3206	충북 제천시	가정폭력피해자직업훈련비	1	13	3,242	6	2	7	8	7	5	5	4	5	5	4	4	4
3207	충북 제천시	가정폭력피해자 치료회복프로그램 및 의료비 지원	1	13	25,571	6	2	7	8	7	5	5	4	5	5	4	4	4
3208	충북 제천시	성폭력상담소 운영 지원	2	12	151,322	5	2	7	8	7	5	5	4	5	5	4	4	4
3209	충북 제천시	성폭력피해자의료비및간병비	2	12	4,300	6	2	7	8	7	5	5	4	5	5	4	4	4
3210	충북 제천시	아이돌보미사업	2	14	1,400,000	6	1	1	5	1	1	1	1	3	2	1	1	1
3211	충북 제천시	공동육아나눔터사업	2	14	58,244	6	1	1	5	1	1	1	1	3	2	1	1	1
3212	충북 제천시	가족센터 운영	2	14	653,660	5	1	1	5	1	1	1	1	3	2	1	1	1
3213	충북 제천시	가족센터 운영(다문화)	2	14	236,610	5	1	1	5	1	1	1	1	3	2	1	1	1
3214	충북 제천시	다문화가족지원 특성화사업	2	14	294,500	6	1	1	5	1	1	1	1	3	2	1	1	1
3215	충북 제천시	행복가족상담서비스 사업	2	14	20,000	6	1	1	5	1	1	1	1	3	2	1	1	1
3216	충북 제천시	다문화가족 통번역 지원사업	2	14	34,100	6	1	1	5	1	1	1	1	3	2	1	1	1
3217	충북 제천시	세계인의 날 행사	2	14	12,000	3	1	1	5	1	1	1	1	1	1	1	1	1

순번	시군구	지출명 (사업명)	시설종류 1. 생활시설 2. 이용시설	사회복지시설 종류 1. 노인복지시설 2. 아동복지시설 3. 장애인복지시설 4. 어린이집 5. 정신건강증진시설 6. 노숙인시설 7. 사회복지관 8. 지역자활센터 9. 다함께돌봄센터 10. 결핵,한센시설 11. 성매매피해지원시설 12. 성폭력피해보호시설 13. 가정폭력보호시설 14. 가족센터 15. 청소년복지시설 16. 기타 ( )	2025년예산 (단위:천원/1년간)	민간이전 분류 (지방자치단체 세출예산 집행기준에 의거) 1. 민간경상사업보조(307-02) 2. 민간단체 법정운영비보조(307-03) 3. 민간행사사업보조(307-04) 4. 민간위탁금(307-05) 5. 사회복지시설 법정운영비보조(307-10) 6. 사회복지사업보조(307-11) 7. 민간인위탁교육비(307-12) 8. 공기관등에대한경상적위탁사업(308-13) 9. 공사공단 경상전출금(309-01)	민간이전지출 근거 (지방보조금 관리기준 참고) 1. 법률에 규정 2. 국고보조 재원 국가지정) 3. 용도 지정 기부금 4. 조례에 직접규정 5. 지자체가 권장하는 사업을 하는 공공기관 6. 시,도 정책 및 재정사정 7. 기타 8. 해당없음	입찰방식 계약체결방법 (경쟁형태) 1. 일반경쟁 2. 제한경쟁 3. 지명경쟁 4. 수의계약 5. 법정위탁 6. 기타 ( ) 7. 해당없음	입찰방식 계약기간 1. 1년 2. 2년 3. 3년 4. 4년 5. 5년 6. 기타 ( )년 7. 단기계약 (1년미만) 8. 해당없음	입찰방식 낙찰자선정방법 1. 적격심사 2. 협상에의한계약 3. 최저가낙찰제 4. 규격가격분리 5. 2단계 경쟁입찰 6. 기타 ( ) 7. 해당없음	운영예산 산정 운영비산정 1. 내부산정 (지자체 자체적으로 산정) 2. 외부산정 (외부전문기관위탁 산정) 3. 내·외부 모두 산정 4. 산정 無 5. 해당없음	운영예산 산정 정산방법 1. 내부정산 (지자체 내부적으로 정산) 2. 외부정산 (외부전문기관위탁 정산) 3. 내·외부 모두 산정 4. 정산 無 5. 해당없음	성과평가 성과평가 실시여부 1. 실시 2. 미실시 3. 향후 추진 4. 해당없음	성과평가 성과평가 주기 1. 매년 2. 격년 3. 기간만료전 4. 기타 ( ) 5. 해당없음	성과평가 성과평가 실시 방법 1. 자체 실시 2. 평가단 구성 후 실시 (전문위원 섭외) 3. 전문 평가기관 의뢰 4. 기타 ( ) 5. 해당없음	성과평가 평가기준 적용방법 1. 관련 조례 적용 2. 전문 평가기관 의뢰 3. 기타 ( ) 4. 해당없음	평가결과 적용 실제 인센티브 및 패널티 적용 유무 1. 매년 적용 2. 적용 안함 3. 기타 ( ) 4. 해당없음	평가결과 적용 인센티브 및 패널티 적용근거 1. 조례 2. 계약서 3. 기타 ( ) 4. 해당없음
3218	충북 제천시	결혼이주여성 생활요리교육	2	14	10,000	6	1	1	5	1	1	1	1	1	1	1	1	1
3219	충북 제천시	꿈꾸는 글로벌 리더스쿨	2	14	14,000	6	1	1	5	1	1	1	1	1	1	1	1	1
3220	충북 제천시	다문화가족 복씨앗,꿈나무사업	2	14	5,000	6	1	1	5	1	1	1	1	1	1	1	1	1
3221	충북 제천시	결혼이민자 서포터즈	2	14	8,000	6	1	1	5	1	1	1	1	1	1	1	1	1
3222	충북 제천시	가족센터 공공요금 및 운영비	2	14	59,660	6	1	1	5	1	1	1	1	1	1	1	1	1
3223	충북제천시	청소년쉼터운영지원	1	15	337,854	2	2	1	5	1	5	1	3	3	1	1	4	4
3224	충북 제천시	다함께돌봄사업	2	9	64,500	6	1	1	5	1	1	1	1	3	1	3	1	1
3225	충북 제천시	다함께돌봄센터 운영비 지원(보조)	2	9	132,000	6	1	1	5	1	1	1	1	3	1	3	1	1
3226	충북 제천시	지역아동센터이용아동급식지원	2	2	505,590	6	1	7	8	7	5	5	4	5	5	4	4	4
3227	충북 제천시	지역아동센터 연합캠프	2	2	10,000	6	1	7	8	7	5	5	4	5	5	4	4	4
3228	충북 제천시	지역아동센터 냉난방비지원	2	2	8,000	6	1	7	8	7	5	5	4	5	5	4	4	4
3229	충북 제천시	지역아동센터 운영지원(보조)	2	2	5,400	5	1	7	8	7	5	5	4	5	5	4	4	4
3230	충북 제천시	지역아동센터 운영비지원(보조)	2	2	139,404	5	1	7	8	7	5	5	4	5	5	4	4	4
3231	충북 제천시	지역아동센터 긴급 일시돌봄 시범사업(보조)	2	2	6,000	5	1	7	8	7	5	5	4	5	5	4	4	4
3232	충북 제천시	아동복지시설 운영	2	2	916,693	6	1	4	5	7	1	1	1	3	1	1	4	4
3233	충북 제천시	학대피해아동쉼터 운영	1	2	258,700	6	2	4	5	7	5	1	1	3	1	1	4	4
3234	충북 제천시	공공형어린이집 지원 운영비	2	4	579,221	6	2	7	8	7	5	1	4	5	5	4	4	4
3235	충북 제천시	어린이집지원(차량운영비)	2	4	97,044	6	2	7	8	7	5	1	4	5	5	4	4	4
3236	충북 제천시	읍면 법인 어린이집 차량운영지원	2	4	24,000	6	6	7	8	7	5	1	4	5	5	4	4	4
3237	충북 제천시	농어촌소재법인어린이집 지원	2	4	15,301	6	2	7	8	7	5	1	4	5	5	4	4	4
3238	충북 제천시	어린이집공기청정기 운영비지원	2	4	45,096	6	6	7	8	7	5	1	4	5	5	4	4	4
3239	충북 제천시	어린이집안정공제회 공제료 지원	2	4	4,857	6	6	7	8	7	1	1	4	5	5	4	4	4
3240	충북 제천시	누리과정 부모부담보육료 지원	2	4	158,856	4	5	7	8	7	5	1	4	5	5	4	4	4
3241	충북 제천시	육아종합지원센터 대체조리원(취사부) 지원	2	16	49,430	6	5	7	8	7	1	1	1	1	1	1	1	1
3242	충북 제천시	누리과정지원	2	4	2,333,360	4	5	7	8	7	5	1	4	5	5	4	4	4
3243	충북 제천시	시간제보육 어린이집 지원	2	4	76,136	4	5	7	8	7	5	1	4	5	5	4	4	4
3244	충북 제천시	어린이집 대체조리원 지원	2	4	1,360	6	5	7	8	7	1	1	1	1	1	1	1	1
3245	충북 제천시	야간연장어린이집 난방비 지원	2	4	68,400	6	4	7	8	7	1	1	1	1	1	1	1	1
3246	충북 제천시	어린이집 냉난방비 지원	2	4	53,400	6	4	7	8	7	1	1	1	1	1	1	1	1
3247	충북 제천시	어린이집 전자출결시스템 서비스 이용료 지원	2	4	16,632	6	4	7	8	7	1	1	1	1	1	1	1	1
3248	충북 제천시	어린이집 교재교구비 지원	2	4	25,000	6	4	7	8	7	1	1	1	1	1	1	1	1
3249	충북 제천시	어린이집 방역소독비 지원	2	4	16,200	6	4	7	8	7	1	1	1	1	1	1	1	1
3250	충북 제천시	어린이집 교재교구비 지원	2	4	30,571	6	2	7	8	7	1	1	1	1	1	1	1	1
3251	충북 제천시	종합복지관 운영	2	7	827,930	4	4	4	5	1	1	1	2	5	5	4	4	4
3252	충북 제천시	지역자활센터운영비(보조)	2	8	414,168	5	2	5	8	7	5	5	1	1	1	1	4	4
3253	충북 제천시	마중장애인주간보호센터 임차료 지원	2	3	8,844	6	1	7	8	7	1	1	4	5	5	4	4	4
3254	충북 제천시	다하주간이용센터 임차료 지원	2	3	6,000	6	1	7	8	7	1	1	4	5	5	4	4	4
3255	충북 제천시	개인운영신고시설운영지원	1	1	91,200	5	1	7	8	7	1	1	1	1	1	1	1	4
3256	충북 제천시	개인운영복지시설운영지원	1	1	21,600	6	1	7	8	7	1	1	1	1	1	1	1	4
3257	충북 제천시	사랑타래 이동복지관 운영	2	3	83,404	6	1	7	8	7	1	1	1	3	1,2	1	4	4
3258	충북 제천시	전동스쿠터 안전운전 및 장애인차별교육	2	3	3,000	6	1	7	8	7	1	1	1	3	1,2	1	4	4
3259	충북 제천시	장애청소년 특화교육사업	2	3	10,000	6	1	7	8	7	1	1	1	3	1,2	1	4	4
3260	충북 제천시	중증장애인 이동목욕서비스	2	3	71,222	6	1	7	8	7	1	1	1	3	1,2	1	4	4
3261	충북 제천시	장애인건강증진활동사업	2	3	9,000	6	1	7	8	7	1	1	1	3	1,2	1	4	4
3262	충북 제천시	여성장애인평생교육확대	2	3	31,500	6	1	7	8	7	1	1	1	3	1,2	1	4	4
3263	충북 제천시	장애인종합복지관운영	2	3	1,698,831	4	1	1	5	1	1	1	1	3	1,2	1	4	4

순번	시군구	지출명 (사업명)	시설종류 1. 생활시설 2. 이용시설	사회복지시설 종류 1. 노인복지시설 2. 아동복지시설 3. 장애인복지시설 4. 어린이집 5. 정신건강증진시설 6. 노숙인시설 7. 사회복지관 8. 지역자활센터 9. 다함께돌봄센터 10. 결핵,한센시설 11. 성매매피해지원시설 12. 성폭력피해보호시설 13. 가정폭력보호시설 14. 가족센터 15. 청소년복지시설 16. 기타 ( )	2025년예산 (단위:천원/1년간)	민간이전 분류 (지방자치단체 세출예산 집행기준에 의거) 1. 민간경상사업보조(307-02) 2. 민간단체 법정운영비보조(307-03) 3. 민간행사사업보조(307-04) 4. 민간위탁금(307-05) 5. 사회복지시설 법정운영비보조(307-10) 6. 사회복지사업보조(307-11) 7. 민간인위탁교육비(307-12) 8. 공기관등에대한경상적위탁사업(308-13) 9. 공사공단 경상전출금(309-01)	민간이전지출 근거 (지방보조금 관리기준 참고) 1. 법률에 규정 2. 국고보조 재원(국가지정) 3. 용도 지정 기부금 4. 조례에 직접규정 5. 지자체가 권장하는 사업을 하는 공공기관 6. 시,도 정책 및 재정사정 7. 기타 8. 해당없음	입찰방식: 계약체결방법 (경쟁형태) 1. 일반경쟁 2. 제한경쟁 3. 지명경쟁 4. 수의계약 5. 법정위탁 6. 기타 ( ) 7. 해당없음	입찰방식: 계약기간 1. 1년 2. 2년 3. 3년 4. 4년 5. 5년 6. 기타 ( )년 7. 단기계약 (1년미만) 8. 해당없음	입찰방식: 낙찰자선정방법 1. 적격심사 2. 협상에의한계약 3. 최저가낙찰제 4. 규격가격분리 5. 2단계 경쟁입찰 6. 기타 ( ) 7. 해당없음	운영예산 산정: 운영비산정 1. 내부산정 (지자체 자체적으로 산정) 2. 외부산정 (외부전문기관위탁 산정) 3. 내·외부 모두 산정 4. 산정 無 5. 해당없음	운영예산 산정: 정산방법 1. 내부정산 (지자체 내부적으로 정산) 2. 외부정산 (외부전문기관위탁 정산) 3. 내·외부 모두 산정 4. 정산 無 5. 해당없음	성과평가: 성과평가 실시여부 1. 실시 2. 미실시 3. 향후 추진 4. 해당없음	성과평가: 성과평가 주기 1. 매년 2. 격년 3. 기간만료전 4. 기타 ( ) 5. 해당없음	성과평가: 성과평가 실시 방법 1. 자체 실시 2. 평가단 구성 후 실시 (전문위원 섭외) 3. 전문 평가기관 의뢰 4. 기타 ( ) 5. 해당없음	성과평가: 평가기준 적용방법 1. 관련 조례 적용 2. 전문 평가기관 의뢰 3. 기타 ( ) 4. 해당없음	평가결과 적용: 실제 인센티브 및 페널티 적용 유무 1. 매년 적용 2. 적용 안함 3. 기타 ( ) 4. 해당없음	평가결과 적용: 인센티브 및 페널티 적용근거 1. 조례 2. 계약서 3. 기타 ( ) 4. 해당없음
3264	충북 제천시	제천시장애인가족지원센터운영	2	3	240,443	4	1	1	3	1	1	1	1	3	1,2	1	4	4
3265	충북 제천시	장애인단기보호센터운영지원	1	3	641,230	5	1	7	7	7	1	1	4	5	5	4	4	4
3266	충북 제천시	장애인공동생활가정운영	1	3	226,047	5	1	7	7	7	1	1	4	5	5	4	4	4
3267	충북 제천시	장애인생활시설운영지원	1	3	8,756,334	5	2	7	7	7	5	5	4	5	5	4	4	4
3268	충북 제천시	장애인생활시설공기청정기렌탈지원	1	3	3,360	5	2	7	7	7	5	5	4	5	5	4	4	4
3269	충북 제천시	장애인거주시설실비입소이용료지원	1	3	78,004	5	2	7	7	7	5	5	4	5	5	4	4	4
3270	충북 제천시	장애인주간보호센터운영지원	2	3	1,487,695	5	1	7	7	7	1	1	4	5	5	4	4	4
3271	충북 제천시	시각장애인심부름센터운영	2	3	376,449	5	1	7	7	7	1	1	4	5	5	4	4	4
3272	충북 제천시	수어통역센터운영	2	3	372,200	5	1	7	7	7	1	1	4	5	5	4	4	4
3273	충북 제천시	장애인직업재활시설운영지원	2	3	1,387,705	5	1	7	7	7	1	1	4	5	5	4	4	4
3274	충북 제천시	장애인거주시설청소년문화체험비등지원	1	3	924	6	6	7	7	7	5	5	4	5	5	4	4	4
3275	충북 제천시	제천시니어클럽운영	2	16	360,400	1	1	7	8	7	1	1	1	1	4	4	4	4
3276	충북 제천시	제천시 사랑의집 운영보조사업	1	16	228,660	4	4	1	3	1	1	1	1	3	1	1	4	4
3277	충북 제천시	경로당지키미사업	1	1	486,400	6	6	7	7	7	1	1	4	5	5	4	4	4
3278	충북 제천시	경로당지키미사업(보조)	1	1	228,600	6	2	7	7	7	1	1	4	5	5	4	4	4
3279	충북 제천시	경로당 여가문화강사지원 사업	1	1	9,000	6	6	7	7	7	1	1	4	5	5	4	4	4
3280	충북 제천시	경로당 여가문화강사지원 사업(보조)	1	1	472,683	6	2	7	7	7	1	1	4	5	5	4	4	4
3281	충북 제천시	경로당 신문구독료 지원	1	1	24,290	6	6	7	7	7	1	1	4	5	5	4	4	4
3282	충북 제천시	경로당 회장 교육비 지원	1	1	12,000	6	6	7	7	7	1	1	4	5	5	4	4	4
3283	충북 제천시	경로당 게양용 노인회기 구입	1	1	4,200	6	6	7	7	7	1	1	4	5	5	4	4	4
3284	충북 보은군	어린이집 기능보강	2	4	30,000	6	1	1	3	1	3	3	1	1	1	1	1	1
3285	충북 보은군	어린이집 안전공제회공제료	2	4	682	6	1	1	3	1	3	3	1	1	1	1	1	1
3286	충북 보은군	어린이집 교재교구비	2	4	55,617	5	1	1	3	1	3	3	1	1	1	1	1	1
3287	충북 보은군	어린이집 차량운영비	2	4	24,080	5	1	1	3	1	3	3	1	1	1	1	1	1
3288	충북 보은군	어린이집 공기청정기 운영비	2	4	6,247	6	1	1	3	1	3	3	1	1	1	1	1	1
3289	충북 보은군	어린이집 냉난방비	2	4	7,400	5	1	1	3	1	3	3	1	1	1	1	1	1
3290	충북 보은군	정부 미지원시설 취사부	2	4	22,600	6	1	1	3	1	3	3	1	1	1	1	1	1
3291	충북 보은군	누리과정 운영지원	2	4	83,000	5	1	1	3	1	3	3	1	1	1	1	1	1
3292	충북 보은군	어린이집 급식품질개선(무료급식)	2	4	116,040	5	1	1	3	1	3	3	1	1	1	1	1	1
3293	충북 보은군	급식위생 관리지원금	2	4	11,797	5	1	1	3	1	3	3	1	1	1	1	1	1
3294	충북 보은군	(농어촌소재 법인어린이집)	2	4	6,120	5	1	1	3	1	3	3	1	1	1	1	1	1
3295	충북 보은군	특별활동 강사비	2	4	99,120	5	1	1	3	1	3	3	1	1	1	1	1	1
3296	충북 보은군	어린이집 대체조리원	2	4	390	5	1	1	3	1	3	3	1	1	1	1	1	1
3297	충북 보은군	시간제보육	2	4	44,683	6	1	1	3	1	3	3	1	1	1	1	1	1
3298	충북 보은군	다문화가족통번역지원	2	14	36,110	6	1	1	3	1	3	3	1	1	1	1	1	1
3299	충북 보은군	다문화가족 특성화사업	2	14	272,250	6	1	1	3	1	3	3	1	1	1	1	1	1
3300	충북 보은군	행복가족상담서비스 사업	2	14	20,000	4	1	1	3	1	3	3	1	1	1	1	1	1
3301	충북 보은군	여성결혼이민자지원	2	14	20,400	4	1	1	3	1	3	3	1	1	1	1	1	1
3302	충북 보은군	아이돌보미지원사업	2	14	520,474	4	1	1	3	1	3	3	1	1	1	1	1	1
3303	충북 보은군	청소년 상담복지센터 운영	2	15	122,100	4	2	1	3	1	1	1	1	4	1	3	3	3
3304	충북 보은군	청소년 안전망 구축	2	15	103,220	6	2	1	3	1	1	1	1	1	1	3	4	4
3305	충북 보은군	청소년동반자프로그램 운영지원	2	15	45,278	6	2	1	3	1	1	1	1	1	1	3	4	4
3306	충북 보은군	학교밖 청소년 지원	2	15	94,526	6	2	1	3	1	1	1	1	4	1	3	3	3
3307	충북 보은군	지역아동센터	2	2	1,320,000	5	1	7	8	7	3	1	1	1	1	1	4	4
3308	충북 보은군	다함께돌봄센터	2	8	105,184	4	1	1	5	7	3	1	2	5	5	4	4	4
3309	충북 보은군	통합정신건강증진사업	2	5	179,360	4	2	6	4	7	5	1	1	3	2	1	4	4

순번	시군구	지출명 (사업명)	시설종류 1. 생활시설 2. 이용시설	사회복지시설 종류 1. 노인복지시설 2. 아동복지시설 3. 장애인복지시설 4. 어린이집 5. 정신건강증진시설 6. 노숙인시설 7. 사회복지관 8. 지역자활센터 9. 다함께돌봄센터 10. 결핵,한센시설 11. 성매매피해지원시설 12. 성폭력피해보호시설 13. 가정폭력보호시설 14. 가족센터 15. 청소년복지시설 16. 기타 ( )	2025년예산 (단위:천원/1년간)	민간이전 분류 (지방자치단체 세출예산 집행기준에 의거) 1. 민간경상사업보조(307-02) 2. 민간단체 법정운영비보조(307-03) 3. 민간행사사업보조(307-04) 4. 민간위탁금(307-05) 5. 사회복지시설 법정운영비보조(307-10) 6. 사회복지사업보조(307-11) 7. 민간인위탁교육비(307-12) 8. 공기관등에대한경상적위탁사업(308-13) 9. 공사공단 경상전출금(309-01)	민간이전지출 근거 (지방보조금 관리기준 참고) 1. 법률에 규정 2. 국고보조 재원 국가지정) 3. 용도 지정 기부금 4. 조례에 직접규정 5. 지자체가 권장하는 사업을 하는 공공기관 6. 시,도 정책 및 재정사정 7. 기타 8. 해당없음	입찰방식 계약체결방법 (경쟁형태) 1. 일반경쟁 2. 제한경쟁 3. 지명경쟁 4. 수의계약 5. 법정위탁 6. 기타 ( ) 7. 해당없음	입찰방식 계약기간 1. 1년 2. 2년 3. 3년 4. 4년 5. 5년 6. 기타 ( )년 7. 단기계약 (1년미만) 8. 해당없음	입찰방식 낙찰자선정방법 1. 적격심사 2. 협상에의한계약 3. 최저가낙찰제 4. 규격가격분리 5. 2단계 경쟁입찰 6. 기타 ( ) 7. 해당없음	운영예산 산정 운영비산정 1. 내부산정 (지자체 자체적으로 산정) 2. 외부산정 (외부전문기관위탁 산정) 3. 내·외부 모두 산정 4. 산정 無 5. 해당없음	운영예산 산정 정산방법 1. 내부정산 (지자체 내부적으로 정산) 2. 외부정산 (외부전문기관위탁 정산) 3. 내·외부 모두 산정 4. 정산 無 5. 해당없음	성과평가 성과평가 실시여부 1. 실시 2. 미실시 3. 향후 추진 4. 해당없음	성과평가 성과평가 주기 1. 매년 2. 격년 3. 기간만료전 4. 기타 ( ) 5. 해당없음	성과평가 성과평가 실시 방법 1. 자체 실시 2. 평가단 구성 후 실시 (전문위원 섭외) 3. 전문 평가기관 의뢰 4. 기타 ( ) 5. 해당없음	성과평가 평가기준 적용방법 1. 관련 조례 적용 2. 전문 평가기관 의뢰 3. 기타 ( ) 4. 해당없음	평가결과 적용 실제 인센티브 및 패널티 적용 유무 1. 매년 적용 2. 적용 안함 3. 기타 ( ) 4. 해당없음	평가결과 적용 인센티브 및 패널티 적용근거 1. 조례 2. 계약서 3. 기타 ( ) 4. 해당없음
3310	충북 보은군	정신건강복지센터운영	2	5	51,100	4	2	6	4	7	5	1	1	3	2	1	4	4
3311	충북 보은군	정신건강복지센터 인력충원	2	5	442,860	4	2	6	4	7	5	1	1	3	2	1	4	4
3312	충북 보은군	정신건강복지센터 종사자 처우개선비	2	5	14,400	4	6	6	4	7	5	1	1	3	2	1	4	4
3313	충북 보은군	정신건강복지센터 자살예방사업 지원	2	5	76,314	4	2	6	4	7	5	1	1	3	2	1	4	4
3314	충북 보은군	정신질환 치료비 지원사업	2	5	2,710	4	2	6	4	7	5	1	1	3	2	1	4	4
3315	충북 보은군	우울증환자 치료관리비 지원	2	5	30,000	4	6	6	4	7	5	1	1	3	2	1	4	4
3316	충북 보은군	자살예방 및 정신건강증진사업	2	5	71,260	4	2	6	4	7	5	1	1	3	2	1	4	4
3317	충북 보은군	자살위험자 응급개입 치료비 지원	2	5	4,000	4	6	6	4	7	5	1	1	3	2	1	4	4
3318	충북 보은군	지역사회 자살예방 네트워크 구축	2	5	3,000	4	6	6	4	7	5	1	1	3	2	1	4	4
3319	충북 보은군	보은군 노인복지관 운영	2	1	594,464	4	4	5	5	7	1	1	1	1	1	1	4	4
3320	충북 보은군	보은군 실버복지관 운영	2	1	702,371	4	4	5	5	7	1	1	1	1	1	1	4	4
3321	충북 보은군	재가노인복지시설 운영지원	2	1	208,346	6	4	7	8	7	5	5	4	5	5	4	4	4
3322	충북 보은군	대청댐노인복지관운영지원	2	1	164,120	6	4	5	5	7	1	1	1	1	1	1	4	4
3323	충북 보은군	경로당 개보수 사업	2	1	335,100	1	4	7	8	7	1	1	1	1	1	1	1	1
3324	충북 보은군	경로당 급식환경 개선지원	2	1	561,000	1	4	7	8	7	1	1	1	1	1	1	1	1
3325	충북 보은군	경로당 냉방기 설치 지원	2	1	16,200	1	4	7	8	7	1	1	1	1	1	1	1	1
3326	충북 보은군	경로당 냉,난방비 지원	2	1	674,630	5	4	7	8	7	1	1	1	1	1	1	1	1
3327	충북 보은군	경로당 입식 식탁 및 의자 지원	2	1	2,880	1	4	7	8	7	1	1	1	1	1	1	1	1
3328	충북 보은군	경로당 운영비 지원	2	1	382,800	5	4	7	8	7	1	1	1	1	1	1	1	1
3329	충북 보은군	경로당 운영비 지원(신문구독료)	2	1	20,300	6	4	7	8	7	1	1	1	1	1	1	1	1
3330	충북 보은군	수어통역센터 운영	2	3	237,890	5	1	7	8	7	1	1	1	1	1	1	4	4
3331	충북 보은군	장애인생활이동지원센터 운영	2	3	212,464	5	1	7	8	7	1	1	1	1	1	1	4	4
3332	충북 보은군	장애인복지관 운영	2	3	1,274,986	4	1	1	5	1	1	1	1	1	1	1	4	4
3333	충북 보은군	장애인보호작업장 운영	2	3	328,229	4	1	1	5	1	1	1	1	1	1	1	4	4
3334	충북 보은군	자활근로사업	2	8	1,355,748	4	1	5	1	7	5	5	1	4	2	3	3	3
3335	충북 보은군	자활센터운영비	2	8	326,132	5	1	7	8	7	5	1	4	5	5	4	4	4
3336	충북 옥천군	지역아동센터 운영비 지원	2	2	93,252	5	2	7	8	7	5	5	4	5	5	4	4	4
3337	충북 옥천군	다함께돌봄사업 인건비 지원	2	9	150,168	4	2	1	5	1	5	5	4	5	5	4	4	4
3338	충북 옥천군	다함께 돌봄센터 급식비	2	9	23,100	4	4	1	5	1	1	1	4	5	5	4	4	4
3339	충북 옥천군	다함께 돌봄센터 간식비	2	9	25,000	4	4	1	5	1	1	1	4	5	5	4	4	4
3340	충북 옥천군	학대피해아동쉼터 운영(보조)	1	2	517,400	5	2	7	8	7	5	5	4	5	5	4	4	4
3341	충북 옥천군	아동복지시설 운영비 지원(영실애육원)	1	2	1,955,200	5	1	7	8	7	1	3	1	1	2	3	4	4
3342	충북 옥천군	자활사업 참여주민 및 종사자 교육 지원	2	8	9,000	1	4	7	8	7	1	1	1	2	3	2	1	3
3343	충북 옥천군	자활사업참여자 근무복 구입 지원	2	8	6,000	1	4	7	8	7	1	1	1	2	3	2	1	3
3344	충북 옥천군	자활근로사업비	2	8	1,187,233	4	2	7	8	7	1	1	1	2	3	2	1	3
3345	충북 옥천군	지역자활센터 운영사업지원	2	8	328,702	6	2	7	8	7	1	1	1	2	3	2	1	3
3346	충북 옥천군	가사간병 방문 지원사업	1	8	97,713	8	2	7	8	7	1	1	3	5	5	4	4	4
3347	충북 옥천군	정신요양시설 운영 지원 사업(영생원, 부활원)	1	5	5,391,430	5	1	7	8	7	5	1	4	5	5	4	4	4
3348	충북 옥천군	경로당 냉난방비지원(323개소)	2	1	741,160	5	1	7	8	7	1	1	1	1	1	1	1	1
3349	충북 옥천군	경로당 월세 지원(6개소)	2	1	30,160	1	4	7	8	7	1	1	1	1	1	1	1	1
3350	충북 옥천군	저소득재가노인 밑반찬 배달사업	2	1	327,600	4	1	7	8	7	5	1	4	5	5	4	4	4
3351	충북 옥천군	경로식당무료급식사업	2	1	104,000	4	1	7	8	7	5	1	4	5	5	4	4	4
3352	충북 옥천군	시니어클럽 운영비지원	2	1	384,980	4	1	6	5	1	1	1	1	3	1	3	4	4
3353	충북 옥천군	노인복지관 운영비	2	1	1,755,870	4	1	6	5	1	1	1	1	3	1	3	4	4
3354	충북 옥천군	다문화가족 고국방문지원	2	14	32,000	4	1	7	8	7	1	1	4	5	5	4	4	4
3355	충북 옥천군	다문화가족 자활교육지원(5개과정)	2	14	25,000	4	1	5	8	7	1	1	4	5	5	4	4	4

순번	시군구	지출명 (사업명)	시설종류 1. 생활시설 2. 이용시설	사회복지시설 종류 1. 노인복지시설 2. 아동복지시설 3. 장애인복지시설 4. 어린이집 5. 정신건강증진시설 6. 노숙인시설 7. 사회복지관 8. 지역자활센터 9. 다함께돌봄센터 10. 결핵,한센시설 11. 성매매피해지원시설 12. 성폭력피해보호시설 13. 가정폭력보호시설 14. 가족센터 15. 청소년복지시설 16. 기타 ( )	2025년예산 (단위:천원/1년간)	민간이전 분류 (지방자치단체 세출예산 집행기준에 의거) 1. 민간경상사업보조(307-02) 2. 민간단체 법정운영비보조(307-03) 3. 민간행사사업보조(307-04) 4. 민간위탁금(307-05) 5. 사회복지시설 법정운영비보조(307-10) 6. 사회복지사업보조(307-11) 7. 민간인위탁교육비(307-12) 8. 공기관등에대한경상적위탁사업(308-13) 9. 공사공단 경상전출금(309-01)	민간이전지출 근거 (지방보조금 관리기준 참고) 1. 법률에 규정 2. 국고보조 재원(국가지정) 3. 용도 지정 기부금 4. 조례에 직접규정 5. 지자체가 권장하는 사업을 하는 공공기관 6. 시,도 정책 및 재정사정 7. 기타 8. 해당없음	입찰방식: 계약체결방법 (경쟁형태) 1. 일반경쟁 2. 제한경쟁 3. 지명경쟁 4. 수의계약 5. 법정위탁 6. 기타 ( ) 7. 해당없음	입찰방식: 계약기간 1. 1년 2. 2년 3. 3년 4. 4년 5. 5년 6. 기타 ( )년 7. 단기계약 (1년미만) 8. 해당없음	입찰방식: 낙찰자선정방법 1. 적격심사 2. 협상에의한계약 3. 최저가낙찰제 4. 규격가격분리 5. 2단계 경쟁입찰 6. 기타 ( ) 7. 해당없음	운영예산 산정: 운영비산정 1. 내부산정 (지자체 자체적으로 산정) 2. 외부산정 (외부전문기관위탁 산정) 3. 내·외부 모두 산정 4. 산정 無 5. 해당없음	운영예산 산정: 정산방법 1. 내부정산 (지자체 내부적으로 정산) 2. 외부정산 (외부전문기관위탁 정산) 3. 내·외부 모두 산정 4. 정산 無 5. 해당없음	성과평가: 성과평가 실시여부 1. 실시 2. 미실시 3. 향후 추진 4. 해당없음	성과평가: 성과평가 주기 1. 매년 2. 격년 3. 기간만료전 4. 기타 ( ) 5. 해당없음	성과평가: 성과평가 실시 방법 1. 자체 실시 2. 평가단 구성 후 실시 (전문위원 섭외) 3. 전문 평가기관 의뢰 4. 기타 ( ) 5. 해당없음	성과평가: 평가기준 적용방법 1. 관련 조례 적용 2. 전문 평가기관 의뢰 3. 기타 ( ) 4. 해당없음	평가결과 적용: 실제 인센티브 및 페널티 적용 유무 1. 매년 적용 2. 적용 안함 3. 기타 ( ) 4. 해당없음	평가결과 적용: 인센티브 및 페널티 적용근거 1. 조례 2. 계약서 3. 기타 ( ) 4. 해당없음
3356	충북 옥천군	어린이집 차량운영비 지원	2	4	120,992	5	1	7	8	7	5	1	4	5	5	4	4	4
3357	충북 옥천군	농어촌소재 법인어린이집 지원	2	4	8,160	5	1	7	8	7	5	1	4	5	5	4	4	4
3358	충북 옥천군	읍면 법인어린이집 차량운영비 지원	2	4	4,800	5	1	7	8	7	5	1	4	5	5	4	4	4
3359	충북 옥천군	어린이집 공기청정기 운영비 지원	2	4	13,873	5	1	7	8	7	5	1	4	5	5	4	4	4
3360	충북 옥천군	어린이집 기능보강(옥천어린이집)	2	4	30,000	9	1	7	8	7	1	1	4	5	5	4	4	4
3361	충북 옥천군	육아종합지원센터 옥천분소 운영지원	2	4	148,000	5	1	7	8	7	5	1	4	5	5	4	4	4
3362	충북 옥천군	육아종합지원센터 옥천분소 통합관리자 지원	2	4	26,701	5	1	7	8	7	5	1	4	5	5	4	4	4
3363	충북 옥천군	어린이집 특별활동비 지원	2	4	132,000	1	1	7	8	7	5	1	4	5	5	4	4	4
3364	충북 옥천군	소외지역 차량운행 어린이집 지원	2	4	17,280	5	1	7	8	7	5	1	4	5	5	4	4	4
3365	충북 옥천군	어린이집 냉난방비 지원	2	4	8,400	5	1	7	8	7	5	1	4	5	5	4	4	4
3366	충북 옥천군	어린이집 대체조리원 지원	2	4	875	5	1	7	8	7	5	1	4	5	5	4	4	4
3367	충북 옥천군	공공형어린이집 지원	2	4	100,983	5	1	7	8	7	5	1	4	5	5	4	4	4
3368	충북 옥천군	농촌아이돌봄지원	2	4	12,500	1	1	7	8	7	5	1	4	5	5	4	4	4
3369	충북 옥천군	누리과정 운영지원	2	4	178,560	5	1	7	8	7	5	1	4	5	5	4	4	4
3370	충북 옥천군	어린이집 급식 품질 개선	2	4	324,840	6	1	7	8	7	5	1	4	5	5	4	4	4
3371	충북영동군	자활근로사업	2	8	808,697	4	2	5	1	7	5	1	1	2	3	2	3	3
3372	충북 영동군	독거노인장애인 응급안전안심서비스	1	1	160,913	6	1	1	3	1	5	1	1	1	3	2	4	4
3373	충북 영동군	노인교실운영	2	1	5,500	5	1	7	8	5	1	1	4	5	5	4	4	4
3374	충북 영동군	경로당 운영비 지원(운영비차등지급분)	2	1	133,000	5	1	7	8	5	1	1	4	5	5	4	4	4
3375	충북 영동군	경로당 운영비 지원(운영비균등지급분)	2	1	355,000	5	1	7	8	5	1	1	4	5	5	4	4	4
3376	충북 영동군	분회 냉방비 지원	2	1	2,450	5	1	7	8	5	1	1	4	5	5	4	4	4
3377	충북 영동군	분회 난방비 지원	2	1	11,200	5	1	7	8	5	1	1	4	5	5	4	4	4
3378	충북 영동군	경로당난방비지원	2	1	603,500	5	1	7	8	5	1	1	4	5	5	4	4	4
3379	충북 영동군	경로당냉방비지원	2	1	142,000	5	1	7	8	5	1	1	4	5	5	4	4	4
3380	충북 영동군	노인복지관 위탁운영비	2	1	1,279,775	4	4	1	5	1	1	1	1	3	1	1	4	4
3381	충북 영동군	고령자복지주택 사회복지시설 위탁운영비	2	1	616,751	4	4	1	5	1	1	1	1	3	1	1	4	4
3382	충북 영동군	경로식당 급식사업	2	1	192,960	6	7	7	8	7	5	5	4	5	5	4	4	4
3383	충북 영동군	장애인복지관운영	2	3	1,369,840	4	4	1	5	1	3	3	1	1	1	1	1	1
3384	충북 영동군	장애인보호작업장관리	2	3	659,099	4	4	1	5	1	3	3	1	1	1	1	1	1
3385	충북 영동군	장애인 공동생활가정 운영	1	3	588,437	5	4	7	8	7	3	3	1	1	1	1	1	1
3386	충북 영동군	장애인 주간보호시설 운영	2	3	578,231	5	4	7	8	7	3	3	1	1	1	1	1	1
3387	충북 영동군	장애인 생활이동지원센터 운영	2	3	272,144	5	4	7	8	7	3	3	1	1	1	1	1	1
3388	충북 영동군	수어통역센터 운영	2	3	199,900	5	4	7	8	7	3	3	1	1	1	1	1	1
3389	충북 영동군	성폭력상담소 운영지원	2	16	149,886	5	2	7	8	7	5	5	4	5	5	4	4	4
3390	충북 영동군	군내거주외국인지원	2	14	15,000	3	4	1	5	1	5	1	3	3	1	4	4	4
3391	충북 영동군	군내거주외국인지원	2	14	31,000	4	4	1	5	1	5	1	3	3	1	4	4	4
3392	충북 영동군	가족센터운영(보조)	2	14	401,730	4	2	1	5	1	5	1	3	3	1	4	4	4
3393	충북 영동군	가족센터운영(다문화)(보조)	2	14	245,510	4	2	1	5	1	5	1	3	3	1	4	4	4
3394	충북 영동군	다문화가족 특성화사업(보조)	2	14	204,600	4	2	1	5	1	5	1	3	3	1	4	4	4
3395	충북 영동군	가족센터 종사자 처우개선(보조)	2	14	3,600	4	6	1	5	1	5	1	3	3	1	4	4	4
3396	충북 영동군	통번역서비스 지원(보조)	2	14	34,100	4	6	1	5	1	5	1	3	3	1	4	4	4
3397	충북 영동군	행복가족상담 서비스 운영(보조)	2	14	20,000	4	6	1	5	1	5	1	3	3	1	4	4	4
3398	충북 영동군	아이돌봄지원사업(보조)	2	14	433,729	4	2	1	5	1	5	1	3	3	1	4	4	4
3399	충북 영동군	아이돌봄지원사업 종사자 처우개선비(보조)	2	14	1,200	4	6	1	5	1	5	1	3	3	1	4	4	4
3400	충북 영동군	공동육아나눔터 운영(보조)	2	14	58,244	4	2	1	5	1	5	1	3	3	1	4	4	4
3401	충북 영동군	공동육아나눔터 종사자 처우개선비(보조)	2	14	1,200	4	6	1	5	1	5	1	3	3	1	4	4	4

순번	시군구	지출명 (사업명)	시설종류 1. 생활시설 2. 이용시설	사회복지시설 종류 1. 노인복지시설 2. 아동복지시설 3. 장애인복지시설 4. 어린이집 5. 정신건강증진시설 6. 노숙인시설 7. 사회복지관 8. 지역자활센터 9. 다함께돌봄센터 10. 결핵,한센시설 11. 성매매피해지원시설 12. 성폭력피해보호시설 13. 가정폭력보호시설 14. 가족센터 15. 청소년복지시설 16. 기타 ( )	2025년예산 (단위:천원/1년간)	민간이전 분류 (지방자치단체 세출예산 집행기준에 의거) 1. 민간경상사업보조(307-02) 2. 민간단체 법정운영비보조(307-03) 3. 민간행사사업보조(307-04) 4. 민간위탁금(307-05) 5. 사회복지시설 법정운영비보조(307-10) 6. 사회복지사업보조(307-11) 7. 민간인위탁교육비(307-12) 8. 공기관등에대한경상적위탁사업(308-13) 9. 공사공단 경상전출금(309-01)	민간이전지출 근거 (지방보조금 관리기준 참고) 1. 법률에 규정 2. 국고보조 재원 국가지정) 3. 용도 지정 기부금 4. 조례에 직접규정 5. 지자체가 권장하는 사업을 하는 공공기관 6. 시,도 정책 및 재정사정 7. 기타 8. 해당없음	입찰방식 계약체결방법 (경쟁형태) 1. 일반경쟁 2. 제한경쟁 3. 지명경쟁 4. 수의계약 5. 법정위탁 6. 기타 ( ) 7. 해당없음	입찰방식 계약기간 1. 1년 2. 2년 3. 3년 4. 4년 5. 5년 6. 기타 ( )년 7. 단기계약 (1년미만) 8. 해당없음	입찰방식 낙찰자선정방법 1. 적격심사 2. 협상에의한계약 3. 최저가낙찰제 4. 규격가격분리 5. 2단계 경쟁입찰 6. 기타 ( ) 7. 해당없음	운영예산 산정 운영비산정 1. 내부산정 (지자체 자체적으로 산정) 2. 외부산정 (외부전문기관위탁 산정) 3. 내·외부 모두 산정 4. 산정 無 5. 해당없음	운영예산 산정 정산방법 1. 내부정산 (지자체 내부적으로 정산) 2. 외부정산 (외부전문기관위탁 정산) 3. 내·외부 모두 산정 4. 정산 無 5. 해당없음	성과평가 성과평가 실시여부 1. 실시 2. 미실시 3. 향후 추진 4. 해당없음	성과평가 성과평가 주기 1. 매년 2. 격년 3. 기간만료전 4. 기타 ( ) 5. 해당없음	성과평가 성과평가 실시 방법 1. 자체 실시 2. 평가단 구성 후 실시 (전문위원 섭외) 3. 전문 평가기관 의뢰 4. 기타 ( ) 5. 해당없음	성과평가 평가기준 적용방법 1. 관련 조례 적용 2. 전문 평가기관 의뢰 3. 기타 ( ) 4. 해당없음	평가결과 적용 실제 인센티브 및 페널티 적용 유무 1. 매년 적용 2. 적용 안함 3. 기타 ( ) 4. 해당없음	평가결과 적용 인센티브 및 페널티 적용근거 1. 조례 2. 계약서 3. 기타 ( ) 4. 해당없음
3402	충북 영동군	가족센터 운영	2	14	73,000	4	4	1	5	1	5	1	3	3	1	4	4	4
3403	충북 영동군	아동건전육성도모	2	2	3,000	1	1	7	8	7	5	1	1	1	1	1	4	4
3404	충북 영동군	아동건전육성도모	2	2	46,000	3	1	7	8	7	5	1	1	1	1	1	4	4
3405	충북 영동군	아동급식 지원(지역아동센터)	2	2	537,888	6	1	7	8	7	5	1	1	1	1	1	4	4
3406	충북 영동군	지역아동센터 운영비 지원	2	2	184,116	5	2	7	8	7	5	1	1	5	5	4	4	4
3407	충북 영동군	지역아동센터 교재교구비 지원	2	2	10,000	6	1	7	8	7	5	1	1	5	5	4	4	4
3408	충북 영동군	지역아동센터 긴급일시돌봄 시범사업	2	2	6,000	5	1	7	8	7	5	1	1	5	5	4	4	4
3409	충북 영동군	정부미지원시설 어린이집 조리원 지원	2	4	48,000	6	4	7	8	7	3	3	1	1	1	4	4	4
3410	충북 영동군	어린이집운전원 운영비 일부 지원	2	4	93,600	6	4	7	8	7	3	3	1	1	1	4	4	4
3411	충북 영동군	어린이집 무료급식 지원	2	4	48,000	6	4	7	8	7	3	3	1	1	1	4	4	4
3412	충북 영동군	어린이집 어린이공제회 공제료 지원	2	4	3,500	6	4	7	8	7	3	3	1	1	1	4	4	4
3413	충북 영동군	어린이집 냉난방비 지원	2	4	7,500	6	4	7	8	7	3	3	1	1	1	4	4	4
3414	충북 영동군	장애전문어린이집 면지역 장애아 차량유류비	2	4	4,200	6	4	7	8	7	3	3	1	1	1	4	4	4
3415	충북 영동군	어린이집 운영지원	2	4	73,219	6	1	7	8	7	3	3	4	5	5	4	4	4
3416	충북 영동군	읍면 법인어린이집 차량운영지원	2	4	28,800	6	6	7	8	7	3	3	4	5	5	4	4	4
3417	충북 영동군	누리과정 운영비 예탁	2	4	557,200	8	1	7	8	7	3	3	4	5	5	4	4	4
3418	충북 영동군	공공형어린이집 운영(전환)	2	4	76,651	5	1	7	8	7	3	3	4	5	5	4	4	4
3419	충북 영동군	시간제보육 운영비 지원	2	4	91,351	6	1	7	8	7	3	3	4	5	5	4	4	4
3420	충북 영동군	어린이집 공기청정기 운영비	2	4	13,320	6	6	7	8	7	3	3	4	5	5	4	4	4
3421	충북 영동군	육아종합지원센터 운영	2	16	400,000	4	4	7	8	7	3	3	3	3	5	4	4	4
3422	충북 영동군	어린이집 대체조리원 지원	2	4	3,895	6	6	7	8	7	3	3	4	5	5	4	4	4
3423	충북 영동군	가정양육사업	2	4	14,000	6	6	7	8	7	3	3	4	5	5	4	4	4
3424	충북 영동군	어린이집 급식 품질 개선	2	4	166,440	6	6	7	8	7	3	3	4	5	5	4	4	4
3425	충북 영동군	찾아가는 돌봄교실	2	4	110,000	6	1	7	8	7	3	3	4	5	5	4	4	4
3426	충북 증평군	장애인일감만들어주기지원센터 운영	2	3	72,505	5	6	5	8	7	1	1	1	1	1	1	1	1
3427	충북 증평군	여성장애인 평생교육 확대	2	3	31,500	6	6	2	3	1	1	1	1	1	1	1	1	1
3428	충북 증평군	장애인 건강증진활동	2	3	9,000	6	6	5	8	7	1	1	1	1	1	1	1	1
3429	충북 증평군	장애인과 함께하는 여름캠프	2	3	4,000	6	5	5	8	7	1	1	1	1	1	1	1	1
3430	충북 증평군	장애인복지관 운영	2	3	1,222,256	8	1	5	5	7	1	1	1	1	1	1	1	1
3431	충북 증평군	장애인주간보호센터 운영	2	3	201,887	8	1	5	5	7	1	1	1	1	1	1	1	1
3432	충북 증평군	장애인생활이동지원센터 운영	2	3	184,507	5	1	5	8	7	1	1	1	1	1	1	1	1
3433	충북 증평군	증평군 수어통역센터 운영	2	3	214,658	5	1	5	8	7	1	1	1	1	1	1	1	1
3434	충북 증평군	개인운영 복지시설 운영지원	1	3	3,000	5	1	7	8	7	1	1	1	1	1	1	1	1
3435	충북 증평군	개인운영 복지시설 운영지원	1	3	3,000	5	1	7	8	7	1	1	1	1	1	1	1	1
3436	충북 증평군	개인운영 장애인거주시설 지원	1	3	205,139	5	1	7	8	7	1	1	1	1	1	1	1	1
3437	충북 증평군	지역자활센터 운영	2	8	273,280	5	2	6	1	7	1	1	1	1	1	1	4	4
3438	충북 증평군	자활사례관리 지원	2	8	15,871	5	2	6	1	7	1	1	1	1	1	1	4	4
3439	충북 증평군	국민기초수급자 자립지원	2	8	6,000	1	4	6	1	7	1	1	1	1	1	1	4	4
3440	충북 증평군	사회복지관 운영	2	7	780,616	4	1	4	5	2	1	1	1	1	1	1	4	4
3441	충북 진천군	노인복지관 위탁운영	2	1	152,000	4	4	1	5	2	1	1	1	1	1	1	1	1
3442	충북 진천군	생거진천노인복지센터 위탁 운영	2	1	10,000	4	4	1	5	2	1	1	1	1	1	1	1	1
3443	충북 진천군	재가노인복지시설 운영 지원	2	1	221,935	5	4	1	5	2	1	1	1	1	1	1	1	1
3444	충북 진천군	재가노인지원 서비스 사업	2	1	16,416	6	4	1	5	2	1	1	1	1	1	1	1	1
3445	충북 진천군	경로식당 무료급식사업	2	1	210,000	6	6	7	7	7	1	1	1	1	1	1	1	1
3446	충북 진천군	저소득재가노인 식사배달사업	2	1	270,000	6	6	7	7	7	1	1	1	1	1	1	1	1
3447	충북 진천군	노인봉사활동지원	2	1	6,800	6	6	7	7	7	1	1	1	1	1	1	1	1

순번	시군구	지출명 (사업명)	시설종류 1. 생활시설 2. 이용시설	사회복지시설 종류 1. 노인복지시설 2. 아동복지시설 3. 장애인복지시설 4. 어린이집 5. 정신건강증진시설 6. 노숙인시설 7. 사회복지관 8. 지역자활센터 9. 다함께돌봄센터 10. 결핵,한센시설 11. 성매매피해지원시설 12. 성폭력피해보호시설 13. 가정폭력보호시설 14. 가족센터 15. 청소년복지시설 16. 기타 ( )	2025년예산 (단위:천원/1년간)	민간이전 분류 (지방자치단체 세출예산 집행기준에 의거) 1. 민간경상사업보조(307-02) 2. 민간단체 법정운영비보조(307-03) 3. 민간행사사업보조(307-04) 4. 민간위탁금(307-05) 5. 사회복지시설 법정운영비보조(307-10) 6. 사회복지사업보조(307-11) 7. 민간인위탁교육비(307-12) 8. 공기관등에대한경상적위탁사업(308-13) 9. 공사공단 경상전출금(309-01)	민간이전지출 근거 (지방보조금 관리기준 참고) 1. 법률에 규정 2. 국고보조 재원(국가지정) 3. 용도 지정 기부금 4. 조례에 직접규정 5. 지자체가 권장하는 사업을 하는 공공기관 6. 시,도 정책 및 재정사정 7. 기타 8. 해당없음	입찰방식 계약체결방법 (경쟁형태) 1. 일반경쟁 2. 제한경쟁 3. 지명경쟁 4. 수의계약 5. 법정위탁 6. 기타 ( ) 7. 해당없음	입찰방식 계약기간 1. 1년 2. 2년 3. 3년 4. 4년 5. 5년 6. 기타 ( )년 7. 단기계약 (1년미만) 8. 해당없음	입찰방식 낙찰자선정방법 1. 적격심사 2. 협상에의한계약 3. 최저가낙찰제 4. 규격가격분리 5. 2단계 경쟁입찰 6. 기타 ( ) 7. 해당없음	운영예산 산정 운영비산정 1. 내부산정 (지자체 자체적으로 산정) 2. 외부산정 (외부전문기관위탁 산정) 3. 내·외부 모두 산정 4. 산정 無 5. 해당없음	운영예산 산정 정산방법 1. 내부정산 (지자체 내부적으로 정산) 2. 외부정산 (외부전문기관위탁 정산) 3. 내·외부 모두 산정 4. 정산 無 5. 해당없음	성과평가 성과평가 실시여부 1. 실시 2. 미실시 3. 향후 추진 4. 해당없음	성과평가 성과평가 주기 1. 매년 2. 격년 3. 기간만료전 4. 기타 ( ) 5. 해당없음	성과평가 성과평가 실시 방법 1. 자체 실시 2. 평가단 구성 후 실시 (전문위원 섭외) 3. 전문 평가기관 의뢰 4. 기타 ( ) 5. 해당없음	성과평가 평가기준 적용방법 1. 관련 조례 적용 2. 전문 평가기관 의뢰 3. 기타 ( ) 4. 해당없음	평가결과 적용 실제 인센티브 및 페널티 적용 유무 1. 매년 적용 2. 적용 안함 3. 기타 ( ) 4. 해당없음	평가결과 적용 인센티브 및 페널티 적용근거 1. 조례 2. 계약서 3. 기타 ( ) 4. 해당없음
3448	충북 진천군	노인자원봉사활동 지원(집수리)	2	1	4,500	6	6	7	7	7	1	1	1	1	1	1	1	1
3449	충북 진천군	영상자서전 제작	2	1	120,000	6	6	7	7	7	1	1	1	1	1	1	1	1
3450	충북 진천군	진천시니어클럽운영	2	1	376,106	5	6	7	7	7	1	1	1	1	1	1	1	1
3451	충북 진천군	노인복지관 위탁운영	2	1	924,336	4	4	1	5	1	1	1	1	1	1	1	1	1
3452	충북 진천군	가정폭력 피해자 보호시설 운영지원	1	13	228,998	5	2	7	8	7	5	5	4	4	5	4	4	4
3453	충북 진천군	가정폭력 피해자 치료회복 프로그램 및 의료비 지원	1	13	18,766	6	2	7	8	7	5	5	4	4	5	4	4	4
3454	충북 진천군	다함께돌봄센터 지원	2	9	93,084	4	1	6	5	2	1	1	1	1	1	3	4	4
3455	충북 진천군	다함께돌봄센터 지원	2	9	93,084	4	1	6	5	2	1	1	1	1	1	3	4	4
3456	충북 진천군	다함께돌봄센터 지원	2	9	54,144	4	1	6	5	2	1	1	1	1	1	3	4	4
3457	충북 진천군	다함께돌봄센터 지원	2	9	93,084	4	1	6	5	2	1	1	1	1	1	3	4	4
3458	충북 진천군	진천지역아동센터	2	2	260,000	5	1	7	8	7	5	5	4	5	5	4	4	4
3459	충북 진천군	진천시민지역아동센터	2	2	265,000	5	1	7	8	7	5	5	4	5	5	4	4	4
3460	충북 진천군	사과나무지역아동센터	2	2	255,000	5	1	7	8	7	5	5	4	5	5	4	4	4
3461	충북 진천군	사랑나눔지역아동센터	2	2	260,000	5	1	7	8	7	5	5	4	5	5	4	4	4
3462	충북 진천군	뜰안지역아동센터	2	2	230,000	5	1	7	8	7	5	5	4	5	5	4	4	4
3463	충북 진천군	광혜원지역아동센터	2	2	245,000	5	1	7	8	7	5	5	4	5	5	4	4	4
3464	충북 진천군	벧엘지역아동센터	2	2	235,000	5	1	7	8	7	5	5	4	5	5	4	4	4
3465	충북 진천군	다락방	1	2	258,700	5	1	7	8	7	5	5	4	5	5	4	4	4
3466	충북 진천군	다온방	1	2	258,700	5	1	7	8	7	5	5	4	5	5	4	4	4
3467	충북 진천군	장애인직업재활시설 운영지원	2	3	466,880	5	1	7	8	7	5	5	4	5	5	4	4	4
3468	충북 진천군	장애인공동생활가정 운영지원	1	3	95,628	5	1	7	8	7	5	5	4	5	5	4	4	4
3469	충북 진천군	장애인일감만들어주기지원센터운영	2	3	72,505	6	1	7	8	7	5	5	4	5	5	4	4	4
3470	충북 진천군	장애인 건강증진활동사업	2	3	9,000	6	1	7	8	7	5	5	4	5	5	4	4	4
3471	충북 진천군	여성장애인 평생학습 지원	2	3	31,500	6	1	7	8	7	5	5	4	5	5	4	4	4
3472	충북 진천군	장애인가족지원센터 운영	2	16	139,744	5	4	7	8	7	5	5	4	5	5	4	4	4
3473	충북 진천군	지체장애인 협회 운영비	2	16	45,022	6	4	7	8	7	5	5	4	5	5	4	4	4
3474	충북 진천군	수화교실 운영	2	16	3,000	6	4	7	8	7	5	5	4	5	5	4	4	4
3475	충북 진천군	농아인 건강관리 프로그램	2	16	3,000	6	4	7	8	7	5	5	4	5	5	4	4	4
3476	충북 진천군	시각장애인 사회참여프로그램	2	16	7,700	6	4	7	8	7	5	5	4	5	5	4	4	4
3477	충북 진천군	장애인협회 리프트차량 운영사업	2	16	41,991	6	4	7	8	7	5	5	4	5	5	4	4	4
3478	충북 진천군	전국지체장애인 지도자 대회 참가	2	16	100	6	4	7	8	7	5	5	4	5	5	4	4	4
3479	충북 진천군	장애인가족 행복페스티벌 참가	2	16	200	6	4	7	8	7	5	5	4	5	5	4	4	4
3480	충북 진천군	서울국제 초청 장애인 파크골프대회 참가	2	16	350	6	4	7	8	7	5	5	4	5	5	4	4	4
3481	충북 진천군	중증장애인나들이 행사지원	2	16	2,600	6	4	7	8	7	5	5	4	5	5	4	4	4
3482	충북 진천군	전국지체장애인 체육대회 참가지원	2	16	2,000	6	4	7	8	7	5	5	4	5	5	4	4	4
3483	충북 진천군	충북농아인대회 참가지원	2	16	3,000	6	4	7	8	7	5	5	4	5	5	4	4	4
3484	충북 진천군	장애인의 날 기념행사 지원	2	16	9,000	6	4	7	8	7	5	5	4	5	5	4	4	4
3485	충북 진천군	농아인의 날 기념 워크숍 지원	2	16	2,700	6	4	7	8	7	5	5	4	5	5	4	4	4
3486	충북 진천군	흰지팡이의 날 기념행사 지원	2	16	3,600	6	4	7	8	7	5	5	4	5	5	4	4	4
3487	충북 진천군	장애인 어울림 한마당 행사 지원	2	16	7,000	6	4	7	8	7	5	5	4	5	5	4	4	4
3488	충북 진천군	정신건강복지센터 운영	2	5	51,100	4	1	6	5	1	1	1	1	3	1	3	3	4
3489	충북 진천군	정신건강복지센터 인력확충	2	5	805,200	4	1	6	5	1	1	1	1	3	1	3	3	4
3490	충북 진천군	정신질환 치료비 지원 사업	2	5	12,310	4	1	6	5	1	1	1	1	3	1	3	3	4
3491	충북 진천군	통합정신건강증진사업	2	5	197,560	4	1	6	5	1	1	1	1	3	1	3	3	4
3492	충북 진천군	전국민마음건강증진	2	5	77,436	8	2	7	8	7	5	5	4	5	5	4	4	4
3493	충북 진천군	정신건강복지센터 등 종사자 처우개선비 지원	2	5	24,000	4	1	6	5	1	1	1	1	3	1	3	3	4

순번	시군구	지출명 (사업명)	시설종류 1. 생활시설 2. 이용시설	사회복지시설 종류 1. 노인복지시설 2. 아동복지시설 3. 장애인복지시설 4. 어린이집 5. 정신건강증진시설 6. 노숙인시설 7. 사회복지관 8. 지역자활센터 9. 다함께돌봄센터 10. 결핵,한센시설 11. 성매매피해지원시설 12. 성폭력피해보호시설 13. 가정폭력보호시설 14. 가족센터 15. 청소년복지시설 16. 기타 ( )	2025년예산 (단위:천원/1년간)	민간이전 분류 (지방자치단체 세출예산 집행기준에 의거) 1. 민간경상사업보조(307-02) 2. 민간단체 법정운영비보조(307-03) 3. 민간행사사업보조(307-04) 4. 민간위탁금(307-05) 5. 사회복지시설 법정운영비보조(307-10) 6. 사회복지사업보조(307-11) 7. 민간인위탁교육비(307-12) 8. 공기관등에대한경상적위탁사업비(308-13) 9. 공사공단 경상전출금(309-01)	민간이전지출 근거 (지방보조금 관리기준 참고) 1. 법률에 규정 2. 국고보조 재원(국가지정) 3. 용도 지정 기부금 4. 조례에 직접규정 5. 지자체가 권장하는 사업을 하는 공공기관 6. 시도 정책 및 재정사정 7. 기타 8. 해당없음	입찰방식 계약체결방법 (경쟁형태) 1. 일반경쟁 2. 제한경쟁 3. 지명경쟁 4. 수의계약 5. 법정위탁 6. 기타 ( ) 7. 해당없음	계약기간 1. 1년 2. 2년 3. 3년 4. 4년 5. 5년 6. 기타 ( )년 7. 단기계약 (1년미만) 8. 해당없음	낙찰자선정방법 1. 적격심사 2. 협상에의한계약 3. 최저가낙찰제 4. 규격가격분리 5. 2단계 경쟁입찰 6. 기타 ( ) 7. 해당없음	운영예산 산정 운영비산정 1. 내부산정 (지자체 자체적으로 산정) 2. 외부산정 (외부전문기관위탁 산정) 3. 내·외부 모두 산정 4. 산정 無 5. 해당없음	정산방법 1. 내부정산 (지자체 내부적으로 정산) 2. 외부정산 (외부전문기관위탁 정산) 3. 내·외부 모두 산정 4. 정산 無 5. 해당없음	성과평가 성과평가 실시여부 1. 실시 2. 미실시 3. 향후 추진 4. 해당없음	성과평가 주기 1. 매년 2. 격년 3. 기간만료전 4. 기타 ( ) 5. 해당없음	성과평가 실시 방법 1. 자체 실시 2. 평가단 구성 후 실시 (전문위원 섭외) 3. 전문 평가기관 의뢰 4. 기타 ( ) 5. 해당없음	평가기준 적용방법 1. 관련 조례 적용 2. 전문 평가기관 의뢰 3. 기타 ( ) 4. 해당없음	평가결과 적용 실제 인센티브 및 페널티 적용 유무 1. 매년 적용 2. 적용 안함 3. 기타 ( ) 4. 해당없음	인센티브 및 페널티 적용근거 1. 조례 2. 계약서 3. 기타 ( ) 4. 해당없음
3494	충북 진천군	정신건강증진사업수행	2	5	93,773	4	1	6	5	1	1	1	1	3	1	3	3	4
3495	충북 진천군	주민참여예산사업	2	5	13,000	4	1	6	5	1	1	1	1	3	1	3	3	4
3496	충북 진천군	자살예방 및 정신건강증진사업	2	5	40,720	4	1	6	5	1	1	1	1	3	1	3	3	4
3497	충북 진천군	정신건강복지센터 자살예방사업 지원	2	5	76,314	4	1	6	5	1	1	1	1	3	1	3	3	4
3498	충북 진천군	생명존중안심마을 사업	2	5	20,000	4	2	7	5	1	1	1	1	3	1	3	3	4
3499	충북 진천군	지역사회 네트워크 구축	2	5	35,000	4	1	6	5	1	1	1	1	3	1	3	3	4
3500	충북 진천군	자살예방사업 수행	2	5	63,000	4	1	6	5	1	1	1	1	3	1	3	3	4
3501	충북 괴산군	가족센터 운영	2	14	579,430	4	2	1	5	1	1	1	3	3	1	1	4	4
3502	충북 괴산군	다문화가족 특성화사업	2	14	137,850	4	2	1	5	1	1	1	3	3	1	1	4	4
3503	충북 괴산군	아이돌봄지원	2	14	573,620	4	2	1	3	1	1	1	3	3	1	1	4	4
3504	충북 괴산군	초등학교 원어민 영어교실	2	14	248,899	4	4	1	5	1	1	1	3	3	1	1	4	4
3505	충북 괴산군	다문화가족 통번역 지원 서비스	2	14	34,100	6	6	1	5	1	1	1	3	3	1	1	4	4
3506	충북 괴산군	행복가족상담 서비스	2	14	20,000	6	6	1	5	1	1	1	3	3	1	1	4	4
3507	충북 괴산군	다문화가족 지원 거점센터 운영	2	14	44,300	6	6	1	5	1	1	1	3	3	1	1	4	4
3508	충북 괴산군	다문화가족 통번역지원사 보수교육	2	14	1,500	6	6	1	5	1	1	1	3	3	1	1	4	4
3509	충북 괴산군	취업역량강화 사업	2	14	10,000	6	4	1	5	1	1	1	3	3	1	1	4	4
3510	충북 괴산군	고국방문 사업	2	14	25,000	6	4	1	5	1	1	1	3	3	1	1	4	4
3511	충북 괴산군	문화예술프로그램 지원	2	14	7,000	6	4	1	5	1	1	1	3	3	1	1	4	4
3512	충북 괴산군	다문화 한마음 축제 추진	2	14	10,000	3	4	1	5	1	1	1	3	3	1	1	4	4
3513	충북 괴산군	합동결혼식	2	14	13,000	3	4	1	5	1	1	1	3	3	1	1	4	4
3514	충북 괴산군	장애인복지관 운영	2	3	1,348,085	4	1	1	5	1	1	1	3	1	2	4	4	4
3515	충북 괴산군	주간보호센터 운영	2	3	235,943	5	1	1	5	1	1	1	3	1	2	4	4	4
3516	충북 괴산군	수어통역센터 운영	2	3	208,800	5	1	7	8	7	1	1	3	1	2	4	4	4
3517	충북 괴산군	장애인공동생활가정 운영	1	3	240,152	5	1	7	8	7	1	1	1	1	1	4	4	4
3518	충북 괴산군	지역아동센터 운영지원	2	2	5,400	5	6	7	8	7	5	1	4	5	5	4	4	4
3519	충북 괴산군	지역아동센터 운영비 지원	2	2	169,452	5	2	7	8	7	5	1	4	5	5	4	4	4
3520	충북 괴산군	지역아동센터 연합체육대회 행사지원	2	2	5,000	3	4	7	8	7	5	1	4	5	5	4	4	4
3521	충북 괴산군	지역아동센터 연합회 행사비 지원	2	2	1,000	3	4	7	8	7	5	1	4	5	5	4	4	4
3522	충북 괴산군	지역아동센터 차량구입비 지원	2	2	30,000	3	4	7	8	7	5	1	4	5	5	4	4	4
3523	충북 괴산군	지역아동센터 긴급일시돌봄사업	2	2	6,000	5	6	7	8	7	5	1	4	5	5	4	4	4
3524	충북 괴산군	다함께돌봄센터 인건비 지원	2	9	300,336	4	2	5	5	1	5	1	3	3	1	1	4	4
3525	충북 괴산군	다함께돌봄사업 운영(자체)	2	9	70,620	6	4	5	5	1	5	1	3	3	1	1	4	4
3526	충북 괴산군	다함께돌봄센터 운영비지원	2	9	48,000	4	2	5	5	1	5	1	3	3	1	1	4	4
3527	충북 괴산군	노인복지관 운영	2	1	837,186	4	4	5	5	1	1	1	1	1	1	1	1	1
3528	충북 괴산군	새싹들의큰잔치	2	4	10,000	3	4	7	8	7	1	1	1	4	3	2	3	3
3529	충북 괴산군	공공형 어린이집 운영(전환사업)	2	4	21,900	5	4	7	8	7	1	1	1	4	3	2	3	3
3530	충북 괴산군	정부 미지원 어린이집 영아반 운영비 지원	2	4	14,400	5	4	7	8	7	1	1	1	4	3	2	3	3
3531	충북 괴산군	어린이집 운영지원(급식위생 관리지원금)	2	4	7,077	5	2	7	8	7	1	1	1	4	3	2	3	3
3532	충북 괴산군	어린이집 운영지원(농어촌소재법인어린이집 지원)	2	4	14,281	5	2	7	8	7	1	1	1	4	3	2	3	3
3533	충북 괴산군	읍면 법인어린이집 차량운영 지원	2	4	23,530	5	4	7	8	7	1	1	1	4	3	2	3	3
3534	충북 괴산군	어린이집 공기청정기 운영비 지원	2	4	8,740	5	4	7	8	7	1	1	1	4	3	2	3	3
3535	충북 괴산군	어린이집 운영지원(차량운영비 지원)	2	4	27,044	5	2	7	8	7	1	1	1	4	3	2	3	3
3536	충북 괴산군	어린이집 운영지원(교재교구비 지원)	2	4	8,152	5	2	7	8	7	1	1	1	4	3	2	3	3
3537	충북 괴산군	어린이집 냉난방비 지원	2	4	8,000	5	4	7	8	7	1	1	1	4	3	2	3	3
3538	충북 괴산군	열린어린이집 운영지원(인센티브)	2	4	10,000	5	4	7	8	7	1	1	1	4	3	2	3	3
3539	충북 괴산군	어린이집 급식 품질 개선(無어린이집 무료급식 지원)	2	4	132,960	6	4	7	8	7	1	1	1	4	3	2	3	3

순번	시군구	지출명 (사업명)	시설종류 1. 생활시설 2. 이용시설	사회복지시설 종류 1. 노인복지시설 2. 아동복지시설 3. 장애인복지시설 4. 어린이집 5. 정신건강증진시설 6. 노숙인시설 7. 사회복지관 8. 지역자활센터 9. 다함께돌봄센터 10. 결핵,한센시설 11. 성매매피해지원시설 12. 성폭력피해보호시설 13. 가정폭력보호시설 14. 가족센터 15. 청소년복지시설 16. 기타 (　　)	2025년예산 (단위:천원/1년간)	민간이전 분류 (지방자치단체 세출예산 집행기준에 의거) 1. 민간경상사업보조(307-02) 2. 민간단체 법정운영비보조(307-03) 3. 민간행사사업보조(307-04) 4. 민간위탁금(307-05) 5. 사회복지시설 법정운영비보조(307-10) 6. 사회복지사업보조(307-11) 7. 민간인위탁교육비(307-12) 8. 공기관등에대한경상적위탁사업(308-13) 9. 공사공단 경상전출금(309-01)	민간이전지출 근거 (지방보조금 관리기준 참고) 1. 법률에 규정 2. 국고보조 재원(국가지정) 3. 용도 지정 기부금 4. 조례에 직접규정 5. 지자체가 권장하는 사업을 하는 공공기관 6. 시,도 정책 및 재정사정 7. 기타 8. 해당없음	입찰방식: 계약체결방법 (경쟁형태) 1. 일반경쟁 2. 제한경쟁 3. 지명경쟁 4. 수의계약 5. 법정위탁 6. 기타 () 7. 해당없음	입찰방식: 계약기간 1. 1년 2. 2년 3. 3년 4. 4년 5. 5년 6. 기타 ()년 7. 단기계약 (1년미만) 8. 해당없음	입찰방식: 낙찰자선정방법 1. 적격심사 2. 협상에의한계약 3. 최저가낙찰제 4. 규격가격분리 5. 2단계 경쟁입찰 6. 기타 () 7. 해당없음	운영예산 산정: 운영비산정 1. 내부산정 (지자체 자체적으로 산정) 2. 외부산정 (외부전문기관위탁 산정) 3. 내·외부 모두 산정 4. 산정 無 5. 해당없음	운영예산 산정: 정산방법 1. 내부정산 (지자체 내부적으로 정산) 2. 외부정산 (외부전문기관위탁 정산) 3. 내·외부 모두 산정 4. 정산 無 5. 해당없음	성과평가: 성과평가 실시여부 1. 실시 2. 미실시 3. 향후 추진 4. 해당없음	성과평가: 성과평가 주기 1. 매년 2. 격년 3. 기간만료전 4. 기타 () 5. 해당없음	성과평가: 성과평가 실시 방법 1. 자체 실시 2. 평가단 구성 후 실시 (전문위원 섭외) 3. 전문 평가기관 의뢰 4. 기타 () 5. 해당없음	성과평가: 평가기준 적용방법 1. 관련 조례 적용 2. 전문 평가기관 의뢰 3. 기타 () 4. 해당없음	평가결과 적용: 실제 인센티브 및 패널티 적용 유무 1. 매년 적용 2. 적용 안함 3. 기타 ( ) 4. 해당없음	평가결과 적용: 인센티브 및 패널티 적용근거 1. 조례 2. 계약서 3. 기타 ( ) 4. 해당없음
3540	충북 괴산군	어린이집안전공제회 공제료 지원	2	4	733	6	4	7	8	7	1	1	1	4	3	2	3	3
3541	충북 괴산군	어린이집 특화사업비 지원	2	4	20,000	6	4	7	8	7	1	1	1	4	3	2	3	3
3542	충북 음성군	노숙인시설 지원(운영비)	1	6	4,619,332	5	2	7	8	7	5	5	4	5	5	4	4	4
3543	충북 음성군	노숙인시설 지원(프로그램비)	1	6	27,562	6	2	7	8	7	5	5	4	5	5	4	4	4
3544	충북 음성군	지역자활센터운영비	2	8	379,498	5	1	5	8	7	3	3	4	5	5	4	4	4
3545	충북 음성군	2025년 지역자활센터 종사자 워크숍	2	8	3,765	3	4	7	8	7	5	5	4	5	5	4	4	4
3546	충북 음성군	장애인복지관 운영	2	3	1,802,068	4	4	7	5	7	1	1	1	2	4	3	4	4
3547	충북 음성군	장애인거주시설 공기청정기 렌탈지원	1	3	2,309	6	2	7	8	7	5	5	4	5	5	4	4	4
3548	충북 음성군	개인운영 장애인거주시설 지원	1	3	205,139	5	5	7	8	7	5	5	4	5	5	4	4	4
3549	충북 음성군	개인운영 복지시설 운영지원	1	3	3,000	5	5	7	8	7	5	5	4	5	5	4	4	4
3550	충북 음성군	가족센터 운영	2	14	1,059,000	4	1	1	3	1	1	1	1	3	1	3	4	4
3551	충북 음성군	노인일자리 및 사회활동 지원사업(음성형)	2	1	320,000	4	1	6	3	1	1	1	1	1	1	1	1	3
3552	충북 음성군	시니어클럽 운영비	2	1	614,062	4	1	6	8	1	1	1	1	5	5	4	4	4
3553	충북 음성군	노인복지관 운영비	2	1	1,632,354	4	1	6	5	1	1	1	1	3	1	1	1	3
3554	충북 음성군	경로당 냉난방비(양곡비) 지원	2	1	973,073	5	1	7	8	7	1	1	4	5	5	4	4	4
3555	충북 음성군	아동양육시설 운영	1	2	5,391,600	5	1	7	8	7	1	1	1	1	1	1	4	4
3556	충북 음성군	지역아동센터 운영비 지원	2	2	631,004	5	2	7	8	7	1	1	1	1	1	1	1	1
3557	충북 음성군	다함께돌봄센터 운영비 지원	2	9	174,168	5	5	7	8	7	1	1	3	4	4	1	1	1
3558	충북 음성군	어린이집 입학준비금 지원	2	4	50,000	6	4	7	8	7	1	1	1	1	1	3	1	1
3559	충북 음성군	어린이집 운영지원	2	4	188,693	5	2	7	8	7	1	1	1	1	1	3	1	1
3560	충북 음성군	어린이집 안전공제회 공제료 지원	2	4	4,835	6	6	7	8	7	1	1	1	1	1	3	1	1
3561	충북 음성군	어린이집 공기청정기 운영비 지원	2	4	34,687	5	6	7	8	7	1	1	1	1	1	3	1	1
3562	충북 음성군	읍면 법인 어린이집 차량운영 지원	2	4	33,600	5	6	7	8	7	1	1	1	1	1	3	1	1
3563	충북 음성군	어린이집 맞춤형 운영 지원	2	4	840,500	5	4	7	8	7	1	1	1	1	1	3	1	1
3564	충북 음성군	공공형어린이집 운영 지원	2	4	57,000	5	6	7	8	7	1	1	1	1	1	3	1	1
3565	충북 음성군	시군 어린이집 대체조리원 지원사업	2	4	4,870	5	6	7	8	7	1	1	1	1	1	3	1	1
3566	충북 음성군	어린이집 현장학습비 지원	2	4	170,000	6	4	7	8	7	1	1	1	1	1	3	1	1
3567	충북 음성군	여성폭력피해통합상담소	2	16	267,700	5	1	7	8	7	1	1	1	1	1	3	1	1
3568	충북 음성군	정신요양시설 운영지원	1	5	4,786,000	5	2	7	8	7	5	1	4	5	5	4	4	4
3569	충북 단양군	노인복지시설지원	2	1	923,000	4	1	1	5	1	1	1	1	3	1	1	4	4
3570	충북 단양군	장애인복지관 운영	2	3	1,368,100	4	1	1	5	1	1	1	1	3	1	1	4	4
3571	충북 단양군	특기활동비 지원 사업	2	4	42,900	5	4	7	8	7	5	5	4	5	5	4	4	4
3572	충북 단양군	보육인 전국대회 참가지원 사업	2	4	2,000	5	4	7	8	7	5	5	4	5	5	4	4	4
3573	충북 단양군	도서 및 환경개선 등 물품구입 지원 사업	2	4	22,000	5	4	7	8	7	5	5	4	5	5	4	4	4
3574	충북 단양군	면 지역 어린이집 차량비 지원 사업	2	4	6,000	5	4	7	8	7	5	5	4	5	5	4	4	4
3575	충북 단양군	면 지역 어린이집 운영 재정 지원	2	4	20,000	5	4	7	8	7	5	5	4	5	5	4	4	4
3576	충북 단양군	공기청정기 운영 지원 사업	2	4	16,500	5	4	7	8	7	5	5	4	5	5	4	4	4
3577	충북 단양군	전자출결서비스 운영비 지원 사업	2	4	4,356	5	4	7	8	7	5	5	4	5	5	4	4	4
3578	충북 단양군	냉난방지 지원 사업	2	4	21,150	5	4	7	8	7	5	5	4	5	5	4	4	4
3579	충북 단양군	교재교구비 지원 사업	2	4	7,152	5	2	7	8	7	5	5	4	5	5	4	4	4
3580	충북 단양군	차량 운영비 지원 사업	2	4	22,041	5	2	7	8	7	5	5	4	5	5	4	4	4
3581	충북 단양군	농어촌소재 법인어린이집 지원 사업	2	4	16,321	5	2	7	8	7	5	5	4	5	5	4	4	4
3582	충북 단양군	누리과정 운영비 지원	2	4	95,000	5	2	7	8	7	5	5	4	5	5	4	4	4
3583	충북 단양군	읍면 법인어린이집 차량운영 지원 사업	2	4	33,600	5	6	7	8	7	5	5	4	5	5	4	4	4
3584	충북 단양군	대체조리원 지원 사업	2	4	1,950	5	6	7	8	7	5	5	4	5	5	4	4	4
3585	충북 단양군	공기청정기 운영비 지원 사업	2	4	8,328	5	6	7	8	7	5	5	4	5	5	4	4	4

순번	시군구	지출명 (사업명)	시설종류 1. 생활시설 2. 이용시설	사회복지시설 종류 1. 노인복지시설 2. 아동복지시설 3. 장애인복지시설 4. 어린이집 5. 정신건강증진시설 6. 노숙인시설 7. 사회복지관 8. 지역자활센터 9. 다함께돌봄센터 10. 결핵,한센시설 11. 성매매피해지원시설 12. 성폭력피해보호시설 13. 가정폭력보호시설 14. 가족센터 15. 청소년복지시설 16. 기타 ( )	2025년예산 (단위:천원/1년간)	민간이전 분류 (지방자치단체 세출예산 집행기준에 의거) 1. 민간경상사업보조(307-02) 2. 민간단체 법정운영비보조(307-03) 3. 민간행사사업보조(307-04) 4. 민간위탁금(307-05) 5. 사회복지시설 법정운영비보조(307-10) 6. 사회복지사업보조(307-11) 7. 민간인위탁교육비(307-12) 8. 공기관등에대한경상적위탁사업(308-13) 9. 공사공단 경상전출금(309-01)	민간이전지출 근거 (지방보조금 관리기준 참고) 1. 법률에 규정 2. 국고보조 재원(국가지정) 3. 용도 지정 기부금 4. 조례에 직접규정 5. 지자체가 권고하는 사업을 하는 공공기관 6. 시,도 정책 및 재정사정 7. 기타 8. 해당없음	입찰방식: 계약체결방법 (경쟁형태) 1. 일반경쟁 2. 제한경쟁 3. 지명경쟁 4. 수의계약 5. 법정위탁 6. 기타 ( ) 7. 해당없음	입찰방식: 계약기간 1. 1년 2. 2년 3. 3년 4. 4년 5. 5년 6. 기타 ( )년 7. 단기계약 (1년미만) 8. 해당없음	입찰방식: 낙찰자선정방법 1. 적격심사 2. 협상에의한계약 3. 최저가낙찰제 4. 규격가격분리 5. 2단계 경쟁입찰 6. 기타 ( ) 7. 해당없음	운영예산 산정: 운영비산정 1. 내부산정 (지자체 자체적으로 산정) 2. 외부산정 (외부전문기관위탁 산정) 3. 내·외부 모두 산정 4. 산정 無 5. 해당없음	운영예산 산정: 정산방법 1. 내부정산 (지자체 내부적으로 정산) 2. 외부정산 (외부전문기관위탁 정산) 3. 내·외부 모두 산정 4. 정산 無 5. 해당없음	성과평가: 성과평가 실시여부 1. 실시 2. 미실시 3. 향후 추진 4. 해당없음	성과평가: 성과평가 주기 1. 매년 2. 격년 3. 기간만료전 4. 기타 ( ) 5. 해당없음	성과평가: 성과평가 실시 방법 1. 자체 실시 2. 평가단 구성 후 실시 (전문위원 섭외) 3. 전문 평가기관 의뢰 4. 기타 ( ) 5. 해당없음	성과평가: 평가기준 적용방법 1. 관련 조례 적용 2. 전문 평가기관 의뢰 3. 기타 ( ) 4. 해당없음	평가결과 적용: 실제 인센티브 및 페널티 적용 유무 1. 매년 적용 2. 적용 안함 3. 기타 ( ) 4. 해당없음	평가결과 적용: 인센티브 및 페널티 적용근거 1. 조례 2. 계약서 3. 기타 ( ) 4. 해당없음
3586	충북 단양군	급식 품질 개선 지원 사업	2	4	115,200	5	6	7	8	7	5	5	4	5	5	4	4	4
3587	충북 단양군	지역아동센터 운영비	2	2	100,360	5	2	7	8	7	5	1	1	1	1	1	1	1
3588	충북 단양군	지역아동센터 운영 및 프로그램비	2	2	36,340	5	2	7	8	7	5	1	1	1	1	1	1	1
3589	충북 단양군	지역아동센터 냉난방비	2	2	5,000	5	2	7	8	7	5	1	1	1	1	1	1	1
3590	충북 단양군	지역아동센터 체험견학비	2	2	13,000	5	2	7	8	7	5	1	1	1	1	1	1	1
3591	충북 단양군	지역아동센터 긴급일시돌봄	2	2	6,000	5	2	7	8	7	5	1	1	1	1	1	1	1
3592	충북 단양군	지역자활센터운영	2	8	273,280	5	2	7	8	7	5	1	1	2	4	3	1	3
3593	충북 단양군	지역자활센터활성화지원	2	8	14,580	1	6	7	8	7	5	1	1	2	4	3	1	3
3594	충북 단양군	자활사례관리	2	8	15,871	5	2	7	8	7	5	1	1	2	4	3	1	3
3595	충북 단양군	성폭력상담소 지원사업	2	12	151,322	5	2	4	1	2	1	1	4	5	5	4	4	4
3596	충북 단양군	가족센터운영	2	14	1,002,431	6	1	1	3	1	1	3	1	1	1	1	1	1
3597	충북 단양군	요보호아동 그룹홈 운영지원	1	2	581,712	5	2	7	8	7	5	1	1	1	1	1	4	4
3598	충북 단양군	아동복지시설 생활아동 문화활동비 지원(2025년 사업)	1	2	8,520	6	6	7	8	7	5	5	4	5	5	4	4	4
3599	충청남도	충청남도 가족센터	2	16	480,000	4	4	2	3	2	1	3	1	3	1	1	3	3
3600	충청남도	광역새일센터 지정운영	2	16	550,988	8	2	5	1	7	5	3	1	1	3	2	1	3
3601	충청남도	위기임신 및 보호출산 상담기관 운영 지원	1	16	190,050	5	2	7	8	7	1	1	4	5	5	4	4	4
3602	충청남도	가정폭력피해자 의료비 지원(도)	2	13	7,857	6	1, 2	5	5	1	3	3	2	5	5	4	4	4
3603	충청남도	디지털 성범죄 특화프로그램 지원	2	12	94,932	6	1, 2	1	3	1	3	3	2	5	5	4	4	4
3604	충청남도	디지털성범죄 예방교육	2	12	40,000	6	1,4	1	1	1	3	1	2	5	5	4	4	4
3605	충청남도	성매매 피해아동·청소년 통합지원(지역전담지원센터 운영)	2	11	130,706	5	1, 2	1	3	1	3	3	2	5	5	4	4	4
3606	충청남도	성폭력피해자 부대비용지원(해바라기센터)	2	12	9,000	6	1, 2	5	1	1	3	3	2	5	5	4	4	4
3607	충청남도	성폭력피해자 치료동행지원(해바라기센터)	2	12	43,180	6	1, 2	5	1	1	3	3	2	5	5	4	4	4
3608	충청남도	성폭력피해자 의료비지원(해바라기센터)	2	12	47,598	6	1, 2	5	1	1	3	3	2	5	5	4	4	4
3609	충청남도	스토킹피해자 긴급주거지원	1	13	200,352	5	1, 2	5	5	1	3	3	2	5	5	4	4	4
3610	충청남도	스토킹피해자 치료회복프로그램	1	13	10,000	5	1, 2	5	5	1	3	3	2	5	5	4	4	4
3611	충청남도	여성긴급전화 1366센터 운영지원	2	13	800,222	5	1, 2	5	5	1	3	3	2	5	5	4	4	4
3612	충청남도	일반국민 찾아가는 폭력예방교육 운영	2	16	89,630	1	1, 2	5	5	1	3	3	2	5	5	4	4	4
3613	충청남도	긴급피난처 운영(도)	1	13	15,000	5	1, 2	5	5	1	3	3	2	5	5	4	4	4
3614	충청남도	해바라기센터 운영 지원	1	12	1,350,000	5	1, 2	5	1	1	3	3	2	5	5	4	4	4
3615	충청남도	어린이인성학습원 운영	2	16	1,650,000	4	4	1	3	1	1	1	1	1	1	3	4	4
3616	충청남도	보육교직원 보수교육	3	16	136,000	4	1, 2	1	2	1	5	5	1	1	4	2	4	4
3617	충청남도	안심육아환경조성사업	2	16	297,850	4	1	1	3	1	1	1	1	1	4	4	4	4
3618	충청남도	충남아이키움뜰 운영	2	16	320,591	4	1	1	3	1	1	1	1	1	4	4	4	4
3619	충청남도	충남육아종합지원센터 운영	2	16	1,143,000	4	1	1	3	1	1	1	1	1	4	4	4	4
3620	충청남도	이동식 놀이교실 운영	2	16	152,000	6	1	1	3	1	1	1	1	1	4	4	4	4
3621	충청남도	시간제 보육사업 관리기관 운영	2	16	50,860	6	1	1	3	1	1	1	1	1	4	4	4	4
3622	충청남도	지역아동보호전문기관 운영	2	2	4,362,678	4	2	1	5	1	5	3	1	4	4	2	3	3
3623	충청남도	지역아동보호전문기관 설치	2	2	600,000	5	2	1	8	1	5	3	1	4	4	2	3	3
3624	충청남도	아동학대전담의료기관 활성화 사업	2	2	100,000	1	2	6	8	1	5	3	1	5	5	4	4	4
3625	충청남도	거점 심리치료센터 운영	2	2	159,748	6	2	1	5	1	5	3	4	5	5	4	4	4
3626	충청남도	아동학대예방 지원	2	2	72,000	6	2	1	8	1	5	3	4	5	5	4	4	4
3627	충청남도	결연기관 운영지원	2	16	287,198	2	7	7	8	7	1	1	4	5	5	4	4	4
3628	충청남도	충남가정위탁지원센터 운영 지원	2	2	570,000	5	1	7	8	7	1	1	4	4	4	2	3	3
3629	충청남도	입양가정위탁아동 심리치료 지원	2	2	8,240	6	2	7	8	7	1	3	4	5	5	4	4	4
3630	충청남도	학대피해아동 가정방문 심리치료 및 사례관리	2	2	136,000	6	2	1	5	1	1	3	4	5	5	4	4	4
3631	충청남도	충남 느린학습자 부모 정책욕구조사 및 힐링워크숍	2	16	30,000	1	4	1	7	7	2	3	4	5	5	4	4	4

순번	시군구	지출명 (사업명)	시설종류 1. 생활시설 2. 이용시설	사회복지시설 종류 1. 노인복지시설 2. 아동복지시설 3. 장애인복지시설 4. 어린이집 5. 정신건강증진시설 6. 노숙인시설 7. 사회복지관 8. 지역자활센터 9. 다함께돌봄센터 10. 결핵,한센시설 11. 성매매피해지원시설 12. 성폭력피해보호시설 13. 가정폭력보호시설 14. 가족센터 15. 청소년복지시설 16. 기타 ( )	2025년예산 (단위:천원/1년간)	민간이전 분류 (지방자치단체 세출예산 집행기준에 의거) 1. 민간경상사업보조(307-02) 2. 민간단체 법정운영비보조(307-03) 3. 민간행사사업보조(307-04) 4. 민간위탁금(307-05) 5. 사회복지시설 법정운영비보조(307-10) 6. 사회복지사업보조(307-11) 7. 민간인위탁교육비(307-12) 8. 공기관등에대한경상적위탁사업(308-13) 9. 공사공단 경상전출금(309-01)	민간이전지출 근거 (지방보조금 관리기준 참고) 1. 법률에 규정 2. 국고보조 재원(국가지정) 3. 용도 지정 기부금 4. 조례에 직접규정 5. 지자체가 권장하는 사업을 하는 공공기관 6. 시,도 정책 및 재정사정 7. 기타 8. 해당없음	입찰방식: 계약체결방법 (경쟁형태) 1. 일반경쟁 2. 제한경쟁 3. 지명경쟁 4. 수의계약 5. 법정위탁 6. 기타 ( ) 7. 해당없음	입찰방식: 계약기간 1. 1년 2. 2년 3. 3년 4. 4년 5. 5년 6. 기타 ( )년 7. 단기계약 (1년미만) 8. 해당없음	입찰방식: 낙찰자선정방법 1. 적격심사 2. 협상에의한계약 3. 최저가낙찰제 4. 규격가격분리 5. 2단계 경쟁입찰 6. 기타 ( ) 7. 해당없음	운영예산 산정: 운영비산정 1. 내부산정 (지자체 자체적으로 산정) 2. 외부산정 (외부전문기관위탁 산정) 3. 내·외부 모두 산정 4. 산정 無 5. 해당없음	운영예산 산정: 정산방법 1. 내부정산 (지자체 내부적으로 정산) 2. 외부정산 (외부전문기관위탁 정산) 3. 내·외부 모두 산정 4. 정산 無 5. 해당없음	성과평가: 성과평가 실시여부 1. 실시 2. 미실시 3. 향후 추진 4. 해당없음	성과평가: 성과평가 주기 1. 매년 2. 격년 3. 기간만료전 4. 기타 ( ) 5. 해당없음	성과평가: 성과평가 실시 방법 1. 자체 실시 2. 평가단 구성 후 실시 (전문위원 섭외) 3. 전문 평가기관 의뢰 4. 기타 ( ) 5. 해당없음	성과평가: 평가기준 적용방법 1. 관련 조례 적용 2. 전문 평가기관 의뢰 3. 기타 ( ) 4. 해당없음	평가결과 적용: 실제 인센티브 및 페널티 적용 유무 1. 매년 적용 2. 적용 안함 3. 기타 ( ) 4. 해당없음	평가결과 적용: 인센티브 및 페널티 적용근거 1. 조례 2. 계약서 3. 기타 ( ) 4. 해당없음
3632	충청남도	자립준비청년 전담인력 배치	2	2	444,576	4	1	2	5	7	5	3	3	1	1	1	4	4
3633	충청남도	자립준비청년 전담인력 배치(자체)	2	2	108,666	4	4	2	5	7	1	3	3	1	1	1	4	4
3634	충청남도	자립지원 사업	2	2	617,100	4	1	2	5	7	5	3	3	1	1	1	4	4
3635	충청남도	아동자립증진 지원	2	2	290,000	4	4	2	5	7	1	3	3	1	1	1	4	4
3636	충청남도	사회복지관 프로그램 지원 등	2	7	25,000	6	1	7	8	7	1	1	4	5	5	4	4	4
3637	충청남도	충남서부장애인종합복지관	2	3	1,351,758	4	1	1	5	1	1	3	1	1	2	3	4	3
3638	충청남도	충남서부장애인종합복지관 분관	2	3	130,000	4	1	1	5	1	1	3	1	1	2	3	4	3
3639	충청남도	충남남부장애인종합복지관	2	3	1,258,320	4	1	1	5	1	1	3	1	1	2	3	4	3
3640	충청남도	충남시각장애인복지관	2	3	1,665,922	4	1	1	5	1	1	3	1	1	2	3	4	3
3641	충청남도	장애인생산품 판매시설 운영	2	3	195,294	5	2	7	8	7	5	1	4	5	5	4	4	4
3642	충청남도	충남수어통역센터 운영	2	3	539,000	5	1	7	8	7	1	3	1	1	2	3	4	3
3643	충청남도	충남시각장애인 등 생활지원센터 운영	2	3	414,000	5	1	6	8	7	1	1	1	1	1	1	1	1
3644	충남 천안시	천안시종합사회복지관 운영	2	7	728,770	4	1	1	5	1	1	3	1	4	3	3	3	3
3645	충남 천안시	천안시종합사회복지관 운영	2	7	826,150	4	1	1	5	1	1	3	1	4	3	3	3	3
3646	충남 천안시	천안시종합사회복지관 운영	2	7	2,220,280	4	1	1	5	1	1	3	1	4	3	3	3	3
3647	충남 천안시	지역자활센터운영	2	8	414,168	5	1	7	8	7	3	3	1	1	3	2	1	3
3648	충남 천안시	노인복지관 운영(2개소)	2	1	1,506,904	4	1	1	5	1	1	1	4	4	5	4	2	4
3649	충남 천안시	노인복지관 운영(2개소)	2	1	1,263,630	4	1	1	5	1	1	1	4	4	5	4	2	4
3650	충남 천안시	노인복지관 종사자 처우개선비	2	1	35,430	4	1	1	5	1	1	1	4	4	5	4	2	4
3651	충남 천안시	노인복지관 종사자 처우개선비	2	1	25,890	4	1	1	5	1	1	1	4	4	5	4	2	4
3652	충남 천안시	노인복지관 종사사 정액급식비	2	1	17,640	4	1	1	5	1	1	1	4	4	5	4	2	4
3653	충남 천안시	노인복지관 종사사 정액급식비	2	1	13,440	4	1	1	5	1	1	1	4	4	5	4	2	4
3654	충남 천안시	스마트노인복지관 운영	2	1	54,420	4	1	1	5	1	1	1	4	4	5	4	2	4
3655	충남 천안시	스마트노인복지관 운영	2	1	48,580	4	1	1	5	1	1	1	4	4	5	4	2	4
3656	충남 천안시	노인대학 운영 지원	2	1	99,500	5	1	7	8	7	5	5	4	5	5	4	4	4
3657	충남 천안시	느티나무건강센터 운영	2	1	21,000	5	1	7	8	7	5	5	4	5	5	4	4	4
3658	충남 천안시	성환노인대학 운영지원	2	1	3,000	5	1	7	8	7	5	5	4	5	5	4	4	4
3659	충남 천안시	경로당 프로그램 관리(4명)	2	1	212,222	6	1	7	8	7	5	5	4	5	5	4	4	4
3660	충남 천안시	경로당 통합운영 지원	2	1	429,200	6	1	7	8	7	5	5	4	5	5	4	4	4
3661	충남 천안시	경로당 신문 보급	2	1	54,040	6	1	7	8	7	5	5	4	5	5	4	4	4
3662	충남 천안시	노인여가프로그램 교구 보급	2	1	31,200	6	1	7	8	7	5	5	4	5	5	4	4	4
3663	충남 천안시	노인여가프로그램 교구 구입(한궁경기용품)	2	1	28,000	6	1	7	8	7	5	5	4	5	5	4	4	4
3664	충남 천안시	노인지도자 양성 교육	2	1	9,264	6	1	7	8	7	5	5	4	5	5	4	4	4
3665	충남 천안시	노인지도자 전문교육비	2	1	10,010	6	1	7	8	7	5	5	4	5	5	4	4	4
3666	충남 천안시	충남형 어르신 다듬이 리브투게더	2	1	40,000	6	1	7	8	7	5	5	4	5	5	4	4	4
3667	충남 천안시	경로당 냉난방비 지원	2	1	1,614,760	6	1	7	8	7	5	5	4	5	5	4	4	4
3668	충남 천안시	경로당 무더위쉼터 냉방비 지원	2	1	46,600	6	1	7	8	7	5	5	4	5	5	4	4	4
3669	충남 천안시	재가노인지원서비스 운영 지원	2	1	751,000	5	1	7	8	7	5	5	4	5	5	4	4	4
3670	충남 천안시	노인생활시설 등급외자	1	1	25,000	5	1	7	8	7	5	5	4	5	5	4	4	4
3671	충남 천안시	무료양로시설 운영(학대피해노인 보호비용)	1	1	2,520	5	1	7	8	7	5	5	4	5	5	4	4	4
3672	충남 천안시	노숙인쉼터운영	1	6	398,535	4	4	1	5	1	1	1	1	3	2	1	3	1
3673	충남 천안시	경로당 운영비	2	1	1,764,600	5	1	7	8	7	1	1	1	1	1	1	2	4
3674	충남 천안시	경로당 물품수리 지원	2	1	10,000	1	1	7	8	7	1	1	1	1	1	1	2	4
3675	충남 천안시	어린이집 안전점검비	2	4	17,000	5	6	7	8	7	1	1	1	1	1	1	2	4
3676	충남 천안시	야간연장 보육시설 운영비 지원	2	4	48,000	5	6	7	8	7	1	1	1	1	1	1	2	4
3677	충남 천안시	협동어린이집 운영지원	2	4	6,000	5	6	7	8	7	1	1	1	1	1	1	2	4

순번	시군구	지출명 (사업명)	시설종류 1. 생활시설 2. 이용시설	사회복지시설 종류 1. 노인복지시설 2. 아동복지시설 3. 장애인복지시설 4. 어린이집 5. 정신건강증진시설 6. 노숙인시설 7. 사회복지관 8. 지역자활센터 9. 다함께돌봄센터 10. 결핵,한센시설 11. 성매매피해지원시설 12. 성폭력피해보호시설 13. 가정폭력보호시설 14. 가족센터 15. 청소년복지시설 16. 기타 (　　)	2025년예산 (단위:천원/1년간)	민간이전 분류 (지방자치단체 세출예산 집행기준에 의거) 1. 민간경상사업보조(307-02) 2. 민간단체 법정운영비보조(307-03) 3. 민간행사사업보조(307-04) 4. 민간위탁금(307-05) 5. 사회복지시설 법정운영비보조(307-10) 6. 사회복지사업보조(307-11) 7. 민간인위탁교육비(307-12) 8. 공기관등에대한경상적위탁사업(308-13) 9. 공사공단 경상전출금(309-01)	민간이전지출 근거 (지방보조금 관리기준 참고) 1. 법률에 규정 2. 국고보조 지원(국가지정) 3. 용도 지정 기부금 4. 조례에 직접규정 5. 지자체가 권장하는 사업을 하는 공공기관 6. 시,도 정책 및 재정사정 7. 기타 8. 해당없음	입찰방식: 계약체결방법 (경쟁형태) 1. 일반경쟁 2. 제한경쟁 3. 지명경쟁 4. 수의계약 5. 법정위탁 6. 기타 ( ) 7. 해당없음	입찰방식: 계약기간 1. 1년 2. 2년 3. 3년 4. 4년 5. 5년 6. 기타 ( )년 7. 단기계약 (1년미만) 8. 해당없음	입찰방식: 낙찰자선정방법 1. 적격심사 2. 협상에의한계약 3. 최저가낙찰제 4. 규격가격분리 5. 2단계 경쟁입찰 6. 기타 ( ) 7. 해당없음	운영예산 산정: 운영비산정 1. 내부산정 (지자체 자체적으로 산정) 2. 외부산정 (외부전문기관위탁 산정) 3. 내·외부 모두 산정 4. 산정 無 5. 해당없음	운영예산 산정: 정산방법 1. 내부정산 (지자체 내부적으로 정산) 2. 외부정산 (외부전문기관위탁 정산) 3. 내·외부 모두 산정 4. 정산 無 5. 해당없음	성과평가: 성과평가 실시여부 1. 실시 2. 미실시 3. 향후 추진 4. 해당없음	성과평가: 성과평가 주기 1. 매년 2. 격년 3. 기간만료전 4. 기타 ( ) 5. 해당없음	성과평가: 성과평가 실시 방법 1. 자체 실시 2. 평가단 구성 후 실시 (전문위원 섭외) 3. 전문 평가기관 의뢰 4. 기타 ( ) 5. 해당없음	성과평가: 평가기준 적용방법 1. 관련 조례 적용 2. 전문 평가기관 의뢰 3. 기타 ( ) 4. 해당없음	평가결과 적용: 실제 인센티브 및 페널티 적용 유무 1. 매년 적용 2. 적용 안함 3. 기타 ( ) 4. 해당없음	평가결과 적용: 인센티브 및 페널티 적용근거 1. 조례 2. 계약서 3. 기타 ( ) 4. 해당없음
3678	충남 천안시	아동양육시설 운영	1	2	6,534,948	5	1	7	8	7	5	5	4	5	5	4	4	4
3679	충남 천안시	아동공동생활가정 운영지원	1	2	1,559,121	5	1	7	8	7	5	5	4	5	5	4	4	4
3680	충남 천안시	아동 학습환경 지원	1	2	286,800	6	1	7	8	7	5	5	4	5	5	4	4	4
3681	충남 천안시	아동 생활안정 지원	1	2	249,200	6	1	7	8	7	5	5	4	5	5	4	4	4
3682	충남 천안시	아동 건강증진 및 정서함양 지원	1	2	213,600	6	1	7	8	7	5	5	4	5	5	4	4	4
3683	충남 천안시	공동생활가정 건강과일 지원	1	2	25,200	6	1	7	8	7	5	5	4	5	5	4	4	4
3684	충남 천안시	경계선지능아동 자립지원	1	2	19,000	6	1	7	8	7	5	5	4	5	5	4	4	4
3685	충남 천안시	지역아동센터 운영비 지원	2	2	1,810,496	5	2	7	8	7	5	5	4	5	5	4	4	4
3686	충남 천안시	천안어린이꿈누리터 운영	2	2	3,261,000	4	4	2	3	1	3	3	1	3	2	1	3	1
3687	충남 천안시	다함께돌봄센터 인건비 지원	2	9	971,898	4	2	1	5	1	1	1	1	1	1	1	1	1
3688	충남 천안시	다함께돌봄센터 창의융합프로그램	2	9	22,200	1	2	1	5	1	1	1	1	1	1	1	1	1
3689	충남 천안시	다함께돌봄센터 프로그램비	2	9	243,600	4	2	1	5	1	1	1	1	1	1	1	1	1
3690	충남 천안시	다함께돌봄센터 종사자 정액급식비	2	9	21,840	4	2	1	5	1	1	1	1	1	1	1	1	1
3691	충남 천안시	다함께돌봄센터 종사자 처우개선비	2	9	39,960	4	2	1	5	1	1	1	1	1	1	1	1	1
3692	충남 천안시	육아종합지원센터 운영	2	2	860,000	4	1,4	7	3	7	3	2	1	3	2	3	3	1
3693	충남 천안시	정신재활시설 운영지원	1	5	140,650	5	1	7	8	7	5	1	2	5	5	4	4	4
3694	충남 천안시	정신재활시설 운영지원	1	5	82,450	5	1	7	8	7	5	1	2	5	5	4	4	4
3695	충남 천안시	정신재활시설 운영지원	2	5	267,720	5	1	7	8	7	5	1	2	5	5	4	4	4
3696	충남 천안시	성폭력상담소 운영지원	2	12	500,170	5	2	7	8	7	5	5	4	5	5	4	4	4
3697	충남 천안시	성폭력상담소 의료비 지원	2	12	11,000	6	2	7	8	7	5	5	4	5	5	4	4	4
3698	충남 천안시	성폭력피해자치료회복프로그램 운영	2	12	6,968	6	2	7	8	7	5	5	4	5	5	4	4	4
3699	충남 천안시	성매매피해자 자립지원공동생활시설 운영	1	11	69,180	5	2	7	8	7	5	5	4	5	5	4	4	4
3700	충남 천안시	가정폭력 상담소 운영지원(도비)	2	13	179,576	5	2	7	8	7	5	5	4	5	5	4	4	4
3701	충남 천안시	가정폭력 상담소 운영지원	2	13	154,879	5	2	7	8	7	5	5	4	5	5	4	4	4
3702	충남 천안시	가정폭력피해자 보호시설 운영지원	1	13	301,501	5	2	7	8	7	5	5	4	5	5	4	4	4
3703	충남 천안시	가정폭력피해자 보호시설 운영지원	1	13	42,813	6	2	7	8	7	5	5	4	5	5	4	4	4
3704	충남 천안시	가정폭력피해자 의료비	1	13	7,000	6	2	7	8	7	5	5	4	5	5	4	4	4
3705	충남 천안시	가정폭력피해자 치료회복프로그램 운영	1	12,13	43,694	6	2	7	8	7	5	5	4	5	5	4	4	4
3706	충남 천안시	가정폭력예방지원사업	1	13	20,000	6	6	7	8	7	5	5	4	5	5	4	4	4
3707	충남 천안시	폭력피해여성 주거지원 사업	1	13	44,476	6	2	7	8	7	5	5	4	5	5	4	4	4
3708	충남 천안시	여성긴급피난처 운영	1	13	176,950	5	1	7	8	7	5	5	4	5	5	4	4	4
3709	충남 천안시	여성인권보호 및 예방	2	12,13	47,200	6	6	7	8	7	5	5	4	5	5	4	4	4
3710	충남 천안시	다문화가족지원센터운영	2	14	937,870	4	2	2	5	1	5	1	3	3	1	1	3	1
3711	충남 천안시	폭력피해이주여성보호시설운영지원(쉼터)	1	13	279,630	5	2	7	8	7	5	1	4	5	5	4	4	4
3712	충남 천안시	폭력피해이주여성보호시설운영지원(그룹홈)	1	13	175,858	5	2	7	8	7	5	1	4	5	5	4	4	4
3713	충남 천안시	폭러피해이주여성상담소 운영지원	2	13	357,332	5	2	7	8	7	5	1	4	5	5	4	4	4
3714	충남 천안시	가정의달 기념 가족통합한마다 행사	2	16	20,000	3	6	6	1	1	1	1	1	3	1	4	4	4
3715	충남 천안시	건강가정지원센터 운영	2	16	683,040	4	2	5	5	1	1	1	1	3	1	1	4	4
3716	충남 천안시	1인가구 지원사업	2	16	3,000,000	4	6	5	5	1	1	1	1	3	1	1	4	4
3717	충남 천안시	이혼위기가족 지원사업	2	16	15,000	4	6	5	5	1	1	1	1	3	1	1	4	4
3718	충남 천안시	공동육아나눔터 운영	2	16	349,464	4	2	5	5	1	1	1	1	3	1	1	4	4
3719	충남 천안시	세대공감 희망나누기 사업	2	16	49,100	6	6	5	5	1	1	1	1	3	1	1	4	4
3720	충남 천안시	미혼모 한부모 심리정서 지원	2	16	6,667	6	6	5	5	1	1	1	1	3	1	1	4	4
3721	충남 천안시	아이돌봄지원사업	2	14	6,436,340	4	2	5	5	6	1	1	2	5	5	4	4	4
3722	충남 천안시	한부모가족복지시설지원(운영비)	1	16	983,228	5	6	5	8	7	1	1	2	5	5	4	4	4
3723	충남 천안시	한부모가족복지시설 입소자 상담의료 지원	1	16	20,400	6	2	5	8	7	1	1	2	5	5	4	4	4

순번	시군구	지출명 (사업명)	시설종류 1. 생활시설 2. 이용시설	사회복지시설 종류 1. 노인복지시설 2. 아동복지시설 3. 장애인복지시설 4. 어린이집 5. 정신건강증진시설 6. 노숙인시설 7. 사회복지관 8. 지역자활센터 9. 다함께돌봄센터 10. 결핵,한센시설 11. 성매매피해지원시설 12. 성폭력피해보호시설 13. 가정폭력보호시설 14. 가족센터 15. 청소년복지시설 16. 기타 ( )	2025년예산 (단위:천원/1년간)	민간이전 분류 (지방자치단체 세출예산 집행기준에 의거) 1. 민간경상사업보조(307-02) 2. 민간단체 법정운영비보조(307-03) 3. 민간행사사업보조(307-04) 4. 민간위탁금(307-05) 5. 사회복지시설 법정운영비보조(307-10) 6. 사회복지사업보조(307-11) 7. 민간인위탁교육비(307-12) 8. 공기관등에대한경상적위탁사업(308-13) 9. 공사공단 경상전출금(309-01)	민간이전지출 근거 (지방보조금 관리기준 참고) 1. 법률에 규정 2. 국고보조 재원(국가지정) 3. 용도 지정 기부금 4. 조례에 직접규정 5. 지자체가 권장하는 사업을 하는 공공기관 6. 시,도 정책 및 재정사정 7. 기타 8. 해당없음	입찰방식			운영예산 산정		성과평가				평가결과 적용	
								계약체결방법 (경쟁형태) 1. 일반경쟁 2. 제한경쟁 3. 지명경쟁 4. 수의계약 5. 법정위탁 6. 기타 ( ) 7. 해당없음	계약기간 1. 1년 2. 2년 3. 3년 4. 4년 5. 5년 6. 기타 ( )년 7. 단기계약 (1년미만) 8. 해당없음	낙찰자선정방법 1. 적격심사 2. 협상에의한계약 3. 최저가낙찰제 4. 규격가격분리 5. 2단계 경쟁입찰 6. 기타 ( ) 7. 해당없음	운영비산정 1. 내부산정 (지자체 자체적으로 산정) 2. 외부산정 (외부전문기관위탁 산정) 3. 내·외부 모두 산정 4. 산정 無 5. 해당없음	정산방법 1. 내부정산 (지자체 내부적으로 정산) 2. 외부정산 (외부전문기관위탁 정산) 3. 내·외부 모두 산정 4. 정산 無 5. 해당없음	성과평가 실시여부 1. 실시 2. 미실시 3. 향후 추진 4. 해당없음	성과평가 주기 1. 매년 2. 격년 3. 기간만료전 4. 기타 ( ) 5. 해당없음	성과평가 실시 방법 1. 자체 실시 2. 평가단 구성 후 실시 (전문위원 섭외) 3. 전문 평가기관 의뢰 4. 기타 ( ) 5. 해당없음	평가기준 적용방법 1. 관련 조례 적용 2. 전문 평가기관 의뢰 3. 기타 ( ) 4. 해당없음	실제 인센티브 및 페널티 적용 유무 1. 매년 적용 2. 적용 안함 3. 기타 ( ) 4. 해당없음	인센티브 및 페널티 적용근거 1. 조례 2. 계약서 3. 기타 ( ) 4. 해당없음
3724	충남 천안시	한부모가족복지시설 아이돌봄서비스 지원(기관연계)	1	16	36,287	6	2	5	8	7	1	1	2	5	5	4	4	4
3725	충남 천안시	한부모가족매입임대주택(공동생활가정형) 주거지원	2	14	105,152	6	2	5	8	7	1	1	2	5	5	4	4	4
3726	충남 천안시	한부모가족복지시설 아이돌봄서비스 지원(가정연계)	2	14	2,153	6	2	5	8	7	1	1	2	5	5	4	4	4
3727	충남 천안시	단기거주시설 운영비	1	3	1,224,183	5	1	7	8	7	5	5	4	5	5	4	4	4
3728	충남 천안시	공동생활가정 운영비	1	3	183,140	5	1	7	8	7	5	5	4	5	5	4	4	4
3729	충남 천안시	장애인거주시설 생활지도원 교대인력	1	3	99,600	5	1	7	8	7	5	5	4	5	5	4	4	4
3730	충남 천안시	장애인거주시설 IOT,AI활동 돌봄사업운영지원	1	3	1,439	5	1	7	8	7	5	5	4	5	5	4	4	4
3731	충남 천안시	장애인거주시설 공기청정기 임대료 지원	1	3	1,106	5	1	7	8	7	5	5	4	5	5	4	4	4
3732	충남 천안시	장애인복지관 운영	2	3	3,901,031	4	4	5	5	1	1	1	1	1	2	2	1	4
3733	충남 천안시	장애인주간보호센터 운영	2	3	3,300,819	5	1	7	8	7	5	5	4	5	5	4	4	4
3734	충남 천안시	장애인지원센터운영	2	3	1,393,146	5	4	7	8	7	5	5	4	5	5	4	4	4
3735	충남 천안시	장애인지역사회재활시설종사자지원	2	3	34,200	5	4	7	8	7	5	5	4	5	5	4	4	4
3736	충남 천안시	장애인직업재활시설 운영비	2	3	1,925,424	4	1	5	5	1	1	1	4	4	4	4	4	4
3737	충남 천안시	장애인직업재활시설 종사자 처우개선비	2	3	49,320	4	1	5	5	1	1	1	4	4	4	4	4	4
3738	충남 천안시	장애인직업재활시설 종사자 중증장애인보호수당	2	3	12,480	4	1	5	5	1	1	1	4	4	4	4	4	4
3739	충남 천안시	장애인직업재활시설 종사자 정액급식비	2	3	21,840	4	1	5	5	1	1	1	4	4	4	4	4	4
3740	충남 천안시	장애인직업재활시설 장애인지원수당	2	3	92,400	4	1	5	5	1	1	1	4	4	4	4	4	4
3741	충남 천안시	장애인직업재활시설 운영비	2	3	1,089,236	5	1	7	8	7	5	5	4	5	5	4	4	4
3742	충남 천안시	장애인직업재활시설 심리치유 등 프로그램 지원	2	3	18,063	6	1	7	8	7	5	5	4	5	5	4	4	4
3743	충남 천안시	정신요양시설 운영지원	1	5	4,497,143	5	1	7	8	7	5	5	4	5	5	4	4	4
3744	충남 천안시	정신재활시설 운영지원	1	5	899,728	5	1	7	8	7	5	5	4	5	5	4	4	4
3745	충남 당진시	○사회복지관 4개소 인건비	2	7	2,651,072	4	4	5	5	1	1	1	1,3	3	3	2	1	1
3746	충남 당진시	○사회복지관 4개소 운영비	2	7	376,000	4	4	5	5	1	1	1	1,3	3	3	2	1	1
3747	충남 당진시	○사회복지관 4개소 프로그램 사업비	2	7	200,000	4	4	5	5	1	1	1	1,3	3	3	2	1	1
3748	충남 당진시	○북부사회복지관 공동체 향상 지역조직화 사업비	2	7	20,000	4	4	5	5	1	1	1	1	3	3	2	1	1
3749	충남 당진시	○지역사회보장협의체 운영 활성화 지원	2	7	115,514	5	4	7	8	7	1	1	1	3	3	2	1	1
3750	충남 당진시	지역자활센터 운영	2	8	414,168	5	2	7	8	7	5	5	4	5	5	4	4	4
3751	충남 보령시	자활근로사업 민간위탁사업비	2	8	1,577,038	4	1	7	8	7	1	1	4	5	5	4	4	4
3752	충남 보령시	지역자활센터 운영	2	8	324,076	5	1	7	8	7	1	1	4	5	5	4	4	4
3753	충남 보령시	희망키움통장 사례관리	2	8	39,296	6	1	7	8	7	1	1	4	5	5	4	4	4
3754	충남 보령시	자활사례관리 사업	2	8	31,740	6	1	7	8	7	1	1	4	5	5	4	4	4
3755	충남 보령시	명천종합사회복지관 운영	2	7	667,907	4	1	5	5	1	1	3	3	3	2	1	4	4
3756	충남 보령시	명천종합사회복지관 운영	2	7	72,100	6	1	7	8	7	1	3	3	3	2	1	4	4
3757	충남 보령시	명천종합사회복지관 운영	2	7	28,560	5	6	7	8	7	1	3	3	3	2	1	4	4
3758	충남 아산시	시니어클럽 운영비 지원	2	1	320,000	5	1	7	5	7	1	1	1	1	1	4	4	4
3759	충남 아산시	동부노인복지관 운영지원	2	1	755,191	5	1	7	8	7	1	1	1	1	1	4	4	4
3760	충남 아산시	장애인자립생활지원센터 운영	2	3	164,266	4	1	1	3	1	1	1	3	3	1	1	4	4
3761	충남 아산시	장애인자립생활지원센터 운영(자체)	2	3	83,356	4	1	1	3	1	1	1	3	3	1	1	4	4
3762	충남 아산시	장애인가족지원센터 운영	2	3	196,000	4	1	1	3	1	1	1	3	3	1	1	4	4
3763	충남 아산시	장애인가족지원센터 운영(자체)	2	3	88,000	5	1	1	3	1	1	1	3	3	1	1	4	4
3764	충남 아산시	장애인가족지원센터 장애학생 방과후 프로그램	2	3	80,000	6	1	1	3	1	1	1	3	3	1	1	4	4
3765	충남 아산시	중증장애인 긴급돌봄	2	3	13,750	6	1	1	3	1	1	1	3	3	1	1	4	4
3766	충남 아산시	장애인직업재활시설 운영	2	3	707,477	4	1	1	5	7	1	1	3	1	1	1	4	4
3767	충남 아산시	장애인직업재활시설 운영	2	3	986,880	5	1	7	8	7	1	1	4	5	5	4	4	4
3768	충남 아산시	장애인직업재활시설 운영	2	3	317,134	5	1	7	8	7	1	1	4	5	5	4	4	4
3769	충남 아산시	장애인복지관 운영	2	3	2,103,037	4	1, 4	1	5	1	1	1	1	1	1	1	1	1

순번	시군구	지출명 (사업명)	시설종류 1. 생활시설 2. 이용시설	사회복지시설 종류 1. 노인복지시설 2. 아동복지시설 3. 장애인복지시설 4. 어린이집 5. 정신건강증진시설 6. 노숙인시설 7. 사회복지관 8. 지역자활센터 9. 다함께돌봄센터 10. 결핵,한센시설 11. 성매매피해지원시설 12. 성폭력피해보호시설 13. 가정폭력보호시설 14. 가족센터 15. 청소년복지시설 16. 기타 (　　)	2025년예산 (단위:천원/1년간)	민간이전 분류 (지방자치단체 세출예산 집행기준에 의거) 1. 민간경상사업보조(307-02) 2. 민간단체 법정운영비보조(307-03) 3. 민간행사사업보조(307-04) 4. 민간위탁금(307-05) 5. 사회복지시설 법정운영비보조(307-10) 6. 사회복지사업보조(307-11) 7. 민간인위탁교육비(307-12) 8. 공기관등에대한경상적위탁사업(308-13) 9. 공사공단 경상전출금(309-01)	민간이전지출 근거 (지방보조금 관리기준 참고) 1. 법률에 규정 2. 국고보조 재원(국가지정) 3. 용도 지정 기부금 4. 조례에 직접규정 5. 지자체가 권장하는 사업을 하는 공공기관 6. 시,도 정책 및 재정사정 7. 기타 8. 해당없음	입찰방식 계약체결방법 (경쟁형태) 1. 일반경쟁 2. 제한경쟁 3. 지명경쟁 4. 수의계약 5. 법정위탁 6. 기타 ( ) 7. 해당없음	입찰방식 계약기간 1. 1년 2. 2년 3. 3년 4. 4년 5. 5년 6. 기타 ( )년 7. 단기계약 (1년미만) 8. 해당없음	입찰방식 낙찰자선정방법 1. 적격심사 2. 협상에의한계약 3. 최저가낙찰제 4. 규격가격분리 5. 2단계 경쟁입찰 6. 기타 ( ) 7. 해당없음	운영예산 산정 운영비산정 1. 내부산정 (지자체 자체적으로 산정) 2. 외부산정 (외부전문기관위탁 산정) 3. 내·외부 모두 산정 4. 산정 無 5. 해당없음	운영예산 산정 정산방법 1. 내부정산 (지자체 내부적으로 정산) 2. 외부정산 (외부전문기관위탁 정산) 3. 내·외부 모두 산정 4. 정산 無 5. 해당없음	성과평가 성과평가 실시여부 1. 실시 2. 미실시 3. 향후 추진 4. 해당없음	성과평가 성과평가 주기 1. 매년 2. 격년 3. 기간만료전 4. 기타 ( ) 5. 해당없음	성과평가 성과평가 실시 방법 1. 자체 실시 2. 평가단 구성 후 실시 (전문위원 섭외) 3. 전문 평가기관 의뢰 4. 기타 ( ) 5. 해당없음	성과평가 평가기준 적용방법 1. 관련 조례 적용 2. 전문 평가기관 의뢰 3. 기타 ( ) 4. 해당없음	평가결과 적용 실제 인센티브 및 페널티 적용 유무 1. 매년 적용 2. 적용 안함 3. 기타 ( ) 4. 해당없음	평가결과 적용 인센티브 및 페널티 적용근거 1. 조례 2. 계약서 3. 기타 ( ) 4. 해당없음
3770	충남 아산시	장애인 휠체어농구단 운영	2	3	24,000	6	1	7	8	7	1	1	1	1	1	1	1	1
3771	충남 아산시	장애인 언어치료교실 사업	2	3	50,877	6	1	7	8	7	1	1	1	1	1	1	1	1
3772	충남 아산시	장애인보호작업장 운영	2	3	12,000	6	1	7	8	7	1	1	1	1	1	1	1	1
3773	충남 아산시	중증장애인지원고용 위탁사업	2	3	35,000	6	1	7	8	7	1	1	1	1	1	1	1	1
3774	충남 아산시	장애인 자립생활체험홈 운영	2	3	57,786	6	1	7	8	7	1	1	1	1	1	1	1	1
3775	충남 아산시	장애인 재활승마 지원 프로그램 운영	2	3	38,400	6	1	7	8	7	1	1	1	1	1	1	1	1
3776	충남 아산시	장애인 한바탕 물놀이 축제 운영	2	3	80,000	6	1	7	8	7	1	1	1	1	1	1	1	1
3777	충남 아산시	복지관 부설 장애인주간보호센터 운영	2	3	606,061	4	1	1	5	1	1	1	1	1	1	1	1	1
3778	충남 아산시	장애인편의시설지원센터 운영	2	16	219,000	5	1	5	8	7	1	1	1	1	1	1	1	1
3779	충남 아산시	장애인식개선사업	2	3	40,000	6	1	7	8	7	1	1	1	1	1	1	1	1
3780	충남 아산시	동부장애인복지관 운영	2	3	13,000	6	8	7	8	7	5	5	4	5	5	4	4	4
3781	충남 아산시	좋은복지주간보호센터 운영	2	3	19,000	5	1	5	8	7	1	1	1	1	1	1	1	1
3782	충남 아산시	두리사랑 장애인주간보호센터 운영	2	3	275,964	5	1	5	8	7	1	1	1	1	1	1	1	1
3783	충남아산시	수어통역센터 운영	2	3	395,000	5	1	7	8	7	1	1	1	1	1	1	1	1
3784	충남아산시	장애인생활이동지원센터 운영	2	3	454,120	5	1	7	8	7	1	1	1	1	1	1	1	1
3785	충남 아산시	온주종합사회복지관운영	2	7	721,402	4	1	2	5	1	1	1	1	1	1	3	1	1
3786	충남 아산시	용봉산동종합사회복지관운영	2	7	856,900	4	1	2	5	1	1	1	1	1	1	3	1	1
3787	충남 아산시	탕정종합사회복지관운영	2	7	698,061	4	1	2	5	1	1	1	1	1	1	3	1	1
3788	충남 아산시	아산종합사회복지관 운영	1	7	644,808	5	1	7	8	7	5	5	4	5	5	4	4	4
3789	충남 아산시	아산서부종합사회복지관 운영	1	7	714,339	5	1	7	8	7	5	5	4	5	5	4	4	4
3790	충남 아산시	건강검진비 지원	1	7	3,900	5	1	7	8	7	5	5	4	5	5	4	4	4
3791	충남 아산시	복지포인트 지원	1	7	6,400	5	1	7	8	7	5	5	4	5	5	4	4	4
3792	충남 아산시	자활근로사업(민간위탁금)	2	8	2,242,442	4	1	7	8	7	5	1	4	5	5	4	4	4
3793	충남 아산시	지역자활센터운영	2	8	414,168	5	1	7	8	7	5	1	4	5	5	4	4	4
3794	충남 아산시	지역자활센터운영(자체)	2	8	57,000	5	1	7	8	7	5	1	4	5	5	4	4	4
3795	충남 아산시	자활사례관리사 지원	2	8	31,742	5	1	7	8	7	5	1	4	5	5	4	4	4
3796	충남 아산시	건강검진비,복지포인트 지원	2	8	1,500	5	1	7	8	7	5	1	4	5	5	4	4	4
3797	충남 아산시	신규사업단 및 자활기업 지원	2	8	20,000	6	1	7	8	7	5	1	4	5	5	4	4	4
3798	충남 아산시	자활센터종사자 역량강화교육	2	8	1,000	6	1	7	8	7	5	1	4	5	5	4	4	4
3799	충남 아산시	자활참여자 교육비	2	8	8,000	6	1	7	8	7	5	1	4	5	5	4	4	4
3800	충남 아산시	시간제보육 운영비	2	4	40,560	6	2	7	8	7	5	1	4	5	5	4	4	4
3801	충남 아산시	어린이집 교재교구비	2	4	199,267	6	2	7	8	7	5	1	4	5	5	4	4	4
3802	충남 아산시	농어촌소재 법인어린이집 운영비	2	4	24,350	6	2	7	8	7	5	1	4	5	5	4	4	4
3803	충남 아산시	어린이집 차량운영비	2	4	321,257	6	2	7	8	7	5	1	4	5	5	4	4	4
3804	충남 아산시	어린이집 급식 위생 관리비	2	4	187,070	6	2	7	8	7	5	1	4	5	5	4	4	4
3805	충남 아산시	장애아전문어린이집 차량운영비	2	4	7,800	6	6	7	8	7	5	1	4	5	5	4	4	4
3806	충남 아산시	공공형 어린이집 교육환경개선비	2	4	175,500	6	6	7	8	7	5	1	4	5	5	4	4	4
3807	충남 아산시	30인이하 소규모어린이집 운영비 지원	2	4	1,025,715	6	6	7	8	7	5	1	4	5	5	4	4	4
3808	충남 아산시	영아반 교육환경개선비	2	4	117,700	6	6	7	8	7	5	1	4	5	5	4	4	4
3809	충남 아산시	공공형어린이집 지원	2	4	200,640	6	6	7	8	7	5	1	4	5	5	4	4	4
3810	충남 아산시	소규모어린이집 급식위생관리비 지원	2	4	200,000	6	6	7	8	7	5	1	4	5	5	4	4	4
3811	충남 아산시	외국인 아동 필요 경비 지원(3-5세)	2	4	100,000	6	6	7	8	7	5	1	4	5	5	4	4	4
3812	충남 아산시	장애아전문어린이집 특성화 프로그램	2	4	24,000	6	6	7	8	7	5	1	4	5	5	4	4	4
3813	충남 아산시	동지역 어린이집 차량운영비 지원	2	4	120,000	5	4	7	8	7	5	1	1	1	1	1	4	4
3814	충남 아산시	어린이집 냉난방비	2	4	136,350	5	4	7	8	7	5	1	1	1	1	1	4	4
3815	충남 아산시	어린이집별 운영비 지원	2	4	606,000	6	4	7	8	7	5	1	1	1	1	1	4	4

순번	시군구	지출명 (사업명)	시설종류 1. 생활시설 2. 이용시설	사회복지시설 종류 1. 노인복지시설 2. 아동복지시설 3. 장애인복지시설 4. 어린이집 5. 정신건강증진시설 6. 노숙인시설 7. 사회복지관 8. 지역자활센터 9. 다함께돌봄센터 10. 결핵,한센시설 11. 성매매피해지원시설 12. 성폭력피해보호시설 13. 가정폭력보호시설 14. 가족센터 15. 청소년복지시설 16. 기타 ( )	2025년예산 (단위:천원/1년간)	민간이전 분류 (지방자치단체 세출예산 집행기준에 의거) 1. 민간경상사업보조(307-02) 2. 민간단체 법정운영비보조(307-03) 3. 민간행사사업보조(307-04) 4. 민간위탁금(307-05) 5. 사회복지시설 법정운영비보조(307-10) 6. 사회복지사업보조(307-11) 7. 민간인위탁교육비(307-12) 8. 공기관등에대한경상적위탁사업(308-13) 9. 공사공단 경상전출금(309-01)	민간이전지출 근거 (지방보조금 관리기준 참고) 1. 법률에 규정 2. 국고보조 재원(국가지정) 3. 용도 지정 기부금 4. 조례에 직접규정 5. 지자체가 권장하는 사업을 하는 공공기관 6. 시,도 정책 및 재정사정 7. 기타 8. 해당없음	입찰방식 계약체결방법 (경쟁형태) 1. 일반경쟁 2. 제한경쟁 3. 지명경쟁 4. 수의계약 5. 법정위탁 6. 기타 ( ) 7. 해당없음	계약기간 1. 1년 2. 2년 3. 3년 4. 4년 5. 5년 6. 기타 ( )년 7. 단기계약 (1년미만) 8. 해당없음	낙찰자선정방법 1. 적격심사 2. 협상에의한계약 3. 최저가낙찰제 4. 규격가격분리 5. 2단계 경쟁입찰 6. 기타 ( ) 7. 해당없음	운영예산 산정 운영비산정 1. 내부산정 (지자체 자체적으로 산정) 2. 외부산정 (외부전문기관위탁 산정) 3. 내·외부 모두 산정 4. 산정 無 5. 해당없음	정산방법 1. 내부정산 (지자체 내부적으로 정산) 2. 외부정산 (외부전문기관위탁 정산) 3. 내·외부 모두 산정 4. 정산 無 5. 해당없음	성과평가 성과평가 실시여부 1. 실시 2. 미실시 3. 향후 추진 4. 해당없음	성과평가 주기 1. 매년 2. 격년 3. 기간만료전 4. 기타 ( ) 5. 해당없음	성과평가 실시 방법 1. 자체 실시 2. 평가단 구성 후 실시 (전문위원 참여) 3. 전문 평가기관 의뢰 4. 기타 ( ) 5. 해당없음	평가기준 적용방법 1. 관련 조례 적용 2. 전문 평가기관 의뢰 3. 기타 ( ) 4. 해당없음	평가결과 적용 실제 인센티브 및 패널티 적용 유무 1. 매년 적용 2. 적용 안함 3. 기타 ( ) 4. 해당없음	인센티브 및 패널티 적용근거 1. 조례 2. 계약서 3. 기타 ( ) 4. 해당없음
3816	충남 아산시	열린어린이집 보육교직원 복리후생 지원	2	4	58,000	6	4	7	8	7	5	1	1	1	1	1	4	4
3817	충남 아산시	외국인 유아 필요 경비 지원(3-5세)	2	4	134,000	6	6	7	8	7	5	1	1	1	1	1	4	4
3818	충남 아산시	아동양육시설 운영	1	2	1,867,214	5	2	7	8	7	5	1	4	5	5	4	4	4
3819	충남 아산시	공동생활가정 운영	1	2	1,163,424	5	2	7	8	7	5	1	4	5	5	4	4	4
3820	충남 아산시	학대피해아동쉼터 운영	1	2	517,400	4	2	1	5	1	1	1	1	3	1	1	4	4
3821	충남 아산시	학대피해아동쉼터 기능보강	1	2	30,000	1	2	7	8	7	5	1	4	5	5	4	4	4
3822	충남 아산시	경계선아동 자립지원	1	2	7,000	5	2	7	8	7	5	1	4	5	5	4	4	4
3823	충남 아산시	아동생활안정 지원	1	2	82,708	5	2	7	8	7	5	1	4	5	5	4	4	4
3824	충남 아산시	아동학습환경 지원	1	2	78,857	5	2	7	8	7	5	1	4	5	5	4	4	4
3825	충남 아산시	아동 건강증진 및 정서함양 지원(아동생활시설)	1	2	17,800	5	2	7	8	7	5	1	4	5	5	4	4	4
3826	충남 아산시	지역아동센터 운영비 지원	2	2	635,052	5	2	7	8	7	5	1	1	1	1	1	4	4
3827	충남 아산시	토요운영 지역아동센터 운영비 지원(도 자체)	2	2	13,200	5	4	7	8	7	5	1	1	1	1	1	4	4
3828	충남 아산시	지역아동센터 운영사업비 및 급식인력 지원	2	2	154,140	5	4	7	8	7	5	1	1	1	1	1	4	4
3829	충남 아산시	지역아동센터 아동 건강증진 및 정서함양 지원	2	2	100,000	5	4	7	8	7	5	1	1	1	1	1	4	4
3830	충남 아산시	지역아동센터 종사자 건강검진비 지원	2	2	7,800	5	4	7	8	7	5	1	1	1	1	1	4	4
3831	충남 아산시	지역아동센터 종사자 복지포인트 지원	2	2	12,500	5	4	7	8	7	5	1	1	1	1	1	4	4
3832	충남 아산시	지역아동센터 물품구입비 지원	2	2	22,100	8	4	7	8	7	5	1	1	1	1	1	4	4
3833	충남 아산시	성폭력상담소 운영	2	12	347,644	5	1	6	8	7	1	1	1	4	4	4	4	4
3834	충남 아산시	가정폭력상담소 운영	2	13	422,579	5	1	6	8	7	1	1	1	4	4	4	4	4
3835	충남 아산시	성폭력피해자 보호시설 운영	1	12	369,907	5	1	6	8	7	1	1	1	4	4	4	4	4
3836	충남 아산시	긴급피난처 운영	2	13	126,729	5	1	6	8	7	1	1	1	4	4	4	4	4
3837	충남 아산시	가족센터 운영	2	14	7,596,625	4	1,2,4	1	5	1	1	1	1	3	1	1	4	1
3838	충남 서산시	정신재활시설 운영 지원	1	5	9,700	5	2	7	8	7	1	1	1	1	1	1	4	4
3839	충남 서산시	정신재활시설 운영 지원	1	5	70,520	5	2	7	8	7	1	1	1	1	1	1	4	4
3840	충남 서산시	석림사회복지관 운영	2	7	823,110	4	1	1	5	1	1	1	1	1	1	1	4	4
3841	충남 서산시	자활근로사업 지원	2	8	1,033,334	4	1	5	1	6	1	1	1	1	1	1	4	4
3842	충남 서산시	가족센터 운영(보조)	2	14	615,970	4	1	5	5	7	1	1	1	1	1	1	4	4
3843	충남 서산시	가족센터 운영(자체)	2	14	514,687	4	1	5	5	7	1	1	1	1	1	1	4	4
3844	충남 서산시	공동육아나눔터 운영(보조)	2	14	291,220	4	1	5	5	7	1	1	1	1	1	1	4	4
3845	충남 서산시	공동육아나눔터 운영(자체)	2	14	115,111	4	1	5	5	7	1	1	1	1	1	1	4	4
3846	충남 서산시	다문화가족 특성화사업	2	14	288,350	6	1	5	5	7	1	1	1	1	1	1	4	4
3847	충남 서산시	결혼이민자 역량강화지원	2	14	24,500	6	1	5	5	7	1	1	1	1	1	1	4	4
3848	충남 서산시	다문화가족 자녀 지원사업	2	14	261,070	6	1	5	5	7	1	1	1	1	1	1	4	4
3849	충남 서산시	다문화 어울림사업	2	14	106,166	6	4	5	5	7	1	1	1	1	1	1	4	4
3850	충남 서산시	중도입국자녀자존감UP	2	14	10,000	6	4	5	5	7	1	1	1	1	1	1	4	4
3851	충남 서산시	다문화가족문화지원사업	2	14	20,000	3	4	5	5	7	1	1	1	1	1	1	4	4
3852	충남 서산시	부부의 날 행사 지원	2	14	30,000	3	4	5	5	7	1	1	1	1	1	1	4	4
3853	충남 서산시	가정성통합센터 운영지원	2	13	334,453	5	1	7	8	7	1	1	1	1	1	1	4	4
3854	충남 서산시	긴급피난처 운영지원	2	13	55,547	5	1	7	8	7	1	1	1	1	1	1	4	4
3855	충남 서산시	육아종합지원센터(자체)	1	4	906,130	4	1	1	5	1	1	1	1	1	1	1	4	4
3856	충남 서산시	어린이집 기능보강	1	4	155,900	9	1	4	7	7	5	1	1	1	1	1	4	4
3857	충남 서산시	어린이집 환경개선(어린이집기능보강)	1	4	330,000	9	1	4	7	7	5	1	1	1	1	1	4	4
3858	충남 서산시	어린이집 환경개선	1	4	50,000	8	1	4	7	7	5	1	1	1	1	1	4	4
3859	충남 서산시	어린이집 운영 지원(농어촌소재)	1	4	27,429	5	2	7	8	7	5	1	1	1	1	1	4	4
3860	충남 서산시	어린이집 운영 지원(차량운영비)	1	4	190,270	5	2	7	8	7	5	1	1	1	1	1	4	4
3861	충남 서산시	어린이집 운영 지원(교재교구비)	1	4	53,422	5	2	7	8	7	5	1	1	1	1	1	4	4

순번	시군구	지출명 (사업명)	시설종류 1. 생활시설 2. 이용시설	사회복지시설 종류 1. 노인복지시설 2. 아동복지시설 3. 장애인복지시설 4. 어린이집 5. 정신건강증진시설 6. 노숙인시설 7. 사회복지관 8. 지역자활센터 9. 다함께돌봄센터 10. 결핵,한센시설 11. 성매매피해지원시설 12. 성폭력피해보호시설 13. 가정폭력보호시설 14. 가족센터 15. 청소년복지시설 16. 기타 ( )	2025년예산 (단위:천원/1년간)	민간이전 분류 (지방자치단체 세출예산 집행기준에 의거) 1. 민간경상사업보조(307-02) 2. 민간단체 법정운영비보조(307-03) 3. 민간행사사업보조(307-04) 4. 민간위탁금(307-05) 5. 사회복지시설 법정운영비보조(307-10) 6. 사회복지사업보조(307-11) 7. 민간인위탁교육비(307-12) 8. 공기관등에대한경상적위탁사업(308-13) 9. 공사공단 경상전출금(309-01)	민간이전지출 근거 (지방보조금 관리기준 참고) 1. 법률에 규정 2. 국고보조 재원(국가지정) 3. 용도 지정 기부금 4. 조례에 직접규정 5. 지자체가 권장하는 사업을 하는 공공기관 6. 시,도 정책 및 재정사정 7. 기타 8. 해당없음	입찰방식 계약체결방법 (경쟁형태) 1. 일반경쟁 2. 제한경쟁 3. 지명경쟁 4. 수의계약 5. 법정위탁 6. 기타 ( ) 7. 해당없음	입찰방식 계약기간 1. 1년 2. 2년 3. 3년 4. 4년 5. 5년 6. 기타 ( )년 7. 단기계약 (1년미만) 8. 해당없음	입찰방식 낙찰자선정방법 1. 적격심사 2. 협상에의한계약 3. 최저가낙찰제 4. 규격가격분리 5. 2단계 경쟁입찰 6. 기타 ( ) 7. 해당없음	운영예산 산정 운영비산정 1. 내부산정 (지자체 자체적으로 산정) 2. 외부산정 (외부전문기관위탁 산정) 3. 내·외부 모두 산정 4. 산정 無 5. 해당없음	운영예산 산정 정산방법 1. 내부정산 (지자체 내부적으로 정산) 2. 외부정산 (외부전문기관위탁 정산) 3. 내·외부 모두 산정 4. 정산 無 5. 해당없음	성과평가 성과평가 실시여부 1. 실시 2. 미실시 3. 향후 추진 4. 해당없음	성과평가 성과평가 주기 1. 매년 2. 격년 3. 기간만료전 4. 기타 ( ) 5. 해당없음	성과평가 성과평가 실시 방법 1. 자체 실시 2. 평가단 구성 후 실시 (전문위원 섭외) 3. 전문 평가기관 의뢰 4. 기타 ( ) 5. 해당없음	성과평가 평가기준 적용방법 1. 관련 조례 적용 2. 전문 평가기관 의뢰 3. 기타 ( ) 4. 해당없음	평가결과 적용 실제 인센티브 및 페널티 적용 유무 1. 매년 적용 2. 적용 안함 3. 기타 ( ) 4. 해당없음	평가결과 적용 인센티브 및 페널티 적용근거 1. 조례 2. 계약서 3. 기타 ( ) 4. 해당없음
3862	충남 서산시	정부미지원 어린이집 교육환경개선비 지원	1	4	421,200	5	6	7	8	7	5	1	1	1	1	1	4	4
3863	충남 서산시	영아반 교육환경개선비 지원	1	4	48,600	5	6	7	8	7	5	1	1	1	1	1	4	4
3864	충남 서산시	어린이집 반별 운영비	1	4	435,600	5	6	7	8	7	5	1	1	1	1	1	4	4
3865	충남 서산시	어린이집 부모부담금 지원	1	4	440,000	5	2	7	8	7	5	1	1	1	1	1	4	4
3866	충남 서산시	공공형 어린이집 지원(전환사업)	1	4	289,608	5	6	7	8	7	5	1	1	1	1	1	4	4
3867	충남 서산시	공공형 어린이집 교육환경 개선비	1	4	421,200	5	6	7	8	7	5	1	1	1	1	1	4	4
3868	충남 서산시	장애아전담 어린이집 차량운영비 지원	1	4	7,800	5	6	7	8	7	5	1	1	1	1	1	4	4
3869	충남 서산시	시간제 보육지원 사업	1	4	4,146	7	2	7	8	7	5	1	1	1	1	1	4	4
3870	충남 서산시	지역아동센터 운영비 지원	2	2	273,144	5	2	7	8	7	1	1	1	4	2	1	1	1
3871	충남 서산시	지역아동센터 환경개선 지원	2	2	10,000	8	5	7	8	7	1	1	1	4	2	1	1	1
3872	충남 서산시	토요운영지원	2	2	12,600	6	6	7	8	7	1	1	1	4	2	1	1	1
3873	충남 서산시	어린이 창의력 개발 교육	2	2	8,000	6	4	7	8	7	1	1	1	4	2	1	1	1
3874	충남 서산시	정서함양 프로그램 지원	2	2	35,700	6	5	7	8	7	1	1	1	4	2	1	1	1
3875	충남 서산시	요보호아동 그룹홈 운영 지원	1	2	290,855	2	2	6	8	7	1	1	1	4	1	3	3	3
3876	충남 서산시	서산문화복지센터 운영	2	15	2,294,876	4	4	4	3	1	1	1	4	4	5	4	1	4
3877	충남 서산시	해미 청소년문화의집 운영	2	15	488,718	4	4	4	3	1	1	1	4	4	5	4	1	4
3878	충남 서산시	성연 청소년문화의집 운영	2	15	761,906	4	4	4	3	1	1	1	4	4	5	4	1	4
3879	충남 서산시	지역청소년 참여기구 운영(정책참여위원회)	2	15	2,000	5	1	4	3	1	1	1	4	4	5	4	1	4
3880	충남 서산시	청소년지도사 배치지원	2	15	52,640	5	1	4	3	1	1	1	4	4	5	4	1	4
3881	충남 서산시	청소년 방과후 아카데미 운영	2	15	177,912	6	1	4	3	1	1	1	4	4	5	4	1	4
3882	충남 서산시	공공도서관 개관시간 연장	2	15	57,600	5	1	4	3	1	1	1	4	4	5	4	1	4
3883	충남 서산시	청소년 수련활동 지원	2	15	3,733	6	1	4	3	1	1	1	4	4	5	4	1	4
3884	충남 서산시	청소년 상담복지센터 운영(보조)	2	15	12,667	5	2	5	3	7	1	1	1	1	1	1	2	4
3885	충남 서산시	청소년 상담복지센터 운영(자체)	2	15	426,462	4	2	5	3	7	1	1	1	1	1	1	2	4
3886	충남 서산시	청소년전용공간(영차영차) 운영	2	15	142,770	4	2	5	3	7	1	1	1	1	1	1	2	4
3887	충남 서산시	아동청소년 마음행복 지원사업	2	15	9,000	6	2	5	3	7	1	1	1	1	1	1	2	4
3888	충남 서산시	청소년 통합지원체계(청소년안전망) 구축	2	15	170,332	5	2	5	3	7	1	1	1	1	1	1	2	4
3889	충남 서산시	청소년 동반자 프로그램 운영	2	15	68,682	5	2	5	3	7	1	1	1	1	1	1	2	4
3890	충남 서산시	학교 밖 청소년 지원(도비)	2	15	20,000	5	2	5	3	7	1	1	1	1	1	1	2	4
3891	충남 서산시	학교 밖 청소년 지원(꿈드림)	2	15	131,740	5	2	5	3	7	1	1	1	1	1	1	2	4
3892	충남 서산시	학교 밖 청소년 지원(급식)	2	15	12,500	6	2	5	3	7	1	1	1	1	1	1	2	4
3893	충남 서산시	학교 밖 세상소통카드	2	15	28,800	6	2	5	3	7	1	1	1	1	1	1	2	4
3894	충남 서산시	다함께돌봄센터	2	9	684,382	4	1	1	5	1	1	1	1	3	1	1	4	4
3895	충남 서산시	노인교실 지원	2	1	104,500	5	4	7	8	7	1	1	4	5	5	4	4	4
3896	충남 서산시	지역노인대학 활성화 지원	2	1	39,800	5	4	7	8	7	1	1	4	5	5	4	4	4
3897	충남 서산시	서산시니어클럽 운영	2	1	320,000	5	6	6	5	7	1	1	2	5	5	4	4	4
3898	충남 서산시	노인복지시설 기능보강사업	1	1	179,844	1	1	6	1	6	1	1	1	1	5	4	4	4
3899	충남 서산시	노인복지시설 및 종사자 지원사업	1	1	25,000	3	4	7	8	7	5	1	1	1	1	4	4	4
3900	충남 서산시	노인맞춤 돌봄서비스사업 지원(지역센터)	2	1	1,585,786	5	2	5	4	1	1	3	1	1	1	4	4	4
3901	충남 서산시	노인맞춤 돌봄서비스사업 지원(지역센터)	2	1	1,684,794	5	2	5	4	1	1	3	1	1	1	4	4	4
3902	충남 서산시	장기요양기관 종사자 역량강화 교육	2	1	20,000	3	6	7	8	7	1	1	1	1	1	4	4	4
3903	충남 서산시	장애인단기 거주시설 운영	1	3	934,435	5	1	7	8	7	5	5	4	5	5	4	4	4
3904	충남 서산시	장애인단기 거주시설 인력지원	1	3	89,207	5	1	7	8	7	5	5	4	5	5	4	4	4
3905	충남 서산시	두리사랑공동체운영	1	3	142,919	5	1	7	8	7	5	5	4	5	5	4	4	4
3906	충남 서산시	장애인복지관 운영	2	3	1,634,150	4	1	1	5	1	5	1	1	1	1	4	4	4
3907	충남 서산시	장애인생활이동지원센터 운영	2	3	440,479	5	1	7	8	7	1	1	1	1	1	4	4	4

순번	시군구	지출명 (사업명)	시설종류 1. 생활시설 2. 이용시설	사회복지시설 종류 1. 노인복지시설 2. 아동복지시설 3. 장애인복지시설 4. 어린이집 5. 정신건강증진시설 6. 노숙인시설 7. 사회복지관 8. 지역자활센터 9. 다함께돌봄센터 10. 결핵,한센시설 11. 성매매피해지원시설 12. 성폭력피해보호시설 13. 가정폭력보호시설 14. 가족센터 15. 청소년복지시설 16. 기타 ( )	2025년예산 (단위:천원/1년간)	민간이전 분류 (지방자치단체 세출예산 집행기준에 의거) 1. 민간경상사업보조(307-02) 2. 민간단체 법정운영비보조(307-03) 3. 민간행사사업보조(307-04) 4. 민간위탁금(307-05) 5. 사회복지시설 법정운영비보조(307-10) 6. 사회복지사업보조(307-11) 7. 민간인위탁교육비(307-12) 8. 공기관등에대한경상적위탁사업(308-13) 9. 공사공단 경상전출금(309-01)	민간이전지출 근거 (지방보조금 관리기준 참고) 1. 법률에 규정 2. 국고보조 재원(국가지정) 3. 용도 지정 기부금 4. 조례에 직접규정 5. 지자체가 권장하는 사업을 하는 공공기관 6. 시,도 정책 및 재정사정 7. 기타 8. 해당없음	입찰방식: 계약체결방법 (경쟁형태) 1. 일반경쟁 2. 제한경쟁 3. 지명경쟁 4. 수의계약 5. 법정위탁 6. 기타 ( ) 7. 해당없음	입찰방식: 계약기간 1. 1년 2. 2년 3. 3년 4. 4년 5. 5년 6. 기타 ( )년 7. 단기계약 (1년미만) 8. 해당없음	입찰방식: 낙찰자선정방법 1. 적격심사 2. 협상에의한계약 3. 최저가낙찰제 4. 규격가격분리 5. 2단계 경쟁입찰 6. 기타 ( ) 7. 해당없음	운영예산 산정: 운영비산정 1. 내부산정 (지자체 자체적으로 산정) 2. 외부산정 (외부전문기관위탁 산정) 3. 내·외부 모두 산정 4. 산정 無 5. 해당없음	운영예산 산정: 정산방법 1. 내부정산 (지자체 내부적으로 정산) 2. 외부정산 (외부전문기관위탁 정산) 3. 내·외부 모두 산정 4. 정산 無 5. 해당없음	성과평가: 성과평가 실시여부 1. 실시 2. 미실시 3. 향후 추진 4. 해당없음	성과평가: 성과평가 주기 1. 매년 2. 격년 3. 기간만료전 4. 기타 ( ) 5. 해당없음	성과평가: 성과평가 실시 방법 1. 자체 실시 2. 평가단 구성 후 실시 (전문위원 섭외) 3. 전문 평가기관 의뢰 4. 기타 ( ) 5. 해당없음	성과평가: 평가기준 적용방법 1. 관련 조례 적용 2. 전문 평가기관 의뢰 3. 기타 ( ) 4. 해당없음	평가결과 적용: 실제 인센티브 및 페널티 적용 유무 1. 매년 적용 2. 적용 안함 3. 기타 ( ) 4. 해당없음	평가결과 적용: 인센티브 및 페널티 적용근거 1. 조례 2. 계약서 3. 기타 ( ) 4. 해당없음
3908	충남 서산시	수어통역센터 운영	2	3	335,044	5	1	7	8	7	1	1	1	1	1	4	4	4
3909	충남 서산시	서산시장애인보호작업장 운영	2	3	631,365	4	1	1	5	1	5	1	1	1	1	4	4	4
3910	충남 서산시	두리사랑보호작업장 운영	2	3	641,198	5	1	7	8	7	5	1	1	1	1	4	4	4
3911	충남 서산시	서림직업재활원 운영	2	3	705,762	5	1	7	8	7	5	1	1	1	1	4	4	4
3912	충남 서산시	장애인보호작업장 근로장애인 급식 지원	2	3	10,000	4	1	7	8	7	5	1	1	1	1	4	4	4
3913	충남 서산시	장애인직업재활시설 기능보강	2	3	455,700	5	1	7	8	7	5	1	1	1	1	4	4	4
3914	충남 서산시	장애인가족지원센터 지원	2	16	258,278	4	6	7	8	7	1	1	1	1	1	4	4	4
3915	충남 서산시	중증장애인자립생활지원	2	16	200,900	4	6	7	8	7	1	1	1	1	1	4	4	4
3916	충남 서산시	장애인복지관종사자 정액 급식비	2	3	17,640	4	1	1	5	1	5	1	1	1	1	4	4	4
3917	충남 서산시	발달장애인 문화예술양성 프로그램 지원	2	16	30,000	1	7	7	8	7	1	1	1	1	1	4	4	4
3918	충남 서산시	장애인주간보호센터 기능보강	2	3	30,000	5	1	7	8	7	5	1	1	1	1	4	4	4
3919	충남 계룡시	장애인직업재활시설 운영 지원	2	3	287,412	5	1	7	8	7	5	5	4	5	5	4	4	4
3920	충남 계룡시	장애인 단기거주시설 운영 지원	1	3	249,874	5	1	7	8	7	5	5	4	5	5	4	4	4
3921	충남 금산군	노인생활시설 등급외자 운영비	1	1	25,000	5	6	7	8	7	1	1	1	1	1	1	4	4
3922	충남 금산군	재가노인지원서비스 운영	2	1	153,600	5	6	7	8	7	1	1	1	1	1	1	4	4
3923	충남 부여군	자활근로사업 민간위탁금	2	8	10,688	4	2	2	2	4	5	5	4	4	4	4	4	4
3924	충남 부여군	부여지역자활센터 운영비	2	8	328,702	5	2	2	2	4	5	5	4	4	4	4	4	4
3925	충남 부여군	장애인거주시설 IOT,AI활용 돌봄사업운영	1	3	1,386	5	2	2	3	1	1	1	1	1	1	4	4	4
3926	충남 부여군	장애인거주시설 종사자 정액급식	1	3	10,080	5	1	2	3	1	1	1	1	1	1	4	4	4
3927	충남 부여군	장애인종합복지관 운영	2	3	1,583,490	4	1	2	3	1	1	1	1	1	1	4	4	4
3928	충남 부여군	부여군 시각장애인등 생활지원센터 운영	2	3	176,310	5	1	2	1	1	1	1	1	1	1	4	4	4
3929	충남 부여군	수어통역센터 운영	2	3	184,488	5	1	2	1	1	1	1	1	1	1	4	4	4
3930	충남 부여군	편의증진기술지원센터 운영	2	3	86,930	5	1	2	1	1	1	1	1	1	1	4	4	4
3931	충남 부여군	장애인 민간촉진 지원단 운영	2	3	51,835	5	1	2	1	1	1	1	1	1	1	4	4	4
3932	충남 부여군	장애인민원상담센터 운영	2	3	59,486	5	1	2	1	1	1	1	1	1	1	4	4	4
3933	충남 부여군	시각장애인주간보호센터운영	2	3	49,000	5	1	2	1	1	1	1	1	1	1	4	4	4
3934	충남 부여군	지체장애인 재활사업비 지원 및 사회적응프로그램 운영	2	3	13,000	6	1	2	1	1	1	1	1	1	1	4	4	4
3935	충남 부여군	시각장애인 재활사업비 지원 및 사회적응프로그램 운영	2	3	10,000	6	1	2	1	1	1	1	1	1	1	4	4	4
3936	충남 부여군	농아인 재활사업비 지원 및 사회적응프로그램 운영	2	3	10,000	6	1	2	1	1	1	1	1	1	1	4	4	4
3937	충남 부여군	장애인직업재활시설 운영 지원	2	3	459,468	5	1	2	3	1	1	1	1	1	1	4	4	4
3938	충남 부여군	장애인직업재활시설 종사자 힐링프로그램	2	3	2,643	5	1	2	3	1	1	1	1	1	1	4	4	4
3939	충남 서천군	다함께돌봄센터 운영비 지원	2	9	84,144	5	1	5	5	1	2	1	1	1	1	1	1	1
3940	충남 서천군	충남형 온종일돌봄사업 운영	2	9	105,156	5	4	5	5	1	2	1	1	1	1	1	1	1
3941	충남 서천군	학교밖 늘봄학교 운영비지원	2	9	50,000	5	4	5	5	1	2	1	1	1	1	1	1	1
3942	충남 서천군	지역아동센터 운영비지원	2	2	184,920	5	1	7	8	7	5	5	4	5	5	4	4	4
3943	충남 서천군	지역아동센터 정서함양 지원	2	2	27,800	6	1	7	8	7	5	5	4	5	5	4	4	4
3944	충남 서천군	누리과정 운영비 지원	2	4	176,291	5	1	7	8	7	5	5	4	5	5	4	4	4
3945	충남 서천군	어린이집 차량운영비 지원	2	4	63,540	5	1	7	8	7	5	5	4	5	5	4	4	4
3946	충남 서천군	농어촌소재법인 어린이집 지원	2	4	23,048	5	1	7	8	7	5	5	4	5	5	4	4	4
3947	충남 서천군	어린이집 교재교구비 지원	2	4	10,380	6	1	7	8	7	5	5	4	5	5	4	4	4
3948	충남 서천군	영아반 교육환경개선비 지원	2	4	7,600	5	1	7	8	7	5	5	4	5	5	4	4	4
3949	충남 서천군	30인 이하 소규모어린이집 운영비 지원	2	4	77,805	5	1	7	8	7	5	5	4	5	5	4	4	4
3950	충남 서천군	서천성폭력상담소 민간위탁	2	12	111,552	5	6	7	8	7	1	1	4	5	5	4	4	4
3951	충남 서천군	서천군가족센터 민간위탁	2	14	692,540	5	1	1	3	1	1	1	4	5	5	4	4	4
3952	충남 서천군	예쁜예절모자원 민간위탁	1	16	465,272	5	6	7	8	7	1	1	4	5	5	4	4	4
3953	충남 서천군	시니어클럽 운영 지원	2	1	33,140	5	1	5	5	1	1	1	1	1	1	4	4	4

순번	시군구	지출명 (사업명)	시설종류 1. 생활시설 2. 이용시설	사회복지시설 종류 1. 노인복지시설 2. 아동복지시설 3. 장애인복지시설 4. 어린이집 5. 정신건강증진시설 6. 노숙인시설 7. 사회복지관 8. 지역자활센터 9. 다함께돌봄센터 10. 결핵,한센시설 11. 성매매피해지원시설 12. 성폭력피해보호시설 13. 가정폭력보호시설 14. 가족센터 15. 청소년복지시설 16. 기타 ( )	2025년예산 (단위:천원/1년간)	민간이전 분류 (지방자치단체 세출예산 집행기준에 의거) 1. 민간경상사업보조(307-02) 2. 민간단체 법정운영비보조(307-03) 3. 민간행사사업보조(307-04) 4. 민간위탁금(307-05) 5. 사회복지시설 법정운영비보조(307-10) 6. 사회복지사업보조(307-11) 7. 민간인위탁교육비(307-12) 8. 공기관등에대한경상적위탁사업(308-13) 9. 공사공단 경상전출금(309-01)	민간이전지출 근거 (지방보조금 관리기준 참고) 1. 법률에 규정 2. 국고보조 재원(국가지정) 3. 용도 지정 기부금 4. 조례에 직접규정 5. 지자체가 권장하는 사업을 하는 공공기관 6. 시,도 정책 및 재정사정 7. 기타 8. 해당없음	입찰방식			운영예산 산정		성과평가				평가결과 적용	
								계약체결방법 (경쟁형태) 1. 일반경쟁 2. 제한경쟁 3. 지명경쟁 4. 수의계약 5. 법정위탁 6. 기타 ( ) 7. 해당없음	계약기간 1. 1년 2. 2년 3. 3년 4. 4년 5. 5년 6. 기타 ( )년 7. 단기계약 (1년미만) 8. 해당없음	낙찰자선정방법 1. 적격심사 2. 협상에의한계약 3. 최저가낙찰제 4. 규격가격분리 5. 2단계 경쟁입찰 6. 기타 ( ) 7. 해당없음	운영비산정 1. 내부산정 (지자체 자체적으로 산정) 2. 외부산정 (외부전문기관위탁 산정) 3. 내·외부 모두 산정 4. 산정 無 5. 해당없음	정산방법 1. 내부정산 (지자체 내부적으로 정산) 2. 외부정산 (외부전문기관위탁 정산) 3. 내·외부 모두 산정 4. 정산 無 5. 해당없음	성과평가 실시여부 1. 실시 2. 미실시 3. 향후 추진 4. 해당없음	성과평가 주기 1. 매년 2. 격년 3. 기간만료전 4. 기타 ( ) 5. 해당없음	성과평가 실시 방법 1. 자체 실시 2. 평가단 구성 후 실시 (전문위원 섭외) 3. 전문 평가기관 의뢰 4. 기타 ( ) 5. 해당없음	평가기준 적용방법 1. 관련 조례 적용 2. 전문 평가기관 의뢰 3. 기타 ( ) 4. 해당없음	실제 인센티브 및 페널티 적용 유무 1. 매년 적용 2. 적용 안함 3. 기타 ( ) 4. 해당없음	인센티브 및 페널티 적용근거 1. 조례 2. 계약서 3. 기타 ( ) 4. 해당없음
3954	충남 서천군	노인복지관 운영	2	1	891,630	4	1	5	5	1	1	1	1	1	1	4	4	4
3955	충남 서천군	복지마을 운영	2	1	334,380	4	1	5	5	1	1	1	1	1	1	4	4	4
3956	충남 서천군	거동불편 독거노인 병원 동행서비스	2	1	75,000	6	1	7	8	7	5	1	1	1	1	1	4	4
3957	충남 서천군	독거노인장애인 응급안전안심서비스	2	1	186,010	6	1	7	8	7	5	1	4	5	5	4	4	4
3958	충남 서천군	재가노인지원서비스	2	1	154,000	6	1	7	8	7	5	1	4	5	5	4	4	4
3959	충남 청양군	자활근로, 지역자활센터 및 광역자활센터운영(자활근로)	2	8	780,790	4	1	7	1	7	1	1	1	1	1	1	4	4
3960	충남 청양군	자활근로, 지역자활센터 및 광역자활센터운영(자활센터운영)	2	8	273,280	5	1	7	1	7	1	1	1	1	1	1	4	4
3961	충남 청양군	지역자활센터 사무실 임차료 지원	2	8	7,200	5	1	7	1	7	1	1	1	1	1	1	4	4
3962	충남 청양군	지역자활센터(자활사례관리사 지원)	2	8	15,871	5	1	7	1	7	1	1	1	1	1	1	4	4
3963	충남 청양군	푸드뱅크 운영 지원	2	16	9,000	5	1	7	1	7	1	1	1	1	1	1	4	4
3964	충남 청양군	가정·성폭력상담소 운영지원	2	12,13	187,688	5	6	7	8	7	5	1	4	5	5	4	4	4
3965	충남 청양군	건강가정·다문화가족지원센터 운영	2	14	564,890	5	2	7	8	7	5	1	4	5	5	4	4	4
3966	충남 청양군	결혼이민자 통번역서비스 지원(자체)	2	14	38,797	5	4,6	7	8	7	5	1	1	1	1	3	1	3
3967	충남 청양군	어린이집 운영지원(어린이집 교재교구비 지원)	2	4	6,424	6	2	7	8	7	1	1	1	1	1	1	4	4
3968	충남 청양군	어린이집 운영지원(어린이집 차량운영비 지원)	2	4	27,092	5	2	7	8	7	1	1	1	1	1	1	4	4
3969	충남 청양군	어린이집 운영지원(농어촌소재 법인어린이집 지원)	2	4	5,835	5	2	7	8	7	1	1	1	1	1	1	4	4
3970	충남 청양군	공공형어린이집 지원(전환사업)	2	4	20,675	5	6	7	8	7	1	1	1	1	1	1	4	4
3971	충남 청양군	우수 어린이집 냉·난방비 지원	2	4	6,000	5	4	7	8	7	1	1	1	1	1	1	4	4
3972	충남 청양군	영아반 교육환경개선비	2	4	3,300	5	6	7	8	7	1	1	1	1	1	1	4	4
3973	충남 청양군	어린이집운영	2	4	57,888	5	4	7	8	7	1	1	1	1	1	1	4	4
3974	충남 청양군	지역아동센터 운영비	2	2	18,960	5	2	7	8	7	1	1	1	1	1	1	4	4
3975	충남 청양군	지역아동센터 운영비	2	2	21,960	5	2	7	8	7	1	1	1	1	1	1	4	4
3976	충남 청양군	지역아동센터 운영비	2	2	18,960	5	2	7	8	7	1	1	1	1	1	1	4	4
3977	충남 청양군	아동정서함양지원	2	2	2,200	5	2	7	8	7	1	1	1	1	1	1	4	4
3978	충남 청양군	아동정서함양지원	2	2	2,200	5	2	7	8	7	1	1	1	1	1	1	4	4
3979	충남 청양군	아동정서함양지원	2	2	2,200	5	2	7	8	7	1	1	1	1	1	1	4	4
3980	충남 청양군	지역아동센터지원(포괄)(도비)	2	2	4,380	5	4	7	8	7	1	1	1	1	1	1	4	4
3981	충남 청양군	지역아동센터지원(포괄)(도비)	2	2	4,380	5	4	7	8	7	1	1	1	1	1	1	4	4
3982	충남 청양군	지역아동센터지원(포괄)(도비)	2	2	4,380	5	4	7	8	7	1	1	1	1	1	1	4	4
3983	충남 청양군	지역아동센터 차량운영 지원	2	2	3,000	5	4	7	8	7	1	1	1	1	1	1	4	4
3984	충남 청양군	지역아동센터 차량운영 지원	2	2	3,000	5	4	7	8	7	1	1	1	1	1	1	4	4
3985	충남 청양군	지역아동센터 차량운영 지원	2	2	3,000	5	4	7	8	7	1	1	1	1	1	1	4	4
3986	충남 청양군	아이돌봄 지원사업	2	14	577,463	5	1	7	8	7	1	1	1	1	2	2	1	3
3987	충남 청양군	아이돌봄 자체지원사업	2	14	60,000	5	4	7	8	7	1	1	1	1	2	2	1	3
3988	충남 예산군	독거노인장애인응급안전안심서비스운영지원	2	1	525,432	6	2	1	2	1	1	1	4	5	5	3	2	4
3989	충남 예산군	365×24어린이집운영비	2	2	184,000	6	2	1	5	1	1	1	1	3	4	3	3	2
3990	충남 예산군	어린이집공기청정기운영비지원	2	2	19,248	5	6	1	5	1	1	1	1	3	4	3	3	2
3991	충남 예산군	어린이집교재교구비	2	2	21,000	6	2	1	5	1	1	1	1	3	4	3	3	2
3992	충남 예산군	어린이집냉난방비지원	2	2	14,400	5	6	1	5	1	1	1	1	3	4	3	3	2
3993	충남 예산군	어린이집차량운영비	2	2	62,400	6	2	1	5	1	1	1	1	3	4	3	3	2
3994	충남 예산군	영아반교육환경개선비	2	2	10,300	6	2	1	5	1	1	1	1	3	4	3	3	2
3995	충남 예산군	학대피해아동쉼터 운영	1	2	258,700	4	4	1	5	1	1	1	1	3	4	1	3	3
3996	충남 예산군	수어통역센터운영	2	3	239,047	5	1	7	8	7	1	1	4	4	4	4	4	4
3997	충남 예산군	장애인거주시설운영지원	1	3	1,501,896	5	1	7	8	7	1	1	4	4	4	4	4	4
3998	충남 예산군	장애인생활이동지원센터운영	2	3	245,000	5	1	7	8	7	1	1	4	4	4	4	4	4
3999	충남 예산군	장애인종합복지관운영	2	3	1,754,355	4	1	5	5	1	1	1	1	3	2	1	2	4

순번	시군구	지출명 (사업명)	시설종류 1. 생활시설 2. 이용시설	사회복지시설 종류 1. 노인복지시설 2. 아동복지시설 3. 장애인복지시설 4. 어린이집 5. 정신건강증진시설 6. 노숙인시설 7. 사회복지관 8. 지역자활센터 9. 다함께돌봄센터 10. 결핵,한센시설 11. 성매매피해지원시설 12. 성폭력피해보호시설 13. 가정폭력보호시설 14. 가족센터 15. 청소년복지시설 16. 기타 ( )	2025년예산 (단위:천원/1년간)	민간이전 분류 (지방자치단체 세출예산 집행기준에 의거) 1. 민간경상사업보조(307-02) 2. 민간단체 법정운영비보조(307-03) 3. 민간행사사업보조(307-04) 4. 민간위탁금(307-05) 5. 사회복지시설 법정운영비보조(307-10) 6. 사회복지사업보조(307-11) 7. 민간인위탁교육비(307-12) 8. 공기관등에대한경상적위탁사업(308-13) 9. 공사공단 경상전출금(309-01)	민간이전지출 근거 (지방보조금 관리기준 참고) 1. 법률에 규정 2. 국고보조 재원(국가지정) 3. 용도 지정 기부금 4. 조례에 직접규정 5. 지자체가 권장하는 사업을 하는 공공기관 6. 시,도 정책 및 재정사정 7. 기타 8. 해당없음	입찰방식: 계약체결방법 (경쟁형태) 1. 일반경쟁 2. 제한경쟁 3. 지명경쟁 4. 수의계약 5. 법정위탁 6. 기타 ( ) 7. 해당없음	입찰방식: 계약기간 1. 1년 2. 2년 3. 3년 4. 4년 5. 5년 6. 기타 ( )년 7. 단기계약 (1년미만) 8. 해당없음	입찰방식: 낙찰자선정방법 1. 적격심사 2. 협상에의한계약 3. 최저가낙찰제 4. 규격가격분리 5. 2단계 경쟁입찰 6. 기타 ( ) 7. 해당없음	운영예산 산정: 운영비산정 1. 내부산정 (지자체 자체적으로 산정) 2. 외부산정 (외부전문기관위탁 산정) 3. 내·외부 모두 산정 4. 산정 無 5. 해당없음	운영예산 산정: 정산방법 1. 내부정산 (지자체 내부적으로 정산) 2. 외부정산 (외부전문기관위탁 정산) 3. 내·외부 모두 산정 4. 정산 無 5. 해당없음	성과평가: 성과평가 실시여부 1. 실시 2. 미실시 3. 향후 추진 4. 해당없음	성과평가: 성과평가 주기 1. 매년 2. 격년 3. 기간만료전 4. 기타 ( ) 5. 해당없음	성과평가: 성과평가 실시 방법 1. 자체 실시 2. 평가단 구성 후 실시 (전문위원 섭외) 3. 전문 평가기관 의뢰 4. 기타 ( ) 5. 해당없음	성과평가: 평가기준 적용방법 1. 관련 조례 적용 2. 전문 평가기관 의뢰 3. 기타 ( ) 4. 해당없음	평가결과 적용: 실제 인센티브 및 페널티 적용 유무 1. 매년 적용 2. 적용 안함 3. 기타 ( ) 4. 해당없음	평가결과 적용: 인센티브 및 페널티 적용근거 1. 조례 2. 계약서 3. 기타 ( ) 4. 해당없음
4000	충남 예산군	장애인주간보호센터운영	2	3	256,889	5	1	5	5	1	1	1	1	3	2	1	2	4
4001	충남 예산군	장애인직업재활시설운영비	2	3	578,016	4	1	5	5	1	1	1	1	3	2	1	2	4
4002	충남 예산군	정신요양시설운영지원	1	5	1,321,429	5	1	7	8	7	3	1	4	5	5	4	4	4
4003	충남 예산군	정신재활시설운영지원	2	5	153,560	5	1	7	8	7	3	1	4	5	5	4	4	4
4004	충남 예산군	자활근로사업	2	8	1,520,826	4	2	2	3	6	5	1	1	2	4	3	3	3
4005	충남 예산군	다함께돌봄센터 인건비 지원	2	9	672,640	4	2	7	8	7	5	5	4	5	5	4	4	4
4006	충남 예산군	성폭력 피해자 지원사업	2	12	149,886	6	2	7	8	7	5	5	4	5	5	4	4	4
4007	충남 예산군	성폭력피해자 치료회복 프로그램 운영사업	2	12	3,739	6	2	7	8	7	5	5	4	5	5	4	4	4
4008	충남 예산군	성폭력피해자의료비지원사업	2	12	1,500	6	2	7	8	7	5	5	4	5	5	4	4	4
4009	충남 예산군	가정폭력피해자의료비지원사업	2	13	1,786	6	2	7	8	7	5	5	4	5	5	4	4	4
4010	충남 예산군	폭력피해상담소 운영 지원사업	2	13	179,576	6	6	7	8	7	5	5	4	5	5	4	4	4
4011	충남 예산군	예산군청소년미래센터운영대행	2	15	233,121	8	4	7	8	7	1	1	4	5	5	4	4	4
4012	충남 예산군	예산군청소년수련관운영대행	1	15	442,431	8	4	7	8	7	1	1	4	5	5	4	4	4
4013	충남 예산군	가정폭력 성폭력 피해가정 지역활동가 양성 집중관리사업	2	12,13	15,800	6	6	7	8	7	5	5	4	5	5	4	4	4
4014	충남 예산군	디지털성폭력대응통합지원단운영	2	12,13	1,440	6	6	7	8	7	5	5	4	5	5	4	4	4
4015	충남 태안군	태안군 아이키움터 운영	2	16	526,921	4	1	1	5	7	1	1	1	1	1	1	2	4
4016	충남 태안군	태안노인대학 운영	2	1	1,950	5	1	7	8	7	5	5	1	1	1	1	4	4
4017	충남 태안군	3~5세 누리과정 운영비	2	4	251,232	5	1	7	8	7	5	5	1	1	1	1	4	4
4018	충남 태안군	농어촌소재 법인어린이집 지원	2	4	14,959	5	1	7	8	7	5	5	1	1	1	1	4	4
4019	충남 태안군	공공형어린이집 지원	2	4	98,680	5	1	7	8	7	5	5	1	1	1	1	4	4
4020	충남 태안군	어린이집 난방비 지원	2	4	36,750	5	1	7	8	7	5	5	1	1	1	1	4	4
4021	충남 태안군	요보호아동 그룹홈 운영 지원	2	2	438,085	5	1	7	8	7	5	5	1	1	1	1	4	4
4022	충남 태안군	지역아동센터 운영비 지원	2	2	147,696	5	1	7	8	7	5	5	1	1	1	1	4	4
4023	충남 태안군	어린이집 차량운영비	2	4	57,335	6	1	7	8	7	5	5	1	1	1	1	4	4
4024	충남 태안군	어린이집 교재교구비	2	4	10,939	6	1	7	8	7	5	5	1	1	1	1	4	4
4025	충남 태안군	시간제 운영비	2	4	38,400	6	1	7	8	7	5	5	1	1	1	1	4	4
4026	충남 태안군	공공형어린이집 교육환경개선비 지원	2	4	154,440	6	1	7	8	7	5	5	1	1	1	1	4	4
4027	충남 태안군	어린이집 현장학습비 지원	2	4	36,000	6	1	7	8	7	5	5	1	1	1	1	4	4
4028	충남 태안군	어린이집 영아반 교육환경개선비	2	4	8,900	6	1	7	8	7	5	5	1	1	1	1	4	4
4029	충남 태안군	성폭력상담소 운영 지원	2	12	149,886	6	1	7	8	7	5	5	1	1	1	1	4	4
4030	충남 태안군	성폭력피해자 치료회복 프로그램	2	12	3,426	6	1	7	8	7	5	5	1	1	1	1	4	4
4031	충남 태안군	폭력피해가족 지역활동가 양성 집중관리사업	2	12	9,400	6	1	7	8	7	5	5	1	1	1	1	4	4
4032	충남 태안군	디지털성폭력 피해지원 법률 자문단 및 심리치료단 운영	2	12	665	6	1	7	8	7	5	5	1	1	1	1	4	4
4033	충남 태안군	학교 밖 청소년 지원	2	15	91,291	6	1	7	8	7	5	5	1	1	1	1	4	4
4034	충남 태안군	청소년 동반자 프로그램 운영	2	15	57,542	6	1	7	8	7	5	5	1	1	1	1	4	4
4035	충남 태안군	위기청소년지원(학교 밖 청소년 지원)	2	15	16,400	6	1	7	8	7	5	5	1	1	1	1	4	4
4036	충남 태안군	아동 생활안정 지원	2	2	35,260	6	1	7	8	7	5	5	1	1	1	1	4	4
4037	충남 태안군	아동 학습환경 지원	2	2	14,294	6	1	7	8	7	5	5	1	1	1	1	4	4
4038	충남 태안군	아동 정서함양 지원	2	2	21,700	6	1	7	8	7	5	5	1	1	1	1	4	4
4039	충남 태안군	토요운영 지역아동센터 지원	2	2	3,600	6	1	7	8	7	5	5	1	1	1	1	4	4
4040	전북특별자치도	광역자활센터 운영	2	8	632,069	5	2	5	8	7	1	1	1	2	4	3	1	3
4041	전북특별자치도	전북 지역사회서비스지원단	2	16	660,000	6	2	5	8	7	1	1	1	1	1	3	1	3
4042	전북특별자치도	전북 청년사회서비스사업단 운영	2	16	153,700	1	2	5	8	7	1	1	1	1	1	3	1	3
4043	전북특별자치도	전북형 노숙인종합지원센터	2	6	70,000	6	1	7	1	7	1	1	1	1	1	1	1	1
4044	전북 전주시	노숙인시설운영	1	6	27,000	4	4	7	8	7	5	3	4	5	5	4	4	4
4045	전북 전주시	노숙인시설운영	1	6	1,237,055	5	1	7	8	7	5	3	4	5	5	4	4	4

순번	시군구	지출명 (사업명)	시설종류 1. 생활시설 2. 이용시설	사회복지시설 종류 1. 노인복지시설 2. 아동복지시설 3. 장애인복지시설 4. 어린이집 5. 정신건강증진시설 6. 노숙인시설 7. 사회복지관 8. 지역자활센터 9. 다함께돌봄센터 10. 결핵,한센시설 11. 성매매피해지원시설 12. 성폭력피해보호시설 13. 가정폭력보호시설 14. 가족센터 15. 청소년복지시설 16. 기타 ( )	2025년예산 (단위:천원/1년간)	민간이전 분류 (지방자치단체 세출예산 집행기준에 의거) 1. 민간경상사업보조(307-02) 2. 민간단체 법정운영비보조(307-03) 3. 민간행사사업보조(307-04) 4. 민간위탁금(307-05) 5. 사회복지시설 법정운영비보조(307-10) 6. 사회복지사업보조(307-11) 7. 민간인위탁교육비(307-12) 8. 공기관등에대한경상적위탁사업(308-13) 9. 공사공단 경상전출금(309-01)	민간이전지출 근거 (지방보조금 관리기준 참고) 1. 법률에 규정 2. 국고보조 재원(국가지정) 3. 용도 지정 기부금 4. 조례에 직접규정 5. 지자체가 권장하는 사업을 하는 공공기관 6. 시,도 정책 및 재정사정 7. 기타 8. 해당없음	입찰방식: 계약체결방법 (경쟁형태) 1. 일반경쟁 2. 제한경쟁 3. 지명경쟁 4. 수의계약 5. 법정위탁 6. 기타 ( ) 7. 해당없음	입찰방식: 계약기간 1. 1년 2. 2년 3. 3년 4. 4년 5. 5년 6. 기타 ( )년 7. 단기계약 (1년미만) 8. 해당없음	입찰방식: 낙찰자선정방법 1. 적격심사 2. 협상에의한계약 3. 최저가낙찰제 4. 규격가격분리 5. 2단계 경쟁입찰 6. 기타 ( ) 7. 해당없음	운영예산 산정: 운영비산정 1. 내부산정 (지자체 자체적으로 산정) 2. 외부산정 (외부전문기관위탁 산정) 3. 내·외부 모두 산정 4. 산정 無 5. 해당없음	운영예산 산정: 정산방법 1. 내부정산 (지자체 내부적으로 정산) 2. 외부정산 (외부전문기관위탁 정산) 3. 내·외부 모두 산정 4. 정산 無 5. 해당없음	성과평가: 성과평가 실시여부 1. 실시 2. 미실시 3. 향후 추진 4. 해당없음	성과평가: 성과평가 주기 1. 매년 2. 격년 3. 기간만료전 4. 기타 ( ) 5. 해당없음	성과평가: 성과평가 실시 방법 1. 자체 실시 2. 평가단 구성 후 실시 (전문위원 섭외) 3. 전문 평가기관 의뢰 4. 기타 ( ) 5. 해당없음	성과평가: 평가기준 적용방법 1. 관련 조례 적용 2. 전문 평가기관 의뢰 3. 기타 ( ) 4. 해당없음	평가결과 적용: 실제 인센티브 및 페널티 적용 유무 1. 매년 적용 2. 적용 안함 3. 기타 ( ) 4. 해당없음	평가결과 적용: 인센티브 및 페널티 적용근거 1. 조례 2. 계약서 3. 기타 ( ) 4. 해당없음
4046	전북 전주시	노숙인시설운영	1	6	1,073,374	6	1	7	8	7	5	3	4	5	5	4	4	4
4047	전북 전주시	사회복지관운영	2	7	4,188,274	4	1	7	8	7	1	3	1	1	1	1	4	4
4048	전북 익산시	사회복지관운영지원	2	7	698,910	5	1	7	8	7	1	3	1	4	2	1	3	3
4049	전북 익산시	노숙인시설운영지원	1	6	1,443,168	5	1	7	8	7	1	3	1	4	2	1	3	3
4050	전북 익산시	자활근로사업 민간위탁	2	8	9,431,533	4	1	7	1	2	1	1	3	4	2	2	3	3
4051	전북 정읍시	정읍사회복지관 운영비	2	7	729,229	4	1	5	5	7	1	1	4	4	4	4	4	4
4052	전북 정읍시	정읍사회복지관 기초푸드뱅크 운영비	2	7	65,435	4	1	5	5	7	1	1	4	4	4	4	4	4
4053	전북 정읍시	사회복지관 종사자 특별수당	2	7	20,520	4	1	5	5	7	1	1	4	4	4	4	4	4
4054	전북 정읍시	사회복지관 지역복지 프로그램 사업비	2	7	10,000	4	1	5	5	7	1	1	4	4	4	4	4	4
4055	전북 정읍시	지역자활센터 운영비	2	8	444,771	5	2	4	1	7	1	3	1	1	4	3	1	3
4056	전북 정읍시	지역자활센터 교육비지원	2	8	3,000	6	2	4	1	7	1	3	1	1	4	3	1	3
4057	전북 정읍시	자활일자리사업 참여자 국비사례관리	2	8	31,740	6	2	4	1	7	1	3	1	1	4	3	1	3
4058	전북 남원시	가정폭력상담소 운영지원	1	13	267,700	5	2	7	8	7	5	1	4	4	5	4	4	4
4059	전북 남원시	가정폭력피해자 보호시설 운영지원	2	13	261,511	5	2	7	8	7	5	1	4	4	5	4	4	4
4060	전북 남원시	가정폭력피해자 치료회복 프로그램	2	13	16,576	6	2	7	8	7	5	1	4	4	5	4	4	4
4061	전북 남원시	아동여성안전지역연대운영	1	13	1,260	6	1	7	8	7	5	1	4	4	5	4	4	4
4062	전북 남원시	1인 가구 주거 안전 방문 지킴이 사업	2	14	10,020	6	6	7	8	7	5	5	4	5	5	4	4	4
4063	전북 남원시	남원시가족센터 운영(자체)	2	14	177,000	5	4	7	8	7	5	5	1	1	3	2	1	1
4064	전북 남원시	가족센터 종사자 도비지원	2	14	55,831	5	6	7	8	7	5	5	4	5	5	4	4	4
4065	전북 남원시	가족센터 운영	2	14	383,100	5	2	7	8	7	5	5	4	5	5	4	4	4
4066	전북 남원시	공동육아나눔터 운영(자체)	2	14	3,100	5	4	7	8	7	5	5	1	1	3	2	1	1
4067	전북 남원시	다문화가족정착지원사업	2	14	15,000	6	4	7	8	7	5	5	1	1	3	2	1	1
4068	전북 남원시	다문화가족지원센터사업(자체)	2	14	28,500	6	4	7	8	7	5	5	1	1	3	2	1	1
4069	전북 남원시	다문화가족 방문교육	2	14	155,750	6	2	7	8	7	5	5	4	5	5	4	4	4
4070	전북 남원시	결혼이민자 역량강화지원	2	14	20,000	6	2	7	8	7	5	5	4	5	5	4	4	4
4071	전북 남원시	결혼이민자 통번역서비스 지원	2	14	144,440	6	2	7	8	7	5	5	4	5	5	4	4	4
4072	전북 남원시	다문화가족자녀 언어발달지원	2	14	41,740	6	2	7	8	7	5	5	4	5	5	4	4	4
4073	전북 남원시	이중언어 학습지원	2	14	69,490	6	2	7	8	7	5	5	4	5	5	4	4	4
4074	전북 남원시	건강한 가정조성 부모교육 지원	2	14	6,008	6	6	7	8	7	5	5	4	5	5	4	4	4
4075	전북 남원시	둘째 아이 이상 아이돌봄서비스 무료지원	2	14	440,000	6	6	7	8	7	5	5	4	5	5	4	4	4
4076	전북 남원시	공동육아나눔터 운영	2	14	291,220	6	2	7	8	7	5	5	1	1	3	2	1	1
4077	전북 남원시	글로벌 마을학당	2	14	125,000	6	6	7	8	7	5	5	4	5	5	4	4	4
4078	전북 남원시	다문화가족 고향나들이 사업	2	14	16,800	6	6	7	8	7	5	5	4	5	5	4	4	4
4079	전북 남원시	다문화가족교류소통공간 운영	2	14	45,140	6	2	7	8	7	5	5	4	5	5	4	4	4
4080	전북 남원시	온가족보듬사업(취약 위기가족 지원)	2	14	327,780	6	2	7	8	7	5	5	4	5	5	4	4	4
4081	전북 남원시	다문화가족 자녀 지원	2	14	304,070	6	2	7	8	7	5	5	4	5	5	4	4	4
4082	전북 남원시	결혼이민자 정착을 위한 운전면허 취득지원 사업	2	14	5,000	6	6	7	8	7	5	5	1	1	3	2	1	1
4083	전북 남원시	공동육아나눔터 운영(자체)	2	14	18,750	6	4	7	8	7	5	5	1	1	3	4	4	4
4084	전북 남원시	결혼이민자 자립지원 통합사업	2	14	9,450	6	6	7	8	7	5	5	4	5	5	4	4	4
4085	전북 남원시	결혼이민자 등 국적취득비용 지원사업	2	14	4,300	6	6	7	8	7	5	5	4	5	5	2	1	1
4086	전북 남원시	다문화가족 고향나들이 사업(자체)	2	14	25,300	6	4	7	8	7	5	5	1	1	3	4	4	4
4087	전북 남원시	외국인 지원센터 운영	2	14	40,000	6	6	7	8	7	5	5	4	5	5	4	4	4
4088	전북남원시	학대피해아동쉼터 운영지원	1	2	258,700	5	1	5	8	7	5	1	4	5	5	4	4	4
4089	전북 남원시	다함께돌봄사업 운영	2	9	89,000	5	2	1	5	7	3	1	1	4	4	4	4	4
4090	전북 남원시	사회복지시설지원	1	5	2,882,924	5	2	5	8	7	1	1	1	1	1	1	4	4
4091	전북 남원시	자활일자리 국비 사례관리(보조)	2	8	15,871	5	1	5	1	1	5	1	2	5	5	4	4	4

순번	시군구	지출명 (사업명)	시설종류 1. 생활시설 2. 이용시설	사회복지시설 종류 1. 노인복지시설 2. 아동복지시설 3. 장애인복지시설 4. 어린이집 5. 정신건강증진시설 6. 노숙인시설 7. 사회복지관 8. 지역자활센터 9. 다함께돌봄센터 10. 결핵,한센시설 11. 성매매피해지원시설 12. 성폭력피해보호시설 13. 가정폭력보호시설 14. 가족센터 15. 청소년복지시설 16. 기타 ( )	2025년예산 (단위:천원/1년간)	민간이전 분류 (지방자치단체 세출예산 집행기준에 의거) 1. 민간경상사업보조(307-02) 2. 민간단체 법정운영비보조(307-03) 3. 민간행사사업보조(307-04) 4. 민간위탁금(307-05) 5. 사회복지시설 법정운영비보조(307-10) 6. 사회복지사업보조(307-11) 7. 민간인위탁교육비(307-12) 8. 공기관등에대한경상적위탁사업(308-13) 9. 공사공단 경상전출금(309-01)	민간이전지출 근거 (지방보조금 관리기준 참고) 1. 법률에 규정 2. 국고보조 재원(국가지정) 3. 용도 지정 기부금 4. 조례에 직접규정 5. 지자체가 권장하는 사업을 하는 공공기관 6. 시,도 정책 및 재정사정 7. 기타 8. 해당없음	입찰방식			운영예산 산정		성과평가				평가결과 적용	
								계약체결방법 (경쟁형태) 1. 일반경쟁 2. 제한경쟁 3. 지명경쟁 4. 수의계약 5. 법정위탁 6. 기타 ( ) 7. 해당없음	계약기간 1. 1년 2. 2년 3. 3년 4. 4년 5. 5년 6. 기타 ( )년 7. 단기계약 (1년미만) 8. 해당없음	낙찰자선정방법 1. 적격심사 2. 협상에의한계약 3. 최저가낙찰제 4. 규격가격분리 5. 2단계 경쟁입찰 6. 기타 ( ) 7. 해당없음	운영비산정 1. 내부산정 (지자체 자체적으로 산정) 2. 외부산정 (외부전문기관위탁 산정) 3. 내·외부 모두 산정 4. 산정 無 5. 해당없음	정산방법 1. 내부정산 (지자체 내부적으로 정산) 2. 외부정산 (외부전문기관위탁 정산) 3. 내·외부 모두 산정 4. 정산 無 5. 해당없음	성과평가 실시여부 1. 실시 2. 미실시 3. 향후 추진 4. 해당없음	성과평가 주기 1. 매년 2. 격년 3. 기간만료전 4. 기타 ( ) 5. 해당없음	성과평가 실시 방법 1. 자체 실시 2. 평가단 구성 후 실시 (전문위원 섭외) 3. 전문 평가기관 의뢰 4. 기타 ( ) 5. 해당없음	평가기준 적용방법 1. 관련 조례 적용 2. 전문 평가기관 의뢰 3. 기타 ( ) 4. 해당없음	실제 인센티브 및 페널티 적용 유무 1. 매년 적용 2. 적용 안함 3. 기타 ( ) 4. 해당없음	인센티브 및 페널티 적용근거 1. 조례 2. 계약서 3. 기타 ( ) 4. 해당없음
4092	전북 남원시	자활일자리 도비 사례관리(도 보조)	2	8	17,871	5	1	5	1	1	5	1	2	5	5	4	4	4
4093	전북 남원시	지역자활센터 운영(보조)	2	8	363,372	5	1	5	1	1	5	1	2	5	5	4	4	4
4094	전북 남원시	지역자활센터 교육비 지원(도 보조)	2	8	3,000	5	1	5	1	1	5	1	2	5	5	4	4	4
4095	전북 남원시	자활근로사업(시장진입형 등)	2	8	1,589,999	5	1	5	1	1	5	1	2	5	5	4	4	4
4096	전북 남원시	사회복지관 지원	2	7	718,927	4	1	7	8	7	1	1	1	1	1	1	4	4
4097	전북 남원시	장애인종합복지관	2	3	1,976,000	5	1	1	5	1	1	1	1	1	1	1	4	4
4098	전북 남원시	장애인주간보호센터	2	3	1,178,500	5	1	1	5	1	1	1	1	1	1	1	4	4
4099	전북 남원시	사랑과행복이가득한우리집	2	3	25,000	5	1	5	8	7	1	1	1	1	1	1	4	4
4100	전북 남원시	수어통역센터	2	3	275,000	5	1	5	1	1	1	1	1	1	1	1	4	4
4101	전북 남원시	생활이동지원센터	2	3	324,475	5	1	5	1	1	1	1	1	1	1	1	4	4
4102	전북 남원시	지적장애인 자립지원센터 운영(도 보조)	2	3	147,233	5	1	5	1	1	1	1	1	1	1	1	4	4
4103	전북 남원시	장애인 편의시설 지원센터 운영(또 보조)	2	3	121,480	5	1	5	3	1	1	1	1	1	1	1	4	4
4104	전북 남원시	시니어클럽운영비	2	16	369,000	5	1,4	7	8	7	5	5	4	5	5	4	4	4
4105	전북 남원시	경로당 냉난방비 및 양곡비 지원	2	1	1,161,340	6	1,2	7	8	7	5	5	4	5	5	4	4	4
4106	전북 남원시	경로당 운영비 등 지원(보조)	2	1	1,153,040	6	1,4	7	8	7	5	5	4	5	5	4	4	4
4107	전북 남원시	노인맞춤형 운동처방 서비스 관리사	2	1	32,432	5	1,4	7	8	7	5	5	4	5	5	4	4	4
4108	전북 남원시	노인복지관 연계프로그램운영 지원	2	1	31,116	5	1,4	7	8	7	5	5	4	5	5	4	4	4
4109	전북 남원시	노인데이케어센터 운영비	2	1	110,040	5	1,4	7	8	7	5	5	4	5	5	4	4	4
4110	전북 완주군	가족센터 운영지원	2	16	915,750	6	1	7	8	7	1	1	4	4	5	4	4	4
4111	전북 완주군	자활근로사업	2	8	414,168	5	2	6(지정)	6(자활근로사업1년	1	1	1	1	1	1	3	4	4
4112	전북 완주군	재가노인복지시설 운영(보조)	2	1	1,365,000	5	1	7	8	7	1	1	4	5	5	4	4	4
4113	전북 완주군	노인 돌봄 데이케어센터 운영(보조)	2	1	55,020	5	1	7	8	7	1	1	4	5	5	4	4	4
4114	전북 완주군	공설공원묘지 및 납골당 운영	2	1	129,242	9	4	7	8	7	5	5	4	5	5	4	4	4
4115	전북 완주군	경로당 지원(보조)	2	1	932,362	6	1	7	8	7	1	1	4	5	5	4	4	4
4116	전북 완주군	경로당 냉난방비 및 양곡비 지원	2	1	1,343,090	6	1	7	8	7	1	1	4	5	5	4	4	4
4117	전북 완주군	노인대학 사업 지원	2	1	44,000	6	1	7	8	7	1	1	4	5	5	4	4	4
4118	전북 완주군	장애인복지관	2	3	1,696,000	5	1	1	5	1	1	1	1	1	1	1	1	1
4119	전북 완주군	장애인복지관 주간보호센터	2	3	224,000	5	1	1	5	1	1	1	1	1	1	1	1	1
4120	전북 완주군	생활이동지원센터	2	3	189,370	5	1	7	8	7	5	1	1	1	1	1	1	1
4121	전북 완주군	수어통역센터	2	3	206,000	5	1	7	8	7	5	1	1	1	1	1	1	1
4122	전북 완주군	희망발전소1호점	2	3	320,915	5	1	7	8	7	5	1	1	1	1	1	1	1
4123	전북 완주군	행복한집	2	3	289,203	5	1	7	8	7	5	1	1	1	1	1	1	1
4124	전북 완주군	희망발전소2호점	2	3	336,138	5	1	7	8	7	5	1	1	1	1	1	1	1
4125	전북 완주군	생강골장애인보호작업장	2	3	183,508	5	1	7	8	7	5	1	1	1	1	1	1	1
4126	전북 완주군	완주떡메마을	2	3	789,286	5	1	1	5	1	1	1	1	1	1	1	1	1
4127	전북 완주군	장애인거주시설기능보강사업	1	3	120,000	1	1	7	8	7	5	5	4	5	5	4	4	4
4128	전북 완주군	정신요양시설기능보강사업	1	5	979,360	1	1	7	8	7	5	5	4	5	5	4	4	4
4129	전북 완주군	정신재활시설 운영비	1,2	5	761,133	5	1	7	8	7	5	5	4	5	5	4	4	4
4130	전북 완주군	아동복지시설 운영비	1	2	1,334,581	5	1	7	8	7	5	5	4	5	5	4	4	4
4131	전북 완주군	아동복지시설 생활아동지원	1	2	49,059	6	1	7	8	7	5	5	4	5	5	4	4	4
4132	전북 완주군	공동생활가정(그룹홈) 지원	1	2	438,084	5	1	7	8	7	5	5	4	5	5	4	4	4
4133	전북 완주군	경계선지능아동 자립지원	1	2	7,600	6	1	7	8	7	5	5	4	5	5	4	4	4
4134	전북 완주군	지역아동센터 운영비 지원	2	2	247,356	5	2	7	5	7	5	1	4	5	5	4	4	4
4135	전북 완주군	다함께돌봄센터 운영비 지원	2	2	96,000	5	2	7	5	7	5	1	4	5	5	4	4	4
4136	전북 완주군	어린이집 교원 양성 지원	2	4	4,354	5	1	7	8	7	1	1	1	1	1	3	1	3
4137	전북 완주군	어린이집 0세반 운영비 지원	2	4	91,200	5	1	7	8	7	1	1	1	1	1	3	1	3

순번	시군구	지출명 (사업명)	시설종류 1. 생활시설 2. 이용시설	사회복지시설 종류 1. 노인복지시설 2. 아동복지시설 3. 장애인복지시설 4. 어린이집 5. 정신건강증진시설 6. 노숙인시설 7. 사회복지관 8. 지역자활센터 9. 다함께돌봄센터 10. 결핵,한센시설 11. 성매매피해지원시설 12. 성폭력피해보호시설 13. 가정폭력보호시설 14. 가족센터 15. 청소년복지시설 16. 기타 ( )	2025년예산 (단위:천원/1년간)	민간이전 분류 (지방자치단체 세출예산 집행기준에 의거) 1. 민간경상사업보조(307-02) 2. 민간단체 법정운영비보조(307-03) 3. 민간행사사업보조(307-04) 4. 민간위탁금(307-05) 5. 사회복지시설 법정운영비보조(307-10) 6. 사회복지사업보조(307-11) 7. 민간인위탁교육비(307-12) 8. 공기관등에대한경상적위탁사업(308-13) 9. 공사공단 경상전출금(309-01)	민간이전지출근거 (지방보조금 관리기준 참고) 1. 법률에 규정 2. 국고보조 재원(국가지정) 3. 용도 지정 기부금 4. 조례에 직접규정 5. 지자체가 권장하는 사업을 하는 공공기관 6. 시,도 정책 및 재정사정 7. 기타 8. 해당없음	입찰방식 계약체결방법 (경쟁형태) 1. 일반경쟁 2. 제한경쟁 3. 지명경쟁 4. 수의계약 5. 법정위탁 6. 기타 ( ) 7. 해당없음	계약기간 1. 1년 2. 2년 3. 3년 4. 4년 5. 5년 6. 기타 ( )년 7. 단기계약 (1년미만) 8. 해당없음	낙찰자선정방법 1. 적격심사 2. 협상에의한계약 3. 최저가낙찰제 4. 규격가격분리 5. 2단계 경쟁입찰 6. 기타 ( ) 7. 해당없음	운영예산 산정 운영비산정 1. 내부산정 (지자체 자체적으로 산정) 2. 외부산정 (외부전문기관위탁 산정) 3. 내·외부 모두 산정 4. 산정 無 5. 해당없음	정산방법 1. 내부정산 (지자체 내부적으로 정산) 2. 외부정산 (외부전문기관위탁 정산) 3. 내·외부 모두 산정 4. 정산 無 5. 해당없음	성과평가 성과평가 실시여부 1. 실시 2. 미실시 3. 향후 추진 4. 해당없음	성과평가 주기 1. 매년 2. 격년 3. 기간만료전 4. 기타 ( ) 5. 해당없음	성과평가 실시 방법 1. 자체 실시 2. 평가단 구성 후 실시 (전문위원 섭외) 3. 전문 평가기관 의뢰 4. 기타 ( ) 5. 해당없음	평가기준 적용방법 1. 관련 조례 적용 2. 전문 평가기관 의뢰 3. 기타 ( ) 4. 해당없음	평가결과 적용 실제 인센티브 및 페널티 적용 유무 1. 매년 적용 2. 적용 안함 3. 기타 ( ) 4. 해당없음	인센티브 및 페널티 적용근거 1. 조례 2. 계약서 3. 기타 ( ) 4. 해당없음
4138	전북 완주군	민간가정어린이집 영아반 운영비 지원	2	4	14,400	5	1	7	8	7	1	1	1	1	1	3	1	3
4139	전북 완주군	공공형어린이집 지원	2	4	446,100	5	1	7	8	7	5	1	4	5	5	4	4	4
4140	전북 완주군	어린이집운영지원(차량운영비)	2	4	132,082	5	1	7	8	7	5	1	4	5	5	4	4	4
4141	전북 완주군	어린이집운영지원(농어촌법인어린이집)	2	4	26,666	5	1	7	8	7	5	1	4	5	5	4	4	4
4142	전북 완주군	어린이집운영지원(교재교구비)	2	4	45,519	5	1	7	8	7	5	1	4	5	5	4	4	4
4143	전북 완주군	어린이집운영지원(급식관리위생지원금)	2	4	26,071	5	1	7	8	7	5	1	4	5	5	4	4	4
4144	전북 완주군	취약지역어린이집 운영비	2	4	48,600	5	4	7	8	7	5	1	4	5	5	4	4	4
4145	전북 완주군	보육시설 냉난방비 지원	2	4	56,205	5	4	7	8	7	5	1	4	5	5	4	4	4
4146	전북 완주군	공공형어린이집 교육환경개선비 지원	2	4	17,000	5	4	7	8	7	5	1	4	5	5	4	4	4
4147	전북 완주군	어린이집 운영비 특별지원	2	4	18,000	5	4	7	8	7	1	1	1	1	1	3	1	3
4148	전북 진안군	복합노인복지타운 노인복지관 운영	2	1	1,057,000	4	4	7	5	7	1	1	1	3	1	3	3	1
4149	전북 진안군	복합노인복지타운 노인요양원 운영	1	1	600,000	4	4	6	5	7	1	1	1	3	1	3	3	1
4150	전북 진안군	경로당 환경개선 사업	2	1	100,000	8	4	7	8	7	5	5	4	5	5	4	4	4
4151	전북 진안군	노인맞춤돌봄서업스사업 지원	2	1	2,051,988	5	2	7	8	7	5	5	4	5	5	4	4	4
4152	전북 진안군	재가노인복지시설 운영비	2	1	390,000	5	6	7	8	7	5	5	4	5	5	4	4	4
4153	전북 진안군	노인데이케어센터운영	2	1	55,020	5	6	7	8	7	5	5	4	5	5	4	4	4
4154	전북 진안군	노인복지관 노인맞춤형 운동처방관리사	2	1	32,432	5	6	7	8	7	5	5	4	5	5	4	4	4
4155	전북 진안군	노인복지관 연계프로그램	2	1	31,116	5	6	7	8	7	5	5	4	5	5	4	4	4
4156	전북 진안군	시니어클럽 운영비	2	1	369,000	2	6	7	8	7	5	5	4	5	5	4	4	4
4157	전북 진안군	지역자활센터 운영	2	8	374,872	2	1,2	7	8	7	5	1	4	4	4	4	4	4
4158	전북 진안군	자활일자리사업 참여자 사례관리	2	8	33,742	6	1,2	7	8	7	5	1	4	4	4	4	4	4
4159	전북 진안군	지역자활센터 교육비 지원	2	8	3,000	5	1,2	7	8	7	5	1	4	4	4	4	4	4
4160	전북 진안군	진안지역자활센터 문화발표회 및 어울 한마당	2	8	10,000	6	1,2	7	8	7	5	1	1	1	1	3	3	3
4161	전북 진안군	장애인종합복지관 운영(인건비)	2	3	1,002,000	4	4	5	5	1	1	2	4	5	5	4	4	4
4162	전북 진안군	장애인종합복지관 운영(운영비, 사업비)	2	3	359,359	4	4	5	5	1	1	2	4	5	5	4	4	4
4163	전북 진안군	장애인 주간이용시설 운영(야간돌봄사업)	2	3	69,600	5	4	5	5	1	1	2	4	5	5	4	4	4
4164	전북 진안군	장애인 주간이용시설 운영(관리운영비)	2	3	16,000	5	4	5	5	1	1	2	4	5	5	4	4	4
4165	전북 진안군	시각장애인 등 생활이동 지원센터 운영	2	3	168,210	5	4	7	8	7	1	1	4	5	5	4	4	4
4166	전북 진안군	수어통역센터 운영	2	3	173,000	5	4	7	8	7	1	1	4	5	5	4	4	4
4167	전북 진안군	장애인보호작업장 운영	2	3	392,710	4	4	5	5	1	1	2	4	5	5	4	4	4
4168	전북 진안군	장애인거주시설운영	1	3	1,412,921	5	1	7	8	7	1	1	4	5	5	4	4	4
4169	전북 진안군	장애인공동생활가정운영	1	3	76,782	5	1	7	8	7	1	1	4	5	5	4	4	4
4170	전북 무주군	CCTV임차비	1	3	763	5	1	7	8	7	5	3	4	5	5	4	4	4
4171	전북 무주군	장애인복지관 운영	2	3	1,537,547	4	1	1	5	1	5	3	4	5	5	4	4	4
4172	전북 무주군	장애인통합돌봄지원사업 운영	2	3	30,453	4	1	1	5	1	5	3	4	5	5	4	4	4
4173	전북 무주군	장애인생활이동지원센터 운영	2	3	158,580	5	1	7	8	7	5	1	4	5	5	4	4	4
4174	전북 무주군	수어통역센터 운영	2	3	182,100	5	1	7	8	7	5	1	4	5	5	4	4	4
4175	전북 무주군	장애인직업재활시설 운영	2	3	439,586	4	1	1	5	1	5	3	4	5	5	4	4	4
4176	전북 무주군	장애인직업재활시설 안전관리 지원	2	3	1,800	2	1	1	5	1	5	3	4	5	5	4	4	4
4177	전북 무주군	자활근로사업	2	8	999,384	4	2	7	1	7	5	1	4	5	5	4	4	4
4178	전북 무주군	지역자활센터 운영	2	8	273,280	5	2	7	8	7	5	1	4	5	5	4	4	4
4179	전북 무주군	장애인 복지일자리지원	2	3	217,758	4	2	1	3	1	1	1	4	5	5	4	4	4
4180	전북 무주군	무주노인종합복지관 운영	2	1	843,231	4	1	5	5	1	1	1	1	1	1	4	4	4
4181	전북 무주군	노인복지관 연계프로그램 운영 지원	2	1	31,116	5	1	5	5	1	1	1	1	1	1	4	4	4
4182	전북 무주군	노인맞춤형 운동처방 서비스 관리사 지원	2	1	32,432	5	1	5	5	1	1	1	1	1	1	4	4	4
4183	전북 무주군	무료경로식당 운영지원	2	1	78,000	5	1	5	5	1	1	1	1	1	1	4	4	4

순번	시군구	지출명 (사업명)	시설종류 1. 생활시설 2. 이용시설	사회복지시설 종류 1. 노인복지시설 2. 아동복지시설 3. 장애인복지시설 4. 어린이집 5. 정신건강증진시설 6. 노숙인시설 7. 사회복지관 8. 지역자활센터 9. 다함께돌봄센터 10. 결핵,한센시설 11. 성매매피해지원시설 12. 성폭력피해보호시설 13. 가정폭력보호시설 14. 가족센터 15. 청소년복지시설 16. 기타 ( )	2025년예산 (단위:천원/1년간)	민간이전 분류 (지방자치단체 세출예산 집행기준에 의거) 1. 민간경상사업보조(307-02) 2. 민간단체 법정운영비보조(307-03) 3. 민간행사사업보조(307-04) 4. 민간위탁금(307-05) 5. 사회복지시설 법정운영비보조(307-10) 6. 사회복지사업보조(307-11) 7. 민간인위탁교육비(307-12) 8. 공기관등에대한경상적위탁사업(308-13) 9. 공사공단 경상전출금(309-01)	민간이전지출 근거 (지방보조금 관리기준 참고) 1. 법률에 규정 2. 국고보조 재원(국가지정) 3. 용도 지정 기부금 4. 조례에 직접규정 5. 지자체가 권장하는 사업을 하는 공공기관 6. 시,도 정책 및 재정사정 7. 기타 8. 해당없음	입찰방식 계약체결방법 (경쟁형태) 1. 일반경쟁 2. 제한경쟁 3. 지명경쟁 4. 수의계약 5. 법정위탁 6. 기타 ( ) 7. 해당없음	입찰방식 계약기간 1. 1년 2. 2년 3. 3년 4. 4년 5. 5년 6. 기타 ( )년 7. 단기계약 (1년미만) 8. 해당없음	입찰방식 낙찰자선정방법 1. 적격심사 2. 협상에의한계약 3. 최저가낙찰제 4. 규격가격분리 5. 2단계 경쟁입찰 6. 기타 ( ) 7. 해당없음	운영예산 산정 운영비산정 1. 내부산정 (지자체 자체적으로 산정) 2. 외부산정 (외부전문기관위탁 산정) 3. 내·외부 모두 산정 4. 산정 無 5. 해당없음	운영예산 산정 정산방법 1. 내부정산 (지자체 내부적으로 정산) 2. 외부정산 (외부전문기관위탁 정산) 3. 내·외부 모두 산정 4. 정산 無 5. 해당없음	성과평가 성과평가 실시여부 1. 실시 2. 미실시 3. 향후 추진 4. 해당없음	성과평가 성과평가 주기 1. 매년 2. 격년 3. 기간만료전 4. 기타 ( ) 5. 해당없음	성과평가 성과평가 실시 방법 1. 자체 실시 2. 평가단 구성 후 실시 (전문위원 참여) 3. 전문 평가기관 의뢰 4. 기타 ( ) 5. 해당없음	성과평가 평가기준 적용방법 1. 관련 조례 적용 2. 전문 평가기관 의뢰 3. 기타 ( ) 4. 해당없음	평가결과 적용 실제 인센티브 및 페널티 적용 유무 1. 매년 적용 2. 적용 안함 3. 기타 ( ) 4. 해당없음	평가결과 적용 인센티브 및 페널티 적용근거 1. 조례 2. 계약서 3. 기타 ( ) 4. 해당없음
4184	전북 무주군	노인맞춤돌봄서비스사업	2	1	111,097	4	1,2	5	5	1	1	1	1	1	1	4	4	4
4185	전북 무주군	노인맞춤돌봄서비스사업	2	1	11,200	4	1,2	5	5	1	1	1	1	1	1	4	4	4
4186	전북 무주군	노인맞춤돌봄서비스사업(자체)	2	1	327,000	4	1,2	5	5	1	1	1	1	1	1	4	4	4
4187	전북 무주군	시니어클럽 운영지원	2	1	369,000	5	1	7	8	7	1	3	4	5	5	4	4	4
4188	전북 무주군	다함께돌봄센터 인건비 지원	2	9	75,084	4	1	1	5	1	5	1	3	1	1	1	1	1
4189	전북 무주군	다함께돌봄센터 종사자 수당지원	2	9	800	4	1	1	5	1	5	1	3	1	1	1	1	1
4190	전북 무주군	지역아동센터 운영비 지원	2	2	112,752	5	1	7	1	7	1,5	1	1	1	1	1	4	4
4191	전북 무주군	지역아동센터 냉난방비 지원	2	2	9,720	5	1	7	1	7	1,5	1	1	1	1	1	4	4
4192	전북 무주군	지역아동센터 차량 운영비 지원	2	2	12,600	5	1	7	1	7	1,5	1	1	1	1	1	4	4
4193	전북 무주군	다함께돌봄센터 인건비 지원	2	9	75,084	4	1	1	5	1	5	1	3	1	1	1	1	1
4194	전북 무주군	다함께돌봄센터 종사자 수당지원	2	9	800	4	1	1	5	1	5	1	3	1	1	1	1	1
4195	전북 무주군	어린이집 운영지원	2	4	33,522	5	1	1	5	1	5	5	4	5	5	4	4	4
4196	전북 무주군	어린이집 운영지원(도비사업)	2	4	7,446	5	1	1	5	1	5	5	4	5	5	4	4	4
4197	전북 무주군	어린이집 0세반 운영비 지원	2	4	4,800	5	1	1	5	1	5	5	4	5	5	4	4	4
4198	전북 무주군	어린이집 장거리통학 지원	2	4	27,098	4	6	1	5	1	5	5	4	5	5	4	4	4
4199	전북 무주군	어린이집 장거리통학 지원	2	4	21,665	5	1	1	5	1	5	5	4	5	5	4	4	4
4200	전북 무주군	소규모 어린이집 운영비 지원	2	4	6,000	5	1	7	8	7	5	5	4	5	5	4	4	4
4201	전북 장수군	자활근로사업추진	2	8	1,150,000	4	2	7	8	7	1	1	1	4	3	2	4	4
4202	전북 장수군	자활센터운영지원	2	8	273,280	5	2	7	8	7	1	1	1	4	3	2	4	4
4203	전북 장수군	자활근로사업 사례관리지원	2	8	33,742	5	1	7	8	7	1	1	1	4	3	2	4	4
4204	전북 장수군	장애인 시간제일자리 지원	2	3	135,334	6	2	7	8	7	1	1	4	5	5	4	4	4
4205	전북 장수군	장애인 복지일자리 지원	2	3	126,440	6	2	7	8	7	1	1	4	5	5	4	4	4
4206	전북 장수군	장애인생활이동지원센터 운영비 지원	2	3	168,000	5	1	7	8	7	1	1	4	5	5	4	4	4
4207	전북 장수군	장애인주간이용시설 운영지원	2	3	221,000	5	1	7	8	7	1	1	4	5	5	4	4	4
4208	전북 장수군	수어통역센터 운영 지원	2	3	144,000	5	1	7	8	7	1	1	4	5	5	4	4	4
4209	전북 장수군	지체장애인 편의시설 지원센터 운영지원	2	3	81,000	5	1	7	8	7	1	1	4	5	5	4	4	4
4210	전북 장수군	결혼이민자 직업훈련 교육비	2	14	8,500	4	4	7	8	7	1	1	1	3	1	1	4	4
4211	전북 장수군	가족센터 군비종사자 인력지원(자체)	2	14	32,169	4	4	7	8	7	1	1	1	3	1	1	4	4
4212	전북 장수군	가족센터 운영	2	14	653,520	4	4	7	8	7	1	1	1	3	1	1	4	4
4213	전북 장수군	결혼이민자 통번역서비스 지원	2	14	72,220	4	4	7	8	7	1	1	1	3	1	1	4	4
4214	전북 장수군	다문화가족 자녀언어발달 지원	2	14	41,740	4	4	7	8	7	1	1	1	3	1	1	4	4
4215	전북 장수군	이중언어 학습지원	2	14	69,490	4	4	7	8	7	1	1	1	3	1	1	4	4
4216	전북 장수군	자녀양육 및 자녀생활 등 방문교육서비스 지원	2	14	66,750	4	4	7	8	7	1	1	1	3	1	1	4	4
4217	전북 장수군	가족센터 도비 종사자 인력지원	2	14	45,160	4	4	7	8	7	1	1	1	3	1	1	4	4
4218	전북 장수군	가족센터 종사자 복지수당 지급	2	14	45,440	4	4	7	8	7	1	1	1	3	1	1	4	4
4219	전북 장수군	다문화 마을학당 운영	2	14	99,000	4	4	7	8	7	1	1	1	3	1	1	4	4
4220	전북 장수군	이주여성 국제운송비 지원	2	14	6,000	4	4	7	8	7	1	1	1	3	1	1	4	4
4221	전북 장수군	결혼이민자 역량강화지원	2	14	15,500	4	4	7	8	7	1	1	1	3	1	1	4	4
4222	전북 장수군	다문화 가족 고향나들이 사업	2	14	8,400	4	4	7	8	7	1	1	1	3	1	1	4	4
4223	전북 장수군	다문화 가족 고향나들이 사업(자체사업)	2	14	100,000	4	4	7	8	7	1	1	1	3	1	1	4	4
4224	전북 장수군	결혼이민자 역량강화 자조모임 사업	2	14	5,000	4	4	7	8	7	1	1	1	3	1	1	4	4
4225	전북 장수군	공동육아나눔터 종사자 복지수당	2	14	4,480	4	4	7	8	7	1	1	1	3	1	1	4	4
4226	전북 장수군	공동육아나눔터 운영	2	14	116,488	4	4	7	8	7	1	1	1	3	1	1	4	4
4227	전북 장수군	건강한 가정조성 부모교육 지원	2	14	4,000	4	4	7	8	7	1	1	1	3	1	1	4	4
4228	전북 장수군	가족센터 종사자 추가지원(자체)	2	14	81,089	4	4	7	8	7	1	1	1	3	1	1	4	4
4229	전북 장수군	국적취득비용 지원 사업	2	14	1,200	4	4	7	8	7	1	1	1	3	1	1	4	4

순번	시군구	지출명 (사업명)	시설종류 1. 생활시설 2. 이용시설	사회복지시설 종류 1. 노인복지시설 2. 아동복지시설 3. 장애인복지시설 4. 어린이집 5. 정신건강증진시설 6. 노숙인시설 7. 사회복지관 8. 지역자활센터 9. 다함께돌봄센터 10. 결핵,한센시설 11. 성매매피해지원시설 12. 성폭력피해보호시설 13. 가정폭력보호시설 14. 가족센터 15. 청소년복지시설 16. 기타 ( )	2025년예산 (단위:천원/1년간)	민간이전 분류 (지방자치단체 세출예산 집행기준에 의거) 1. 민간경상사업보조(307-02) 2. 민간단체 법정운영비보조(307-03) 3. 민간행사사업보조(307-04) 4. 민간위탁금(307-05) 5. 사회복지시설 법정운영비보조(307-10) 6. 사회복지사업보조(307-11) 7. 민간인위탁교육비(307-12) 8. 공기관등에대한경상적위탁사업(308-13) 9. 공사공단 경상전출금(309-01)	민간이전지출 근거 (지방보조금 관리기준 참고) 1. 법률에 규정 2. 국고보조 재원(국가지정) 3. 용도 지정 기부금 4. 조례에 직접규정 5. 지자체가 권장하는 사업을 하는 공공기관 6. 시,도 정책 및 재정사정 7. 기타 8. 해당없음	입찰방식: 계약체결방법 (경쟁형태) 1. 일반경쟁 2. 제한경쟁 3. 지명경쟁 4. 수의계약 5. 법정위탁 6. 기타 ( ) 7. 해당없음	입찰방식: 계약기간 1. 1년 2. 2년 3. 3년 4. 4년 5. 5년 6. 기타 ( )년 7. 단기계약 (1년미만) 8. 해당없음	입찰방식: 낙찰자선정방법 1. 적격심사 2. 협상에의한계약 3. 최저가낙찰제 4. 규격가격분리 5. 2단계 경쟁입찰 6. 기타 ( ) 7. 해당없음	운영예산 산정: 운영비산정 1. 내부산정 (지자체 자체적으로 산정) 2. 외부산정 (외부전문기관위탁 산정) 3. 내·외부 모두 산정 4. 산정 無 5. 해당없음	운영예산 산정: 정산방법 1. 내부정산 (지자체 내부적으로 정산) 2. 외부정산 (외부전문기관위탁 정산) 3. 내·외부 모두 산정 4. 정산 無 5. 해당없음	성과평가: 성과평가 실시여부 1. 실시 2. 미실시 3. 향후 추진 4. 해당없음	성과평가: 성과평가 주기 1. 매년 2. 격년 3. 기간만료전 4. 기타 ( ) 5. 해당없음	성과평가: 성과평가 실시 방법 1. 자체 실시 2. 평가단 구성 후 실시 (전문위원 섭외) 3. 전문 평가기관 의뢰 4. 기타 ( ) 5. 해당없음	성과평가: 평가기준 적용방법 1. 관련 조례 적용 2. 전문 평가기관 의뢰 3. 기타 ( ) 4. 해당없음	평가결과 적용: 실제 인센티브 및 페널티 적용 유무 1. 매년 적용 2. 적용 안함 3. 기타 ( ) 4. 해당없음	평가결과 적용: 인센티브 및 페널티 적용근거 1. 조례 2. 계약서 3. 기타 ( ) 4. 해당없음
4230	전북 장수군	어린이집 운영지원	2	4	34,694	5	2	7	8	7	5	1	4	5	5	4	4	4
4231	전북 장수군	어린이집 교원 보수교육	2	4	420	5	2	7	8	7	5	1	4	5	5	4	4	4
4232	전북 장수군	평가인증 어린이집 냉난방비 지원	2	4	6,670	5	6	7	8	7	5	1	4	5	5	4	4	4
4233	전북 장수군	취약지역 어린이집 운영비	2	4	1,731	5	6	7	8	7	5	1	4	5	5	4	4	4
4234	전북 장수군	어린이집 행사지원(자체)	2	4	11,000	3	1	7	8	7	1	1	1	1	1	1	4	4
4235	전북 장수군	어린이집 운영비(공기청정기 렌탈료) 지원	2	4	21,420	5	1	7	8	7	1	1	4	5	5	4	4	4
4236	전북 장수군	어린이집 운영지원(자체)	2	4	2,100	5	1	7	8	7	1	1	4	5	5	4	4	4
4237	전북 장수군	관내 어린이집 실내공기질 검사비 지원	2	4	5,390	5	1	7	8	7	1	1	4	5	5	4	4	4
4238	전북 장수군	어린이집 0세반 운영비 지원	2	4	7,200	5	6	7	8	7	5	1	4	5	5	4	4	4
4239	전북 장수군	경로당 활성화 사업	2	1	869,828	5	1	7	8	7	1	1	4	5	5	4	4	4
4240	전북 장수군	독거노인중증장애인응급안전안심서비스	2	1	529,618	6	1	7	8	7	1	1	1	1	2	4	4	4
4241	전북 장수군	노인복지관종사자지원	2	1	25,200	4	1	7	8	7	1	1	4	5	5	4	4	4
4242	전북 장수군	노인복지관연계프로그램운영	2	1	31,116	5	1	7	8	7	1	1	4	5	5	4	4	4
4243	전북 장수군	노인맞춤형 운동처방관리사지원	2	1	32,432	5	1	7	8	7	1	1	4	5	5	4	4	4
4244	전북 장수군	노인맞춤형 운동처방관리사 지원(자체)	2	1	9,548	5	1	7	8	7	1	1	4	5	5	4	4	4
4245	전북 장수군	시니어클럽	2	1	369,000	4	1	2	1	1	1	1	4	5	5	4	4	4
4246	전북 장수군	노인생활시설 종사자 지원	2	1	5,400	5	1	7	8	7	1	1	4	5	5	4	4	4
4247	전북 장수군	재가노인시설 종사자 지원	2	1	13,680	5	1	7	8	7	1	1	4	5	5	4	4	4
4248	전북 장수군	노인데이케어센터운영	2	1	55,020	5	1	7	8	7	1	1	4	5	5	4	4	4
4249	전북 장수군	지역아동센터 운영비 지원	2	2	137,100	5	2	7	8	7	5	1	4	5	5	4	4	4
4250	전북 장수군	지역아동센터 운영 지원(자체)	2	2	69,300	5	4	7	8	7	1	1	4	5	5	4	4	4
4251	전북 장수군	지역아동센터 방과후 급식지원	2	2	446,800	5	2	7	8	7	5	1	4	5	5	4	4	4
4252	전북 장수군	지역아동센터 사업 지원(자체)	2	2	21,380	5	4	7	8	7	1	1	4	5	5	4	4	4
4253	전북 장수군	어린이날 행사	2	2	15,000	3	4	7	8	7	1	1	4	5	5	4	4	4
4254	전북 장수군	다함께돌봄센터 운영비 지원	2	2	24,000	5	2	7	8	7	5	1	4	5	5	4	4	4
4255	전북 임실군	지역자활센터 운영	2	8	326,132	5	2	5	8	7	5	1	4	5	5	4	4	4
4256	전북 임실군	민간위탁 자활근로사업	2	8	1,323,799	4	2	5	1	7	5	1	4	5	5	4	4	4
4257	전북 임실군	자활일자리사업 참여자 사례관리	2	8	33,742	5	2	7	1	7	5	1	4	5	5	4	4	4
4258	전북 임실군	가사간병방문지원사업	2	8	89,901	8	2	7	8	7	5	1	4	5	5	4	4	4
4259	전북 임실군	장애인생활이동지원센터 운영 지원(보조)	2	3	168,850	5	1	5	8	7	2	1	4	5	5	4	4	4
4260	전북 임실군	장애인 수어통역센터 운영비 지원	2	3	237,000	5	1	5	8	7	2	1	4	5	5	4	4	4
4261	전북 임실군	장애인보호작업장 운영	2	3	331,007	4	4	2	5	1	2	1	4	5	5	4	4	4
4262	전북 임실군	장애인거주시설 CCTV렌탈비 지원	1	3	1,520	5	6	7	8	7	2	1	4	5	5	4	4	4
4263	전북 임실군	임실군노인종합복지관 위탁운영	2	1	764,970	4	1	5	5	7	1	1	4	5	5	4	4	4
4264	전북 임실군	임실군북부권노인복지관 위탁운영	2	1	350,000	4	1	5	5	7	1	1	4	5	5	4	4	4
4265	전북 임실군	노인맞춤형 운동처방 서비스 관리사	2	1	64,864	6	1	7	8	7	5	5	4	5	5	4	4	4
4266	전북 임실군	노인복지관 연계프로그램 운영 지원	2	1	62,232	6	1	7	8	7	5	5	4	5	5	4	4	4
4267	전북 임실군	정신재활시설 운영비	1,2	5	856,509	1	4	7	8	7	1	1	4	5	5	4	4	4
4268	전북 순창군	자활근로사업 지원	2	8	900,000	4	2	5	1	7	1	1	1	1	2	2	1	3
4269	전북 순창군	지역자활센터 운영	2	8	273,280	5	2	5	1	7	1	1	1	1	2	2	1	3
4270	전북 순창군	장애인거주시설 IoT AI활용 돌봄사업	1	3	857	5	2	7	8	7	1	1	4	5	5	4	4	4
4271	전북 순창군	장애인거주시설 CCTV렌탈비 지원사업	1	3	2,660	5	2	7	8	7	1	1	4	5	5	4	4	4
4272	전북 순창군	장애인복지관 운영	2	3	1,248,000	5	4	2	5	1	1	1	1	3	1	1	4	4
4273	전북 순창군	시각장애인등 생활지원센터 운영	2	3	180,350	5	4	7	8	7	1	1	4	5	5	4	4	4
4274	전북 순창군	수어통역센터 운영	2	3	158,000	5	4	7	8	7	1	1	4	5	5	4	4	4
4275	전북 순창군	순창군가족센터운영	2	14	695,530	6	2	7	8	7	1	1	1	1	1	1	1	1

순번	시군구	지출명 (사업명)	시설종류 1. 생활시설 2. 이용시설	사회복지시설 종류 1. 노인복지시설 2. 아동복지시설 3. 장애인복지시설 4. 어린이집 5. 정신건강증진시설 6. 노숙인시설 7. 사회복지관 8. 지역자활센터 9. 다함께돌봄센터 10. 결핵,한센시설 11. 성매매피해지원시설 12. 성폭력피해보호시설 13. 가정폭력보호시설 14. 가족센터 15. 청소년복지시설 16. 기타 ( )	2025년예산 (단위:천원/1년간)	민간이전 분류 (지방자치단체 세출예산 집행기준에 의거) 1. 민간경상사업보조(307-02) 2. 민간단체 법정운영비보조(307-03) 3. 민간행사사업보조(307-04) 4. 민간위탁금(307-05) 5. 사회복지시설 법정운영비보조(307-10) 6. 사회복지사업보조(307-11) 7. 민간인위탁교육비(307-12) 8. 공기관등에대한경상적위탁사업(308-13) 9. 공사공단 경상전출금(309-01)	민간이전지출 근거 (지방보조금 관리기준 참고) 1. 법률에 규정 2. 국고보조 재원(국가지정) 3. 용도 지정 기부금 4. 조례에 직접규정 5. 지자체가 권장하는 사업을 하는 공공기관 6. 시,도 정책 및 재정사정 7. 기타 8. 해당없음	입찰방식 계약체결방법 (경쟁형태) 1. 일반경쟁 2. 제한경쟁 3. 지명경쟁 4. 수의계약 5. 법정위탁 6. 기타 ( ) 7. 해당없음	입찰방식 계약기간 1. 1년 2. 2년 3. 3년 4. 4년 5. 5년 6. 기타 ( )년 7. 단기계약 (1년미만) 8. 해당없음	입찰방식 낙찰자선정방법 1. 적격심사 2. 협상에의한계약 3. 최저가낙찰제 4. 규격가격분리 5. 2단계 경쟁입찰 6. 기타 ( ) 7. 해당없음	운영예산 산정 운영비산정 1. 내부산정 (지자체 자체적으로 산정) 2. 외부산정 (외부전문기관위탁 산정) 3. 내·외부 모두 산정 4. 산정 無 5. 해당없음	운영예산 산정 정산방법 1. 내부정산 (지자체 내부적으로 정산) 2. 외부정산 (외부전문기관위탁 정산) 3. 내·외부 모두 산정 4. 정산 無 5. 해당없음	성과평가 성과평가 실시여부 1. 실시 2. 미실시 3. 향후 추진 4. 해당없음	성과평가 성과평가 주기 1. 매년 2. 격년 3. 기간만료전 4. 기타 ( ) 5. 해당없음	성과평가 성과평가 실시 방법 1. 자체 실시 2. 평가단 구성 후 실시 (전문위원 섭외) 3. 전문 평가기관 의뢰 4. 기타 ( ) 5. 해당없음	성과평가 평가기준 적용방법 1. 관련 조례 적용 2. 전문 평가기관 의뢰 3. 기타 ( ) 4. 해당없음	평가결과 적용 실제 인센티브 및 페널티 적용 유무 1. 매년 적용 2. 적용 안함 3. 기타 ( ) 4. 해당없음	평가결과 적용 인센티브 및 페널티 적용근거 1. 조례 2. 계약서 3. 기타 ( ) 4. 해당없음
4276	전북 순창군	공동생활가정 그룹홈보호 운영	1	2	145,428	5	1	7	8	7	1	1	4	5	5	4	4	4
4277	전북 순창군	공동생활가정 그룹홈보호 운영(자체)	1	2	3,000	6	1	7	8	7	1	1	4	5	5	4	4	4
4278	전북 순창군	어린이집 지원(교재교구비)	2	4	6,400	5	1	1	5	1	3	1	1	3	1	1	2	4
4279	전북 순창군	어린이집 지원(차량운영비)	2	4	28,808	5	1	1	5	1	3	1	1	3	1	1	2	4
4280	전북 순창군	어린이집 지원(농어촌법인어린이집 지원)	2	4	2,800	5	1	1	5	1	3	1	1	3	1	1	2	4
4281	전북 순창군	어린이집 교원양성지원	2	4	2,900	6	1	1	5	1	3	1	1	3	1	1	2	4
4282	전북 순창군	어린이집 냉난방비 지원	2	4	8,575	5	1	1	5	1	3	1	1	3	1	1	2	4
4283	전북 순창군	어린이집 0세반 운영비 지원(도비)	2	4	8,400	6	1	1	5	1	3	1	1	3	1	1	2	4
4284	전북 순창군	보육시설 운영비 지원(군비)	2	4	119,309	6	1	1	5	1	3	1	1	3	1	1	2	4
4285	전북 순창군	다함께돌봄사업 인건비지원	2	9	75,084	4	1	1	5	1	3	1	1	3	1	1	2	4
4286	전북 순창군	다함께돌봄사업 운영비지원	2	9	12,000	4	1	1	5	1	3	1	1	3	1	1	2	4
4287	전북 순창군	다함께돌봄사업 종사자수당	2	9	1,840	4	1	1	5	1	3	1	1	3	1	1	2	4
4288	전북 순창군	지역아동센터 운영비 지원	2	2	76,032	5	1	1	5	1	1	1	1	3	1	1	4	4
4289	전북 순창군	지역아동센터 아동연합체육대회	2	2	8,000	6	6	1	5	1	1	1	1	3	1	1	4	4
4290	전북 순창군	지역아동센터 차량유류비	2	2	10,000	6	6	1	5	1	1	1	1	3	1	1	4	4
4291	전북 순창군	지역아동센터 교재교구비	2	2	6,120	6	6	1	5	1	1	1	1	3	1	1	4	4
4292	전북 순창군	지역아동센터 CCTV설치비 지원사업	2	2	5,196	6	6	1	5	1	1	1	1	3	1	1	4	4
4293	전북 순창군	공립형지역아동센터 생활보지사 지원	2	2	34,319	6	6	1	5	1	1	1	1	3	1	1	4	4
4294	전북 순창군	공립형지역아동센터 종사자 교통비	2	2	3,000	6	6	1	5	1	1	1	1	3	1	1	4	4
4295	전북 고창군	고창군 사회복지시설(노인종합사회복지관) 위탁금	2	1	2,035,591	4	7	1	5	1	1	1	1	3	2	4	4	4
4296	전북 고창군	노인맞춤형 운동처방 서비스 관리사	2	1	32,432	5	7	1	5	1	1	1	1	3	2	4	4	4
4297	전북 고창군	노인복지관 연계프로그램 운영지원	2	1	31,116	5	7	1	5	1	1	1	1	3	2	4	4	4
4298	전북 고창군	사회복지관 지역복지프로그램	2	7	10,000	5	7	1	5	1	1	1	1	3	2	4	4	4
4299	전북 고창군	시니어클럽 운영 지원	2	1	378,360	5	7	1	5	1	3	1	1	3	2	1	4	4
4300	전북 고창군	고창군 노인요양원 관리	1	1	97,200	5	7	1	5	1	1	1	1	3	2	1	4	4
4301	전북 고창군	자활지원사업	2	8	2,083,213	4	1	5	1	6	3	3	1	2	4	3	3	3
4302	전북 고창군	꿈끼지역아동센터 운영	1	2	158,613	4	4	1	5	7	3	3	1	3	2	1	4	4
4303	전북 고창군	상하면다함께돌본센터 운영	1	2	104,956	4	4	1	5	7	3	3	1	3	2	1	4	4
4304	전북 고창군	아동복지시설운영지원	1	2	4,794,918	5	1	7	8	7	5	1	4	5	5	4	4	4
4305	전북 고창군	아동복지시설생활아동지원	1	2	171,227	6	1	7	8	7	5	1	4	5	5	4	4	4
4306	전북 고창군	경계선 지능 아동 자립지원 사업	1	2	3,800	6	1	7	8	7	5	1	4	5	5	4	4	4
4307	전북 고창군	아동생활시설 일시보호비 지원	1	2	3,000	5	1	7	8	7	5	1	4	5	5	4	4	4
4308	전북 고창군	고창군가족센터	2	14	1,382,000	6	1	7	8	7	3	3	1	3	2	1	4	4
4309	전북 고창군	장애인복지관운영	2	3	2,719,035	4	2	7	8	7	1	1	4	5	5	4	4	4
4310	전북 고창군	장애인거주시설운영지원	1	3	2,719,035	5	2	7	8	7	1	1	4	5	5	4	4	4
4311	전북 고창군	시각장애인동생활지원센터운영	2	3	164,695	5	2	7	8	7	1	1	4	5	5	4	4	4
4312	전북 고창군	장애인수어통역센터운영	2	3	144,100	5	2	7	8	7	1	1	4	5	5	4	4	4
4313	전북 고창군	장애인공동생활가정운영	1	3	78,185	5	2	7	8	7	1	1	4	5	5	4	4	4
4314	전북 고창군	장애인보호작업장 운영 지원	2	3	376,730	5	2	7	8	7	1	1	4	5	5	4	4	4
4315	전북 부안군	지역자활센터	2	8	327,076	5	2	7	1	7	5	1	1	2	3	2	2	3
4316	전북 부안군	자활참여자 사례관리 지원	2	8	33,742	5	2	7	1	7	5	1	1	2	3	2	2	3
4317	전북 부안군	기부식품제공사업	2	8	70,000	5	6	7	1	7	5	1	1	2	3	2	2	3
4318	전북 부안군	노인복지관 운영	2	1	600,000	4	4	6	5	1	1	1	1	3	1	1	4	4
4319	전북 부안군	노인복지관 운영(도비보조사업)	2	1	63,548	5	6	7	8	7	5	5	4	5	5	4	4	4
4320	전북 부안군	노인복지관 운영	2	1	40,000	6	7	7	8	7	5	5	4	5	5	4	4	4
4321	전북 부안군	노인맞춤돌봄서비스사업 지원	2	1,7	7,000	1	7	1	3	1	1	1	3	3	1	3	4	4

순번	시군구	지출명 (사업명)	시설종류 1. 생활시설 2. 이용시설	사회복지시설 종류 1. 노인복지시설 2. 아동복지시설 3. 장애인복지시설 4. 어린이집 5. 정신건강증진시설 6. 노숙인시설 7. 사회복지관 8. 지역자활센터 9. 다함께돌봄센터 10. 결핵,한센시설 11. 성매매피해지원시설 12. 성폭력피해보호시설 13. 가정폭력보호시설 14. 가족센터 15. 청소년복지시설 16. 기타 ( )	2025년예산 (단위:천원/1년간)	민간이전 분류 (지방자치단체 세출예산 집행기준에 의거) 1. 민간경상사업보조(307-02) 2. 민간단체 법정운영비보조(307-03) 3. 민간행사사업보조(307-04) 4. 민간위탁금(307-05) 5. 사회복지시설 법정운영비보조(307-10) 6. 사회복지사업보조(307-11) 7. 민간인위탁교육비(307-12) 8. 공기관등에대한경상적위탁사업(308-13) 9. 공사공단 경상전출금(309-01)	민간이전근을 근거 (지방보조금 관리기준 참고) 1. 법률에 규정 2. 국고보조 재원(국가지정) 3. 용도 지정 기부금 4. 조례에 직접규정 5. 지자체가 권장하는 사업을 하는 공공기관 6. 시,도 정책 및 재정사정 7. 기타 8. 해당없음	입찰방식: 계약체결방법 (경쟁형태) 1. 일반경쟁 2. 제한경쟁 3. 지명경쟁 4. 수의계약 5. 법정위탁 6. 기타 ( ) 7. 해당없음	입찰방식: 계약기간 1. 1년 2. 2년 3. 3년 4. 4년 5. 5년 6. 기타 ( )년 7. 단기계약 (1년미만) 8. 해당없음	입찰방식: 낙찰자선정방법 1. 적격심사 2. 협상에의한계약 3. 최저가낙찰제 4. 규격가격분리 5. 2단계 경쟁입찰 6. 기타 ( ) 7. 해당없음	운영예산 산정: 운영비산정 1. 내부산정 (지자체 자체적으로 산정) 2. 외부산정 (외부전문기관위탁 산정) 3. 내·외부 모두 산정 4. 산정 無 5. 해당없음	운영예산 산정: 정산방법 1. 내부정산 (지자체 내부적으로 정산) 2. 외부정산 (외부전문기관위탁 정산) 3. 내·외부 모두 산정 4. 정산 無 5. 해당없음	성과평가: 성과평가 실시여부 1. 실시 2. 미실시 3. 향후 추진 4. 해당없음	성과평가: 성과평가 주기 1. 매년 2. 격년 3. 기간만료전 4. 기타 ( ) 5. 해당없음	성과평가: 성과평가 실시 방법 1. 자체 실시 2. 평가단 구성 후 실시 (전문위원 섭외) 3. 전문 평가기관 의뢰 4. 기타 ( ) 5. 해당없음	성과평가: 평가기준 적용방법 1. 관련 조례 적용 2. 전문 평가기관 의뢰 3. 기타 ( ) 4. 해당없음	평가결과 적용: 실제 인센티브 및 페널티 적용 유무 1. 매년 적용 2. 적용 안함 3. 기타 ( ) 4. 해당없음	평가결과 적용: 인센티브 및 페널티 적용근거 1. 조례 2. 계약서 3. 기타 ( ) 4. 해당없음
4322	전북 부안군	장애인복지관 운영	2	3	1,469,000	4	1	1	5	1	1	3	1	3	1	1	3	1
4323	전북 부안군	장애인주간이용시설 운영	2	3	268,000	5	1	7	8	7	1	1	4	5	5	4	4	4
4324	전북 부안군	장애인직업재활시설운영	2	3	796,123	4	1	1	5	1	1	3	1	3	1	1	1	1
4325	전북 부안군	시각장애인등 생활지원센터 운영	2	3	165,465	5	1	7	8	7	1	1	4	5	5	4	4	4
4326	전북 부안군	수어통역센터 운영	2	3	246,200	5	1	7	8	7	1	1	4	5	5	4	4	4
4327	전북 부안군	사회복지관 운영	2	7	582,557	4	4	1	5	1	1	3	1	3	1	1	3	1
4328	전라남도	피해장애인 쉼터 운영 지원	1	3	191,666	5	2	7	5	7	1	1	1	1	1	1	4	4
4329	전라남도	도 장애인 복지관 운영	2	3	2,000,000	5	4	7	5	7	1	1	1	1	1	1	1	1
4330	전라남도	도 장애인 직업재활시설 운영	2	3	388,500	5	4	7	5	7	1	1	1	1	1	1	1	1
4331	전라남도	장애인생활이동지원센터 운영지원	2	3	206,000	5	1	7	8	7	1	1	1	1	1	1	1	1
4332	전라남도	시각장애인점자도서관 운영지원	2	3	313,000	5	1	7	8	7	1	1	1	1	1	1	1	1
4333	전라남도	수어통역센터 운영지원	2	3	344,000	5	1	7	8	7	1	1	1	1	1	1	1	1
4334	전라남도	노인보호전문기관 운영	2	1	495,603	5	2	2	1	2	1	1	1	1	1	1	1	1
4335	전라남도	노인보호전문기관 운영	2	1	495,602	5	2	2	1	2	1	1	1	1	1	1	1	1
4336	전라남도	노학대피해노인전용쉼터 운영지원	2	1	255,832	5	2	2	1	2	1	1	1	1	1	1	1	1
4337	전라남도	노학대피해노인전용쉼터 운영지원	2	1	255,832	5	2	2	1	2	1	1	1	1	1	1	1	1
4338	전라남도	남도학숙운영	2	16	2,263,000	4	4	7	5	7	1	1	1	3	1	1	4	4
4339	전라남도	전남학숙운영	2	16	2,314,000	4	4	7	5	7	1	1	1	3	1	1	4	4
4340	전라남도	청소년 수련원 운영	2	15	1,201,870	4	4	7	5	7	1	1	1	3	1	1	4	4
4341	전남 목포시	정신요양시설지원	1	5	4,536,779	5	2	7	8	7	5	5	4	5	5	4	4	4
4342	전남 목포시	목포시종합사회복지관 운영비	2	7	953,000	5	1	2	5	1	1	1	1	1	1	1	1	2
4343	전남 목포시	상동종합사회복지관 운영비	2	7	900,098	5	1	2	5	1	1	1	1	1	1	1	1	2
4344	전남 목포시	노숙인시설운영	1	6	2,888,464	5	1	7	8	7	1	1	4	5	5	4	4	4
4345	전남 목포시	노숙인시설운영	1	6	2,888,464	5	1	7	8	7	1	1	4	5	5	4	4	4
4346	전남 여수시	노숙인복지시설 운영비	1	6	1,018,537	5	1	7	8	7	5	3	2	5	5	4	4	4
4347	전남 여수시	자활근로 위탁사업	2	8	1,481,007	4	1	4	1	7	5	5	1	2	4	3	1	3
4348	전남 여수시	자활근로 위탁사업	2	8	1,481,007	4	1	4	1	7	5	5	1	2	4	3	1	3
4349	전남 여수시	지역자활센터 운영비	2	8	461,168	5	1	4	1	7	5	5	1	2	4	3	1	3
4350	전남 여수시	지역자활센터 운영비	2	8	409,498	5	1	4	1	7	5	5	1	2	4	3	1	3
4351	전남 여수시	사회복지관 운영(쌍봉종합사회복지관)	2	7	753,339	4	1	1	5	1	1	1	1	3	2	1	3	4
4352	전남 여수시	사회복지관 운영(소라종합사회복지관)	2	7	647,067	4	1	1	5	1	1	1	1	3	2	1	3	4
4353	전남 여수시	사회복지관 운영(문수종합사회복지관)	2	7	758,919	4	1	1	5	1	1	1	1	3	2	1	3	4
4354	전남 여수시	사회복지관 운영(미평종합사회복지관)	2	7	610,105	4	1	1	5	1	1	1	1	3	2	1	3	4
4355	전남 여수시	장애인 단기거주(보호)시설 운영비	1	3	438,194	4	1	7	8	7	5	5	1	3	2	1	4	4
4356	전남 여수시	여수시장애인가족지원센터 운영	2	3	2,304,962	4	4	7	8	7	5	5	1	3	2	1	4	4
4357	전남 여수시	시니어합창	2	1	5,000	1	1	7	8	7	1	1	4	5	5	4	4	4
4358	전남 여수시	시니어합창	2	1	5,000	1	1	7	8	7	1	1	4	5	5	4	4	4
4359	전남 여수시	노인복지관 프로그램 지원사업	2	1	20,000	6	1	7	8	7	1	1	4	5	5	4	4	4
4360	전남 여수시	노인복지관 프로그램 지원사업	2	1	14,410	6	1	7	8	7	1	1	4	5	5	4	4	4
4361	전남 여수시	가정폭력피해자 보호시설 운영비	1	13	301,500	5	2	7	8	7	5	3	4	5	5	4	4	4
4362	전남 여수시	가정폭력피해자 보호시설 비수급자 생계비	1	13	29,483	6	2	7	8	7	5	3	4	5	5	4	4	4
4363	전남 여수시	가정폭력 피해자 직업훈련비	1	13	2,690	6	2	7	8	7	5	3	4	5	5	4	4	4
4364	전남 여수시	가정폭력 피해자 치료회복프로그램 운영	1	13	31,878	6	2	7	8	7	5	3	4	5	5	4	4	4
4365	전남 여수시	가정폭력 피해자 의료비	1	13	11,586	6	2	7	8	7	5	3	4	5	5	4	4	4
4366	전남 여수시	폭력피해여성 주거지원(경상)	1	13	44,374	6	2	7	8	7	5	3	4	5	5	4	4	4
4367	전남 여수시	폭력피해여성 주거지원(자본)	1	13	2,500	6	2	7	8	7	5	3	4	5	5	4	4	4

순번	시군구	지출명 (사업명)	시설종류 1. 생활시설 2. 이용시설	사회복지시설 종류 1. 노인복지시설 2. 아동복지시설 3. 장애인복지시설 4. 어린이집 5. 정신건강증진시설 6. 노숙인시설 7. 사회복지관 8. 지역자활센터 9. 다함께돌봄센터 10. 결핵,한센시설 11. 성매매피해지원시설 12. 성폭력피해보호시설 13. 가정폭력보호시설 14. 가족센터 15. 청소년복지시설 16. 기타 ( )	2025년예산 (단위:천원/1년간)	민간이전 분류 (지방자치단체 세출예산 집행기준에 의거) 1. 민간경상사업보조(307-02) 2. 민간단체 법정운영비보조(307-03) 3. 민간행사사업보조(307-04) 4. 민간위탁금(307-05) 5. 사회복지시설 법정운영비보조(307-10) 6. 사회복지사업보조(307-11) 7. 민간인위탁교육비(307-12) 8. 공기관등에대한경상적위탁사업(308-13) 9. 공사공단 경상전출금(309-01)	민간이전지출 근거 (지방보조금 관리기준 참고) 1. 법률에 규정 2. 국고보조 재원(국가지정) 3. 용도 지정 기부금 4. 조례에 직접규정 5. 지자체가 권장하는 사업을 하는 공공기관 6. 시,도 정책 및 재정사정 7. 기타 8. 해당없음	입찰방식: 계약체결방법 (경쟁형태) 1. 일반경쟁 2. 제한경쟁 3. 지명경쟁 4. 수의계약 5. 법정위탁 6. 기타 ( ) 7. 해당없음	입찰방식: 계약기간 1. 1년 2. 2년 3. 3년 4. 4년 5. 5년 6. 기타 ( )년 7. 단기계약 (1년미만) 8. 해당없음	입찰방식: 낙찰자선정방법 1. 적격심사 2. 협상에의한계약 3. 최저가낙찰제 4. 규격가격분리 5. 2단계 경쟁입찰 6. 기타 ( ) 7. 해당없음	운영예산 산정: 운영비산정 1. 내부산정 (지자체 자체적으로 산정) 2. 외부산정 (외부전문기관위탁 산정) 3. 내·외부 모두 산정 4. 산정 無 5. 해당없음	운영예산 산정: 정산방법 1. 내부정산 (지자체 내부적으로 정산) 2. 외부정산 (외부전문기관위탁 정산) 3. 내·외부 모두 산정 4. 정산 無 5. 해당없음	성과평가: 성과평가 실시여부 1. 실시 2. 미실시 3. 향후 추진 4. 해당없음	성과평가: 성과평가 주기 1. 매년 2. 격년 3. 기간만료전 4. 기타 ( ) 5. 해당없음	성과평가: 성과평가 실시 방법 1. 자체 실시 2. 평가단 구성 후 실시 (전문위원 섭외) 3. 전문 평가기관 의뢰 4. 기타 ( ) 5. 해당없음	성과평가: 평가기준 적용방법 1. 관련 조례 적용 2. 전문 평가기관 의뢰 3. 기타 ( ) 4. 해당없음	평가결과 적용: 실제 인센티브 및 페널티 적용 유무 1. 매년 적용 2. 적용 안함 3. 기타 ( ) 4. 해당없음	평가결과 적용: 인센티브 및 페널티 적용근거 1. 조례 2. 계약서 3. 기타 ( ) 4. 해당없음
4368	전남 여수시	가정폭력 상담소 운영지원	2	13	154,879	5	2	7	8	7	5	3	4	5	5	4	4	4
4369	전남 여수시	가정폭력피해 재발방지사업	2	13	1,300	6	6	7	8	7	5	3	4	5	5	4	4	4
4370	전남 여수시	성폭력피해자 보호시설 운영비	1	12	256,136	5	2	7	8	7	5	3	4	5	5	4	4	4
4371	전남 여수시	성폭력피해자 보호시설 비수급자 생계비 지원	1	12	5,000	6	2	7	8	7	5	3	4	5	5	4	4	4
4372	전남 여수시	성매매피해자 지원시설 및 상담소 운영비	2	11	199,825	5	2	7	8	7	5	3	4	5	5	4	4	4
4373	전남 여수시	성매매피해자 지원시설 운영비	1	11	254,851	5	2	7	8	7	5	3	4	5	5	4	4	4
4374	전남 여수시	성매매피해자 자활지원센터 운영비	2	11	490,314	5	2	7	8	7	5	3	4	5	5	4	4	4
4375	전남 여수시	성매매피해자구조지원	1	11	69,459	6	2	7	8	7	5	3	4	5	5	4	4	4
4376	전남 여수시	성매매피해자구조지원(도비)	2	11	12,800	6	6	7	8	7	5	3	4	5	5	4	4	4
4377	전남 여수시	폭력피해이주여성 보호시설 운영비	1	13	559,260	5	2	7	8	7	5	3	4	5	5	4	4	4
4378	전남 여수시	여성폭력방지방지와 피해자보호	1,2	11,12,13	390,431	5	6	7	8	7	5	3	4	5	5	4	4	4
4379	전남 여수시	아동복지시설 운영 지원	1	2	1,837,455	5	1	7	8	7	5	1	4	5	5	4	4	4
4380	전남 여수시	아동복지시설 운영 지원	1	2	1,793,205	5	1	7	8	7	5	1	4	5	5	4	4	4
4381	전남 여수시	요보호아동 그룹홈 운영	1	2	146,028	5	1	7	8	7	5	1	4	5	5	4	4	4
4382	전남 여수시	요보호아동 그룹홈 운영	1	2	146,027	5	1	7	8	7	5	1	4	5	5	4	4	4
4383	전남 여수시	요보호아동 그룹홈 운영(도비)	1	2	23,736	5	1	7	8	7	5	1	4	5	5	4	4	4
4384	전남 여수시	요보호아동 그룹홈 운영(도비)	1	2	23,977	5	1	7	8	7	5	1	4	5	5	4	4	4
4385	전남 여수시	학대피해아동쉼터 운영	1	2	517,400	4	4	5	5	2	5	1	3	3	2	1	2	1
4386	전남 여수시	학대피해아동쉼터 운영	1	2	517,400	4	4	5	5	2	5	1	3	3	2	1	2	1
4387	전남 여수시	학대피해아동쉼터 운영(도비)	1	2	9,840	4	4	5	5	2	5	1	3	3	2	1	2	1
4388	전남 여수시	학대피해아동쉼터 운영(도비)	1	2	9,840	4	4	5	5	2	5	1	3	3	2	1	2	1
4389	전남 여수시	공공형어린이집 운영지원	2	4	1,063,000	5	1	7	8	7	1	1	2	1	2	1	1	1
4390	전남 여수시	여수형어린이집 운영지원	2	4	250,000	5	1	7	8	7	1	1	2	1	2	1	1	1
4391	전남 여수시	다함께돌봄사업	2	9	733,608	4	2	1	5	1	5	1	1	3	2	1	1	1
4392	전남 여수시	청소년복지시설지원사업	1	15	835,885	5	2	7	8	7	5	5	4	5	5	4	4	4
4393	전남 여수시	가족센터 운영	2	14	456,700	4	4	1	5	1	5	1	1	3	2	1	4	4
4394	전남 여수시	가족센터 종사자 처우개선수당	2	14	56,700	4	4	1	5	1	5	1	1	3	2	1	4	4
4395	전남 여수시	가족센터 종사자특별수당	2	14	34,560	4	4	1	5	1	5	1	1	3	2	1	4	4
4396	전남 여수시	취약위기가족지원사업	2	14	313,670	4	4	1	5	1	5	1	1	3	2	1	4	4
4397	전남 여수시	공동육아나눔터 운영 보조금 지원	2	14	116,488	4	4	1	5	1	5	1	1	3	2	1	4	4
4398	전남 여수시	다문화가족 방문교육서비스 지원	2	14	244,750	4	4	1	5	7	5	1	1	3	2	1	4	4
4399	전남 여수시	다문화가족 자녀언어발달 지원	2	14	83,480	4	4	1	5	7	5	1	1	3	2	1	4	4
4400	전남 여수시	결혼이민자 통번역서비스 지원	2	14	36,110	4	4	1	5	7	5	1	1	3	2	1	4	4
4401	전남 여수시	이중언어 교육지원	2	14	53,790	4	4	1	5	7	5	1	1	3	2	1	4	4
4402	전남 여수시	결혼이민자 역량강화지원	2	14	24,500	4	4	1	5	7	5	1	1	3	2	1	4	4
4403	전남 여수시	진로설계지원	2	14	48,000	4	4	1	5	7	5	1	1	3	2	1	4	4
4404	전남 여수시	기초학습지원	2	14	109,000	4	4	1	5	7	5	1	1	3	2	1	4	4
4405	전남 여수시	다문화가족 자녀 교육활동비	2	14	81,470	4	4	1	5	7	5	1	1	3	2	1	4	4
4406	전남 여수시	다문화엄마학교 운영	2	14	16,000	4	4	1	5	7	5	1	1	3	2	1	4	4
4407	전남 여수시	찾아가는 어린이집 다문화이해교실 운영	2	14	10,800	4	4	1	5	7	5	1	1	3	2	1	4	4
4408	전남 여수시	결혼이민여성 산모도우미 운영	2	14	18,179	4	4	1	5	7	5	1	1	3	2	1	4	4
4409	전남 여수시	다문화가족 취업교육 및 도서관 운영	2	14	17,000	4	4	1	5	7	5	1	1	3	2	1	4	4
4410	전남 여수시	작은 다문화학교 운영	2	14	32,440	4	4	1	5	7	5	1	1	3	2	1	4	4
4411	전남 여수시	외국인주민종합지원센터 운영	2	14	215,437	4	4	1	5	7	5	1	1	3	2	1	4	4
4412	전남 여수시	다문화이주민플러스센터 운영	2	14	6,000	4	4	1	5	7	5	1	1	3	2	1	4	4
4413	전남 여수시	재여외국인 및 다문화가족 한마당 행사	2	14	20,000	3	4	7	1	7	5	1	1	3	2	1	4	4

순번	시군구	지출명 (사업명)	시설종류 1. 생활시설 2. 이용시설	사회복지시설 종류 1. 노인복지시설 2. 아동복지시설 3. 장애인복지시설 4. 어린이집 5. 정신건강증진시설 6. 노숙인시설 7. 사회복지관 8. 지역자활센터 9. 다함께돌봄센터 10. 결핵,한센시설 11. 성매매피해지원시설 12. 성폭력피해보호시설 13. 가정폭력보호시설 14. 가족센터 15. 청소년복지시설 16. 기타 ( )	2025년예산 (단위:천원/1년간)	민간이전 분류 (지방자치단체 세출예산 집행기준에 의거) 1. 민간경상사업보조(307-02) 2. 민간단체 법정운영비보조(307-03) 3. 민간행사사업보조(307-04) 4. 민간위탁금(307-05) 5. 사회복지시설 법정운영비보조(307-10) 6. 사회복지사업보조(307-11) 7. 민간인위탁교육비(307-12) 8. 공기관등에대한경상적위탁사업(308-13) 9. 공사공단 경상전출금(309-01)	민간이전지출 근거 (지방보조금 관리기준 참고) 1. 법률에 규정 2. 국고보조 재원(국가지정) 3. 용도 지정 기부금 4. 조례에 직접규정 5. 지자체가 권장하는 사업을 하는 공공기관 6. 시,도 정책 및 재정사정 7. 기타 8. 해당없음	입찰방식: 계약체결방법 (경쟁형태) 1. 일반경쟁 2. 제한경쟁 3. 지명경쟁 4. 수의계약 5. 법정위탁 6. 기타 ( ) 7. 해당없음	입찰방식: 계약기간 1. 1년 2. 2년 3. 3년 4. 4년 5. 5년 6. 기타 ( )년 7. 단기계약 (1년미만) 8. 해당없음	입찰방식: 낙찰자선정방법 1. 적격심사 2. 협상에의한계약 3. 최저가낙찰제 4. 규격가격분리 5. 2단계 경쟁입찰 6. 기타 ( ) 7. 해당없음	운영예산 산정: 운영비산정 1. 내부산정 (지자체 자체적으로 산정) 2. 외부산정 (외부전문기관위탁 산정) 3. 내·외부 모두 산정 4. 산정 無 5. 해당없음	운영예산 산정: 정산방법 1. 내부정산 (지자체 내부적으로 정산) 2. 외부정산 (외부전문기관위탁 정산) 3. 내·외부 모두 산정 4. 정산 無 5. 해당없음	성과평가: 성과평가 실시여부 1. 실시 2. 미실시 3. 향후 추진 4. 해당없음	성과평가: 성과평가 주기 1. 매년 2. 격년 3. 기간만료전 4. 기타 ( ) 5. 해당없음	성과평가: 성과평가 실시 방법 1. 자체 실시 2. 평가단 구성 후 실시 (전문위원 섭외) 3. 전문 평가기관 의뢰 4. 기타 ( ) 5. 해당없음	성과평가: 평가기준 적용방법 1. 관련 조례 적용 2. 전문 평가기관 의뢰 3. 기타 ( ) 4. 해당없음	평가결과 적용: 실제 인센티브 및 패널티 적용 유무 1. 매년 적용 2. 적용 안함 3. 기타 ( ) 4. 해당없음	평가결과 적용: 인센티브 및 패널티 적용근거 1. 조례 2. 계약서 3. 기타 ( ) 4. 해당없음
4414	전남 여수시	여수이주민센터 한가위 행사	2	16	7,000	3	4	7	1	7	5	1	1	3	2	1	4	4
4415	전남 여수시	다문화 유소년 축구단 운영 지원	2	16	8,000	1	4	7	1	7	5	1	1	3	2	1	4	4
4416	전남 여수시	여수이주민센터 다문화 지원 사업	2	16	9,000	1	4	7	1	7	5	1	1	3	2	1	4	4
4417	전남 여수시	다문화가족 시설 및 단체지원	2	16	40,000	6	4	7	1	7	5	1	1	3	2	1	4	4
4418	전남 여수시	지역아동센터 운영비 지원	2	2	5,953,692	5	1	7	8	7	1	1	4	5	5	4	4	4
4419	전남 여수시	지역아동센터 종사자 역량강화 워크숍 지원	2	2	3,000	1	4	7	8	7	1	1	1	1	4	3	4	4
4420	전남 여수시	지역아동센터 꿈사다리 공부방 지원	2	2	193,650	1	6	7	8	7	1	1	4	5	5	4	4	4
4421	전남 여수시	지역아동센터 냉난방비 지원	2	2	23,520	5	4	7	8	7	1	1	1	1	4	3	4	4
4422	전남 여수시	지역아동센터 이용아동 한마당 행사	2	2	15,000	3	4	7	8	7	1	1	1	1	4	3	4	4
4423	전남 순천시	정신재활시설 운영비	1	5	658,847	6	2	7	8	7	5	1	4	5	5	4	4	4
4424	전남 순천시	희망장난감도서관(조례호수도서관) 위탁운영	2	2	35,000	4	4	2	5	1	1	1	4	5	5	4	4	4
4425	전남 순천시	영아전담어린이집 지원	2	2	628,333	6	1	1	5	1	1	1	1	3	1	1	1	1
4426	전남 순천시	장애아전담어린이집 지원	2	2	638,333	6	1	1	5	1	1	1	1	3	1	1	1	1
4427	전남 순천시	그밖의연장형어린이집 지원	2	2	418,333	6	1	1	5	1	1	1	1	3	1	1	1	1
4428	전남 순천시	장애아통합어린이집 지원	2	2	285,000	6	1	1	5	1	1	1	1	3	1	1	1	1
4429	전남 순천시	교재교구비	2	2	130,223	6	1	1	5	1	1	1	1	3	1	1	1	1
4430	전남 순천시	차량운영비	2	2	108,333	6	1	1	5	1	1	1	1	3	1	1	1	1
4431	전남 순천시	농어촌 소재 법인어린이집 지원	2	2	4,864	6	1	1	5	1	1	1	1	3	1	1	1	1
4432	전남 순천시	급식위생관리지원	2	2	140,267	6	1	1	5	1	1	1	1	3	1	1	1	1
4433	전남 순천시	공공형 어린이집 지원	2	2	1,444,000	6	1	1	5	1	1	1	1	3	1	1	1	1
4434	전남 순천시	시단위어린이집 차량운영비	2	2	55,267	6	1	1	5	1	1	1	1	3	1	1	1	1
4435	전남 순천시	영아, 장애아 전담 어린이집 냉난방비	2	2	2,400	6	1	1	5	1	1	1	1	3	1	1	1	1
4436	전남 순천시	어린이집 반별운영비 지원	2	2	1,287,600	6	1	1	5	1	1	1	1	3	1	1	1	1
4437	전남 순천시	정부지원시설 누리반 보육여건 개선비 지원	2	2	90,700	6	1	1	5	1	1	1	1	3	1	1	1	1
4438	전남 순천시	어린이집 공기청정기 임차료 지원	2	2	214,968	6	1	1	5	1	1	1	1	3	1	1	1	1
4439	전남 순천시	어린이집 냉난방비 지원	2	2	103,090	6	1	1	5	1	1	1	1	3	1	1	1	1
4440	전남 순천시	어린이집 반 개설유지 지원	2	2	252,000	6	1	1	5	1	1	1	1	3	1	1	1	1
4441	전남 순천시	농촌지역 보육기반 유지 지원	2	2	40,940	6	1	1	5	1	1	1	1	3	1	1	1	1
4442	전남 순천시	민간가정 어린이집 통학차량 지원	2	2	78,000	6	1	1	5	1	1	1	1	3	1	1	1	1
4443	전남 순천시	시간제보육사업	2	2	351,462	6	1	1	5	1	1	1	1	3	1	1	1	1
4444	전남 순천시	다함께돌봄사업(운영비)	2	9	66,000	5	2	2	5	1	1	1	1	3	1	1	3	1
4445	전남 순천시	다함께돌봄사업(자체)	2	9	32,000	5	2	2	5	1	1	1	1	3	1	1	3	1
4446	전남 순천시	순천형 초등돌봄 운영	2	16	82,800	5	6	7	8	7	5	5	4	5	5	4	4	4
4447	전남 순천시	정거운 아동복지시설 운영	1	2	3,211,534	5	1	7	8	7	5	5	4	5	5	4	4	4
4448	전남 순천시	정거운 아동복지시설 운영	1	2	185,600	6	1	7	8	7	5	5	4	5	5	4	4	4
4449	전남 순천시	요보호아동 그룹홈 운영지원	1	2	180,729	5	1	7	8	7	5	5	4	5	5	4	4	4
4450	전남 순천시	요보호아동 그룹홈 운영	1	2	52,440	6	1	7	8	7	5	5	4	5	5	4	4	4
4451	전남 순천시	경계선지능 아동 자립지원	1	2	15,200	6	1	7	8	7	5	5	4	5	5	4	4	4
4452	전남 순천시	모부자 복지시설 운영	1	16	216,483	5	1	7	8	7	1	1	1	1	1	1	4	4
4453	전남 순천시	모부자 복지시설 운영(시설 이용 지원)	1	16	19,286	5	1	7	8	7	1	1	1	1	1	1	4	4
4454	전남 순천시	가정폭력상담소 운영 지원	2	13	154,879	5	1	7	8	7	1	1	1	1	1	1	4	4
4455	전남 순천시	가정폭력 피해 재발방지 지원사업	2	13	3,850	5	1	7	8	7	1	1	1	1	1	1	4	4
4456	전남 순천시	가정폭력 피해자 보호시설 운영지원	1	13	286,420	5	1	7	8	7	1	1	1	1	1	1	4	4
4457	전남 순천시	가정폭력보호 보호시설 기능보강 지원	1	13	12,824	9	1	7	8	7	1	1	1	1	1	1	4	4
4458	전남 순천시	성폭력 상담소 운영 지원	2	12	163,750	5	1	7	8	7	1	1	1	1	1	1	4	4
4459	전남 순천시	성매매피해자 상담소 운영 지원	2	11	199,825	5	1	7	8	7	1	1	1	1	1	1	4	4

순번	시군구	지출명 (사업명)	시설종류 1. 생활시설 2. 이용시설	사회복지시설 종류 1. 노인복지시설 2. 아동복지시설 3. 장애인복지시설 4. 어린이집 5. 정신건강증진시설 6. 노숙인시설 7. 사회복지관 8. 지역자활센터 9. 다함께돌봄센터 10. 결핵,한센시설 11. 성매매피해지원시설 12. 성폭력피해보호시설 13. 가정폭력보호시설 14. 가족센터 15. 청소년복지시설 16. 기타 ( )	2025년예산 (단위:천원/1년간)	민간이전 분류 (지방자치단체 세출예산 집행기준에 의거) 1. 민간경상사업보조(307-02) 2. 민간단체 법정운영비보조(307-03) 3. 민간행사사업보조(307-04) 4. 민간위탁금(307-05) 5. 사회복지시설 법정운영비보조(307-10) 6. 사회복지사업보조(307-11) 7. 민간인위탁교육비(307-12) 8. 공기관등에대한경상적위탁사업(308-13) 9. 공사공단 경상전출금(309-01)	민간이전지출 근거 (지방보조금 관리기준 참고) 1. 법률에 규정 2. 국고보조 재원(국가지정) 3. 용도 지정 기부금 4. 조례에 직접규정 5. 지자체가 권장하는 사업을 하는 공공기관 6. 시,도 정책 및 재정사정 7. 기타 8. 해당없음	입찰방식 계약체결방법 (경쟁형태) 1. 일반경쟁 2. 제한경쟁 3. 지명경쟁 4. 수의계약 5. 법정위탁 6. 기타 ( ) 7. 해당없음	입찰방식 계약기간 1. 1년 2. 2년 3. 3년 4. 4년 5. 5년 6. 기타 ( )년 7. 단기계약 (1년미만) 8. 해당없음	입찰방식 낙찰자선정방법 1. 적격심사 2. 협상에의한계약 3. 최저가낙찰제 4. 규격가격분리 5. 2단계 경쟁입찰 6. 기타 ( ) 7. 해당없음	운영예산 산정 운영비산정 1. 내부산정 (지자체 자체적으로 산정) 2. 외부산정 (외부전문기관위탁 산정) 3. 내·외부 모두 산정 4. 산정 無 5. 해당없음	운영예산 산정 정산방법 1. 내부정산 (지자체 내부적으로 정산) 2. 외부정산 (외부전문기관위탁 정산) 3. 내·외부 모두 산정 4. 정산 無 5. 해당없음	성과평가 성과평가 실시여부 1. 실시 2. 미실시 3. 향후 추진 4. 해당없음	성과평가 성과평가 주기 1. 매년 2. 격년 3. 기간만료전 4. 기타 ( ) 5. 해당없음	성과평가 성과평가 실시 방법 1. 자체 실시 2. 평가단 구성 후 실시 (전문위원 섭외) 3. 전문 평가기관 의뢰 4. 기타 ( ) 5. 해당없음	성과평가 평가기준 적용방법 1. 관련 조례 적용 2. 전문 평가기관 의뢰 3. 기타 ( ) 4. 해당없음	평가결과 적용 실제 인센티브 및 페널티 적용 유무 1. 매년 적용 2. 적용 안함 3. 기타 ( ) 4. 해당없음	평가결과 적용 인센티브 및 페널티 적용근거 1. 조례 2. 계약서 3. 기타 ( ) 4. 해당없음
4460	전남 순천시	성매매피해자 지원시설 운영지원	1	11	254,851	5	1	7	8	7	1	1	1	1	1	1	4	4
4461	전남 순천시	성매매피해자 지원기관 기능보강	1	11	11,810	9	1	7	8	7	1	1	1	1	1	1	4	4
4462	전남 순천시	가족센터 운영	2	14	1,132	6	2	1	5	1	5	3	2	5	4	4	4	4
4463	전남 순천시	장애인 단기보호시설 운영	1	3	191,187	5	1	1	5	1	1	1	4	5	5	4	4	4
4464	전남 순천시	장애인직업재활시설운영	2	3	666,771	6	1	1	5	1	1	1	4	5	5	4	4	4
4465	전남 순천시	장애인직업재활시설운영	2	3	335,968	6	1	7	8	7	1	1	4	5	5	4	4	4
4466	전남 순천시	장애인직업재활시설운영	2	3	317,901	6	1	7	8	7	1	1	4	5	5	4	4	4
4467	전남 순천시	장애인종합복지관 운영 지원	2	3	1,750,472	5	1	1	5	1	1	1	4	5	5	4	4	4
4468	전남 순천시	장애인 생활이동지원센터 운영	2	3	352,500	5	1	7	8	7	1	1	4	5	5	4	4	4
4469	전남 순천시	장애인 수어통역센터운영비	2	3	350,000	5	1	7	8	7	1	1	4	5	5	4	4	4
4470	전남 순천시	장애인 주간보호센터 운영	2	3	306,171	6	1	7	8	7	1	1	4	5	5	4	4	4
4471	전남 순천시	장애인 주간보호센터 운영	2	3	420,648	6	1	7	8	7	1	1	4	5	5	4	4	4
4472	전남 순천시	장애인 주간보호센터 운영	2	3	275,183	6	1	7	8	7	1	1	4	5	5	4	4	4
4473	전남 나주시	장애인주간보호사업	2	3	353,002	4	1	1	5	1	1	1	3	3	1	1	4	4
4474	전남 나주시	장애인가정 홈헬퍼 서비스	2	3	82,870	6	1	1	3	1	1	1	3	3	1	1	4	4
4475	전남 나주시	시니어클럽 운영	1	1	353,500	4	1	5	5	1	3	3	1	3	2	3	4	4
4476	전남 나주시	노인복지관운영	2	1	1,331,280	4	1	5	5	1	1	1	1	3	1	1	4	4
4477	전남 나주시	양로시설 운영	1	1	618,001	4	1	5	5	1	1	1	1	3	1	1	4	4
4478	전남 광양시	청소년문화센터 위탁운영비	2	15	550,000	4	1	1	3	6	1	3	1	1	4	3	4	4
4479	전남 광양시	광양 청소년문화의집 위탁운영비	2	15	170,000	4	1	1	3	6	1	3	1	1	4	3	4	4
4480	전남 광양시	금호 청소년문화의집 위탁운영비	2	15	160,000	4	1	1	3	6	1	3	1	1	4	3	4	4
4481	전남 광양시	청소년상담복지센터 운영	2	15	148,000	6	1	1	3	6	1	3	1	1	4	3	4	4
4482	전남 광양시	학교 밖 청소년 지원사업	2	15	145,344	6	1	1	3	6	1	3	1	1	4	3	4	4
4483	전남 광양시	학대피해아동쉼터 운영지원	1	16	517,400	5	2	1	5	1	1	1	3	5	5	4	4	4
4484	전남 광양시	초등 방 초등돌봄 지원	2	9,14	1,168,970	5	2	7	8	7	1	1	3	5	1	3	3	3
4485	전남 광양시	다함께돌봄센터 운영비	2	9	84,000	5	2	7	8	7	1	1	3	5	1	3	3	3
4486	전남 광양시	아이돌봄지원	2	16	2,335,196	5	2	7	8	7	1	1	3	5	1	3	3	3
4487	전남 광양시	아이돌보미 건강검진비 지원	2	16	2,400	5	6	7	8	7	1	1	3	5	1	3	3	3
4488	전남 광양시	지역아동센터 운영비 지원	2	2	502,200	5	2	7	8	7	1	1	3	5	1	3	3	3
4489	전남 광양시	꿈사다리 공부방 사업 지원	2	2	90,370	5	6	7	8	7	1	1	3	5	1	3	3	3
4490	전남 광양시	중마노인복지관 운영	2	1	772,800	4	4	1	5	1	1	3	3	5	5	4	4	4
4491	전남 광양시	노인일자리 지원기관(시니어클럽) 운영	2	1	359,980	4	1	1	5	1	1	1	3	5	5	4	4	4
4492	전남 광양시	장애인종합복지관 운영	2	3	4,722,193	5	1	1	5	1	1	1	3	5	5	4	4	4
4493	전남 광양시	장애인주간보호시설 운영	2	3	832,891	5	1	1	5	1	1	1	3	5	5	4	4	4
4494	전남 광양시	장애인 공동생활가정 운영	1	3	65,890	5	1	1	5	1	1	1	3	5	5	4	4	4
4495	전남 광양시	장애인 개인운영 거주시설 지원	1	3	610,144	5	1	7	8	7	1	1	4	5	5	4	4	4
4496	전남 광양시	장애인단기거주시설 운영	1	3	316,635	5	1	1	5	1	1	1	3	5	5	4	4	4
4497	전남 광양시	경로당 운영비 지원	2	1	603,199	5	1,4	7	8	7	1	1	4	5	5	4	4	4
4498	전남 광양시	경로당 냉난방비 지원	2	1	969,212	5	1,2,4	7	8	7	1	1	4	5	5	4	4	4
4499	전남 담양군	생활이동지원센터 운영지원	2	3	245,000	5	1	5	8	7	1	1	1	1	1	1	1	1
4500	전남 담양군	수어통역센터 운영	2	3	205,790	5	1	5	8	7	1	1	1	1	1	1	1	1
4501	전남 담양군	지체장애인 편의시설지원센터 운영	2	3	78,885	5	1	5	8	7	1	1	1	1	1	1	1	1
4502	전남 담양군	장애인 복지관 운영	2	3	1,957,802	5	1	5	8	7	1	1	1	1	1	1	1	1
4503	전남 담양군	장애인 주간보호시설 운영	2	3	308,348	5	1	5	8	7	1	1	1	1	1	1	1	1
4504	전남 담양군	장애인 단기보호시설 운영	1	3	293,138	5	1	5	8	7	1	1	1	1	1	1	1	1
4505	전남 담양군	노숙인복지시설 운영비	1	6	1,116,274	5	2	7	8	7	3	3	4	5	5	4	4	4

순번	시군구	지출명 (사업명)	시설종류 1. 생활시설 2. 이용시설	사회복지시설 종류 1. 노인복지시설 2. 아동복지시설 3. 장애인복지시설 4. 어린이집 5. 정신건강증진시설 6. 노숙인시설 7. 사회복지관 8. 지역자활센터 9. 다함께돌봄센터 10. 결핵,한센시설 11. 성매매피해지원시설 12. 성폭력피해보호시설 13. 가정폭력보호시설 14. 가족센터 15. 청소년복지시설 16. 기타 ( )	2025년예산 (단위:천원/1년간)	민간이전 분류 (지방자치단체 세출예산 집행기준에 의거) 1. 민간경상사업보조(307-02) 2. 민간단체 법정운영비보조(307-03) 3. 민간행사사업보조(307-04) 4. 민간위탁금(307-05) 5. 사회복지시설 법정운영비보조(307-10) 6. 사회복지사업보조(307-11) 7. 민간인위탁교육비(307-12) 8. 공기관등에대한경상적위탁사업(308-13) 9. 공사공단 경상전출금(309-01)	민간이전지출 근거 (지방보조금 관리기준 참고) 1. 법률에 규정 2. 국고보조 재원(국가지정) 3. 용도 지정 기부금 4. 조례에 직접규정 5. 지자체가 권장하는 사업을 하는 공공기관 6. 시,도 정책 및 재정사정 7. 기타 8. 해당없음	입찰방식 계약체결방법 (경쟁형태) 1. 일반경쟁 2. 제한경쟁 3. 지명경쟁 4. 수의계약 5. 법정위탁 6. 기타 ( ) 7. 해당없음	입찰방식 계약기간 1. 1년 2. 2년 3. 3년 4. 4년 5. 5년 6. 기타 ( )년 7. 단기계약 (1년미만) 8. 해당없음	입찰방식 낙찰자선정방법 1. 적격심사 2. 협상에의한계약 3. 최저가낙찰제 4. 규격가격분리 5. 2단계 경쟁입찰 6. 기타 ( ) 7. 해당없음	운영예산 산정 운영비산정 1. 내부산정 (지자체 자체적으로 산정) 2. 외부산정 (외부전문기관위탁 산정) 3. 내·외부 모두 산정 4. 산정 無 5. 해당없음	운영예산 산정 정산방법 1. 내부정산 (지자체 내부적으로 정산) 2. 외부정산 (외부전문기관위탁 정산) 3. 내·외부 모두 산정 4. 정산 無 5. 해당없음	성과평가 성과평가 실시여부 1. 실시 2. 미실시 3. 향후 추진 4. 해당없음	성과평가 성과평가 주기 1. 매년 2. 격년 3. 기간만료전 4. 기타 ( ) 5. 해당없음	성과평가 성과평가 실시 방법 1. 자체 실시 2. 평가단 구성 후 실시 (전문위원 섭외) 3. 전문 평가기관 의뢰 4. 기타 ( ) 5. 해당없음	성과평가 평가기준 적용방법 1. 관련 조례 적용 2. 전문 평가기관 의뢰 3. 기타 ( ) 4. 해당없음	평가결과 적용 실제 인센티브 및 패널티 적용 유무 1. 매년 적용 2. 적용 안함 3. 기타 ( ) 4. 해당없음	평가결과 적용 인센티브 및 패널티 적용근거 1. 조례 2. 계약서 3. 기타 ( ) 4. 해당없음
4506	전남 담양군	자활사업(센터운영)	2	8	273,280	5	2	7	8	7	3	3	4	5	5	4	4	4
4507	전남 담양군	자활사례관리사 지원	2	8	20,870	5	2	7	8	7	3	3	4	5	5	4	4	4
4508	전남 담양군	자활사례관리사 지원(군특)	2	8	15,870	5	2	7	8	7	3	3	4	5	5	4	4	4
4509	전남 담양군	자활사업(근로)	2	8	1,404,160	6	2	7	8	7	3	3	4	5	5	4	4	4
4510	전남 담양군	근로능력이 있는 수급자 탈수급 지원	2	16	210,700	8	2	7	8	7	3	3	4	5	5	4	4	4
4511	전남 담양군	가사간병방문지원사업	2	16	73,730	8	2	7	8	7	3	3	4	5	5	4	4	4
4512	전남 담양군	청소년상담복지센터 운영	2	15	451,505	6	1	5	3	2	1	1	1	1	1	1	1	3
4513	전남 담양군	지역아동센터 운영비지원	2	2	198,192	5	2	7	8	7	5	5	4	5	5	4	4	4
4514	전남 담양군	꿈사다리공부방사업	2	2	58,059	6	6	7	8	7	5	5	4	5	5	4	4	4
4515	전남 담양군	아동복지시설안전공제지원사업	2	2	3,575	1	7	7	8	7	5	5	4	5	5	4	4	4
4516	전남 담양군	지역아동센터냉난방비지원	2	2	3,000	5	7	7	8	7	5	5	4	5	5	4	4	4
4517	전남 담양군	지역아동센터종사자4대보험료(기관부담금)지원	2	2	17,484	5	7	7	8	7	5	5	4	5	5	4	4	4
4518	전남 담양군	지역아동센터지원(교육발전특구사업)	2	2	20,000	6	7	7	8	7	5	5	4	5	5	4	4	4
4519	전남 담양군	요보호아동 그룹홈 운영비 지원	1	2	15,300	5	2	7	8	7	5	5	4	5	5	4	4	4
4520	전남 담양군	생필품비 지원	1	2	1,440	6	7	7	8	7	5	5	4	5	5	4	4	4
4521	전남 담양군	어린이집 연합회 지원	2	4	12,000	1	4	7	8	7	5	5	4	5	5	4	4	4
4522	전남 담양군	어린이집운영 자체지원	2	4	242,756	5	4	7	8	7	5	5	4	5	5	4	4	4
4523	전남 담양군	누리과정지원사업	2	4	924,111	5	1	7	8	7	5	5	4	5	5	4	4	4
4524	전남 담양군	어린이집 운영지원	2	4	44,168	5	1	7	8	7	5	5	4	5	5	4	4	4
4525	전남 담양군	성폭력상담소 운영 지원	2	12	189,628	6	1	7	8	7	5	5	4	5	5	4	4	4
4526	전남 담양군	담양인권지원상담소 임대료 지원	2	12	9,600	5	4	7	8	7	5	5	4	5	5	4	4	4
4527	전남 담양군	성폭력피해자 치료회복 프로그램	2	12	3,857	6	1	7	8	7	5	5	4	5	5	4	4	4
4528	전남 담양군	성폭력피해자 의료비 및 간병비 지원	2	12	2,143	6	1	7	8	7	5	5	4	5	5	4	4	4
4529	전남 담양군	가정폭력 피해 재발방지 사업	2	12	1,810	6	1	7	8	7	5	5	4	5	5	4	4	4
4530	전남 담양군	가정폭력피해자 의료비, 간병비 지원	2	12	10,000	6	1	7	8	7	5	5	4	5	5	4	4	4
4531	전남 담양군	성폭력, 가정폭력상담소 운영 도비 자체지원사업	2	12	43,431	8	1	7	8	7	5	5	4	5	5	4	4	4
4532	전남 담양군	성폭력피해자 치료회복 프로그램 운영 지원(도비)	2	12	4,800	6	1	7	8	7	5	5	4	5	5	4	4	4
4533	전남 담양군	아동복지시설 성폭력 피해 아동 지원(도비)	2	12	1,700	6	1	7	8	7	5	5	4	5	5	4	4	4
4534	전남 담양군	경로당 운영비	2	1	646,000	6	1	7	8	7	5	5	4	5	5	4	4	4
4535	전남 담양군	경로당 냉난방비 지원	2	1	809,732	6	2	7	8	7	5	5	4	5	5	4	4	4
4536	전남 담양군	경로당 순회프로그램관리자 배치	2	1	33,433	6	6	7	8	7	5	5	4	5	5	4	4	4
4537	전남 곡성군	발달장애인 사회참여(자조모임) 프로그램 지원	1	3	4,000	1	6	7	8	7	1	1	4	5	5	4	4	4
4538	전남 곡성군	장애인 공감과 치유탐방 프로그램 운영	2	3	10,125	3	6	7	8	7	1	1	4	5	5	4	4	4
4539	전남 곡성군	장애인직업재활시설 운영지원	2	3	743,762	5	1	7	8	7	5	5	4	5	5	4	4	4
4540	전남 곡성군	장애인생활이동지원센터 지원	2	3	230,000	5	1	7	8	7	5	5	4	5	5	4	4	4
4541	전남 곡성군	곡성군가족센터 운영	2	14	559,067	4	2	7	4	7	1	1	1	1	1	1	4	4
4542	전남 곡성군	다함께돌봄센터 운영비지원	2	9	12,000	5	2	1	5	1	5	5	4	5	5	4	4	4
4543	전남 곡성군	24시간 어린이집	2	4	68,000	6	4	7	8	7	5	5	4	5	5	4	4	4
4544	전남 곡성군	지역자활센터 운영 지원	2	8	324,076	5	2	6	1	6	1	1	1	1	1	3	1	3
4545	전남 구례군	지역자활센터운영	2	8	273,280	5	2	1	8	1	1	1	1	1	2	1	4	4
4546	전남 구례군	자활사례관리사 지원	2	8	20,870	5	6	1	8	1	1	1	1	1	2	1	4	4
4547	전남 구례군	가사간병서비스	2	1	124,998	8	2	1	8	1	1	1	1	1	1	3	4	4
4548	전남 구례군	독거노인응급안전서비스	2	1	247,109	6	2	1	3	1	3	3	1	2	3	3	4	4
4549	전남 구례군	경로당 운영비	2	1	445,060	5	2	7	8	7	1	1	4	5	5	4	4	4
4550	전남 구례군	경로당 냉난방비 및 양곡비 지원	2	1	640,933	5	2	7	8	7	1	1	4	5	5	4	4	4
4551	전남 구례군	장애인복지관 운영비 지원	2	3	1,207,708	5	6	1	5	1	1	1	4	5	5	4	4	4

순번	시군구	지출명 (사업명)	시설종류 1. 생활시설 2. 이용시설	사회복지시설 종류 1. 노인복지시설 2. 아동복지시설 3. 장애인복지시설 4. 어린이집 5. 정신건강증진시설 6. 노숙인시설 7. 사회복지관 8. 지역자활센터 9. 다함께돌봄센터 10. 결핵,한센시설 11. 성매매피해지원시설 12. 성폭력피해보호시설 13. 가정폭력보호시설 14. 가족센터 15. 청소년복지시설 16. 기타 ( )	2025년예산 (단위:천원/1년간)	민간이전 분류 (지방자치단체 세출예산 집행기준에 의거) 1. 민간경상사업보조(307-02) 2. 민간단체 법정운영비보조(307-03) 3. 민간행사사업보조(307-04) 4. 민간위탁금(307-05) 5. 사회복지시설 법정운영비보조(307-10) 6. 사회복지사업보조(307-11) 7. 민간인위탁교육비(307-12) 8. 공기관등에대한경상적위탁사업(308-13) 9. 공사공단 경상전출금(309-01)	민간이전지출 근거 (지방보조금 관리기준 참고) 1. 법률에 규정 2. 국고보조 재원(국가지정) 3. 용도 지정 기부금 4. 조례에 직접규정 5. 지자체가 권장하는 사업을 하는 공공기관 6. 시,도 정책 및 재정사정 7. 기타 8. 해당없음	입찰방식 계약체결방법 (경쟁형태) 1. 일반경쟁 2. 제한경쟁 3. 지명경쟁 4. 수의계약 5. 법정위탁 6. 기타 ( ) 7. 해당없음	입찰방식 계약기간 1. 1년 2. 2년 3. 3년 4. 4년 5. 5년 6. 기타 ( )년 7. 단기계약 (1년미만) 8. 해당없음	입찰방식 낙찰자선정방법 1. 적격심사 2. 협상에의한계약 3. 최저가낙찰제 4. 규격가격분리 5. 2단계 경쟁입찰 6. 기타 ( ) 7. 해당없음	운영예산 산정 운영비산정 1. 내부산정 (지자체 자체적으로 산정) 2. 외부산정 (외부전문기관위탁 산정) 3. 내·외부 모두 산정 4. 산정 無 5. 해당없음	운영예산 산정 정산방법 1. 내부정산 (지자체 내부적으로 정산) 2. 외부정산 (외부전문기관위탁 정산) 3. 내·외부 모두 산정 4. 정산 無 5. 해당없음	성과평가 성과평가 실시여부 1. 실시 2. 미실시 3. 향후 추진 4. 해당없음	성과평가 성과평가 주기 1. 매년 2. 격년 3. 기간만료전 4. 기타 ( ) 5. 해당없음	성과평가 성과평가 실시 방법 1. 자체 실시 2. 평가단 구성 후 실시 (전문위원 섭외) 3. 전문 평가기관 의뢰 4. 기타 ( ) 5. 해당없음	성과평가 평가기준 적용방법 1. 관련 조례 적용 2. 전문 평가기관 의뢰 3. 기타 ( ) 4. 해당없음	평가결과 적용 실제 인센티브 및 페널티 적용 유무 1. 매년 적용 2. 적용 안함 3. 기타 ( ) 4. 해당없음	평가결과 적용 인센티브 및 페널티 적용근거 1. 조례 2. 계약서 3. 기타 ( ) 4. 해당없음
4552	전남 구례군	장애인주간이용시설 운영비 지원	2	3	176,943	5	6	1	5	1	1	1	4	5	5	4	4	4
4553	전남 구례군	발달장애인사회참여프로그램지원	2	3	4,000	6	6	1	5	1	1	1	4	5	5	4	4	4
4554	전남 구례군	발달장애인주간활동서비스지원	2	3	248,100	8	2	1	5	1	1	1	4	5	5	4	4	4
4555	전남 구례군	건강가정다문화가족지원센터 운영 지원	2	14	792,230	6	2	5	5	1	5	1	1	4	4	3	4	4
4556	전남 고흥군	경로당 운영비 지원	2	1	1,133,376	5	4	7	8	7	1	1	4	5	5	4	4	4
4557	전남 고흥군	경로당 냉난방비 지원	2	1	1,290,000	5	4	7	8	7	1	1	4	5	5	4	4	4
4558	전남 고흥군	경로당 부식비 지원	2	1	350,000	5	4	7	8	7	1	1	4	5	5	4	4	4
4559	전남 고흥군	경로당 공동작업장 운영 지원	2	1	11,000	1	4	7	8	7	1	1	4	5	5	4	4	4
4560	전남 고흥군	경로당 물품구입비 지원	2	1	200,000	8	4	7	8	7	1	1	4	5	5	4	4	4
4561	전남 고흥군	경로당 입식테이블 지원	2	1	12,000	9	4	7	8	7	1	1	4	5	5	4	4	4
4562	전남 고흥군	농어촌 건강증진센터 운영	2	1	266,716	1	4	5	3	2	1	1	4	5	5	4	4	4
4563	전남 고흥군	노인복지관 운영	2	1	1,383,000	4	1	5	5	7	5	1	4	5	5	4	4	4
4564	전남 고흥군	노인복지관 종사자 특별수당	2	1	19,440	4	4	7	8	7	5	1	4	5	5	4	4	4
4565	전남 고흥군	노인복지관 프로그램 지원	2	1	55,000	4	4	7	1	7	5	1	4	5	5	4	4	4
4566	전남 고흥군	노인의 날 행사지원	2	1	30,000	3	1	7	8	7	1	1	4	5	5	4	4	4
4567	전남 고흥군	군 노인회 지원	2	1	249,636	5	1	6	6	2	1	3	3	5	5	4	4	4
4568	전남 고흥군	노인일자리 및 사회활동 지원 확대	2	1	1,306,024	4	2	5	1	7	1	1	1	5	5	4	4	4
4569	전남 고흥군	노인일자리 및 사회활동 지원(자체)	2	1	1,679,800	4	6	5	1	7	1	1	1	5	5	4	4	4
4570	전남 고흥군	시니어클럽 운영	2	1	359,980	5	6	5	5	7	1	1	4	5	5	4	4	4
4571	전남 고흥군	자활근로	2	8	1,098,649	4	1	5	1	7	1	1	1	2	2	2	3	3
4572	전남 고흥군	지역자활센터운영지원	2	8	298,280	5	1	5	1	7	1	1	1	2	2	2	3	3
4573	전남 고흥군	고흥군가족센터운영	2	14	996,360	5	1	5	5	7	1	1	1	1	1	3	4	4
4574	전남 고흥군	고흥군가족센터운영	2	14	379,734	6	1	5	5	7	1	1	1	1	1	3	4	4
4575	전남 고흥군	보육교직원 연수 및 한마음대회	2	4	10,000	3	4	7	8	7	5	5	4	5	5	4	4	4
4576	전남 고흥군	교재교구비, 차량운영비 등 어린이집 운영 지원	2	4	104,911	5	1	7	8	7	5	5	4	5	5	4	4	4
4577	전남 고흥군	열린어린이집 운영 활성화비 지원	2	4	2,400	5	4	7	8	7	5	5	4	5	5	4	4	4
4578	전남 고흥군	누리반 보육여건 개선비	2	4	23,000	6	4	7	8	7	5	5	4	5	5	4	4	4
4579	전남 고흥군	공공형 어린이집 운영지원	2	4	37,557	5	4	7	8	7	5	5	4	5	5	4	4	4
4580	전남 고흥군	지역아동센터 운영비 지원	1	2	1,682,000	5	1	7	8	7	5	5	4	5	5	4	4	4
4581	전남 고흥군	지역아동센터 꿈사다리 공부방 운영 지원	1	2	72,941	5	1	7	8	7	5	5	4	5	5	4	4	4
4582	전남 고흥군	지역아동센터 환경개선비	1	2	10,000	5	6	7	8	7	5	5	4	5	5	4	4	4
4583	전남 고흥군	지역아동센터 냉난방비 지원	1	2	28,800	5	6	7	8	7	5	5	4	5	5	4	4	4
4584	전남 고흥군	지역아동센터 어린이통학버스 동승보호자 지원	1	2	141,974	5	6	7	8	7	5	5	4	5	5	4	4	4
4585	전남 고흥군	지역아동센터 종사자 한마음대회 지원	1	2	3,000	5	7	7	8	7	5	5	4	5	5	4	4	4
4586	전남 고흥군	학기중 아동급식 지원	1	2	145,350	5	7	7	8	7	5	5	4	5	5	4	4	4
4587	전남 고흥군	방학중 아동급식 지원	1	2	121,500	5	7	7	8	7	5	5	4	5	5	4	4	4
4588	전남 고흥군	요보호아동 그룹홈 운영 지원	1	2	292,056	5	2	7	8	7	1	1	4	5	5	4	4	4
4589	전남 고흥군	요보호아동 그룹홈 생활 지원	1	2	66,344	5	2	7	8	7	1	1	4	5	5	4	4	4
4590	전남 고흥군	요보호아동 그룹홈 종사자 워크숍 지원	1	2	1,000	1	4	7	8	7	1	1	4	5	5	4	4	4
4591	전남 보성군	장애인복지관 운영	2	3	987,138	5	6	5	5	7	5	1	1	3	1	4	4	4
4592	전남 보성군	장애인생활관 운영(국고 보조)	1	3	1,099,574	5	2	5	5	7	5	1	1	3	1	4	4	4
4593	전남 보성군	장애인직업재활센터 운영	2	3	348,289	5	6	5	5	7	5	1	1	3	1	4	4	4
4594	전남 보성군	장애인생활이동지원센터 운영	2	3	235,100	5	6	7	8	7	5	1	3	5	1	4	4	4
4595	전남 보성군	장애인생활관 IOT.AI 기기 활용 돌봄사업 운영비 지원	1	3	1,664	5	6	5	5	7	5	1	1	3	1	4	4	4
4596	전남 보성군	장애인 이동체계 확충	2	3	40,000	5	4	7	8	7	5	1	3	5	1	4	4	4
4597	전남 보성군	수어통역센터 운영	2	3	221,329	5	6	7	8	7	5	1	3	5	1	4	4	4

순번	시군구	지출명 (사업명)	시설종류 1. 생활시설 2. 이용시설	사회복지시설 종류 1. 노인복지시설 2. 아동복지시설 3. 장애인복지시설 4. 어린이집 5. 정신건강증진시설 6. 노숙인시설 7. 사회복지관 8. 지역자활센터 9. 다함께돌봄센터 10. 결핵,한센시설 11. 성매매피해지원시설 12. 성폭력피해보호시설 13. 가정폭력보호시설 14. 가족센터 15. 청소년복지시설 16. 기타 ( )	2025년예산 (단위:천원/1년간)	민간이전 분류 (지방자치단체 세출예산 집행기준에 의거) 1. 민간경상사업보조(307-02) 2. 민간단체 법정운영비보조(307-03) 3. 민간행사사업보조(307-04) 4. 민간위탁금(307-05) 5. 사회복지시설 법정운영비보조(307-10) 6. 사회복지사업보조(307-11) 7. 민간인위탁교육비(307-12) 8. 공기관등에대한경상적위탁사업(308-13) 9. 공사공단 경상전출금(309-01)	민간이전지출 근거 (지방보조금 관리기준 참고) 1. 법률에 규정 2. 국고보조 재원(국가지정) 3. 용도 지정 기부금 4. 조례에 직접규정 5. 지자체가 권장하는 사업을 하는 공공기관 6. 시,도 정책 및 재정사정 7. 기타 8. 해당없음	입찰방식 계약체결방법 (경쟁형태) 1. 일반경쟁 2. 제한경쟁 3. 지명경쟁 4. 수의계약 5. 법정위탁 6. 기타 ( ) 7. 해당없음	입찰방식 계약기간 1. 1년 2. 2년 3. 3년 4. 4년 5. 5년 6. 기타 ( )년 7. 단기계약 (1년미만) 8. 해당없음	입찰방식 낙찰자선정방법 1. 적격심사 2. 협상에의한계약 3. 최저가낙찰제 4. 규격가격분리 5. 2단계 경쟁입찰 6. 기타 ( ) 7. 해당없음	운영예산 산정 운영비산정 1. 내부산정 (지자체 자체적으로 산정) 2. 외부산정 (외부전문기관위탁 산정) 3. 내·외부 모두 산정 4. 산정 無 5. 해당없음	운영예산 산정 정산방법 1. 내부정산 (지자체 내부적으로 정산) 2. 외부정산 (외부전문기관위탁 정산) 3. 내·외부 모두 산정 4. 정산 無 5. 해당없음	성과평가 성과평가 실시여부 1. 실시 2. 미실시 3. 향후 추진 4. 해당없음	성과평가 성과평가 주기 1. 매년 2. 격년 3. 기간만료전 4. 기타 ( ) 5. 해당없음	성과평가 성과평가 실시 방법 1. 자체 실시 2. 평가단 구성 후 실시 (전문위원 섭외) 3. 전문 평가기관 의뢰 4. 기타 ( ) 5. 해당없음	성과평가 평가기준 적용방법 1. 관련 조례 적용 2. 전문 평가기관 의뢰 3. 기타 ( ) 4. 해당없음	평가결과 적용 실제 인센티브 및 페널티 적용 유무 1. 매년 적용 2. 적용 안함 3. 기타 ( ) 4. 해당없음	평가결과 적용 인센티브 및 페널티 적용근거 1. 조례 2. 계약서 3. 기타 ( ) 4. 해당없음
4598	전남 보성군	보성종합사회복지관 운영	2	7	1,330,145	5	6	7	8	7	1	1	1	3	1	4	4	4
4599	전남 보성군	보성지역자활센터운영	2	8	325,000	5	6	5	5	7	5	1	1	3	1	4	4	4
4600	전남 화순군	노인양로시설운영	1	1	701,360	5	2	7	8	7	5	1	4	5	5	4	4	4
4601	전남 화순군	경로당 운영비 지원	2	1	791,300	5	6	7	8	7	1	1	4	5	5	4	4	4
4602	전남 화순군	경로당 냉난방비 및 양곡비 지원	2	1	1,169,610	5	2	7	8	7	1	1	4	5	5	4	4	4
4603	전남 화순군	경로당 부식비 지원	2	1	1,483,776	6	4	7	8	7	1	1	4	5	5	4	4	4
4604	전남 화순군	경로당 친환경 쌀 공급 차액 지원	2	1	37,586	6	6	7	8	7	1	1	4	5	5	4	4	4
4605	전남 화순군	경로위안잔치 행사 지원	2	1	140,000	3	4	7	8	7	1	1	4	5	5	4	4	4
4606	전남 화순군	시니어 합창단 운영	2	1	5,000	1	6	7	8	7	1	1	4	5	5	4	4	4
4607	전남 화순군	나드리노인복지관 운영	2	1	955,000	5	1,4	6	5	6	5	2	1	3	2	1	4	4
4608	전남 강진군	강진군장애인종합복지관 운영	2	3	1,285,639	5	1	5	5	1	3	1	1	1	1	1	1	1
4609	전남 강진군	자활근로사업	2	8	1,244,265	4	1	5	5	1	3	1	1	1	1	1	3	3
4610	전남 해남군	운영비	1	5	2,778,571	5	2	7	8	7	3	3	1	1	1	1	4	4
4611	전남 해남군	가족센터 통합서비스	2	14	809,200	6	7	6	5	6	5	3	3	3	1	1	4	3
4612	전남 해남군	자녀양육 및 자녀생활 등 방문교육 서비스	2	14	133,500	6	7	6	5	6	5	1	3	3	1	1	4	3
4613	전남 해남군	결혼이민자 통번역서비스	2	14	36,110	6	7	6	5	6	5	1	3	3	1	1	4	3
4614	전남 해남군	다문화가족 자녀언어발달지원	2	14	41,740	6	7	6	5	6	5	1	3	3	1	1	4	3
4615	전남 해남군	다문화 이중언어 가족환경 조성지원	2	14	53,790	6	7	6	5	6	5	1	3	3	1	1	4	3
4616	전남 해남군	한국어교육 운영	2	14	15,500	6	7	6	5	6	5	1	3	3	1	1	4	3
4617	전남 해남군	한국어교육 운영(자체)	2	14	5,000	6	7	6	5	6	5	1	3	3	1	1	4	3
4618	전남 해남군	찾아가는 어린이집 다문화이해교실 운영사업	2	14	3,600	6	7	6	5	6	5	1	3	3	1	1	4	3
4619	전남 해남군	다문화가족 한마음대회	2	14	14,000	3	7	6	5	6	5	1	3	3	1	1	4	3
4620	전남 해남군	해남군가족센터 종사자 인건비 지원	2	14	84,494	4	7	6	5	6	5	1	3	3	1	1	4	3
4621	전남 해남군	이주여성 및 가족교육 사업	2	14	20,000	6	7	6	5	6	5	1	3	3	1	1	4	3
4622	전남 해남군	위기 다문화가정 사례관리사업	2	14	10,463	6	7	6	5	6	5	1	3	3	1	1	4	3
4623	전남 해남군	부부갈등 예방과 치유를 위한 행복한 부부학교 운영	2	14	20,000	6	7	6	5	6	5	1	3	3	1	1	4	3
4624	전남 해남군	건강가정 가족사랑의 날 지원	2	14	7,000	6	7	6	5	6	5	1	3	3	1	1	4	3
4625	전남 해남군	폭력(성폭력, 가정폭력) 예방교육 및 사업 운영 지원	2	11	8,000	5	7	7	8	7	5	1	4	5	5	4	4	4
4626	전남 해남군	위기관리 청소년 대상 성폭력 예방교육	2	11	4,300	5	7	7	8	7	5	1	4	5	5	4	4	4
4627	전남 해남군	해남 성폭력상담소 임차료 차액지원	2	11	2,400	5	7	7	8	7	5	1	4	5	5	4	4	4
4628	전남 해남군	성폭력, 가정폭력 상담소 운영지원	2	11	151,322	5	7	7	8	7	5	1	4	5	5	4	4	4
4629	전남 해남군	성폭력피해자 의료비, 간병비 지원	2	11	2,143	6	7	7	8	7	5	1	4	5	5	4	4	4
4630	전남 해남군	성폭력피해자 치료회복프로그램	2	11	3,857	6	7	7	8	7	5	1	4	5	5	4	4	4
4631	전남 해남군	가정폭력 피해 재발방지 지원(도비)	2	11	1,860	6	7	7	8	7	5	1	4	5	5	4	4	4
4632	전남 해남군	성폭력 치료회복프로그램(도비)	2	11	4,800	6	7	7	8	7	5	1	4	5	5	4	4	4
4633	전남 해남군	노인의 날 및 경로의 달 기념행사	2	1	250,000	3	4	7	8	7	1	1	4	5	5	4	4	4
4634	전남 해남군	경로당 운영비 지원	2	1	1,104,403	6	4	7	8	7	1	1	4	5	5	4	4	4
4635	전남 해남군	경로당 부식비 지원	2	1	1,365,379	6	4	7	8	7	1	1	4	5	5	4	4	4
4636	전남 해남군	대한노인회 해남군지회 운영비	2	1	200,134	6	4	7	8	7	1	1	4	5	5	4	4	4
4637	전남 해남군	대한노인회 해남군지회 활성화지원	2	1	58,166	2	4	7	8	7	1	1	4	5	5	4	4	4
4638	전남 해남군	노인회복지기금 노인회 지원사업	2	1	2,700	6	4	7	8	7	1	1	4	5	5	4	4	4
4639	전남 해남군	땅끝보듬자리 운영비 지원	2	1	165,800	2	4	7	8	7	1	1	4	5	5	4	4	4
4640	전남 해남군	경로당 동절기 특별난방비 지원	2	1	1,110,300	5	4	7	8	7	1	1	4	5	5	4	4	4
4641	전남 해남군	경로당 하절기 냉방비 지원	2	1	198,000	5	4	7	8	7	1	1	4	5	5	4	4	4
4642	전남 해남군	경로당 공동작업장 운영비 지원	2	1	15.260	6	4	7	8	7	1	1	4	5	5	4	4	4
4643	전남 해남군	노인복지시설 종사자 休-아카데미 행사	2	1	15,000	3	4	7	8	7	1	1	4	5	5	4	4	4

순번	시군구	지출명 (사업명)	시설종류 1. 생활시설 2. 이용시설	사회복지시설 종류 1. 노인복지시설 2. 아동복지시설 3. 장애인복지시설 4. 어린이집 5. 정신건강증진시설 6. 노숙인시설 7. 사회복지관 8. 지역자활센터 9. 다함께돌봄센터 10. 결핵,한센시설 11. 성매매피해지원시설 12. 성폭력피해보호시설 13. 가정폭력보호시설 14. 가족센터 15. 청소년복지시설 16. 기타 ( )	2025년예산 (단위:천원/1년간)	민간이전 분류 (지방자치단체 세출예산 집행기준에 의거) 1. 민간경상사업보조(307-02) 2. 민간단체 법정운영비보조(307-03) 3. 민간행사사업보조(307-04) 4. 민간위탁금(307-05) 5. 사회복지시설 법정운영비보조(307-10) 6. 사회복지사업보조(307-11) 7. 민간인위탁교육비(307-12) 8. 공기관등에대한경상적위탁사업(308-13) 9. 공사공단 경상전출금(309-01)	민간이전지출 근거 (지방보조금 관리기준 참고) 1. 법률에 규정 2. 국고보조 재원(국가지정) 3. 용도 지정 기부금 4. 조례에 직접규정 5. 지자체가 권장하는 사업을 하는 공공기관 6. 시,도 정책 및 재정사정 7. 기타 8. 해당없음	입찰방식: 계약체결방법 (경쟁형태) 1. 일반경쟁 2. 제한경쟁 3. 지명경쟁 4. 수의계약 5. 법정위탁 6. 기타 ( ) 7. 해당없음	입찰방식: 계약기간 1. 1년 2. 2년 3. 3년 4. 4년 5. 5년 6. 기타 ( )년 7. 단기계약 (1년미만) 8. 해당없음	입찰방식: 낙찰자선정방법 1. 적격심사 2. 협상에의한계약 3. 최저가낙찰제 4. 규격가격분리 5. 2단계 경쟁입찰 6. 기타 ( ) 7. 해당없음	운영예산 산정: 운영비산정 1. 내부산정 (지자체 자체적으로 산정) 2. 외부산정 (외부전문기관위탁 산정) 3. 내·외부 모두 산정 4. 산정 無 5. 해당없음	운영예산 산정: 정산방법 1. 내부정산 (지자체 내부적으로 정산) 2. 외부정산 (외부전문기관위탁 정산) 3. 내·외부 모두 산정 4. 정산 無 5. 해당없음	성과평가: 성과평가 실시여부 1. 실시 2. 미실시 3. 향후 추진 4. 해당없음	성과평가: 성과평가 주기 1. 매년 2. 격년 3. 기간만료전 4. 기타 ( ) 5. 해당없음	성과평가: 성과평가 실시 방법 1. 자체 실시 2. 평가단 구성 후 실시 (전문위원 섭외) 3. 전문 평가기관 의뢰 4. 기타 ( ) 5. 해당없음	성과평가: 평가기준 적용방법 1. 관련 조례 적용 2. 전문 평가기관 의뢰 3. 기타 ( ) 4. 해당없음	평가결과 적용: 실제 인센티브 및 페널티 적용 유무 1. 매년 적용 2. 적용 안함 3. 기타 ( ) 4. 해당없음	평가결과 적용: 인센티브 및 페널티 적용근거 1. 조례 2. 계약서 3. 기타 ( ) 4. 해당없음
4644	전남 해남군	노인주간보호센터 프로그램 운영비 지원	2	1	36,000	6	6	7	8	7	1	1	4	5	5	4	4	4
4645	전남 해남군	시니어클럽 운영 지원	2	1	359,980	5	6	7	8	7	5	1	4	5	5	4	4	4
4646	전남 해남군	노인복지관 운영지원	2	1	1,075,408	5	4	7	8	7	5	5	1	1	1	1	4	4
4647	전남 해남군	시니어합창단 운영 지원	2	1	12,400	5	6	7	8	7	1	1	4	5	5	4	4	4
4648	전남 해남군	저소득 노인 무료급식	2	1	414,500	6	6	7	8	7	1	1	3	3	1	1	4	4
4649	전남 해남군	독거노인 장애인 응급안전안심서비스 운영 지원	2	1	262,091	6	1	7	8	7	5	3	3	3	1	1	4	4
4650	전남 해남군	노인교실(대학)운영 지원	2	1	76,000	6	4	7	8	7	1	1	1	1	1	1	4	4
4651	전남 해남군	어린이집 운영지원	2	4	125,751	5	1	7	8	7	1	1	4	5	5	4	4	4
4652	전남 해남군	공공형 어린이집 지원	2	4	205,076	5	1	7	8	7	1	1	4	5	5	4	4	4
4653	전남 해남군	영아장애아전담 어린이집 지원	2	4	49,364	5	1	7	8	7	1	1	4	5	5	4	4	4
4654	전남 해남군	어린이집 반별 운영비 지원	2	4	162,000	5	1	7	8	7	1	1	4	5	5	4	4	4
4655	전남 해남군	열린어린이집 운영활성화비 지원	2	4	2,400	5	1	7	8	7	1	1	4	5	5	4	4	4
4656	전남 해남군	공립어린이집 운영 지원	2	4	64,100	5	1	7	8	7	1	1	4	5	5	4	4	4
4657	전남 해남군	어린이집 차량 지원	2	4	75,600	5	1	7	8	7	1	1	4	5	5	4	4	4
4658	전남 해남군	보육교직원 역량강화 교육비	2	4	6,600	1	7	1	7	1	1	1	4	5	5	4	4	4
4659	전남 해남군	다함께돌봄센터 운영비 지원	2	9	24,000	5	2	1	5	1	1	1	4	5	5	4	4	4
4660	전남 해남군	다함께돌봄센터 지원	2	9	50,488	5	7	1	5	1	1	1	4	5	5	4	4	4
4661	전남 해남군	지역아동센터 운영비 지원	2	2	425,892	5	2	7	8	7	5	5	4	5	5	4	4	4
4662	전남 해남군	지역아동센터 특수목적형 지원	2	2	18,000	5	2	7	8	7	5	5	4	5	5	4	4	4
4663	전남 해남군	꿈사다리 공부방 운영지원	2	2	116,117	5	6	7	8	7	5	5	4	5	5	4	4	4
4664	전남 해남군	해남형 돌봄서비스 제공(특별교부세)	2	2	180,000	5	2	7	8	7	5	5	4	5	5	4	4	4
4665	전남 해남군	아동 양육시설 운영비 지원	1	2	1,865,974	5	6	7	8	7	5	5	4	5	5	4	4	4
4666	전남 해남군	아동복지시설 자립지원 프로그램	1	2	16,500	5	6	7	8	7	5	5	4	5	5	4	4	4
4667	전남 해남군	시설아동 보호 및 지원(도비)	1	2	54,161	5	6	7	8	7	5	5	4	5	5	4	4	4
4668	전남 해남군	경계선지능 아동 자립지원	1	2	9,350	5	2	7	8	7	5	5	4	5	5	4	4	4
4669	전남 해남군	아동그룹홈 보호 및 지원(도비)	1	2	18,280	5	6	7	8	7	5	5	4	5	5	4	4	4
4670	전남 해남군	요보호아동 그룹홈형태 운영지원	1	2	292,056	5	7	7	8	7	5	5	4	5	5	4	4	4
4671	전남 해남군	0~2세 보육료	2	4	2,748,016	4	2	7	8	7	5	5	4	5	5	4	4	4
4672	전남 해남군	3~5세 누리과정	2	4	1,688,780	4	6	7	8	7	5	5	4	5	5	4	4	4
4673	전남 해남군	누리반 보육여건개선비	2	4	24,400	5	6	7	8	7	5	5	4	5	5	4	4	4
4674	전남 해남군	아이돌봄서비스제공기관 운영비	2	4	951,595	6	2	7	8	7	5	5	4	5	5	4	4	4
4675	전남 해남군	아이돌보미 건강검진비 지원	2	4	870	6	2	7	8	7	5	5	4	5	5	4	4	4
4676	전남 해남군	아이돌봄 양성교육 여비 지원	2	4	600	6	6	7	8	7	5	5	4	5	5	4	4	4
4677	전남 해남군	학대피해아동쉼터 운영	1	2	282,372	5	2	1	5	1	5	3	1	1	1	1	4	4
4678	전남 영암군	가정폭력상담소 운영지원	2	11,12,13	232,797	5	2,6	7	8	7	1	1	1	1	1	1	4	4
4679	전남 영암군	가정폭력 피해 재발방지 사업	2	11,12,13	2,310	6	6	7	8	7	1	1	1	1	1	1	4	4
4680	전남 영암군	건강가정 및 다문화 가족지원센터 운영	2	14	587,990	3	1, 4	6	3	6	1	1	1	1	1	1	4	4
4681	전남 영암군	시니어클럽운영	2	1	359,980	5	6	1	5	1	1	1	3	3	1	1	4	4
4682	전남 영암군	어린이집 인프라 구축	2	4	410,528	6	6	7	8	7	1	1	1	1	1	1	4	4
4683	전남 영암군	어린이집 운영 지원	2	4	192,551	6	2	7	8	7	1	1	1	1	1	1	4	4
4684	전남 영암군	민간어린이집 지원	2	4	117,599	6	6	7	8	7	1	1	1	1	1	1	4	4
4685	전남 영암군	열린어린이집 운영 지원	2	4	4,200	6	6	7	8	7	1	1	1	1	1	1	4	4
4686	전남 영암군	아동복지시설 운영비 지원	1	2	1,529,544	5	6	7	8	7	1	1	4	5	5	4	4	4
4687	전남 영암군	시설아동 생활용돈	1	2	26,646	6	6	7	8	7	1	1	4	5	5	4	4	4
4688	전남 영암군	시설아동 수학여행비	1	2	1,100	6	6	7	8	7	1	1	4	5	5	4	4	4
4689	전남 영암군	시설아동 대학입학준비금	1	2	1,500	6	6	7	8	7	1	1	4	5	5	4	4	4

순번	시군구	지출명 (사업명)	시설종류 1. 생활시설 2. 이용시설	사회복지시설 종류 1. 노인복지시설 2. 아동복지시설 3. 장애인복지시설 4. 어린이집 5. 정신건강증진시설 6. 노숙인시설 7. 사회복지관 8. 지역자활센터 9. 다함께돌봄센터 10. 결핵,한센시설 11. 성매매피해지원시설 12. 성폭력피해보호시설 13. 가정폭력보호시설 14. 가족센터 15. 청소년복지시설 16. 기타 ( )	2025년예산 (단위:천원/1년간)	민간이전 분류 (지방자치단체 세출예산 집행기준에 의거) 1. 민간경상사업보조(307-02) 2. 민간단체 법정운영비보조(307-03) 3. 민간행사사업보조(307-04) 4. 민간위탁금(307-05) 5. 사회복지시설 법정운영비보조(307-10) 6. 사회복지사업보조(307-11) 7. 민간인위탁교육비(307-12) 8. 공기관등에대한경상적위탁사업(308-13) 9. 공사공단 경상전출금(309-01)	민간이전지출 근거 (지방보조금 관리기준 참고) 1. 법률에 규정 2. 국고보조 재원(국가지정) 3. 용도 지정 기부금 4. 조례에 직접규정 5. 지자체가 권장하는 사업을 하는 공공기관 6. 시,도 정책 및 재정사정 7. 기타 8. 해당없음	입찰방식: 계약체결방법 (경쟁형태) 1. 일반경쟁 2. 제한경쟁 3. 지명경쟁 4. 수의계약 5. 법정위탁 6. 기타 () 7. 해당없음	입찰방식: 계약기간 1. 1년 2. 2년 3. 3년 4. 4년 5. 5년 6. 기타 ( )년 7. 단기계약 (1년미만) 8. 해당없음	입찰방식: 낙찰자선정방법 1. 적격심사 2. 협상에의한계약 3. 최저가낙찰제 4. 규격가격분리 5. 2단계 경쟁입찰 6. 기타 () 7. 해당없음	운영예산 산정: 운영비산정 1. 내부산정 (지자체 자체적으로 산정) 2. 외부산정 (외부전문기관위탁 산정) 3. 내·외부 모두 산정 4. 산정 無 5. 해당없음	운영예산 산정: 정산방법 1. 내부정산 (지자체 내부적으로 정산) 2. 외부정산 (외부전문기관위탁 정산) 3. 내·외부 모두 산정 4. 정산 無 5. 해당없음	성과평가: 성과평가 실시여부 1. 실시 2. 미실시 3. 향후 추진 4. 해당없음	성과평가: 성과평가 주기 1. 매년 2. 격년 3. 기간만료전 4. 기타 () 5. 해당없음	성과평가: 성과평가 실시 방법 1. 자체 실시 2. 평가단 구성 후 실시 (전문위원 섭외) 3. 전문 평가기관 의뢰 4. 기타 () 5. 해당없음	성과평가: 평가기준 적용방법 1. 관련 조례 적용 2. 전문 평가기관 의뢰 3. 기타 () 4. 해당없음	평가결과 적용: 실제 인센티브 및 페널티 적용 유무 1. 매년 적용 2. 적용 안함 3. 기타 ( ) 4. 해당없음	평가결과 적용: 인센티브 및 페널티 적용근거 1. 조례 2. 계약서 3. 기타 ( ) 4. 해당없음
4690	전남 영암군	아동복지시설 아동 자립프로그램 운영지원	1	2	11,400	6	6	7	8	7	1	1	4	5	5	4	4	4
4691	전남 영암군	경계선지능 아동 자립지원	1	2	7,600	6	6	7	8	7	1	1	4	5	5	4	4	4
4692	전남 영암군	아동복지시설 아동 마음토닥지원	1	2	1,800	6	6	7	8	7	1	1	4	5	5	4	4	4
4693	전남 영암군	소정원 운영 지원	1	3	1,517,728	5	2	7	8	7	1	1	3	5	5	4	1	1
4694	전남 영암군	영암참사랑장애인주간보호센터 운영 지원	2	3	192,396	5	1	7	8	7	1	1	3	5	5	4	4	4
4695	전남 영암군	영암자립센터 운영	2	3	444,803	5	1	7	8	7	1	1	3	5	5	4	4	4
4696	전남 영암군	새로이운영지원	2	3	200,000	5	1	7	8	7	1	1	3	5	5	4	4	4
4697	전남 영암군	장애인종합복지관 운영비	2	3	841,120	4	1	7	8	7	1	1	3	5	5	4	4	4
4698	전남 영암군	장애인수어통역센터 운영지원	2	3	195,000	5	1	7	8	7	1	1	3	5	5	4	4	4
4699	전남 영암군	장애인생활이동지원센터 운영지원	2	3	198,500	5	1	7	8	7	1	1	3	5	5	4	4	4
4700	전남 무안군	장애인복지관 운영	2	3	1,254,411	5	1	1	5	1	1	1	1	1	1	1	1	1
4701	전남 무안군	지역아동센터 운영비 지원	3	2	313,202	5	1	7	8	7	5	5	4	5	5	4	4	4
4702	전남 무안군	특수목적형 지원	3	2	6,000	5	1	7	8	7	5	5	4	5	5	4	4	4
4703	전남 무안군	지역아동센터운영지원	3	2	181,937	3	1	7	8	7	5	5	4	5	5	4	4	4
4704	전남 무안군	다함께돌봄센터 운영비 지원	3	2	52,000	5	1	7	8	7	5	5	4	5	5	4	4	4
4705	전남 무안군	다함께돌봄 자체 운영지원	3	2	101,712	5	1	7	8	7	5	5	4	5	5	4	4	4
4706	전남 무안군	아동복지시설 운영지원	3	2	1,561,755	5	1	7	8	7	5	5	4	5	5	4	4	4
4707	전남 무안군	그룹홈 운영지원	3	2	146,028	5	1	7	8	7	5	5	4	5	5	4	4	4
4708	전남 무안군	그룹홈 사업지원	3	2	11,520	6	1	7	8	7	5	5	4	5	5	4	4	4
4709	전남 무안군	경로당 공동작업장 운영지원	2	1	6,000	1	1	7	8	7	1	1	1	1	1	3	1	3
4710	전남 무안군	경로당 운영비	2	1	687,640	5	1	7	8	7	1	1	1	1	1	3	1	3
4711	전남 무안군	경로당 부식비 지원	2	1	714,060	6	4	7	8	7	1	1	1	1	1	3	1	3
4712	전남 무안군	어린이집 운영지원(교재교구비)	2	4	44,880	5	2	7	8	7	5	5	4	5	5	4	4	4
4713	전남 무안군	어린이집 운영지원(차량운영비)	2	4	132,000	5	2	7	8	7	5	5	4	5	5	4	4	4
4714	전남 무안군	어린이집 운영지원(농어촌소재 법인어린이집 지원)	2	4	21,087	5	2	7	8	7	5	5	4	5	5	4	4	4
4715	전남 무안군	어린이지비 운영지원(급식위생관리지원금)	2	4	36,000	5	2	7	8	7	5	5	4	5	5	4	4	4
4716	전남 무안군	공공형어린이집 지원	2	4	120,000	5	6	7	8	7	5	5	4	5	5	4	4	4
4717	전남 무안군	시간제 보육서비스 제공지원	2	4	240,400	6	2	7	8	7	5	5	4	5	5	4	4	4
4718	전남 무안군	영유아, 장애아전담어린이집 냉난방비	2	4	1,616	5	6	7	8	7	5	5	4	5	5	4	4	4
4719	전남 무안군	어린이집 운영지원(반운영비)	2	4	344,400	5	6	7	8	7	5	5	4	5	5	4	4	4
4720	전남 무안군	누리반 보육여건 개선비 지원	2	4	33,708	5	6	7	8	7	5	5	4	5	5	4	4	4
4721	전남 무안군	무안군가족센터 운영지원	2	14	700,023	5	2	7	8	7	5	5	4	5	5	4	4	4
4722	전남 무안군	다문화가족지원 특성화사업	2	14	307,800	6	2	7	8	7	5	5	4	5	5	4	4	4
4723	전남 무안군	찾아가는 어린이집 다문화 이해교실	2	14	6,000	5	2	7	8	7	5	5	4	5	5	4	4	4
4724	전남 무안군	결혼이민자 국적취득비 지원	2	14	4,500	5	2	7	8	7	5	5	4	5	5	4	4	4
4725	전남 무안군	가정폭력피해 재발방지 지원(모니터링)	2	13	2,850	6	1	7	8	7	5	5	4	5	5	4	4	4
4726	전남 무안군	가정폭력상담소 운영 지원	2	13	189,782	5	2	7	8	7	5	5	4	5	5	4	4	4
4727	전남 무안군	가정폭력상담소 임차료 지원	2	13	7,000	5	1	7	8	7	5	5	4	5	5	4	4	4
4728	전남 무안군	아름다운 동행 프로그램	2	13	8,500	6	1	7	8	7	5	5	4	5	5	4	4	4
4729	전남 무안군	가정폭력피해가정 회복프로그램	2	13	4,000	6	1	7	8	7	5	5	4	5	5	4	4	4
4730	전남 무안군	성폭력상담소 운영 지원	2	12	151,322	5	2	7	8	7	5	5	4	5	5	4	4	4
4731	전남 무안군	성폭력피해자 치료회복 프로그램	2	12	3,857	6	2	7	8	7	5	5	4	5	5	4	4	4
4732	전남 무안군	성폭력상담소 임차료 지원	2	12	8,200	5	1	7	8	7	5	5	4	5	5	4	4	4
4733	전남 무안군	건강한 성 바로알기 프로그램	2	12	8,500	6	1	7	8	7	5	5	4	5	5	4	4	4
4734	전남 무안군	청소년 대상 성범죄 재발방지사업	2	12	8,500	6	1	7	8	7	5	5	4	5	5	4	4	4
4735	전남 무안군	아동여성안전 지역연대사업	2	12	6,000	6	1	7	8	7	5	5	4	5	5	4	4	4

순번	시군구	지출명 (사업명)	시설종류 1. 생활시설 2. 이용시설	사회복지시설 종류 1. 노인복지시설 2. 아동복지시설 3. 장애인복지시설 4. 어린이집 5. 정신건강증진시설 6. 노숙인시설 7. 사회복지관 8. 지역자활센터 9. 다함께돌봄센터 10. 결핵,한센시설 11. 성매매피해지원시설 12. 성폭력피해보호시설 13. 가정폭력보호시설 14. 가족센터 15. 청소년복지시설 16. 기타 ( )	2025년예산 (단위:천원/1년간)	민간이전 분류 (지방자치단체 세출예산 집행기준에 의거) 1. 민간경상사업보조(307-02) 2. 민간단체 법정운영비보조(307-03) 3. 민간행사사업보조(307-04) 4. 민간위탁금(307-05) 5. 사회복지시설 법정운영비보조(307-10) 6. 사회복지사업보조(307-11) 7. 민간인위탁교육비(307-12) 8. 공기관등에대한경상적위탁사업(308-13) 9. 공사공단 경상전출금(309-01)	민간이전지출 근거 (지방보조금 관리기준 참고) 1. 법률에 규정 2. 국고보조 재원(국가지정) 3. 용도 지정 기부금 4. 조례에 직접규정 5. 지자체가 권장하는 사업을 하는 공공기관 6. 시,도 정책 및 재정사정 7. 기타 8. 해당없음	입찰방식: 계약체결방법 (경쟁형태) 1. 일반경쟁 2. 제한경쟁 3. 지명경쟁 4. 수의계약 5. 법정위탁 6. 기타 ( ) 7. 해당없음	입찰방식: 계약기간 1. 1년 2. 2년 3. 3년 4. 4년 5. 5년 6. 기타 ( )년 7. 단기계약 (1년미만) 8. 해당없음	입찰방식: 낙찰자선정방법 1. 적격심사 2. 협상에의한계약 3. 최저가낙찰제 4. 규격가격분리 5. 2단계 경쟁입찰 6. 기타 ( ) 7. 해당없음	운영예산 산정: 운영비산정 1. 내부산정 (지자체 자체적으로 산정) 2. 외부산정 (외부전문기관위탁 산정) 3. 내·외부 모두 산정 4. 산정 無 5. 해당없음	운영예산 산정: 정산방법 1. 내부정산 (지자체 내부적으로 정산) 2. 외부정산 (외부전문기관위탁 정산) 3. 내·외부 모두 산정 4. 정산 無 5. 해당없음	성과평가: 성과평가 실시여부 1. 실시 2. 미실시 3. 향후 추진 4. 해당없음	성과평가: 성과평가 주기 1. 매년 2. 격년 3. 기간만료전 4. 기타 ( ) 5. 해당없음	성과평가: 성과평가 실시 방법 1. 자체 실시 2. 평가단 구성 후 실시 (전문위원 섭외) 3. 전문 평가기관 의뢰 4. 기타 ( ) 5. 해당없음	성과평가: 평가기준 적용방법 1. 관련 조례 적용 2. 전문 평가기관 의뢰 3. 기타 ( ) 4. 해당없음	평가결과 적용: 실제 인센티브 및 페널티 적용 유무 1. 매년 적용 2. 적용 안함 3. 기타 ( ) 4. 해당없음	평가결과 적용: 인센티브 및 페널티 적용근거 1. 조례 2. 계약서 3. 기타 ( ) 4. 해당없음
4736	전남 무안군	노인복지회관운영	2	1	162,848	6	1	7	8	7	5	5	4	5	5	4	4	4
4737	전남 무안군	일로노인복지관 프로그램 운영	2	1	20,000	6	1	7	8	7	5	5	4	5	5	4	4	4
4738	전남 무안군	노인복지회관개보수사업	2	1	83,000	6	1	7	8	7	5	5	4	5	5	4	4	4
4739	전남 함평군	함평군노인복지관 프로그램지원사업	2	1	20,000	4	6	6	5	6	5	1	1	1	1	4	4	4
4740	전남 함평군	시니어(노인)합창단 운영	2	1	5,000	6	6	6	5	6	5	1	1	1	1	4	4	4
4741	전남 함평군	함평천지종합복지관 운영	2	1	646,593	4	4	6	5	6	5	1	1	1	1	4	4	4
4742	전남 함평군	함평천지종합복지관 운영(보조사업)	2	1	10,800	4	6	6	5	6	5	1	1	1	1	4	4	4
4743	전남 함평군	양로시설 운영비 지원	1	1	721,865	5	6	7	8	7	5	1	4	5	5	4	4	4
4744	전남 함평군	재가노인복지시설 운영비	2	1	70,093	5	6	7	8	7	5	1	4	5	5	4	4	4
4745	전남 함평군	저소득 노인 무료급식	2	1	349,000	6	1	6	1	6	5	1	1	1	1	1	4	4
4746	전남 함평군	독거어르신 AI 반려로봇 지원	2	1	3,840	6	1	6	3	6	5	1	1	1	1	4	4	4
4747	전남 함평군	독거노인,장애인 응급안전안심서비스	2	1	507,621	4	2	6	3	6	5	1	1	1	1	4	4	4
4748	전남 함평군	노인맞춤돌봄서비스	2	1	3,343,966	4	2	6	3	6	5	1	1	1	1	4	4	4
4749	전남 함평군	사례관리 전달체계	2	1	192,720	4	6	6	3	6	5	1	1	1	1	4	4	4
4750	전남 함평군	어린이집 운영지원	2	4	61,522	5	2	7	8	7	1	1	4	3	3	2	4	4
4751	전남 함평군	어린이집 지원사업	2	4	64,800	5	4	7	8	7	1	1	4	3	3	2	4	4
4752	전남 함평군	어린이집 지원사업	2	4	6,823	6	4	7	8	7	1	1	4	3	3	2	4	4
4753	전남 함평군	어린이집 반별 운영비 지원	2	4	57,600	6	6	7	8	7	1	1	4	3	3	2	4	4
4754	전남 함평군	어린이집 지원사업	2	4	71,623	5	4	7	8	7	1	1	4	3	3	2	4	4
4755	전남 함평군	누리반 보육여건 개선비 지원	2	4	20,000	6	6	7	8	7	1	1	4	3	3	2	4	4
4756	전남 함평군	성폭력피해상담소 운영지원	2	12	151,322	5	2	7	8	7	1	1	4	5	5	4	4	4
4757	전남 함평군	한부모가족복지시설 운영 지원	1	16	327,198	5	6	7	8	7	1	1	4	5	5	4	4	4
4758	전남 함평군	한부모가족복지시설 운영 지원	1	16	31,071	6	6	7	8	7	1	1	4	5	5	4	4	4
4759	전남 함평군	한부모가족복지시설 입소자 상담치료 지원	1	16	6,900	6	2	7	8	7	1	1	4	5	5	4	4	4
4760	전남 함평군	한부모가족복지시설 아이돌봄서비스 지원	1	16	2,982	6	2	7	8	7	1	1	4	5	5	4	4	4
4761	전남 함평군	폭력 및 성희롱, 양성평등 예방교육	2	12	5,000	4	1	7	8	7	1	1	3	3	1	1	4	4
4762	전남 함평군	가족센터 운영	2	14	642,660	4	2	1	5	1	1	1	3	1	1	3	4	4
4763	전남 함평군	다문화가족 특성화사업	2	14	287,390	4	2	1	5	1	1	1	3	1	1	3	4	4
4764	전남 함평군	결혼이민자 역량강화지원	2	14	15,500	4	2	1	5	1	1	1	3	1	1	3	4	4
4765	전남 함평군	결혼이민자 모국어 상담원 채용 지원	2	14	35,000	5	6	1	5	1	1	1	3	1	1	3	4	4
4766	전남 함평군	찾아가는 어린이집 다문화이해교실 운영	2	14	3,600	4	6	1	5	1	1	1	3	1	1	3	4	4
4767	전남 함평군	다문화가정 지원	2	14	214,000	6	4	1	5	1	1	1	3	1	1	3	4	4
4768	전남 함평군	아동복지시설 운영	2	2	2,098,268	5	1	7	8	7	1	1	1	1	1	1	1	4
4769	전남 함평군	꿈키움 드림오케스트라 사업	2	16	34,133	4	6	1	1	1	1	1	1	1	1	1	4	4
4770	전남 함평군	유니세프 함평군위원회 운영	2	16	10,000	1	4	7	8	7	1	1	1	1	1	1	4	4
4771	전남 함평군	다함께돌봄센터 인건비 지원	2	9	75,084	4	1	1	5	1	1	1	1	1	1	1	4	4
4772	전남 함평군	다함께돌봄센터 인건비 지원(자체)	2	9	2,160	4	1	1	5	1	1	1	1	1	1	1	4	4
4773	전남 함평군	지역아동센터 운영비 지원	2	2	174,408	5	1	7	8	7	1	1	1	1	1	1	4	4
4774	전남 함평군	지역아동센터 꿈사다리공부방사업 지원	2	2	51,640	1	1	7	8	7	1	1	1	1	1	1	4	4
4775	전남 함평군	지역아동센터 어울림 한마당 행사	2	2	10,000	3	4	7	8	7	1	1	1	1	1	1	4	4
4776	전남 함평군	청소년 문화의 집 운영	2	9	404,131	4	1	1	5	1	1	1	1	1	1	1	4	4
4777	전남 함평군	청소년 방과후 아카데미 운영	2	9	48,100	4	1	1	3	1	1	1	1	1	1	1	4	4
4778	전남 함평군	청소년지도사 배치지원사업	2	2	26,316	4	1	7	8	7	1	1	1	1	1	1	4	4
4779	전남 함평군	지역청소년참여위원회 운영	2	2	2,800	4	1	1	3	1	1	1	1	1	1	1	4	4
4780	전남 함평군	청소년상담복지센터 운영	2	2	94,779	4	1	1	5	1	1	1	1	1	1	1	4	4
4781	전남 함평군	학교 밖 청소년 지원사업	2	2	134,943	4	1	1	3	1	1	1	1	1	1	1	4	4

순번	시군구	지출명 (사업명)	시설종류 1. 생활시설 2. 이용시설	사회복지시설 종류 1. 노인복지시설 2. 아동복지시설 3. 장애인복지시설 4. 어린이집 5. 정신건강증진시설 6. 노숙인시설 7. 사회복지관 8. 지역자활센터 9. 다함께돌봄센터 10. 결핵,한센시설 11. 성매매피해지원시설 12. 성폭력피해보호시설 13. 가정폭력보호시설 14. 가족센터 15. 청소년복지시설 16. 기타 ( )	2025년예산 (단위:천원/1년간)	민간이전 분류 (지방자치단체 세출예산 집행기준에 의거) 1. 민간경상사업보조(307-02) 2. 민간단체 법정운영비보조(307-03) 3. 민간행사사업보조(307-04) 4. 민간위탁금(307-05) 5. 사회복지시설 법정운영비보조(307-10) 6. 사회복지사업보조(307-11) 7. 민간인위탁교육비(307-12) 8. 공기관등에대한경상적위탁사업(308-13) 9. 공사공단 경상전출금(309-01)	민간이전지출 근거 (지방보조금 관리기준 참고) 1. 법률에 규정 2. 국고보조 재원(국가지정) 3. 용도 지정 기부금 4. 조례에 직접규정 5. 지자체가 권장하는 사업을 하는 공공기관 6. 시,도 정책 및 재정사정 7. 기타 8. 해당없음	입찰방식: 계약체결방법 (경쟁형태) 1. 일반경쟁 2. 제한경쟁 3. 지명경쟁 4. 수의계약 5. 법정위탁 6. 기타 ( ) 7. 해당없음	입찰방식: 계약기간 1. 1년 2. 2년 3. 3년 4. 4년 5. 5년 6. 기타 ( )년 7. 단기계약 (1년미만) 8. 해당없음	입찰방식: 낙찰자선정방법 1. 적격심사 2. 협상에의한계약 3. 최저가낙찰제 4. 규격가격분리 5. 2단계 경쟁입찰 6. 기타 ( ) 7. 해당없음	운영예산 산정: 운영비산정 1. 내부산정 (지자체 자체적으로 산정) 2. 외부산정 (외부전문기관위탁 산정) 3. 내·외부 모두 산정 4. 산정 無 5. 해당없음	운영예산 산정: 정산방법 1. 내부정산 (지자체 내부적으로 정산) 2. 외부정산 (외부전문기관위탁 정산) 3. 내·외부 모두 산정 4. 정산 無 5. 해당없음	성과평가: 성과평가 실시여부 1. 실시 2. 미실시 3. 향후 추진 4. 해당없음	성과평가: 성과평가 주기 1. 매년 2. 격년 3. 기간만료전 4. 기타 ( ) 5. 해당없음	성과평가: 성과평가 실시 방법 1. 자체 실시 2. 평가단 구성 후 실시 (전문위원 참여) 3. 전문 평가기관 의뢰 4. 기타 ( ) 5. 해당없음	성과평가: 평가기준 적용방법 1. 관련 조례 적용 2. 전문 평가기관 의뢰 3. 기타 ( ) 4. 해당없음	평가결과 적용: 실제 인센티브 및 페널티 적용 유무 1. 매년 적용 2. 적용 안함 3. 기타 ( ) 4. 해당없음	평가결과 적용: 인센티브 및 페널티 적용근거 1. 조례 2. 계약서 3. 기타 ( ) 4. 해당없음
4782	전남 함평군	학교 밖 청소년 급식비 지원	2	2	11,300	4	1	1	3	1	1	1	1	1	1	1	4	4
4783	전남 함평군	청소년 안전망 구축사업	2	2	103,220	4	1	1	5	1	1	1	1	1	1	1	4	4
4784	전남 함평군	청소년동반자 프로그램 운영	2	2	45,278	4	1	7	8	7	1	1	1	1	1	1	4	4
4785	전남 함평군	청소년상담복지센터 운영(자체)	2	2	26,000	4	1	1	5	1	1	1	1	1	1	1	4	4
4786	전남 장성군	노인주거복지시설 운영비 지원	1	1	1,121,528	5	1	7	8	7	5	5	4	5	5	4	4	4
4787	전남 장성군	경로당 운영 보조금 지원	2	1	2,682,554	5	1	7	8	7	5	5	4	5	5	4	4	4
4788	전남 장성군	경로당 이용 어르신 부식비 한시 지원	2	1	112,200	6	1	7	8	7	5	5	4	5	5	4	4	4
4789	전남 장성군	경로당 여가프로그램 운영 지원	2	1	57,000	6	1	7	1	7	1	1	1	1	4	3	1	3
4790	전남 장성군	경로당 프로그램 관리자 인건비 지원	2	1	53,931	1	1	7	7	7	2	3	1	1	4	3	1	3
4791	전남 장성군	장성군 노인복지관 운영	2	1	433,767	5	4	2	5	1	1	1	1	1	1	1	1	2
4792	전남 완도군	보육복지사업	3	4	3,751,000	5	2	7	8	7	5	5	4	5	5	4	4	4
4793	전남 진도군	진도군장애인종합복지관 운영비	2	3	1,398,334	5	1	5	5	1	1	3	1	1	1	4	4	4
4794	전남 진도군	수어통역센터 운영비	2	3	250,225	5	1	5	8	7	1	1	4	5	5	4	4	4
4795	전남 진도군	장애인 공동생활가정 운영	2	3	65,980	5	1	5	8	7	1	1	4	5	5	4	4	4
4796	전남 진도군	장애인편의증진기술지원센터 운영	2	3	76,510	5	1	5	8	7	1	1	4	5	5	4	4	4
4797	전남 진도군	장애인생활이동지원센터 운영비	2	3	76,510	5	1	5	8	7	1	1	4	5	5	4	4	4
4798	전남 진도군	진도노인복지관 운영	2	1	843,680	5	1	1	5	1	1	3	1	1	1	1	1	1
4799	전남 진도군	서경노인복지관 운영	2	1	381,400	5	1	2	1	1	1	1	1	1	1	1	1	1
4800	전남 진도군	노인복지관 프로그램 지원	2	1	20,000	6	6	1	5	1	1	3	4	5	5	4	4	4
4801	전남 진도군	보육사업	2	4	150,000	5	2	1	5	1	1	1	1	1	1	1	1	1
4802	전남 진도군	보육사업	2	4	200,000	5	2	1	5	1	1	1	1	1	1	1	1	1
4803	전남 진도군	아동이용시설	2	9	100,000	5	2	1	5	1	1	1	1	1	1	1	1	1
4804	전남 진도군	진도군가족센터 운영	2	14	726,319	5	2	1	5	1	1	3	1	1	1	1	1	1
4805	전남 신안군	국공립법인시설지원(사회복지법인어린이집)	2	4	1,250,000	5	2	7	8	7	5	5	4	5	5	4	4	4
4806	전남 신안군	3-5세누리과정 운영비(사회복지법인어린이집)	2	4	41,000	5	6	7	8	7	5	5	4	5	5	4	4	4
4807	전남 신안군	어린이집차량운영비(사회복지법인어린이집)	2	4	21,200	5	2	7	8	7	5	5	4	5	5	4	4	4
4808	전남 신안군	농어촌소재법인어린이집지원	2	4	16,924	5	2	7	8	7	5	5	4	5	5	4	4	4
4809	전남 신안군	어린이집교재교구비지원(사회복지법인)	2	4	6,100	5	2	7	8	7	5	5	4	5	5	4	4	4
4810	전남 신안군	사회복지법인어린이집차량운영비	2	4	3,000	5	5	7	8	7	5	5	4	5	5	4	4	4
4811	전남 신안군	어린이집기능보강	2	4	26,000	9	2	7	8	7	5	5	4	5	5	4	4	4
4812	전남 신안군	반별운영비(사회복지법인어린이집)	2	4	27,600	5	6	7	8	7	5	5	4	5	5	4	4	4
4813	전남 신안군	보육여건개선비(사회복지법인어린이집)	2	4	5,700	5	6	7	8	7	5	5	4	5	5	4	4	4
4814	전남 신안군	아동복지시설 운영비 지원	1	2	1,840,400	5	6	7	8	7	5	5	4	5	5	4	4	4
4815	전남 신안군	아동복지시설자립프로그램 운영비	1	2	12,000	5	6	7	8	7	5	5	4	5	5	4	4	4
4816	전남 신안군	양육시설일시보호비용지원	1	2	1,620	5	6	7	8	7	5	5	4	5	5	4	4	4
4817	전남 신안군	경계선지능아동사례관리비	1	2	8,750	5	2	7	8	7	5	5	4	5	5	4	4	4
4818	전남 신안군	경계선지능아동선별검사비	1	2	600	5	2	7	8	7	5	5	4	5	5	4	4	4
4819	전남 신안군	아동복지시설기능보강	1	2	50,000	8	5	7	8	7	5	5	4	5	5	4	4	4
4820	전남 신안군	지역아동센터기능보강	2	2	15,000	8	5	7	8	7	5	5	4	5	5	4	4	4
4821	전남 신안군	지역아동센터 기본운영비 지원	2	2	63,317	5	2	7	8	7	5	5	4	5	5	4	4	4
4822	전남 신안군	공립형 지역아동센터 기본운영비 지원	2	2	83,183	5	2	7	8	7	5	5	4	5	5	4	4	4
4823	전남 신안군	공립형 지역아동센터 차량리스비용	2	2	33,000	5	5	7	8	7	5	5	4	5	5	4	4	4
4824	전남 신안군	지역아동센터 환경개선비 지원	2	2	10,000	5	6	7	8	7	5	5	4	5	5	4	4	4
4825	전남 신안군	공립형 지역아동센터 종사자 특별수당	2	2	33,408	4	1	7	8	7	1	1	4	5	5	4	4	4
4826	전남 신안군	공립형 지역아동센터 종사자 인건비 추가지원	2	2	41,616	4	1	7	8	7	1	1	4	5	5	4	4	4
4827	전남 신안군	공립형 지역아동센터 급식비 지원	2	2	143,080	4	1	7	8	7	1	1	4	5	5	4	4	4

순번	시군구	지출명 (사업명)	시설종류 1. 생활시설 2. 이용시설	사회복지시설 종류 1. 노인복지시설 2. 아동복지시설 3. 장애인복지시설 4. 어린이집 5. 정신건강증진시설 6. 노숙인시설 7. 사회복지관 8. 지역자활센터 9. 다함께돌봄센터 10. 결핵,한센시설 11. 성매매피해지원시설 12. 성폭력피해보호시설 13. 가정폭력보호시설 14. 가족센터 15. 청소년복지시설 16. 기타 ( )	2025년예산 (단위:천원/1년간)	민간이전 분류 (지방자치단체 세출예산 집행기준에 의거) 1. 민간경상사업보조(307-02) 2. 민간단체 법정운영비보조(307-03) 3. 민간행사사업보조(307-04) 4. 민간위탁금(307-05) 5. 사회복지시설 법정운영비보조(307-10) 6. 사회복지사업보조(307-11) 7. 민간인위탁교육비(307-12) 8. 공기관등에대한경상적위탁사업(308-13) 9. 공사공단 경상전출금(309-01)	민간이전지출 근거 (지방보조금 관리기준 참고) 1. 법률에 규정 2. 국고보조 재원(국가지정) 3. 용도 지정 기부금 4. 조례에 직접규정 5. 지자체가 권장하는 사업을 하는 공공기관 6. 시,도 정책 및 재정사정 7. 기타 8. 해당없음	입찰방식: 계약체결방법 (경쟁형태) 1. 일반경쟁 2. 제한경쟁 3. 지명경쟁 4. 수의계약 5. 법정위탁 6. 기타 ( ) 7. 해당없음	입찰방식: 계약기간 1. 1년 2. 2년 3. 3년 4. 4년 5. 5년 6. 기타 ( )년 7. 단기계약 (1년미만) 8. 해당없음	입찰방식: 낙찰자선정방법 1. 적격심사 2. 협상에의한계약 3. 최저가낙찰제 4. 규격가격분리 5. 2단계 경쟁입찰 6. 기타 ( ) 7. 해당없음	운영예산 산정: 운영비산정 1. 내부산정 (지자체 자체적으로 산정) 2. 외부산정 (외부전문기관위탁 산정) 3. 내·외부 모두 산정 4. 산정 無 5. 해당없음	운영예산 산정: 정산방법 1. 내부정산 (지자체 내부적으로 정산) 2. 외부정산 (외부전문기관위탁 정산) 3. 내·외부 모두 산정 4. 정산 無 5. 해당없음	성과평가: 성과평가 실시여부 1. 실시 2. 미실시 3. 향후 추진 4. 해당없음	성과평가: 성과평가 주기 1. 매년 2. 격년 3. 기간만료전 4. 기타 ( ) 5. 해당없음	성과평가: 성과평가 실시 방법 1. 자체 실시 2. 평가단 구성 후 실시 (전문위원 섭외) 3. 전문 평가기관 의뢰 4. 기타 ( ) 5. 해당없음	성과평가: 평가기준 적용방법 1. 관련 조례 적용 2. 전문 평가기관 의뢰 3. 기타 ( ) 4. 해당없음	평가결과 적용: 실제 인센티브 및 패널티 적용 유무 1. 매년 적용 2. 적용 안함 3. 기타 ( ) 4. 해당없음	평가결과 적용: 인센티브 및 패널티 적용근거 1. 조례 2. 계약서 3. 기타 ( ) 4. 해당없음
4828	전남 신안군	공립형 지역아동센터 급식 도우미 인건비	2	2	28,800	4	1	7	8	7	1	1	4	5	5	4	4	4
4829	전남 신안군	다함께돌봄사업운영비지원	2	9	12,000	5	2	7	8	7	5	5	4	5	5	4	4	4
4830	경상북도	경상북도장애인종합복지관운영	2	3	1,815,000	5	1,4	6	5	1	1	3	1	4	1,2	3	1	3
4831	경상북도	경상북도여성장애인복지관운영지원	2	3	1,104,160	8	1,4	6	5	1	1	3	1	4	1,2	3	1	3
4832	경상북도	인권침해피해장애인쉼터운영	2	3	311,666	5	1	1	5	5	1	3	1	4	1,2	3	1	3
4833	경상북도	도청어린이집운영	2	4	1,817,676	4	1	7	5	7	5	3	1	3	1	3	4	4
4834	경상북도	여성긴급전화1366운영지원	2	13	825,222	5	1	7	5	7	5	3	1	4	4	3	4	4
4835	경상북도	아동청소년무지개쉼터운영사업	2	12	619,643	5	2	7	8	5	5	1	4	5	5	4	4	4
4836	경상북도	쿵나래운영지원	2	12	262,532	5	2	7	8	5	5	1	4	5	5	4	4	4
4837	경상북도	가정위탁지원센터운영	2	2	1,183,741	5	1	6	5	6	3	3	3	5	4	4	4	4
4838	경상북도	자립지원사업비	2	2	578,700	6	1,2,4	6	5	6	3	1	3	5	4	4	4	4
4839	경상북도	희망디딤돌사업운영	2	2	454,246	6	5,6	6	5	6	3	1	3	5	4	4	4	4
4840	경상북도	아동학대예방및방지사업지원	2	2	6,750	6	1	5	8	7	1	1	4	5	5	4	4	4
4841	경상북도	아동학대예방및방지사업지원	2	2	6,750	6	1	5	8	7	1	1	4	5	5	4	4	4
4842	경상북도	아동학대예방및방지사업지원	2	2	6,750	6	1	5	8	7	1	1	4	5	5	4	4	4
4843	경상북도	아동학대예방및방지사업지원	2	2	6,750	6	1	5	8	7	1	1	4	5	5	4	4	4
4844	경북 포항시	종합사회복지관 운영비	2	7	620,000	4	1	1	5	1	1	3	1	3	4	3	1	4
4845	경북 포항시	종합사회복지관 운영비	2	7	620,000	4	1	1	5	1	1	3	1	3	4	3	1	4
4846	경북 포항시	종합사회복지관 운영비	2	7	620,000	4	1	1	5	1	1	3	1	3	4	3	1	4
4847	경북 포항시	지역복지증진사업	2	7	15,000	4	4	7	8	7	1	1	4	5	5	4	4	4
4848	경북 포항시	지역복지증진사업	2	7	15,000	4	4	7	8	7	1	1	4	5	5	4	4	4
4849	경북 포항시	지역복지증진사업	2	7	15,000	4	4	7	8	7	1	1	4	5	5	4	4	4
4850	경북 포항시	사회복지관특화사업	2	7	20,000	4	6	7	8	7	1	1	4	5	5	4	4	4
4851	경북 포항시	사회복지관특화사업	2	7	20,000	4	6	7	8	7	1	1	4	5	5	4	4	4
4852	경북 포항시	사회복지관특화사업	2	7	20,000	4	6	7	8	7	1	1	4	5	5	4	4	4
4853	경북 포항시	사회복지시설종사자복지포인트지원	2	7	1,800	6	6	7	8	7	1	1	4	5	5	4	4	4
4854	경북 포항시	사회복지시설종사자복지포인트지원	2	7	1,800	6	6	7	8	7	1	1	4	5	5	4	4	4
4855	경북 포항시	사회복지시설종사자복지포인트지원	2	7	1,800	6	6	7	8	7	1	1	4	5	5	4	4	4
4856	경북 포항시	지역자활센터운영지원	2	8	734,750	5	1	7	8	7	5	3	4	5	5	4	4	4
4857	경북 포항시	자활사례관리	2	8	63,480	5	1	7	8	7	5	3	4	5	5	4	4	4
4858	경북 포항시	자활활성화사업지원	2	8	56,666	5	1	7	8	7	5	3	4	5	5	4	4	4
4859	경북 포항시	지역자활센터종사자복지포인트지원	2	8	3,000	5	1	7	8	7	5	3	4	5	5	4	4	4
4860	경북 포항시	주단기보호시설이용료지원	1,2	3	45,600	6	1	7	8	7	5	5	4	5	5	4	4	4
4861	경북 포항시	장애인복지시설 긴급 이용자 지원	1	3	900	6	1	7	8	7	5	5	4	5	5	4	4	4
4862	경북 포항시	장애인거주시설 화재대피용품 지급	1	3	2,800	6	1	7	8	7	5	5	4	5	5	4	4	4
4863	경북 포항시	은빛빌리지 운영	2	1	145,000	4	4	1	5	1	1	1	2	3	1	1	4	4
4864	경북 포항시	어린이집 난방비 지원(민간,가정,법인 등)	2	4	157,500	5	1	7	8	7	5	5	4	5	5	4	4	4
4865	경북 포항시	공공형어린이집지원	2	4	589,000	5	1	7	8	7	5	5	4	5	5	4	4	4
4866	경북 포항시	어린이집영아반운영비지원	2	4	1,800,000	5	1	7	8	7	5	5	4	5	5	4	4	4
4867	경북 포항시	어린이집차량유지비	2	4	78,400	5	1	7	8	7	5	5	4	5	5	4	4	4
4868	경북 포항시	다문화어린이집차량운영비	2	4	35,840	5	1	7	8	7	5	5	4	5	5	4	4	4
4869	경북 포항시	어린이집 새벽반운영 지원	2	4	96,000	6	1	7	8	7	5	5	4	5	5	4	4	4
4870	경북 포항시	보육아동인성교육비지원	2	4	22,000	6	1	7	8	7	5	5	4	5	5	4	4	4
4871	경북 포항시	어린이집 방과후과정 학급운영비지원	2	4	307,200	6	1	7	8	7	5	5	4	5	5	4	4	4
4872	경북 포항시	건강가정 및 다문화가족지원센터 운영	2	14	137,130	4	1	1	5	1	5	5	1	3	4	3	1	3
4873	경북 포항시	공동육아나눔터 운영	2	14	174,732	4	1	1	5	1	5	5	1	3	4	3	1	3

순번	시군구	지출명 (사업명)	시설종류 1. 생활시설 2. 이용시설	사회복지시설 종류 1. 노인복지시설 2. 아동복지시설 3. 장애인복지시설 4. 어린이집 5. 정신건강증진시설 6. 노숙인시설 7. 사회복지관 8. 지역자활센터 9. 다함께돌봄센터 10. 결핵,한센시설 11. 성매매피해지원시설 12. 성폭력피해보호시설 13. 가정폭력보호시설 14. 가족센터 15. 청소년복지시설 16. 기타 ( )	2025년예산 (단위:천원/1년간)	민간이전 분류 (지방자치단체 세출예산 집행기준에 의거) 1. 민간경상사업보조(307-02) 2. 민간단체 법정운영비보조(307-03) 3. 민간행사사업보조(307-04) 4. 민간위탁금(307-05) 5. 사회복지시설 법정운영비보조(307-10) 6. 사회복지사업보조(307-11) 7. 민간인위탁교육비(307-12) 8. 공기관등에대한경상적위탁사업(308-13) 9. 공사공단 경상전출금(309-01)	민간이전제출 근거 (지방보조금 관리기준 참고) 1. 법률에 규정 2. 국고보조 재원(국가지정) 3. 용도 지정 기부금 4. 조례에 직접규정 5. 지자체가 권장하는 사업을 하는 공공기관 6. 시,도 정책 및 재정사정 7. 기타 8. 해당없음	입찰방식 계약체결방법 (경쟁형태) 1. 일반경쟁 2. 제한경쟁 3. 지명경쟁 4. 수의계약 5. 법정위탁 6. 기타 ( ) 7. 해당없음	입찰방식 계약기간 1. 1년 2. 2년 3. 3년 4. 4년 5. 5년 6. 기타 ( )년 7. 단기계약 (1년미만) 8. 해당없음	입찰방식 낙찰자선정방법 1. 적격심사 2. 협상에의한계약 3. 최저가낙찰제 4. 규격가격분리 5. 2단계 경쟁입찰 6. 기타 ( ) 7. 해당없음	운영예산 산정 운영비산정 1. 내부산정 (지자체 자체적으로 산정) 2. 외부산정 (외부전문기관위탁 산정) 3. 내·외부 모두 산정 4. 산정 無 5. 해당없음	운영예산 산정 정산방법 1. 내부정산 (지자체 내부적으로 정산) 2. 외부정산 (외부전문기관위탁 정산) 3. 내·외부 모두 산정 4. 정산 無 5. 해당없음	성과평가 성과평가 실시여부 1. 실시 2. 미실시 3. 향후 추진 4. 해당없음	성과평가 성과평가 주기 1. 매년 2. 격년 3. 기간만료전 4. 기타 ( ) 5. 해당없음	성과평가 성과평가 실시 방법 1. 자체 실시 2. 평가단 구성 후 실시 (전문위원 섭외) 3. 전문 평가기관 의뢰 4. 기타 ( ) 5. 해당없음	성과평가 평가기준 적용방법 1. 관련 조례 적용 2. 전문 평가기관 의뢰 3. 기타 ( ) 4. 해당없음	평가결과 적용 실제 인센티브 및 페널티 적용 유무 1. 매년 적용 2. 적용 안함 3. 기타 ( ) 4. 해당없음	평가결과 적용 인센티브 및 페널티 적용근거 1. 조례 2. 계약서 3. 기타 ( ) 4. 해당없음
4874	경북 포항시	공동생활가정형(매입임대) 주거지원	2	14	68,652	4	1	1	5	1	5	5	1	3	4	3	1	3
4875	경북 포항시	공동육아나눔터 연장운영	2	14	1,011,000	4	1	1	5	1	5	5	1	3	4	3	1	3
4876	경북 포항시	다문화가족특성화사업	2	14	574,340	4	1	1	5	1	5	5	1	3	4	3	1	3
4877	경북 포항시	아이돌봄지원	2	14	11,469,158	4	1	1	5	1	5	5	1	3	4	3	1	3
4878	경북 포항시	결혼이민여성 이중언어강사 일자리창출사업	2	14	96,431	6	1	1	5	1	5	5	1	3	4	3	1	3
4879	경북 포항시	다문화가족지역맞춤형학습및프로그램지원	2	14	71,667	6	1	1	5	1	5	5	1	3	4	3	1	3
4880	경북 포항시	우리동네아빠교실운영	2	14	10,000	6	1	1	5	1	5	5	1	3	4	3	1	3
4881	경북 포항시	열린맘 임신출산지원 서비스 지원사업	2	14	46,000	6	1	1	5	1	5	5	1	3	4	3	1	3
4882	경북 포항시	영아종일제등전담아이돌보미지원	2	14	24,000	6	1	1	5	1	5	5	1	3	4	3	1	3
4883	경북 포항시	아이돌봄서비스 부모부담금경감	2	14	3,976,850	4	1	1	5	1	5	5	1	3	4	3	1	3
4884	경북 포항시	대학생 아이돌서포터즈 운영	2	14	34,400	6	1	1	5	1	5	5	1	3	4	3	1	3
4885	경북 포항시	아이돌봄종사자 마음건강지원 (2025년도 신규사업)	2	14	33,600	6	1	7	8	7	5	5	4	5	5	4	4	4
4886	경북 포항시	한부모가족복지시설 지원	1	16	396,323	5	1	7	8	7	5	5	4	5	5	4	4	4
4887	경북 포항시	한부모가족복지시설입소자 상담의료 지원	1	16	10,200	6	1	7	8	7	5	5	4	5	5	4	4	4
4888	경북 포항시	한부모가족복지시설입소자 아이돌봄서비스 지원	1	16	2,193	6	1	7	8	7	5	5	4	5	5	4	4	4
4889	경북 포항시	성매매피해자 지원시설 운영지원	1	11	321,750	5	2	7	8	7	5	5	4	5	5	4	4	4
4890	경북 포항시	성매매피해자 상담소 운영지원	2	11	253,871	5	2	7	8	7	5	5	4	5	5	4	4	4
4891	경북 포항시	성매매집결지 현장지원 사업운영비	2	11	120,252	6	2	7	8	7	5	5	4	5	5	4	4	4
4892	경북 포항시	성매매집결지 현장지원 개별지원비	2	11	36,420	6	2	7	8	7	5	5	4	5	5	4	4	4
4893	경북 포항시	성매매피해자 구조지원	2	11	50,539	6	2	7	8	7	5	5	4	5	5	4	4	4
4894	경북 포항시	긴급피난처 운영	1	11	4,000	5	6	7	8	7	5	5	4	5	5	4	4	4
4895	경북 포항시	폭력피해이주여성 보호시설 운영지원	1	13	284,369	5	2	7	8	7	5	5	4	5	5	4	4	4
4896	경북 포항시	가정폭력피해자 보호시설 운영지원	1	13	294,104	5	2	7	8	7	5	5	4	5	5	4	4	4
4897	경북 포항시	가정폭력피해자 직업훈련비	1	13	1,464	6	2	7	8	7	5	5	4	5	5	4	4	4
4898	경북 포항시	가정폭력피해자 치료회복 프로그램 운영	1	13	23,462	6	2	7	8	7	5	5	4	5	5	4	4	4
4899	경북 포항시	가정폭력피해자 의료비 지원	1	13	5,000	6	2	7	8	7	5	5	4	5	5	4	4	4
4900	경북 포항시	가정폭력상담소 운영지원	2	13	389,758	5	2	7	8	7	5	5	4	5	5	4	4	4
4901	경북 포항시	가정폭력성폭력 통합상담소 운영지원	2	13	675,400	5	2	7	8	7	5	5	4	5	5	4	4	4
4902	경북 포항시	성폭력상담소 운영지원	2	12	192,854	5	2	7	8	7	5	5	4	5	5	4	4	4
4903	경북 포항시	성폭력피해자 의료비 지원	2	12	23,937	6	2	7	8	7	5	5	4	5	5	4	4	4
4904	경북 포항시	성폭력피해자 간병비 지원	2	12	477	6	2	7	8	7	5	5	4	5	5	4	4	4
4905	경북 포항시	성폭력피해자 치료회복프로그램 운영	2	13	7,407	6	2	7	8	7	5	5	4	5	5	4	4	4
4906	경북 포항시	스토킹피해자 치료회복프로그램 운영지원	2	13	10,000	6	2	7	8	7	5	5	4	5	5	4	4	4
4907	경북 포항시	청소년쉼터 운영	1	15	1,126,179	5	1	7	7	7	5	5	1	4	3	3	3	3
4908	경북 포항시	마을돌봄터 인건비 지원	2	9	691,542	4	2	5	5	1	1	1	1	1	1	1	4	4
4909	경북 포항시	마을돌봄터활성화지원	2	9	640,663	4	2	5	5	1	1	1	1	1	1	1	4	4
4910	경북 포항시	마을돌봄터운영시간연장시범사업인건비지원	2	9	18,072	4	2	5	5	1	1	1	1	1	1	1	4	4
4911	경북 포항시	마을돌봄터운영시간연장시범사업운영비지원	2	9	6,095	4	2	5	5	1	1	1	1	1	1	1	4	4
4912	경북 포항시	마을돌봄터종사자복지포인트지원	2	9	2,550	4	2	5	5	1	1	1	1	1	1	1	4	4
4913	경북 포항시	K보듬(마을돌봄터연장운영)	2	9	480,000	4	2	5	5	1	1	1	1	1	1	1	4	4
4914	경북 포항시	마을돌봄터 어린이보듬밥상(방학중 급식비)	2	9	170,100	4	2	5	5	1	1	1	1	1	1	1	4	4
4915	경북 포항시	일시보호시설운영지원	1	2	282,225	5	1	7	8	7	5	1	4	5	5	4	4	4
4916	경북 포항시	아동양육시설운영지원<보조>	1	2	2,624,638	5	1	7	8	7	5	1	4	5	5	4	4	4
4917	경북 포항시	아동복지시설 냉난방비지원<보조>	1	2	3,600	5	1	7	8	7	5	1	4	5	5	4	4	4
4918	경북 포항시	아동학대 긴급입소자지원	1	2	4,800	5	1	7	8	7	5	1	4	5	5	4	4	4
4919	경북 포항시	요보호아동그룹홈운영지원	1	2	146,028	5	2	7	8	7	5	1	4	5	5	4	4	4

순번	시군구	지출명 (사업명)	시설종류 1. 생활시설 2. 이용시설	사회복지시설 종류 1. 노인복지시설 2. 아동복지시설 3. 장애인복지시설 4. 어린이집 5. 정신건강증진시설 6. 노숙인시설 7. 사회복지관 8. 지역자활센터 9. 다함께돌봄센터 10. 결핵,한센시설 11. 성매매피해지원시설 12. 성폭력피해보호시설 13. 가정폭력보호시설 14. 가족센터 15. 청소년복지시설 16. 기타 ( )	2025년예산 (단위:천원/1년간)	민간이전 분류 (지방자치단체 세출예산 집행기준에 의거) 1. 민간경상사업보조(307-02) 2. 민간단체 법정운영비보조(307-03) 3. 민간행사사업보조(307-04) 4. 민간위탁금(307-05) 5. 사회복지시설 법정운영비보조(307-10) 6. 사회복지사업보조(307-11) 7. 민간인위탁교육비(307-12) 8. 공기관등에대한경상적위탁사업(308-13) 9. 공사공단 경상전출금(309-01)	민간이전지출 근거 (지방보조금 관리기준 참고) 1. 법률에 규정 2. 국고보조 재원(국가지정) 3. 용도 지정 기부금 4. 조례에 직접규정 5. 지자체가 권장하는 사업을 하는 공공기관 6. 시,도 정책 및 재정사정 7. 기타 8. 해당없음	입찰방식: 계약체결방법 (경쟁형태) 1. 일반경쟁 2. 제한경쟁 3. 지명경쟁 4. 수의계약 5. 법정위탁 6. 기타 ( ) 7. 해당없음	입찰방식: 계약기간 1. 1년 2. 2년 3. 3년 4. 4년 5. 5년 6. 기타 ( )년 7. 단기계약 (1년미만) 8. 해당없음	입찰방식: 낙찰자선정방법 1. 적격심사 2. 협상에의한계약 3. 최저가낙찰제 4. 규격가격분리 5. 2단계 경쟁입찰 6. 기타 ( ) 7. 해당없음	운영예산 산정: 운영비산정 1. 내부산정 (지자체 자체적으로 산정) 2. 외부산정 (외부전문기관위탁 산정) 3. 내·외부 모두 산정 4. 산정 無 5. 해당없음	운영예산 산정: 정산방법 1. 내부정산 (지자체 내부적으로 정산) 2. 외부정산 (외부전문기관위탁 정산) 3. 내·외부 모두 산정 4. 정산 無 5. 해당없음	성과평가: 성과평가 실시여부 1. 실시 2. 미실시 3. 향후 추진 4. 해당없음	성과평가: 성과평가 주기 1. 매년 2. 격년 3. 기간만료전 4. 기타 ( ) 5. 해당없음	성과평가: 성과평가 실시 방법 1. 자체 실시 2. 평가단 구성 후 실시 (전문위원 섭외) 3. 전문 평가기관 의뢰 4. 기타 ( ) 5. 해당없음	성과평가: 평가기준 적용방법 1. 관련 조례 적용 2. 전문 평가기관 의뢰 3. 기타 ( ) 4. 해당없음	평가결과 적용: 실제 인센티브 및 패널티 적용 유무 1. 매년 적용 2. 적용 안함 3. 기타 ( ) 4. 해당없음	평가결과 적용: 인센티브 및 패널티 적용근거 1. 조례 2. 계약서 3. 기타 ( ) 4. 해당없음
4920	경북 포항시	요보호아동그룹홈운영지원	1	2	146,028	5	2	7	8	7	5	1	4	5	5	4	4	4
4921	경북 포항시	학대피해아동쉼터운영	1	2	258,698	5	2	7	8	7	5	1	4	5	5	4	4	4
4922	경북 포항시	학대피해아동쉼터운영	1	2	258,698	5	2	1	5	1	5	1	4	5	5	4	4	4
4923	경북 포항시	학대피해아동쉼터운영	1	2	258,697	5	2	1	5	1	5	1	4	5	5	4	4	4
4924	경북 포항시	공동생활가정운영지원	1	2	12,901	5	6	7	8	7	5	1	4	5	5	4	4	4
4925	경북 포항시	공동생활가정운영지원	1	2	12,617	5	6	7	8	7	5	1	4	5	5	4	4	4
4926	경북 포항시	공동생활가정운영지원	1	2	15,279	5	6	7	8	7	5	1	4	5	5	4	4	4
4927	경북 포항시	공동생활가정운영지원	1	2	14,539	5	6	1	5	1	5	1	4	5	5	4	4	4
4928	경북 포항시	공동생활가정운영지원	1	2	3,324	5	6	1	5	1	5	1	4	5	5	4	4	4
4929	경북 포항시	아동보호전문기관운영지원	2	2	819,677	5	2	7	8	7	5	1	4	5	5	4	4	4
4930	경북 포항시	방문형 가정회복프로그램	2	2	107,953	6	2	7	8	7	5	1	4	5	5	4	4	4
4931	경북 포항시	아동양육상담 부모콜센터 운영	2	16	72,000	1	6	7	8	7	5	5	4	5	5	4	4	4
4932	경북 경주시	사회복지관 운영 및 사업지원	2	7	950,000	4	4	1	5	2	1	1	1	4	1	3	2	3
4933	경북 경주시	자활근로사업	2	8	2,251,814	4	2	1	5	1	1	1	1	1	2	3	1	3
4934	경북 경주시	지역자활센터운영비지원	2	8	464,739	5	2	1	5	1	1	1	1	1	2	3	1	3
4935	경북 경주시	자활기금사업비지원	2	8	21,918	1	4	1	5	1	1	1	1	1	2	3	1	3
4936	경북 김천시	사회복지관 운영	2	7	778,296	4	4	5	5	2	1	1	4	5	5	4	4	4
4937	경북 김천시	정신요양시설 운영	1	5	2,317,000	5	2	7	8	7	1	1	4	5	5	4	4	4
4938	경북 김천시	범죄피해자지원센터 운영 지원	2	16	69,500	5	1	7	8	7	1	1	4	5	5	4	4	4
4939	경북 김천시	법무보호대상자 사회정착 지원	2	16	5,000	8	4	7	8	7	1	1	4	5	5	4	4	4
4940	경북 안동시	사회복지 종사자 복지포인트 지원(지역자활센터)	2	8	3,120	5	4	5	1	7	1	1	1	1	1	1	1	1
4941	경북 안동시	지역자활센터운영비	2	8	25,000	5	1	5	1	7	1	1	1	1	1	1	1	1
4942	경북 안동시	지역자활센터운영지원	2	8	515,760	5	1	5	1	7	1	1	1	1	1	1	1	1
4943	경북 구미시	종합사회복지관 운영	2	7	820,000	4	1	6	4	7	1	1	1	3	1	3	4	4
4944	경북 구미시	종합사회복지관 운영	2	7	820,000	4	1	6	4	7	1	1	1	3	1	3	4	4
4945	경북 구미시	종합사회복지관 특화사업(이동복지관 등)	2	7	20,000	4	1	5	1	7	1	1	4	5	5	4	4	4
4946	경북 구미시	종합사회복지관 특화사업(이동복지관 등)	2	7	20,000	4	1	5	1	7	1	1	4	5	5	4	4	4
4947	경북 구미시	구미종합사회복지관 사례관리사업	2	7	72,000	4	1	5	1	7	1	1	4	5	5	4	4	4
4948	경북 구미시	구미종합사회복지관 사례관리사업	2	7	72,000	4	1	5	1	7	1	1	4	5	5	4	4	4
4949	경북 영주시	사회복지관운영	2	7	1,003,570	4	1	7	5	7	1	1	4	4	4	4	4	4
4950	경북 영주시	범죄피해자 보호 지원	2	16	30,500	5	1	7	8	7	5	1	4	5	5	4	4	4
4951	경북 영주시	지역자활센터운영	2	8	358,702	5	1	7	8	7	5	1	1	2	4	3	1	3
4952	경북 영주시	재가노인복지시설 운영지원	2	1	210,000	5	1	7	8	7	1	1	1	4	4	3	2	4
4953	경북 영주시	(국)여성장애인 교육지원	2	3	87,500	5	1	7	8	7	5	1	1	4	4	3	3	3
4954	경북 영주시	(국)정신요양시설 운영지원	1	5	2,857,143	5	1	7	8	7	5	1	1	4	4	3	3	3
4955	경북 영주시	장애인거주시설 공기청정기 렌탈지원	1	3	1,882	6	2	7	8	7	5	1	4	5	5	4	4	4
4956	경북 영주시	(도)중증장애인자립지원센터운영사업	2	3	262,288	4	6	5	5	1	5	1	1	4	4	3	3	3
4957	경북 영주시	(도)장애인재가복지봉사센터운영지원	2	3	141,060	5	1	7	8	7	5	1	1	4	4	3	3	3
4958	경북 영주시	(도)장애인주간보호시설운영	2	3	661,429	5	1	7	8	7	5	1	1	4	4	3	3	3
4959	경북 영주시	(도)시군장애인종합복지관운영	2	3	1,545,512	4	4	5	5	1	5	1	1	4	4	3	3	3
4960	경북 영주시	(도)시각장애인등생활지원센터운영	2	3	261,265	5	1	7	8	7	5	1	1	4	4	3	3	3
4961	경북 영주시	(도)수어통역센터운영	2	3	285,547	5	1	7	8	7	5	1	1	4	4	3	3	3
4962	경북 영주시	(도)장애인직업재활시설운영	2	3	1,442,741	5	1	7	8	7	5	1	1	4	4	3	3	3
4963	경북 영주시	(도)장애인거주시설 서비스지원	1	3	23,520	6	1	7	8	7	5	1	4	5	5	4	4	4
4964	경북 영주시	(도)장애인거주시설 이용자인권교육	1	3	2,400	6	1	7	8	7	5	1	4	5	5	4	4	4
4965	경북 영주시	(도)장애인단기거주시설운영	1	3	577,312	5	1	7	8	7	5	1	1	4	4	3	3	3

순번	시군구	지출명 (사업명)	시설종류 1. 생활시설 2. 이용시설	사회복지시설 종류 1. 노인복지시설 2. 아동복지시설 3. 장애인복지시설 4. 어린이집 5. 정신건강증진시설 6. 노숙인시설 7. 사회복지관 8. 지역자활센터 9. 다함께돌봄센터 10. 결핵,한센시설 11. 성매매피해지원시설 12. 성폭력피해보호시설 13. 가정폭력보호시설 14. 가족센터 15. 청소년복지시설 16. 기타 ( )	2025년예산 (단위:천원/1년간)	민간이전 분류 (지방자치단체 세출예산 집행기준에 의거) 1. 민간경상사업보조(307-02) 2. 민간단체 법정운영비보조(307-03) 3. 민간행사사업보조(307-04) 4. 민간위탁금(307-05) 5. 사회복지시설 법정운영비보조(307-10) 6. 사회복지사업보조(307-11) 7. 민간인위탁교육비(307-12) 8. 공기관등에대한경상적위탁사업(308-13) 9. 공사공단 경상전출금(309-01)	민간이전지출 근거 (지방보조금 관리기준 참고) 1. 법률에 규정 2. 국고보조 재원(국가지정) 3. 용도 지정 기부금 4. 조례에 직접규정 5. 지자체가 권장하는 사업을 하는 공공기관 6. 시,도 정책 및 재정사정 7. 기타 8. 해당없음	입찰방식 계약체결방법 (경쟁형태) 1. 일반경쟁 2. 제한경쟁 3. 지명경쟁 4. 수의계약 5. 법정위탁 6. 기타 ( ) 7. 해당없음	입찰방식 계약기간 1. 1년 2. 2년 3. 3년 4. 4년 5. 5년 6. 기타 ( )년 7. 단기계약 (1년미만) 8. 해당없음	입찰방식 낙찰자선정방법 1. 적격심사 2. 협상에의한계약 3. 최저가낙찰제 4. 규격가격분리 5. 2단계 경쟁입찰 6. 기타 ( ) 7. 해당없음	운영예산 산정 운영비산정 1. 내부산정 (지자체 자체적으로 산정) 2. 외부산정 (외부전문기관위탁 산정) 3. 내·외부 모두 산정 4. 산정 無 5. 해당없음	운영예산 산정 정산방법 1. 내부정산 (지자체 내부적으로 정산) 2. 외부정산 (외부전문기관위탁 정산) 3. 내·외부 모두 산정 4. 정산 無 5. 해당없음	성과평가 성과평가 실시여부 1. 실시 2. 미실시 3. 향후 추진 4. 해당없음	성과평가 성과평가 주기 1. 매년 2. 격년 3. 기간만료전 4. 기타 ( ) 5. 해당없음	성과평가 성과평가 실시 방법 1. 자체 실시 2. 평가단 구성 후 실시 (전문위원 섭외) 3. 전문 평가기관 의뢰 4. 기타 ( ) 5. 해당없음	성과평가 평가기준 적용방법 1. 관련 조례 적용 2. 전문 평가기관 의뢰 3. 기타 ( ) 4. 해당없음	평가결과 적용 실제 인센티브 및 페널티 적용 유무 1. 매년 적용 2. 적용 안함 3. 기타 ( ) 4. 해당없음	평가결과 적용 인센티브 및 페널티 적용근거 1. 조례 2. 계약서 3. 기타 ( ) 4. 해당없음
4966	경북 영주시	(도)정신요양시설입소자의약품비	1	5	8,775	6	1	7	8	7	5	1	4	5	5	4	4	4
4967	경북 영주시	(국)장애인거주시설디지털돌봄사업	1	3	199,000	5	1	7	8	7	5	1	1	5	5	4	4	4
4968	경북 영주시	가정폭력상담소 운영지원	2	13	224,879	5	1	7	8	7	5	2	1	1	1	1	1	1
4969	경북 영주시	가족센터 운영	2	14	776,930	4	2	2	5	1	1	1	1	3	4	3	3	3
4970	경북 영주시	공동육아나눔터 운영	2	16	58,244	4	2	7	8	7	5	5	4	5	5	4	4	4
4971	경북 영주시	아이돌봄지원 사업	2	14	3,019,327	4	2	2	3	1	1	1	1	1	1	3	3	3
4972	경북 영주시	아이돌봄부모부담경감	2	14	737,500	6	6	2	3	1	1	1	1	1	1	3	3	3
4973	경북 영주시	영아종일제등전담아이돌보미지원	2	14	10,800	6	6	2	3	1	1	1	1	1	1	3	3	3
4974	경북 영주시	대학생아이돌봄서포터즈운영	2	14	17,600	6	6	2	3	1	1	1	4	5	5	4	4	4
4975	경북 영주시	아픈아이돌봄센터운영	2	14	120,000	6	6	2	3	1	1	1	4	5	5	4	4	4
4976	경북 영주시	아이돌봄봉사자 마음건강지원사업	2	14	8,400	6	1	7	8	7	5	5	4	5	5	4	4	4
4977	경북 영주시	지역아동센터 운영비 지원사업	2	2	174,216	5	2	7	8	7	1	1	1	4	4	3	3	3
4978	경북 영주시	다함께돌봄 인건비 지원	2	9	237,456	4	2	2	5	1	1	1	1	4	4	3	3	3
4979	경북 영주시	지역아동센터 활성화 지원	2	2	29,800	5	6	7	8	7	1	1	1	4	4	3	3	3
4980	경북 영주시	다함께돌봄센터 간식지원	2	9	25,920	4	6	2	5	1	1	1	1	4	4	3	3	3
4981	경북 영주시	마을돌봄터 어린이 보듬밥상	2	9	38,880	4	6	2	5	1	1	1	1	4	4	3	3	3
4982	경북 영주시	(도)취약보육활성화	2	4	545,686	5	6	7	8	7	1	1	4	5	5	4	4	4
4983	경북 영주시	(국)어린이집운영지원	2	4	107,568	5	2	7	8	7	1	1	4	5	5	4	4	4
4984	경북 영주시	(도)공공형어린이집지원	2	4	455,000	5	6	7	8	7	1	1	4	5	5	4	4	4
4985	경북 영주시	(도)어린이집방과후과정지원	2	4	73,200	5	6	7	8	7	1	1	4	5	5	4	4	4
4986	경북 영주시	보육시설지원	2	4	929,120	5	4	7	8	7	1	1	4	5	5	4	4	4
4987	경북 영천시	장애인지역사회자립지원시범사업	2	3	200,000	5	1	1	2	1	1	1	4	5	5	4	4	4
4988	경북 영천시	농아인동료상담요원활동지원	2	3	18,000	6	1	7	7	7	1	1	4	5	5	4	4	4
4989	경북 영천시	장애인수어통역센터운영	2	3	313,994	5	1	7	7	7	1	1	4	5	5	4	4	4
4990	경북 영천시	장애인생활이동지원센터운영	2	3	274,615	5	1	7	7	7	1	1	4	5	5	4	4	4
4991	경북 영천시	장애인종합복지관운영	2	3	1,415,000	5	1	5	5	1	1	1	1	4	1	4	4	4
4992	경북 영천시	장애인재가복지봉사센터운영	2	3	137,800	6	1	5	5	1	1	1	1	4	1	4	4	4
4993	경북 영천시	장애인주간보호시설운영	2	3	182,412	5	1	5	5	1	1	1	1	4	1	4	4	4
4994	경북 영천시	중증장애인자립지원센터운영	2	3	230,633	5	1	5	5	1	1	1	1	4	1	4	4	4
4995	경북 영천시	장애인직업재활시설운영	2	3	548,640	5	1	7	8	7	1	1	1	4	1	4	4	4
4996	경북 영천시	장애인직업재활시설기능보강	2	3	35,000	6	1	7	8	7	1	1	1	4	1	4	4	4
4997	경북 영천시	장애인단기거주시설운영	1	3	711,716	5	1	7	8	7	1	1	1	4	1	4	4	4
4998	경북 영천시	장애인거주시설운영	1	3	3,885,639	5	2	7	8	7	1	1	1	4	1	4	4	4
4999	경북 영천시	장애인거주시설운영(공기청정기렌탈지원)	1	3	1,281	6	2	7	8	7	1	1	1	4	1	4	4	4
5000	경북 영천시	장애인거주시설서비스지원	1	3	11,700	6	1	7	8	7	1	1	1	4	1	4	4	4
5001	경북 영천시	장애인거주시설이용자인권교육	1	3	923	6	1	7	8	7	1	1	1	4	1	4	4	4
5002	경북 영천시	장애인거주시설퇴소자자립생활정착금	1	3	20,000	6	1	7	8	7	1	1	1	4	1	4	4	4
5003	경북 영천시	장애인복지시설종사자복지포인트지원	1	3	12,200	6	1	7	8	7	1	1	1	4	1	4	4	4
5004	경북 영천시	양로시설운영비지원(용평마을)	1	1	698,000	5	1	7	8	7	1	1	1	4	1	4	4	4
5005	경북 영천시	도)노인복지시설종사자복지포인트지원	1	1	48,750	6	4	7	8	7	1	1	1	4	1	4	4	4
5006	경북 영천시	노인복지시설종사자복지포인트지원	1	1	19,200	6	4	7	8	7	1	1	1	4	1	4	4	4
5007	경북 영천시	시니어클럽운영보조	2	1	360,000	4	1	5	3	2	1	1	1	4	1	4	4	4
5008	경북 영천시	도)조부모손자녀돌봄	2	1	99,000	4	1	5	3	2	1	1	1	4	1	4	4	4
5009	경북 영천시	민간분야노인일자리사업개발비	2	1	40,000	4	1	5	3	2	1	1	1	4	1	4	4	4
5010	경북 영천시	국)노인일자리및사회활동지원확대	2	1	1,495,760	4	1	5	3	2	1	1	1	4	1	4	4	4
5011	경북 영천시	노인일반	2	16	8,000	6	1	7	8	7	1	1	1	4	1	4	4	4

순번	시군구	지출명 (사업명)	시설종류 1. 생활시설 2. 이용시설	사회복지시설 종류 1. 노인복지시설 2. 아동복지시설 3. 장애인복지시설 4. 어린이집 5. 정신건강증진시설 6. 노숙인시설 7. 사회복지관 8. 지역자활센터 9. 다함께돌봄센터 10. 결핵,한센시설 11. 성매매피해지원시설 12. 성폭력피해보호시설 13. 가정폭력보호시설 14. 가족센터 15. 청소년복지시설 16. 기타 ( )	2025년예산 (단위:천원/1년간)	민간이전 분류 (지방자치단체 세출예산 집행기준에 의거) 1. 민간경상사업보조(307-02) 2. 민간단체 법정운영비보조(307-03) 3. 민간행사사업보조(307-04) 4. 민간위탁금(307-05) 5. 사회복지시설 법정운영비보조(307-10) 6. 사회복지사업보조(307-11) 7. 민간인위탁교육비(307-12) 8. 공기관등에대한경상적위탁사업(308-13) 9. 공사공단 경상전출금(309-01)	민간이전지출 근거 (지방보조금 관리기준 참고) 1. 법률에 규정 2. 국고보조 재원(국가지정) 3. 용도 지정 기부금 4. 조례에 직접규정 5. 지자체가 권장하는 사업을 하는 공공기관 6. 시,도 정책 및 재정사정 7. 기타 8. 해당없음	입찰방식: 계약체결방법 (경쟁형태) 1. 일반경쟁 2. 제한경쟁 3. 지명경쟁 4. 수의계약 5. 법정위탁 6. 기타 ( ) 7. 해당없음	입찰방식: 계약기간 1. 1년 2. 2년 3. 3년 4. 4년 5. 5년 6. 기타 ( )년 7. 단기계약 (1년미만) 8. 해당없음	입찰방식: 낙찰자선정방법 1. 적격심사 2. 협상에의한계약 3. 최저가낙찰제 4. 규격가격분리 5. 2단계 경쟁입찰 6. 기타 ( ) 7. 해당없음	운영예산 산정: 운영비산정 1. 내부산정 (지자체 자체적으로 산정) 2. 외부산정 (외부전문기관위탁 산정) 3. 내·외부 모두 산정 4. 산정 無 5. 해당없음	운영예산 산정: 정산방법 1. 내부정산 (지자체 내부적으로 정산) 2. 외부정산 (외부전문기관위탁 정산) 3. 내·외부 모두 산정 4. 정산 無 5. 해당없음	성과평가: 성과평가 실시여부 1. 실시 2. 미실시 3. 향후 추진 4. 해당없음	성과평가: 성과평가 주기 1. 매년 2. 격년 3. 기간만료전 4. 기타 ( ) 5. 해당없음	성과평가: 성과평가 실시 방법 1. 자체 실시 2. 평가단 구성 후 실시 (전문위원 참여) 3. 전문 평가기관 의뢰 4. 기타 ( ) 5. 해당없음	성과평가: 평가기준 적용방법 1. 관련 조례 적용 2. 전문 평가기관 의뢰 3. 기타 ( ) 4. 해당없음	평가결과 적용: 실제 인센티브 및 패널티 적용 유무 1. 매년 적용 2. 적용 안함 3. 기타 ( ) 4. 해당없음	평가결과 적용: 인센티브 및 패널티 적용근거 1. 조례 2. 계약서 3. 기타 ( ) 4. 해당없음
5012	경북 영천시	기)경로당행복선생님지원사업	2	16	949,694	6	5	7	8	7	1	1	1	4	1	4	4	4
5013	경북 영천시	도)시군경로당지도자교육지원	2	16	7,650	6	7	7	8	7	1	1	1	4	1	4	4	4
5014	경북 영천시	노인복지관운영	2	1	144,264	4	1	5	8	7	1	1	4	4	1	4	4	4
5015	경북 영천시	종합사회복지관운영	2	7	783,000	5	1	1	5	1	1	3	1	2	2	2	4	4
5016	경북 상주시	정신요양시설 운영비 지원	1	5	2,267,143	5	1	7	8	7	5	1	4	5	5	4	4	4
5017	경북 상주시	지역자활센터운영비지원	2	8	414,168	5	1	5	1	7	5	1	1	2	4	3	3	3
5018	경북 상주시	자활사례관리사업	2	8	31,740	5	1	5	1	7	5	1	1	2	4	3	3	3
5019	경북 상주시	지역자활센터 종사자 복지포인트 지원	2	8	1,350	5	1	5	1	7	5	1	4	4	5	4	4	4
5020	경북 상주시	종합사회복지관 운영 지원	2	7	854,600	5	1	5	5	1	1	1	1	1	1	3	1	3
5021	경북 상주시	사회복지시설 종사자 복지포인트 지원	1,3	5,7	7,800	5	1	5	5	1	1	1	1	1	1	3	1	3
5022	경북 상주시	자활근로사업	2	8	1,592,168	4	1	5	1	7	5	1	1	2	4	3	3	3
5023	경북 상주시	자활활성화 사업비 지원 사업	2	8	28,333	4	1	5	1	7	5	1	1	2	4	3	3	3
5024	경북 상주시	기초푸드뱅크 운영	2	7	12,000	4	1	5	5	1	1	1	1	1	1	3	1	3
5025	경북 상주시	사회복지관 사례관리사 운영	2	7	72,000	4	1	5	5	1	1	1	1	1	1	3	1	3
5026	경북 상주시	천봉산요양원 프로그램 지원	1	5	2,400	6	1	7	8	7	5	1	4	5	5	4	4	4
5027	경북 상주시	사회복지관 특화사업 지원	2	7	20,000	6	1	5	5	1	1	1	1	1	1	3	1	3
5028	경북 상주시	경로식당 무료급식	2	7	361,920	4	1	7	1	7	1	1	2	5	5	4	4	4
5029	경북 상주시	거동불편 저소득 재가노인 식사배달	2	7	270,100	4	1	7	1	7	1	1	2	5	5	4	4	4
5030	경북 상주시	노인맞춤돌봄서비스사업 수행인력 교통비 지원	2	1	126,000	4	4	7	3	7	1	1	2	5	5	4	4	4
5031	경북 상주시	노인맞춤돌봄서비스사업 수행인력 교통비 지원	2	1	122,400	4	4	7	3	7	1	1	2	5	5	4	4	4
5032	경북 상주시	노인맞춤돌봄서비스사업 수행인력 교통비 지원	2	1	99,000	4	4	7	3	7	1	1	2	5	5	4	4	4
5033	경북 상주시	독거노인 응급안전안심서비스사업 응급관리요원 교통비 지원	2	7	5,400	4	4	7	2	7	1	1	2	5	5	4	4	4
5034	경북 상주시	노인일자리 및 사회활동지원사업	2	1	535,590	4	1	7	1	7	1	1	2	5	5	4	4	4
5035	경북 상주시	무의탁노인 건강음료배달 및 안부묻기	2	1	114,816	6	4	7	1	7	1	1	2	5	5	4	4	4
5036	경북 상주시	민간분야 노인일자리사업 개발비 지원	2	1	40,000	4	1	7	5	7	1	1	2	5	5	4	4	4
5037	경북 상주시	시니어클럽 운영 지원	2	1	439,220	5	1	7	5	7	1	1	2	5	5	4	4	4
5038	경북 상주시	노인일자리 조부모손자녀돌봄	2	1	107,500	4	6	7	1	7	1	1	2	5	5	4	4	4
5039	경북 상주시	상주시장애인종합복지관 운영지원	2	3	1,433,818	5	1	2	5	1	1	3	4	5	5	4	4	4
5040	경북 상주시	상주시중증장애인자립지원센터 운영지원	2	3	316,318	5	1	2	5	1	1	3	4	5	5	4	4	4
5041	경북 상주시	상주시노인종합복지관 운영	2	1	800,000	4	1	2	5	1	1	3	4	5	5	4	4	4
5042	경북 상주시	가정의달행사운영	2	14	28,000	3	1,4	7	8	7	5	5	4	5	5	4	4	4
5043	경북 상주시	취창업교육비지원	2	14	3,000	6	1,4	1	5	1	1	1	1	1	1	1	1	1
5044	경북 상주시	학습지도 및 학생상담활동 지원	2	14	16,000	6	1,4	1	5	1	1	1	1	1	1	1	1	1
5045	경북 상주시	다문화가족자녀 심리치료 프로그램 운영 지원	2	14	28,000	6	1,4	1	5	1	1	1	1	1	1	1	1	1
5046	경북 상주시	가족심리치료 프로그램 운영 지원	2	14	28,000	6	1,4	1	5	1	1	1	1	1	1	1	1	1
5047	경북 상주시	공동육아나눔터 운영지원	2	14	126,488	6	2	1	5	1	1	1	1	1	1	1	1	1
5048	경북 상주시	상주시가족센터 운영지원	2	14	1,059,720	5	2	1	5	1	1	1	1	1	1	1	1	1
5049	경북 상주시	다문화가족 특성화지원	2	14	269,710	6	2	1	5	1	1	1	1	1	1	1	1	1
5050	경북 상주시	결혼이민자 역량강화 지원	2	14	20,000	6	2	1	5	1	1	1	1	1	1	1	1	1
5051	경북 상주시	결혼이민여성 이중언어강사 일자리 창출 지원	2	14	64,104	6	1,4	1	5	1	1	1	1	1	1	1	1	1
5052	경북 상주시	다문화가족 지역맞춤형학습 및 프로그램 지원	2	14	35,000	6	1,4	1	5	1	1	1	1	1	1	1	1	1
5053	경북 상주시	결혼이민여성 교육 지원	2	14	500	6	1,4	1	5	1	1	1	1	1	1	1	1	1
5054	경북 상주시	열린맘 임신출산서비스 지원	2	14	25,800	6	1,4	1	5	1	1	1	1	1	1	1	1	1
5055	경북 상주시	우리동네 아빠교실 운영	2	14	10,000	6	1,4	1	5	1	1	1	1	1	1	1	1	1
5056	경북 상주시	어린이보듬밥상 지원	2	14	32,400	6	1,4	1	5	1	1	1	1	1	1	1	1	1
5057	경북 상주시	가정폭력피해자 의료비 지원	2	13	800	6	1	7	8	7	5	5	4	5	5	4	4	4

순번	시군구	지출명 (사업명)	시설종류 1. 생활시설 2. 이용시설	사회복지시설 종류 1. 노인복지시설 2. 아동복지시설 3. 장애인복지시설 4. 어린이집 5. 정신건강증진시설 6. 노숙인시설 7. 사회복지관 8. 지역자활센터 9. 다함께돌봄센터 10. 결핵,한센시설 11. 성매매피해지원시설 12. 성폭력피해보호시설 13. 가정폭력보호시설 14. 가족센터 15. 청소년복지시설 16. 기타 ( )	2025년예산 (단위:천원/1년간)	민간이전 분류 (지방자치단체 세출예산 집행기준에 의거) 1. 민간경상사업보조(307-02) 2. 민간단체 법정운영비보조(307-03) 3. 민간행사사업보조(307-04) 4. 민간위탁금(307-05) 5. 사회복지시설 법정운영비보조(307-10) 6. 사회복지사업보조(307-11) 7. 민간인위탁교육비(307-12) 8. 공기관등에대한경상적위탁사업(308-13) 9. 공사공단 경상전출금(309-01)	민간이전지출 근거 (지방보조금 관리기준 참고) 1. 법률에 규정 2. 국고보조 재원(국가지정) 3. 용도 지정 기부금 4. 조례에 직접규정 5. 지자체가 권장하는 사업을 하는 공공기관 6. 시,도 정책 및 재정사정 7. 기타 8. 해당없음	입찰방식: 계약체결방법 (경쟁형태) 1. 일반경쟁 2. 제한경쟁 3. 지명경쟁 4. 수의계약 5. 법정위탁 6. 기타 ( ) 7. 해당없음	입찰방식: 계약기간 1. 1년 2. 2년 3. 3년 4. 4년 5. 5년 6. 기타 ( )년 7. 단기계약 (1년미만) 8. 해당없음	입찰방식: 낙찰자선정방법 1. 적격심사 2. 협상에의한계약 3. 최저가낙찰제 4. 규격가격분리 5. 2단계 경쟁입찰 6. 기타 ( ) 7. 해당없음	운영예산 산정: 운영비산정 1. 내부산정 (지자체 자체적으로 산정) 2. 외부산정 (외부전문기관위탁 산정) 3. 내·외부 모두 산정 4. 산정 無 5. 해당없음	운영예산 산정: 정산방법 1. 내부정산 (지자체 내부적으로 정산) 2. 외부정산 (외부전문기관위탁 정산) 3. 내·외부 모두 산정 4. 정산 無 5. 해당없음	성과평가: 성과평가 실시여부 1. 실시 2. 미실시 3. 향후 추진 4. 해당없음	성과평가: 성과평가 주기 1. 매년 2. 격년 3. 기간만료전 4. 기타 ( ) 5. 해당없음	성과평가: 성과평가 실시 방법 1. 자체 실시 2. 평가단 구성 후 실시 (전문위원 섭외) 3. 전문 평가기관 의뢰 4. 기타 ( ) 5. 해당없음	성과평가: 평가기준 적용방법 1. 관련 조례 적용 2. 전문 평가기관 의뢰 3. 기타 ( ) 4. 해당없음	평가결과 적용: 실제 인센티브 및 페널티 적용 유무 1. 매년 적용 2. 적용 안함 3. 기타 ( ) 4. 해당없음	평가결과 적용: 인센티브 및 페널티 적용근거 1. 조례 2. 계약서 3. 기타 ( ) 4. 해당없음
5058	경북 상주시	가정폭력상담소 운영지원	2	13	234,879	5	1	7	8	7	5	5	4	5	5	4	4	4
5059	경북 상주시	성폭력상담소 운영지원	2	12	191,520	5	1	7	8	7	5	5	4	5	5	4	4	4
5060	경북 상주시	여성폭력 관련시설 종사자 복지포인트 지원	2	12,13	1,200	6	1	7	8	7	5	5	4	5	5	4	4	4
5061	경북 상주시	아이돌봄 부모부담금 경감 지원	2	14	725,000	6	1	6	2	2	1	1	1	3	1	1	4	4
5062	경북 상주시	영아종일제등전담아이돌보미지원	2	14	6,000	6	1	6	2	2	1	1	1	3	1	1	4	4
5063	경북 상주시	대학생 아이돌봄서포터즈운영 지원	2	14	34,400	6	1	6	2	2	1	1	1	3	1	1	4	4
5064	경북 상주시	아픈아이 동행서비스 운영지원	2	14	120,000	6	1	6	6	2	1	1	3	3	1	1	4	4
5065	경북 상주시	어린이집 문화체험 한마당 지원	2	4	4,500	1	7	7	8	7	5	5	4	5	5	4	4	4
5066	경북 상주시	보육교직원 한마음대회 지원	2	4	5,000	3	7	7	8	7	5	5	4	5	5	4	4	4
5067	경북 상주시	어린이집 냉난방비 지원	2	4	13,800	5	7	7	8	7	5	5	4	5	5	4	4	4
5068	경북 상주시	문화체험행사 운영	2	16	22,000	3	7	7	8	7	5	5	4	5	5	4	4	4
5069	경북 상주시	육아종합지원센터 운영 위탁	2	16	570,000	4	7	7	8	7	1	1	1	1	1	1	4	4
5070	경북 상주시	어린이집 운영지원	2	4	66,628	5	2	7	8	7	5	5	4	5	5	4	4	4
5071	경북 상주시	시간제보육 지원사업	2	4	142,134	6	2	7	8	7	5	5	4	5	5	4	4	4
5072	경북 상주시	공보육기능강화(장난감도서관)	2	4	120,000	4	6	7	8	7	1	1	1	1	1	1	4	4
5073	경북 상주시	어린이집 영아반운영비 지원	2	4	216,000	6	6	7	8	7	5	5	4	5	5	4	4	4
5074	경북 상주시	공공형어린이집 운영비(전환)	2	4	54,500	5	6	7	8	7	5	5	4	5	5	4	4	4
5075	경북 상주시	육아종합지원센터 운영(전환)	2	4	30,461	4	6	7	8	7	1	1	1	1	1	1	4	4
5076	경북 상주시	어린이집 방과후과정학급 운영비 지원	2	4	21,600	5	6	7	8	7	5	5	4	5	5	4	4	4
5077	경북 상주시	육아종합지원센터 운영(교육발전특구)	2	16	115,000	4	6	7	8	7	1	1	1	1	1	1	4	4
5078	경북 상주시	어린이날 행사 지원	2	16	26,000	3	7	7	8	7	5	5	4	5	5	4	4	4
5079	경북 상주시	아동양육시설 운영지원	2	2	1,773,825	5	1	7	8	7	5	5	2	5	5	4	4	4
5080	경북 상주시	공동생활가정 운영지원	2	2	229,451	5	1	7	8	7	5	5	2	5	5	4	4	4
5081	경북 상주시	[국]지역아동보호전문기관 운영지원	2	16	94,871	5	2	7	8	7	5	5	4	5	5	4	4	4
5082	경북 상주시	일시보호시설 운영 지원	2	16	41,075	5	2	7	8	7	5	5	4	5	5	4	4	4
5083	경북 상주시	마을돌봄터 인건비 지원	2	9	76,000	4	1	1	5	2	1	1	2	5	5	4	4	4
5084	경북 상주시	마을돌봄터 활성화 지원	2	9	88,210	4	1	1	5	2	1	1	2	5	5	4	4	4
5085	경북 상주시	마르돌봄터 종사자 복지포인트 지원	2	9	300	4	1	1	5	2	1	1	2	5	5	4	4	4
5086	경북 상주시	마을돌봄터 어린이보듬밥상(방학중 급식비)	2	9	20,250	4	1	1	5	2	1	1	2	5	5	4	4	4
5087	경북 상주시	지역아동센터연합회 어울림한마당 행사 지원	2	2	5,850	1	1	7	7	7	1	1	1	1	1	1	4	4
5088	경북 상주시	지역아동센터연합회 종사자 역량강화 워크숍 행사 지원	2	2	2,250	1	1	7	7	7	1	1	1	1	1	1	4	4
5089	경북 상주시	전문심리상담 및 언어치료 프로그램 운영 지원	2	2	28,000	1	1	7	7	7	1	1	1	1	1	1	4	4
5090	경북 상주시	지역아동센터 운영비 지원	2	2	142,524	5	1	7	1	7	1	1	4	5	5	4	4	4
5091	경북 상주시	지역아동센터 활성화 지원	2	2	71,200	5	1	7	1	7	1	1	4	5	5	4	4	4
5092	경북 문경시	문경시종합복지관 운영	2	7	624,000	4	2	1	5	1	1	1	2	5	5	4	4	4
5093	경북 문경시	특화사업	2	7	20,000	6	1	1	5	1	1	1	2	5	5	4	4	4
5094	경북 문경시	이동복지관	2	7	20,000	6	1	1	5	1	1	1	2	5	5	4	4	4
5095	경북 문경시	사례관리사운영	2	7	72,000	6	1	1	5	1	1	1	2	5	5	4	4	4
5096	경북 문경시	홍덕종합사회복지관	2	7	476,008	4	1	1	5	1	1	1	2	5	5	4	4	4
5097	경북 문경시	특화사업	2	7	20,000	6	1	1	5	1	1	1	2	5	5	4	4	4
5098	경북 문경시	이동복지관	2	7	20,000	6	1	1	5	1	1	1	2	5	5	4	4	4
5099	경북 문경시	사례관리사운영	2	7	72,000	6	1	1	5	1	1	1	2	5	5	4	4	4
5100	경북 문경시	종사자복지포인트	2	7	5,250	6	1	1	5	1	1	1	2	5	5	4	4	4
5101	경북 문경시	자활근로사업	2	8	1,497,563	4	2	5	1	7	1	1	2	5	5	4	4	4
5102	경북 문경시	지역자활센터 운영	2	8	354,827	5	2	5	1	7	1	1	2	5	5	4	4	4
5103	경북 문경시	자활사례관리	2	8	15,871	5	2	5	1	7	1	1	2	5	5	4	4	4

순번	시군구	지출명 (사업명)	시설종류 1. 생활시설 2. 이용시설	사회복지시설 종류 1. 노인복지시설 2. 아동복지시설 3. 장애인복지시설 4. 어린이집 5. 정신건강증진시설 6. 노숙인시설 7. 사회복지관 8. 지역자활센터 9. 다함께돌봄센터 10. 결핵,한센시설 11. 성매매피해지원시설 12. 성폭력피해보호시설 13. 가정폭력보호시설 14. 가족센터 15. 청소년복지시설 16. 기타 ( )	2025년예산 (단위:천원/1년간)	민간이전 분류 (지방자치단체 세출예산 집행기준에 의거) 1. 민간경상사업보조(307-02) 2. 민간단체 법정운영비보조(307-03) 3. 민간행사사업보조(307-04) 4. 민간위탁금(307-05) 5. 사회복지시설 법정운영비보조(307-10) 6. 사회복지사업보조(307-11) 7. 민간인위탁교육비(307-12) 8. 공기관등에대한경상적위탁사업(308-13) 9. 공사공단 경상전출금(309-01)	민간이전지출 근거 (지방보조금 관리기준 참고) 1. 법률에 규정 2. 국고보조 재원(국가지정) 3. 용도 지정 기부금 4. 조례에 직접규정 5. 지자체가 권장하는 사업을 하는 공공기관 6. 시,도 정책 및 재정사정 7. 기타 8. 해당없음	입찰방식: 계약체결방법 (경쟁형태) 1. 일반경쟁 2. 제한경쟁 3. 지명경쟁 4. 수의계약 5. 법정위탁 6. 기타 ( ) 7. 해당없음	입찰방식: 계약기간 1. 1년 2. 2년 3. 3년 4. 4년 5. 5년 6. 기타 ( )년 7. 단기계약 (1년미만) 8. 해당없음	입찰방식: 낙찰자선정방법 1. 적격심사 2. 협상에의한계약 3. 최저가낙찰제 4. 규격가격분리 5. 2단계 경쟁입찰 6. 기타 ( ) 7. 해당없음	운영예산 산정: 운영비산정 1. 내부산정 (지자체 자체적으로 산정) 2. 외부산정 (외부전문기관위탁 산정) 3. 내·외부 모두 산정 4. 산정 無 5. 해당없음	운영예산 산정: 정산방법 1. 내부정산 (지자체 내부적으로 정산) 2. 외부정산 (외부전문기관위탁 정산) 3. 내·외부 모두 산정 4. 정산 無 5. 해당없음	성과평가: 성과평가 실시여부 1. 실시 2. 미실시 3. 향후 추진 4. 해당없음	성과평가: 성과평가 주기 1. 매년 2. 격년 3. 기간만료전 4. 기타 ( ) 5. 해당없음	성과평가: 성과평가 실시 방법 1. 자체 실시 2. 평가단 구성 후 실시 (전문위원 참여) 3. 전문 평가기관 의뢰 4. 기타 ( ) 5. 해당없음	성과평가: 평가기준 적용방법 1. 관련 조례 적용 2. 전문 평가기관 의뢰 3. 기타 ( ) 4. 해당없음	평가결과 적용: 실제 인센티브 및 페널티 적용 유무 1. 매년 적용 2. 적용 안함 3. 기타 ( ) 4. 해당없음	평가결과 적용: 인센티브 및 페널티 적용근거 1. 조례 2. 계약서 3. 기타 ( ) 4. 해당없음
5104	경북 문경시	근로능력이있는수급자의 탈수급지원사업	2	8	150,791	6	2	5	1	7	1	1	2	5	5	4	4	4
5105	경북 문경시	지역자활센터 종사자 복지포인트 지원	2	8	1,050	6	2	5	1	7	1	1	2	5	5	4	4	4
5106	경북 문경시	대한노인회문경시지회운영비지원	2	1	77,200	5	4	7	8	7	1	1	2	5	5	4	4	4
5107	경북 문경시	시니어클럽운영지원	2	1	388,000	5	1	7	8	7	5	1	4	5	5	4	4	4
5108	경북 문경시	노인일자리사업위탁운영(시니어클럽)	2	1	967,008	4	1	1	1	1	4	1	4	5	5	4	4	4
5109	경북 문경시	노인일자리사업위탁운영(대한노인회)	2	1	1,792,216	4	1	1	1	1	4	1	1	4	5	4	4	4
5110	경북 문경시	재가노인통합지원센터지원	2	1	210,000	5	6	7	8	7	5	5	4	4	5	4	4	4
5111	경북 문경시	양로시설 운영비 지원	1	1	817,000	5	1	7	8	7	1	1	2	5	5	4	4	4
5112	경북 문경시	노인복지시설종사자복지포인트지원	2	1	52,800	5	2	7	8	7	1	1	2	5	5	4	4	4
5113	경북 문경시	장애인복지일자리사업	2	3	245,855	4	1	7	7	7	5	1	4	5	5	4	4	4
5114	경북 문경시	장애인복지일자리사업	2	3	288,002	4	1	7	7	7	5	1	4	5	5	4	4	4
5115	경북 문경시	장애인복지일자리사업	2	3	21,073	4	1	7	7	7	5	1	4	5	5	4	4	4
5116	경북 문경시	수어통역센터 운영	2	3	307,195	5	1	5	8	7	1	3	4	5	5	4	4	4
5117	경북 문경시	장애인생활이동지원센터운영	2	3	300,726	5	1	5	8	7	1	3	4	5	5	4	4	4
5118	경북 문경시	장애인종합복지관 운영	2	3	1,056,000	5	1	5	8	7	1	3	4	5	5	4	4	4
5119	경북 문경시	장애인 주간이용시설 운영	2	3	253,588	5	1	5	8	7	1	3	4	5	5	4	4	4
5120	경북 문경시	중증장애인 자립지원센터 운영	2	3	269,556	5	1	5	8	7	1	3	4	5	5	4	4	4
5121	경북 문경시	장애인 재가복지봉사센터 운영	2	3	141,060	5	1	5	8	7	1	3	4	5	5	4	4	4
5122	경북 문경시	장애인 직업재활시설 운영	2	3	612,862	5	1	5	8	7	1	3	4	5	5	4	4	4
5123	경북 문경시	장애인 단기거주시설 운영	1	3	350,554	5	1	5	8	7	1	3	4	5	5	4	4	4
5124	경북 문경시	장애인거주시설이용자인권교육	2	3	600	5	1	5	8	7	1	3	4	5	5	4	4	4
5125	경북 문경시	장애인거주시설서비스지원	2	3	3,600	5	1	5	8	7	1	3	4	5	5	4	4	4
5126	경북 문경시	장애인복지시설종사자복지포인트지원	2	3	11,700	5	1	5	8	7	1	3	4	5	5	4	4	4
5127	경북 문경시	장애인편의증진기술지원센터운영	2	3	171,885	5	1	7	7	7	5	1	4	5	5	4	4	4
5128	경북 문경시	지체장애인여성자립지원센터운영	2	3	80,000	5	1	7	7	7	5	1	4	5	5	4	4	4
5129	경북 문경시	척수장애인재활지원센터운영	2	3	131,000	5	1	7	7	7	5	1	4	5	5	4	4	4
5130	경북 문경시	교통사고예방상담센터운영	2	3	150,000	5	1	7	7	7	5	1	4	5	5	4	4	4
5131	경북 문경시	장애인가족지원센터운영	2	3	179,665	5	1	7	7	7	5	1	4	5	5	4	4	4
5132	경북 문경시	지체장애인복지지원사업	2	3	60,000	5	1	7	7	7	5	1	4	5	5	4	4	4
5133	경북 문경시	장애인권익지원센터운영	2	3	68,500	5	1	7	7	7	5	1	4	5	5	4	4	4
5134	경북 문경시	경로당 프로그램운영사업	2	1	64,000	6	8	7	8	7	1	1	4	5	5	4	4	4
5135	경북 문경시	노인대학 한마음대회	2	1	15,000	6	4	7	8	7	5	1	4	5	5	4	4	4
5136	경북 문경시	노인회 지회장기 게이트볼대회	2	1	10,000	6	8	7	7	7	1	1	4	4	5	4	4	4
5137	경북 문경시	백세시대 신문보급	2	1	27,160	6	8	7	8	7	1	1	4	5	5	4	4	4
5138	경북 문경시	노인의 날 기념행사 지원	2	1	31,000	6	8	7	7	7	1	1	4	4	5	4	4	4
5139	경북 문경시	어르신효사랑나눔지원사업	3	16	3,000	6	4	7	8	7	5	1	4	5	5	4	4	4
5140	경북 문경시	노인교실 운영	2	1	66,000	6	1	7	8	7	5	1	4	5	5	4	4	4
5141	경북 문경시	경로식당 무료급식	2	7	409,480	6	6	5	8	7	5	1	4	5	5	4	4	4
5142	경북 문경시	저소득 재가노인 식사배달	2	8,16	175,200	6	6	5	8	7	5	1	4	5	5	4	4	4
5143	경북 문경시	무의탁노인 건강음료 배달 및 안부묻기	2	7,8	155,540	6	6	5	1	7	5	1	4	5	5	4	4	4
5144	경북 문경시	농아인동료상담요원 활동지원	2	3	12,000	6	1	7	7	7	5	1	4	5	5	4	4	4
5145	경북 문경시	독거노인장애인응급안전안심서비스사업	2	7	644,314	6	1	5	3	1	5	1	4	5	5	4	4	4
5146	경북 문경시	시군경로당지도자교육지원	2	1	7,200	6	8	7	8	7	1	1	4	5	5	4	4	4
5147	경북 문경시	발달장애인자립생활체험주택운영	2	3	74,000	6	1	7	7	7	5	1	4	5	5	4	4	4
5148	경북 문경시	경로당행복선생님 지원사업	2	1	1,024,609	6	8	7	7	7	1	1	1	1	2	3	1	3
5149	경북 문경시	행복경로당운영	2	1	301,470	6	8	7	7	7	1	1	1	1	2	3	1	3

순번	시군구	지출명 (사업명)	시설종류 1. 생활시설 2. 이용시설	사회복지시설 종류 1. 노인복지시설 2. 아동복지시설 3. 장애인복지시설 4. 어린이집 5. 정신건강증진시설 6. 노숙인시설 7. 사회복지관 8. 지역자활센터 9. 다함께돌봄센터 10. 결핵,한센시설 11. 성매매피해지원시설 12. 성폭력피해보호시설 13. 가정폭력보호시설 14. 가족센터 15. 청소년복지시설 16. 기타 ( )	2025년예산 (단위:천원/1년간)	민간이전 분류 (지방자치단체 세출예산 집행기준에 의거) 1. 민간경상사업보조(307-02) 2. 민간단체 법정운영비보조(307-03) 3. 민간행사사업보조(307-04) 4. 민간위탁금(307-05) 5. 사회복지시설 법정운영비보조(307-10) 6. 사회복지사업보조(307-11) 7. 민간인위탁교육비(307-12) 8. 공기관등에대한경상적위탁사업(308-13) 9. 공사공단 경상전출금(309-01)	민간이전지출 근거 (지방보조금 관리기준 참고) 1. 법률에 규정 2. 국고보조 재원(국가지정) 3. 용도 지정 기부금 4. 조례에 직접규정 5. 지자체가 권장하는 사업을 하는 공공기관 6. 시,도 정책 및 재정사정 7. 기타 8. 해당없음	입찰방식			운영예산 산정		성과평가				평가결과 적용	
								계약체결방법 (경쟁형태) 1. 일반경쟁 2. 제한경쟁 3. 지명경쟁 4. 수의계약 5. 법정위탁 6. 기타 () 7. 해당없음	계약기간 1. 1년 2. 2년 3. 3년 4. 4년 5. 5년 6. 기타 ()년 7. 단기계약 (1년미만) 8. 해당없음	낙찰자선정방법 1. 적격심사 2. 협상에의한계약 3. 최저가낙찰제 4. 규격가격분리 5. 2단계 경쟁입찰 6. 기타 () 7. 해당없음	운영비산정 1. 내부산정 (지자체 자체적으로 산정) 2. 외부산정 (외부전문기관위탁 산정) 3. 내·외부 모두 산정 4. 산정 無 5. 해당없음	정산방법 1. 내부정산 (지자체 내부적으로 정산) 2. 외부정산 (외부전문기관위탁 정산) 3. 내·외부 모두 산정 4. 정산 無 5. 해당없음	성과평가 실시여부 1. 실시 2. 미실시 3. 향후 추진 4. 해당없음	성과평가 주기 1. 매년 2. 격년 3. 기간만료전 4. 기타 () 5. 해당없음	성과평가 실시 방법 1. 자체 실시 2. 평가단 구성 후 실시 (전문위원 섭외) 3. 전문 평가기관 의뢰 4. 기타 () 5. 해당없음	평가기준 적용방법 1. 관련 조례 적용 2. 전문 평가기관 의뢰 3. 기타 () 4. 해당없음	실제 인센티브 및 페널티 적용 유무 1. 매년 적용 2. 적용 안함 3. 기타 ( ) 4. 해당없음	인센티브 및 페널티 적용근거 1. 조례 2. 계약서 3. 기타 ( ) 4. 해당없음
5150	경북 문경시	경로당어르신행복밥상 지원	2	1	27,292	6	1	7	8	7	5	1	4	5	5	4	4	4
5151	경북 문경시	조부모손자녀돌봄사업	2	1	109,000	6	1	7	8	7	5	1	4	5	5	4	4	4
5152	경북 문경시	여성장애인 양육 서포터즈 운영	2	3	12,000	6	1	7	7	7	5	1	4	5	5	4	4	4
5153	경북 문경시	가족센터 운영	2	14	1,234,867	4	2	1	5	1	3	3	1	4	2	3	3	3
5154	경북 문경시	청소년수련관운영	1	15	187,778	8	4	5	8	7	1	1	1	1	1	4	4	4
5155	경북 문경시	어린이집 운영지원	2	4	163,700	6	1	7	8	7	1	1	4	5	5	4	4	4
5156	경북 문경시	아동복지시설 운영지원	1	2	1,791,985	5	1	5	8	7	1	1	4	5	5	4	4	4
5157	경북 문경시	아동복지시설 운영지원	1	2	59,633	6	1	5	8	7	1	1	4	5	5	4	4	4
5158	경북 문경시	아동복지사업	1	2	1,164,364	5	1	7	7	7	5	5	4	5	5	4	4	4
5159	경북 문경시	아동복지사업	1	2	912,280	6	1	7	7	7	5	5	4	5	5	4	4	4
5160	경북 문경시	아동복지사업	1	9	224,400	4	1	1	1	1	1	1	4	5	5	4	4	4
5161	경북 문경시	아동복지사업	1	9	224,400	4	1	1	5	1	1	1	4	5	5	4	4	4
5162	경북 경산시	사회복지관 운영비지원	2	7	683,000	4	4	1	5	1	1	1	1	1	1	3	2	1
5163	경북 경산시	사회복지관특화사업	2	7	20,000	6	6	1	5	1	1	1	1	1	1	3	2	1
5164	경북 경산시	자활근로사업	2	8	3,054,729	4	2	5	1	7	1	1	1	2	3	2	1	3
5165	경북 경산시	지역자활센터 운영 지원	2	8	515,760	5	2	5	1	7	1	1	1	2	3	2	1	3
5166	경북 경산시	가정폭력피해자 의료비 지원	2	13	9,000	6	1	7	8	7	1	1	4	4	5	4	4	4
5167	경북 경산시	가정폭력상담소 운영지원	2	13	204,879	5	1	7	8	7	1	1	4	4	5	4	4	4
5168	경북 경산시	성폭력상담소 운영지원	2	12	423,132	5	1	7	8	7	1	1	4	4	5	4	4	4
5169	경북 경산시	성폭력피해자 의료비 지원	2	12	13,066	6	1	7	8	7	1	1	4	4	5	4	4	4
5170	경북 경산시	성폭력피해자 치료회복프로그램지원	2	12	8,244	6	1	7	8	7	1	1	4	4	5	4	4	4
5171	경북 경산시	다문화가족 복지시설 종사자 복지포인트 지원	2	14	4,200	5	1	5	5	1	1	1	1	1	1	3	4	4
5172	경북 경산시	다문화가족 지역맞춤형학습 및 프로그램 지원	2	14	43,333	4	4	5	5	1	1	1	1	1	1	3	4	4
5173	경북 경산시	결혼이민여성 이중언어강사 일자리창출사업	2	14	94,000	4	4	5	5	1	1	1	1	1	1	3	4	4
5174	경북 경산시	다문화가족 특성화사업	2	14	209,100	4	1	5	5	1	1	1	1	1	1	3	4	4
5175	경북 경산시	다문화가족 임신출산서비스 지원	2	14	46,800	6	1	7	8	7	5	5	4	5	5	4	4	4
5176	경북 경산시	지역특화형 비자 희망이음사업	2	14	50,000	1	1	7	8	7	5	5	4	5	5	4	4	4
5177	경북 경산시	공동육아나눔터 운영	2	14	116,488	4	1	5	5	1	1	1	1	1	1	3	4	4
5178	경북 경산시	k보듬 6000(공동육아나눔터 연장 운영)	2	14	264,000	4	1	5	5	1	1	1	1	1	1	3	4	4
5179	경북 경산시	건강가정다문화가족지원센터 통합서비스 지원	2	14	1,078,480	4	1	5	5	1	1	1	1	1	1	3	4	4
5180	경북 경산시	우리동네아빠교실운영	2	14	10,000	6	1	5	5	1	1	1	1	1	1	3	4	4
5181	경북 경산시	아이돌봄지원사업	2	14	5,494,780	4	1	5	3	1	1	1	1	1	1	1	4	4
5182	경북 경산시	아이돌봄 부모부담금 경감 사업	2	14	1,670,000	4	1	5	3	1	1	1	1	1	1	1	4	4
5183	경북 경산시	영아전담 아이돌보미 지원	2	14	9,600	6	1	5	3	1	1	1	1	1	1	1	4	4
5184	경북 경산시	대학생 아이돌봄서포터즈 운영	2	14	17,600	6	1	5	3	1	1	1	1	1	1	1	4	4
5185	경북 경산시	아이돌봄종사자 마음건강지원	2	14	16,800	6	1	5	3	1	1	1	1	1	1	1	4	4
5186	경북 경산시	한부모가족복지시설 종사자 복지포인트 지원	1	16	458	5	1	7	8	7	1	1	4	5	5	1	4	4
5187	경북 경산시	한부모가족복지시설 지원	1	16	302,477	5	4	7	8	7	1	1	4	5	5	1	4	4
5188	경북 경산시	한부모가족복지시설 아이돌봄서비스 지원	1	16	10,143	6	1	7	8	7	1	1	4	5	5	1	4	4
5189	경북 경산시	한부모가족복지시설 입소자 상담치료 지원	1	16	4,400	6	1	7	8	7	1	1	4	5	5	1	4	4
5190	경북 경산시	장애인실비시설입소이용료지원	1	3	21,168	6	1	7	8	7	1	1	4	5	5	1	4	4
5191	경북 경산시	장애인거주시설이용자인권교육	1	3	2,100	6	1	7	8	7	1	1	4	5	5	4	4	4
5192	경북 경산시	장애인거주시설서비스지원	1	3	56,760	6	1	7	8	7	1	1	4	5	5	4	4	4
5193	경북 경산시	장애인직업재활시설 운영	2	3	1,686,813	5	1	7	8	7	1	1	4	4	5	4	4	4
5194	경북 경산시	장애인주간보호시설운영	2	3	78,418	5	1	7	8	7	1	1	4	4	5	4	4	4
5195	경북 경산시	장애인주간보호시설운영	2	3	242,021	5	1	7	8	7	1	1	4	4	5	4	4	4

순번	시군구	지출명 (사업명)	시설종류 1. 생활시설 2. 이용시설	사회복지시설 종류 1. 노인복지시설 2. 아동복지시설 3. 장애인복지시설 4. 어린이집 5. 정신건강증진시설 6. 노숙인시설 7. 사회복지관 8. 지역자활센터 9. 다함께돌봄센터 10. 결핵,한센시설 11. 성매매피해지원시설 12. 성폭력피해보호시설 13. 가정폭력보호시설 14. 가족센터 15. 청소년복지시설 16. 기타 ( )	2025년예산 (단위:천원/1년간)	민간이전 분류 (지방자치단체 세출예산 집행기준에 의거) 1. 민간경상사업보조(307-02) 2. 민간단체 법정운영비보조(307-03) 3. 민간행사사업보조(307-04) 4. 민간위탁금(307-05) 5. 사회복지시설 법정운영비보조(307-10) 6. 사회복지사업보조(307-11) 7. 민간인위탁교육비(307-12) 8. 공기관등에대한경상적위탁사업(308-13) 9. 공사공단 경상전출금(309-01)	민간이전지출 근거 (지방보조금 관리기준 참고) 1. 법률에 규정 2. 국고보조 재원(국가지정) 3. 용도 지정 기부금 4. 조례에 직접규정 5. 지자체가 권장하는 사업을 하는 공공기관 6. 시,도 정책 및 재정사정 7. 기타 8. 해당없음	입찰방식 계약체결방법 (경쟁형태) 1. 일반경쟁 2. 제한경쟁 3. 지명경쟁 4. 수의계약 5. 법정위탁 6. 기타 ( ) 7. 해당없음	계약기간 1. 1년 2. 2년 3. 3년 4. 4년 5. 5년 6. 기타 ( )년 7. 단기계약 (1년미만) 8. 해당없음	낙찰자선정방법 1. 적격심사 2. 협상에의한계약 3. 최저가낙찰제 4. 규격가격분리 5. 2단계 경쟁입찰 6. 기타 ( ) 7. 해당없음	운영예산 산정 운영비산정 1. 내부산정 (지자체 자체적으로 산정) 2. 외부산정 (외부전문기관위탁 산정) 3. 내·외부 모두 산정 4. 산정 無 5. 해당없음	정산방법 1. 내부정산 (지자체 내부적으로 정산) 2. 외부정산 (외부전문기관위탁 정산) 3. 내·외부 모두 산정 4. 정산 無 5. 해당없음	성과평가 성과평가 실시여부 1. 실시 2. 미실시 3. 향후 추진 4. 해당없음	성과평가 주기 1. 매년 2. 격년 3. 기간만료전 4. 기타 ( ) 5. 해당없음	성과평가 실시 방법 1. 자체 실시 2. 평가단 구성 후 실시 (전문위원 섭외) 3. 전문 평가기관 의뢰 4. 기타 ( ) 5. 해당없음	평가기준 적용방법 1. 관련 조례 적용 2. 전문 평가기관 의뢰 3. 기타 ( ) 4. 해당없음	평가결과 적용 실제 인센티브 및 페널티 적용 유무 1. 매년 적용 2. 적용 안함 3. 기타 ( ) 4. 해당없음	인센티브 및 페널티 적용근거 1. 조례 2. 계약서 3. 기타 ( ) 4. 해당없음
5196	경북 경산시	중증장애인자립지원센터 운영	2	3	232,638	5	1	7	8	7	1	1	4	4	5	4	4	4
5197	경북 경산시	장애인종합복지관 운영	2	3	1,425,566	4	4	7	8	7	1	1	4	4	5	4	4	4
5198	경북 경산시	장애인생활이동지원센터 운영	2	3	326,866	5	1	7	8	7	1	1	4	4	5	4	4	4
5199	경북 경산시	장애인수어통역센터 운영	2	3	413,165	5	1	7	8	7	1	1	4	4	5	4	4	4
5200	경북 경산시	장애인복지시설종사자복지포인트지원	1,2	3	64,950	5	4	7	8	7	1	1	4	4	5	4	4	4
5201	경북 경산시	경로당 운영비 지원	2	1	1,072,800	5	1	7	8	7	1	1	1	1	1	3	4	4
5202	경북 경산시	경로당 냉난방양곡비 지원	2	1	1,053,556	5	2	7	8	7	2	1	1	1	1	3	4	4
5203	경북 경산시	노인대학 프로그램 지원	2	1	14,210	6	1	7	8	7	2	1	1	1	1	3	4	4
5204	경북 경산시	양로시설 운영지원	1	1	897,000	5	1	7	8	7	1	1	1	1	1	3	4	4
5205	경북 경산시	재가노인복지시설 운영지원	2	2	200,000	5	1	7	8	7	1	1	1	1	1	3	4	4
5206	경북 경산시	재가노인복지시설 운영지원	2	2	200,000	5	1	7	8	7	1	1	1	1	1	3	4	4
5207	경북 경산시	경로식당 무료급식 지원사업	2	1	222,560	6	1	7	8	7	1	1	1	1	1	3	4	4
5208	경북 경산시	경로식당 무료급식 지원사업	2	1	114,400	6	1	7	8	7	1	1	1	1	1	3	4	4
5209	경북 경산시	경로식당 무료급식 지원사업	2	1	179,920	6	1	7	8	7	1	1	1	1	1	3	4	4
5210	경북 경산시	경로식당 무료급식 지원사업	2	1	73,840	6	1	7	8	7	1	1	1	1	1	3	4	4
5211	경북 경산시	저소득재가노인 식사배달사업	2	1	107,915	6	1	7	8	7	1	1	1	1	1	3	4	4
5212	경북 경산시	저소득재가노인 식사배달사업	2	1	117,835	6	1	7	8	7	1	1	1	1	1	3	4	4
5213	경북 경산시	저소득재가노인 식사배달사업	2	1	86,830	6	1	7	8	7	1	1	1	1	1	3	4	4
5214	경북 경산시	저소득재가노인 식사배달사업	2	1	132,720	6	1	7	8	7	1	1	1	1	1	3	4	4
5215	경북 경산시	푸드마켓 운영지원	2	1	107,048	6	1	7	8	7	1	1	1	1	1	3	4	4
5216	경북 경산시	푸드뱅크 운영지원	2	1	50,267	6	1	7	8	7	1	1	1	1	1	3	4	4
5217	경북 경산시	공동생활가정(그룹홈)	1	2	823,053	5	2	7	1	7	3	3	1	3	3	3	1	1
5218	경북 경산시	지역아동센터운영지원	2	2	408,670	5	2	7	8	7	1	1	4	5	5	4	4	4
5219	경북 경산시	지역아동센터 특화프로그램지원	2	2	8,000	6	6	7	8	7	1	1	4	5	5	4	4	4
5220	경북 경산시	지역아동센터 급식인력지원	2	2	296,400	5	6	7	8	7	1	1	4	5	5	4	4	4
5221	경북 경산시	아동복지시설 냉난방비 지원	2	2	13,200	5	6	7	8	7	1	1	4	5	5	4	4	4
5222	경북 경산시	K보듬(지역아동센터연장운영)	2	2	120,000	5	6	7	8	7	1	1	4	5	5	4	4	4
5223	경북 경산시	지역아동센터 예술경연 페스티벌	2	2	7,000	6	6	7	8	7	1	1	4	5	5	4	4	4
5224	경북 경산시	다함께돌봄 인건비 지원	2	9	300,000	4	2	1	5	1	1	1	1	1	2	1	4	4
5225	경북 경산시	다함께돌봄센터 운영 지원	2	9	10,000	6	6	1	5	1	1	1	1	1	2	1	4	4
5226	경북 경산시	다함께돌봄센터 어린이 보듬밥상	2	9	81,000	4	6	1	5	1	1	1	1	1	2	1	4	4
5227	경북 경산시	장난감도서관 운영	2	2	290,000	4	4	1	5	1	1	1	1	1	1	3	1	1
5228	경북 의성군	경로당운영지원	2	1	1,368,734	5	1	7	8	7	1	1	4	4	5	4	4	4
5229	경북 의성군	행복경로당운영	2	1	452,380	6	1	5	1	7	1	2	1	1	1	4	4	4
5230	경북 의성군	시니어클럽운영	2	1	370,000	5	1	5	1	7	1	2	1	1	1	4	4	4
5231	경북 의성군	민간분야노인일자리사업개발등지원	2	1	40,000	5	1	5	1	7	1	2	1	1	1	4	4	4
5232	경북 의성군	경로식당무료급식	2	1	249,968	6	1	5	5	7	1	1	4	5	5	4	4	4
5233	경북 의성군	양로시설운영지원	1	1	568,000	5	1	7	8	7	1	1	4	5	5	4	4	4
5234	경북 의성군	노인복지시설종사자복지포인트	3	1	53,250	5	1	7	8	7	1	1	4	5	5	4	4	4
5235	경북 의성군	노인문화활동지원	2	1	12,900	6	1	7	8	7	1	1	4	5	5	4	4	4
5236	경북 의성군	노인복지관운영	2	1	1,679,000	4	4	5	5	1	1	1	1	3	2	1	4	4
5237	경북 의성군	노인복지관종사자등역량강화교육	2	1	30,000	6	1	7	8	7	1	1	4	5	5	4	4	4
5238	경북 의성군	아동보호전문기관운영지원(국비)	2	2	42,165	5	1	7	8	7	1	1	4	5	5	4	4	4
5239	경북 의성군	아동학대예방및구제(도비)	2	2	3,644	5	1	7	8	7	1	1	4	5	5	4	4	4
5240	경북 의성군	아동양육시설운영비지원	1	2	1,284,662	5	1	7	8	7	1	1	4	5	5	4	4	4
5241	경북 의성군	아동복지시설종사자복지포인트지원	1	2	3,450	5	6	7	8	7	1	1	4	5	5	4	4	4

순번	시군구	지출명 (사업명)	시설종류 1. 생활시설 2. 이용시설	사회복지시설 종류 1. 노인복지시설 2. 아동복지시설 3. 장애인복지시설 4. 어린이집 5. 정신건강증진시설 6. 노숙인시설 7. 사회복지관 8. 지역자활센터 9. 다함께돌봄센터 10. 결핵,한센시설 11. 성매매피해지원시설 12. 성폭력피해보호시설 13. 가정폭력보호시설 14. 가족센터 15. 청소년복지시설 16. 기타 ( )	2025년예산 (단위:천원/1년간)	민간이전 분류 (지방자치단체 세출예산 집행기준에 의거) 1. 민간경상사업보조(307-02) 2. 민간단체 법정운영비보조(307-03) 3. 민간행사사업보조(307-04) 4. 민간위탁금(307-05) 5. 사회복지시설 법정운영비보조(307-10) 6. 사회복지사업보조(307-11) 7. 민간인위탁교육비(307-12) 8. 공기관등에대한경상적위탁사업(308-13) 9. 공사공단 경상전출금(309-01)	민간이전지출 근거 (지방보조금 관리기준 참고) 1. 법률에 규정 2. 국고보조 재원(국가지정) 3. 용도 지정 기부금 4. 조례에 직접규정 5. 지자체가 권장하는 사업을 하는 공공기관 6. 시,도 정책 및 재정사정 7. 기타 8. 해당없음	입찰방식 계약체결방법 (경쟁형태) 1. 일반경쟁 2. 제한경쟁 3. 지명경쟁 4. 수의계약 5. 법정위탁 6. 기타 ( ) 7. 해당없음	입찰방식 계약기간 1. 1년 2. 2년 3. 3년 4. 4년 5. 5년 6. 기타 ( )년 7. 단기계약 (1년미만) 8. 해당없음	입찰방식 낙찰자선정방법 1. 적격심사 2. 협상에의한계약 3. 최저가낙찰제 4. 규격가격분리 5. 2단계 경쟁입찰 6. 기타 ( ) 7. 해당없음	운영예산 산정 운영비산정 1. 내부산정 (지자체 자체적으로 산정) 2. 외부산정 (외부전문기관위탁 산정) 3. 내·외부 모두 산정 4. 산정 無 5. 해당없음	운영예산 산정 정산방법 1. 내부정산 (지자체 내부적으로 정산) 2. 외부정산 (외부전문기관위탁 정산) 3. 내·외부 모두 산정 4. 정산 無 5. 해당없음	성과평가 성과평가 실시여부 1. 실시 2. 미실시 3. 향후 추진 4. 해당없음	성과평가 성과평가 주기 1. 매년 2. 격년 3. 기간만료전 4. 기타 ( ) 5. 해당없음	성과평가 성과평가 실시 방법 1. 자체 실시 2. 평가단 구성 후 실시 (전문위원 섭외) 3. 전문 평가기관 의뢰 4. 기타 ( ) 5. 해당없음	성과평가 평가기준 적용방법 1. 관련 조례 적용 2. 전문 평가기관 의뢰 3. 기타 ( ) 4. 해당없음	평가결과 적용 실제 인센티브 및 페널티 적용 유무 1. 매년 적용 2. 적용 안함 3. 기타 ( ) 4. 해당없음	평가결과 적용 인센티브 및 페널티 적용근거 1. 조례 2. 계약서 3. 기타 ( ) 4. 해당없음
5242	경북 의성군	아동복지시설냉난방비지원	1	2	600	5	1	7	8	7	1	1	4	5	5	4	4	4
5243	경북 의성군	경계선아동자립지원	1	2	14,400	6	2	7	8	7	1	1	4	5	5	4	4	4
5244	경북 의성군	아동양육시설사업비지원	1	2	49,596	6	1	7	8	7	1	1	4	5	5	4	4	4
5245	경북 의성군	아동학대긴급입소자지원	1	2	1,600	6	6	7	8	7	1	1	4	5	5	4	4	4
5246	경북 의성군	다함께돌봄운영비지원	2	2	60,000	5	2	7	8	7	1	1	4	5	5	4	4	4
5247	경북 의성군	마을돌봄터종사자복지포인트지원	2	2	1,500	5	6	7	8	7	1	1	4	5	5	4	4	4
5248	경북 의성군	마을돌봄터사업(프로그램)지원	2	2	36,000	6	6	7	8	7	1	1	4	5	5	4	4	4
5249	경북 의성군	마을돌봄터어린이보듬밥상	2	2	101,250	6	6	7	8	7	1	1	4	5	5	4	4	4
5250	경북 의성군	지역아동센터기본운영비지원	2	2	125,904	5	2	7	8	7	1	1	4	5	5	4	4	4
5251	경북 의성군	지역아동센터냉난방비지원	2	2	4,200	5	6	7	8	7	1	1	4	5	5	4	4	4
5252	경북 의성군	지역아동센터종사자복지포인트지원	2	2	3,150	5	6	7	8	7	1	1	4	5	5	4	4	4
5253	경북 청송군	장애인거주시설운영비원	1	3	1,386,293	5	1	7	8	7	1	1	1	1	1	1	4	4
5254	경북 청송군	장애인직업재활시설운영	2	3	403,715	5	1	7	8	7	1	1	1	1	1	1	4	4
5255	경북 청송군	장애인수어통역센터운영	2	3	233,841	5	1	7	8	7	1	1	1	1	1	1	4	4
5256	경북 청송군	장애인생활이동센터운영	2	3	197,010	5	1	7	8	7	1	1	1	1	1	1	4	4
5257	경북 영양군	일시보호시설운영비지원(보조)	1	2	5,300	5	1	7	8	7	1	1	4	5	5	4	4	4
5258	경북 영양군	지역아동보호전문기관운영지원(국비)	2	2	31,624	5	1	7	8	7	1	1	4	5	5	4	4	4
5259	경북 영양군	지역아동보호전문기관운영지원(도비)	2	2	2,775	5	1	7	8	7	1	1	4	5	5	4	4	4
5260	경북 영양군	다함께돌봄운영비지원(보조)	2	9	12,000	6	1	5	5	1	1	1	4	5	5	4	4	4
5261	경북 영양군	다함께돌봄운영시간연장시범사업운영비지원(보조)	2	9	6,096	6	1	5	5	1	1	1	4	5	5	4	4	4
5262	경북 영양군	마을돌봄터종사자복지포인트지원(보조)	2	9	300	6	1	5	5	1	1	1	4	5	5	4	4	4
5263	경북 영덕군	영덕군 실버복지관 운영	2	1	620,000	5	1	6	5	7	5	5	1	1	1	1	4	4
5264	경북 영덕군	지역아동센터운영	2	2	783,000	5	2	7	8	7	3	3	1	1	1	3	4	4
5265	경북 영덕군	시설아동건전육성사업	1	2	1,700,000	5	1	5	8	7	3	3	1	1	1	3	4	4
5266	경북 영덕군	평가인증유효어린이집 운영비 지원	2	4	8,000	5	4	7	8	7	5	5	1	1	1	3	4	4
5267	경북 영덕군	공립어린이집 난방비지원	2	4	1,400	6	4	7	8	7	5	5	1	1	1	3	4	4
5268	경북 영덕군	민간어린이집 냉난방비	2	4	2,000	6	4	7	8	7	5	5	1	1	1	3	4	4
5269	경북 영덕군	공립어린이집 장비비	2	4	4,000	6	2	7	8	7	5	5	1	1	1	3	4	4
5270	경북 영덕군	어린이집 운영지원	2	4	47,192	6	2	7	8	7	5	5	4	5	5	4	4	4
5271	경북 영덕군	시간제보육지원사업	2	4	102,820	6	2	7	8	7	5	5	4	5	5	4	4	4
5272	경북 영덕군	공공형어린이집지원	2	4	335,000	6	6	7	8	7	5	5	4	5	5	4	4	4
5273	경북 영덕군	어린이집 환경개선비	2	4	8,000	6	6	7	8	7	5	5	4	5	5	4	4	4
5274	경북 영덕군	마문화어린이집차량운영비	2	4	5,280	6	6	7	8	7	5	5	4	5	5	4	4	4
5275	경북 영덕군	보육아동인성교육비	2	4	3,500	6	6	7	8	7	5	5	4	5	5	4	4	4
5276	경북 영덕군	어린이집영아반운영지원	2	4	50,000	6	6	7	8	7	5	5	4	5	5	4	4	4
5277	경북 영덕군	어린이집 방과후과정 학급운영비 지원	2	4	22,800	6	6	7	8	7	5	5	4	5	5	4	4	4
5278	경북 영덕군	영유아보육료지원	2	4	1,374,614	4	2	7	8	7	5	5	4	5	5	4	4	4
5279	경북 영덕군	방과후보육료지원	2	4	36,000	4	2	7	8	7	5	5	4	5	5	4	4	4
5280	경북 영덕군	다함께돌봄센터	2	9	396,903	1	8	7	8	7	5	5	4	5	5	4	4	4
5281	경북 영덕군	가족센터	2	14	114,160	5	4	5	8	7	1	3	1	1	3	2	3	3
5282	경북 영덕군	가족센터	2	14	2,151,847	4	2	5	8	7	3	3	1	1	3	2	3	3
5283	경북 영덕군	가족센터	2	14	18,600	6	6	5	8	7	3	3	1	1	3	2	4	4
5284	경북 청도군	장애인보호작업장장려금	2	3	50,000	4	1	5	5	1	5	1	4	5	5	4	4	4
5285	경북 청도군	청도군장애인복지관운영	2	3	1,050,000	4	1	5	5	1	5	1	4	5	5	4	4	4
5286	경북 청도군	장애인직업재활시설운영	2	3	593,830	5	1	5	5	1	5	1	4	5	5	4	4	4
5287	경북 청도군	수어통역센터운영	2	3	250,610	5	1	7	8	7	5	1	4	5	5	4	4	4

순번	시군구	지출명 (사업명)	시설종류 1. 생활시설 2. 이용시설	사회복지시설 종류 1. 노인복지시설 2. 아동복지시설 3. 장애인복지시설 4. 어린이집 5. 정신건강증진시설 6. 노숙인시설 7. 사회복지관 8. 지역자활센터 9. 다함께돌봄센터 10. 결핵,한센시설 11. 성매매피해지원시설 12. 성폭력피해보호시설 13. 가정폭력보호시설 14. 가족센터 15. 청소년복지시설 16. 기타 ( )	2025년예산 (단위:천원/1년간)	민간이전 분류 (지방자치단체 세출예산 집행기준에 의거) 1. 민간경상사업보조(307-02) 2. 민간단체 법정운영비보조(307-03) 3. 민간행사사업보조(307-04) 4. 민간위탁금(307-05) 5. 사회복지시설 법정운영비보조(307-10) 6. 사회복지사업보조(307-11) 7. 민간인위탁교육비(307-12) 8. 공기관등에대한경상적위탁사업(308-13) 9. 공사공단 경상전출금(309-01)	민간이전지출 근거 (지방보조금 관리기준 참고) 1. 법률에 규정 2. 국고보조 재원(국가지정) 3. 용도 지정 기부금 4. 조례에 직접규정 5. 지자체가 권장하는 사업을 하는 공공기관 6. 시,도 정책 및 재정사정 7. 기타 8. 해당없음	입찰방식: 계약체결방법 (경쟁형태) 1. 일반경쟁 2. 제한경쟁 3. 지명경쟁 4. 수의계약 5. 법정위탁 6. 기타 ( ) 7. 해당없음	입찰방식: 계약기간 1. 1년 2. 2년 3. 3년 4. 4년 5. 5년 6. 기타 ( )년 7. 단기계약 (1년미만) 8. 해당없음	입찰방식: 낙찰자선정방법 1. 적격심사 2. 협상에의한계약 3. 최저가낙찰제 4. 규격가격분리 5. 2단계 경쟁입찰 6. 기타 ( ) 7. 해당없음	운영예산 산정: 운영비산정 1. 내부산정 (지자체 자체적으로 산정) 2. 외부산정 (외부전문기관위탁 산정) 3. 내·외부 모두 산정 4. 산정 無 5. 해당없음	운영예산 산정: 정산방법 1. 내부정산 (지자체 내부적으로 정산) 2. 외부정산 (외부전문기관위탁 정산) 3. 내·외부 모두 산정 4. 정산 無 5. 해당없음	성과평가: 성과평가 실시여부 1. 실시 2. 미실시 3. 향후 추진 4. 해당없음	성과평가: 성과평가 주기 1. 매년 2. 격년 3. 기간만료전 4. 기타 ( ) 5. 해당없음	성과평가: 성과평가 실시 방법 1. 자체 실시 2. 평가단 구성 후 실시 (전문위원 섭외) 3. 전문 평가기관 의뢰 4. 기타 ( ) 5. 해당없음	성과평가: 평가기준 적용방법 1. 관련 조례 적용 2. 전문 평가기관 의뢰 3. 기타 ( ) 4. 해당없음	평가결과 적용: 실제 인센티브 및 패널티 적용 유무 1. 매년 적용 2. 적용 안함 3. 기타 ( ) 4. 해당없음	평가결과 적용: 인센티브 및 패널티 적용근거 1. 조례 2. 계약서 3. 기타 ( ) 4. 해당없음
5288	경북 청도군	시각장애인동생활지원센터운영	2	3	167,761	5	1	7	8	7	5	1	4	5	5	4	4	4
5289	경북 청도군	장애인공동생활가정운영	1	3	14,400	5	1	7	8	7	5	1	4	5	5	4	4	4
5290	경북 청도군	건강가정다문화 가족지원센터 통합서비스지원	2	14	746,160	4	2	1	5	7	2	2	4	5	5	4	4	4
5291	경북 청도군	어린이집운영지원	2	4	33,000	6	2	1	5	7	2	2	4	5	5	4	4	4
5292	경북 청도군	지역아동센터기본운영비	2	2	29,544	5	1	7	8	7	1	1	4	5	5	4	4	4
5293	경북 청도군	지역아동센터난방비	2	2	1,200	5	1	7	8	7	1	1	4	5	5	4	4	4
5294	경북 청도군	다함께돌봄운영비	2	2	36,000	5	1	1	5	1	1	1	4	5	5	4	4	4
5295	경북 청도군	다함께돌봄사업비	2	2	21,600	5	1	1	5	1	1	1	4	5	5	4	4	4
5296	경북 청도군	아동양육시설운영지원	1	2	3,600	6	1	7	8	7	1	1	4	5	5	4	4	4
5297	경북 청도군	아동복지시설냉난방비지원	1	2	600	6	1	7	8	7	1	1	4	5	5	4	4	4
5298	경북 청도군	정신재활시설운영	1	5	134,337	5	6	7	8	7	5	1	4	5	5	4	4	4
5299	경북 청도군	정신재활시설 입소자지원	1	5	300	6	6	7	8	7	5	1	4	5	5	4	4	4
5300	경북 청도군	정신재활시설 종사자 복지포인트지원	1	5	300	1	4	7	8	7	5	1	4	5	5	4	4	4
5301	경북 고령군	장애인직업재활시설 운영	2	3	730,353	5	4	7	8	7	5	5	4	5	5	4	4	4
5302	경북 고령군	수어통역센터 운영	2	3	243,488	5	4	7	8	7	5	5	4	5	5	4	4	4
5303	경북 고령군	시각장애인동생활지원센터 운영	2	3	201,680	5	4	7	8	7	5	5	4	5	5	4	4	4
5304	경북 고령군	장애인복지관 분관 운영	2	3	280,000	5	4	7	8	7	5	5	4	5	5	4	4	4
5305	경북 고령군	노인양로시설 운영지원	1	1	1,446,000	5	2	7	8	7	5	5	4	5	5	4	4	4
5306	경북 고령군	노숙인시설 운영	1	6	1,260,000	5	2	7	8	7	5	5	4	5	5	4	4	4
5307	경북 성주군	종합사회복지관운영	2	7	880,000	4	4	7	8	7	1	1	1	3	2	3	4	4
5308	경북 성주군	참한별온동네스무바퀴	2	7	200,000	4	4	7	8	7	1	1	1	1	2	3	4	4
5309	경북 성주군	사회복지관특화사업	2	7	20,000	4	6	7	8	7	1	1	1	1	2	3	4	4
5310	경북 성주군	애지중지사업	2	7	200,000	4	4	7	8	7	1	1	1	1	2	3	4	4
5311	경북 성주군	종합사회복지관종사자복지포인트지원	2	7	2,850	6	6	7	8	7	1	1	4	5	1	4	4	4
5312	경북 성주군	지역자활센터운영지원	2	8	291,280	5	1	5	8	7	1	1	4	4	5	4	4	4
5313	경북 칠곡군	양로시설 운영비 지원	1	1	2,350,000	5	1	7	8	7	5	5	4	5	5	4	4	4
5314	경북 칠곡군	노인복지시설종사자복지포인트지원	1	1	79,200	5	6	7	8	7	5	5	4	5	5	4	4	4
5315	경북 칠곡군	칠곡시니어클럽 운영	2	1	400,000	6	1	1	3	1	5	1	4	5	5	4	4	4
5316	경북 칠곡군	경로당운영지원(보조)	2	1	814,040	5	1	7	8	7	5	5	4	5	5	4	4	4
5317	경북 칠곡군	한부모가족복지시설지원	1	16	396,410	5	1	7	8	7	5	5	4	5	5	4	4	4
5318	경북 칠곡군	통합상담소 운영지원	2	16	327,700	5	1	7	8	7	5	5	4	5	5	4	4	4
5319	경북 칠곡군	긴급피난처 운영	1	16	12,000	5	1	7	8	7	5	5	4	5	5	4	4	4
5320	경북 칠곡군	여성폭력관련시설 종사자 복지포인트 지원	2	16	1,050	5	1	7	8	7	5	5	4	5	5	4	4	4
5321	경북 칠곡군	다문화가족지원(도비)-복지포인트	2	14	4,500	5	1	7	8	7	5	5	4	5	5	4	4	4
5322	경북 칠곡군	무의탁노인 건강음료 배달 및 안부묻기	2	1	30,286	6	2	7	8	7	5	5	4	5	5	4	4	4
5323	경북 칠곡군	무의탁노인 건강음료 배달 및 안부묻기	2	1	37,808	6	2	7	8	7	5	5	4	5	5	4	4	4
5324	경북 칠곡군	독거노인 응급안전돌보미 운영	2	1	165,686	6	2	7	8	7	5	5	4	5	5	4	4	4
5325	경북 칠곡군	독거노인 응급안전요원 교통비	2	1	2,400	5	6	7	8	7	5	5	4	5	5	4	4	4
5326	경북 칠곡군	독거노인 응급안전요원 통신비	2	1	720	5	6	7	8	7	5	5	4	5	5	4	4	4
5327	경북 칠곡군	재가노인복지센터운영	2	1	252,000	5	6	7	8	7	5	5	4	5	5	4	4	4
5328	경북 칠곡군	보육시설 연료비 지원	2	4	53,760	4	6	7	8	7	1	1	1	1	1	4	2	4
5329	경북 칠곡군	어린이집 재무회계프로그램비 지원	2	4	10,080	4	6	7	8	7	1	1	1	1	1	4	2	4
5330	경북 칠곡군	어린이집운영비지원	2	4	342,216	5	1	7	8	7	5	1	4	5	5	4	4	4
5331	경북 칠곡군	공공형 어린이집 지원	2	4	1,025,000	5	1	7	8	7	5	1	4	5	5	4	4	4
5332	경북 칠곡군	장난감도서관운영	2	2	130,000	4	6	6	3	1	1	1	2	5	5	4	4	4
5333	경북 칠곡군	장난감도서관운영	2	2	120,000	4	6	6	3	1	1	1	2	5	5	4	4	4

순번	시군구	지출명 (사업명)	시설종류 1. 생활시설 2. 이용시설	사회복지시설 종류 1. 노인복지시설 2. 아동복지시설 3. 장애인복지시설 4. 어린이집 5. 정신건강증진시설 6. 노숙인시설 7. 사회복지관 8. 지역자활센터 9. 다함께돌봄센터 10. 결핵,한센시설 11. 성매매피해지원시설 12. 성폭력피해보호시설 13. 가정폭력보호시설 14. 가족센터 15. 청소년복지시설 16. 기타 ( )	2025년예산 (단위:천원/1년간)	민간이전 분류 (지방자치단체 세출예산 집행기준에 의거) 1. 민간경상사업보조(307-02) 2. 민간단체 법정운영비보조(307-03) 3. 민간행사사업보조(307-04) 4. 민간위탁금(307-05) 5. 사회복지시설 법정운영비보조(307-10) 6. 사회복지사업보조(307-11) 7. 민간인위탁교육비(307-12) 8. 공기관등에대한경상적위탁사업(308-13) 9. 공사공단 경상전출금(309-01)	민간이전지출 근거 (지방보조금 관리기준 참고) 1. 법률에 규정 2. 국고보조 재원(국가지정) 3. 용도 지정 기부금 4. 조례에 직접규정 5. 지자체가 권장하는 사업을 하는 공공기관 6. 시,도 정책 및 재정사정 7. 기타 8. 해당없음	입찰방식: 계약체결방법 (경쟁형태) 1. 일반경쟁 2. 제한경쟁 3. 지명경쟁 4. 수의계약 5. 법정위탁 6. 기타 ( ) 7. 해당없음	입찰방식: 계약기간 1. 1년 2. 2년 3. 3년 4. 4년 5. 5년 6. 기타 ( )년 7. 단기계약 (1년미만) 8. 해당없음	입찰방식: 낙찰자선정방법 1. 적격심사 2. 협상에의한계약 3. 최저가낙찰제 4. 규격가격분리 5. 2단계 경쟁입찰 6. 기타 ( ) 7. 해당없음	운영예산 산정: 운영비산정 1. 내부산정 (지자체 자체적으로 산정) 2. 외부산정 (외부전문기관위탁 산정) 3. 내·외부 모두 산정 4. 산정 無 5. 해당없음	운영예산 산정: 정산방법 1. 내부정산 (지자체 내부적으로 정산) 2. 외부정산 (외부전문기관위탁 정산) 3. 내·외부 모두 산정 4. 정산 無 5. 해당없음	성과평가: 성과평가 실시여부 1. 실시 2. 미실시 3. 향후 추진 4. 해당없음	성과평가: 성과평가 주기 1. 매년 2. 격년 3. 기간만료전 4. 기타 ( ) 5. 해당없음	성과평가: 성과평가 실시 방법 1. 자체 실시 2. 평가단 구성 후 실시 (전문위원 섭외) 3. 전문 평가기관 의뢰 4. 기타 ( ) 5. 해당없음	성과평가: 평가기준 적용방법 1. 관련 조례 적용 2. 전문 평가기관 의뢰 3. 기타 ( ) 4. 해당없음	평가결과 적용: 실제 인센티브 및 패널티 적용 유무 1. 매년 적용 2. 적용 안함 3. 기타 ( ) 4. 해당없음	평가결과 적용: 인센티브 및 패널티 적용근거 1. 조례 2. 계약서 3. 기타 ( ) 4. 해당없음
5334	경북 칠곡군	다함께돌봄센터 지원 사업	2	9	477,518	5	2	2	5	1	5	5	4	5	5	4	4	4
5335	경북 칠곡군	다함께돌봄센터 지원 사업	2	9	477,518	5	2	2	5	1	5	5	4	5	5	4	4	4
5336	경북 칠곡군	학대피해아동쉼터운영비지원	1	2	258,698	5	2	5	5	1	5	1	4	5	5	4	4	4
5337	경북 칠곡군	공동생활가정운영지원	1	2	13,057	5	6	5	5	1	5	1	4	5	5	4	4	4
5338	경북 칠곡군	학대피해아동쉼터 냉난방비 지원	1	2	600	5	6	5	5	1	5	1	4	5	5	4	4	4
5339	경북 칠곡군	아동복지시설 종사자 복지포인트 지원	1	2	750	5	6	5	5	1	5	1	4	5	5	4	4	4
5340	경북 칠곡군	아동학대 긴급 입소자 지원	1	2	1,600	5	6	5	5	1	5	1	4	5	5	4	4	4
5341	경북 칠곡군	지역아동보호전문기관 운영비 지원	2	2	121,089	5	2	5	5	1	5	1	4	5	5	4	4	4
5342	경북 칠곡군	지역아동보호전문기관 운영비 지원	2	2	16,499	5	6	5	5	1	5	1	4	5	5	4	4	4
5343	경북 칠곡군	일시보호시설 운영비 지원	1	2	62,275	5	2	5	5	1	5	1	4	5	5	4	4	4
5344	경북 칠곡군	장애인 생활이동 지원센터운영	2	3	204,435	5	1	7	8	7	1	1	4	5	5	4	4	4
5345	경북 칠곡군	수어통역센터운영	2	3	262,924	5	1	7	8	7	1	1	4	5	5	4	4	4
5346	경북 칠곡군	농아인동료상담요원 활동지원	2	3	18,000	6	1	7	8	7	1	1	4	5	5	4	4	4
5347	경북 칠곡군	장애인복지관 운영	2	3	1,351,000	5	1	7	8	7	1	3	1	3	2	3	2	4
5348	경북 칠곡군	지역자활센터 운영비 지원	2	8	464,964	5	1	7	8	7	1	1	4	5	5	4	4	4
5349	경북 칠곡군	자활활성화 사업비 지원	2	8	28,333	5	6	7	8	7	1	1	4	5	5	4	4	4
5350	경북 칠곡군	지역자활센터 종사자 복지포인트 지원	2	8	1,500	5	6	7	8	7	1	1	4	5	5	4	4	4
5351	경북 칠곡군	중증장애인자립지원센터 운영지원	2	3	257,650	5	1	2	5	1	1	1	4	5	5	4	4	4
5352	경북 칠곡군	장애인주간보호시설 운영지원	2	3	248,818	5	1	7	8	7	1	1	4	5	5	4	4	4
5353	경북 칠곡군	장애인거주시설 서비스지원	1	3	7,200	5	1	7	8	7	1	1	4	5	5	4	4	4
5354	경북 칠곡군	장애인거주시설 이용자 인권교육	1	3	600	5	1	7	8	7	1	1	4	5	5	4	4	4
5355	경북 칠곡군	장애인 직업재활시설 운영	2	3	1,085,605	5	1	7	8	7	1	1	4	5	5	4	4	4
5356	경북 예천군	재가노인복지시설 운영	2	1	420,000	5	1	7	8	7	1	1	4	5	5	4	4	4
5357	경북 예천군	경로당 지원(보조)	2	1	1,188,100	5	4	7	8	7	5	1	4	5	5	4	4	4
5358	경북 예천군	경로당 지원(보조)	2	1	296,780	6	4	7	8	7	5	1	4	5	5	4	4	4
5359	경북 예천군	노인교실 운영	2	1	63,000	1	1	7	8	7	5	5	4	5	5	4	4	4
5360	경북 예천군	시니어클럽운영	2	11	360,000	4	1	5	5	1	1	1	2	5	5	4	4	4
5361	경북 예천군	조부모 손자녀 돌봄사업	2	1	109,000	6	6	7	8	7	5	5	4	5	5	4	4	4
5362	경북 예천군	무의탁노인 건강음료 배달 및 안부 확인	2	1	66,144	6	6	7	8	7	5	5	4	5	5	4	4	4
5363	경북 예천군	독거노인응급안전알림서비스 운영	2	1	176,152	6	2	7	8	7	5	5	4	5	5	4	4	4
5364	경북 예천군	지역맞춤형 여성일자리 지원사업	2	14	7,000	6	4	7	8	7	5	5	4	5	5	4	4	4
5365	경북 예천군	가족센터 운영 지원	2	14	818,150	5	1	7	8	7	5	1	4	5	5	4	4	4
5366	경북 예천군	우리동네 아빠교실(저출생)	2	14	5,000	6	6	7	8	7	5	5	4	5	5	4	4	4
5367	경북 예천군	공동육아나눔터운영(저출생)	2	14	116,488	4	1	7	8	7	5	1	4	5	5	4	4	4
5368	경북 예천군	K보듬 공동육아나눔터 연장운영(저출생)	2	14	586,000	4	6	7	8	7	5	5	4	5	5	4	4	4
5369	경북 예천군	다문화가족특성화사업	2	14	191,640	6	2	7	8	7	5	5	4	5	5	4	4	4
5370	경북 예천군	결혼이민여성이중언어강사일자리창출사업	2	14	58,070	6	4	7	8	7	5	5	4	5	5	4	4	4
5371	경북 예천군	다문화가족지역맞춤형학습및프로그램지원	2	14	27,000	6	4	7	8	7	5	5	4	5	5	4	4	4
5372	경북 예천군	다문화가족 지원	2	14	13,000	3	4	7	8	7	5	5	4	5	5	4	4	4
5373	경북 예천군	다문화가족 지원	2	14	2,700	6	4	7	8	7	5	5	4	5	5	4	4	4
5374	경북 예천군	외국인지원사업	2	14	6,720	6	6	7	8	7	5	5	4	5	5	4	4	4
5375	경북 예천군	아픈아이돌봄센터운영(저출생)	2	2	120,000	6	6	7	8	7	5	5	4	5	5	4	4	4
5376	경북 예천군	공동육아나눔터 어린이보듬밥상(저출생)	2	14	16,200	6	6	7	8	7	5	5	4	5	5	4	4	4
5377	경북 예천군	열린맘 임신·출산 서비스 지원	2	14	17,580	6	6	7	8	7	5	5	4	5	5	4	4	4
5378	경북 예천군	K보듬 24시 시간제 어린이집 지원(저출생)	2	4	428,000	6	6	7	8	7	5	5	4	5	5	4	4	4
5379	경북 예천군	어린이집운영지원	2	4	210,012	5	2	7	8	7	5	5	4	5	5	4	4	4

순번	시군구	지출명 (사업명)	시설종류	사회복지시설 종류	2025년예산 (단위:천원/1년간)	민간이전 분류 (지방자치단체 세출예산 집행기준에 의거)	민간이전지출 근거 (지방보조금 관리기준 참고)	입찰방식			운영예산 산정		성과평가				평가결과 적용	
			1. 생활시설 2. 이용시설	1. 노인복지시설 2. 아동복지시설 3. 장애인복지시설 4. 어린이집 5. 정신건강증진시설 6. 노숙인시설 7. 사회복지관 8. 지역자활센터 9. 다함께돌봄센터 10. 결핵,한센시설 11. 성매매피해지원시설 12. 성폭력피해보호시설 13. 가정폭력보호시설 14. 가족센터 15. 청소년복지시설 16. 기타 ( )		1. 민간경상사업보조(307-02) 2. 민간단체 법정운영비보조(307-03) 3. 민간행사사업보조(307-04) 4. 민간위탁금(307-05) 5. 사회복지시설 법정운영비보조(307-10) 6. 사회복지사업보조(307-11) 7. 민간인위탁교육비(307-12) 8. 공기관등에대한경상적위탁사업(308-13) 9. 공사공단 경상전출금(309-01)	1. 법률에 규정 2. 국고보조 재원(국가지정) 3. 용도 지정 기부금 4. 조례에 직접규정 5. 지자체가 권장하는 사업을 하는 공공기관 6. 시,도 정책 및 재정사정 7. 기타 8. 해당없음	계약체결방법 (경쟁형태) 1. 일반경쟁 2. 제한경쟁 3. 지명경쟁 4. 수의계약 5. 법정위탁 6. 기타 ( ) 7. 해당없음	계약기간 1. 1년 2. 2년 3. 3년 4. 4년 5. 5년 6. 기타 ( )년 7. 단기계약 (1년미만) 8. 해당없음	낙찰자선정방법 1. 적격심사 2. 협상에의한계약 3. 최저가낙찰제 4. 규격가격분리 5. 2단계 경쟁입찰 6. 기타 ( ) 7. 해당없음	운영비산정 1. 내부산정 (지자체 자체적으로 산정) 2. 외부산정 (외부전문기관위탁 산정) 3. 내·외부 모두 산정 4. 산정 無 5. 해당없음	정산방법 1. 내부정산 (지자체 내부적으로 정산) 2. 외부정산 (외부전문기관위탁 정산) 3. 내·외부 모두 산정 4. 정산 無 5. 해당없음	성과평가 실시여부 1. 실시 2. 미실시 3. 향후 추진 4. 해당없음	성과평가 주기 1. 매년 2. 격년 3. 기간만료전 4. 기타 ( ) 5. 해당없음	성과평가 실시 방법 1. 자체 실시 2. 평가단 구성 후 실시 (전문위원 섭외) 3. 전문 평가기관 의뢰 4. 기타 ( ) 5. 해당없음	평가기준 적용방법 1. 관련 조례 적용 2. 전문 평가기관 의뢰 3. 기타 ( ) 4. 해당없음	실제 인센티브 및 페널티 적용 유무 1. 매년 적용 2. 적용 안함 3. 기타 ( ) 4. 해당없음	인센티브 및 페널티 적용근거 1. 조례 2. 계약서 3. 기타 ( ) 4. 해당없음
5380	경북 예천군	다문화어린이집차량운영비	2	4	7,038	6	4	7	8	7	5	5	4	5	5	4	4	4
5381	경북 예천군	어린이집영아반운영비 지원	2	4	318,770	6	4	7	8	7	5	5	4	5	5	4	4	4
5382	경북 예천군	보육아동인성교육비지원	2	4	17,742	6	4	7	8	7	5	5	4	5	5	4	4	4
5383	경북 예천군	어린이집 방과후과정 학급운영비 지원사업	2	4	38,400	5	4	7	8	7	5	5	4	5	5	4	4	4
5384	경북 예천군	공공형어린이집지원(저출생)(전환사업)	2	4	336,000	5	4	7	8	7	5	5	4	5	5	4	4	4
5385	경북 예천군	장난감도서관 운영(저출생)	2	16	130,000	4	6	7	8	7	5	1	4	5	5	4	4	4
5386	경북 예천군	장난감도서관 운영(자체)	2	16	4,000	4	6	7	8	7	1	1	4	5	5	4	4	4
5387	경북 예천군	보육시설 냉난방비	2	4	21,600	6	4	7	8	7	5	5	4	5	5	4	4	4
5388	경북 예천군	보육시설 운영지원	2	4	23,000	3	4	7	8	7	5	5	4	5	5	4	4	4
5389	경북 예천군	보육시설 운영지원	2	4	75,000	6	4	7	8	7	5	5	4	5	5	4	4	4
5390	경북 예천군	영유아창의센터운영(저출생)	2	16	150,000	6	6	7	8	7	5	5	4	5	5	4	4	4
5391	경북 예천군	저출생대응공모사업(출산및보육프로그램)	2	16	40,000	6	6	7	8	7	5	5	4	5	5	4	4	4
5392	경북 예천군	아이돌봄 부모부담금 지원(저출생)	2	14	725,000	6	6	7	3	7	5	1	4	5	5	4	4	4
5393	경북 예천군	영아종일제 등 전담아이돌보미 지원(저출생)	2	14	12,000	6	6	7	3	7	5	1	4	5	5	4	4	4
5394	경북 예천군	대학생아이돌봄 서포터즈 운영(저출생)	2	14	47,000	6	6	7	3	7	5	1	4	5	5	4	4	4
5395	경북 예천군	다함께돌봄센터 운영지원(국비)(저출생)	2	9	72,000	5	1	7	5	7	5	1	4	5	5	4	4	4
5396	경북 예천군	다함께돌봄센터 운영지원(도비)(저출생)	2	9	43,200	6	6	7	5	7	5	1	4	5	5	4	4	4
5397	경북 예천군	다함께돌봄센터 코디네이터 지원(저출생)	2	9	321,488	6	6	7	5	7	5	1	4	5	5	4	4	4
5398	경북 예천군	K보듬 마을돌봄터 연장운영(저출생)	2	9	720,000	6	6	7	5	7	5	1	4	5	5	4	4	4
5399	경북 예천군	다함께돌봄센터 어린이보듬밥상(저출생)	2	9	121,500	6	6	7	5	7	5	1	4	5	5	4	4	4
5400	경북 예천군	지역아동센터 급식지원	2	2	589,475	6	1	7	5	7	5	1	4	5	5	4	4	4
5401	경북 예천군	아동보호전문기관운영지원	2	2	168,659	5	1	7	8	7	5	5	4	5	5	4	4	4
5402	경북 예천군	아동보호전문기관운영지원(도비)	2	2	16,647	5	1	7	8	7	5	5	4	5	5	4	4	4
5403	경북 예천군	일시보호시설 운영비지원	1	2	31,800	5	1	7	8	7	5	5	4	5	5	4	4	4
5404	경북 예천군	업그레이드형 자활근로지원	2	8	1,079,713	4	1	5	1	6	1	1	1	1	4	3	1	3
5405	경북 예천군	이동목욕차량위탁운영	2	8	44,710	4	1	5	1	6	1	1	4	5	5	4	4	4
5406	경북 예천군	지역자활센터 운영비지원	2	8	304,480	5	1	5	1	6	1	1	4	5	5	4	4	4
5407	경북 예천군	장애인거주시설운영지원	1	3	4,073,533	5	2	5	8	7	5	1	1	4	4	2	3	3
5408	경북 예천군	장애인거주시설 공기청정기 렌탈지원	1	3	2,586	5	2	5	8	7	5	1	1	1	1	1	4	4
5409	경북 예천군	장애인거주시설 서비스지원	1	3	9,360	6	6	5	8	7	1	1	1	1	1	1	4	4
5410	경북 예천군	장애인거주시설 이용자 인권교육	1	3	600	6	6	5	8	7	1	1	1	1	1	1	4	4
5411	경북 예천군	장애인직업재활시설 운영	2	3	656,156	5	6	5	8	7	1	1	1	4	4	2	3	3
5412	경북 예천군	장애인생활이동지원센터 운영	2	3	231,110	5	6	5	8	7	1	1	1	4	4	1	4	4
5413	경북 예천군	수어통역센터 운영	2	3	210,697	5	6	5	8	7	1	1	1	4	4	1	4	4
5414	경북 봉화군	경상북도장애인복지관분관운영	2	3	305,000	5	1	7	8	7	1	1	2	5	5	4	4	4
5415	경북 봉화군	장애인생활이동지원센터운영	2	3	187,243	5	1	7	8	7	1	1	2	5	5	4	4	4
5416	경북 봉화군	시각장애인점자교육	2	3	3,000	6	1	7	8	7	1	1	1	1	1	3	4	3
5417	경북 봉화군	수어통역센터운영	2	3	231,130	5	1	7	8	7	1	1	2	5	5	4	4	4
5418	경북 봉화군	청각장애인수어교육	2	3	3,000	6	1	7	8	7	1	1	1	1	1	3	4	3
5419	경북 봉화군	청각장애인한글교육	2	3	2,700	6	1	7	8	7	1	1	1	1	1	3	4	3
5420	경북 봉화군	장애인지역재활시설운영	2	3	738,910	5	1	7	8	7	1	1	2	5	5	4	4	4
5421	경북 봉화군	중증장애인생산품판매(택배비)지원	2	3	6,000	6	1	7	8	7	1	1	1	1	1	3	4	3
5422	경북 봉화군	장애인거주시설운영지원	1	3	772,943	5	1	7	8	7	1	1	2	5	5	4	4	4
5423	경북 봉화군	장애인거주시설이용자인권교육	1	3	300	6	1	7	8	7	1	1	2	5	5	4	4	4
5424	경북 봉화군	장애인거주시설서비스지원	1	3	3,000	6	1	7	8	7	1	1	2	5	5	4	4	4
5425	경북 봉화군	장애인주간이용시설운영	2	3	216,712	5	1	7	8	7	1	1	2	5	5	4	4	4

순번	시군구	지출명 (사업명)	시설종류 1. 생활시설 2. 이용시설	사회복지시설 종류 1. 노인복지시설 2. 아동복지시설 3. 장애인복지시설 4. 어린이집 5. 정신건강증진시설 6. 노숙인시설 7. 사회복지관 8. 지역자활센터 9. 다함께돌봄센터 10. 결핵,한센시설 11. 성매매피해지원시설 12. 성폭력피해보호시설 13. 가정폭력보호시설 14. 가족센터 15. 청소년복지시설 16. 기타 ( )	2025년예산 (단위:천원/1년간)	민간이전 분류 (지방자치단체 세출예산 집행기준에 의거) 1. 민간경상사업보조(307-02) 2. 민간단체 법정운영비보조(307-03) 3. 민간행사사업보조(307-04) 4. 민간위탁금(307-05) 5. 사회복지시설 법정운영비보조(307-10) 6. 사회복지사업보조(307-11) 7. 민간인위탁교육비(307-12) 8. 공기관등에대한경상적위탁사업(308-13) 9. 공사공단 경상전출금(309-01)	민간이전지출 근거 (지방보조금 관리기준 참고) 1. 법률에 규정 2. 국고보조 재원(국가지정) 3. 용도 지정 기부금 4. 조례에 직접규정 5. 지자체가 권장하는 사업을 하는 공공기관 6. 시.도 정책 및 재정사정 7. 기타 8. 해당없음	입찰방식: 계약체결방법 (경쟁형태) 1. 일반경쟁 2. 제한경쟁 3. 지명경쟁 4. 수의계약 5. 법정위탁 6. 기타 ( ) 7. 해당없음	입찰방식: 계약기간 1. 1년 2. 2년 3. 3년 4. 4년 5. 5년 6. 기타 ( )년 7. 단기계약 (1년미만) 8. 해당없음	입찰방식: 낙찰자선정방법 1. 적격심사 2. 협상에의한계약 3. 최저가낙찰제 4. 규격가격분리 5. 2단계 경쟁입찰 6. 기타 ( ) 7. 해당없음	운영예산 산정: 운영비산정 1. 내부산정 (지자체 자체적으로 산정) 2. 외부산정 (외부전문기관위탁 산정) 3. 내·외부 모두 산정 4. 산정 無 5. 해당없음	운영예산 산정: 정산방법 1. 내부정산 (지자체 내부적으로 정산) 2. 외부정산 (외부전문기관위탁 정산) 3. 내·외부 모두 산정 4. 정산 無 5. 해당없음	성과평가: 성과평가 실시여부 1. 실시 2. 미실시 3. 향후 추진 4. 해당없음	성과평가: 성과평가 주기 1. 매년 2. 격년 3. 기간만료전 4. 기타 ( ) 5. 해당없음	성과평가: 성과평가 실시 방법 1. 자체 실시 2. 평가단 구성 후 실시 (전문위원 섭외) 3. 전문 평가기관 의뢰 4. 기타 ( ) 5. 해당없음	성과평가: 평가기준 적용방법 1. 관련 조례 적용 2. 전문 평가기관 의뢰 3. 기타 ( ) 4. 해당없음	평가결과 적용: 실제 인센티브 및 페널티 적용 유무 1. 매년 적용 2. 적용 안함 3. 기타 ( ) 4. 해당없음	평가결과 적용: 인센티브 및 페널티 적용근거 1. 조례 2. 계약서 3. 기타 ( ) 4. 해당없음
5426	경북 봉화군	노인교실운영	2	1	7,500	6	4	7	1	7	1	1	1	1	1	3	4	4
5427	경북 봉화군	노인교실운영	2	1	7,000	6	4	7	1	7	1	1	1	1	1	3	4	4
5428	경북 봉화군	노인문화활동지원	2	1	3,000	6	4	7	1	7	1	1	1	1	1	3	4	4
5429	경북 봉화군	노인일자리및사회활동지원	1	1	708,755	4	2	6	1	1	1	1	1	1	1	3	2	3
5430	경북 봉화군	노인일자리및사회활동지원	1	1	1,738,200	4	2	6	1	1	1	1	1	1	1	3	2	3
5431	경북 봉화군	노인일자리및사회활동지원	1	1	434,490	4	2	6	1	1	1	1	1	1	1	3	2	3
5432	경북 봉화군	시니어클럽운영	1	1	360,000	4	1	6	5	1	1	1	1	1	1	3	4	4
5433	경북 봉화군	경로당운영지원	2	1	1,158,170	5	6	7	8	7	1	1	1	1	1	3	4	4
5434	경북 봉화군	경로당냉난방비지원	2	1	681,404	5	2	7	8	7	1	1	1	1	1	3	4	4
5435	경북 봉화군	노인복지관운영위탁금	2	1	965,461	4	4	6	5	1	1	1	1	1	1	3	1	1
5436	경북 봉화군	자활근로사업(지역자활센터)	2	8	1,106,615	4	2	7	1	7	1	1	1	1	1	1	1	1
5437	경북 봉화군	지역자활센터운영지원	2	8	273,280	5	2	7	8	7	1	1	1	1	1	1	1	1
5438	경북 봉화군	자활사례관리	2	8	15,871	5	2	7	8	7	5	5	4	5	5	4	4	4
5439	경북 봉화군	지역자활센터종사자복지포인트지원	2	8	750	6	6	7	8	7	1	1	1	1	1	1	1	1
5440	경북 봉화군	지역자활센터 임대보증금	2	8	200,000	5	4	7	2	7	1	1	1	1	1	1	1	1
5441	경북 울진군	장애인직업재활시설운영	2	3	1,363,268	5	1	2	3	1	1	1	4	5	5	4	4	4
5442	경북 울진군	장애인직업재활시설 기능보강	2	3	462,606	5	1	2	3	1	1	1	4	5	5	4	4	4
5443	경북 울진군	장애인종합복지관운영	2	3	1,797,660	5	1	2	3	1	1	1	4	5	5	4	4	4
5444	경북 울진군	장애인주간보호시설운영	2	3	228,086	5	1	2	3	1	1	1	4	5	5	4	4	4
5445	경북 울진군	중증장애인자립지원센터운영	2	3	314,369	5	1	2	5	1	1	1	4	5	5	4	4	4
5446	경북 울진군	울진군가족센터 운영	2	14	562,720	5	1	7	8	1	5	5	4	5	5	4	4	4
5447	경상남도	여성폭력피해자 통합지원 사업	2	13	99,636	4	1	1	5	1	1	1	3	3	1	1	2	4
5448	경상남도	여성긴급전화1366경남센터 의료비 지원	2	13	30,000	4	1	1	5	1	1	1	3	3	1	1	2	4
5449	경상남도	여성긴급전화1366경남센터 네트워크 및 긴급피난처 관리	2	13	45,000	4	1	1	5	1	1	1	3	3	1	1	2	4
5450	경상남도	젠더 폭력 재발 방지 통합관리 사업 지원	2	13	70,000	4	1	1	5	1	1	1	3	3	1	1	2	4
5451	경상남도	여성폭력관련시설 종사자 처우개선	2	13	298,270	4	1	1	5	1	1	1	3	3	1	1	2	4
5452	경상남도	여성폭력시설 비상벨 지원	2	13	36,000	1	1	1	5	1	1	1	3	3	1	1	2	4
5453	경상남도	경남서부해바라기센터(통합형) 운영	2	12	842,400	1	2	7	8	7	1	3	4	4	4	4	4	4
5454	경상남도	경남해바라기센터(위기지원) 운영	2	12	610,700	1	2	7	8	7	1	3	4	4	4	4	4	4
5455	경상남도	성폭력피해자 방문상담, 돌봄비용, 부대비용 지원	2	12	59,490	1	2	7	8	7	1	3	4	4	4	4	4	4
5456	경상남도	성폭력피해자 방문상담, 돌봄비용, 부대비용 지원	2	12	3,760	1	2	7	8	7	1	3	4	4	4	4	4	4
5457	경상남도	디지털 성범죄 방지 및 피해자 지원	2	12	94,932	6	1	6	8	7	1	1	4	4	4	4	4	4
5458	경상남도	스토킹 피해자 긴급주거지원	1	12	228,650	6	1	6	8	7	1	1	4	4	4	4	4	4
5459	경상남도	스토킹 피해자 치료회복 프로그램	1	12	10,000	6	1	6	8	7	1	1	4	4	4	4	4	4
5460	경상남도	성착취 피해아동 청소년 통합지원	2	11	130,706	4	2	7	8	7	5	1	3	3	1	1	2	4
5461	경상남도	가족(건강가정)센터 운영 지원	2	14	879,800	8	2	7	3	1	1	3	3	3	1	1	1	1
5462	경상남도	경상남도장애인종합복지관 운영	2	3	1,846,000	8	5	1	5	1	1	1	1	3	1	1	3	2
5463	경상남도	경상남도장애인종합복지관 종사자 수당	2	3	68,000	8	5	1	5	1	1	1	1	3	1	1	3	2
5464	경상남도	장애인복지관 종사자 보수교육	2	3	14,000	8	5	1	5	1	1	1	1	3	1	1	3	2
5465	경상남도	여성장애인 가사도우미 파견	2	3	60,000	8	5	1	5	1	1	1	1	3	1	1	3	2
5466	경상남도	피해장애인쉼터 운영 지원	1	3	680,106	8	1	7	6	7	1	1	4	5	5	4	4	4
5467	경상남도	피해장애인쉼터 종사자 수당	1	3	26,000	8	1	7	6	7	1	1	4	5	5	4	4	4
5468	경상남도	수어통역센터 경남지원본부 운영 지원	2	3	277,400	5	1	6	8	7	1	1	1	1	4	1	1	1
5469	경상남도	장애인 직업재활시설 종사자 워크숍	2	3	5,000	6	1	7	8	7	1	1	1	1	4	3	4	4
5470	경상남도	중증장애인 생산품 판매시설 운영지원	2	3	195,293	5	2	7	8	7	1	1	1	1	4	3	4	4
5471	경상남도	장애인 직업재활시설 경영컨설팅 지원	2	3	21,000	6	1	7	8	7	1	1	1	1	4	3	4	4

순번	시군구	지출명 (사업명)	시설종류 1. 생활시설 2. 이용시설	사회복지시설 종류 1. 노인복지시설 2. 아동복지시설 3. 장애인복지시설 4. 어린이집 5. 정신건강증진시설 6. 노숙인시설 7. 사회복지관 8. 지역자활센터 9. 다함께돌봄센터 10. 결핵,한센시설 11. 성매매피해지원시설 12. 성폭력피해보호시설 13. 가정폭력보호시설 14. 가족센터 15. 청소년복지시설 16. 기타 ( )	2025년예산 (단위:천원/1년간)	민간이전 분류 (지방자치단체 세출예산 집행기준에 의거) 1. 민간경상사업보조(307-02) 2. 민간단체 법정운영비보조(307-03) 3. 민간행사사업보조(307-04) 4. 민간위탁금(307-05) 5. 사회복지시설 법정운영비보조(307-10) 6. 사회복지사업보조(307-11) 7. 민간인위탁교육비(307-12) 8. 공기관등에대한경상적위탁사업(308-13) 9. 공사공단 경상전출금(309-01)	민간이전지출 근거 (지방보조금 관리기준 참고) 1. 법률에 규정 2. 국고보조 재원(국가지정) 3. 용도 지정 기부금 4. 조례에 직접규정 5. 지자체가 권장하는 사업을 하는 공공기관 6. 시,도 정책 및 재정사정 7. 기타 8. 해당없음	입찰방식 계약체결방법 (경쟁형태) 1. 일반경쟁 2. 제한경쟁 3. 지명경쟁 4. 수의계약 5. 법정위탁 6. 기타 ( ) 7. 해당없음	입찰방식 계약기간 1. 1년 2. 2년 3. 3년 4. 4년 5. 5년 6. 기타 ( )년 7. 단기계약 (1년미만) 8. 해당없음	입찰방식 낙찰자선정방법 1. 적격심사 2. 협상에의한계약 3. 최저가낙찰제 4. 규격가격분리 5. 2단계 경쟁입찰 6. 기타 ( ) 7. 해당없음	운영예산 산정 운영비산정 1. 내부산정 (지자체 자체적으로 산정) 2. 외부산정 (외부전문기관위탁 산정) 3. 내·외부 모두 산정 4. 산정 無 5. 해당없음	운영예산 산정 정산방법 1. 내부정산 (지자체 내부적으로 정산) 2. 외부정산 (외부전문기관위탁 정산) 3. 내·외부 모두 산정 4. 정산 無 5. 해당없음	성과평가 성과평가 실시여부 1. 실시 2. 미실시 3. 향후 추진 4. 해당없음	성과평가 성과평가 주기 1. 매년 2. 격년 3. 기간만료전 4. 기타 ( ) 5. 해당없음	성과평가 성과평가 실시 방법 1. 자체 실시 2. 평가단 구성 후 실시 (전문위원 섭외) 3. 전문 평가기관 의뢰 4. 기타 ( ) 5. 해당없음	성과평가 평가기준 적용방법 1. 관련 조례 적용 2. 전문 평가기관 의뢰 3. 기타 ( ) 4. 해당없음	평가결과 적용 실제 인센티브 및 패널티 적용 유무 1. 매년 적용 2. 적용 안함 3. 기타 ( ) 4. 해당없음	평가결과 적용 인센티브 및 패널티 적용근거 1. 조례 2. 계약서 3. 기타 ( ) 4. 해당없음
5472	경상남도	중증장애인생산품 판로개척 및 홍보지원	2	3	70,000	6	1	7	8	7	1	1	1	1	4	3	4	4
5473	경상남도	장애인보조기기센터 지원사업	2	3	234,000	8	1	1	5	1	1	1	3	3	1	1	4	4
5474	경상남도	중장기 청소년 쉼터 운영	2	15	738,944	5	2	5	5	7	1	2	1	1	1	1	4	4
5475	창원특례시	종합사회복지관 운영	2	7	576,797	4	4	5	5	7	1	1	4	5	5	4	4	4
5476	창원특례시	종합사회복지관 운영	2	7	1,794,747	4	4	5	5	7	1	1	4	5	5	4	4	4
5477	창원특례시	종합사회복지관 운영	2	7	487,396	4	4	5	5	7	1	1	4	5	5	4	4	4
5478	창원특례시	종합사회복지관 운영	2	7	587,623	5	8	7	8	7	1	1	4	5	5	4	4	4
5479	창원특례시	종합사회복지관 운영	2	7	531,927	5	8	7	8	7	1	1	4	5	5	4	4	4
5480	창원특례시	종합사회복지관 운영	2	7	869,550	5	8	7	8	7	1	1	4	5	5	4	4	4
5481	창원특례시	종합사회복지관 운영	2	7	112,468	5	8	7	8	7	1	1	4	5	5	4	4	4
5482	창원특례시	지역자활센터 운영	2	8	1,438,002	5	1	7	8	7	5	5	4	5	5	4	4	4
5483	창원특례시	통장 사례관리자 운영비	2	8	117,888	5	1	7	8	7	5	5	4	5	5	4	4	4
5484	창원특례시	희망키움통장 사업비	2	8	4,626	5	1	7	8	7	5	5	4	5	5	4	4	4
5485	창원특례시	2025년 민관협력사업 5060 행복 day 사업	2	7	30,000	6	4	7	1	7	1	1	1	1	1	1	1	1
5486	창원특례시	통합돌봄사업	2	7	196,000	6	4	7	8	7	5	5	4	5	5	4	4	4
5487	경남 진주시	노숙인복지시설 입소자 생계비지원	3	6	400,000	6	1	5	5	7	3	1	1	1	1	3	4	4
5488	경남 진주시	자활근로사업	2	8	4,540,862	4	2	7	8	7	5	5	4	5	5	4	4	4
5489	경남 진주시	사례관리전달 체계개선	2	8	31,740	5	2	7	8	7	5	5	4	5	5	4	4	4
5490	경남 진주시	지역자활센터 운영비 지원	2	8	515,760	5	2	7	8	7	5	5	4	5	5	4	4	4
5491	경남 진주시	지역자활센터 운영비 지원(도)	2	8	24,800	5	1	7	8	7	5	5	4	5	5	4	4	4
5492	경남 통영시	양로시설 운영지원	1	1	656,197	5	1	7	8	7	3	1	4	5	5	4	4	4
5493	경남 통영시	경로당 운영비 지원	2	1	388,800	6	1	7	8	7	1	1	4	5	5	4	4	4
5494	경남 통영시	경로당 운영비 지원	2	1	158,270	6	1	7	8	7	1	1	4	5	5	4	4	4
5495	경남 통영시	경로당 냉난방비 지원	2	1	608,130	6	1	7	8	7	3	1	4	5	5	4	4	4
5496	경남 통영시	노인일자리 및 사회활동지원 확대	2	1	366,600	5	1	6	5	7	5	1	1	5	4	1	4	4
5497	경남 통영시	어르신 병(의)원 안심동행서비스 활동비 지원	2	7,16	45,480	6	7	7	8	7	1	1	4	5	5	4	4	4
5498	경남 통영시	독거노인장애인 응급안전안심서비스	2	16	234,024	6	1	6	2	7	1	1	4	5	1	4	4	4
5499	경남 통영시	ICT연계 인공지능 통합돌봄사업	2	16	113,925	6	1	6	2	7	1	1	4	5	5	4	4	4
5500	경남 통영시	무료경로식당 운영	2	7,16	135,525	6	6	7	8	7	1	1	4	5	5	4	4	4
5501	경남 통영시	도시락배달 온정쿡 사업	2	16	60,000	6	6	7	8	7	1	1	4	5	5	4	4	4
5502	경남 통영시	세대통합 청춘마을학교 운영사업	2	7	10,000	6	6	7	8	7	1	1	4	5	5	4	4	4
5503	경남 통영시	섬마을 이동병원 온정닥터사업	2	16	8,000	6	6	7	8	7	1	1	4	5	5	4	4	4
5504	경남 통영시	어르신 여가그가 놀이터 운영	2	7	10,000	6	6	7	8	7	1	1	4	5	5	4	4	4
5505	경남 통영시	노인의 날 행사 지원	2	16	22,000	3	6	7	8	7	1	1	4	5	5	4	4	4
5506	경남 통영시	한부모가족 복지시설 운영비 지원	1	16	776,361	5	1	7	8	7	1	1	1	1	1	1	4	4
5507	경남 통영시	한부모가족복지시설 아이돌봄서비스 지원	1	16	23,823	5	2	7	8	7	1	1	1	1	1	1	4	4
5508	경남 통영시	시설 입소자 상담 치료 지원	1	16	19,674	6	2	7	8	7	1	1	1	1	1	1	4	4
5509	경남 통영시	지역아동센터 냉난방비지원	2	2	1,500	5	2	5	5	7	1	1	1	1	1	1	4	4
5510	경남 통영시	지역아동센터 운영비 지원	2	2	23,408	5	2	5	5	7	1	1	1	1	1	1	4	4
5511	경남 통영시	요보호아동 그룹홈 운영	1	2	471,204	5	2	7	8	7	1	1	1	1	1	1	4	4
5512	경남 통영시	아동양육시설 운영지원	1	2	1,788,618	5	1	7	8	7	1	1	1	1	1	1	4	4
5513	경남 통영시	학대피해아동쉼터 운영	1	2	299,950	4	2	5	5	7	1	1	1	1	1	1	4	4
5514	경남 통영시	지역아동보호전문기관 운영	2	2	404,563	4	1	5	5	7	1	1	1	1	1	1	4	4
5515	경남 통영시	성폭력상담소 운영지원	2	12	151,322	5	1	7	8	7	5	1	4	5	5	4	4	4
5516	경남 통영시	가정폭력 피해자 지원시설 운영 및 서비스 지원(보조)	2	13	189,782	5	1	7	8	7	5	1	4	5	5	4	4	4
5517	경남 통영시	다함께돌봄센터 운영비 지원	2	9	109,020	5	2	5	5	7	1	1	4	5	5	4	4	4

순번	시군구	지출명 (사업명)	시설종류	사회복지시설 종류	2025년예산 (단위:천원/1년간)	민간이전 분류 (지방자치단체 세출예산 집행기준에 의거)	민간이전지출 근거 (지방보조금 관리기준 참고)	입찰방식			운영예산 산정		성과평가				평가결과 적용	
			1. 생활시설 2. 이용시설	1. 노인복지시설 2. 아동복지시설 3. 장애인복지시설 4. 어린이집 5. 정신건강증진시설 6. 노숙인시설 7. 사회복지관 8. 지역자활센터 9. 다함께돌봄센터 10. 결핵,한센시설 11. 성매매피해지원시설 12. 성폭력피해보호시설 13. 가정폭력보호시설 14. 가족센터 15. 청소년복지시설 16. 기타 ( )		1. 민간경상사업보조(307-02) 2. 민간단체 법정운영비보조(307-03) 3. 민간행사사업보조(307-04) 4. 민간위탁금(307-05) 5. 사회복지시설 법정운영비보조(307-10) 6. 사회복지사업보조(307-11) 7. 민간인위탁교육비(307-12) 8. 공기관등에대한경상적위탁사업(308-13) 9. 공사공단 경상전출금(309-01)	1. 법률에 규정 2. 국고보조 재원(국가지정) 3. 용도 지정 기부금 4. 조례에 직접규정 5. 지자체가 권장하는 사업을 하는 공공기관 6. 시,도 정책 및 재정사정 7. 기타 8. 해당없음	계약체결방법 (경쟁형태) 1. 일반경쟁 2. 제한경쟁 3. 지명경쟁 4. 수의계약 5. 법정위탁 6. 기타 ( ) 7. 해당없음	계약기간 1. 1년 2. 2년 3. 3년 4. 4년 5. 5년 6. 기타 ( )년 7. 단기계약 (1년미만) 8. 해당없음	낙찰자선정방법 1. 적격심사 2. 협상에의한계약 3. 최저가낙찰제 4. 규격가격분리 5. 2단계 경쟁입찰 6. 기타 ( ) 7. 해당없음	운영비산정 1. 내부산정 (지자체 자체적으로 산정) 2. 외부산정 (외부전문기관위탁 산정) 3. 내·외부 모두 산정 4. 산정 無 5. 해당없음	정산방법 1. 내부정산 (지자체 내부적으로 정산) 2. 외부정산 (외부전문기관위탁 정산) 3. 내·외부 모두 산정 4. 정산 無 5. 해당없음	성과평가 실시여부 1. 실시 2. 미실시 3. 향후 추진 4. 해당없음	성과평가 주기 1. 매년 2. 격년 3. 기간만료전 4. 기타 ( ) 5. 해당없음	성과평가 실시 방법 1. 자체 실시 2. 평가단 구성 후 실시 (전문위원 섭외) 3. 전문 평가기관 의뢰 4. 기타 ( ) 5. 해당없음	평가기준 적용방법 1. 관련 조례 적용 2. 전문 평가기관 의뢰 3. 기타 ( ) 4. 해당없음	실제 인센티브 및 페널티 적용 유무 1. 매년 적용 2. 적용 안함 3. 기타 ( ) 4. 해당없음	인센티브 및 페널티 적용근거 1. 조례 2. 계약서 3. 기타 ( ) 4. 해당없음
5518	경남 통영시	다함께돌봄센터 종사자 명절휴가비 지원(도)	2	9	6,274	5	6	5	5	7	1	1	4	5	5	4	4	4
5519	경남 통영시	공공형어린이집 지원	2	4	518,283	5	1	7	8	7	5	5	4	5	5	4	4	4
5520	경남 통영시	어린이집 운영지원(농어촌소재법인어린이집)	2	4	2,592	5	1	7	8	7	5	5	4	5	5	4	4	4
5521	경남 통영시	어린이집 운영지원	2	4	196,906	5	1	7	8	7	5	5	4	5	5	4	4	4
5522	경남 통영시	3-5세누리과정지원	2	4	2,345,740	5	1	7	8	7	5	5	4	5	5	4	4	4
5523	경남 통영시	민간어린이집 냉난방비	2	4	18,260	5	1	7	8	7	5	5	4	5	5	4	4	4
5524	경남 통영시	영아반운영활성화지원	2	4	54,115	5	1	7	8	7	5	5	4	5	5	4	4	4
5525	경남 통영시	공공형어린이집보육품질지원	2	4	29,520	5	1	7	8	7	5	5	4	5	5	4	4	4
5526	경남 통영시	보육시설종사자 지원	2	4	6,000	3	4	7	8	7	4	1	4	5	5	4	4	4
5527	경남 통영시	오지지역 차량운영비 지원	2	4	14,400	5	1	7	8	7	5	5	4	5	5	4	4	4
5528	경남 통영시	열린어린이집 운영 활성화 지원	2	4	38,000	1	1	7	8	7	5	5	4	5	5	4	4	4
5529	경남 통영시	동지역 차량운영비 지원(자체)	2	4	38,400	5	1	7	8	7	5	5	4	5	5	4	4	4
5530	경남 통영시	장난감은행 운영	2	4	60,000	4	6	5	5	6	1	1	4	5	5	4	4	4
5531	경남 통영시	365열린어린이집운영지원	2	4	18,280	5	1	7	8	7	5	5	4	5	5	4	4	4
5532	경남 통영시	종합사회복지관운영	2	7	1,187,100	4	4	1	5	1	1	1	4	5	5	4	4	4
5533	경남 통영시	도남사회복지관 운영비	2	7	825,842	4	4	1	5	1	1	1	4	5	5	4	4	4
5534	경남 통영시	자활센터운영비, 자활사례관리	2	8	415,369	5	2	7	8	7	1	1	4	5	5	4	4	4
5535	경남 사천시	찾아가는 폭력예방교육	2	11,12,13	13,000	5	6	7	8	7	5	5	1	1	1	1	1	3
5536	경남 사천시	가정폭력예방활동	2	11,12,13	3,000	5	6	7	8	7	5	5	1	1	1	1	1	3
5537	경남 사천시	성폭력 및 성매매합동단속 및 예방활동	2	11,12,13	2,000	5	6	7	8	7	5	5	1	1	1	1	1	3
5538	경남 사천시	여성보호시설 상담소 운영 지원	2	11,12,13	253,418	5	2	7	8	7	5	5	1	1	1	1	1	3
5539	경남 사천시	성폭력피해자 치료 회복 프로그램 운영지원	2	11,12,13	1,000	6	2	7	8	7	5	5	1	1	1	1	1	3
5540	경남 사천시	가정폭력피해자 치료회복 프로그램 및 의료비 지원	2	11,12,13	11,658	6	2	7	8	7	5	5	1	1	1	1	1	3
5541	경남 사천시	폭력피해자 긴급피난처 지원	1	11,12,13	85,000	5	6	7	8	7	5	5	1	1	1	1	1	3
5542	경남 사천시	지역아동센터 운영비 지원	2	2	128,496	5	1	7	8	7	5	1	4	5	5	4	4	4
5543	경남 사천시	지역아동센터 냉난방비 지원	2	2	10,900	5	6	7	8	7	5	1	4	5	5	4	4	4
5544	경남 사천시	아동복지시설 운영비	1	2	525,577	5	1	7	8	7	5	1	4	5	5	4	4	4
5545	경남 사천시	다함께돌봄센터 운영비	2	9	24,000	5	1	7	8	7	5	1	4	5	5	4	4	4
5546	경남 사천시	3-5세 누리과정 운영비	2	4	720,000	5	2	7	8	7	5	1	4	5	5	4	4	4
5547	경남 사천시	365열린어린이집 지원	2	4	35,000	5	2	7	8	7	5	1	4	5	5	4	4	4
5548	경남 사천시	어린이집 운영지원(교재교구비)	2	4	55,789	5	2	7	8	7	5	1	4	5	5	4	4	4
5549	경남 사천시	어린이집 운영지원(차량운영비)	2	4	128,420	5	2	7	8	7	5	1	4	5	5	4	4	4
5550	경남 사천시	어린이집 운영지원(농어촌소재 법인어린이집)	2	4	7,511	5	2	7	8	7	5	1	4	5	5	4	4	4
5551	경남 사천시	어린이집 운영지원(급식위생 관리지원금)	2	4	50,090	5	2	7	8	7	5	1	4	5	5	4	4	4
5552	경남 사천시	어린이집 냉난방비 지원	2	4	23,200	5	2	7	8	7	5	1	4	5	5	4	4	4
5553	경남 사천시	어린이집 영아반 운영활성화 지원	2	4	101,520	5	2	7	8	7	5	1	4	5	5	4	4	4
5554	경남 사천시	공공형어린이집 운영비(전환사업)	2	4	1,115,496	5	2	7	8	7	5	1	4	5	5	4	4	4
5555	경남 사천시	공공형어린이집 보육품질 지원	2	4	55,000	5	2	7	8	7	5	1	4	5	5	4	4	4
5556	경남 사천시	공공형어린이집 운영활성화 지원	2	4	120,000	5	6	7	8	7	5	1	4	5	5	4	4	4
5557	경남 사천시	어린이집 보육서비스 품질개선 지원	2	4	750,000	5	6	7	8	7	5	1	4	5	5	4	4	4
5558	경남 사천시	어린이집 운영 지원	2	4	408,832	5	6	7	8	7	5	1	4	5	5	4	4	4
5559	경남 사천시	어린이집 기능보강	2	4	154,000	9	2	7	8	7	5	1	4	5	5	4	4	4
5560	경남 사천시	공동주택 관리동 어린이집 기자재비	2	4	20,000	9	2	7	8	7	5	1	4	5	5	4	4	4
5561	경남 사천시	어린이집 기능보강	2	4	104,000	8	6	7	8	7	5	1	4	5	5	4	4	4
5562	경남 사천시	공공형어린이집 기능보강	2	4	48,000	8	6	7	8	7	5	1	4	5	5	4	4	4
5563	경남 사천시	가족센터 통합서비스 지원	2	14	629,240	4	2	1	5	1	1	1	4	5	5	4	4	4

순번	시군구	지출명 (사업명)	시설종류 1. 생활시설 2. 이용시설	사회복지시설 종류 1. 노인복지시설 2. 아동복지시설 3. 장애인복지시설 4. 어린이집 5. 정신건강증진시설 6. 노숙인시설 7. 사회복지관 8. 지역자활센터 9. 다함께돌봄센터 10. 결핵,한센시설 11. 성매매피해지원시설 12. 성폭력피해보호시설 13. 가정폭력보호시설 14. 가족센터 15. 청소년복지시설 16. 기타 ( )	2025년예산 (단위:천원/1년간)	민간이전 분류 (지방자치단체 세출예산 집행기준에 의거) 1. 민간경상사업보조(307-02) 2. 민간단체 법정운영비보조(307-03) 3. 민간행사사업보조(307-04) 4. 민간위탁금(307-05) 5. 사회복지시설 법정운영비보조(307-10) 6. 사회복지사업보조(307-11) 7. 민간인위탁교육비(307-12) 8. 공기관등에대한경상적위탁사업(308-13) 9. 공사공단 경상전출금(309-01)	민간이전지출 근거 (지방보조금 관리기준 참고) 1. 법률에 규정 2. 국고보조 재원(국가지정) 3. 용도 지정 기부금 4. 조례에 직접규정 5. 지자체가 권장하는 사업을 하는 공공기관 6. 시,도 정책 및 재정사정 7. 기타 8. 해당없음	입찰방식: 계약체결방법 (경쟁형태) 1. 일반경쟁 2. 제한경쟁 3. 지명경쟁 4. 수의계약 5. 법정위탁 6. 기타 ( ) 7. 해당없음	입찰방식: 계약기간 1. 1년 2. 2년 3. 3년 4. 4년 5. 5년 6. 기타 ( )년 7. 단기계약 (1년미만) 8. 해당없음	입찰방식: 낙찰자선정방법 1. 적격심사 2. 협상에의한계약 3. 최저가낙찰제 4. 규격가격분리 5. 2단계 경쟁입찰 6. 기타 ( ) 7. 해당없음	운영예산 산정: 운영비산정 1. 내부산정 (지자체 자체적으로 산정) 2. 외부산정 (외부전문기관위탁 산정) 3. 내·외부 모두 산정 4. 산정 無 5. 해당없음	운영예산 산정: 정산방법 1. 내부정산 (지자체 내부적으로 정산) 2. 외부정산 (외부전문기관위탁 정산) 3. 내·외부 모두 산정 4. 정산 無 5. 해당없음	성과평가: 성과평가 실시여부 1. 실시 2. 미실시 3. 향후 추진 4. 해당없음	성과평가: 성과평가 주기 1. 매년 2. 격년 3. 기간만료전 4. 기타 ( ) 5. 해당없음	성과평가: 성과평가 실시 방법 1. 자체 실시 2. 평가단 구성 후 실시 (전문위원 섭외) 3. 전문 평가기관 의뢰 4. 기타 ( ) 5. 해당없음	성과평가: 평가기준 적용방법 1. 관련 조례 적용 2. 전문 평가기관 의뢰 3. 기타 ( ) 4. 해당없음	평가결과 적용: 실제 인센티브 및 페널티 적용 유무 1. 매년 적용 2. 적용 안함 3. 기타 ( ) 4. 해당없음	평가결과 적용: 인센티브 및 페널티 적용근거 1. 조례 2. 계약서 3. 기타 ( ) 4. 해당없음
5564	경남 사천시	가족센터 통합서비스 지원	2	14	684,240	6	1	5	5	7	1	1	1	1	1	1	4	4
5565	경남 사천시	다문화가족 자녀성장지원	2	14	30,000	6	1	5	5	7	1	1	1	1	1	1	4	4
5566	경남 사천시	사천모든가족축제 행사지원	2	14	20,000	6	1	5	5	7	1	1	1	1	1	1	4	4
5567	경남 사천시	다문화가족 방문교육서비스	2	14	155,750	6	1	5	5	7	1	1	1	1	1	1	4	4
5568	경남 사천시	다문화가족 자녀 언어발달지원	2	14	41,740	6	1	5	5	7	1	1	1	1	1	1	4	4
5569	경남 사천시	이중언어 환경조성	2	14	38,090	6	1	5	5	7	1	1	1	1	1	1	4	4
5570	경남 사천시	결혼이민자 통번역서비스	2	14	36,110	6	1	5	5	7	1	1	1	1	1	1	4	4
5571	경남 사천시	결혼이민자 역량강화지원사업	2	14	2,000	6	1	5	5	7	1	1	1	1	1	1	4	4
5572	경남 사천시	여성결혼이민자 다문화가족지원센터 인턴채용	2	14	8,040	6	1	5	5	7	1	1	1	1	1	1	4	4
5573	경남 사천시	시니어클럽 운영	2	1	366,600	5	1	1	5	1	1	1	1	3	1	3	3	3
5574	경남 사천시	노인대학운영	2	1	80,820	6	1	7	8	7	1	1	4	5	5	4	4	4
5575	경남 사천시	노인대학운영	2	1	30,000	6	1	7	8	7	1	1	4	5	5	4	4	4
5576	경남 사천시	노인대학운영	2	1	10,000	6	1	7	8	7	1	1	4	5	5	4	4	4
5577	경남 사천시	경로당 운영비	2	1	492,480	5	4	7	8	7	1	1	4	5	5	4	4	4
5578	경남 사천시	경로당 프로그램 운영비	2	1	273,600	5	4	7	8	7	1	1	4	5	5	4	4	4
5579	경남 사천시	경로당 냉난방비 및 양곡비	2	1	846,920	5	4	7	8	7	1	1	4	5	5	4	4	4
5580	경남 사천시	삼천포종합사회복지관 운영 지원	2	7	625,990	5	5	7	8	7	1	1	1	1	1	1	1	3
5581	경남 사천시	양로시설 운영비 지원	1	1	990,997	5	6	7	8	7	1	1	4	5	5	4	4	4
5582	경남 사천시	노인복지시설 종사자 종합건강검진비 지원	1	1	86,000	5	6	7	8	7	1	1	4	5	5	4	4	4
5583	경남 사천시	재가노인지원서비스	2	1	501,026	5	1	7	8	7	1	1	4	5	5	4	4	4
5584	경남 사천시	장애인공동생활가정 운영지원	1	3	59,859	5	1	7	8	7	1	1	4	5	5	4	4	4
5585	경남 사천시	장애인공동생활가정 운영지원	1	3	57,867	5	1	7	8	7	1	1	4	5	5	4	4	4
5586	경남 사천시	장애인주간보호시설 운영 지원	2	3	242,000	5	1	7	8	7	1	1	4	5	5	4	4	4
5587	경남 사천시	장애인주간보호시설 운영 지원	2	3	242,000	5	1	7	8	7	1	1	4	5	5	4	4	4
5588	경남 사천시	장애인주간보호시설 운영 지원	2	3	242,000	5	1	7	8	7	1	1	4	5	5	4	4	4
5589	경남 사천시	장애인주간보호시설 운영 지원	2	3	122,200	5	1	7	8	7	1	1	4	5	5	4	4	4
5590	경남 사천시	수어통역센터 운영 지원	2	3	157,580	5	1	7	8	7	1	1	4	5	5	4	4	4
5591	경남 사천시	장애인생활이동지원센터 운영 지원	2	3	127,500	5	1	7	8	7	1	1	4	5	5	4	4	4
5592	경남 사천시	사천시장애인보호작업장 운영	2	3	482,407	4	4	6	5	1	1	1	1	3	1	1	3	1
5593	경남 사천시	새로힘장애인보호작업장 운영	2	3	290,682	5	1	7	8	7	1	1	4	5	5	4	4	4
5594	경남 사천시	자활근로(위탁형)	2	8	2,800,000	4	1	7	8	7	5	3	1	2	3	2	1	3
5595	경남 사천시	사례관리 전달체계 개선(자활사례관리)	2	8	31,740	5	1	7	8	7	5	3	1	2	3	2	1	3
5596	경남 사천시	지역자활센터 종사자 지원	2	8	23,400	5	1	7	8	7	5	3	1	2	3	2	1	3
5597	경남 사천시	자활근로,지역자활센터 및 광역자활센터운영(지역자활센터운영)	2	8	447,724	5	1	7	8	7	5	3	1	2	3	2	1	3
5598	경남 사천시	근로능력있는 수급자의 탈수급지원	2	8	450,673	8	1	7	8	7	5	3	4	5	5	4	4	4
5599	경남 사천시	지역자활센터 종사자 종합건강검진비지원	2	8	600	5	1	7	8	7	5	3	1	2	3	2	1	3
5600	경남 사천시	가사간병방문지원사업	2	8	216,960	8	1	7	8	7	5	5	1	5	5	4	4	4
5601	경남 사천시	노숙인복지시설 운영	1	6	1,433,765	5	1	7	8	7	5	5	4	5	5	4	4	4
5602	경남 사천시	노숙인시설 운영(자체)	1	6	10,000	6	1	7	8	7	5	5	4	5	5	4	4	4
5603	경남 사천시	노숙인시설 종사자 종합건강검진비 지원	1	6	2,200	5	1	7	8	7	5	5	4	5	5	4	4	4
5604	경남 사천시	노숙인시설 일시보호소 운영비 지원	1	6	8,000	6	1	7	8	7	5	5	4	5	5	4	4	4
5605	경남 김해시	장애인직업재활시설 지원	2	3	657,357	5	4	1	5	1	1	1	1	3	1	1	4	4
5606	경남 김해시	장애인복지시설 지원	2	3	244,449	5	4	1	5	1	1	1	1	3	1	1	4	4
5607	경남 김해시	지체장애인의날 참가	2	3	3,000	1	5	6	8	6	1	1	1	4	1	1	1	1
5608	경남 김해시	장애인 종합예술제 참가	2	3	1,170	1	5	6	8	6	1	1	1	4	1	1	1	1
5609	경남 김해시	경남장애인 기능경기대회 참가	2	3	980	1	5	6	8	6	1	1	1	4	1	1	1	1

순번	시군구	지출명 (사업명)	시설종류 1. 생활시설 2. 이용시설	사회복지시설 종류 1. 노인복지시설 2. 아동복지시설 3. 장애인복지시설 4. 어린이집 5. 정신건강증진시설 6. 노숙인시설 7. 사회복지관 8. 지역자활센터 9. 다함께돌봄센터 10. 결핵,한센시설 11. 성매매피해지원시설 12. 성폭력피해보호시설 13. 가정폭력보호시설 14. 가족센터 15. 청소년복지시설 16. 기타 ( )	2025년예산 (단위:천원/1년간)	민간이전 분류 (지방자치단체 세출예산 집행기준에 의거) 1. 민간경상사업보조(307-02) 2. 민간단체 법정운영비보조(307-03) 3. 민간행사사업보조(307-04) 4. 민간위탁금(307-05) 5. 사회복지시설 법정운영비보조(307-10) 6. 사회복지사업보조(307-11) 7. 민간인위탁교육비(307-12) 8. 공기관등에대한경상적위탁사업(308-13) 9. 공사공단 경상전출금(309-01)	민간이전지출 근거 (지방보조금 관리기준 참고) 1. 법률에 규정 2. 국고보조 재원(국가지정) 3. 용도 지정 기부금 4. 조례에 직접규정 5. 지자체가 권장하는 사업을 하는 공공기관 6. 시.도 정책 및 재정사정 7. 기타 8. 해당없음	입찰방식 계약체결방법 (경쟁형태) 1. 일반경쟁 2. 제한경쟁 3. 지명경쟁 4. 수의계약 5. 법정위탁 6. 기타 ( ) 7. 해당없음	입찰방식 계약기간 1. 1년 2. 2년 3. 3년 4. 4년 5. 5년 6. 기타 ( )년 7. 단기계약 (1년미만) 8. 해당없음	입찰방식 낙찰자선정방법 1. 적격심사 2. 협상에의한계약 3. 최저가낙찰제 4. 규격가격분리 5. 2단계 경쟁입찰 6. 기타 ( ) 7. 해당없음	운영예산 산정 운영비산정 1. 내부산정 (지자체 자체적으로 산정) 2. 외부산정 (외부전문기관위탁 산정) 3. 내·외부 모두 산정 4. 산정 無 5. 해당없음	운영예산 산정 정산방법 1. 내부정산 (지자체 내부적으로 정산) 2. 외부정산 (외부전문기관위탁 정산) 3. 내·외부 모두 산정 4. 정산 無 5. 해당없음	성과평가 성과평가 실시여부 1. 실시 2. 미실시 3. 향후 추진 4. 해당없음	성과평가 성과평가 주기 1. 매년 2. 격년 3. 기간만료전 4. 기타 ( ) 5. 해당없음	성과평가 성과평가 실시 방법 1. 자체 실시 2. 평가단 구성 후 실시 (전문위원 섭외) 3. 전문 평가기관 의뢰 4. 기타 ( ) 5. 해당없음	성과평가 평가기준 적용방법 1. 관련 조례 적용 2. 전문 평가기관 의뢰 3. 기타 ( ) 4. 해당없음	평가결과 적용 실제 인센티브 및 페널티 적용 유무 1. 매년 적용 2. 적용 안함 3. 기타 ( ) 4. 해당없음	평가결과 적용 인센티브 및 페널티 적용근거 1. 조례 2. 계약서 3. 기타 ( ) 4. 해당없음
5610	경남 김해시	경남지체장애인 한마음 대회 참가	2	3	900	1	5	6	8	6	1	1	1	4	1	1	1	1
5611	경남 김해시	시각장애인 흰 지팡이의 날 참가	2	3	3,000	1	5	6	8	6	1	1	1	4	1	1	1	1
5612	경남 김해시	경남지체장애인협회 김해시지회 운영 지원	2	3	9,312	2	5	6	8	6	1	1	1	4	1	1	1	1
5613	경남 김해시	경남농아인협회 김해시지부 운영 지원	2	3	5,900	2	5	6	8	6	1	1	1	4	1	1	1	1
5614	경남 김해시	경남신체장애인복지회 김해시지부 운영 지원	2	3	2,880	2	5	6	8	6	1	1	1	4	1	1	1	1
5615	경남 김해시	경남시각장애인복지연합회 김해지회 운영 지원	2	3	5,100	2	5	6	8	6	1	1	1	4	1	1	1	1
5616	경남 김해시	경남척수장애인협회 김해시지회 운영 지원	2	3	11,000	2	5	6	8	6	1	1	1	4	1	1	1	1
5617	경남 김해시	김해시장애인단체연합회 운영 지원	2	3	73,645	2	5	6	8	6	1	1	1	4	1	1	1	1
5618	경남 김해시	장애인의 날 기념 행사	2	3	30,000	3	5	6	8	6	1	1	1	4	1	1	1	1
5619	경남 김해시	희망 21C 장애인 한마음워크숍	2	3	10,000	3	5	6	8	6	1	1	1	4	1	1	1	1
5620	경남 김해시	신체장애인 문화탐방	2	3	1,000	3	5	6	8	6	1	1	1	4	1	1	1	1
5621	경남 김해시	농아인가족 수련대회	2	3	3,000	3	5	6	8	6	1	1	1	4	1	1	1	1
5622	경남 김해시	사랑의 수어교실 운영	2	3	4,560	3	5	6	8	6	1	1	1	4	1	1	1	1
5623	경남 김해시	농아인의날 기념 화합한마당	2	3	1,500	3	5	6	8	6	1	1	1	4	1	1	1	1
5624	경남 김해시	농아노인 경로행사	2	3	1,000	3	5	6	8	6	1	1	1	4	1	1	1	1
5625	경남 김해시	시각장애인 자연환경 체험활동	2	3	3,000	3	5	6	8	6	1	1	1	4	1	1	1	1
5626	경남 김해시	장애아동의 날 및 장애인 인권문화축제	2	3	6,000	3	5	6	8	6	1	1	1	4	1	1	1	1
5627	경남 김해시	장애인가족 한마당 행사	2	3	3,240	3	5	6	8	6	1	1	1	4	1	1	1	1
5628	경남 김해시	장애아동을 위한 주말 문화체험교실	2	3	4,000	3	5	6	8	6	1	1	1	4	1	1	1	1
5629	경남 김해시	휠체어와 함께하는 걷기대회 및 장애인 가요제	2	3	7,000	3	5	6	8	6	1	1	1	4	1	1	1	1
5630	경남 김해시	장애인과 함께하는 래프팅	2	3	7,000	3	5	6	8	6	1	1	1	4	1	1	1	1
5631	경남 김해시	척수장애인 문화탐방	2	3	2,000	3	5	6	8	6	1	1	1	4	1	1	1	1
5632	경남 김해시	김해장애인 인권영화제	2	3	5,000	3	5	6	8	6	1	1	1	4	1	1	1	1
5633	경남 김해시	장애인자립생활지원센터 지원	2	3	191,000	2	5	2	3	1	3	1	1	3	1	1	1	1
5634	경남 김해시	장애인자립생활지원센터 지원	2	3	158,766	2	5	2	3	1	3	1	1	3	1	1	1	1
5635	경남 김해시	장애인자립생활지원센터 지원	2	3	158,767	2	5	2	3	1	3	1	1	3	1	1	1	1
5636	경남 김해시	장애인자립생활지원센터 지원	2	3	158,767	2	5	2	3	1	3	1	1	3	1	1	1	1
5637	경남 김해시	장애인인권센터 지원	2	3	120,000	2	5	4	8	6	3	1	1	1	1	1	1	1
5638	경남 김해시	장애인인권센터 지원	2	3	120,000	2	5	4	8	6	3	1	1	1	1	1	1	1
5639	경남 김해시	장애인 자립홈 운영비 지원	1	3	30,000	2	5	1	3	1	3	1	1	3	1	1	1	1
5640	경남 김해시	장애인 자립홈 운영비 지원	1	3	30,000	2	5	1	3	1	3	1	1	3	1	1	1	1
5641	경남 김해시	자활사업 인프라 구축	2	8	9,000	3	5	7	8	7	1	1	1	1	1	3	3	3
5642	경남 김해시	민간위탁 자활근로사업	2	8	4,000,000	4	2	4	1	7	1	1	1	2	4	3	3	3
5643	경남 김해시	자산형성지원사업 사례관리자 운영비	2	8	39,296	5	2	7	8	7	1	1	4	5	5	4	4	4
5644	경남 김해시	자활사례관리자 운영비	2	8	31,740	5	2	7	8	7	1	1	4	5	5	4	4	4
5645	경남 김해시	거점형장난감도서관 운영비	2	7	100,000	1	5	7	7	7	3	1	4	5	5	4	4	4
5646	경남 김해시	급식위생관리지원금	2	2	208,800	5	2	7	8	7	5	5	4	5	5	4	4	4
5647	경남 김해시	누리과정 운영비지원	2	3	2,298,240	5	1	7	8	7	5	5	4	5	5	4	4	4
5648	경남 김해시	어린이집 영아반 운영활성화 지원	2	4	792,000	5	6	7	8	7	5	5	4	5	5	4	4	4
5649	경남 김해시	365 열린어린이집	2	4	133,200	5	6	7	8	7	5	5	4	5	5	4	4	4
5650	경남 김해시	정부 미지원 어린이집 냉,난방연료비	2	4	128,800	5	1	7	8	7	5	5	4	5	5	4	4	4
5651	경남 김해시	정부지원어린이집 난방연료비	2	4	23,100	5	1	7	8	7	5	5	4	5	5	4	4	4
5652	경남 김해시	어린이집 실내공기질 점검비 지원	2	4	10,850	6	1	7	8	7	5	5	4	5	5	4	4	4
5653	경남 김해시	공공형어린이집 운영비	2	4	463,800	5	6	7	8	7	5	5	4	5	5	4	4	4
5654	경남 김해시	공공형어린이집 운영활성화비(자체재원)	2	4	63,000	5	6	7	8	7	5	5	4	5	5	4	4	4
5655	경남 김해시	공공형 어린이집 보육품질 지원	2	4	9,000	5	6	7	8	7	5	5	4	5	5	4	4	4

순번	시군구	지출명 (사업명)	시설종류 1. 생활시설 2. 이용시설	사회복지시설 종류 1. 노인복지시설 2. 아동복지시설 3. 장애인복지시설 4. 어린이집 5. 정신건강증진시설 6. 노숙인시설 7. 사회복지관 8. 지역자활센터 9. 다함께돌봄센터 10. 결핵,한센시설 11. 성매매피해지원시설 12. 성폭력피해보호시설 13. 가정폭력보호시설 14. 가족센터 15. 청소년복지시설 16. 기타 ( )	2025년예산 (단위:천원/1년간)	민간이전 분류 (지방자치단체 세출예산 집행기준에 의거) 1. 민간경상사업보조(307-02) 2. 민간단체 법정운영비보조(307-03) 3. 민간행사사업보조(307-04) 4. 민간위탁금(307-05) 5. 사회복지시설 법정운영비보조(307-10) 6. 사회복지사업보조(307-11) 7. 민간인위탁교육비(307-12) 8. 공기관등에대한경상적위탁사업(308-13) 9. 공사공단 경상전출금(309-01)	민간이전지출 근거 (지방보조금 관리기준 참고) 1. 법률에 규정 2. 국고보조 재원(국가지정) 3. 용도 지정 기부금 4. 조례에 직접규정 5. 지자체가 권장하는 사업을 하는 공공기관 6. 시,도 정책 및 재정사정 7. 기타 8. 해당없음	입찰방식: 계약체결방법 (경쟁형태) 1. 일반경쟁 2. 제한경쟁 3. 지명경쟁 4. 수의계약 5. 법정위탁 6. 기타 ( ) 7. 해당없음	입찰방식: 계약기간 1. 1년 2. 2년 3. 3년 4. 4년 5. 5년 6. 기타 ( )년 7. 단기계약 (1년미만) 8. 해당없음	입찰방식: 낙찰자선정방법 1. 적격심사 2. 협상에의한계약 3. 최저가낙찰제 4. 규격가격분리 5. 2단계 경쟁입찰 6. 기타 ( ) 7. 해당없음	운영예산 산정: 운영비산정 1. 내부산정 (지자체 자체적으로 산정) 2. 외부산정 (외부전문기관위탁 산정) 3. 내·외부 모두 산정 4. 산정 無 5. 해당없음	운영예산 산정: 정산방법 1. 내부정산 (지자체 내부적으로 정산) 2. 외부정산 (외부전문기관위탁 정산) 3. 내·외부 모두 산정 4. 정산 無 5. 해당없음	성과평가: 성과평가 실시여부 1. 실시 2. 미실시 3. 향후 추진 4. 해당없음	성과평가: 성과평가 주기 1. 매년 2. 격년 3. 기간만료전 4. 기타 ( ) 5. 해당없음	성과평가: 성과평가 실시 방법 1. 자체 실시 2. 평가단 구성 후 실시 (전문위원 섭외) 3. 전문 평가기관 의뢰 4. 기타 ( ) 5. 해당없음	성과평가: 평가기준 적용방법 1. 관련 조례 적용 2. 전문 평가기관 의뢰 3. 기타 ( ) 4. 해당없음	평가결과 적용: 실제 인센티브 및 패널티 적용 유무 1. 매년 적용 2. 적용 안함 3. 기타 ( ) 4. 해당없음	평가결과 적용: 인센티브 및 패널티 적용근거 1. 조례 2. 계약서 3. 기타 ( ) 4. 해당없음
5656	경남 김해시	가정폭력피해자보호시설 운영비	1	13	238,074	5	1	7	8	7	5	5	4	5	5	4	4	4
5657	경남 김해시	가정폭력피해자보호시설 비수급자 생계비	1	13	21,455	6	1	7	8	7	5	5	4	5	5	4	4	4
5658	경남 김해시	가정폭력피해자보호시설 취사원 지원	1	13	30,000	5	6	7	8	7	5	5	4	5	5	4	4	4
5659	경남 김해시	폭력피해여성 주거지원 운영비	1	13	42,560	6	1	7	8	7	5	5	4	5	5	4	4	4
5660	경남 김해시	가정폭력상담소 운영비	2	13	299,631	5	1	7	8	7	5	5	4	5	5	4	4	4
5661	경남 김해시	가정폭력 피해자 치료회복프로그램 운영	1,2	13	20,351	6	1	7	8	7	5	5	4	5	5	4	4	4
5662	경남 김해시	성폭력상담소 운영비	2	12	156,838	5	1	7	8	7	5	5	4	5	5	4	4	4
5663	경남 김해시	성폭력 피해자 치료회복프로그램 운영	2	12	3,600	6	1	7	8	7	5	5	4	5	5	4	4	4
5664	경남 김해시	김해시가족센터 운영비	2	14	1,524,750	5	2	5	5	1	5	1	4	5	5	4	4	4
5665	경남 김해시	김해시가족센터 진영사업소 운영	2	14	149,510	5	6	5	5	1	5	1	1	1	1	1	1	1
5666	경남 김해시	건강가정지원국 차량임차지원	2	14	7,500	5	6	5	5	1	5	1	1	1	1	1	1	1
5667	경남 김해시	다문화사업국 차량임차지원	2	14	9,000	5	6	5	5	1	5	1	1	1	1	1	1	1
5668	경남 김해시	아이돌보미 건강증진비	2	14	6,870	6	6	5	5	1	5	1	4	5	5	4	4	4
5669	경남 김해시	공동육아나눔터 운영 지원	2	14	226,848	5	2	5	5	1	5	1	4	5	5	4	4	4
5670	경남 김해시	가족상담사업 지원	2	14	35,000	6	6	5	5	1	5	1	1	1	1	1	1	1
5671	경남 김해시	가족끼리 행복캠프 운영	2	14	9,000	6	6	5	5	1	5	1	4	5	5	4	4	4
5672	경남 김해시	공공형 예식장 운영 위탁금	2	14	42,000	4	6	5	5	1	5	1	4	5	5	4	4	4
5673	경남 김해시	다문화가족 특성화 사업	2	14	791,320	6	2	5	5	1	5	1	4	5	5	4	4	4
5674	경남 김해시	여성결혼이민자 김해시가족센터 인턴 채용	2	14	8,600	6	6	5	5	1	5	1	4	5	5	4	4	4
5675	경남 김해시	찾아가는 다문화가족지원센터 운영	2	14	65,000	6	6	5	5	1	5	1	1	1	1	1	1	1
5676	경남 김해시	외국인가정 자녀 교육지원	2	14	52,500	6	6	5	5	1	5	1	1	1	1	1	1	1
5677	경남 김해시	다문화가족 적응지원 및 인식개선 사업	2	14	30,000	6	6	7	8	7	5	5	4	5	5	4	4	4
5678	경남 김해시	지구촌 이동도서관 운영	2	14	12,600	6	6	5	5	1	5	1	1	1	1	1	1	1
5679	경남 김해시	다문화가족 페스티벌 등 행사 참석 지원	2	14	1,000	6	6	5	5	1	5	1	4	5	5	4	4	4
5680	경남 김해시	한부모가족복지시설 입소자 상담치료 지원	1	16	15,000	6	2	7	8	7	5	5	4	5	5	4	4	4
5681	경남 김해시	한부모가족복지시설 아이돌봄서비스 지원	1	16	36,114	6	2	7	8	7	5	5	4	5	5	4	4	4
5682	경남 김해시	한부모가족복지시설 관리운영비	1	16	371,000	5	1	7	8	7	5	5	4	5	5	4	4	4
5683	경남 김해시	요보호아동 그룹홈 운영비 지원	1	2	436,284	5	2	7	8	7	5	1	4	4	5	4	4	4
5684	경남 김해시	다함께돌봄센터 운영비 지원	2	9	12,000	5	2	1	5	6	5	1	4	5	5	4	4	4
5685	경남 김해시	다함께돌봄센터 종사자 명절휴가비 지원	2	9	3,892	5	6	1	5	6	5	1	4	5	5	4	4	4
5686	경남 김해시	지역아동센터 기본 운영비 지원	2	2	606,084	5	2	7	8	7	5	1	4	5	5	4	4	4
5687	경남 김해시	지역아동센터 냉난방비 지원	2	2	60,800	5	6	7	8	7	5	1	4	5	5	4	4	4
5688	경남 김해시	아동보호전문기관 운영비지원	2	2	863,700	5	2	7	8	7	5	5	4	5	5	4	4	4
5689	경남 김해시	아동보호전문기관 방문형 가정회복프로그램 사업 지원	2	2	122,674	5	2	7	8	7	5	5	4	5	5	4	4	4
5690	경남 김해시	학대피해아동쉼터운영비지원	1	2	262,962	5	2	7	8	7	5	5	4	5	5	4	4	4
5691	경남 김해시	학대피해아동쉼터 운영비 지원(도비보조)	1	2	51,906	5	6	7	8	7	5	5	4	5	5	4	4	4
5692	경남 김해시	학대피해아동쉼터 운영 지원(자체재원)	1	2	23,600	5	4	7	8	7	1	1	4	5	5	4	4	4
5693	경남 김해시	청소년회복지원시설 운영지원(국고보조)	1	15	121,985	5	1	7	8	7	1	1	4	5	5	4	4	4
5694	경남 김해시	청소년쉼터 운영 지원(기금보조)	1	15	376,417	5	1	7	8	7	1	1	4	5	5	4	4	4
5695	경남 김해시	경로잔치 행사 지원	2	16	57,000	3	4	7	8	7	1	1	3	5	5	4	4	4
5696	경남 김해시	대한노인회 김해시지회 운영비	2	16	95,010	1	1	7	8	7	1	1	3	5	5	4	4	4
5697	경남 김해시	대한노인회 김해시지회 읍면동분회 운영비	2	16	35,264	1	1	7	8	7	1	1	3	5	5	4	4	4
5698	경남 김해시	제29회 노인의 날 및 경로의 달 행사	2	16	25,000	3	4	7	8	7	1	1	3	5	5	4	4	4
5699	경남 김해시	제8회 김해시장기 노인게이트볼 대회	2	16	5,000	3	4	7	8	7	1	1	3	5	5	4	4	4
5700	경남 김해시	제35회 대한노인회 김해시지회장기 노인게이트볼 대회	2	16	5,000	3	4	7	8	7	1	1	3	5	5	4	4	4
5701	경남 김해시	제15회 한궁대회	2	16	5,000	3	4	7	8	7	1	1	3	5	5	4	4	4

순번	시군구	지출명 (사업명)	시설종류 1. 생활시설 2. 이용시설	사회복지시설 종류 1. 노인복지시설 2. 아동복지시설 3. 장애인복지시설 4. 어린이집 5. 정신건강증진시설 6. 노숙인시설 7. 사회복지관 8. 지역자활센터 9. 다함께돌봄센터 10. 결핵,한센시설 11. 성매매피해지원시설 12. 성폭력피해보호시설 13. 가정폭력보호시설 14. 가족센터 15. 청소년복지시설 16. 기타 ( )	2025년예산 (단위:천원/1년간)	민간이전 분류 (지방자치단체 세출예산 집행기준에 의거) 1. 민간경상사업보조(307-02) 2. 민간단체 법정운영비보조(307-03) 3. 민간행사사업보조(307-04) 4. 민간위탁금(307-05) 5. 사회복지시설 법정운영비보조(307-10) 6. 사회복지사업보조(307-11) 7. 민간인위탁교육비(307-12) 8. 공기관등에대한경상적위탁사업(308-13) 9. 공사공단 경상전출금(309-01)	민간이전지출 근거 (지방보조금 관리기준 참고) 1. 법률에 규정 2. 국고보조 재원(국가지정) 3. 용도 지정 기부금 4. 조례에 직접규정 5. 지자체가 권장하는 사업을 하는 공공기관 6. 시,도 정책 및 재정사정 7. 기타 8. 해당없음	입찰방식			운영예산 산정		성과평가				평가결과 적용	
								계약체결방법 (경쟁형태) 1. 일반경쟁 2. 제한경쟁 3. 지명경쟁 4. 수의계약 5. 법정위탁 6. 기타 ( ) 7. 해당없음	계약기간 1. 1년 2. 2년 3. 3년 4. 4년 5. 5년 6. 기타 ( )년 7. 단기계약 (1년미만) 8. 해당없음	낙찰자선정방법 1. 적격심사 2. 협상에의한계약 3. 최저가낙찰제 4. 규격가격분리 5. 2단계 경쟁입찰 6. 기타 ( ) 7. 해당없음	운영비산정 1. 내부산정 (지자체 자체적으로 산정) 2. 외부산정 (외부전문기관위탁 산정) 3. 내·외부 모두 산정 4. 산정 無 5. 해당없음	정산방법 1. 내부정산 (지자체 내부적으로 정산) 2. 외부정산 (외부전문기관위탁 정산) 3. 내·외부 모두 산정 4. 정산 無 5. 해당없음	성과평가 실시여부 1. 실시 2. 미실시 3. 향후 추진 4. 해당없음	성과평가 주기 1. 매년 2. 격년 3. 기간만료전 4. 기타 ( ) 5. 해당없음	성과평가 실시 방법 1. 자체 실시 2. 평가단 구성 후 실시 (전문위원 섭외) 3. 전문 평가기관 의뢰 4. 기타 ( ) 5. 해당없음	평가기준 적용방법 1. 관련 조례 적용 2. 전문 평가기관 의뢰 3. 기타 ( ) 4. 해당없음	실제 인센티브 및 페널티 적용 유무 1. 매년 적용 2. 적용 안함 3. 기타 ( ) 4. 해당없음	인센티브 및 페널티 적용근거 1. 조례 2. 계약서 3. 기타 ( ) 4. 해당없음
5702	경남 김해시	제3회 노인파크골프 대회	2	16	5,000	3	4	7	8	7	1	1	3	5	5	4	4	4
5703	경남 김해시	고향마을 한마당 잔치행사	2	16	4,500	3	4	7	8	7	5	5	4	5	5	4	4	4
5704	경남 김해시	지역탐방 및 역사문화체험	2	16	4,500	3	4	7	8	7	5	5	4	5	5	4	4	4
5705	경남 김해시	김해노인일자리창출 지원센터 운영	2	1	290,000	5	1	6	5	1	5	1	4	5	5	4	4	4
5706	경남 김해시	김해시니어클럽 운영	2	1	350,000	5	1	6	5	1	5	1	4	5	5	4	4	4
5707	경남 김해시	김해가야시니어클럽 운영	2	1	340,000	5	1	6	5	1	5	1	4	5	5	4	4	4
5708	경남 김해시	방문의료지원센터운영	2	16	80,000	8	2	4	3	1	1	1	4	5	5	4	4	4
5709	경남 김해시	케어안심주택 운영	2	16	110,000	4	2	4	6	1	1	1	4	5	5	4	4	4
5710	경남 김해시	간단집수리운영	2	16	20,000	4	2	4	3	1	1	1	4	5	5	4	4	4
5711	경남 김해시	가사서비스지원사업운영	2	16	449,300	4	2	4	3	1	1	1	4	5	5	4	4	4
5712	경남 김해시	병원동행서비스지원사업운영	2	16	100,000	4	2	4	3	1	1	1	4	5	5	4	4	4
5713	경남 김해시	식사지원사업운영	2	16	315,000	4	2	4	3	1	1	1	4	5	5	4	4	4
5714	경남 김해시	클린버스운영	2	16	10,000	4	4	4	3	1	1	1	4	5	5	4	4	4
5715	경남 김해시	무공수훈자회 장진호 전투영웅 추모행사 참가	2	16	4,500	1	1	7	8	7	5	5	3	5	5	4	4	4
5716	경남 김해시	월남전참전자회 파병의날 행사 참가	2	16	2,190	1	1	7	8	7	5	5	3	5	5	4	4	4
5717	경남 김해시	고엽제전우회 고엽제의 날 만남의장 행사 참가	2	16	2,540	1	1	7	8	7	5	5	3	5	5	4	4	4
5718	경남 김해시	9개 보훈단체 운영비	2	16	207,744	2	1	7	8	7	5	5	3	5	5	4	4	4
5719	경남 김해시	보훈가족 위안회 행사	2	16	10,000	3	1	7	8	7	5	5	3	5	5	4	4	4
5720	경남 김해시	보훈단체 전적지 순례 행사	2	16	34,000	3	1	7	8	7	5	5	3	5	5	4	4	4
5721	경남 김해시	경로당 냉난방비 및 양곡비 지원	2	1	1,471,178	5	2	7	8	7	5	5	4	5	5	4	4	4
5722	경남 김해시	경로당 양곡비 지원(택배배송료)	2	1	34,770	8	5	4	1	2	1	1	4	5	5	4	4	4
5723	경남 김해시	경로당 운영비 지원	2	1	752,400	5	1,4,6	7	8	7	5	5	4	5	5	4	4	4
5724	경남 김해시	경로당 프로그램비 지원	2	1	460,000	5	1,4,6	7	8	7	5	5	4	5	5	4	4	4
5725	경남 김해시	경로당 운영 지원(자체재원)	2	1	326,868	5	1,4	7	8	7	5	5	4	5	5	4	4	4
5726	경남 김해시	경로당 운영 지원(도비보조)	2	16	1,212,400	5	1	7	8	7	5	5	4	5	5	4	4	4
5727	경남 김해시	방문의료지원센터운영	2	16	120,000	8	2	4	3	1	1	1	4	5	5	4	4	4
5728	경남 김해시	케어안심주택 운영	2	16	125,000	4	2	4	6	1	1	1	4	5	5	4	4	4
5729	경남 김해시	간단집수리운영	2	16	20,000	4	2	4	3	1	1	1	4	5	5	4	4	4
5730	경남 김해시	가사서비스지원사업운영	2	16	400,000	4	2	4	3	1	1	1	4	5	5	4	4	4
5731	경남 김해시	병원동행서비스지원사업운영	2	16	80,000	4	2	4	3	1	1	1	4	5	5	4	4	4
5732	경남 김해시	식사지원사업운영	2	16	320,000	4	2	4	3	1	1	1	4	5	5	4	4	4
5733	경남 김해시	홈클린버스운영	2	16	10,000	4	4	7	8	7	1	1	3	5	5	4	4	4
5734	경남 밀양시	가족센터 기본예산	2	14	338,600	4	1	1	5	1	1	1	4	5	5	4	4	4
5735	경남 밀양시	취약.위기가족 통합지원	2	14	315,870	4	1	1	5	1	1	1	4	5	5	4	4	4
5736	경남 밀양시	다문화가족자녀지원	2	14	172,870	4	1	1	5	1	1	1	4	5	5	4	4	4
5737	경남 밀양시	가족센터 운영(자체)	2	14	95,000	4	1	1	5	1	1	1	4	5	5	4	4	4
5738	경남 밀양시	여성결혼이민자 가족센터 인턴채용	2	14	9,717	6	6	1	5	1	1	1	4	5	5	4	4	4
5739	경남 밀양시	다문화가족특성화사업	2	14	269,440	6	1	1	5	1	1	1	4	5	5	4	4	4
5740	경남 밀양시	건강가정.다문화가족 지원	2	14	41,320	6	4	1	5	1	1	1	4	5	5	4	4	4
5741	경남 밀양시	다문화 고향방문 지원사업	2	14	16,000	6	4	1	5	1	1	1	4	5	5	4	4	4
5742	경남 밀양시	다문화가족 한마당축제	2	14	9,000	3	4	1	5	1	1	1	4	5	5	4	4	4
5743	경남 밀양시	공동육아나눔터지원	2	14	121,488	6	1	1	5	1	1	1	4	5	5	4	4	4
5744	경남 밀양시	가족끼리 행복캠프 운영	2	14	9,000	6	7	1	5	1	1	1	4	5	5	4	4	4
5745	경남 밀양시	아이돌봄서비스 본인부담금 지원(경남형)	2	14	210,000	6	7	1	5	1	1	1	4	5	5	4	4	4
5746	경남 밀양시	아이돌봄서비스 본인부담금 지원	2	14	244,000	6	7	1	5	1	1	1	4	5	5	4	4	4
5747	경남 밀양시	아이돌보미 건강증진비 지원사업	2	14	2,400	6	7	1	5	1	1	1	4	5	5	4	4	4

순번	시군구	지출명 (사업명)	시설종류 1. 생활시설 2. 이용시설	사회복지시설 종류 1. 노인복지시설 2. 아동복지시설 3. 장애인복지시설 4. 어린이집 5. 정신건강증진시설 6. 노숙인시설 7. 사회복지관 8. 지역자활센터 9. 다함께돌봄센터 10. 결핵,한센시설 11. 성매매피해지원시설 12. 성폭력피해보호시설 13. 가정폭력보호시설 14. 가족센터 15. 청소년복지시설 16. 기타 ( )	2025년예산 (단위:천원/1년간)	민간이전 분류 (지방자치단체 세출예산 집행기준에 의거) 1. 민간경상사업보조(307-02) 2. 민간단체 법정운영비보조(307-03) 3. 민간행사사업보조(307-04) 4. 민간위탁금(307-05) 5. 사회복지시설 법정운영비보조(307-10) 6. 사회복지사업보조(307-11) 7. 민간인위탁교육비(307-12) 8. 공기관등에대한경상적위탁사업(308-13) 9. 공사공단 경상전출금(309-01)	민간이전지출 근거 (지방보조금 관리기준 참고) 1. 법률에 규정 2. 국고보조 재원(국가지정) 3. 용도 지정 기부금 4. 조례에 직접규정 5. 지자체가 권장하는 사업을 하는 공공기관 6. 시,도 정책 및 재정사정 7. 기타 8. 해당없음	입찰방식			운영예산 산정		성과평가				평가결과 적용	
								계약체결방법 (경쟁형태) 1. 일반경쟁 2. 제한경쟁 3. 지명경쟁 4. 수의계약 5. 법정위탁 6. 기타 ( ) 7. 해당없음	계약기간 1. 1년 2. 2년 3. 3년 4. 4년 5. 5년 6. 기타 ( )년 7. 단기계약 (1년미만) 8. 해당없음	낙찰자선정방법 1. 적격심사 2. 협상에의한계약 3. 최저가낙찰제 4. 규격가격분리 5. 2단계 경쟁입찰 6. 기타 ( ) 7. 해당없음	운영비산정 1. 내부산정 (지자체 자체적으로 산정) 2. 외부산정 (외부전문기관위탁 산정) 3. 내·외부 모두 산정 4. 산정 無 5. 해당없음	정산방법 1. 내부정산 (지자체 내부적으로 정산) 2. 외부정산 (외부전문기관위탁 정산) 3. 내·외부 모두 산정 4. 정산 無 5. 해당없음	성과평가 실시여부 1. 실시 2. 미실시 3. 향후 추진 4. 해당없음	성과평가 주기 1. 매년 2. 격년 3. 기간만료전 4. 기타 ( ) 5. 해당없음	성과평가 실시 방법 1. 자체 실시 2. 평가단 구성 후 실시 (전문위원 섭외) 3. 전문 평가기관 의뢰 4. 기타 ( ) 5. 해당없음	평가기준 적용방법 1. 관련 조례 적용 2. 전문 평가기관 의뢰 3. 기타 ( ) 4. 해당없음	실제 인센티브 및 페널티 적용 유무 1. 매년 적용 2. 적용 안함 3. 기타 ( ) 4. 해당없음	인센티브 및 페널티 적용근거 1. 조례 2. 계약서 3. 기타 ( ) 4. 해당없음
5748	경남 밀양시	아동·여성안전 지역연대 운영	2	12	13,200	6	1	7	8	7	1	1	4	5	5	4	4	4
5749	경남 밀양시	찾아가는 폭력예방 교육	2	12	7,200	1	7	7	8	7	1	1	4	5	5	4	4	4
5750	경남 밀양시	동지역차량운영비	2	4	33,600	6	4	6	6	7	5	1	1	3	1	1	4	4
5751	경남 밀양시	차량운영비	2	4	74,228	6	2	6	6	7	5	1	1	3	1	1	4	4
5752	경남 밀양시	교재교구비	2	4	21,392	6	2	6	6	7	5	1	1	3	1	1	4	4
5753	경남 밀양시	난방연료비	2	4	13,500	6	6	6	6	7	5	1	1	3	1	1	4	4
5754	경남 밀양시	장난감도서관 운영	2	7	4,800	1	4	7	8	7	5	1	1	3	1	1	4	4
5755	경남 밀양시	어린이집 보수교육	2	4	3,852	6	2	6	5	7	5	1	1	3	1	1	4	4
5756	경남 밀양시	365 열린어린이집 지원사업	2	4	50,000	5	6	6	5	7	5	1	1	3	1	1	4	4
5757	경남 거제시	사회복지관 운영	2	7	3,495,822	4	1	7	8	7	1	1	1	1	1	1	4	4
5758	경남 거제시	자활근로사업	2	8	4,034,420	4	2	7	1	7	5	1	1	1	4	3	1	3
5759	경남 거제시	지역자활센터운영지원	2	8	481,090	5	2	7	1	7	5	1	1	1	4	3	1	3
5760	경남 거제시	지역자활센터운영지원(도비)	2	8	22,400	5	6	7	1	7	5	1	1	1	4	3	1	3
5761	경남 거제시	자활사례관리	2	8	15,871	5	2	7	1	7	5	1	1	1	4	3	1	3
5762	경남 거제시	가정폭력상담소 운영 지원	2	13	154,879	5	1	7	8	7	5	5	4	5	5	4	4	4
5763	경남 거제시	가정폭력상담소 임차료 지원	2	13	4,400	5	1	7	8	7	5	5	4	5	5	4	4	4
5764	경남 거제시	가정폭력피해자 보호시설 운영 지원	2	13	301,500	5	1	7	8	7	5	5	4	5	5	4	4	4
5765	경남 거제시	가정폭력피해자 보호시설 취사원 지원	2	13	30,000	5	1	7	8	7	5	5	4	5	5	4	4	4
5766	경남 거제시	성폭력상담소 운영 지원	2	12	149,886	5	1	7	8	7	5	5	4	5	5	4	4	4
5767	경남 거제시	성폭력상담소 임차료 지원	2	12	3,900	5	1	7	8	7	5	5	4	5	5	4	4	4
5768	경남 거제시	여성폭력방지 및 피해자 지원	2	12,13	40,000	6	1	7	8	7	5	5	4	5	5	4	4	4
5769	경남 거제시	가정폭력 피해자보호시설 비수급자 생계비 지원	2	13	15,211	6	1	7	8	7	5	5	4	5	5	4	4	4
5770	경남 거제시	가정폭력피해자 직업훈련비 지원	2	13	1,770	6	1	7	8	7	5	5	4	5	5	4	4	4
5771	경남 거제시	가정폭력피해자 치료·회복프로그램 운영 지원	2	13	11,032	6	1	7	8	7	5	5	4	5	5	4	4	4
5772	경남 거제시	가정폭력피해자 의료비 지원	2	12,13	3,233	6	1	7	8	7	5	5	4	5	5	4	4	4
5773	경남 거제시	성폭력피해자 치료·회복프로그램 운영 지원	2	12	3,090	6	1	7	8	7	5	5	4	5	5	4	4	4
5774	경남 거제시	가족센터 운영(기본)	2	14	338,600	4	1	7	5	7	1	1	4	5	5	4	4	4
5775	경남 거제시	온가족보듬사업	2	14	283,370	4	1	7	5	7	1	1	4	5	5	4	4	4
5776	경남 거제시	다문화가족 교류소통공간 운영	2	14	45,140	4	1	7	5	7	1	1	4	5	5	4	4	4
5777	경남 거제시	다문화가족 자녀 지원	2	14	405,170	4	1	7	5	7	1	1	4	5	5	4	4	4
5778	경남 거제시	결혼이민자 직업훈련프로그램	2	14	51,000	4	1	7	5	7	1	1	4	5	5	4	4	4
5779	경남 거제시	소식지 발간	2	14	2,000	4	1	7	5	7	1	1	4	5	5	4	4	4
5780	경남 거제시	방문교육지도사 수당	2	14	2,000	4	1	7	5	7	1	1	4	5	5	4	4	4
5781	경남 거제시	가족센터 종사자 수당 지원	2	14	52,000	4	1	7	5	7	1	1	4	5	5	4	4	4
5782	경남 거제시	공동육아나눔터 운영	2	14	174,732	4	1	7	5	7	1	1	4	5	5	4	4	4
5783	경남 거제시	다문화가족 방문교육서비스	2	14	222,500	4	1	7	5	7	1	1	4	5	5	4	4	4
5784	경남 거제시	결혼이민자 통번역서비스	2	14	72,220	4	1	7	5	7	1	1	4	5	5	4	4	4
5785	경남 거제시	다문화가족 자녀 언어발달 지원	2	14	41,740	4	1	7	5	7	1	1	4	5	5	4	4	4
5786	경남 거제시	결혼이민자 역량강화 지원	2	14	24,500	4	1	7	5	7	1	1	4	5	5	4	4	4
5787	경남 거제시	작은다문화학교 운영	2	14	25,000	4	1	7	5	7	1	1	4	5	5	4	4	4
5788	경남 거제시	가족끼리 행복캠프 운영	2	14	9,000	4	1	7	5	7	1	1	4	5	5	4	4	4
5789	경남 거제시	가족한마당행사	2	14	11,000	4	1	7	5	7	1	1	4	5	5	4	4	4
5790	경남 거제시	여성결혼이민자 원어민강사 수당 지원	2	14	12,470	4	1	7	5	7	1	1	4	5	5	4	4	4
5791	경남 거제시	여성결혼이민자 인턴채용	2	14	8,040	4	1	7	5	7	1	1	4	5	5	4	4	4
5792	경남 거제시	농촌공동아이돌봄센터 지원	2	4	13,700	5	6	7	8	7	5	5	4	5	5	4	4	4
5793	경남 거제시	어린이집 운영지원(농어촌소재 법인어린이집)	2	4	5,149	5	2	7	8	7	5	5	4	5	5	4	4	4

순번	시군구	지출명 (사업명)	시설종류	사회복지시설 종류	2025년예산 (단위:천원/1년간)	민간이전 분류 (지방자치단체 세출예산 집행기준에 의거)	민간이전지출 근거 (지방보조금 관리기준 참고)	입찰방식			운영예산 산정		성과평가				평가결과 적용	
			1. 생활시설 2. 이용시설	1. 노인복지시설 2. 아동복지시설 3. 장애인복지시설 4. 어린이집 5. 정신건강증진시설 6. 노숙인시설 7. 사회복지관 8. 지역자활센터 9. 다함께돌봄센터 10. 결핵,한센시설 11. 성매매피해지원시설 12. 성폭력피해보호시설 13. 가정폭력보호시설 14. 가족센터 15. 청소년복지시설 16. 기타 ( )		1. 민간경상사업보조(307-02) 2. 민간단체 법정운영비보조(307-03) 3. 민간행사사업보조(307-04) 4. 민간위탁금(307-05) 5. 사회복지시설 법정운영비보조(307-10) 6. 사회복지사업보조(307-11) 7. 민간인위탁교육비(307-12) 8. 공기관등에대한경상적위탁사업(308-13) 9. 공사공단 경상전출금(309-01)	1. 법률에 규정 2. 국고보조 재원(국가지정) 3. 용도 지정 기부금 4. 조례에 직접규정 5. 지자체가 권장하는 사업을 하는 공공기관 6. 시,도 정책 및 재정사정 7. 기타 8. 해당없음	계약체결방법 (경쟁형태) 1. 일반경쟁 2. 제한경쟁 3. 지명경쟁 4. 수의계약 5. 법정위탁 6. 기타 ( ) 7. 해당없음	계약기간 1. 1년 2. 2년 3. 3년 4. 4년 5. 5년 6. 기타 ( )년 7. 단기계약 (1년미만) 8. 해당없음	낙찰자선정방법 1. 적격심사 2. 협상에의한계약 3. 최저가낙찰제 4. 규격가격분리 5. 2단계 경쟁입찰 6. 기타 ( ) 7. 해당없음	운영비산정 1. 내부산정 (지자체 자체적으로 산정) 2. 외부산정 (외부전문기관위탁 산정) 3. 내·외부 모두 산정 4. 산정 無 5. 해당없음	정산방법 1. 내부정산 (지자체 내부적으로 정산) 2. 외부정산 (외부전문기관위탁 정산) 3. 내·외부 모두 산정 4. 정산 無 5. 해당없음	성과평가 실시여부 1. 실시 2. 미실시 3. 향후 추진 4. 해당없음	성과평가 주기 1. 매년 2. 격년 3. 기간만료전 4. 기타 ( ) 5. 해당없음	성과평가 실시 방법 1. 자체 실시 2. 평가단 구성 후 실시 (전문위원 섭외) 3. 전문 평가기관 의뢰 4. 기타 ( ) 5. 해당없음	평가기준 적용방법 1. 관련 조례 적용 2. 전문 평가기관 의뢰 3. 기타 ( ) 4. 해당없음	실제 인센티브 및 페널티 적용 유무 1. 매년 적용 2. 적용 안함 3. 기타 ( ) 4. 해당없음	인센티브 및 페널티 적용근거 1. 조례 2. 계약서 3. 기타 ( ) 4. 해당없음
5794	경남 거제시	누리과정 운영비 지원	2	4	787,619	5	2	7	8	7	5	5	4	5	5	4	4	4
5795	경남 거제시	어린이집 교재교구비 지원	2	4	120,039	5	2	7	8	7	5	5	4	5	5	4	4	4
5796	경남 거제시	어린이집 운영지원(차량운영비)	2	4	105,092	5	2	7	8	7	5	5	4	5	5	4	4	4
5797	경남 거제시	동(洞) 지역 어린이집 차량 운영비 지원	2	4	115,200	5	2	7	8	7	5	5	4	5	5	4	4	4
5798	경남 거제시	공공형어린이집 운영비 지원	2	4	561,474	5	2	7	8	7	5	5	4	5	5	4	4	4
5799	경남 거제시	공공형어린이집 보육품질 지원	2	4	15,600	5	2	7	8	7	5	5	4	5	5	4	4	4
5800	경남 거제시	어린이집 냉난방비 지원	2	4	48,400	5	2	7	8	7	5	5	4	5	5	4	4	4
5801	경남 거제시	급식위생관리지원금 지원	2	4	137,975	5	2	7	8	7	5	5	4	5	5	4	4	4
5802	경남 거제시	365 열린 어린이집 운영	2	4	275,040	5	2	7	8	7	5	5	4	5	5	4	4	4
5803	경남 거제시	어린이집 영아반 운영활성화 지원	2	4	309,600	5	2	7	8	7	5	5	4	5	5	4	4	4
5804	경남 거제시	어린이집 반 운영비 지원	2	4	738,000	5	2	7	8	7	5	5	4	5	5	4	4	4
5805	경남 거제시	민간 노인교실 운영	2	1	10,500	5	1	6	8	7	1	1	1	1	1	3	4	4
5806	경남 거제시	지회부설 노인교실 운영	2	1	70,000	5	1	6	8	7	1	1	1	1	1	3	4	4
5807	경남 거제시	지회부설 노인교실 선진지 견학	2	1	9,000	6	1	6	8	7	1	1	1	1	1	3	4	4
5808	경남 거제시	지회부설 노인교실 졸업식 행사	2	1	4,000	6	1	6	8	7	1	1	1	1	1	3	4	4
5809	경남 거제시	경로당 운영	2	1	731,160	5	2	7	8	7	5	5	4	5	5	4	4	4
5810	경남 거제시	경로당 냉난방비 및 양곡비 지원	2	1	799,100	5	2	7	8	7	5	5	4	5	5	4	4	4
5811	경남 거제시	양로시설 운영비 지원(2단계전환)	1	1	1,012,046	5	1	7	8	7	1	1	4	5	5	4	4	4
5812	경남 거제시	재가노인복지시설 운영	2	1	263,000	5	6	6	8	7	1	1	4	5	5	4	4	4
5813	경남 거제시	재가노인복지시설 운영	2	1	291,147	5	6	6	8	7	1	1	4	5	5	4	4	4
5814	경남 거제시	재가노인복지시설 운영	2	1	283,736	5	6	6	8	7	1	1	4	5	5	4	4	4
5815	경남 거제시	거제시장애인복지관 운영	2	3	1,747,879	4	1	5	5	7	1	1	1	1	1	3	4	4
5816	경남 거제시	장애인거주시설 공기청정기 렌탈지원	1	3	2,981	5	2	7	8	7	5	5	4	5	5	4	4	4
5817	경남 거제시	장애인거주시설 기능보강	1	3	6,710	5	2	7	8	7	5	5	4	5	5	4	4	4
5818	경남 거제시	장애인 공동생활가정 운영(10개소)	1	3	854,679	5	6	7	8	7	5	5	4	5	5	4	4	4
5819	경남 거제시	장애인의료재활시설 운영	2	3	577,618	5	6	7	8	7	5	5	4	5	5	4	4	4
5820	경남 거제시	장애인주간보호시설 운영비 지원(2개소)	2	3	911,472	5	6	7	8	7	5	5	4	5	5	4	4	4
5821	경남 거제시	장애인주간보호시설 기능보강	2	3	6,404	5	6	7	8	7	5	5	4	5	5	4	4	4
5822	경남 거제시	시각장애인 주간보호센터 운영	2	3	152,000	5	6	7	8	7	5	5	4	5	5	4	4	4
5823	경남 거제시	장애인생활이동지원센터 운영	2	3	119,000	5	6	7	8	7	5	5	4	5	5	4	4	4
5824	경남 거제시	장애인수어통역센터 운영	2	3	222,700	5	6	7	8	7	5	5	4	5	5	4	4	4
5825	경남 거제시	장애인직업재활시설 운영비 지원(2개소)	2	3	1,062,226	5	1	7	8	7	5	5	4	5	5	4	4	4
5826	경남 거제시	장애인거주시설 IoT, AI 활용 돌봄사업 운영비	2	3	296	5	2	7	8	7	5	5	4	5	5	4	4	4
5827	경남 거제시	장애인의료재활시설 기능보강	2	3	200,000	5	2	7	8	7	5	5	4	5	5	4	4	4
5828	경남 거제시	아동양육시설 운영 지원	1	2	3,083,020	5	1	7	8	7	1	3	1	1	1,2	3	1	3
5829	경남 거제시	요보호아동 그룹홈 운영 지원	1	2	292,056	5	1	7	8	7	5	1	4	5	5	4	4	4
5830	경남 거제시	공동생활가정 교재교구비 지원	1	2	1,650	5	1	7	8	7	1	1	1	1	1,2	3	1	3
5831	경남 거제시	학대피해아동쉼터 운영 지원	1	2	258,700	5	1	5	5	1	5	1	4	5	5	4	4	4
5832	경남 거제시	학대피해아동쉼터 운영 지원(도비보조)	1	2	41,132	5	1	5	5	1	5	1	4	5	5	4	4	4
5833	경남 거제시	아동보호전문기관 운영 지원	2	2	493,944	5	1	5	5	1	5	1	4	5	5	4	4	4
5834	경남 거제시	방문형 가정회복 프로그램	2	2	122,674	5	1	5	5	1	5	1	4	5	5	4	4	4
5835	경남 거제시	아동보호전문기관 운영 지원(도비보조)	2	2	79,660	5	1	5	5	1	5	1	4	5	5	4	4	4
5836	경남 거제시	다함께돌봄센터 인건비 지원	2	9	543,691	4	1	1	5	1	5	1	1	1	1	3	4	4
5837	경남 거제시	다함께돌봄센터 운영시간 연장 지원	2	9	24,168	4	1	1	5	1	5	1	1	1	1	3	4	4
5838	경남 거제시	다함께돌봄센터 명절휴가비지원	2	9	23,481	4	6	1	5	1	5	1	1	1	1	3	4	4
5839	경남 거제시	다함께돌봄센터 종사자 수당 지원	2	9	36,400	4	6	1	5	1	5	1	1	1	1	3	4	4

순번	시군구	지출명 (사업명)	시설종류 1. 생활시설 2. 이용시설	사회복지시설 종류 1. 노인복지시설 2. 아동복지시설 3. 장애인복지시설 4. 어린이집 5. 정신건강증진시설 6. 노숙인시설 7. 사회복지관 8. 지역자활센터 9. 다함께돌봄센터 10. 결핵,한센시설 11. 성매매피해지원시설 12. 성폭력피해보호시설 13. 가정폭력보호시설 14. 가족센터 15. 청소년복지시설 16. 기타 (　　　)	2025년예산 (단위:천원/1년간)	민간이전 분류 (지방자치단체 세출예산 집행기준에 의거) 1. 민간경상사업보조(307-02) 2. 민간단체 법정운영비보조(307-03) 3. 민간행사사업보조(307-04) 4. 민간위탁금(307-05) 5. 사회복지시설 법정운영비보조(307-10) 6. 사회복지사업보조(307-11) 7. 민간인위탁교육비(307-12) 8. 공기관등에대한경상적위탁사업(308-13) 9. 공사공단 경상전출금(309-01)	민간이전지출 근거 (지방보조금 관리기준 참고) 1. 법률에 규정 2. 국고보조 재원(국가지정) 3. 용도 지정 기부금 4. 조례에 직접규정 5. 지자체가 권장하는 사업을 하는 공공기관 6. 시,도 정책 및 재정사정 7. 기타 8. 해당없음	입찰방식			운영예산 산정		성과평가				평가결과 적용	
								계약체결방법 (경쟁형태) 1. 일반경쟁 2. 제한경쟁 3. 지명경쟁 4. 수의계약 5. 법정위탁 6. 기타 () 7. 해당없음	계약기간 1. 1년 2. 2년 3. 3년 4. 4년 5. 5년 6. 기타 ( )년 7. 단기계약 (1년미만) 8. 해당없음	낙찰자선정방법 1. 적격심사 2. 협상에의한계약 3. 최저가낙찰제 4. 규격가격분리 5. 2단계 경쟁입찰 6. 기타 () 7. 해당없음	운영비산정 1. 내부산정 (지자체 자체적으로 산정) 2. 외부산정 (외부전문기관위탁 산정) 3. 내·외부 모두 산정 4. 산정 無 5. 해당없음	정산방법 1. 내부정산 (지자체 내부적으로 정산) 2. 외부정산 (외부전문기관위탁 정산) 3. 내·외부 모두 산정 4. 정산 無 5. 해당없음	성과평가 실시여부 1. 실시 2. 미실시 3. 향후 추진 4. 해당없음	성과평가 주기 1. 매년 2. 격년 3. 기간만료전 4. 기타 () 5. 해당없음	성과평가 실시 방법 1. 자체 실시 2. 평가단 구성 후 실시 (전문위원 섭외) 3. 전문 평가기관 의뢰 4. 기타 () 5. 해당없음	평가기준 적용방법 1. 관련 조례 적용 2. 전문 평가기관 의뢰 3. 기타 () 4. 해당없음	실제 인센티브 및 페널티 적용 유무 1. 매년 적용 2. 적용 안함 3. 기타 ( ) 4. 해당없음	인센티브 및 페널티 적용근거 1. 조례 2. 계약서 3. 기타 ( ) 4. 해당없음
5840	경남 거제시	지역아동센터 운영비 지원	2	2	206,616	5	1	7	8	7	5	1	1	1	1	3	2	4
5841	경남 거제시	지역아동센터 냉난방비 지원	2	2	17,500	5	6	7	8	7	5	1	1	1	1	3	2	4
5842	경남 거제시	지역아동센터 교재교구비 지원	2	2	7,150	5	4	7	8	7	1	1	1	1	1	3	1	3
5843	경남 거제시	지역아동센터 연합캠프 프로그램비 지원	2	2	8,000	3	4	7	8	7	1	1	1	1	1	3	1	3
5844	경남 양산시	상하북종합사회복지관 운영	2	7	943,670	4	5	2	5	1	1	1	4	5	5	4	4	4
5845	경남 양산시	양산시종합사회복지관 운영	2	7	1,134,000	4	5	2	5	1	1	1	4	5	5	4	4	4
5846	경남 양산시	푸드뱅크운영지원	2	7	47,000	6	6	7	8	2	1	1	1	1	1	1	1	1
5847	경남 양산시	저소득 밑반찬 및 식사배달사업	2	7	233,650	6	6	7	8	2	1	1	1	1	1	1	1	1
5848	경남 양산시	웅상종합사회복지관 운영	2	7	230,940	8	5	7	8	7	1	1	1	1	3	2	1	2
5849	경남 양산시	지역사회시니어클럽운영	2	16	376,600	5	4	5	5	1	3	1	1	1	3	2	1	3
5850	경남 양산시	장애인직업재활시설 운영지원	2	3	1,460,920	5	1	1	5	1	1	1	1	4	4	3	3	3
5851	경남 양산시	장애인 생산물품 단가지원	2	3	35,000	6	6	1	5	1	1	1	4	5	5	4	4	4
5852	경남양산시	양로시설 운영비지원	1	1	961,920	5	6	7	8	7	1	1	4	4	5	4	4	4
5853	경남양산시	노인복지관 운영	2	1	318,757	8	1	7	8	7	1	1	4	5	5	4	4	4
5854	경남양산시	노인복지관 운영	2	1	316,255	8	1	7	8	7	1	1	4	5	5	4	4	4
5855	경남 양산시	장애인주간보호시설운영	2	3	893,302	5	1	7	8	7	1	1	4	5	5	4	4	4
5856	경남 양산시	시각장애인주간보호시설 운영	2	3	162,000	5	1	7	8	7	1	1	4	5	5	4	4	4
5857	경남 양산시	장애인생활이동지원센터 운영	2	3	142,104	5	1	7	8	7	1	1	4	5	5	4	4	4
5858	경남 양산시	수어통역센터 운영	2	3	320,647	5	1	7	8	7	1	1	4	5	5	4	4	4
5859	경남 양산시	장애인단기거주시설 운영	1	3	262,653	5	1	7	8	7	1	1	4	5	5	4	4	4
5860	경남 양산시	장애인복지관 운영	2	3	1,803,819	8	1	7	8	7	1	1	4	5	5	4	4	4
5861	경남 의령군	장애인 생활이동지원센터 운영지원	2	3	92,000	5	1	7	8	7	1	1	1	1	1	1	1	1
5862	경남 의령군	시각장애인주간보호소 운영지원	2	3	103,000	5	1	7	8	7	1	1	1	1	1	1	1	1
5863	경남 의령군	수어통역센터 운영지원	2	3	162,500	5	1	7	8	7	1	1	1	1	1	1	1	1
5864	경남 의령군	장애인직업재활시설 운영지원	2	3	273,898	5	1	7	8	7	1	1	1	1	1	1	1	1
5865	경남 의령군	장애인단기거주시설운영지원	1	3	864,198	5	1	7	8	7	1	2	1	1	1	1	1	1
5866	경남 의령군	장애인거주시설운영	1	3	3,017,727	5	1, 2	7	8	7	1	2	1	1	1	1	1	1
5867	경남 의령군	가족센터 통합서비스 지원(센터운영비)	2	14	720,330	5	2	5	8	1	2	2	4	5	5	4	4	4
5868	경남 의령군	다문화가족 특성화사업	2	14	144,600	6	2	5	8	1	2	2	4	5	5	4	4	4
5869	경남 의령군	결혼이민자 역량강화지원사업	2	14	15,500	6	2	5	8	1	2	2	4	5	5	4	4	4
5870	경남 의령군	가족끼리 행복캠프 운영 지원	2	14	5,680	6	6	5	8	1	2	2	4	5	5	4	4	4
5871	경남 의령군	어린이집 운영 지원(보조)	2	14	455,099	6	1	5	8	1	1	1	2	5	5	4	4	4
5872	경남 의령군	어린이집 운영 지원(교재교구비)	2	14	540	6	1	5	8	1	1	1	2	5	5	4	4	4
5873	경남 의령군	어린이집 운영 지원(차량운영비)	2	14	33,392	6	6	5	8	1	1	1	2	5	5	4	4	4
5874	경남 의령군	어린이집 교원 보수교육	2	4	3,000	5	1	7	8	7	1	1	2	5	5	4	4	4
5875	경남 의령군	어린이집 운영 지원(자체)	2	4	16,130	5	1	7	8	7	1	1	2	5	5	4	4	4
5876	경남 의령군	꿈나르미 육아센터 운영	2	4	16,200	5	4	7	8	7	1	1	2	5	5	4	4	4
5877	경남 의령군	공동육아나눔터 운영 지원	2	4	21,600	5	4	7	8	7	1	1	2	5	5	4	4	4
5878	경남 의령군	아이돌보미 건강증진비 지원사업	2	4	5,500	5	1	7	8	7	1	1	2	5	5	4	4	4
5879	경남 의령군	아이돌봄서비스 본인부담금 추가지원(보조)	2	16	130,000	4	4	5	3	1	1	1	2	5	5	4	4	4
5880	경남 의령군	거점형 장난감도서관 운영활성화 사업	2	16	40,000	4	6	5	8	7	1	1	2	5	5	4	4	4
5881	경남 의령군	지역아동센터 운영(국고보조)	1	2	306,060	5	2	7	8	7	1	1	4	5	5	4	4	4
5882	경남 의령군	지역아동센터 운영(도비보조)	2	2	80,553	5	6	7	8	7	1	1	4	5	5	4	4	4
5883	경남 의령군	지역아동센터 운영(자체	2	2	3,000	5	6	7	8	7	1	1	4	5	5	4	4	4
5884	경남 의령군	지역아동보호전문기관 운영(국고보조)	2	2	59,090	5	2	7	8	7	1	1	4	5	5	4	4	4
5885	경남 의령군	지역아동보호전문기관 운영(도비보조)	2	2	4,025	5	6	7	8	7	1	1	4	5	5	4	4	4

순번	시군구	지출명 (사업명)	시설종류 1. 생활시설 2. 이용시설	사회복지시설 종류 1. 노인복지시설 2. 아동복지시설 3. 장애인복지시설 4. 어린이집 5. 정신건강증진시설 6. 노숙인시설 7. 사회복지관 8. 지역자활센터 9. 다함께돌봄센터 10. 결핵,한센시설 11. 성매매피해지원시설 12. 성폭력피해보호시설 13. 가정폭력보호시설 14. 가족센터 15. 청소년복지시설 16. 기타 ( )	2025년예산 (단위:천원/1년간)	민간이전 분류 (지방자치단체 세출예산 집행기준에 의거) 1. 민간경상사업보조(307-02) 2. 민간단체 법정운영비보조(307-03) 3. 민간행사사업보조(307-04) 4. 민간위탁금(307-05) 5. 사회복지시설 법정운영비보조(307-10) 6. 사회복지사업보조(307-11) 7. 민간인위탁교육비(307-12) 8. 공기관등에대한경상적위탁사업(308-13) 9. 공사공단 경상전출금(309-01)	민간이전지출 근거 (지방보조금 관리기준 참고) 1. 법률에 규정 2. 국고보조 재원(국가지정) 3. 용도 지정 기부금 4. 조례에 직접규정 5. 지자체가 권장하는 사업을 하는 공공기관 6. 시,도 정책 및 재정사정 7. 기타 8. 해당없음	입찰방식 계약체결방법 (경쟁형태) 1. 일반경쟁 2. 제한경쟁 3. 지명경쟁 4. 수의계약 5. 법정위탁 6. 기타 ( ) 7. 해당없음	입찰방식 계약기간 1. 1년 2. 2년 3. 3년 4. 4년 5. 5년 6. 기타 ( )년 7. 단기계약 (1년미만) 8. 해당없음	입찰방식 낙찰자선정방법 1. 적격심사 2. 협상에의한계약 3. 최저가낙찰제 4. 규격가격분리 5. 2단계 경쟁입찰 6. 기타 ( ) 7. 해당없음	운영예산 산정 운영비산정 1. 내부산정 (지자체 자체적으로 산정) 2. 외부산정 (외부전문기관위탁 산정) 3. 내·외부 모두 산정 4. 산정 無 5. 해당없음	운영예산 산정 정산방법 1. 내부정산 (지자체 내부적으로 정산) 2. 외부정산 (외부전문기관위탁 정산) 3. 내·외부 모두 산정 4. 정산 無 5. 해당없음	성과평가 성과평가 실시여부 1. 실시 2. 미실시 3. 향후 추진 4. 해당없음	성과평가 성과평가 주기 1. 매년 2. 격년 3. 기간만료전 4. 기타 ( ) 5. 해당없음	성과평가 성과평가 실시 방법 1. 자체 실시 2. 평가단 구성 후 실시 (전문위원 섭외) 3. 전문 평가기관 의뢰 4. 기타 ( ) 5. 해당없음	성과평가 평가기준 적용방법 1. 관련 조례 적용 2. 전문 평가기관 의뢰 3. 기타 ( ) 4. 해당없음	평가결과 적용 실제 인센티브 및 패널티 적용 유무 1. 매년 적용 2. 적용 안함 3. 기타 ( ) 4. 해당없음	평가결과 적용 인센티브 및 패널티 적용근거 1. 조례 2. 계약서 3. 기타 ( ) 4. 해당없음
5886	경남 의령군	방문형 가정회복 프로그램	2	2	2,846	1	6	7	8	7	1	1	4	5	5	4	4	4
5887	경남 의령군	어린이날 기념행사	2	2	25,000	3	1, 4	7	8	7	1	1	4	5	5	4	4	4
5888	경남 의령군	아동복지시설 운영	1	2	635,900	5	1	7	8	7	1	1	4	5	5	4	4	4
5889	경남 의령군	지역아동보호전문기관 운영(도비보조)	2	2	4,025	5	6	7	8	7	1	1	4	5	5	4	4	4
5890	경남 의령군	방문형 가정회복 프로그램	2	2	2,846	1	6	7	8	7	1	1	4	5	5	4	4	4
5891	경남 의령군	어린이날 기념행사	2	2	25,000	3	1, 4	7	8	7	1	1	4	5	5	4	4	4
5892	경남 의령군	아동복지시설 운영	1	2	635,900	5	1	7	8	7	1	1	4	5	5	4	4	4
5893	경남 함안군	시니어클럽 운영비지원	2	1	366,600	5	6	2	5	1	1	1	1	3	1	1	4	4
5894	경남 함안군	노인일자리 및 사회활동지원사업	2	1	576,336	4	1	2	1	1	1	3	1	3	1	1	4	4
5895	경남 함안군	노인주거복지시설 운영지원	1	1	905,866	5	6	7	8	7	1	1	1	3	3	2	4	4
5896	경남 함안군	가족센터 지원	2	14	828,390	5	6	2	5	1	1	1	4	5	5	4	4	4
5897	경남 함안군	다문화가족지원센터 종사자 지원	2	14	49,400	5	6	7	8	1	1	1	4	5	5	4	4	4
5898	경남 함안군	결혼이민자 역량강화 지원	2	14	15,500	6	6	7	8	1	1	1	4	5	5	4	4	4
5899	경남 함안군	공동육아나눔터 지원	2	16(공동육아나눔터)	120,488	4	6	2	5	1	1	1	4	5	5	4	4	4
5900	경남 함안군	가족끼리 행복캠프 운영	2	14	8,350	6	6	2	5	1	1	1	4	5	5	4	4	4
5901	경남 함안군	방문교육 서비스 지원	2	14	133,500	6	6	7	8	1	1	1	4	5	5	4	4	4
5902	경남 함안군	통번역 서비스 지원	2	14	36,110	6	6	7	8	1	1	1	4	5	5	4	4	4
5903	경남 함안군	다문화가족자녀 언어발달 지원	2	14	83,480	6	6	7	8	1	1	1	4	5	5	4	4	4
5904	경남 함안군	이중언어 부모코칭	2	14	38,090	6	6	7	8	1	1	1	4	5	5	4	4	4
5905	경남 함안군	이중언어 직접학습	2	14	15,700	6	6	7	8	1	1	1	4	5	5	4	4	4
5906	경남 함안군	여성보호시설(상담소) 운영지원	2	12	151,322	5	6	7	8	7	1	1	4	5	5	4	4	4
5907	경남 함안군	농어촌소재법인어린이집지원	2	4	12,606	5	1	7	8	7	1	1	4	5	5	4	4	4
5908	경남 함안군	공공형어린이집운영비	2	4	259,144	5	1	7	8	7	1	1	4	5	5	4	4	4
5909	경남 함안군	어린이집차량운영비지원	2	4	104,020	5	1	7	8	7	1	1	4	5	5	4	4	4
5910	경남 함안군	어린이집교재교구비지원	2	4	30,000	5	1	7	8	7	1	1	4	5	5	4	4	4
5911	경남 함안군	어린이집 영아반 운영활성화	2	4	28,535	5	1	7	8	7	1	1	4	5	5	4	4	4
5912	경남 함안군	공공형어린이집 보육품질 지원	2	4	4,800	5	1	7	8	7	1	1	4	5	5	4	4	4
5913	경남 함안군	어린이집 난방비 지원	2	4	13,200	5	1	7	8	7	1	1	4	5	5	4	4	4
5914	경남 함안군	군립어린이집 퇴직금 지원	2	4	6,000	5	4	7	8	7	1	1	4	5	5	4	4	4
5915	경남 함안군	어린이집 회계프로그램 유지보수	2	4	3,000	6	4	7	8	7	1	1	4	5	5	4	4	4
5916	경남 함안군	365일 열린어린이집 지원	2	4	200,000	5	1	7	8	7	1	1	4	5	5	4	4	4
5917	경남 함안군	지역아동센터 운영 지원	2	2	80,220	5	1	7	8	7	5	1	4	5	5	4	4	4
5918	경남 함안군	지역아동센터 운영 보조(군)	2	2	47,032	5	1	7	8	7	5	1	4	5	5	4	4	4
5919	경남 함안군	장애인거주시설운영지원	1	3	1,640,417	5	1	7	8	7	1	1	4	5	5	4	4	4
5920	경남 함안군	장애인단기보호시설운영지원	1	3	341,770	5	1	7	8	7	1	1	4	5	5	4	4	4
5921	경남 함안군	장애인공동생활가정운영지원	1	3	87,000	5	1	7	8	7	1	1	4	5	5	4	4	4
5922	경남 함안군	수어통역센터운영지원	2	3	189,420	5	1	7	8	7	1	1	4	5	5	4	4	4
5923	경남 함안군	생활이동지원센터운영지원	2	3	115,460	5	1	7	8	7	1	1	4	5	5	4	4	4
5924	경남 함안군	직업재활시설운영지원	2	3	325,025	5	1	7	8	7	1	1	4	5	5	4	4	4
5925	경남 함안군	직업재활시설운영지원	2	3	77,000	5	1	7	8	7	1	1	4	5	5	4	4	4
5926	경남 함안군	지역자활센터 운영	2	8	447,724	5	2	5	1	7	5	1	1	1	1	3	1	3
5927	경남 함안군	맞춤형하우스클린사업	2	8	40,000	4	5	5	1	7	1	1	1	1	1	1	4	4
5928	경남 함안군	푸드뱅크 사업 운영	2	16	30,000	4	7	5	3	1	1	1	1	1	5	1	4	4
5929	경남 함안군	푸드뱅크 사업 운영	2	16	30,000	4	7	5	3	1	1	1	1	1	5	1	4	4
5930	경남 창녕군	장애인종합복지관 운영	2	3	1,667,742	5	1	1	5	1	1	1	1	3	2	3	4	4
5931	경남 창녕군	장애인생활시설 운영	1	3	1,235,156	5	1	1	5	1	1	1	1	3	2	3	4	4

순번	시군구	지출명 (사업명)	시설종류 1. 생활시설 2. 이용시설	사회복지시설 종류 1. 노인복지시설 2. 아동복지시설 3. 장애인복지시설 4. 어린이집 5. 정신건강증진시설 6. 노숙인시설 7. 사회복지관 8. 지역자활센터 9. 다함께돌봄센터 10. 결핵,한센시설 11. 성매매피해지원시설 12. 성폭력피해보호시설 13. 가정폭력보호시설 14. 가족센터 15. 청소년복지시설 16. 기타 (　　　)	2025년예산 (단위:천원/1년간)	민간이전 분류 (지방자치단체 세출예산 집행기준에 의거) 1. 민간경상사업보조(307-02) 2. 민간단체 법정운영비보조(307-03) 3. 민간행사사업보조(307-04) 4. 민간위탁금(307-05) 5. 사회복지시설 법정운영비보조(307-10) 6. 사회복지사업보조(307-11) 7. 민간인위탁교육비(307-12) 8. 공기관등에대한경상적위탁사업(308-13) 9. 공사공단 경상전출금(309-01)	민간이전지출 근거 (지방보조금 관리기준 참고) 1. 법률에 규정 2. 국고보조 재원(국가지정) 3. 용도 지정 기부금 4. 조례에 직접규정 5. 지자체가 권장하는 사업을 하는 공공기관 6. 시,도 정책 및 재정사정 7. 기타 8. 해당없음	입찰방식: 계약체결방법 (경쟁형태) 1. 일반경쟁 2. 제한경쟁 3. 지명경쟁 4. 수의계약 5. 법정위탁 6. 기타 ( ) 7. 해당없음	입찰방식: 계약기간 1. 1년 2. 2년 3. 3년 4. 4년 5. 5년 6. 기타 ( )년 7. 단기계약 (1년미만) 8. 해당없음	입찰방식: 낙찰자선정방법 1. 적격심사 2. 협상에의한계약 3. 최저가낙찰제 4. 규격가격분리 5. 2단계 경쟁입찰 6. 기타 ( ) 7. 해당없음	운영예산 산정: 운영비산정 1. 내부산정 (지자체 자체적으로 산정) 2. 외부산정 (외부전문기관위탁 산정) 3. 내·외부 모두 산정 4. 산정 無 5. 해당없음	운영예산 산정: 정산방법 1. 내부정산 (지자체 내부적으로 정산) 2. 외부정산 (외부전문기관위탁 정산) 3. 내·외부 모두 산정 4. 정산 無 5. 해당없음	성과평가: 성과평가 실시여부 1. 실시 2. 미실시 3. 향후 추진 4. 해당없음	성과평가: 성과평가 주기 1. 매년 2. 격년 3. 기간만료전 4. 기타 ( ) 5. 해당없음	성과평가: 성과평가 실시 방법 1. 자체 실시 2. 평가단 구성 후 실시 (전문위원 섭외) 3. 전문 평가기관 의뢰 4. 기타 ( ) 5. 해당없음	성과평가: 평가기준 적용방법 1. 관련 조례 적용 2. 전문 평가기관 의뢰 3. 기타 ( ) 4. 해당없음	평가결과 적용: 실제 인센티브 및 페널티 적용 유무 1. 매년 적용 2. 적용 안함 3. 기타 ( ) 4. 해당없음	평가결과 적용: 인센티브 및 페널티 적용근거 1. 조례 2. 계약서 3. 기타 ( ) 4. 해당없음
5932	경남 창녕군	장애인근로사업장 운영	2	3	626,548	5	1	1	5	1	1	1	1	3	2	3	4	4
5933	경남 창녕군	수어통역센터 운영 지원	2	3	184,651	5	1	7	8	7	1	1	4	5	5	4	4	4
5934	경남 창녕군	장애인생활이동지원센터 운영	2	3	126,000	5	1	7	8	7	1	1	4	5	5	4	4	4
5935	경남 창녕군	시각장애인 주간보호센터 운영	2	3	114,943	5	1	7	8	7	1	1	4	5	5	4	4	4
5936	경남 창녕군	지역자활센터 종사자 지원	2	8	20,800	5	2	5	1	7	5	1	1	2	4	3	3	3
5937	경남 창녕군	지역자활센터 운영	2	8	284,646	5	2	5	1	7	5	1	1	2	4	3	3	3
5938	경남 창녕군	사례관리전달체계 개선(자활사례관리)	2	8	15,871	5	2	7	8	7	5	5	4	5	5	4	4	4
5939	경남 고성군	성폭력,가정폭력상담소 운영 지원	2	13	154,879	5	1	7	8	7	5	1	4	5	5	4	4	4
5940	경남 고성군	여성폭력관련시설 종사자 기본급	2	13	22,330	5	2	7	8	7	5	1	4	5	5	4	4	4
5941	경남 고성군	위기여성긴급피난처 운영	2	13	3,848	5	1	7	8	7	1	1	4	5	5	4	4	4
5942	경남 고성군	가족센터운영	2	14	521,220	4	2	1	5	6	1	1	1	3	2	1	4	4
5943	경남 고성군	시니어클럽 지원	2	16	366,600	6	6	5	5	1	1	1	1	3	2	1	4	4
5944	경남 고성군	노인회지회 운영비지원	2	1	214,788	6	6	5	1	1	1	1	1	1	2	1	4	4
5945	경남 고성군	장기요양기관 환기시설 설치사업	2	16	7,160	6	6	7	1	1	1	1	1	1	2	1	4	4
5946	경남 고성군	장애인거주시설운영 지원(도비)	1	3	609,028	5	1	7	8	7	1	1	1	1	4	3	4	4
5947	경남 고성군	장애인직업재활시설 지원	2	3	412,387	5	1	7	8	7	1	1	1	1	4	3	4	4
5948	경남 고성군	지역사회재활시설 운영	2	3	599,909	5	1	7	8	7	1	1	1	1	4	3	4	4
5949	경남 고성군	장애인복지관 운영	2	3	417,482	5	1	7	8	7	1	1	1	1	4	3	4	4
5950	경남 고성군	시각장애인 주간보호소 운영	2	3	141,817	5	1	7	8	7	1	1	1	1	4	3	4	4
5951	경남 고성군	장애인복지시설 운영지원	2	3	158,600	5	1	7	8	7	1	1	4	5	5	4	4	4
5952	경남 고성군	경로당 운영비 지원	2	1	741,440	5	4	7	8	7	1	1	4	4	5	4	4	4
5953	경남 고성군	경로당 운영비 지원(자체)	2	1	160,217	5	4	7	8	7	1	1	4	4	5	4	4	4
5954	경남 고성군	경로당 부식비 지원	2	1	199,200	6	4	7	8	7	1	1	4	4	5	4	4	4
5955	경남 고성군	미등록경로당 운영 지원	2	1	14,250	5	4	7	8	7	1	1	4	4	5	4	4	4
5956	경남 고성군	정신요양시설 운영지원	1	5	2,880,000	5	1	7	8	7	5	1	4	5	5	4	4	4
5957	경남 고성군	사회복귀시설 운영비 지원	1	5	585,459	5	1	7	8	7	5	1	1	1	1	3	1	3
5958	경남 고성군	시간제 보육서비스 제공지원	2	4	118,224	6	2	1	1	7	1	1	1	1	1	3	4	4
5959	경남 고성군	농촌공동아이돌봄센터 설치 및 운영	2	4	12,500	6	2	1	1	7	1	1	1	1	1	3	4	4
5960	경남 고성군	농촌형보육서비스(농번기돌봄) 지원	2	4	20,640	6	2	1	1	7	1	1	1	1	1	3	4	4
5961	경남 고성군	아동복지시설(다함께돌봄센터) 종사자 명절휴가비 지원	2	9	9,411	4	4	5	5	6	3	1	1	3	1	1	4	4
5962	경남 고성군	다함께돌봄센터 인건비 지원	2	9	225,252	4	2	5	5	6	3	1	1	3	1	1	4	4
5963	경남 고성군	장난감 도서관 운영(자체)	2	16	25,000	4	4	5	5	6	3	1	1	3	1	1	4	4
5964	경남 고성군	공동육아나눔터 운영	2	16	116,488	4	2	5	5	6	3	1	1	3	1	1	4	4
5965	경남 고성군	공공형어린이집 운영비(전환사업)	2	4	129,572	5	6	1	1	7	1	1	1	1	1	3	4	4
5966	경남 고성군	공공형어린이집 보육품질 지원	2	4	5,640	6	6	1	1	7	1	1	1	1	1	3	4	4
5967	경남 고성군	어린이집 운영지원(농어촌소재법인어린이집)	2	4	3,278	5	2	1	1	7	1	1	1	1	1	3	4	4
5968	경남 고성군	어린이집 운영지원(차량운영비)	2	4	37,242	5	2	1	1	7	1	1	1	1	1	3	4	4
5969	경남 고성군	어린이집 운영지원(교재교구비)	2	4	12,000	5	2	1	1	7	1	1	1	1	1	3	4	4
5970	경남 고성군	어린이집 운영지원(급식위생 관리지원금)	2	4	19,672	5	2	1	1	7	1	1	1	1	1	3	4	4
5971	경남 고성군	어린이집 냉난방비 지원	2	4	2,800	6	6	1	1	7	1	1	1	1	1	3	4	4
5972	경남 고성군	지역아동센터 운영비	2	2	153,360	5	4	7	8	7	5	1	4	5	5	4	4	4
5973	경남 고성군	지역아동센터 난방비	2	2	9,000	5	4	7	8	7	5	1	4	5	5	4	4	4
5974	경남 고성군	지역자활센터 운영비 지원	2	8	394,872	5	1	6	8	7	3	3	1	1	3	2	1	3
5975	경남 남해군	양로시설 운영지원	1	1	902,968	5	6	7	8	7	5	5	4	5	5	4	4	4
5976	경남 남해군	시니어클럽 운영	2	1	366,600	5	1	5	5	7	3	3	1	1	1	1	4	4
5977	경남 남해군	경로당 활성화	2	1	35,784	2	6	7	8	7	5	5	4	5	5	4	4	4

순번	시군구	지출명 (사업명)	시설종류 1. 생활시설 2. 이용시설	사회복지시설 종류 1. 노인복지시설 2. 아동복지시설 3. 장애인복지시설 4. 어린이집 5. 정신건강증진시설 6. 노숙인시설 7. 사회복지관 8. 지역자활센터 9. 다함께돌봄센터 10. 결핵,한센시설 11. 성매매피해지원시설 12. 성폭력피해보호시설 13. 가정폭력보호시설 14. 가족센터 15. 청소년복지시설 16. 기타 ( )	2025년예산 (단위:천원/1년간)	민간이전 분류 (지방자치단체 세출예산 집행기준에 의거) 1. 민간경상사업보조(307-02) 2. 민간단체 법정운영비보조(307-03) 3. 민간행사사업보조(307-04) 4. 민간위탁금(307-05) 5. 사회복지시설 법정운영비보조(307-10) 6. 사회복지사업보조(307-11) 7. 민간인위탁교육비(307-12) 8. 공기관등에대한경상적위탁사업(308-13) 9. 공사공단 경상전출금(309-01)	민간이전지출 근거 (지방보조금 관리기준 참고) 1. 법률에 규정 2. 국고보조 재원(국가지정) 3. 용도 지정 기부금 4. 조례에 직접규정 5. 지자체가 권장하는 사업을 하는 공공기관 6. 시,도 정책 및 재정사정 7. 기타 8. 해당없음	입찰방식: 계약체결방법 (경쟁형태) 1. 일반경쟁 2. 제한경쟁 3. 지명경쟁 4. 수의계약 5. 법정위탁 6. 기타 ( ) 7. 해당없음	입찰방식: 계약기간 1. 1년 2. 2년 3. 3년 4. 4년 5. 5년 6. 기타 ( )년 7. 단기계약 (1년미만) 8. 해당없음	입찰방식: 낙찰자선정방법 1. 적격심사 2. 협상에의한계약 3. 최저가낙찰제 4. 규격가격분리 5. 2단계 경쟁입찰 6. 기타 ( ) 7. 해당없음	운영예산 산정: 운영비산정 1. 내부산정 (지자체 자체적으로 산정) 2. 외부산정 (외부전문기관위탁 산정) 3. 내·외부 모두 산정 4. 산정 無 5. 해당없음	운영예산 산정: 정산방법 1. 내부정산 (지자체 내부적으로 정산) 2. 외부정산 (외부전문기관위탁 정산) 3. 내·외부 모두 산정 4. 정산 無 5. 해당없음	성과평가: 성과평가 실시여부 1. 실시 2. 미실시 3. 향후 추진 4. 해당없음	성과평가: 성과평가 주기 1. 매년 2. 격년 3. 기간만료전 4. 기타 ( ) 5. 해당없음	성과평가: 성과평가 실시 방법 1. 자체 실시 2. 평가단 구성 후 실시 (전문위원 섭외) 3. 전문 평가기관 의뢰 4. 기타 ( ) 5. 해당없음	성과평가: 평가기준 적용방법 1. 관련 조례 적용 2. 전문 평가기관 의뢰 3. 기타 ( ) 4. 해당없음	평가결과 적용: 실제 인센티브 및 패널티 적용 유무 1. 매년 적용 2. 적용 안함 3. 기타 ( ) 4. 해당없음	평가결과 적용: 인센티브 및 패널티 적용근거 1. 조례 2. 계약서 3. 기타 ( ) 4. 해당없음
5978	경남 남해군	경로당 운영비 지원	2	1	374,400	5	6	7	8	7	5	5	4	5	5	4	4	4
5979	경남 남해군	재가노인지원서비스	2	1	241,050	6	6	7	8	7	5	5	4	5	5	4	4	4
5980	경남 남해군	장애인거주시설 공기청정기 렌탈 지원	1	3	1,490	6	1	7	8	7	1	1	4	5	5	4	4	4
5981	경남 남해군	장애인공동생활가정 운영	1	3	95,480	5	1	7	8	7	1	1	4	5	5	4	4	4
5982	경남 남해군	장애인직업재활시설 운영	2	3	710,343	5	1	7	8	7	1	1	4	5	5	4	4	4
5983	경남 남해군	장애인거주시설 공기청정기 렌탈 지원	1	3	1,490	6	1	7	8	7	1	1	4	5	5	4	4	4
5984	경남 남해군	장애인공동생활가정 운영	1	3	95,480	5	1	7	8	7	1	1	4	5	5	4	4	4
5985	경남 남해군	장애인직업재활시설 운영	2	3	710,343	5	1	7	8	7	1	1	4	5	5	4	4	4
5986	경남 남해군	장애인복지관운영	2	3	1,067,227	5	1	7	8	7	1	1	4	5	5	4	4	4
5987	경남 남해군	장애인가족지원센터 운영	2	3	139,000	5	1	7	8	7	1	1	4	5	5	4	4	4
5988	경남 남해군	생활이동지원센터 운영	2	3	118,080	5	1	7	8	7	1	1	4	5	5	4	4	4
5989	경남 남해군	시각장애인 주간보호소 운영	2	3	122,240	5	1	7	8	7	1	1	4	5	5	4	4	4
5990	경남 남해군	수어통역센터 운영	2	3	194,995	5	1	7	8	7	1	1	4	5	5	4	4	4
5991	경남 남해군	장애인일자리지원(복지일자리)	2	3	231	6	2	5	1	1	1	1	4	5	5	4	4	4
5992	경남 남해군	아동양육시설 운영	1	2	429,604	5	1	7	8	7	1	1	1	1	1	1	4	4
5993	경남 남해군	여성친화도시 활성화 지원사업	3	16	10,000	1	4	7	8	7	1	1	4	5	1	4	4	4
5994	경남 남해군	가정폭력상담소 운영	2	13	141,880	5	2	5	8	7	5	1	1	1	1	3	4	4
5995	경남 남해군	양성평등 주간행사 지원	3	16	8,100	3	1	7	8	7	5	5	1	5	1	4	4	4
5996	경남 남해군	여성단체 활성화 지원	3	16	4,500	1	4	7	8	7	5	5	1	5	1	4	4	4
5997	경남 남해군	공공형어린이집 운영비(전환사업)	2	4	86,380	5	6	7	8	7	5	5	1	1	1	3	1	3
5998	경남 남해군	공공형 어린이집 환경개선비 지원	2	4	2,500	8	7	7	8	7	5	5	1	1	1	3	1	3
5999	경남 남해군	공공형어린이집 보육품질 지원사업	2	4	3,120	5	2	7	8	7	5	5	1	1	1	3	1	3
6000	경남 남해군	어린이집 운영지원(차량운영비)	2	4	53,099	5	2	7	8	7	5	5	1	1	1	3	1	3
6001	경남 남해군	어린이집 운영지원(교재교구비)	2	4	2,396	5	2	7	8	7	5	5	1	1	1	3	1	3
6002	경남 남해군	민간어린이집 난방연료비 지원	2	4	600	5	6	7	8	7	5	5	1	1	1	3	1	3
6003	경남 남해군	어린이집 영아반 운영활성화 지원	2	4	2,160	5	6	7	8	7	5	5	1	1	1	3	1	3
6004	경남 남해군	어린이집 평가인증 지원	2	4	7,500	8	7	7	8	7	5	5	1	1	1	3	1	3
6005	경남 남해군	어린이집 보육교직원 교육 및 행사 지원	2	4	2,340	3	7	7	8	7	5	5	1	1	1	3	1	3
6006	경남 남해군	어린이집 보육교직원 교육 및 행사 지원	2	4	8,000	3	7	7	8	7	5	5	1	1	1	3	1	3
6007	경남 남해군	365일 열린어린이집 운영 지원사업	2	4	60,000	5	6	7	8	7	5	5	1	1	1	3	1	3
6008	경남 남해군	취약지역 어린이집 운영비 지원(미조하나)	2	4	45,000	5	2	7	8	7	5	5	1	1	1	3	1	3
6009	경남 남해군	아동급식	2	2	458,989	6	2	7	8	7	5	5	4	5	5	4	4	4
6010	경남 남해군	지역아동센터 운영비 지원	2	2	123,692	5	2	7	8	7	5	5	4	5	5	4	4	4
6011	경남 남해군	지역아동센터 냉난방비	2	2	9,300	5	6	7	8	7	5	5	4	5	5	4	4	4
6012	경남 남해군	지역아동센터 연합운동회 지원	2	2	4,500	3	4	7	8	7	5	5	4	5	5	4	4	4
6013	경남 남해군	경남서부아동보호전문기관 운영 지원(자치단체부담금)	2	2	70,261	5	1	7	8	7	5	5	4	5	5	4	4	4
6014	경남 남해군	아동양육시설 운영	1	2	429,604	5	1	7	8	7	5	5	4	5	5	4	4	4
6015	경남 남해군	경남서부아동보호전문기관 방문형 가정회복 프로그램	2	2	11,040	5	1	7	8	7	5	5	4	5	5	4	4	4
6016	경남 하동군	지역자활센터 종사자 지원	2	8	20,800	5	5	7	8	7	2	1	4	5	5	4	4	4
6017	경남 하동군	지역자활센터 운영비	2	8	324,076	5	2	7	8	7	2	1	4	5	5	4	4	4
6018	경남 하동군	지역자활센터 활성화지원사업	2	8	18,400	1	2	7	8	7	2	1	4	5	5	4	4	4
6019	경남 하동군	자활사례관리	2	8	31,740	5	2	7	8	7	2	1	4	5	5	4	4	4
6020	경남 하동군	이동목욕차량 운영	2	8	11,000	6	4	7	8	7	1	1	1	1	1	1	1	1
6021	경남 하동군	장애인생활이동지원센터운영	2	3	122,000	5	1	7	8	7	1	1	4	5	5	4	4	4
6022	경남 하동군	장애인복지단체보조금	2	3	47,739	2	4	7	8	7	1	1	4	5	5	4	4	4
6023	경남 하동군	수어통역센터 운영	2	3	166,429	5	1	7	8	7	1	1	4	5	5	4	4	4

순번	시군구	지출명 (사업명)	시설종류 1. 생활시설 2. 이용시설	사회복지시설 종류 1. 노인복지시설 2. 아동복지시설 3. 장애인복지시설 4. 어린이집 5. 정신건강증진시설 6. 노숙인시설 7. 사회복지관 8. 지역자활센터 9. 다함께돌봄센터 10. 결핵,한센시설 11. 성매매피해지원시설 12. 성폭력피해보호시설 13. 가정폭력보호시설 14. 가족센터 15. 청소년복지시설 16. 기타 ( )	2025년예산 (단위:천원/1년간)	민간이전 분류 (지방자치단체 세출예산 집행기준에 의거) 1. 민간경상사업보조(307-02) 2. 민간단체 법정운영비보조(307-03) 3. 민간행사사업보조(307-04) 4. 민간위탁금(307-05) 5. 사회복지시설 법정운영비보조(307-10) 6. 사회복지사업보조(307-11) 7. 민간인위탁교육비(307-12) 8. 공기관등에대한경상적위탁사업(308-13) 9. 공사공단 경상전출금(309-01)	민간이전지출 근거 (지방보조금 관리기준 참고) 1. 법률에 규정 2. 국고보조 재원(국가지정) 3. 용도 지정 기부금 4. 조례에 직접규정 5. 지자체가 권장하는 사업을 하는 공공기관 6. 시,도 정책 및 재정사정 7. 기타 8. 해당없음	입찰방식: 계약체결방법 (경쟁형태) 1. 일반경쟁 2. 제한경쟁 3. 지명경쟁 4. 수의계약 5. 법정위탁 6. 기타 () 7. 해당없음	입찰방식: 계약기간 1. 1년 2. 2년 3. 3년 4. 4년 5. 5년 6. 기타 ( )년 7. 단기계약 (1년미만) 8. 해당없음	입찰방식: 낙찰자선정방법 1. 적격심사 2. 협상에의한계약 3. 최저가낙찰제 4. 규격가격분리 5. 2단계 경쟁입찰 6. 기타 () 7. 해당없음	운영예산 산정: 운영비산정 1. 내부산정 (지자체 자체적으로 산정) 2. 외부산정 (외부전문기관위탁 산정) 3. 내·외부 모두 산정 4. 산정 無 5. 해당없음	운영예산 산정: 정산방법 1. 내부정산 (지자체 내부적으로 정산) 2. 외부정산 (외부전문기관위탁 정산) 3. 내·외부 모두 산정 4. 정산 無 5. 해당없음	성과평가: 성과평가 실시여부 1. 실시 2. 미실시 3. 향후 추진 4. 해당없음	성과평가: 성과평가 주기 1. 매년 2. 격년 3. 기간만료년 4. 기타 () 5. 해당없음	성과평가: 성과평가 실시 방법 1. 자체 실시 2. 평가단 구성 후 실시 (전문위원 참여) 3. 전문 평가기관 의뢰 4. 기타 () 5. 해당없음	성과평가: 평가기준 적용방법 1. 관련 조례 적용 2. 전문 평가기관 의뢰 3. 기타 () 4. 해당없음	평가결과 적용: 실제 인센티브 및 페널티 적용 유무 1. 매년 적용 2. 적용 안함 3. 기타 ( ) 4. 해당없음	평가결과 적용: 인센티브 및 페널티 적용근거 1. 조례 2. 계약서 3. 기타 ( ) 4. 해당없음
6024	경남 하동군	발달장애인 주간보호센터 운영	2	3	241,507	5	1	7	8	7	1	1	4	5	5	4	4	4
6025	경남 하동군	시각장애인 주간보호센터 운영	2	3	110,000	5	1	7	8	7	1	1	4	5	5	4	4	4
6026	경남 하동군	장애인가족지원센터 지원	2	3	110,000	5	1	7	8	7	1	1	4	5	5	4	4	4
6027	경남 산청군	지역자활센터위탁근로사업	2	8	273,280	5	2	5	8	1	1	1	1	1	1	1	1	1
6028	경남 산청군	산엔청복지관 운영 지원	2	3	1,689,650	5	1	1	5	1	1	3	3	3	1	1	3	1,2
6029	경남 산청군	수어통역센터	2	3	117,000	5	1	7	8	7	1	1	2	5	5	4	4	4
6030	경남 산청군	시각장애인주간보호센터	2	3	120,000	5	1	7	8	7	1	1	2	5	5	4	4	4
6031	경남 산청군	장애인거주시설운영지원	1	3	4,238,389	5	2	7	8	7	1	1	2	5	5	4	4	4
6032	경남 산청군	장애인생활이동지원센터	2	3	124,600	5	2	7	8	7	1	1	2	5	5	4	4	4
6033	경남 산청군	장애인직업재활시설	2	3	217,884	5	2	7	8	7	1	1	2	5	5	4	4	4
6034	경남 산청군	산청시니어클럽	1	1	379,320	5	6	7	8	7	5	5	4	5	5	4	4	4
6035	경남 산청군	경로당 운영경비 지원	2	1	87,400	6	1	7	8	7	5	5	4	4	5	4	4	4
6036	경남 산청군	경로당 운영 지원	2	1	496,800	5	6	7	8	7	5	5	4	4	5	4	4	4
6037	경남 산청군	경로당 냉난방비 및 양곡비 지원	2	1	946,122	5	1	7	8	7	5	5	4	4	5	4	4	4
6038	경남 산청군	경로당 운영 지원(자체)	2	1	8,280	5	1	7	8	7	5	5	4	4	5	4	4	4
6039	경남 산청군	성매매 여성폭력 근절지원	3	16	2,800	6	5	7	8	7	1	1	4	5	5	4	4	4
6040	경남 산청군	아동여성안전지역연대 운영	3	16	3,500	6	5	7	8	7	1	1	4	5	5	4	4	4
6041	경남 산청군	가족문화센터 운영 지원	3	16	925,960	5	2	7	8	7	1	1	4	5	5	4	4	4
6042	경남 산청군	여성결혼이민자 다문화가족지원센터 인턴채용	3	16	8,040	6	6	7	8	7	1	1	4	5	5	4	4	4
6043	경남 산청군	다문화가족 특성화사업	3	16	182,350	6	2	7	8	7	1	1	4	5	5	4	4	4
6044	경남 산청군	결혼여성이민자 관광 통역 안내요원 양성교육 및 운영지원	3	16	5,790	6	5	7	8	7	1	1	4	5	5	4	4	4
6045	경남 산청군	가족끼리 행복캠프 운영 사업	3	16	5,680	6	6	7	8	7	1	1	4	5	5	4	4	4
6046	경남 산청군	어린이집종사자 연찬회	2	4	3,000	3	4	7	8	7	1	1	4	5	5	4	4	4
6047	경남 산청군	어린이 과학체험행사	2	4	5,000	3	4	7	8	7	1	1	4	5	5	4	4	4
6048	경남 산청군	어린이집 교재교구비 지원	2	4	6,966	5	2	7	8	7	1	1	4	5	5	4	4	4
6049	경남 산청군	어린이집차량운영비지원	2	4	57,400	5	2	7	8	7	1	1	4	5	5	4	4	4
6050	경남 산청군	어린이집 필요경비 지원	2	4	12,469	9	2	7	8	7	1	1	4	5	5	4	4	4
6051	경남 산청군	어린이집 냉난방비 지원	2	4	6,500	6	2	7	8	7	1	1	4	5	5	4	4	4
6052	경남 산청군	지역아동센터운영지원	2	2	78,828	5	2	7	8	7	1	1	4	5	5	4	4	4
6053	경남 산청군	지역아동센터운영지원(냉난방비)	2	2	6,900	5	2	7	8	7	1	1	4	5	5	4	4	4
6054	경남 산청군	한센보호시설운영	1	10	20,000	3	1	7	8	7	5	5	4	4	5	4	4	4
6055	경남 산청군	한센보호시설운영	1	10	1,410,000	5	1	7	8	7	5	5	4	4	5	4	4	4
6056	경남 산청군	한센보호시설운영	1	10	66,934	5	1	7	8	7	5	5	4	4	5	4	4	4
6057	경남 함양군	한센간이양로주택 운영지원사업	1	10	85,822	1	1	7	8	7	1	1	4	5	5	4	4	4
6058	경남 함양군	한센인의 날 행사 지원사업	1	10	5,000	3	4	7	8	7	1	1	1	1	1	1	1	1
6059	경남 함양군	한센병 관리사업	1	10	12,000	4	1	4	5	1	1	1	4	5	5	4	4	4
6060	경남 함양군	정신요양시설 운영지원	1	5	2,265,000	5	2	7	8	7	5	5	4	4	5	4	4	4
6061	경남 함양군	시니어클럽 운영	2	1	330,000	5	4	7	8	7	5	5	4	4	5	4	4	4
6062	경남 함양군	노인대학 운영지원	2	1	16,000	6	4	7	8	7	1	1	4	5	5	4	4	4
6063	경남 함양군	노인회 지원	2	1	100,109	2	4	7	8	7	5	5	4	4	5	4	4	4
6064	경남 함양군	노인의료복지시설 운영비(등급외자)지원	1	1	27,900	6	1	7	8	7	5	5	4	4	5	4	4	4
6065	경남 함양군	재가노인지원서비스사업	2	1	493,361	5	4	7	8	7	5	5	4	4	5	4	4	4
6066	경남 함양군	장기요양요원 역량강화사업	1,2	1	5,000	3	4	7	8	7	5	5	4	4	5	4	4	4
6067	경남 함양군	지역자활센터운영	2	8	366,050	5	4	7	8	7	5	5	4	4	5	4	4	4
6068	경남 함양군	자산형성지원사업비	2	1	2,056	1	4	7	8	7	5	5	4	4	5	4	4	4
6069	경남 함양군	자활근로사업	2	1	2,117,579	4	4	7	8	7	5	5	4	4	5	4	4	4

순번	시군구	지출명 (사업명)	시설종류 1. 생활시설 2. 이용시설	사회복지시설 종류 1. 노인복지시설 2. 아동복지시설 3. 장애인복지시설 4. 어린이집 5. 정신건강증진시설 6. 노숙인시설 7. 사회복지관 8. 지역자활센터 9. 다함께돌봄센터 10. 결핵,한센시설 11. 성매매피해지원시설 12. 성폭력피해보호시설 13. 가정폭력보호시설 14. 가족센터 15. 청소년복지시설 16. 기타 ( )	2025년예산 (단위:천원/1년간)	민간이전 분류 (지방자치단체 세출예산 집행기준에 의거) 1. 민간경상사업보조(307-02) 2. 민간단체 법정운영비보조(307-03) 3. 민간행사사업보조(307-04) 4. 민간위탁금(307-05) 5. 사회복지시설 법정운영비보조(307-10) 6. 사회복지사업보조(307-11) 7. 민간인위탁교육비(307-12) 8. 공기관등에대한경상적위탁사업(308-13) 9. 공사공단 경상전출금(309-01)	민간이전지출 근거 (지방보조금 관리기준 참고) 1. 법률에 규정 2. 국고보조 재원(국가지정) 3. 용도 지정 기부금 4. 조례에 직접규정 5. 지자체가 권장하는 사업을 하는 공공기관 6. 시,도 정책 및 재정사정 7. 기타 8. 해당없음	입찰방식 계약체결방법 (경쟁형태) 1. 일반경쟁 2. 제한경쟁 3. 지명경쟁 4. 수의계약 5. 법정위탁 6. 기타 ( ) 7. 해당없음	입찰방식 계약기간 1. 1년 2. 2년 3. 3년 4. 4년 5. 5년 6. 기타 ( )년 7. 단기계약 (1년미만) 8. 해당없음	입찰방식 낙찰자선정방법 1. 적격심사 2. 협상에의한계약 3. 최저가낙찰제 4. 규격가격분리 5. 2단계 경쟁입찰 6. 기타 ( ) 7. 해당없음	운영예산 산정 운영비산정 1. 내부산정 (지자체 자체적으로 산정) 2. 외부산정 (외부전문기관위탁 산정) 3. 내·외부 모두 산정 4. 산정 無 5. 해당없음	운영예산 산정 정산방법 1. 내부정산 (지자체 내부적으로 정산) 2. 외부정산 (외부전문기관위탁 정산) 3. 내·외부 모두 산정 4. 정산 無 5. 해당없음	성과평가 성과평가 실시여부 1. 실시 2. 미실시 3. 향후 추진 4. 해당없음	성과평가 성과평가 주기 1. 매년 2. 격년 3. 기간만료전 4. 기타 ( ) 5. 해당없음	성과평가 성과평가 실시 방법 1. 자체 실시 2. 평가단 구성 후 실시 (전문위원 섭외) 3. 전문 평가기관 의뢰 4. 기타 ( ) 5. 해당없음	성과평가 평가기준 적용방법 1. 관련 조례 적용 2. 전문 평가기관 의뢰 3. 기타 ( ) 4. 해당없음	평가결과 적용 실제 인센티브 및 페널티 적용 유무 1. 매년 적용 2. 적용 안함 3. 기타 ( ) 4. 해당없음	평가결과 적용 인센티브 및 페널티 적용근거 1. 조례 2. 계약서 3. 기타 ( ) 4. 해당없음
6070	경남 거창군	지역자활센터운영	2	8	328,702	5	1	7	8	7	1	1	2	5	5	4	2	4
6071	경남 거창군	자활지원사업(자립역량교육지원)	2	8	9,000	1	4	7	8	7	1	1	2	5	5	4	2	4
6072	경남 거창군	자활지원사업(자활한마당참가지원)	2	8	7,000	3	4	7	8	7	1	1	2	5	5	4	2	4
6073	경남 합천군	자활근로, 지역자활센터 및 광역자활센터운영(자활근로사업)	2	8	2,433,342	4	2	5	1	7	5	1	1	1	3	2	1	1
6074	경남 합천군	장애인직업재활시설 운영 지원	2	3	185,951	5	6	7	8	7	1	1	1	4	2	2	3	3
6075	경남 합천군	장애인복지관(센터) 운영 지원	2	3	249,900	5	6	5	5	1	1	1	1	1	1	1	4	4
6076	경남 합천군	시각장애인등 생활지원센터	2	3	102,900	5	6	7	8	7	1	1	1	1	1	1	4	4
6077	경남 합천군	시각장애인 주간보호소	2	3	121,900	5	6	7	8	7	1	1	1	1	1	1	4	4
6078	경남 합천군	수어통역센터	2	3	174,082	5	6	7	8	7	1	1	1	1	1	1	4	4
6079	경남 합천군	경로당 난방비	2	1	954,660	5	4	7	8	7	1	1	2	5	5	4	4	4
6080	경남 합천군	경로당 냉방비	2	1	140,140	5	4	7	8	7	1	1	2	5	5	4	4	4
6081	경남 합천군	경로당 양곡비	2	1	321,720	5	4	7	8	7	1	1	2	5	5	4	4	4
6082	경남 합천군	경로당 운영비	2	1	763,200	5	4	7	8	7	1	1	2	5	5	4	4	4
6083	경남 합천군	경로당 운영비(자체사업)	2	1	253,920	5	4	7	8	7	1	1	1	1	1	1	3	1
6084	경남 합천군	노인복지시설 사회복지사 보수교육비	1,2	1	4,000	5	4	7	8	7	1	1	1	1	1	1	3	1
6085	경남 합천군	다함께돌봄센터	2	9	161,248	5	4	1	5	1	1	1	3	4	4	3	4	4
6086	경남 합천군	합천애육원	1	2	585,593	5	4	6	8	7	1	1	3	4	4	3	4	4
6087	경남 합천군	지역아동센터	2	2	1,047,596	5	4	6	8	7	1	1	3	4	4	3	4	4
6088	경남 합천군	아동양육시설 운영 지원	1	2	562,193	5	1	7	8	7	5	5	4	5	5	4	4	4
6089	경남 합천군	지역아동센터 운영비 지원	2	2	154,668	5	1	7	8	7	5	5	4	5	5	4	4	4
6090	경남 합천군	지역아동센터 운영 지원(도비)	2	2	144,500	5	1	7	8	7	5	5	4	5	5	4	4	4
6091	경남 합천군	여성보호시설·상담소 운영 지원	2	13	189,800	5	6	5	8	7	1	1	2	5	5	4	4	4
6092	경남 합천군	여성친화도시 특성화사업 공모	2	16	30,000	1	4	6	7	7	1	1	2	5	5	4	4	4
6093	경남 합천군	보육시설 안전보험료 지원	2	4	1,586	6	1	6	1	7	2	1	2	5	5	4	4	4
6094	경남 합천군	민간어린이집 냉난방비 지원	2	4	800	6	4	6	8	7	3	1	2	5	5	4	4	4
6095	경남 합천군	어린이집 운영지원(교재교구비)	2	4	10,792	6	2	5	8	7	5	1	2	5	5	4	4	4
6096	경남 합천군	어린이집 운영지원(차량운영비)	2	4	33,904	6	2	5	8	7	5	1	2	5	5	4	4	4
6097	경남 합천군	어린이집 운영지원(농어촌소재법인어린이집)	2	4	2,870	5	2	5	8	7	5	1	2	5	5	4	4	4
6098	경남 합천군	어린이집 교원 보수교육	2	4	1,172	6	2	5	8	7	5	1	2	5	5	4	4	4
6099	경남 합천군	어린이집 지원(운동회 및 워크숍)	2	4	18,000	3	4	5	8	7	5	1	2	5	5	4	4	4
6100	경남 합천군	어린이집 지원(사회복지사업)	2	4	173,340	6	4	5	8	7	5	1	2	5	5	4	4	4
6101	경남 합천군	시간제보육서비스 제공지원	2	4	50,488	6	2	5	8	7	5	1	2	5	5	4	4	4
6102	제주특별자치도	도장애인종합복지관 운영	2	3	3,009,800	4	1	1	5	1	1	1	1	3	3	2	3	1
6103	제주특별자치도	탐라장애인종합복지관 운영	2	3	2,712,200	4	1	1	5	1	1	1	1	3	3	2	3	1
6104	제주특별자치도	서귀포시장애인종합복지관 운영	2	3	2,807,300	4	1	1	5	1	1	1	1	3	3	2	3	1
6105	제주특별자치도	우리복지관	2	3	2,270,330	8	1	1	5	1	1	2	1	1	3	1	1	1
6106	제주특별자치도	제주시각장애인복지관	2	3	2,020,300	5	1	7	8	7	5	5	4	4	5	4	4	4
6107	제주특별자치도	제주도농아복지관	2	3	1,980,200	5	1	7	8	7	5	5	4	4	5	4	4	4
6108	제주특별자치도	피해장애인쉼터 운영	1	3	529,706	4	1	1	5	1	1	1	1	3	3	2	3	1
6109	제주특별자치도	중증장애인생산품판매시설	2	16	128,030	6	4	6	8	7	3	1	1	1	1	1	1	3
6110	제주특별자치도	제주특별자치도 시각장애인플러스센터 운영	2	3	764,100	5	1	6	8	7	1	1	1	1	1	1	1	3
6111	제주특별자치도	제주특별자치도수어통역센터운영	2	3	879,400	5	1	6	8	7	1	1	1	1	1	1	1	3
6112	제주특별자치도	제주도문화정보점자도서관운영	2	3	361,800	5	1	6	8	7	1	1	1	1	1	1	1	3
6113	제주특별자치도	제주가정위탁지원센터운영	2	2	734,100	5	1	6	8	7	1	1	1	1	1	1	4	4
6114	제주특별자치도	아동일시보호시설 운영(정액)	1	2	601,700	4	1	1	5	1	1	1	1	3	3	1	3	3
6115	제주특별자치도	제주특별자치도아동보호전문기관 운영	2	2	1,077,500	5	2	1	5	1	1	1	1	4	2	3	3	3

순번	시군구	지출명 (사업명)	시설종류 1. 생활시설 2. 이용시설	사회복지시설 종류 1. 노인복지시설 2. 아동복지시설 3. 장애인복지시설 4. 어린이집 5. 정신건강증진시설 6. 노숙인시설 7. 사회복지관 8. 지역자활센터 9. 다함께돌봄센터 10. 결핵,한센시설 11. 성매매피해지원시설 12. 성폭력피해보호시설 13. 가정폭력보호시설 14. 가족센터 15. 청소년복지시설 16. 기타 ( )	2025년예산 (단위:천원/1년간)	민간이전 분류 (지방자치단체 세출예산 집행기준에 의거) 1. 민간경상사업보조(307-02) 2. 민간단체 법정운영비보조(307-03) 3. 민간행사사업보조(307-04) 4. 민간위탁금(307-05) 5. 사회복지시설 법정운영비보조(307-10) 6. 사회복지사업보조(307-11) 7. 민간인위탁교육비(307-12) 8. 공기관등에대한경상적위탁사업(308-13) 9. 공사공단 경상전출금(309-01)	민간이전지출 근거 (지방보조금 관리기준 참고) 1. 법률에 규정 2. 국고보조 재원(국가지정) 3. 용도 지정 기부금 4. 조례에 직접규정 5. 지자체가 권장하는 사업을 하는 공공기관 6. 시,도 정책 및 재정사정 7. 기타 8. 해당없음	입찰방식: 계약체결방법 (경쟁형태) 1. 일반경쟁 2. 제한경쟁 3. 지명경쟁 4. 수의계약 5. 법정위탁 6. 기타 ( ) 7. 해당없음	입찰방식: 계약기간 1. 1년 2. 2년 3. 3년 4. 4년 5. 5년 6. 기타 ( )년 7. 단기계약 (1년미만) 8. 해당없음	입찰방식: 낙찰자선정방법 1. 적격심사 2. 협상에의한계약 3. 최저가낙찰제 4. 규격가격분리 5. 2단계 경쟁입찰 6. 기타 ( ) 7. 해당없음	운영예산 산정: 운영비산정 1. 내부산정 (지자체 자체적으로 산정) 2. 외부산정 (외부전문기관위탁 산정) 3. 내·외부 모두 산정 4. 산정 無 5. 해당없음	운영예산 산정: 정산방법 1. 내부정산 (지자체 내부적으로 정산) 2. 외부정산 (외부전문기관위탁 정산) 3. 내·외부 모두 산정 4. 정산 無 5. 해당없음	성과평가: 성과평가 실시여부 1. 실시 2. 미실시 3. 향후 추진 4. 해당없음	성과평가: 성과평가 주기 1. 매년 2. 격년 3. 기간만료전 4. 기타 ( ) 5. 해당없음	성과평가: 성과평가 실시 방법 1. 자체 실시 2. 평가단 구성 후 실시 (전문위원 섭외) 3. 전문 평가기관 의뢰 4. 기타 ( ) 5. 해당없음	성과평가: 평가기준 적용방법 1. 관련 조례 적용 2. 전문 평가기관 의뢰 3. 기타 ( ) 4. 해당없음	평가결과 적용: 실제 인센티브 및 패널티 적용 유무 1. 매년 적용 2. 적용 안함 3. 기타 ( ) 4. 해당없음	평가결과 적용: 인센티브 및 패널티 적용근거 1. 조례 2. 계약서 3. 기타 ( ) 4. 해당없음
6116	제주특별자치도	자립지원전담기관 운영	2	2	170,208	5	1	1	5	1	1	1	1	4	2	3	3	3
6117	제주특별자치도	자립지원전담기관 사업비	2	2	257,100	5	1	1	5	1	1	1	1	4	2	3	3	3
6118	제주특별자치도	청소년자립지원관(이용형) 종사자 보수체계 현실화	2	15	77,300	4	2	1	3	1	1	1	1	1	2	1	1	1
6119	제주특별자치도	청소년쉼터 운영지원	1	15	469,772	5	2	7	8	7	5	5	4	4	5	4	4	4
6120	제주 제주시	제주특별자치도노인복지관 운영비	2	1	1,229,400	4	4	2	1	3	1	3	1	3	3	2	1	1
6121	제주 서귀포시	다함께돌봄센터 보수체계개편인건비 지원	2	9	212,700	4	1	6	5	6	1	1	1	1	1	1	1	1
6122	제주 제주시	종합사회복지관 운영지원	2	7	5,670,100	5	1	7	8	7	1	1	1	1	4	3	4	4
6123	제주 제주시	종합사회복지관 운영지원	2	7	608,600	6	1	7	8	7	1	1	1	1	4	3	4	4
6124	제주 제주시	지역아동센터 운영비 지원(성인지예산)	2	2	632,160	5	2	7	8	7	1	1	1	4	4	3	3	3
6125	제주 제주시	지역아동센터운영 지원	2	2	215,160	6	4	7	8	7	1	1	1	4	4	3	3	3
6126	제주 제주시	다함께돌봄센터 인건비 지원	2	9	577,254	4	1	1	5	1	1	1	1	4	4	3	3	1
6127	제주 제주시	아동양육시설 운영	1	2	7,177,268	5	1	7	8	7	1	1	1	4	4	3	4	4
6128	제주 제주시	아동자립지원시설 운영	1	2	432,624	5	1	7	8	7	1	1	1	4	4	3	4	4
6129	제주 제주시	공동생활가정 운영 지원	1	2	581,712	5	2	7	8	7	1	1	1	4	4	3	4	4
6130	제주 제주시	경계선아동 맞춤형 사례관리	1	2	26,000	6	2	7	8	7	1	1	1	4	4	3	4	4
6131	제주 제주시	요보호아동 자립지원 프로그램 지원	1	2	3,000	6	1	7	8	7	1	1	1	4	4	3	4	4
6132	제주 제주시	학대피해아동쉼터 운영비, 인건비, 사업비	1	2	789,200	4	2	5	5	1	1	1	1	3	3	3	3	1
6133	제주 서귀포시	가족센터 운영	2	14	1,269,260	4	1	1	5	1	1	3	1	3	3	1	4	4
6134	제주 서귀포시	다문화가족 특성화사업	2	14	525,930	6	1	7	8	7	5	5	4	5	5	4	4	4
6135	제주 서귀포시	한부모가족복지시설 운영 사업	1	16	382,216	5	1	7	8	7	5	5	4	5	5	4	4	4
6136	제주 서귀포시	가정폭력 상담소 운영 사업	2	13	232,343	5	1	7	8	7	5	5	4	5	5	4	4	4
6137	제주 서귀포시	성폭력 피해자 보호시설 운영 사업	2	12	355,078	4	1	1	5	1	1	1	1	3	3	1	4	4
6138	제주 서귀포시	읍면어린이집 보육교직원 교통비	2	4	336,000	6	4	7	8	7	5	5	4	5	5	4	4	4
6139	제주 서귀포시	민간.가정 어린이집 보육교직원4대보험료 지원	2	4	64,800	6	4	7	8	7	5	5	4	5	5	4	4	4
6140	제주 서귀포시	어린이집 운영지원	2	4	532,202	5	1	7	8	7	5	5	4	5	5	4	4	4
6141	제주 서귀포시	공공형어린이집 운영비	2	4	1,000,000	5	1	7	8	7	5	5	4	5	5	4	4	4
6142	제주 서귀포시	국공립 어린이집 운영비 지원	2	4	88,000	6	4	7	8	7	5	5	4	5	5	4	4	4
6143	제주 서귀포시	사회복지법인 어린이집 운영비 지원	2	4	140,000	6	4	7	8	7	5	5	4	5	5	4	4	4
6144	제주 서귀포시	법인・단체등 어린이집 운영비 지원	2	4	73,880	6	4	7	8	7	5	5	4	5	5	4	4	4
6145	제주 서귀포시	민간・가정 어린이집 운영비 지원	2	4	198,450	6	4	7	8	7	5	5	4	5	5	4	4	4
6146	제주 서귀포시	특수어린이집 운영비	2	4	228,000	6	4	7	8	7	5	5	4	5	5	4	4	4
6147	제주 서귀포시	어린이집 냉난방 연료비	2	4	69,400	6	4	7	8	7	5	5	4	5	5	4	4	4
6148	제주 서귀포시	읍면어린이집 프로그램 운영비	2	4	54,400	6	4	7	8	7	5	5	4	5	5	4	4	4
6149	제주 서귀포시	장애아전문 어린이집 재활프로그램 운영비	2	4	2,000	6	4	7	8	7	5	5	4	5	5	4	4	4
6150	제주 서귀포시	어린이집 입학준비금 지원	2	4	75,000	6	4	7	8	7	5	5	4	5	5	4	4	4
6151	제주 서귀포시	경계선아동 맞춤형 사례관리	1	2	24,250	6	2	7	8	7	1	1	4	5	5	4	4	4
6152	제주 서귀포시	아동양육시설 운영비	1	2	4,336,996	5	1	7	8	7	1	1	1	1	1	1	1	1
6153	제주 서귀포시	아동복지시설 보호아동 지원사업	1	2	335,800	6	1	7	8	7	1	1	1	1	1	1	1	1
6154	제주 서귀포시	지역아동센터 프로그램운영 성과발표회(보조율90%)	2	2	12,000	6	1	7	8	7	1	1	1	4	4	3	3	3
6155	제주 서귀포시	지역아동센터 운영비 지원	2	2	535,240	5	2	7	8	7	5	5	1	4	4	3	3	3
6156	제주 서귀포시	지역아동센터 냉난방비 지원(정액)	2	2	32,400	6	1	7	8	7	1	1	1	4	4	3	3	3
6157	제주 서귀포시	지역아동센터 취약계층아동 토요 돌봄 운영비 지원	2	2	28,600	6	1	7	8	7	1	1	1	4	4	3	3	3
6158	제주 서귀포시	지역아동센터 방학중 프로그램 운영비 지원(보조율90%)	2	2	33,600	6	1	7	8	7	1	1	1	4	4	3	3	3
6159	제주 서귀포시	지역아동센터 문화·체육활동 프로그램비(보조율90%)	2	2	43,500	6	1	7	8	7	1	1	1	4	4	3	3	3
6160	제주 서귀포시	지역아동센터 감성로봇 활용교육 지원사업(보조율 90%)	2	2	47,000	6	1	7	8	7	1	1	1	4	4	3	3	3
6161	제주 서귀포시	지역아동센터 환경개선 및 기능보강사업(정액, 보조율90%)	2	2	70,000	6	1	7	8	7	1	1	1	4	4	3	3	3

순번	시군구	지출명 (사업명)	시설종류	사회복지시설 종류	2025년예산 (단위:천원/1년간)	민간이전 분류 (지방자치단체 세출예산 집행기준에 의거)	민간이전지출 근거 (지방보조금 관리기준 참고)	입찰방식			운영예산 산정		성과평가				평가결과 적용	
			1. 생활시설 2. 이용시설	1. 노인복지시설 2. 아동복지시설 3. 장애인복지시설 4. 어린이집 5. 정신건강증진시설 6. 노숙인시설 7. 사회복지관 8. 지역자활센터 9. 다함께돌봄센터 10. 결핵,한센시설 11. 성매매피해지원시설 12. 성폭력피해보호시설 13. 가정폭력보호시설 14. 가족센터 15. 청소년복지시설 16. 기타 ( )		1. 민간경상사업보조(307-02) 2. 민간단체 법정운영비보조(307-03) 3. 민간행사사업보조(307-04) 4. 민간위탁금(307-05) 5. 사회복지시설 법정운영비보조(307-10) 6. 사회복지사업보조(307-11) 7. 민간인위탁교육비(307-12) 8. 공기관등에대한경상적위탁사업(308-13) 9. 공사공단 경상전출금(309-01)	1. 법률에 규정 2. 국고보조 재원(국가지정) 3. 용도 지정 기부금 4. 조례에 직접규정 5. 지자체가 권장하는 사업을 하는 공공기관 6. 시,도 정책 및 재정사정 7. 기타 8. 해당없음	계약체결방법 (경쟁형태) 1. 일반경쟁 2. 제한경쟁 3. 지명경쟁 4. 수의계약 5. 법정위탁 6. 기타 ( ) 7. 해당없음	계약기간 1. 1년 2. 2년 3. 3년 4. 4년 5. 5년 6. 기타 ( )년 7. 단기계약 (1년미만) 8. 해당없음	낙찰자선정방법 1. 적격심사 2. 협상에의한계약 3. 최저가낙찰제 4. 규격가격분리 5. 2단계 경쟁입찰 6. 기타 ( ) 7. 해당없음	운영비산정 1. 내부산정 (지자체 자체적으로 산정) 2. 외부산정 (외부전문기관위탁 산정) 3. 내·외부 모두 산정 4. 산정 無 5. 해당없음	정산방법 1. 내부정산 (지자체 내부적으로 정산) 2. 외부정산 (외부전문기관위탁 정산) 3. 내·외부 모두 산정 4. 정산 無 5. 해당없음	성과평가 실시여부 1. 실시 2. 미실시 3. 향후 추진 4. 해당없음	성과평가 주기 1. 매년 2. 격년 3. 기간만료전 4. 기타 ( ) 5. 해당없음	성과평가 실시 방법 1. 자체 실시 2. 평가단 구성 후 실시 (전문위원 섭외) 3. 전문 평가기관 의뢰 4. 기타 ( ) 5. 해당없음	평가기준 적용방법 1. 관련 조례 적용 2. 전문 평가기관 의뢰 3. 기타 ( ) 4. 해당없음	실제 인센티브 및 페널티 적용 유무 1. 매년 적용 2. 적용 안함 3. 기타 ( ) 4. 해당없음	인센티브 및 페널티 적용근거 1. 조례 2. 계약서 3. 기타 ( ) 4. 해당없음
6162	제주 서귀포시	다함께돌봄센터 인건비 지원	2	9	423,000	4	1	6	5	6	1	1	1	1	1	1	1	1
6163	제주 서귀포시	다함께돌봄센터 보수체계개편인건비 지원	2	9	212,700	4	1	6	5	6	1	1	1	1	1	1	1	1
6164	제주 서귀포시	가족센터 운영	2	14	1,269,260	4	1	1	5	1	1	3	1	3	3	1	4	4
6165	제주 서귀포시	다문화가족 특성화사업	2	14	525,930	6	1	7	8	7	5	5	4	5	5	4	4	4
6166	제주 서귀포시	한부모가족복지시설 운영 사업	1	16	382,216	5	1	7	8	7	5	5	4	5	5	4	4	4
6167	제주 서귀포시	가정폭력 상담소 운영 사업	2	13	232,343	5	1	7	8	7	5	5	4	5	5	4	4	4
6168	제주 서귀포시	성폭력 피해자 보호시설 운영 사업	2	12	355,078	4	1	1	5	1	1	1	1	3	3	1	4	4
6169	제주 서귀포시	읍면어린이집 보육교직원 교통비	2	4	336,000	6	4	7	8	7	5	5	4	4	5	4	4	4
6170	제주 서귀포시	민간.가정 어린이집 보육교직원 4대보험료 지원	2	4	64,800	6	4	7	8	7	5	5	4	4	5	4	4	4
6171	제주 서귀포시	어린이집 운영지원	2	4	532,202	5	1	7	8	7	5	5	4	4	5	4	4	4
6172	제주 서귀포시	공공형어린이집 운영비	2	4	1,000,000	5	1	7	8	7	5	5	4	4	5	4	4	4
6173	제주 서귀포시	국공립 어린이집 운영비 지원	2	4	88,000	6	4	7	8	7	5	5	4	4	5	4	4	4
6174	제주 서귀포시	사회복지법인 어린이집 운영비 지원	2	4	140,000	6	4	7	8	7	5	5	4	4	5	4	4	4
6175	제주 서귀포시	법인・단체등 어린이집 운영비 지원	2	4	73,880	6	4	7	8	7	5	5	4	4	5	4	4	4
6176	제주 서귀포시	민간・가정 어린이집 운영비 지원	2	4	198,450	6	4	7	8	7	5	5	4	4	5	4	4	4
6177	제주 서귀포시	특수어린이집 운영비	2	4	228,000	6	4	7	8	7	5	5	4	4	5	4	4	4
6178	제주 서귀포시	어린이집 냉난방 연료비	2	4	69,400	6	4	7	8	7	5	5	4	4	5	4	4	4
6179	제주 서귀포시	읍면어린이집 프로그램 운영비	2	4	54,400	6	4	7	8	7	5	5	4	4	5	4	4	4
6180	제주 서귀포시	장애아전문 어린이집 재활프로그램 운영비	2	4	2,000	6	4	7	8	7	5	5	4	4	5	4	4	4
6181	제주 서귀포시	어린이집 입학준비금 지원	2	4	75,000	6	4	7	8	7	5	5	4	4	5	4	4	4
6182	제주 서귀포시	경계선아동 맞춤형 사례관리	1	2	24,250	6	2	7	8	7	1	1	4	5	5	4	4	4
6183	제주 서귀포시	아동양육시설 운영비	1	2	4,336,996	5	1	7	8	7	1	1	1	1	1	1	1	1
6184	제주 서귀포시	아동복지시설 보호아동 지원사업	1	2	335,800	6	1	7	8	7	1	1	1	1	1	1	1	1
6185	제주 서귀포시	지역아동센터 프로그램운영 성과발표회(보조율90%)	2	2	12,000	6	1	7	8	7	1	1	1	4	4	3	3	3
6186	제주 서귀포시	지역아동센터 운영비 지원	2	2	535,240	5	2	7	8	7	5	5	1	4	4	3	3	3
6187	제주 서귀포시	지역아동센터 냉난방비 지원(정액)	2	2	32,400	6	1	7	8	7	1	1	1	4	4	3	3	3
6188	제주 서귀포시	지역아동센터 취약계층아동 토요 돌봄 운영비 지원	2	2	28,600	6	1	7	8	7	1	1	1	4	4	3	3	3
6189	제주 서귀포시	지역아동센터 방학중 프로그램 운영비 지원(보조율90%)	2	2	33,600	6	1	7	8	7	1	1	1	4	4	3	3	3
6190	제주 서귀포시	지역아동센터 문화·체육활동 프로그램비(보조율90%)	2	2	43,500	6	1	7	8	7	1	1	1	4	4	3	3	3
6191	제주 서귀포시	지역아동센터 감성로봇 활용교육 지원사업(보조율 90%)	2	2	47,000	6	1	7	8	7	1	1	1	4	4	3	3	3
6192	제주 서귀포시	지역아동센터 환경개선 및 기능보강사업(정액, 보조율90%)	2	2	70,000	6	1	7	8	7	1	1	1	4	4	3	3	3
6193	제주 서귀포시	다함께돌봄센터 인건비 지원	2	9	423,000	4	1	6	5	6	1	1	1	1	1	1	1	1

배 성 기 (裵 成 基)

| 약 력 |

現 공공서비스연구원 원장, 한국민간위탁연구소 소장, 한국공공서비스연구소 소장, 한국사회적가치연구소 소장, 한국지방의정연구소 소장, 단국대학교 경영학 박사, 가천대학교 회계학 석사

現 단국대학교 경영학과 외래교수

現 파주시청 민간위탁 운영심의위원, 은평구청 민간위탁 적정성운영위원

現 중랑구의회 의정자문위원, 한국의정연구회 지방의회연구소 초빙교수

現 송파구 민간위탁 운영평가위원, 사회적기업 육성 위원

現 성북구 사회적경제 육성위원, 성북민관협치 운영위원

現 국민권익위원회 부패영향평가 자문위원

現 가천대학교 사회적기업과고용관계연구소 비상임 선임연구원

現 에코아이 지속가능경영연구소 비상임 소장

現 (재)현대산업경제연구원 비상임 연구위원

前 서울시 민간위탁 원가분석 자문위원

前 단국대학교 경제학과 외래교수

| 주요 연구수행실적 |

「정부 및 지자체 등으로부터 위탁받은 사업 매뉴얼 구축 용역」

「2017년 재정사업 성과평가 용역(산림자원육성)」

「농림축산식품 정보화사업 성과관리체계 구축 연구」

「자동차전용도로 효율적 관리를 위한 직무분석 용역」

「산림문화휴양촌 관리운영 방안 수립 연구 용역」

「생활폐기물 수집 · 운반 및 처리시설 민간위탁 타당성 및 운영효율화 방안」

「산업단지 폐수처리시설 민간위탁 타당성 및 운영효율화 방안」

「종합사회복지관 민간위탁 타당성 및 운영효율화 방안」

「장애인복지관 민간위탁 타당성 및 운영효율화 방안」

「노인종합복지관 민간위탁 타당성 및 운영효율화 방안」

「아동 · 청소년시설 민간위탁 타당성 및 운영효율화 방안」

「소각장 민간위탁 타당성 및 운영효율화 방안」

「자동집하시설 민간위탁 타당성 및 운영효율화 방안」

「가로등관리 민간위탁 타당성 및 운영효율화 방안」

「공원관리 민간위탁 타당성 및 운영효율화 방안」

「문화예술·체육시설 운영관리 민간위탁 타당성 및 운영효율화 방안」 외 다수

| 주요 저술실적 |

저서 : 지방자치단체 민간위탁 운영관리메뉴얼 Ⅰ, Ⅱ, Ⅲ권, 민간위탁 원가산정, 공공관리와 성과, 민간위탁 조례 및 계약 관리 방안, 하수처리시설 민간위탁 서비스 평가, 공공하수도시설 민간위탁 서비스 경영, 생활폐기물 수집 · 운반 및 처리시설 민간위탁 서비스 경영 등

번역 : OECD 정부기능 및 정부서비스 민간위탁 외 4권

논문 : 민간위탁서비스 핵심운영요인이 운영성과에 미치는 영향에 관한 실증 연구(2014) 등 3개

발표 : 한국생산관리학회, 한국구매조달학회, 한국관광경영학회 등 다수

KCOMI 발간도서 소개

민간위탁 통계

KCOMI 통계

2025 전국 지방자치단체 민·관 협업사무 운영 현황 I

민간위탁금(307-05)
사회복지시설법정운영비보조(307-10)
민간인위탁교육비(307-12)
공기관등에대한경상적대행사업비(308-10)

본 도서는 전국 17개 광역자치단체를 포함한 243개 지방자치단체의 2021년 민관 협업사무 운영 현황으로서 국내에서 유일하게 전국 민관 협업사무 운영 현황을 파악할 수 있는 자료이다. 해당 시리즈는 총 3권으로 제작되었다.

배성기 지음
한국민간위탁경영구소
2025년 3월 출간

KCOMI 통계

2025 전국 지방자치단체 민·관 협업사무 운영 현황 II

민간위탁금(307-05)
사회복지시설법정운영비보조(307-10)
민간인위탁교육비(307-12)
공기관등에대한경상적대행사업비(308-10)

본 도서는 전국 17개 광역자치단체를 포함한 243개 지방자치단체의 2021년 민관 협업사무 운영 현황으로서 국내에서 유일하게 전국 민관 협업사무 운영 현황을 파악할 수 있는 자료이다. 해당 시리즈는 총 3권으로 제작되었다.

배성기 지음
한국민간위탁경영구소
2025년 3월 출간

KCOMI 통계

2025 전국 지방자치단체 민·관 협업사무 운영 현황 III

민간위탁금(307-05)
사회복지시설법정운영비보조(307-10)
민간인위탁교육비(307-12)
공기관등에대한경상적대행사업비(308-10)

본 도서는 전국 17개 광역자치단체를 포함한 243개 지방자치단체의 2021년 민관 협업사무 운영 현황으로서 국내에서 유일하게 전국 민관 협업사무 운영 현황을 파악할 수 있는 자료이다. 해당 시리즈는 총 3권으로 제작되었다.

배성기 지음
한국민간위탁경영구소
2025년 3월 출간

KCOMI 통계

2024 전국 지방자치단체 중간지원조직 위탁 운영현황

민간위탁금(307-05)
사회복지시설법정운영비보조(307-10)
민간인위탁교육비(307-12)
공기관등에대한경상적대행사업비(308-10)

본 도서는 전국 17개 광역자치단체를 포함한 243개 지방자치단체의 2021년 민관 협업사무 운영 현황으로서 국내에서 유일하게 전국 민관 협업사무 운영 현황을 파악할 수 있는 자료이다.

배성기 지음
한국민간위탁경영구소
2024년 10월 출간

배 성 기 (裵 成 基)

| 약 력 |

現 공공서비스연구원 원장, 한국민간위탁연구소 소장, 한국공공서비스연구소 소장, 한국사회적가치연구소 소장, 한국지방의정연구소 소장, 단국대학교 경영학 박사, 가천대학교 회계학 석사

現 단국대학교 경영학과 외래교수

現 파주시청 민간위탁 운영심의위원, 은평구청 민간위탁 적정성운영위원

現 중랑구의회 의정자문위원, 한국의정연구회 지방의회연구소 초빙교수

現 송파구 민간위탁 운영평가위원, 사회적기업 육성 위원

現 성북구 사회적경제 육성위원, 성북민관협치 운영위원

現 국민권익위원회 부패영향평가 자문위원

現 가천대학교 사회적기업과고용관계연구소 비상임 선임연구원

現 에코아이 지속가능경영연구소 비상임 소장

現 (재)현대산업경제연구원 비상임 연구위원

前 서울시 민간위탁 원가분석 자문위원

前 단국대학교 경제학과 외래교수

| 주요 연구수행실적 |

「정부 및 지자체 등으로부터 위탁받은 사업 매뉴얼 구축 용역」
「2017년 재정사업 성과평가 용역(산림자원육성)」
「농림축산식품 정보화사업 성과관리체계 구축 연구」
「자동차전용도로 효율적 관리를 위한 직무분석 용역」
「산림문화휴양촌 관리운영 방안 수립 연구 용역」
「생활폐기물 수집 · 운반 및 처리시설 민간위탁 타당성 및 운영효율화 방안」
「산업단지 폐수처리시설 민간위탁 타당성 및 운영효율화 방안」
「종합사회복지관 민간위탁 타당성 및 운영효율화 방안」
「장애인복지관 민간위탁 타당성 및 운영효율화 방안」
「노인종합복지관 민간위탁 타당성 및 운영효율화 방안」
「아동 · 청소년시설 민간위탁 타당성 및 운영효율화 방안」
「소각장 민간위탁 타당성 및 운영효율화 방안」
「자동집하시설 민간위탁 타당성 및 운영효율화 방안」
「가로등관리 민간위탁 타당성 및 운영효율화 방안」
「공원관리 민간위탁 타당성 및 운영효율화 방안」
「문화예술·체육시설 운영관리 민간위탁 타당성 및 운영효율화 방안」 외 다수

| 주요 저술실적 |

저서 : 지방자치단체 민간위탁 운영관리메뉴얼 Ⅰ, Ⅱ, Ⅲ권, 민간위탁 원가산정, 공공관리와 성과, 민간위탁 조례 및 계약 관리 방안, 하수처리시설 민간위탁 서비스 평가, 공공하수도시설 민간위탁 서비스 경영, 생활폐기물 수집 · 운반 및 처리시설 민간위탁 서비스 경영 등

번역 : OECD 정부기능 및 정부서비스 민간위탁 외 4권

논문 : 민간위탁서비스 핵심운영요인이 운영성과에 미치는 영향에 관한 실증 연구(2014) 등 3개

발표 : 한국생산관리학회, 한국구매조달학회, 한국관광경영학회 등 다수

KCOMI 발간도서 소개

민간위탁 통계

KCOMI 통계

2025 전국 지방자치단체 민·관 협업사무 운영 현황 I

민간위탁금(307-05)
사회복지시설법정운영비보조(307-10)
민간인위탁교육비(307-12)
공기관등에대한경상적대행사업비(308-10)

본 도서는 전국 17개 광역자치단체를 포함한 243개 지방자치단체의 2021년 민관 협업사무 운영 현황으로서 국내에서 유일하게 전국 민관 협업사무 운영 현황을 파악할 수 있는 자료이다. 해당 시리즈는 총 3권으로 제작되었다.

배성기 지음
한국민간위탁경영구소
2025년 3월 출간

KCOMI 통계

2025 전국 지방자치단체 민·관 협업사무 운영 현황 II

민간위탁금(307-05)
사회복지시설법정운영비보조(307-10)
민간인위탁교육비(307-12)
공기관등에대한경상적대행사업비(308-10)

본 도서는 전국 17개 광역자치단체를 포함한 243개 지방자치단체의 2021년 민관 협업사무 운영 현황으로서 국내에서 유일하게 전국 민관 협업사무 운영 현황을 파악할 수 있는 자료이다. 해당 시리즈는 총 3권으로 제작되었다.

배성기 지음
한국민간위탁경영구소
2025년 3월 출간

KCOMI 통계

2025 전국 지방자치단체 민·관 협업사무 운영 현황 III

민간위탁금(307-05)
사회복지시설법정운영비보조(307-10)
민간인위탁교육비(307-12)
공기관등에대한경상적대행사업비(308-10)

본 도서는 전국 17개 광역자치단체를 포함한 243개 지방자치단체의 2021년 민관 협업사무 운영 현황으로서 국내에서 유일하게 전국 민관 협업사무 운영 현황을 파악할 수 있는 자료이다. 해당 시리즈는 총 3권으로 제작되었다.

배성기 지음
한국민간위탁경영구소
2025년 3월 출간

KCOMI 통계

2024 전국 지방자치단체 중간지원조직 위탁 운영현황

민간위탁금(307-05)
사회복지시설법정운영비보조(307-10)
민간인위탁교육비(307-12)
공기관등에대한경상적대행사업비(308-10)

본 도서는 전국 17개 광역자치단체를 포함한 243개 지방자치단체의 2021년 민관 협업사무 운영 현황으로서 국내에서 유일하게 전국 민관 협업사무 운영 현황을 파악할 수 있는 자료이다.

배성기 지음
한국민간위탁경영구소
2024년 10월 출간

KCOMI 통계

2024 전국 지방자치단체 정보화사업 추진현황

민간위탁금(307-05)
사회복지시설법정운영비보조(307-10)
민간인위탁교육비(307-12)
공기관등에대한경상적대행사업비(308-10)

본 도서는 전국 17개 광역자치단체를 포함한 243개 지방자치단체의 2021년 민관 협업사무 운영 현황으로서 국내에서 유일하게 전국 민관 협업사무 운영 현황을 파악할 수 있는 자료이다.

배성기 지음
한국민간위탁경영구소
2024년 10월 출간

KCOMI 통계

2024 전국 지방자치단체 사회복지시설 운영현황

민간위탁금(307-05)
사회복지시설법정운영비보조(307-10)
민간인위탁교육비(307-12)
공기관등에대한경상적대행사업비(308-10)

본 도서는 전국 17개 광역자치단체를 포함한 243개 지방자치단체의 2021년 민관 협업사무 운영 현황으로서 국내에서 유일하게 전국 민관 협업사무 운영 현황을 파악할 수 있는 자료이다.

배성기 지음
한국민간위탁경영구소
2024년 10월 출간

KCOMI 통계

2024 전국 지방자치단체 평생교육시설 운영현황

민간위탁금(307-05)
사회복지시설법정운영비보조(307-10)
민간인위탁교육비(307-12)
공기관등에대한경상적대행사업비(308-10)

본 도서는 전국 17개 광역자치단체를 포함한 243개 지방자치단체의 2021년 민관 협업사무 운영 현황으로서 국내에서 유일하게 전국 민관 협업사무 운영 현황을 파악할 수 있는 자료이다.

배성기 지음
한국민간위탁경영구소
2024년 10월 출간

KCOMI 통계

2024 전국 지방자치단체 청소년수련시설 운영현황

민간위탁금(307-05)
사회복지시설법정운영비보조(307-10)
민간인위탁교육비(307-12)
공기관등에대한경상적대행사업비(308-10)

본 도서는 전국 17개 광역자치단체를 포함한 243개 지방자치단체의 2021년 민관 협업사무 운영 현황으로서 국내에서 유일하게 전국 민관 협업사무 운영 현황을 파악할 수 있는 자료이다.

배성기 지음
한국민간위탁경영구소
2024년 10월 출간

KCOMI 통계

2024 전국 지방자치단체 문화예술시설 운영현황

민간위탁금(307-05)
사회복지시설법정운영비보조(307-10)
민간인위탁교육비(307-12)
공기관등에대한경상적대행사업비(308-10)

본 도서는 전국 17개 광역자치단체를 포함한 243개 지방자치단체의 2021년 민관 협업사무 운영 현황으로서 국내에서 유일하게 전국 민관 협업사무 운영 현황을 파악할 수 있는 자료이다.

배성기 지음
한국민간위탁경영구소
2024년 10월 출간

KCOMI 통계

2024 전국 지방자치단체 관광시설 운영현황

민간위탁금(307-05)
사회복지시설법정운영비보조(307-10)
민간인위탁교육비(307-12)
공기관등에대한경상적대행사업비(308-10)

본 도서는 전국 17개 광역자치단체를 포함한 243개 지방자치단체의 2021년 민관 협업사무 운영 현황으로서 국내에서 유일하게 전국 민관 협업사무 운영 현황을 파악할 수 있는 자료이다.

배성기 지음
한국민간위탁경영구소
2024년 10월 출간

KCOMI 통계

2024 전국 지방자치단체 체육시설 운영현황

민간위탁금(307-05)
사회복지시설법정운영비보조(307-10)
민간인위탁교육비(307-12)
공기관등에대한경상적대행사업비(308-10)

본 도서는 전국 17개 광역자치단체를 포함한 243개 지방자치단체의 2021년 민관 협업사무 운영 현황으로서 국내에서 유일하게 전국 민관 협업사무 운영 현황을 파악할 수 있는 자료이다.

배성기 지음
한국민간위탁경영구소
2024년 10월 출간

KCOMI 통계

2024 전국 지방자치단체 민원콜센터 운영현황

민간위탁금(307-05)
사회복지시설법정운영비보조(307-10)
민간인위탁교육비(307-12)
공기관등에대한경상적대행사업비(308-10)

본 도서는 전국 17개 광역자치단체를 포함한 243개 지방자치단체의 2021년 민관 협업사무 운영 현황으로서 국내에서 유일하게 전국 민관 협업사무 운영 현황을 파악할 수 있는 자료이다.

배성기 지음
한국민간위탁경영구소
2024년 10월 출간

KCOMI 통계

2024 전국 지방자치단체 폐기물처리시설 운영현황

민간위탁금(307-05)
사회복지시설법정운영비보조(307-10)
민간인위탁교육비(307-12)
공기관등에대한경상적대행사업비(308-10)

본 도서는 전국 17개 광역자치단체를 포함한 243개 지방자치단체의 2021년 민관 협업사무 운영 현황으로서 국내에서 유일하게 전국 민관 협업사무 운영 현황을 파악할 수 있는 자료이다.

배성기 지음
한국민간위탁경영구소
2024년 10월 출간

KCOMI 통계

2024 전국 지방자치단체 생활폐기물 수집운반 운영현황

민간위탁금(307-05)
사회복지시설법정운영비보조(307-10)
민간인위탁교육비(307-12)
공기관등에대한경상적대행사업비(308-10)

본 도서는 전국 17개 광역자치단체를 포함한 243개 지방자치단체의 2021년 민관 협업사무 운영 현황으로서 국내에서 유일하게 전국 민관 협업사무 운영 현황을 파악할 수 있는 자료이다.

배성기 지음
한국민간위탁경영구소
2024년 10월 출간

KCOMI 통계

2024 전국 지방자치단체 상수도시설 운영현황

민간위탁금(307-05)
사회복지시설법정운영비보조(307-10)
민간인위탁교육비(307-12)
공기관등에대한경상적대행사업비(308-10)

본 도서는 전국 17개 광역자치단체를 포함한 243개 지방자치단체의 2021년 민관 협업사무 운영 현황으로서 국내에서 유일하게 전국 민관 협업사무 운영 현황을 파악할 수 있는 자료이다.

배성기 지음
한국민간위탁경영구소
2024년 10월 출간

KCOMI 통계

2024 전국 지방자치단체 공공하수도시설 운영현황

민간위탁금(307-05)
사회복지시설법정운영비보조(307-10)
민간인위탁교육비(307-12)
공기관등에대한경상적대행사업비(308-10)

본 도서는 전국 17개 광역자치단체를 포함한 243개 지방자치단체의 2021년 민관 협업사무 운영 현황으로서 국내에서 유일하게 전국 민관 협업사무 운영 현황을 파악할 수 있는 자료이다.

배성기 지음
한국민간위탁경영구소
2024년 10월 출간

KCOMI 통계

2024 전국 지방자치단체 민·관 협업사무 운영 현황 I

민간위탁금(307-05)
사회복지시설법정운영비보조(307-10)
민간인위탁교육비(307-12)
공기관등에대한경상적대행사업비(308-10)

본 도서는 전국 17개 광역자치단체를 포함한 243개 지방자치단체의 2021년 민관 협업사무 운영 현황으로서 국내에서 유일하게 전국 민관 협업사무 운영 현황을 파악할 수 있는 자료이다. 해당 시리즈는 총 3권으로 제작되었다.

배성기 지음
한국민간위탁경영구소
2024년 2월 출간

KCOMI 통계

2024 전국 지방자치단체 민·관 협업사무 운영 현황 II

민간위탁금(307-05)
사회복지시설법정운영비보조(307-10)
민간인위탁교육비(307-12)
공기관등에대한경상적대행사업비(308-10)

본 도서는 전국 17개 광역자치단체를 포함한 243개 지방자치단체의 2021년 민관 협업사무 운영 현황으로서 국내에서 유일하게 전국 민관 협업사무 운영 현황을 파악할 수 있는 자료이다. 해당 시리즈는 총 3권으로 제작되었다.

배성기 지음
한국민간위탁경영구소
2024년 2월 출간

KCOMI 통계

2024 전국 지방자치단체 민·관 협업사무 운영 현황III

민간위탁금(307-05)
사회복지시설법정운영비보조(307-10)
민간인위탁교육비(307-12)
공기관등에대한경상적대행사업비(308-10)

본 도서는 전국 17개 광역자치단체를 포함한 243개 지방자치단체의 2021년 민관 협업사무 운영 현황으로서 국내에서 유일하게 전국 민관 협업사무 운영 현황을 파악할 수 있는 자료이다. 해당 시리즈는 총 3권으로 제작되었다.

배성기 지음
한국민간위탁경영구소
2024년 2월 출간

KCOMI 통계

2024 중앙행정기관 행정사무 민간이전 운영현황

민간위탁금(307-05)
사회복지시설법정운영비보조(307-10)
민간인위탁교육비(307-12)
공기관등에대한경상적대행사업비(308-10)

본 도서는 전국 17개 광역자치단체를 포함한 243개 지방자치단체의 2021년 민관 협업사무 운영 현황으로서 국내에서 유일하게 전국 민관 협업사무 운영 현황을 파악할 수 있는 자료이다.

배성기 지음
한국민간위탁경영구소
2024년 2월 출간

KCOMI 통계

2023 전국 지방자치단체 민·관 협업사무 운영 현황 장애인 복지시설

민간위탁금(307-05)
사회복지시설법정운영비보조(307-10)
민간인위탁교육비(307-12)
공기관등에대한경상적대행사업비(308-10)

본 도서는 전국 17개 광역자치단체를 포함한 243개 지방자치단체의 2021년 민관 협업사무 운영 현황으로서 국내에서 유일하게 전국 민관 협업사무 운영 현황을 파악할 수 있는 자료이다.

배성기 지음
한국민간위탁경영구소
2023년 10월 출간

KCOMI 통계

2023 전국 지방자치단체 민·관 협업사무 운영 현황 청소년 수련시설

민간위탁금(307-05)
사회복지시설법정운영비보조(307-10)
민간인위탁교육비(307-12)
공기관등에대한경상적대행사업비(308-10)

본 도서는 전국 17개 광역자치단체를 포함한 243개 지방자치단체의 2021년 민관 협업사무 운영 현황으로서 국내에서 유일하게 전국 민관 협업사무 운영 현황을 파악할 수 있는 자료이다.

배성기 지음
한국민간위탁경영구소
2023년 10월 출간

KCOMI 통계

2023 전국 지방자치단체 민·관 협업사무 운영 현황 주차장

민간위탁금(307-05)
사회복지시설법정운영비보조(307-10)
민간인위탁교육비(307-12)
공기관등에대한경상적대행사업비(308-10)

본 도서는 전국 17개 광역자치단체를 포함한 243개 지방자치단체의 2021년 민관 협업사무 운영 현황으로서 국내에서 유일하게 전국 민관 협업사무 운영 현황을 파악할 수 있는 자료이다.

배성기 지음
한국민간위탁경영구소
2023년 10월 출간

KCOMI 통계

2023 전국 지방자치단체 민·관 협업사무 운영 현황 공원

민간위탁금(307-05)
사회복지시설법정운영비보조(307-10)
민간인위탁교육비(307-12)
공기관등에대한경상적대행사업비(308-10)

본 도서는 전국 17개 광역자치단체를 포함한 243개 지방자치단체의 2021년 민관 협업사무 운영 현황으로서 국내에서 유일하게 전국 민관 협업사무 운영 현황을 파악할 수 있는 자료이다.

배성기 지음
한국민간위탁경영구소
2023년 10월 출간

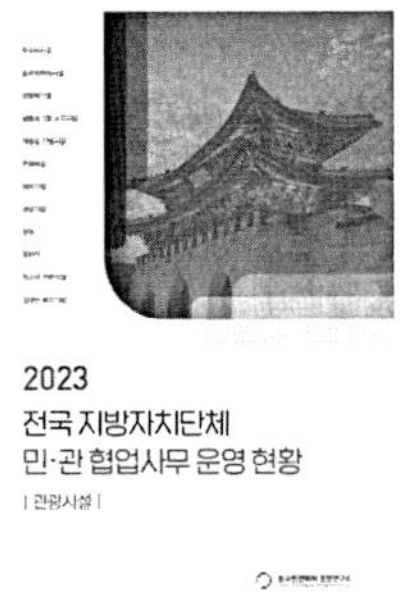

KCOMI 통계

2023 전국 지방자치단체 민·관 협업사무 운영 현황 관광시설

민간위탁금(307-05)
사회복지시설법정운영비보조(307-10)
민간인위탁교육비(307-12)
공기관등에대한경상적대행사업비(308-10)

본 도서는 전국 17개 광역자치단체를 포함한 243개 지방자치단체의 2021년 민관 협업사무 운영 현황으로서 국내에서 유일하게 전국 민관 협업사무 운영 현황을 파악할 수 있는 자료이다.

배성기 지음
한국민간위탁경영구소
2023년 10월 출간

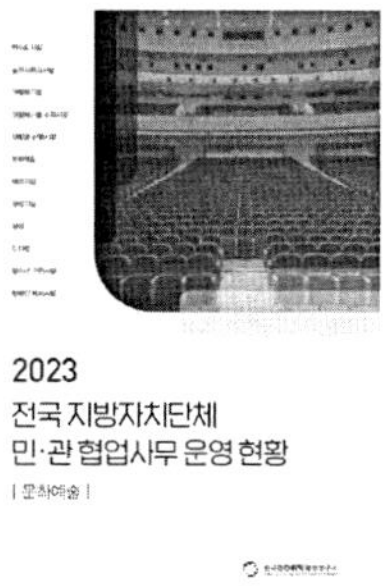

KCOMI 통계

2023 전국 지방자치단체 민·관 협업사무 운영 현황 문화예술

민간위탁금(307-05)
사회복지시설법정운영비보조(307-10)
민간인위탁교육비(307-12)
공기관등에대한경상적대행사업비(308-10)

본 도서는 전국 17개 광역자치단체를 포함한 243개 지방자치단체의 2021년 민관 협업사무 운영 현황으로서 국내에서 유일하게 전국 민관 협업사무 운영 현황을 파악할 수 있는 자료이다.

배성기 지음
한국민간위탁경영구소
2023년 10월 출간

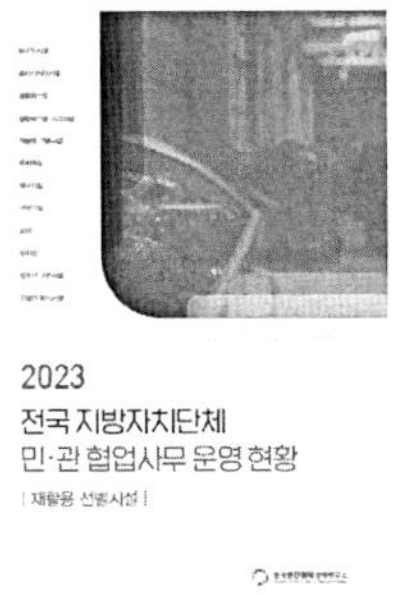

KCOMI 통계

2023 전국 지방자치단체 민·관 협업사무 운영 현황 재활용 선별시설

민간위탁금(307-05)
사회복지시설법정운영비보조(307-10)
민간인위탁교육비(307-12)
공기관등에대한경상적대행사업비(308-10)

본 도서는 전국 17개 광역자치단체를 포함한 243개 지방자치단체의 2021년 민관 협업사무 운영 현황으로서 국내에서 유일하게 전국 민관 협업사무 운영 현황을 파악할 수 있는 자료이다.

배성기 지음
한국민간위탁경영구소
2023년 10월 출간

KCOMI 통계

2023 전국 지방자치단체 민·관 협업사무 운영 현황 생활폐기물 소각시설

민간위탁금(307-05)
사회복지시설법정운영비보조(307-10)
민간인위탁교육비(307-12)
공기관등에대한경상적대행사업비(308-10)

본 도서는 전국 17개 광역자치단체를 포함한 243개 지방자치단체의 2021년 민관 협업사무 운영 현황으로서 국내에서 유일하게 전국 민관 협업사무 운영 현황을 파악할 수 있는 자료이다.

배성기 지음
한국민간위탁경영구소
2023년 10월 출간

KCOMI 통계

2023 전국 지방자치단체
민·관 협업사무 운영 현황
생활폐기물

민간위탁금(307-05)
사회복지시설법정운영비보조(307-10)
민간인위탁교육비(307-12)
공기관등에대한경상적대행사업비(308-10)

본 도서는 전국 17개 광역자치단체를 포함한 243개 지방자치단체의 2021년 민관 협업사무 운영 현황으로서 국내에서 유일하게 전국 민관 협업사무 운영 현황을 파악할 수 있는 자료이다.

배성기 지음
한국민간위탁경영구소
2023년 10월 출간

KCOMI 통계

2023 전국 지방자치단체
민·관 협업사무 운영 현황
슬러지처리시설

민간위탁금(307-05)
사회복지시설법정운영비보조(307-10)
민간인위탁교육비(307-12)
공기관등에대한경상적대행사업비(308-10)

본 도서는 전국 17개 광역자치단체를 포함한 243개 지방자치단체의 2021년 민관 협업사무 운영 현황으로서 국내에서 유일하게 전국 민관 협업사무 운영 현황을 파악할 수 있는 자료이다.

배성기 지음
한국민간위탁경영구소
2023년 10월 출간

KCOMI 통계

2023 전국 지방자치단체
민·관 협업사무 운영 현황
하수도시설

민간경상사업보조(307-02)
민간단체법정운영비보조(307-03)
민간행사사업보조(307-04)

본 도서는 전국 17개 광역자치단체를 포함한 243개 지방자치단체의 2021년 민관 협업사무 운영 현황으로서 국내에서 유일하게 전국 민관 협업사무 운영 현황을 파악할 수 있는 자료이다.

배성기 지음
한국민간위탁경영구소
2023년 10월 출간

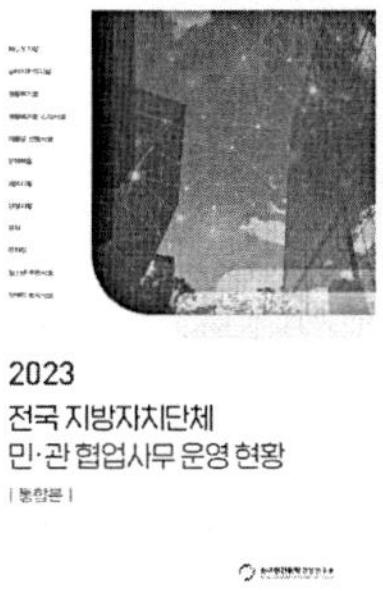

KCOMI 통계

2023 전국 지방자치단체
민·관 협업사무 운영 현황 통합본

민간위탁금(307-05)
사회복지시설법정운영비보조(307-10)
민간인위탁교육비(307-12)
공기관등에대한경상적대행사업비(308-10)

본 도서는 전국 17개 광역자치단체를 포함한 243개 지방자치단체의 2021년 민관 협업사무 운영 현황으로서 국내에서 유일하게 전국 민관 협업사무 운영 현황을 파악할 수 있는 자료이다.

배성기 지음
한국민간위탁경영구소
2023년 10월 출간

KCOMI 통계

2023 중앙행정기관 행정사무
민간이전 운영현황

민간경상사업보조(307-02)
민간단체법정운영비보조(307-03)
민간행사사업보조(307-04)

본 도서는 전국 17개 광역자치단체를 포함한 243개 지방자치단체의 2021년 민관 협업사무 운영 현황으로서 국내에서 유일하게 전국 민관 협업사무 운영 현황을 파악할 수 있는 자료이다.

배성기 지음
한국민간위탁경영구소
2023년 2월 출간

KCOMI 통계

2023 공공기관
민긴위탁 운영 현황

민간위탁금(307-05)
사회복지시설법정운영비보조(307-10)
민간인위탁교육비(307-12)
공기관등에대한경상적대행사업비(308-10)

본 도서는 전국 17개 광역자치단체를 포함한 243개 지방자치단체의 2021년 민관 협업사무 운영 현황으로서 국내에서 유일하게 전국 민관 협업사무 운영 현황을 파악할 수 있는 자료이다.

배성기 지음
한국민간위탁경영구소
2023년 2월 출간

KCOMI 통계

2023 전국 지방자치단체 민·관 협업사무 운영 현황 I

민간경상사업보조(307-02)
민간단체법정운영비보조(307-03)
민간행사사업보조(307-04)

본 도서는 전국 17개 광역자치단체를 포함한 243개 지방자치단체의 2021년 민관 협업사무 운영 현황으로서 국내에서 유일하게 전국 민관 협업사무 운영 현황을 파악할 수 있는 자료이다. 해당 시리즈는 총 3권으로 제작되었다.

배성기 지음
한국민간위탁경영구소
2023년 2월 출간

KCOMI 통계

2023 전국 지방자치단체 민·관 협업사무 운영 현황 II

민간위탁금(307-05)
사회복지시설법정운영비보조(307-10)
민간인위탁교육비(307-12)
공기관등에대한경상적대행사업비(308-10)

본 도서는 전국 17개 광역자치단체를 포함한 243개 지방자치단체의 2021년 민관 협업사무 운영 현황으로서 국내에서 유일하게 전국 민관 협업사무 운영 현황을 파악할 수 있는 자료이다. 해당 시리즈는 총 3권으로 제작되었다.

배성기 지음
한국민간위탁경영구소
2023년 2월 출간

KCOMI 통계

2023 전국 지방자치단체 민·관 협업사무 운영 현황 III

민간경상사업보조(307-02)
민간단체법정운영비보조(307-03)
민간행사사업보조(307-04)

본 도서는 전국 17개 광역자치단체를 포함한 243개 지방자치단체의 2021년 민관 협업사무 운영 현황으로서 국내에서 유일하게 전국 민관 협업사무 운영 현황을 파악할 수 있는 자료이다. 해당 시리즈는 총 3권으로 제작되었다.

배성기 지음
한국민간위탁경영구소
2023년 2월 출간

KCOMI 통계 - Ebook

2023 전국 지방자치단체 민간위탁 운영현황

민간위탁금(307-05)
사회복지시설법정운영비보조(307-10)
민간인위탁교육비(307-12)
공기관등에대한경상적대행사업비(308-10)

본 도서는 전국 17개 광역자치단체를 포함한 243개 지방자치단체의 민간위탁금(307-06) 예산 운영 현황으로서, 예산 및 해당사무별 업체선정방법, 개별조례 유무, 원가산정기준, 서비스(성과)평가 유무 등을 파악할 수 있는 자료이다.

배성기 지음
한국민간위탁경영구소
2023년 2월 출간

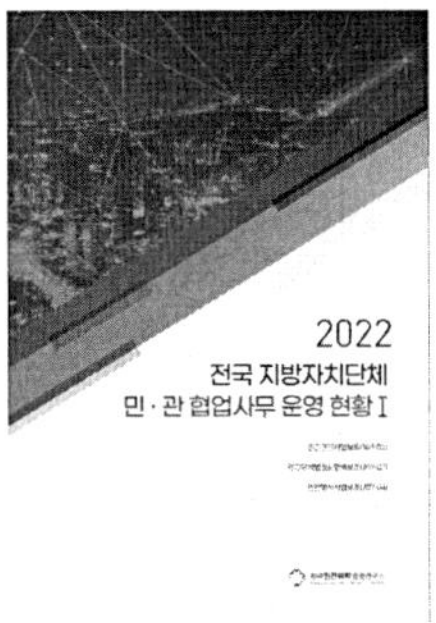

KCOMI 통계

2022 전국 지방자치단체 민·관 협업사무 운영 현황 I

민간경상사업보조(307-02)
민간단체법정운영비보조(307-03)
민간행사사업보조(307-04)

본 도서는 전국 17개 광역자치단체를 포함한 243개 지방자치단체의 2021년 민관 협업사무 운영 현황으로서 국내에서 유일하게 전국 민관 협업사무 운영 현황을 파악할 수 있는 자료이다. 해당 시리즈는 총 3권으로 제작되었다.

배성기 지음
한국민간위탁경영구소
2022년 3월 출간

KCOMI 통계

2022 전국 지방자치단체 민·관 협업사무 운영 현황 II

민간위탁금(307-05)
사회복지시설법정운영비보조(307-10)
민간인위탁교육비(307-12)
공기관등에대한경상적대행사업비(308-10)

본 도서는 전국 17개 광역자치단체를 포함한 243개 지방자치단체의 2021년 민관 협업사무 운영 현황으로서 국내에서 유일하게 전국 민관 협업사무 운영 현황을 파악할 수 있는 자료이다. 해당 시리즈는 총 3권으로 제작되었다.

배성기 지음
한국민간위탁경영구소
2022년 3월 출간

KCOMI 통계

2022 전국 지방자치단체
민·관 협업사무 운영 현황Ⅲ

민간경상사업보조(307-02)
민간단체법정운영비보조(307-03)
민간행사사업보조(307-04)

본 도서는 전국 17개 광역자치단체를 포함한 243개 지방자치단체의 2021년 민관 협업사무 운영 현황으로서 국내에서 유일하게 전국 민관 협업사무 운영 현황을 파악할 수 있는 자료이다. 해당 시리즈는 총 3권으로 제작되었다.

배성기 지음
한국민간위탁경영구소
2022년 3월 출간

KCOMI 통계 - Ebook

2022 전국 지방자치단체
민간위탁 운영현황

민간위탁금(307-05)
사회복지시설법정운영비보조(307-10)
민간인위탁교육비(307-12)
공기관등에대한경상적대행사업비(308-10)

본 도서는 전국 17개 광역자치단체를 포함한 243개 지방자치단체의 민간위탁금(307-06) 예산 운영 현황으로서, 예산 및 해당사무별 업체선정방법, 개별조례 유무, 원가산정기준, 서비스(성과)평가 유무 등을 파악할 수 있는 자료이다.

배성기 지음
한국민간위탁경영구소
2022년 5월 출간

KCOMI 통계

2022 공공기관 민간위탁 운영현황

본 도서는 전국 340개 공공기관을 대상으로 2021년 전체사무 민간이전 운영현황을 파악할 수 있는 자료이다.

배성기 지음
한국민간위탁경영구소
2022년 5월 출간

KCOMI 통계

2022 중앙행정기관 행정사무
민간이전 운영현황

본 도서는 전국 342개 중앙행정기관을 대상으로 2018년 민간이전 사업 현황을 분석한 자료로서 국내에서 유일하게 민간위탁 현황을 분석하여, 전국 민간위탁 사무의 관리 현황을 제시하고 있다.

배성기 지음
한국민간위탁경영구소
2022년 5월 출간

KCOMI 통계

2021 전국 지방자치단체 민·관 협업사무 운영 현황 I

민간경상사업보조(307-02)
민간단체법정운영비보조(307-03)
민간행사사업보조(307-04)

본 도서는 전국 17개 광역자치단체를 포함한 243개 지방자치단체의 2021년 민관 협업사무 운영 현황으로서 국내에서 유일하게 전국 민관 협업사무 운영 현황을 파악할 수 있는 자료이다. 해당 시리즈는 총 3권으로 제작되었다.

배성기 지음
한국민간위탁경영구소
2021 3월 출간

KCOMI 통계

2021 전국 지방자치단체 민·관 협업사무 운영 현황 II

민간위탁금(307-05)
사회복지시설법정운영비보조(307-10)
민간인위탁교육비(307-12)
공기관등에대한경상적대행사업비(308-10)

본 도서는 전국 17개 광역자치단체를 포함한 243개 지방자치단체의 2021년 민관 협업사무 운영 현황으로서 국내에서 유일하게 전국 민관 협업사무 운영 현황을 파악할 수 있는 자료이다. 해당 시리즈는 총 3권으로 제작되었다.

배성기 지음
한국민간위탁경영구소
2021년 3월 출간

KCOMI 통계

2021 전국 지방자치단체 민·관 협업사무 운영 현황 I

민간경상사업보조(307-02)
민간단체법정운영비보조(307-03)
민간행사사업보조(307-04)

본 도서는 전국 17개 광역자치단체를 포함한 243개 지방자치단체의 2021년 민관 협업사무 운영 현황으로서 국내에서 유일하게 전국 민관 협업사무 운영 현황을 파악할 수 있는 자료이다. 해당 시리즈는 총 3권으로 제작되었다.

배성기 지음
한국민간위탁경영구소
2021 3월 출간

KCOMI 통계 - Ebook

2021 전국 지방자치단체 민간위탁 운영현황

민간위탁금(307-05)
사회복지시설법정운영비보조(307-10)
민간인위탁교육비(307-12)
공기관등에대한경상적대행사업비(308-10)

본 도서는 전국 17개 광역자치단체를 포함한 243개 지방자치단체의 민간위탁금(307-06) 예산 운영 현황으로서, 예산 및 해당사무별 업체선정방법, 개별조례 유무, 원가산정기준, 서비스(성과)평가 유무 등을 파악할 수 있는 자료이다.

배성기 지음
한국민간위탁경영구소
2021년 7월 출간

KCOMI 통계

2021 공공기관 민간위탁 운영현황

본 도서는 전국 340개 공공기관을 대상으로 2021년 전체사무 민간이전 운영현황을 파악할 수 있는 자료이다.

배성기 지음
한국민간위탁경영구소
2021년 5월 출간

KCOMI 통계

2021 중앙행정기관 행정사무 민간이전 운영현황

본 도서는 전국 342개 중앙행정기관을 대상으로 2018년 민간이전 사업 현황을 분석한 자료로서 국내에서 유일하게 민간위탁 현황을 분석하여, 전국 민간위탁 사무의 관리 현황을 제시하고 있다.

배성기 지음
한국민간위탁경영구소
2021년 5월 출간

KCOMI 통계 - Ebook

2020 전국 지방자치단체 민·관 협업사무 운영 현황 I

민간경상사업보조(307-02)
민간단체법정운영비보조(307-03)
민간행사사업보조(307-04)

본 도서는 전국 17개 광역자치단체를 포함한 243개 지방자치단체의 2020년 민관 협업사무 운영 현황으로서 국내에서 유일하게 전국 민관 협업사무 운영 현황을 파악할 수 있는 자료이다. 해당 시리즈는 총 3권으로 제작되었다.

배성기 지음
한국민간위탁경영구소
2020 7월 출간

KCOMI 통계 - Ebook

2020 전국 지방자치단체 민·관 협업사무 운영 현황 II

민간위탁금(307-05)
사회복지시설법정운영비보조(307-10)
민간인위탁교육비(307-12)
공기관등에대한경상적대행사업비(308-10)

본 도서는 전국 17개 광역자치단체를 포함한 243개 지방자치단체의 2020년 민관 협업사무 운영 현황으로서 국내에서 유일하게 전국 민관 협업사무 운영 현황을 파악할 수 있는 자료이다. 해당 시리즈는 총 3권으로 제작되었다.

배성기 지음
한국민간위탁경영구소
2020년 7월 출간

KCOMI 통계 - Ebook

2020 전국 지방자치단체 민·관 협업사무 운영 현황 III

민간자본사업보조,자체재원(402-01)
민간자본사업보조,이전재원(402-02)
민간위탁사업비(402-03)
공기관등에대한자본적위탁사업비(403-02)

본 도서는 전국 17개 광역자치단체를 포함한 243개 지방자치단체의 2020년 민관 협업사무 운영 현황으로서 국내에서 유일하게 전국 민관 협업사무 운영 현황을 파악할 수 있는 자료이다. 해당 시리즈는 총 3권으로 제작되었다.

배성기 지음
한국민간위탁경영구소
2020년 7월 출간

KCOMI 통계

2020 전국 지방자치단체 민·관 협업사무 운영 현황 통합본

본 도서는 전국 17개 광역자치단체를 포함한 243개 지방자치단체의 각 분야별 2018년 민관 협업사무 운영 현황으로 하수도시설, 하수슬러지건조화시설, 생활폐기물 수집운반, 생활폐기물 소각시설, 재활용 선별시설, 문화예술, 체육, 관광, 공원, 주차장, 청소년수련시설, 장애인복지시설의 운영 현황을 파악할 수 있는 자료이다.

배성기 지음
한국민간위탁경영구소
2020년 7월 출간

KCOMI 통계 - Ebook

2020 전국 지방자치단체 민·관 협업사무 운영 현황

|하수도시설|

본 도서는 전국 17개 광역자치단체를 포함한 243개 지방자치단체의 하수도시설에 대한 2020년 민관 협업사무 운영 현황을 파악할 수 있는 자료이다.

배성기 지음
한국민간위탁경영구소
2020년 5월 출간

KCOMI 통계 - Ebook

2020 전국 지방자치단체 민·관 협업사무 운영 현황

|하수슬러지건조화시설(소각포함)|

본 도서는 전국 17개 광역자치단체를 포함한 243개 지방자치단체의 하수슬러지건조화시설(소각포함)에 대한 2018년 민관 협업사무 운영 현황을 파악할 수 있는 자료이다.

배성기 지음
한국민간위탁경영구소
2020년 5월 출간

KCOMI 통계 - Ebook

2020 전국 지방자치단체 민·관 협업사무 운영 현황 |생활폐기물 수집운반|

본 도서는 전국 17개 광역자치단체를 포함한 243개 지방자치단체의 생활폐기물 수집운반에 대한 2020년 민관 협업사무 운영 현황을 파악할 수 있는 자료이다.

배성기 지음
한국민간위탁경영구소
2020년 5월 출간

KCOMI 통계 - Ebook

2020 전국 지방자치단체 민·관 협업사무 운영 현황 |생활폐기물 소각시설|

본 도서는 전국 17개 광역자치단체를 포함한 243개 지방자치단체의 생활폐기물 소각시설에 대한 2020년 민관 협업사무 운영 현황을 파악할 수 있는 자료이다.

배성기 지음
한국민간위탁경영구소
2020년 5월 출간

KCOMI 통계 - Ebook

2020 전국 지방자치단체 민·관 협업사무 운영 현황 |재활용 선별시설|

본 도서는 전국 17개 광역자치단체를 포함한 243개 지방자치단체의 재활용 선별시설에 대한 2020년 민관 협업사무 운영 현황을 파악할 수 있는 자료이다.

배성기 지음
한국민간위탁경영구소
2020년 5월 출간

KCOMI 통계 - Ebook

2020 전국 지방자치단체 민·관 협업사무 운영 현황 |문화예술부문|

본 도서는 전국 17개 광역자치단체를 포함한 243개 지방자치단체의 문화예술부문에 대한 2020년 민관 협업사무 운영 현황을 파악할 수 있는 자료이다.

배성기 지음
한국민간위탁경영구소
2020년 5월 출간

KCOMI 통계 - Ebook

2020 전국 지방자치단체 민·관 협업사무 운영 현황 |관광부문|

본 도서는 전국 17개 광역자치단체를 포함한 243개 지방자치단체의 관광부문에 대한 2020년 민관 협업사무 운영 현황을 파악할 수 있는 자료이다.

배성기 지음
한국민간위탁경영구소
2020년 5월 출간

KCOMI 통계 - Ebook

2020 전국 지방자치단체 민·관 협업사무 운영 현황 |체육부문|

본 도서는 전국 17개 광역자치단체를 포함한 243개 지방자치단체의 체육부문에 대한 2020년 민관 협업사무 운영 현황을 파악할 수 있는 자료이다.

배성기 지음
한국민간위탁경영구소
2020년 5월 출간

KCOMI 통계 - Ebook

2020 전국 지방자치단체 민·관 협업사무 운영 현황 |공원부문|

본 도서는 전국 17개 광역자치단체를 포함한 243개 지방자치단체의 공원부문에 대한 2020년 민관 협업사무 운영 현황을 파악할 수 있는 자료이다.

배성기 지음
한국민간위탁경영구소
2020년 5월 출간

KCOMI 통계 - Ebook

2020 전국 지방자치단체 민·관 협업사무 운영 현황 |주차장시설|

본 도서는 전국 17개 광역자치단체를 포함한 243개 지방자치단체의 체육부문에 대한 2020년 민관 협업사무 운영 현황을 파악할 수 있는 자료이다.

배성기 지음
한국민간위탁경영구소
2020년 5월 출간

KCOMI 통계 - Ebook

2020 전국 지방자치단체 민·관 협업사무 운영 현황 |청소년수련시설|

본 도서는 전국 17개 광역자치단체를 포함한 243개 지방자치단체의 청소년수련시설에 대한 2020년 민관 협업사무 운영 현황을 파악할 수 있는 자료이다.

배성기 지음
한국민간위탁경영구소
2020년 5월 출간

KCOMI 통계 - Ebook

2020 전국 지방자치단체 민·관 협업사무 운영 현황 |장애인복지시설|

본 도서는 전국 17개 광역자치단체를 포함한 243개 지방자치단체의 장애인복지시설에 대한 2020년 민관 협업사무 운영 현황을 파악할 수 있는 자료이다.

배성기 지음
한국민간위탁경영구소
2020년 5월 출간

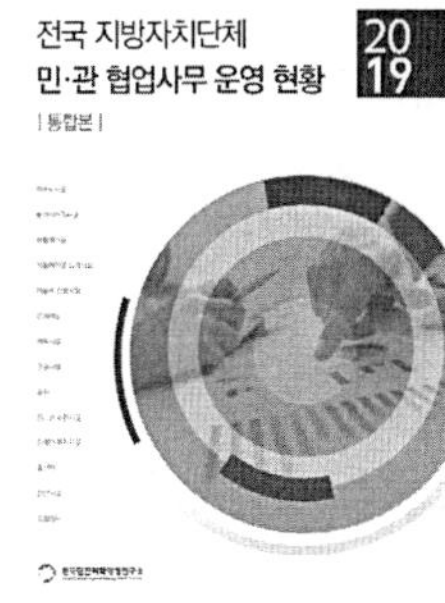

KCOMI 통계

2019 전국 지방자치단체
민·관 협업사무 운영 현황 통합본

본 도서는 전국 17개 광역자치단체를 포함한 245개 지방자치단체의 각 분야별 2019년 민관 협업사무 운영 현황으로 하수도시설, 하수슬러지건조화시설, 생활폐기물 수집운반, 생활폐기물 소각시설, 재활용 선별시설, 문화예술, 체육, 관광, 공원, 주차장, 청소년수련시설, 장애인복지시설의 운영 현황을 파악할 수 있는 자료이다.

배성기 지음
한국민간위탁경영구소
2019년 출간

KCOMI 통계

2019 전국 지방자치단체
민·관 협업사무 운영 현황 I
민간경상사업보조(307-02)
민간단체법정운영비보조(307-03)
민간행사사업보조(307-04)

본 도서는 전국 17개 광역자치단체를 포함한 245개 지방자치단체의 2019년 민관 협업사무 운영 현황으로서 국내에서 유일하게 전국 민관 협업사무 운영 현황을 파악할 수 있는 자료이다. 해당 시리즈는 총 3권으로 제작되었다.

배성기 지음
한국민간위탁경영구소
2019년 출간

KCOMI 통계

2019 전국 지방자치단체
민·관 협업사무 운영 현황 II
민간위탁금(307-05)
사회복지시설법정운영비보조(307-10)
사회복지사업보조(307-11)

본 도서는 전국 17개 광역자치단체를 포함한 245개 지방자치단체의 2019년 민관 협업사무 운영 현황으로서 국내에서 유일하게 전국 민관 협업사무 운영 현황을 파악할 수 있는 자료이다. 해당 시리즈는 총 3권으로 제작되었다.

배성기 지음
한국민간위탁경영구소
2019년 출간

KCOMI 통계

2019 전국 지방자치단체
민·관 협업사무 운영 현황 III
민간인위탁교육비(307-12),
공기관등에대한경상적대행사업비(308-10)
공사공단경상전출금(309-01)
민간자본사업보조,자체재원(402-01)
민간자본사업보조,이전재원(402-02)
민간위탁사업비(402-03)
공기관등에대한자본적위탁사업비(403-02)
공사공단자본전출금(404-01)

본 도서는 전국 17개 광역자치단체를 포함한 245개 지방자치단체의 2019년 민관 협업사무 운영 현황으로서 국내에서 유일하게 전국 민관 협업사무 운영 현황을 파악할 수 있는 자료이다. 해당 시리즈는 총 3권으로 제작되었다.

배성기 지음
한국민간위탁경영구소
2019년 출간

KCOMI 통계 - Ebook

2019 전국 지방자치단체
민·관 협업사무 운영 현황
|하수도시설|

본 도서는 전국 17개 광역자치단체를 포함한 245개 지방자치단체의 하수도시설에 대한 2019년 민관 협업사무 운영 현황을 파악할 수 있는 자료이다.

배성기 지음
한국민간위탁경영구소
2019년 출간

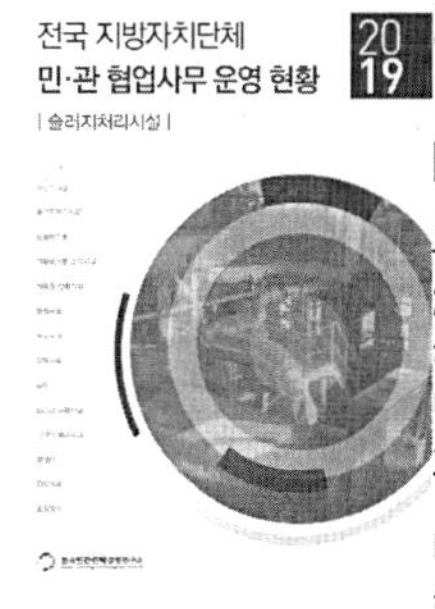

KCOMI 통계 - Ebook

2019 전국 지방자치단체
민·관 협업사무 운영 현황
|슬러지처리시설|

본 도서는 전국 17개 광역자치단체를 포함한 245개 지방자치단체의 하수슬러지건조화시설(소각포함)에 대한 2019년 민관 협업사무 운영 현황을 파악할 수 있는 자료이다.

배성기 지음
한국민간위탁경영구소
2019년 출간

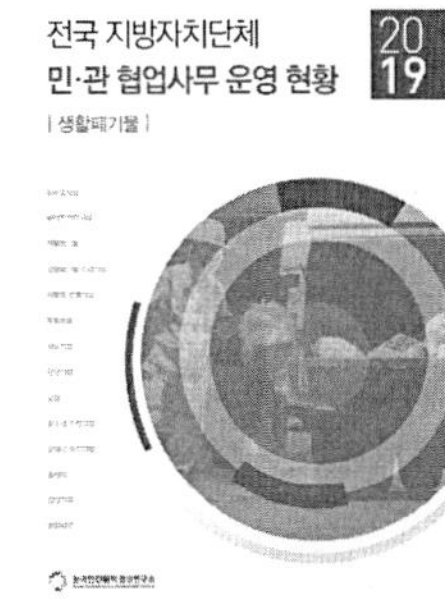

KCOMI 통계 - Ebook

2019 전국 지방자치단체
민·관 협업사무 운영 현황
|생활폐기물 수집운반|

본 도서는 전국 17개 광역자치단체를 포함한 245개 지방자치단체의 생활폐기물 수집운반에 대한 2019년 민관 협업사무 운영 현황을 파악할 수 있는 자료이다.

배성기 지음
한국민간위탁경영구소
2019년 출간

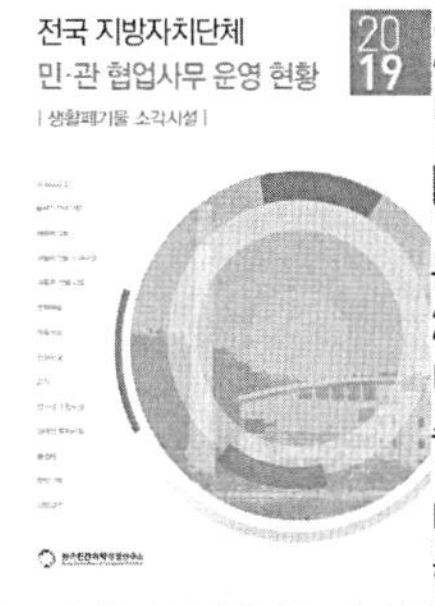

KCOMI 통계 - Ebook

2019 전국 지방자치단체
민·관 협업사무 운영 현황
|생활폐기물 소각시설|

본 도서는 전국 17개 광역자치단체를 포함한 245개 지방자치단체의 생활폐기물 소각시설에 대한 2019년 민관 협업사무 운영 현황을 파악할 수 있는 자료이다.

배성기 지음
한국민간위탁경영구소
2019년 출간

민간위탁 운영 관리 매뉴얼

지방자치단체사무의 민간위탁서비스
운영관리매뉴얼 Ⅰ

민간위탁조례 및 계약관리방안

민간위탁 성패의 키는 계약관리이다.
본 도서는 민간위탁 서비스를 공급함에 있어 사회적 문제와 이슈를 관리 할 수 있는 체계적인 조례 제정 및 계약관리방법론을 제시하고 있다.

배성기 지음
한국민간위탁경영구소 / 450페이지 / 40,000원
2012년 8월 출간

지방자치단체사무의 민간위탁서비스
운영관리매뉴얼 Ⅱ

민간위탁 운영관리비용 산정

효율적인 서비스 제공을 위한 원가산정방법론 제시 민간위탁서비스의 대시민 만족도를 높이기 위한 시작은 적정한 비용산정과 지급에서 시작된다. 이를 위해 본 도서에서는 세부적인 원가산정 방법과 산정예시를 들어 설명하고 있다.

배성기 지음
한국민간위탁경영구소 / 409페이지 / 40,000원
2012년 8월 출간

지방자치단체사무의 민간위탁서비스
운영관리매뉴얼 Ⅲ

민간위탁 서비스 평가

평가 없는 성장 없다.
본 도서에서는 민간위탁 서비스의 지속적인 성장 경영을 위한 경영학적 관리지표개발 및 서비스평가방안을 제시하고 있다.

배성기 지음
한국민간위탁경영구소 / 407페이지 / 40,000원
2012년 8월 출간

지방자치단체 민간투자사업 매뉴얼

지방자치단체 공무원들이 민간투자사업 정책 수립을 위한 전반적인 내용을 포괄적으로 다루어, 실무에 직접 적용할 수 있도록 방향을 제시하고 있다.

배성기 지음
한국민간위탁경영구소 / 247페이지 / 25,000원
2015년 9월 출간

민간위탁 서비스 경영

공공하수도시설 민간위탁 서비스경영

환경부통계를 기준으로 전국 공공하수처리시설 중 민간위탁으로 운영되는 시설은 318개소, 운영비는 5,000억 원, 운영인원은 3,642명이다. 민간위탁서비스의 질을 높이기 위해서는 시설관리만이 아닌 경영학적 기법이 도입된 체계적인 관리가 필요하다. 이를 위해서 본 도서에서는 공공하수도시설 민간위탁 서비스 경영을 위한 다양한 방안을 제시하고 있다.

배성기 · 안영진 · 박철휘 · 박종운 지음
한국민간위탁경영연구소 / 530페이지 / 40,000원
2012년 4월 출간

공공체육시설 민간위탁 서비스경영

전국 공공체육시설수는 15,137개소로 지속적으로 증가하고 있으며, 국민이 영위하고자 하는 공공체육서비스의 수준도 날로 증가 하고 있다. 이에 민간위탁으로 운영중인 공공체육시설의 서비스 수준의 향상을 위하여 본 도서에서는 공공체육시설 민간위탁 서비스 경영을 위한 다양한 방안을 제시하고 있다.

배성기 · 김영철 지음
한국민간위탁경영연구소 / 500페이지 / 40,000원
출간예정

관광시설 민간위탁 서비스경영

관광시설은 관광을 위한 편익을 제공하는 시설로서 숙박, 교통, 휴식시설 등을 통해 지역경제 활성화에 도움을 주고 있다. 이중 민간위탁으로 운영중인 관광시설을 대상으로 본 도서에서는 관광시설 민간위탁 서비스 경영을 위한 다양한 방안을 제시하고 있다.

배성기 · 김상원 · 김혜진 지음
한국민간위탁경영연구소 / 500페이지 / 40,000원
2015년 9월 출간

생활폐기물 수집·민간위탁 서비스경영

우리나라 일일 발생 생활폐기물량은 5만톤 수준으로 지자체에서는 소각, 매립, 재활용 등의 처리를 민간위탁을 통해 수행하고 있다. 본 도서는 민간위탁을 통해 생활폐기물을 처리하고 있는 지자체를 대상으로 효율적·효과적 관리기법을 제시하고 있다.

배성기 지음
한국민간위탁경영연구소 / 500페이지 / 40,000원
2012년 4월 출간

정부원가계산

공기업·준 정부기관·기타 공공기관
정부원가계산의 이론과 실제

공공감사법 적용대상기관인 중앙 41개 기관, 공공 272개 기관의 정부예산 지출시 합리적인 예산지출 및 효과성을 높이기 위해 본 도서는 정부원가계산의 올바른 방법을 이론과 사례를 기준으로 제시하고자 하였다.

배성기 지음

한국민간위탁경영연구소/400페이지/35,000원

2012년 8월 출간

사회적 기업 및 비영리 법인

사회적기업 및 비영리법인의
공공부문 계약 입찰

국가 공공서비스가 좀 더 선진 화 되기 위해서는 많은 사회적기업 및 비영리법인이 공공서비스 분야의 입찰 참가를 해야 한다. 정부와 동격의 파트너십을 통해 국민 모두를 파트너십의 수혜자로 만들기 위해 친절하고 자세하게 계약 참여 안내를 하고 있다.

배성기 옮김

한국민간위탁경영연구소 · scotland.gov.uk
/250페이지/30,000원

2012년 8월 출간

기타 민간위탁 분야 도서

KCOMI통계 2013
전국 민간위탁 운영현황 분석

본 도서는 민간위탁 본연의 목적과 기능을 유지하기 위해 발주처에서는 선택의 폭을 넓히고, 위탁기업들은 건전한 경쟁관계를 유도하기 위하여 전국 246개 지자체별 민간위탁 사무현황, 위탁예산현황, 위탁기업의 현황, 위탁기간 현황, 위탁자 선정방법 등을 조사 · 분석하였다.

배성기 지음

한국민간위탁경영연구소 / 513페이지 / 20,000원

2013년 8월 출간

민간위탁 절차 · 평가 개선 교육교재

민간위탁제도가 도입된 지 13년이 지났지만 민간위탁에 대한 제도적 정비 및 운영상의 문제에 대한 지적은 끊이지 않는다. 본 도서는 민간위탁 사무를 추진함에 있어 꼭 필요한 조례, 계약, 비용, 평가 등의 내용을 중심으로 지방자치단체 공무원들의 정책결정을 돕고자 작성되었다.

배성기 지음

한국민간위탁경영연구소

민간위탁교육 참가자 배부용

공공하수처리시설 민간위탁
서비스평가

평가없는 성장 없다.
본 도서는 현행 공공하수처리시설 민간위탁 평가에 대한 법적 근거 및 제도에 대한 고찰을 통하여 보다 합리적인 민간위탁 서비스 평가 방안을 제시하고 있다.

배성기 · 안영진 · 박철휘 · 박종운 지음

한국민간위탁경영연구소 / 316페이지 / 25,000원

2011년 12월 출간

큰 사회(BIG Society)

영국 캐머론 총리의 큰 사회는 공공서비스 향상을 추구하며, 개념적으로는 국가를 반대하지 않으며 다양한 증거를 바탕으로 영국 사회를 지원하고 사회적 욕구를 충족시키는 현재 국가의 능력에 대해 깊이 있게 고민한다. 이는 우리나라에도 시사하는 바가 크므로 소개하고자 하였다.

배성기 · 이화진 · 김태현 · 남효응 옮김

나남출판사 · UBP / 165페이지 / 15,000원

출간 예정

공공관리 번역 도서

분쟁 후 취약한 상황에서의 정부기능 및 정부서비스 민간위탁

본 역서는 원조의 비효율적 비효과적 집행을 방지하고, 수원국의 역량개발에 도움을 줄 수 있는 방안을 도모하여 현장실무자들과 정부의 정책입안자들과 협력하기 위한 안내서의 역할을 해 줄 것이다. 또한 선진국의 민간위탁제도 운영방법론은 국내에서 좋은 시사점을 제공하고 있다.

배성기 옮김
한국민간위탁경영연구소 · OECD / 165페이지 / 25,000원
2011년 11월 출간

지방정부 서비스계약 (Local Government Contract)

공공을 위한 최선의 거래를 추구하는데 있어서 책임성과 유연성, 공익성과 경제성 등을 최적으로 조합하는 것은 현대 서비스 계약업무의 핵심이다. 본 역서는 그 조합방식을 유용하게 제안하고 있다.

배성기 옮김
한국민간위탁경영연구소 · ICMA / 200페이지 / 30,000원
출간 예정

정부계약자들을 위한 가격책정 및 원가계산 (Pricing and Cost Accounting)

정부와 계약기간 중 요구사항을 준수하고, 이윤을 유지하기 위한 협상방법을 수록하고 있다. 입찰에 대한 변경 요구 사항은 가격책정, 원가계산, 하도급, 계약변경을 수반하며 이에 대한 정보를 제공하고 있다.

배성기 옮김
한국민간위탁경영연구소 · MC / 220페이지 / 25,000원
출간예정

서비스 수준관리 (Service Level Management)

서비스 수준관리(SLM)는 서비스 업무범위를 정의하여 서비스제공에 따른 업무목표, 해당부서 및 책임부서를 기술하고 고객과 서비스 공급업체의 업무분담을 명확히 하여 서비스 공급업체와 고객 양측 모두의 기대와 목적을 충족시키기 위한 내용을 기술하고 있다.

배성기 옮김
한국민간위탁경영연구소 · TAS / 240페이지 / 25,000원
출간 예정

공공관리와 성과 (Public Management and Performance)

공공서비스 성과가 뜻하는 바가 무엇이고, 이와 관련한 연구의 주요 성과는 무엇인가? 왜 관리가 중요한가? 연구자, 정책결정자, 실무자들에게 주는 함의는 무엇이며, 향후 과제는 무엇인가? 에 대해 저자들은 이야기 하고 있다.

배성기 · 김윤경 · 김영철 옮김
한국민간위탁경영연구소 · 캠브리지대학출판사 / 200페이지 / 35,000원
2012년 8월 출간

사회기반시설 자산관리 (Infrastructure Asset Management)

자산관리의 목표, 서비스 제공능력과 자산상태의 구체적 목표를 검토하고, 자산관리 활동을 최적화 · 체계화하기 위해 현재의 서비스 제공능력과 자산상태(condition)를 비교한다. 또 최적의 의사결정을 위해 필요한 재정적 고려사항에 대해서도 요약하고 있다.

유인균 · 박미연 · 배성기 옮김
한국민간위탁경영연구소 · CIRIA / 200페이지 / 35,000원
2012년 8월 출간

지방지치단체 사회적가치구현을 위한 공공조달프레임워크

영국의 중앙 및 지방정부기관들은 최저가 대신 사회적 가치를 고려해 최고가치(Best Value)를 지닌 쪽을 선택하도록 규정과 지침을 만들어 공공조달에 적용하고 있다.

이에, 영국의 사회적 가치 구현을 위한 조달규정 및 지침관련 사례를 발굴하여 국내에 홍보·전파하고자 출간하게 되었다.

배성기
브릿지협동조합 / 170페이지 / 25,000원
2016년 4월 출간

지방자치단체 공공서비스 혁신

협동조합도시 런던시 램버스구

영국 런던시 램버스구, 협동조합방식의 지방자치단체 경영과 공공서비스 혁신을 가능하게 하는 영국의 법제도적 환경, 지자체조례, 지자체 경영원칙, 사회적 · 경제적 · 환경적 가치구현을 위한 목표달성전략 및 프로세스등을 자세히 소개하고 있다.

배성기 지음
브릿지협동조합 / 184페이지/ 25,000원
2016년 5월 출간

영국 중앙정부 및 지방정부 사회적 가치 구현 사례집

본 지침은 Highways England와 하도급업체가 2012년 공공서비스(사회적가치)법에 의한 서비스 공급과 관련된 사회적가치를 확인하고 구현하기 위한 접근방법을 설명한다.

배성기 옮김
사회적 가치 연구소 / 290페이지 / 21,000원
2018년 6월 출간

사회적기업 및 비영리법인의 공공부문 계약 입찰

지방계약분야는 사회 · 경제적 상황에 따라 빠르게 변화하는 분야이며, 많은 관련 법령과 하위 규정들이 있어 실무자들이 업무를 숙지하는 데 상대적으로 어려움을 겪는 분야이기도 합니다. 2018년도 매뉴얼은 계약시 고려해야 할 사회적 가치와 더불어 실무에서 주로 활용되는 유권해석, 판례 등을 중점적으로 수록하였습니다.

서울특별시 엮음
브릿지협동조합 / 350페이지 / 24,000원
2018년 6월 출간

공공관리연구원

한국민간위탁연구소
Korea Contracting-out Institue

한국민간위탁연구소는 공공서비스 관리 혁신을 통해
더 나은 정부, 더 나은 사회, 더 많은 사업기회를 만들어 갑니다.

T. 02-943-1941 F. 02-943-1948 E. kcomi@kcomi.re.kr H. www.kcomi.re.kr

도서출판
큰날개

큰날개는 급변하는 국내의 사회 환경 가운데에서 다양한 의견을 수렴하여 인간이 추구하는
더 높은 이상향을 향해 나아가고자 하는 바람을 추구하는 출판전문기업입니다.
특히 사회적으로 가치 있는 콘텐츠를 가진 사람이라면 누구나 책을 출간 할 수 있고,
원하는 독자층에 도달 할 수 있도록 도와주는 퍼블리싱 파트너(Publishing Partner)가 되고자 합니다.

T. 02-943-1947 F. 02-943-1948 H. bigwing.modoo.at